DIREITO
CONSTITUCIONAL

O GEN | Grupo Editorial Nacional – maior plataforma editorial brasileira no segmento científico, técnico e profissional – publica conteúdos nas áreas de concursos, ciências jurídicas, humanas, exatas, da saúde e sociais aplicadas, além de prover serviços direcionados à educação continuada.

As editoras que integram o GEN, das mais respeitadas no mercado editorial, construíram catálogos inigualáveis, com obras decisivas para a formação acadêmica e o aperfeiçoamento de várias gerações de profissionais e estudantes, tendo se tornado sinônimo de qualidade e seriedade.

A missão do GEN e dos núcleos de conteúdo que o compõem é prover a melhor informação científica e distribuí-la de maneira flexível e conveniente, a preços justos, gerando benefícios e servindo a autores, docentes, livreiros, funcionários, colaboradores e acionistas.

Nosso comportamento ético incondicional e nossa responsabilidade social e ambiental são reforçados pela natureza educacional de nossa atividade e dão sustentabilidade ao crescimento contínuo e à rentabilidade do grupo.

Exame Nacional da
Magistratura ENAM

Coordenação
Cleber Masson

DIREITO
CONSTITUCIONAL

2ª edição revista e atualizada

RAFAEL COSTA

■ O autor deste livro e a editora empenharam seus melhores esforços para assegurar que as informações e os procedimentos apresentados no texto estejam em acordo com os padrões aceitos à época da publicação, e todos os dados foram atualizados pelo autor até a data de fechamento do livro. Entretanto, tendo em conta a evolução das ciências, as atualizações legislativas, as mudanças regulamentares governamentais e o constante fluxo de novas informações sobre os temas que constam do livro, recomendamos enfaticamente que os leitores consultem sempre outras fontes fidedignas, de modo a se certificarem de que as informações contidas no texto estão corretas e de que não houve alterações nas recomendações ou na legislação regulamentadora.

■ Fechamento desta edição: 28.08.2024

■ O Autor e a editora se empenharam para citar adequadamente e dar o devido crédito a todos os detentores de direitos autorais de qualquer material utilizado neste livro, dispondo-se a possíveis acertos posteriores caso, inadvertida e involuntariamente, a identificação de algum deles tenha sido omitida.

■ **Atendimento ao cliente: (11) 5080-0751 | faleconosco@grupogen.com.br**

■ Direitos exclusivos para a língua portuguesa
Copyright © 2025 *by*
Editora Forense Ltda.
Uma editora integrante do GEN | Grupo Editorial Nacional
Travessa do Ouvidor, 11 – Térreo e 6º andar
Rio de Janeiro – RJ – 20040-040
www.grupogen.com.br

■ Reservados todos os direitos. É proibida a duplicação ou reprodução deste volume, no todo ou em parte, em quaisquer formas ou por quaisquer meios (eletrônico, mecânico, gravação, fotocópia, distribuição pela Internet ou outros), sem permissão, por escrito, da Editora Forense Ltda.

■ Capa: Carla Lemos

CIP-BRASIL. CATALOGAÇÃO NA PUBLICAÇÃO
SINDICATO NACIONAL DOS EDITORES DE LIVROS, RJ

C875d
2. ed.

    Costa, Rafael
        Direito constitucional / Rafael Costa ; coordenação Cleber Masson. - 2. ed. - [2. Reimp.] - Rio de Janeiro : Método, 2025.
        584 p. ; 24 cm.   (Exame nacional da magistratura - ENAM)

    Inclui bibliografia
    "Material suplementar"
    ISBN 978-85-3099-534-8

    1. Direito constitucional - Brasil. 2. Ordem dos Advogados do Brasil - Exames. 3. Serviço público - Brasil Concursos. I. Masson, Cleber. II. Título. III. Série

24-93441   CDU: 342(81)

Meri Gleice Rodrigues de Souza - Bibliotecária - CRB-7/6439

Apresentação

O Exame Nacional da Magistratura (ENAM) foi criado pela Resolução n. 531, editada pelo Conselho Nacional de Justiça (CNJ) no dia 14 de novembro de 2023.

Suas finalidades consistem em *(a)* instituir habilitação nacional como pré-requisito para inscrição nos concursos da magistratura, de modo a garantir um processo seletivo idôneo e com um mínimo de uniformidade; *(b)* fazer com que o processo seletivo valorize o raciocínio, a resolução de problemas e a vocação para a magistratura, mais do que a mera memorização de conteúdos; e *(c)* democratizar o acesso à carreira da magistratura, tornando-a mais diversa e representativa.

Trata-se de exame eliminatório (e não classificatório), cuja aprovação é imprescindível à inscrição preliminar em concursos de todas as carreiras da magistratura. Não há necessidade de superar as notas de relevante parcela dos demais candidatos. Basta alcançar a pontuação mínima exigida, a saber, 70% para a ampla concorrência, ou 50%, no caso de candidatos autodeclarados negros ou indígenas.

A prova, de caráter objetivo, abrange as seguintes disciplinas: Direito Administrativo, Direito Civil, Direito Constitucional, Direito Empresarial, Direito Penal, Direito Processual Civil, Direitos Humanos e Noções Gerais de Direito e Formação Humanística.

Na condição de coordenador da presente coleção, escolhemos professores qualificados, com indiscutível experiência na preparação para provas e concursos públicos. Bruno Betti Costa, Monica Queiroz, Rafael de Oliveira Costa, Alexandre Gialluca, Alexandre Freitas Câmara, Marcelo Ribeiro, Valerio Mazzuoli e Alvaro de Azevedo Gonzaga são expoentes da docência, reconhecidos por toda a comunidade jurídica.

Os livros que integram esta coleção visam à preparação objetiva e completa para o ENAM, fornecendo as informações necessárias para a sua aprovação, inclusive com a utilização de recursos didáticos diferenciados, consistentes em quadros e gráficos repletos de conteúdo.

Além disso, as obras não se esgotam nos textos impressos. Você, leitora ou leitor, tem acesso ao Ambiente Virtual de Aprendizagem (AVA), dotado de materiais complementares, questões para treino e aperfeiçoamento do aprendizado, bem como de vídeos com dicas dos autores.

Bons estudos e muito sucesso nessa jornada. Conte conosco!

Cleber Masson

Promotor de Justiça em São Paulo. Doutor e Mestre em Direito Penal pela Pontifícia Universidade Católica de São Paulo (PUC/SP). Professor de Direito Penal no Curso G7 Jurídico. Palestrante e conferencista em todo o Brasil.

Sumário

CAPÍTULO 1 – CONSTITUCIONALISMO 1

1. Introdução 1

2. Constitucionalismo 2

    2.1. Conceito de constitucionalismo 2

    2.2. Evolução histórica do constitucionalismo 2

        2.2.1. Constitucionalismo antigo 2

        2.2.2. Constitucionalismo moderno e o Estado Constitucional Contemporâneo 3

        2.2.3. Constitucionalismo contemporâneo 4

3. Constitucionalismo global 6

4. Estado Constitucional Cooperativo 6

5. Constitucionalismo fraternal (ou altruístico) 6

6. Patriotismo constitucional 7

7. Transconstitucionalismo 7

    7.1. Vazio constitucional 8

8. Constitucionalismo do futuro 8

9. Constitucionalismo simbólico 8

10. Constitucionalismo popular 8

    10.1. Constitucionalismo popular mediado 9

11. Constitucionalismo democrático 10

    11.1. O embate substancialismo *vs.* procedimentalismo 10

12. Constitucionalismo abusivo 10

13. *Crowdsourced Constitution* ou Constituição.com.............................. 11

14. Constitucionalismo ecológico (*environmental constitucionalism*)...... 11

15. Constitucionalismo digital 11

16. Constitucionalismo multinível 12

CAPÍTULO 2 – FUNDAMENTOS, CLASSIFICAÇÃO, FUNÇÃO, ELEMENTOS E EVOLUÇÃO HISTÓRICA DAS CONSTITUIÇÕES 17

1. Fundamentos ou concepções de Constituição 17

2. Tipologia clássica das Constituições 19

3. Classificação da Constituição Brasileira de 1988 23

4. Nova tipologia constitucional 23

5. Da função ou papel das Constituições.. 25

6. Elementos, estrutura e conteúdo da Constituição.......................... 27

7. Sistema constitucional e a Constituição como acoplamento estrutural.. 28

8. *Vacatio constitutionis*.. 28

CAPÍTULO 3 – PODER CONSTITUINTE 31

1. Introdução.. 31
   1.1. Tipologia do Poder Constituinte.. 31

2. Poder Constituinte Originário (Instituidor, Inaugural, Genuíno ou Primário).. 32
   2.1. Natureza.. 32
   2.2. Características essenciais do Poder Constituinte Originário 32
   2.3. Limites materiais (ou extrajurídicos) ao Poder Constituinte Originário.. 34
   2.4. Legitimidade 34
   2.5. Formas de expressão 35

3. Poder Constituinte Decorrente 35
   3.1. Natureza.. 35
   3.2. Fundamentos constitucionais.. 36
   3.3. Características do Poder Constituinte Decorrente 36
   3.4. Limites 36

4. Poder Constituinte Derivado (ou Instituído, Constituído, Secundário e Remanescente) 37

Sumário

4.1. Espécies 37

4.2. Limitações 38

    4.2.1. Teorias que justificam a criação de cláusulas pétreas 41

    4.2.2. Finalidades das cláusulas pétreas 41

    4.2.3. Análise detalhada das cláusulas pétreas explícitas (art. 60, § 4º, da Constituição de 1988) 41

    4.2.4. Cláusulas pétreas implícitas 43

    4.2.5. Natureza das cláusulas pétreas 43

5. Poder Constituinte Difuso (ou interpretação constitucional evolutiva) 44

6. Poder Constituinte Supranacional ou Transnacional 44

7. Hiato constitucional 45

8. Lipoaspiração constitucional 45

CAPÍTULO 4 – NORMAS CONSTITUCIONAIS 49

1. Fontes normativas constitucionais 49

2. Espécies normativas constitucionais 50

    2.1. Abordagem clássica (ou teoria restritiva) 50

    2.2. Abordagem contemporânea (ou teoria extensiva) 51

        2.2.1. Teoria da unicidade ou da conformidade 51

        2.2.2. Teoria da distinção forte ou quantitativa 52

        2.2.3. Teoria da distinção dúctil 54

3. Existência, validade, vigência, efetividade, eficácia e aplicabilidade das normas constitucionais 55

    3.1. Plano da existência 55

    3.2. Plano da validade 55

    3.3. Plano da vigência 56

    3.4. Plano da efetividade 56

    3.5. Plano da eficácia e aplicabilidade 56

        3.5.1. Normas constitucionais de eficácia absoluta (ou supereficazes) 58

        3.5.2. Normas de eficácia exaurível e de eficácia exaurida (ou esvaída) 58

    3.6. Cláusula de aplicabilidade imediata 59

Coleção Exame Nacional da Magistratura – Direito Constitucional

4. Elementos da Constituição.. 59

5. Lacunas constitucionais.. 60

6. Aplicação das normas constitucionais no espaço: as relações com o direito estrangeiro e internacional... 61

CAPÍTULO 5 – FENÔMENOS DE DIREITO CONSTITUCIONAL INTERTEMPORAL... 65

1. Introdução.. 65

2. Normas constitucionais e antinomias... 65

3. Desconstitucionalização (ou Teoria da Desconstitucionalização).... 65

4. Recepção... 66

5. Filtragem constitucional.. 68

6. Constitucionalidade superveniente 68

    6.1. Interpretações corretivas.. 68

7. Repristinação 69

    7.1. Efeito repristinatório tácito... 70

8. Mutação constitucional.. 70

9. Graus de retroatividade... 71

CAPÍTULO 6 – CONTROLE DE CONSTITUCIONALIDADE 75

1. Supremacia constitucional.. 75

    1.1. Finalidades do controle de constitucionalidade.......................... 76

    1.2. Pressupostos do controle de constitucionalidade "forte" (*Strong Judicial Review*).. 76

    1.3. Breve histórico do controle de constitucionalidade no Brasil... 77

    1.4. Pirâmide normativa... 77

    1.5. Natureza do ato inconstitucional 78

2. Parâmetros de controle 78

    2.1. Aspecto material do parâmetro de controle: "bloco de constitucionalidade" 80

    2.2. Aspecto temporal do parâmetro de controle.............................. 80

3. Formas de inconstitucionalidade 81

    3.1. Quanto ao tipo de conduta 81

        3.1.1. Estado de coisas inconstitucional (ECI) 83

Sumário

3.2. Quanto à norma constitucional ofendida 85

3.3. Quanto à extensão 86

3.4. Quanto ao momento 87

3.5. Quanto ao prisma de apuração 88

3.6. Inconstitucionalidade "útil"?... 90

3.7. Inconstitucionalidade circunstancial..................................... 90

4. Formas de controle de constitucionalidade 90

4.1. Quanto ao momento 90

4.2. Quanto à competência jurisdicional 94

4.3. Quanto à finalidade (principal) do controle jurisdicional....... 94

5. Controle concentrado-abstrato de constitucionalidade.................... 95

5.1. Princípios reitores do processo constitucional objetivo....... 95

5.2. Caráter dúplice ou ambivalente 96

5.3. Pressuposto da ADC: controvérsia judicial relevante 97

5.4. ADPF: caráter subsidiário e arguição incidental................... 97

5.5. Fungibilidade.. 98

5.6. Cumulação de pedidos 98

5.7. Justiça Multiportas e o controle de constitucionalidade 98

5.7.1. Pressuposto para a celebração de acordos em demandas de controle concentrado de constitucionalidade   99

5.7.2. Legitimidade para a celebração de acordos em demandas de controle concentrado de constitucionalidade 100

5.7.3. Finalidades da celebração de acordos em demandas
de controle concentrado de constitucionalidade....... 100

5.7.4. Aspectos relevantes relacionados à celebração de
acordos em demandas de controle concentrado de
constitucionalidade.. 100

5.7.5. Efeitos da decisão que homologa acordo celebrado
em demandas de controle concentrado de constitu-
cionalidade 101

5.8. Legitimidades ativa (art. 103 da CF/1988) e passiva no
controle concentrado 101

5.9. Não admissibilidade de desistência, assistência, intervenção
de terceiros, litisconsórcio passivo, prescrição, prazo em
dobro, rescisória e recursos.. 104

5.10. Capacidade postulatória 105

5.11. Parâmetro de controle 105

5.12. Objeto de controle.. 106

    5.12.1. Objeto de controle e adstrição ao pedido................. 106

    5.12.2. Perspectivas de análise do objeto de controle......... 107

5.13. Instrução probatória... 110

5.14. Participação de órgãos e entidades no controle concentrado de constitucionalidade.. 111

    5.14.1. *Amicus curiae* ("amigo da Corte")............................... 111

    5.14.2. Procurador-Geral da República 113

    5.14.3. Advogado-Geral da União 113

5.15. Liminares 114

5.16. Decisão de mérito 116

5.17. Emenda à exordial de ADI 119

5.18. Decisões intermediárias... 119

5.19. Controle concentrado e medidas de caráter estruturante..... 119

5.20. Técnicas de decisão no controle concentrado de constitucionalidade 120

5.21. Ação direta de inconstitucionalidade por omissão e o controle das omissões inconstitucionais..................................... 121

    5.21.1. Finalidade... 122

    5.21.2. Tipo de pretensão deduzida em juízo 122

    5.21.3. Competência.. 122

    5.21.4. Legitimidade ativa 123

    5.21.5. Legitimidade passiva 124

    5.21.6. Objeto 124

    5.21.7. Liminar 124

    5.21.8. Efeitos subjetivos da decisão de mérito 125

    5.21.9. Efeitos temporais da decisão de mérito 126

    5.21.10. Fungibilidade 126

6. Controle difuso de constitucionalidade 127

    6.1. Competência... 127

    6.2. Finalidade... 127

    6.3. Legitimidade ativa e passiva 128

    6.4. Parâmetro de controle.. 128

    6.5. Objeto 128

    6.6. Efeitos da decisão no controle difuso de constitucionalidade 128

Sumário

XIII

6.7.	Cláusula da reserva de plenário (*full bench*)		129
	6.7.1.	Cláusula de reserva de plenário e inconstitucionalidade branca	131
	6.7.2.	Incidente de inconstitucionalidade nos tribunais (arts. 948 e 949 do CPC)	131
	6.7.3.	Turmas recursais e cláusula de reserva de plenário.	132
	6.7.4.	Tribunais de Contas e cláusula de reserva de plenário	132
	6.7.5.	Interpretação conforme a Constituição e cláusula de reserva de plenário	132
6.8.	Suspensão da execução de ato normativo pelo Senado		133
	6.8.1.	Natureza do ato de suspensão	133
	6.8.2.	Interpretação da expressão "no todo ou em parte"	133
	6.8.3.	Amplitude do conceito de "lei"	133
	6.8.4.	Abrangência da suspensão e princípio federativo	133
	6.8.5.	Atos pré-constitucionais e suspensão	133
	6.8.6.	Efeitos da resolução do Senado	134
6.9.	Ação civil pública e controle de constitucionalidade		134
6.10.	Tendência de abstrativização		135
6.11.	Vias em que incabível o pleno controle difuso de constitucionalidade		136
7.	**Representação de inconstitucionalidade estadual**		136
	7.1.	Competência	136
	7.2.	Legitimidade	137
	7.3.	Parâmetro	138
	7.4.	Objeto	139
	7.5.	*Simultaneus processus* ou "duplo controle concentrado"	139
	7.6.	Decisão de mérito	140
	7.7.	Cabimento de recurso extraordinário	140
	7.8.	Outras ações de controle abstrato em âmbito estadual	140
	7.9.	Suspensão da execução de ato normativo estadual ou municipal no controle difuso	140
8.	**Representação interventiva (ou intervenção provocada por requisição)**		141
	8.1.	Representação interventiva federal	141

8.1.1. Base normativa da representação interventiva federal 141

8.1.2. Natureza 141

8.1.3. Competência 142

8.1.4. Legitimidade ativa e passiva 142

8.1.5. Parâmetros 142

8.1.6. Objeto 142

8.1.7. Liminar 142

8.1.8. Decisão de mérito 143

8.1.9. Procedimento 143

8.2. Representação interventiva estadual 144

8.2.1. Competência 144

8.2.2. Legitimidade ativa 144

8.2.3. Parâmetro 144

8.2.4. Decisão de mérito 145

9. Relativização da coisa julgada inconstitucional 145

CAPÍTULO 7 – HERMENÊUTICA CONSTITUCIONAL 151

1. Interpretação, *construction* e hermenêutica 151

2. Enunciado normativo e norma 151

3. Compreensão do sentido das normas e a Constituição 152

4. Relação entre a hermenêutica constitucional e a hermenêutica jurídica clássica 152

5. Postulados interpretativo-constitucionais 153

    5.1. Insuficiência dos postulados normativo-constitucionais 158

6. Métodos de interpretação constitucional 158

    6.1. A experiência da Alemanha 158

    6.2. Hermenêutico clássico ou jurídico 159

    6.3. Científico-espiritual (ou valorativo ou sociológico) 160

    6.4. Tópico-problemático 161

    6.5. Hermenêutico-concretizador 162

    6.6. Hermenêutico-estruturante 164

    6.7. Método concretista da Constituição Aberta de intérpretes ... 165

7. A experiência norte-americana 166

    7.1. Interpretativistas *vs.* não interpretativistas 166

Sumário

7.1.1.	Interpretativismo	166
7.1.2.	Não interpretativismo	167
7.2.	Debate hermenêutico nos Estados Unidos na contemporaneidade	167

CAPÍTULO 8 – TEORIA GERAL DOS DIREITOS FUNDAMENTAIS ... 173

1. Aspectos introdutórios ... 173
2. Aplicabilidade ... 173
3. Diretrizes interpretativas das normas de direitos fundamentais ... 174
4. Localização topográfica e cláusula de abertura (expansividade) do catálogo constitucional dos direitos fundamentais ... 175
5. Cláusula de complementaridade ... 176
6. Hierarquia dos tratados de direitos humanos ... 176
7. Classificações dos direitos fundamentais ... 177
   7.1. Classificação segundo a Constituição de 1988 ... 177
   7.2. Classificação funcional dos direitos fundamentais ... 178
   7.3. Classificações estruturais dos direitos fundamentais ... 179
8. Classificação dos deveres fundamentais ... 179
9. Características dos direitos fundamentais ... 179
10. Eficácia dos direitos fundamentais ... 181
11. Dignidade da pessoa humana e direitos fundamentais ... 184
12. Dimensões dos direitos fundamentais ... 185
13. Conteúdo essencial dos direitos fundamentais ... 186
14. Restrições aos direitos fundamentais ... 187
    14.1. Etapas de restrição a direitos fundamentais pela teoria externa ... 187
15. Teoria da reserva do possível ... 188

CAPÍTULO 9 – PRINCÍPIOS E DIREITOS FUNDAMENTAIS ... 193

1. Princípios fundamentais: função, classificação e eficácia ... 193
   1.1. Princípios fundamentais explícitos ... 194
       1.1.1. Fundamento da República ... 195
       1.1.2. Objetivos da República ... 196
       1.1.3. Princípio democrático e a soberania popular ... 196

1.1.4.	Princípio do Estado de Direito e seus subprincípios.	197
1.1.5.	Princípio da sustentabilidade	199
1.2.	Princípios fundamentais implícitos	199

2. Teorias contemporâneas dos direitos fundamentais................. 202

2.1. Destinatários dos direitos e garantias fundamentais........... 203

2.2. Parâmetros que devem nortear decisões sobre políticas públicas relacionadas a direitos fundamentais..................... 203

    2.2.1. Processo com medidas estruturais e intervenção em políticas públicas.. 204

2.3. Tipologia dos direitos fundamentais................................. 206

2.4. Devolução de verbas recebidas de boa-fé para custear direitos fundamentais de natureza essencial 207

3. Direitos individuais e coletivos em espécie............................. 208

3.1. Direito à vida 208

    3.1.1. Dimensões subjetiva e objetiva do direito à vida...... 208

    3.1.2. Inviolabilidade x irrenunciabilidade do direito à vida 209

    3.1.3. Restrições ao direito à vida 209

    3.1.4. Direito a não sentir dor... 210

3.2. Direito à igualdade 211

    3.2.1. Âmbito de proteção 212

    3.2.2. Ações afirmativas (ou "discriminações positivas") .. 213

    3.2.3. Teoria do Impacto Desproporcional (*Disparate Impact Doctrine*).. 214

    3.2.4. Congeneridade e transferência entre instituições de ensino... 215

3.3. Princípio da legalidade 215

3.4. Direito à privacidade.. 215

    3.4.1. Direito à honra 218

    3.4.2. Direito à imagem 218

    3.4.3. Sigilo de correspondência, comunicação e de dados 220

    3.4.4. Quebra do sigilo de dados 220

    3.4.5. Direito fundamental à proteção dos dados pessoais 221

    3.4.6. Sigilo de dados processuais 222

    3.4.7. Sigilo das comunicações em geral........................... 222

3.4.8.	Direito ao esquecimento	224

3.5. Inviolabilidade do domicílio 224

3.6. Direitos de liberdade 226

3.7. Liberdade religiosa 229

    3.7.1. Objeção de consciência (escusa de consciência ou imperativo de consciência) 230

    3.7.2. Escusa de consciência e ensino 231

    3.7.3. Laicidade e dever de neutralidade do Estado 232

    3.7.4. Laicidade, laicismo e ateísmo 233

    3.7.5. Símbolos religiosos em locais públicos 233

    3.7.6. Ensino religioso 234

    3.7.7. Sacrifício de animais em cultos religiosos 234

    3.7.8. Casamento religioso 235

    3.7.9. Liberdade religiosa e fotografias de documentos oficiais 235

3.8. Liberdade de reunião 235

3.9. Liberdade de associação 236

    3.9.1. Liberdade de representação associativa 237

3.10. Liberdade de exercício profissional 238

3.11. Direito de propriedade 238

    3.11.1. Função social da propriedade 238

    3.11.2. Natureza jurídica da função social da propriedade ... 239

    3.11.3. Cumprimento da função social da propriedade 239

    3.11.4. Sanções pelo descumprimento da função social da propriedade 239

    3.11.5. Limitações ao direito de propriedade 241

    3.11.6. Desapropriação 241

    3.11.7. Requisição 242

    3.11.8. Expropriação-sanção e confisco 244

3.12. Consumidor 245

    3.12.1. Prevenção e o tratamento do superendividamento ... 246

    3.12.2. Novos direitos básicos do consumidor 246

    3.12.3. Da prevenção e do tratamento do superendividamento 246

    3.12.4. Consequências do descumprimento dos deveres (art. 54-D, parágrafo único, do CDC) 247

Coleção Exame Nacional da Magistratura – Direito Constitucional

3.12.5. Práticas abusivas com relação ao fornecimento de crédito 248

3.12.6. Processo de repactuação de dívidas 248

3.12.7. Processo por superendividamento 249

3.13. Direito de herança 250

3.14. Proibição da tortura 250

CAPÍTULO 10 – GARANTIAS INDIVIDUAIS 253

1. Direitos *vs.* garantias fundamentais 253

2. Garantias fundamentais materiais 253

   2.1. Segurança jurídica 253

   2.2. Princípio da legalidade 255

   2.3. Princípio da reserva legal 256

   2.4. Princípio da não retroatividade das leis 257

      2.4.1. Direito adquirido 257

      2.4.2. Ato jurídico perfeito 259

      2.4.3. Coisa julgada 260

      2.4.4. Coisa julgada e teoria dos precedentes judiciais 262

   2.5. Princípios reitores dos processos administrativos 264

3. Princípios e garantias fundamentais processuais dos processos civil, penal e administrativo 264

   3.1. Princípio da inafastabilidade da jurisdição, do livre acesso ao Judiciário ou da ubiquidade da Justiça 264

   3.2. Devido processo legal 266

      3.2.1. Abuso processual 267

      3.2.2. Direito à prova e suas limitações 268

      3.2.3. Prova emprestada 271

   3.3. Acesso à justiça 272

   3.4. Celeridade processual 273

4. Garantias fundamentais de natureza penal 274

   4.1. Presunção de inocência ou de não culpabilidade 277

      4.1.1. Medidas cautelares 278

      4.1.2. Prisão em flagrante, temporária e preventiva 283

      4.1.3. Prisão de magistrados e membros do MP 283

      4.1.4. Direitos fundamentais do preso 284

Sumário

4.1.5. Prisão e emprego da força 285

4.1.6. Prisão em flagrante 285

4.1.7. Prisão temporária 288

4.1.8. Prisão preventiva 291

4.1.9. Prisão domiciliar 295

4.1.10. Liberdade provisória 296

4.1.11. Aspectos relevantes relativos à fiança 297

4.2. Vedações criminais expressas 298

4.2.1. Vedação à identificação criminal 298

4.3. Mandados constitucionais de criminalização 299

4.4. Crime de racismo e o STF 300

4.5. Polícia penal 300

4.6. Uso de algemas 301

4.7. Juiz das garantias 302

5. Ações constitucionais 306

5.1. Ações constitucionais de natureza não jurisdicional 306

5.1.1. Direito de petição 306

5.1.2. Direito de informação 307

5.1.3. Justiça de Transição e direito à memória coletiva ... 309

5.1.4. Direito a certidões 310

5.2. Remédios constitucionais 310

5.2.1. *Habeas data* 310

5.2.2. Ação popular 314

5.2.3. Mandado de segurança individual 320

5.2.4. Mandado de segurança coletivo 326

5.2.5. Mandado de injunção 328

5.2.6. *Habeas corpus* 335

CAPÍTULO 11 – DIREITOS SOCIAIS 341

1. Aspectos introdutórios 341

1.1. Previsão constitucional 341

1.2. Os direitos sociais são cláusulas pétreas? 341

1.3. Efetividade dos direitos sociais 342

1.4. Aplicabilidade das normas de direito social 342

1.5. Formas de positivação dos direitos sociais 342

XX
Coleção Exame Nacional da Magistratura – Direito Constitucional

2. Implementação judicial (judicialização) de direitos sociais.............. 343

3. Mínimo existencial 346
   3.1. Conceito 346
   3.2. Conteúdo do mínimo existencial.. 346
   3.3. Estrutura do mínimo existencial... 346
   3.4. Mínimo existencial *vs.* mínimo vital ou de subsistência....... 347

4. Princípio da vedação ao retrocesso social, efeito *cliquet*, princípio da "não reversibilidade dos direitos fundamentais sociais", "proibição de contrarrevolução social", "proibição de evolução reacionária", "eficácia vedativa/impeditiva de retrocesso", "limite do sacrifício" ou "não retorno da concretização".. 347
   4.1. Conceito 347
   4.2. Âmbitos de aplicação 347
   4.3. Previsão constitucional... 348
   4.4. Efeitos... 349
   4.5. Dimensões do princípio da vedação ao retrocesso social.... 349

5. Camaleões normativos... 350

6. DireitoS sociais em espécie.. 350
   6.1. Direitos sociais previstos no art. 6º da CF/1988................. 350
   6.2. Direitos sociais individuais dos trabalhadores previstos no art. 7º da CF/1988... 351
   6.3. Direitos sociais coletivos dos trabalhadores previstos no art. 8º da CF/1988... 356
   6.4. Direito de greve (art. 9º da CF/1988) 357

CAPÍTULO 12 – DIREITOS DE NACIONALIDADE................................. 361

1. Espécies de nacionalidade 362

2. Quase nacionalidade e cláusula de reciprocidade (*do ut des*)......... 365

3. Diferenças de tratamento entre brasileiros natos e naturalizados... 366

4. Extradição 368

5. Expulsão.. 370

6. Deportação.. 370

7. Repatriação... 371

8. *Surrender* ("entrega")... 371
   8.1. Extradição *vs. surrender*.. 372

Sumário

9. Perda da nacionalidade.. 373
   9.1. Reaquisição da nacionalidade pela desistência à renúncia.. 374
   9.2. Retroatividade da EC nº 131/2023.. 374
10. Condição jurídica do estrangeiro.. 374

CAPÍTULO 13 – DIREITOS POLÍTICOS 379

1. Definição 379
2. Espécies 379
   2.1. Direitos políticos positivos 379
      2.1.1. Direito de sufrágio 379
      2.1.2. Capacidade eleitoral ativa e alistabilidade 380
      2.1.3. Capacidade eleitoral passiva ou elegibilidade............. 382
   2.2. Direitos políticos negativos 384
      2.2.1. Inelegibilidades 384
      2.2.2. Perda e suspensão de direitos políticos...................... 388
3. Princípio da anterioridade ou da anualidade eleitoral 389
4. Participação popular no regime democrático: plebiscitos, referendos
   e consultas populares 390
   4.1. Aspectos comuns do plebiscito e do referendo...................... 391
   4.2. Consultas populares 392
5. Partidos políticos 392
   5.1. Princípio da liberdade na criação de partidos políticos 392
   5.2. Vedação à celebração de coligações partidárias nas eleições
        proporcionais 393
   5.3. Natureza dos partidos políticos e aquisição de personalida-
        de 394
   5.4. Etapas de criação de um partido político 394
   5.5. Cancelamento de partido político 395
   5.6. Cláusula de barreira ou cláusula de desempenho 395
   5.7. Fidelidade partidária 395
   5.8. Incorporação de partidos e ausência de responsabilização
        por sanções anteriormente aplicadas...................................... 397
   5.9. Destinação de recursos para programas de promoção e
        difusão da participação política de mulheres........................... 397
6. Cota de gênero, financiamento de campanha e tempo de propa-
   ganda... 397

7. Federações de partidos... 398
   7.1. Conceito de federações de partidos políticos......................... 398
   7.2. Requisitos para a criação de uma federação de partidos políticos... 398
   7.3. Regras de regência da federação... 399
   7.4. Infidelidade partidária e perda de mandato............................ 399
8. Ação de impugnação de mandado eletivo (AIME)............................ 399

CAPÍTULO 14 – ORGANIZAÇÃO DO ESTADO 403

1. Noções preliminares 403
   1.1. Conceito de Estado... 403
   1.2. Elementos do Estado.. 403
   1.3. Soberania *vs.* autonomia.. 403
   1.4. Formas de governo 403
   1.5. Sistemas de governo 404
   1.6. Formas de Estado 406
   1.7. Divisão dos Poderes (ou das funções estatais)...................... 407
   1.8. Regimes políticos... 408
   1.9. Características do Estado brasileiro 408
2. Tipos de federalismo 408
3. Características essenciais do Estado Federativo 411
4. Soberania *vs.* autonomia 411
5. Repartição de competências 412
   5.1. Técnicas de repartição de competências................................ 412
   5.2. Sistema de repartição de competências da Constituição de 1988... 413
   5.3. Campos específicos de competências administrativas e legislativas 414
   5.4. Competência exclusiva *vs.* competência privativa 416
   5.5. Possibilidade de delegação a Estados-membros de competência legislativa privativa da União 416
   5.6. Competência comum (administrativa) da União, Estados, Distrito Federal e Municípios... 416
   5.7. Competência concorrente (legislativa) da União, Estados, Distrito Federal e Municípios... 417
       5.7.1. Competência suplementar dos Estados...................... 417

Sumário   **XXIII**

     5.7.2. Competência suplementar dos Municípios (ou competência suplementar-complementar)........................ 419

  5.8. Competência dos Municípios.................................... 419

6. Organização político-administrativa 420

  6.1. Aspectos gerais... 420

     6.1.1. Vedações constitucionais de natureza federativa...... 420

     6.1.2. Idioma 421

     6.1.3. Símbolos oficiais.. 421

     6.1.4. República Federativa do Brasil *vs.* União................ 421

     6.1.5. Bens da União... 422

  6.2. Estados-membros 422

     6.2.1. Regiões metropolitanas, aglomerações urbanas e microrregiões.. 423

     6.2.2. Bens dos Estados-membros 424

  6.3. Distrito Federal 424

     6.3.1. Competências do Distrito Federal........................ 424

  6.4. Municípios 425

  6.5. Territórios 425

7. Criação de Estados e Municípios 426

  7.1. Incorporação, subdivisão e desmembramento de Estados 426

  7.2. Criação, incorporação, fusão e desmembramento de Municípios 428

CAPÍTULO 15 – INTERVENÇÃO FEDERATIVA............................... 435

1. Intervenção federal 435

  1.1. Espécies de intervenção.. 438

  1.2. Controle da intervenção federal.................................. 439

  1.3. Manifestação dos Conselhos...................................... 439

  1.4. Efeitos do ato interventivo 440

  1.5. Cessação da intervenção 440

2. Intervenção estadual 440

  2.1. Controle da intervenção estadual................................ 441

CAPÍTULO 16 – ORGANIZAÇÃO DOS PODERES........................... 443

1. Unidade e indivisibilidade do Poder 443

  1.1. Finalidades de teoria da "separação de poderes"............ 443

XXIV

Coleção Exame Nacional da Magistratura – Direito Constitucional

2. Poder Legislativo 443
   2.1. Mesas legislativas.. 444
   2.2. Atribuições do Congresso Nacional........................ 445
      2.2.1. Atribuições do Congresso Nacional que demandam sanção do Presidente.............................. 446
      2.2.2. Atribuições exclusivas do Congresso Nacional......... 447
   2.3. Câmara dos Deputados... 448
      2.3.1. Composição.. 448
      2.3.2. Competências privativas da Câmara dos Deputados 448
   2.4. Senado Federal.. 449
      2.4.1. Composição.. 449
      2.4.2. Competências privativas do Senado Federal............. 449

3. Comissões parlamentares.. 450
   3.1. Comissão Parlamentar de Inquérito (CPI) 451

4. Funções do Poder Legislativo... 455

5. Reuniões parlamentares... 455

6. Garantias do Poder Legislativo... 455
   6.1. Senadores e deputados federais............................. 456
      6.1.1. Foro por prerrogativa de função 456
      6.1.2. Imunidade material, inviolabilidade ou *freedom of speech* 457
      6.1.3. Imunidade formal, incoercibilidade pessoal relativa ou *freedom from arrest* 457
   6.2. Deputados estaduais 458
   6.3. Vereadores 459
   6.4. Perda de mandato.. 459
   6.5. Renúncia 461

7. Sistemas eleitorais... 461
   7.1. Espécies 461
      7.1.1. Quociente eleitoral.. 462
      7.1.2. Quociente partidário...................................... 462
      7.1.3. Cálculo da média ("sobras de vagas").................. 462

8. Processo Legislativo... 463
   8.1. Devido processo legislativo constitucional............... 463

8.2.		Normas de observância obrigatória para o âmbito estadual e municipal	463
8.3.		Princípio da necessidade	464
8.4.		Legisprudência	464
8.5.		Ativismo congressual ou *legislative overruling*	464
8.6.		Tipologia do processo legislativo	465
8.7.		Fases do processo legislativo	465
	8.7.1.	Fase introdutória	465
	8.7.2.	Fase constitutiva	467
	8.7.3.	Fase complementar	470
8.8.		Processo legislativo sumário	470
8.9.		Atos normativos em espécie	470
	8.9.1.	Medidas provisórias	470
	8.9.2.	Prazo constitucional de vigência da medida provisória	471
	8.9.3.	Regime de urgência e trancamento de pauta	471
	8.9.4.	Trâmite da medida provisória	472
	8.9.5.	Emenda à medida provisória	472
	8.9.6.	Quórum de votação e aprovação	472
	8.9.7.	Sanção	472
	8.9.8.	Conversão em lei e produção de efeitos	472
	8.9.9.	Efeitos da rejeição da medida provisória pelo Congresso	472
	8.9.10.	Efeito repristinatório tácito	473
	8.9.11.	Limitações materiais à edição de medidas provisórias	473
	8.9.12.	Devolução liminar e de ofício de medida provisória	474
	8.9.13.	Medidas provisórias nos Estados-membros	475
	8.9.14.	Medidas provisórias nos Municípios	475
	8.9.15.	Leis delegadas	475
	8.9.16.	Emendas constitucionais	477
9.		Tribunal de Contas da União	478
9.1.		Composição do Tribunal de Contas da União	478
9.2.		Garantias e prerrogativas dos ministros e auditores do Tribunal de Contas da União	478
9.3.		Natureza do Tribunal de Contas da União	478

9.4. Atribuições do Tribunal de Contas da União	479
10. Poder Executivo	482
10.1. Condições de elegibilidade do Presidente e Vice	483
10.2. Atribuições do Presidente da República	483
10.2.1. "Presidencialismo de coalizão"	485
10.3. Substituição x sucessão	486
10.3.1. Diferenças entre substituição e sucessão	486
10.3.2. Dupla vacância e regras para eleições indiretas	487
10.3.3. Ordem sucessória na hipótese de substituição ou sucessão do Chefe do Poder Executivo	487
10.3.4. Hipóteses de perda dos mandatos de Presidente e Vice	487
10.3.5. Ausência do País	488
10.3.6. Funções do Vice-Presidente	488
10.4. Processo e julgamento da chefia do Poder Executivo	488
10.4.1. Processo e julgamento do Presidente da República	488
10.4.2. Governadores	491
10.4.3. Prefeitos	491
10.4.4. Improbidade administrativa e crimes de responsabilidade	491
10.5. *Recall*	492
10.6. Reeleição	493
10.7. Poder regulamentar	493
11. Poder Judiciário	493
11.1. Posturas passíveis de serem adotadas pelo julgador	494
11.2. Judicialização de políticas públicas	495
11.3. Estrutura do Poder Judiciário	496
11.3.1. Órgãos do Poder Judiciário	496
11.3.2. Estatuto da Magistratura	497
11.3.3. Garantias do Poder Judiciário	498
11.3.4. Garantias funcionais de imparcialidade ou vedações aplicáveis aos magistrados	499
11.3.4.1. Aposentadoria e prerrogativa de foro	500
11.3.5. Permuta entre magistrados	500
11.3.6. Órgão especial	501
11.3.7. Quinto constitucional	501

11.4.	Conselho Nacional de Justiça	503
	11.4.1. Atribuições	503
	11.4.2. Composição do Conselho Nacional de Justiça	504
	11.4.3. Foro por prerrogativa de função	505
	11.4.4. Poder regulamentar do Conselho Nacional de Justiça	505
	11.4.5. Poder normativo do Conselho Nacional de Justiça	505
	11.4.6. Conselho Nacional de Justiça e competência autônoma às Corregedorias	506
	11.4.7. Conselho Nacional de Justiça e controle de constitucionalidade	506
	11.4.8. Conselho Nacional de Justiça e quebra de sigilo bancário ou fiscal	506
	11.4.9. Conselho Nacional de Justiça e afastamento cautelar de magistrado	506
	11.4.10. Atuação do Ministério Público e da OAB no Conselho Nacional de Justiça	506
	11.4.11. Competência para o julgamento de demandas ajuizadas contra o Conselho Nacional de Justiça	506
	11.4.12. Criação de órgão de controle similar ao Conselho Nacional de Justiça em âmbito estadual	507
11.5.	Reclamação constitucional	507
	11.5.1. Competência para julgar reclamação	507
	11.5.2. Natureza jurídica	507
	11.5.3. Objeto da reclamação	508
	11.5.4. Legitimidade ativa	509
11.6.	Súmulas vinculantes	509
	11.6.1. Objeto das súmulas vinculantes	510
	11.6.2. Requisitos	510
	11.6.3. Efeitos	510
	11.6.4. Intervenção do Ministério Público na edição de súmulas vinculantes	511
	11.6.5. *Amicus curiae*	511
	11.6.6. Revogação ou modificação do ato normativo que serve de fundamento para a edição de súmula vinculante	511
11.7.	Recursos extraordinário e especial	511

11.7.1.	Aspectos introdutórios	511
11.7.2.	Prequestionamento	512
11.7.3.	Prévio esgotamento das instâncias ordinárias	513
11.7.4.	Impossibilidade de reexame de fatos e provas	513
11.7.5.	Repercussão geral	513
11.7.6.	Relevância	514
11.7.7.	Hipóteses de cabimento do recurso extraordinário	515
11.7.8.	Hipóteses de cabimento do recurso especial	516

12. Funções essenciais à Justiça 517

   12.1. Ministério Público 517

      12.1.1. Estrutura 517

      12.1.2. Princípios institucionais do Ministério Público 517

      12.1.3. Funções institucionais do Ministério Público 518

      12.1.4. Conselho Nacional do Ministério Público 519

      12.1.5. Conflito de atribuições entre membros do Ministério Público 519

      12.1.6. Poder investigatório do Ministério Público: alcance, parâmetros e limites 520

   12.2. Advocacia pública 521

      12.2.1. Advogado público e exercício da advocacia privada ... 522

      12.2.2. Responsabilização dos advogados públicos e a emissão de pareceres 522

      12.2.3. Constitucionalidade da instituição de órgãos, funções ou carreiras especiais voltadas à consultoria e assessoramento jurídicos dos Poderes Judiciário e Legislativo estaduais 523

   12.3. Advocacia 523

   12.4. Defensoria Pública 524

      12.4.1. Autonomia funcional, administrativa e financeira da Defensoria 524

      12.4.2. Princípios institucionais da Defensoria 525

CAPÍTULO 17 – DEFESA DO ESTADO E DAS INSTITUIÇÕES DEMOCRÁTICAS 531

1. Aspectos introdutórios 531

2. Sistema constitucional de crises 531

   2.1. Estado de Defesa 532

2.2.	Estado de Sítio	533
3. Forças Armadas		535
4. Segurança pública		537
4.1.	Polícias da União	537
4.2.	Polícias dos Estados	538
4.3.	Direito de greve	539
4.4.	Segurança viária	539

REFERÊNCIAS BIBLIOGRÁFICAS 541

Para otimizar ainda mais seus estudos, consulte o Ambiente Virtual desta coleção com **dicas, gabarito do exame anterior, questões para treino, videoaulas, artigos** e conteúdos extras. Instruções de acesso na orelha da capa.

Capítulo 1

Constitucionalismo

1. INTRODUÇÃO

O termo "constituição" deriva do latim *constituere*, significando criar, delimitar ou demarcar. Assim, constituição é o conjunto de normas fundamentais que estabelecem a estrutura e a organização político-jurídica de um Estado. Existem duas principais concepções metodológicas para entender o fenômeno constitucional:

1) **Teoria da constituição:** busca definir os **conceitos e os institutos gerais** das constituições sob uma perspectiva crítica, incluindo, por exemplo, o estudo das teorias do Poder Constituinte e da hermenêutica constitucional.

2) **Direito constitucional: analisa ordenamentos jurídico-constitucionais de forma individualizada no tempo e no espaço**, focando aspectos como a forma e a organização do Estado, o exercício do poder, direitos e garantias fundamentais e finalidades da atuação estatal. Esse ramo do direito fundamenta todo o ordenamento jurídico e considera não somente a ação e a limitação do poder estatal, mas também para a ordem social, democrática e política.

   O estudo do direito constitucional pode ser abordado de três maneiras distintas:

a) Direito constitucional geral: analisa ordenamentos jurídico-constitucionais no tempo e no espaço, como o atual direito constitucional alemão.

b) Direito constitucional especial: concentra-se na análise da Constituição de um Estado específico.

c) Direito constitucional comparado: compara Constituições de acordo com critérios temporais (elaboradas em épocas diferentes), espaciais (vigentes em Estados distintos) e baseados na forma de Estado (Constituições de países que adotam o presidencialismo).

> **Importante**
>
> 1. As normas constitucionais possuem quatro características principais:
>   a) Supremacia: ocupam patamar superior no ordenamento jurídico, exigindo que as demais normas sejam interpretadas à luz da Constituição. A supremacia pode ser material, com maior valor persuasivo, ou formal, com *status* normativo superior das normas constitucionais, prevalecendo sobre as demais.
>   b) Ampla abertura semântica: linguagem que possibilita uma variedade maior de interpretações, favorecendo uma abordagem evolutiva.
>   c) Politicidade: a interpretação e a resolução de problemas constitucionais são influenciadas por valores políticos.
>   d) Transversalidade: dialogam com inúmeros temas de outros ramos do direito.

2. CONSTITUCIONALISMO

2.1. Conceito de constitucionalismo

O constitucionalismo pode ser entendido de três maneiras diferentes:

A) Sentido amplo: refere-se à **existência de uma Constituição** em um Estado, seja ela escrita ou não.

B) Sentido intermediário: concerne à **busca pela limitação do poder político**, envolvendo a proteção de direitos fundamentais em face do Estado e a limitação do poder estatal, por meio de um sistema de freios e contrapesos.

C) Sentido restrito: relaciona-se com a **evolução histórico-constitucional de determinado Estado**.

2.2. Evolução histórica do constitucionalismo

A evolução histórica do constitucionalismo pode ser dividida em três etapas principais: antigo, moderno e contemporâneo.

2.2.1. Constitucionalismo antigo

O constitucionalismo antigo se estende da Antiguidade até o fim do século XVIII e é marcado pela limitação do poder do soberano em um período caracterizado pela ausência de constituições escritas.

A primeira experiência constitucional que merece destaque é a do Estado hebreu, um Estado teocrático em que os dogmas religiosos serviam como limites não apenas aos súditos, mas também ao poder do soberano.

Durante a Idade Média, a "Constituição da Inglaterra" surgiu como pacto de poder da elite inglesa (Rei João Sem Terra e barões normandos), resultando da fusão de

Cap. 1 – Constitucionalismo

diversos atos normativos, entre os quais *Magna Charta* (1215), *Petition of Rights* (1628), *Habeas Corpus Act* (1679), *Bill of Rights* (1689) e *Act of Settlement* (1701).

2.2.2. *Constitucionalismo moderno e o Estado Constitucional Contemporâneo*

O constitucionalismo moderno se estende do século XVIII até o final da 2.ª Guerra Mundial e se baseia em dois princípios fundamentais do ESTADO de Direito: 1) o princípio da divisão (liberdade individual ilimitada e poder estatal limitado); e 2) o princípio da organização (controle recíproco e limitação do poder).

No Estado Constitucional Contemporâneo, o Estado passa a apresentar uma nova forma de organização, lastreada em uma constituição formal, que proclama, entre outros temas, os direitos fundamentais. Sobressai, contudo, a ideia de Estado de Direito, em que o exercício do poder público se encontra materialmente limitado pelo direito. O Estado de Direito pode ser classificado em três paradigmas: **Estado Liberal, Estado Social e Estado Democrático de Direito**. Cada modelo busca superar os anteriores, propondo uma releitura dos valores que regem a atuação estatal e a proteção de direitos. O constitucionalismo moderno abrange os dois primeiros paradigmas, enquanto o constitucionalismo contemporâneo engloba o último.

Constitucionalismo antigo	Constitucionalismo moderno
Não se aplica a todos	Aplicação universal
Direito e política se misturam funcionalmente	Direito x política
Pontuais: temas específicos da política e do direito	Abrangentes no conteúdo

Primeira fase do constitucionalismo moderno: o paradigma do Estado Liberal de Direito

A primeira fase do constitucionalismo moderno, decorrente das revoluções liberais, tem como destaque a ideia de soberania popular. Como exemplo de tal fase, tem-se a Constituição estadunidense de 1787, pioneira por ser a primeira constituição escrita e sintética, adotando o modelo presidencialista, e a Constituição francesa de 1791 prolixa e distinguindo as ideias de Poder Constituinte, Originário e Derivado. No entanto, é importante destacar que, antes mesmo dessas duas Constituições, a Declaração Universal dos Direitos do Homem e do Cidadão (1789) já encampava as ideias centrais do constitucionalismo, como a limitação do poder político e a garantia dos direitos fundamentais.

No **paradigma do Estado Liberal de Direito**, o indivíduo é central, e sua dignidade pessoal é elevada à de **sujeitos de direitos**. O Estado adota uma postura de "intervenção mínima" e a Constituição fundamenta a validade do direito.

A liberdade se baseia na ideia de que todo cidadão é dono de si mesmo, estabelecendo os **"direitos de primeira geração ou dimensão"**, ligados à **liberdade**, como os direitos civis, de caráter negativo (defesa contra o arbítrio do Estado) e os direitos políticos, de caráter positivo (participação na vida política). Esse novo paradigma supera o Estado Absolutista, rejeitando a ideia de que qualquer restrição à esfera individual em favor da coletiva é legítima.

Segunda fase do constitucionalismo moderno: o paradigma do Estado Social de Direito

Após a Primeira Guerra Mundial, surge o **paradigma do Estado Social de Direito**, que enfatiza a coletividade sobre o indivíduo, especialmente em face da formação de significativas disparidades econômico-sociais. Entre suas principais características, podem-se destacar: **intervencionismo**; **papel decisivo na produção e distribuição de bens**; **garantia de um "bem-estar social mínimo"**.

A noção de liberdade, antes absoluta, agora se funde com a busca pela **igualdade material**, reconhecendo-se *na lei* as diferenças existentes. Exemplos dessa tutela podem ser observados na Constituição Mexicana de 1917 e na Constituição de Weimar de 1919.

2.2.3. *Constitucionalismo contemporâneo*

O constitucionalismo contemporâneo, com início no fim da Segunda Guerra Mundial, reconhece a força normativa da Constituição e se estende até a atualidade. Tal corrente surge da constatação de que as vantagens econômicas são insuficientes e a liberdade absoluta implica desigualdades.

O constitucionalismo contemporâneo está atrelado ao paradigma do **Estado Democrático de Direito** ou do Estado Constitucional Democrático, consagrando o ideal de **fraternidade** e **os direitos fundamentais de terceira** (direito ambiental, direito ao patrimônio histórico, direito do consumidor e direito à participação no debate público), **quarta** (democracia, informação e pluralismo) e **quinta gerações ou dimensões** (direito à paz).

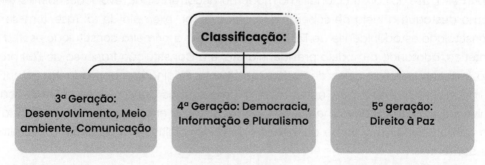

Cap. 1 – Constitucionalismo

O Estado Democrático de Direito possui as seguintes características:

1) **Atenção aos direitos fundamentais:** preocupação com a efetividade e conteúdo desses direitos.
2) **Limitação do Poder Legislativo:** possibilidade de declaração de inconstitucionalidade dos atos normativos não apenas formalmente, mas também com relação ao conteúdo de um direito fundamental consagrado na Constituição.
3) **Democracia substancial:** respeito aos direitos fundamentais de todos, inclusive das minorias, atuando o Poder Judiciário no seu papel contramajoritário.
4) **"Nova roupagem" ao princípio da separação de poderes:** o Poder Judiciário amplia sua participação, estabelecendo um novo equilíbrio nos processos de densificação normativa, em que se busca legitimidade a partir de um pensamento constitucional normativo.

> **Atenção**
>
> Parcela da doutrina sustenta que o constitucionalismo contemporâneo adota a concepção de **"totalitarismo constitucional"**, em que os textos constitucionais são preenchidos com conteúdo social e normas programáticas.

Neoconstitucionalismo

A partir do início do século XXI, surge uma nova perspectiva no constitucionalismo contemporâneo chamada **"neoconstitucionalismo"**, atrelada à busca pela **concretização e efetividade dos direitos fundamentais**. Suas principais características, de acordo com Barroso, são:

1) **Força normativa da Constituição:** reconhecimento de que a Constituição é uma norma jurídica vinculante para todos os Poderes, inclusive o Legislativo.
2) **"Rematerialização" dos textos constitucionais:** os textos constitucionais tornam-se extensos, analíticos e regulamentares, indo além das meras "cartas de princípios".

3) **Fortalecimento do Poder Judiciário: judicialização de relações políticas e sociais** e o desenvolvimento de uma **"nova hermenêutica constitucional"**.

4) **Dignidade da pessoa humana como núcleo axiológico: passa a ser o valor fundamental** das constituições.

5) **Centralidade da Constituição:** fenômeno da **"constitucionalização do direito"**, caracterizado pela consagração constitucional de normas de outros ramos do direito, pela **filtragem constitucional** (interpretação dos atos normativos à luz da Constituição) e eficácia horizontal dos direitos fundamentais (oponibilidade dos direitos fundamentais nas relações entre particulares).

6) **Pressupostos:** pós-positivismo e relação entre direito, ética e justiça.

3. CONSTITUCIONALISMO GLOBAL

Atualmente, além de movimentos constitucionalistas nacionais, há uma discussão sobre um **"constitucionalismo global"** ou **"globalizado",** que se sobrepõe ao direito constitucional de cada país **("constitucionalismo multinível").** Esse movimento visa unificar os ideais humanos, baseando-se em três premissas:

a) **fortalecimento do sistema jurídico-político nacional**, focado na relação entre Estados e também na relação Estado/povo;

b) **elevação da dignidade da pessoa humana** como valor central em todos os movimentos constitucionais; e

c) **primazia de valores e normas universais** centradas nos direitos humanos.

4. ESTADO CONSTITUCIONAL COOPERATIVO

O **Estado Constitucional Cooperativo** proposto por Häberle (2007) visa ultrapassar a ideia de Estado Constitucional Nacional, buscando **ampliar a integração, a solidariedade e a cooperação entre os povos**, bem como diálogo e abertura entre os Estados, comunidade de Estados e organizações internacionais. Essa abordagem responde à mudança de perspectiva no direito internacional, que passa de um direito de coexistência para um **direito de cooperação na comunidade de Estados**, implicando a consolidação internacional da sociedade aberta de intérpretes.

5. CONSTITUCIONALISMO FRATERNAL (OU ALTRUÍSTICO)

O **constitucionalismo fraternal (ou altruístico)** valoriza a integração comunitária e a solidariedade, preconizando a **adoção de ações distributivistas e solidárias**, para amenizar direitos tradicionalmente negligenciados.

O art. 39 do Estatuto do Idoso é um exemplo de aplicação de tal perspectiva constitucionalista, pois garante aos maiores de 65 anos a gratuidade dos transportes coletivos, tendo sua constitucionalidade reconhecida pelo STF (ADI 3.768).

6. PATRIOTISMO CONSTITUCIONAL

O patriotismo constitucional busca um novo modelo de identificação política, vinculado ao **multiculturalismo, à promoção de diversas práticas culturais** e **ao respeito à Constituição**.

Essa abordagem produz uma **identidade política coletiva** atenta para o universalismo e para os princípios do Estado Democrático de Direito, apregoando o **abandono de ideias nacionalistas, a diversidade de culturas** e **a conciliação entre todas as práticas culturais**.

7. TRANSCONSTITUCIONALISMO

O transconstitucionalismo desloca o foco do direito constitucional estatal para se dedicar às temáticas que perpassam diversas ordens jurídicas, podendo envolver tribunais estatais e internacionais na busca por soluções. O constitucionalismo transnacional consiste na elaboração de uma só Constituição aplicável a vários países, em que cada país renuncia parte de sua autonomia, como ocorre com o Tratado da União Europeia.

Para isso, é indispensável um diálogo entre as distintas ordens jurídicas, conhecido como **fertilização constitucional cruzada**, a fim de garantir um tratamento harmonioso e reciprocamente adequado aos problemas comuns.

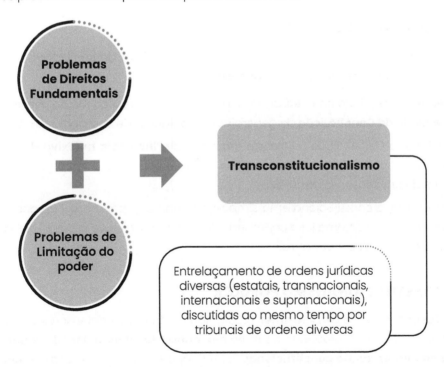

7.1. Vazio constitucional

Gunther Teubner, em *Fragmentos constitucionais* (2016), discute a ideia de "vazio constitucional" no contexto das constituições transnacionais, esclarecendo que, ao contrário da suposição de um "vazio constitucional", há um **aumento significativo da relevância das normas constitucionais transnacionais** em razão do **"processo de constitucionalização"** das organizações internacionais e regimes transnacionais. Isso contribui para a integração de tais entes a uma ordem constitucional global, embora de caráter fragmentário.

Diante da inviabilidade de criação de um "estado mundial" como sujeito constitucional, o foco deve ser a análise da **capacidade de instituições não estatais em exibir alternativas** ao Poder Constituinte do Estado, à tomada de decisões democráticas; e à parte organizacional de uma constituição política no sentido estrito.

8. CONSTITUCIONALISMO DO FUTURO

O **constitucionalismo do futuro** se baseia na perspectiva de uma Constituição futura que incorpore as bases do Estado Social de Direito e do **constitucionalismo fraternal**. Para tanto, deve incorporar sete valores fundamentais: verdade, solidariedade, consenso, continuidade, participação, integração e universalidade.

9. CONSTITUCIONALISMO SIMBÓLICO

A expressão "constitucionalização simbólica" reflete a falta de efetividade social da Constituição, caracterizada por dois aspectos:

a) **Negativo:** déficit de concretização jurídico-normativa, resultando na **perda da capacidade da Constituição** de generalizar expectativas de comportamento.

b) **Positivo:** a Constituição se transforma em uma "**instância reflexiva do sistema jurídico**", aproximando as expectativas sociais e potencializando argumentos em favor de um consenso discursivo.

Em suma, o constitucionalismo simbólico é marcado por uma sobreposição do sistema político ao sistema jurídico, impedindo que a Constituição produza plenamente seus efeitos jurídico-normativos.

10. CONSTITUCIONALISMO POPULAR

Mark Tushnet (1999) **e Larry Kramer** (2004) são os principais defensores do "constitucionalismo popular", propondo o **fim do monopólio da palavra final do Poder Judiciário na interpretação constitucional**. Tal monopólio é conhecido como **supremacia judicial** ou **dificuldade contramajoritária**. Defendem que a sociedade civil seja a

Cap. 1 – Constitucionalismo

protagonista do papel de interpretar e aplicar o direito constitucional, não dispondo a interpretação judicial de um "peso" maior que aquela realizada por qualquer cidadão.

Sobre o fenômeno da supremacia judicial, que o "constitucionalismo popular" propõe não ser mais de exclusividade do Poder Judiciário, o STF decidiu, na ADI 5.105/DF, que "a interpretação do sentido e do alcance das disposições constitucionais **não pode ser vista como apanágio exclusivo do Supremo Tribunal Federal" e que** "a interpretação constitucional passa por um **processo de construção coordenada entre os poderes estatais – Legislativo, Executivo e Judiciário – e os diversos segmentos da sociedade civil organizada**, em um processo contínuo, ininterrupto e republicano, em que cada um destes *players* contribui com suas capacidades específicas no embate dialógico".

Entre as principais características do constitucionalismo popular estão:

a) **Desafio à supremacia judicial:** retirada da prerrogativa da "última palavra do sentido da Constituição" dos tribunais.

b) **Reconhecimento da importância da participação popular** no processo hermenêutico-constitucional.

c) **Valorização de interpretações extrajudiciais da Constituição**.

d) **Fomento à releitura** sob uma perspectiva crítica dos efeitos do *judicial review*.

e) **Impulsionamento da participação popular nas decisões políticas**.

10.1. Constitucionalismo popular mediado

O **constitucionalismo popular mediado** é proposto por Barry Friedman, e nele as decisões dos Tribunais não são diretamente influenciadas pela vontade popular, mas sim ocorrem por meio de um movimento espiral e dialógico com três fases: decisão judicial, resposta popular; e redecisão.

Assim, a influência popular nas decisões dos tribunais é "mediada" pelos agentes políticos, pela mídia e pelas lideranças da sociedade.

Em suma, o controle judicial, embora justificado, não pode ser contrário à vontade popular, porquanto *os Tribunais interagem com a sociedade*.

> **Importante**
>
> As **Supremas Cortes** exercem três papéis principais: **contramajoritário** (defendendo direitos das minorias), **representativo** (tomando decisões que refletem mais a vontade popular do que o ato normativo editado pelas Casas Legislativas) e **iluminista** (tomando decisões que são vistas como corretas, justas e legítimas apesar de não corresponderem à vontade do Congresso Nacional).

11. CONSTITUCIONALISMO DEMOCRÁTICO

O constitucionalismo democrático, diferentemente do popular, reconhece que a interpretação constitucional não deve ser centrada apenas nos tribunais, pois deve envolver outras instituições políticas, movimentos sociais e o povo.

Assim, **embora não se pretenda retirar dos tribunais o papel de dizerem em última instância o sentido da Constituição,** entende-se que os desacordos morais solucionados pelas Cortes não encerram o debate político, mas apenas oferecem uma solução provisória para o problema, ampliando o **diálogo do Poder Judiciário com outras instâncias do debate constitucional**.

Quando as decisões judiciais contrariarem o sentido conferido por outras instituições do sistema político, poderá ocorrer o efeito ***backlash***, que consiste em uma reação conservadora da sociedade ou forças políticas diante de decisões consideradas "liberais" ou "vanguardistas". Com isso, a decisão judicial depende da adesão social (engajamento público) para que adquira legitimidade.

11.1. O embate substancialismo *vs.* procedimentalismo

O procedimentalismo e o substancialismo representam duas abordagens distintas no constitucionalismo contemporâneo. Enquanto o *procedimentalismo* se concentra nos procedimentos pelos quais as decisões legais são tomadas, enfatizando a importância de um **processo legal justo e imparcial** e baseando-se na **fundamentação dos discursos**, o *substancialismo* se concentra **no conteúdo das decisões em si**, enfatizando a importância de decisões legais justas e corretas e, especialmente, a efetivação dos direitos fundamentais.

Nenhuma das concepções oferece uma solução satisfatória e uma compreensão adequada requer a harmonização entre as duas noções aparentemente inconciliáveis, reconhecendo tanto a importância dos procedimentos justos quanto a necessidade de decisões legais corretas. Em outras palavras, o constitucionalismo contemporâneo busca integrar tanto as preocupações procedimentais quanto as substanciais, refletindo a natureza própria à condição humana.

12. CONSTITUCIONALISMO ABUSIVO

A expressão "constitucionalismo abusivo" foi cunhada por David Landau e reflete a utilização de institutos de origem democrática para minar o pluralismo em um país, enfraquecendo, assim, a democracia. O emprego de mecanismos constitucionais é um dos meios utilizados para enfraquecer a democracia, como observado em países como Venezuela e Colômbia, por meio do uso de emendas constitucionais e a promulgação de uma nova Constituição. Não se trata do uso da força, como observado em diversos golpes militares, mas de mudanças aparentemente legais efetuadas no regime político-constitucional que o tornam menos democrático.

Cap. 1 – Constitucionalismo

O STF se pronunciou sobre o "constitucionalismo abusivo" na ADPF 622 MC/DF, relacionando-o a líderes carismáticos que, uma vez no poder, buscam consolidar sua permanência por meio de estratégias como enfraquecer outros poderes, desmontar órgãos de controle, atacar organizações da sociedade civil e rejeitar discursos protetivos de direitos fundamentais, podendo levar à transição de um regime democrático para um autoritário.

13. *CROWDSOURCED CONSTITUTION* OU CONSTITUIÇÃO.COM

O termo "crowdsourced constitution" é o fenômeno da participação popular por meio da internet (*crowdsourcing*) no processo constituinte, possibilitando que **Constituições sejam debatidas e criadas (*constitution-building*) pela internet**.

Trata-se, portanto, de buscar novas formas de participação popular nos projetos de governo a partir das ferramentas tecnológicas. Como exemplo pode ser citado o Projeto de Constituição da Islândia de 2010, que não chegou, todavia, a ser aprovado pelo Parlamento.

14. CONSTITUCIONALISMO ECOLÓGICO (*ENVIRONMENTAL CONSTITUCIONALISM*)

O constitucionalismo ecológico nasce da convergência do direito constitucional, direitos humanos e do direito ambiental, sendo composto de três ciclos constitucionais: enunciações programáticas (**intenção de proteção ambiental)**; antropocêntrico (preservação do meio ambiente ecologicamente equilibrado passa a ser um direito de todo indivíduo, representando o **direito à natureza**) e o ciclo biocêntrico (afirmação do **"direito da natureza"**). Assim, não há apenas um direito fundamental à natureza em seu equilíbrio ou integridade, mas um direito da natureza à sua própria existência.

15. CONSTITUCIONALISMO DIGITAL

O constitucionalismo digital busca afirmar e proteger os direitos fundamentais no ciberespaço, por meio da existência de um quadro normativo de reequilíbrio de poderes no ambiente digital.

Nesse contexto, a jurisdição constitucional desempenha duas funções: a construção de uma nova perspectiva da eficácia horizontal dos direitos fundamentais, fundada na institucionalização social de proteção da liberdade de expressão; a reterritorialização da internet, a partir da publicação de normas que garantam o poder de os tribunais exigirem dos provedores de internet dados armazenados em países estrangeiros.

A relação entre a internet e a teoria dos direitos fundamentais é de suma importância porquanto a primeira surge como um instrumento de realização dos objetivos do constitucionalismo, como a fiscalização e a regulação do poder político. Contudo, é preciso novas formas de proteção dos direitos fundamentais nos meios digitais.

16. CONSTITUCIONALISMO MULTINÍVEL

O "constitucionalismo multinível", conceito introduzido por Ingolf Pernice, reflete a transferência parcial da soberania nacional em prol de uma ordem supraestatal, promovendo a integração comunitária e a consolidação de um sistema constitucional multinível. Esse sistema incorpora uma **Constituição supranacional em nível comunitário**, mantendo-se as Constituições nacionais, tal como ocorre na União Europeia.

Essa abordagem contempla quatro elementos básicos: um conceito supranacional de Constituição, um processo constituinte participativo, a interdependência entre as Constituições supranacionais e nacionais e o reconhecimento das múltiplas identidades dos cidadãos, pautados pelo princípio da não discriminação.

No Brasil, um "diálogo" com a ideia do constitucionalismo multinível ocorreu com a ratificação da Convenção da Corte Interamericana de Direitos Humanos.

EM RESUMO:

Direito Constitucional	
Objeto	Análise dos ordenamentos jurídico-constitucionais de forma individualizada no tempo e no espaço. É ramo do direito público que fundamenta todo o ordenamento jurídico.
Tipos	Direito constitucional geral (análise dos ordenamentos no tempo e no espaço), Direito constitucional especial (análise da Constituição de um Estado específico) e o direito constitucional comparado (comparação das Constituições de acordo com tempo, espaço e baseadas na forma de Estado.

Teoria da Constituição	
Objeto	Busca definir os conceitos e institutos gerais das constituições sob uma perspectiva crítica, como por meio do estudo da hermenêutica constitucional.

Constitucionalismo

Conceito	a) Sentido amplo: reflete a existência de uma Constituição (escrita ou não) no contexto de determinado Estado. b) Sentido restrito: é a busca pela limitação do poder político, em especial por meio da garantia de direitos fundamentais.
Evolução histórica – etapas	a) Constitucionalismo antigo (da Antiguidade até o fim do século XVIII): ausência de constituições escritas. b) Constitucionalismo moderno ou liberal (do século XVIII até o final da 2ª Guerra Mundial): três diferentes fases. c) Constitucionalismo contemporâneo ou "neoconstitucionalismo" (do fim da 2ª Guerra Mundial até a atualidade) busca pela concretização e efetividade dos direitos fundamentais.
Constitucionalismo global	**Conceito:** essa abordagem se sobrepõe ao direito constitucional de cada país ("constitucionalismo multinível"). **Objetivo:** unificar os ideais humanos, baseando-se no fortalecimento do sistema jurídico-político nacional, focado também a relação Estado/povo; a elevação da dignidade da pessoa humana como valor central em todos os movimentos constitucionais; e a primazia de valores e normas universais centradas nos direitos humanos. Não se confundem com o Estado Constitucional Cooperativo o patriotismo constitucional e o transconstitucionalismo.
Constitucionalismo cooperativo	Busca ampliar a integração, a solidariedade e a cooperação entre os povos, por meio da superação da ideia de Estado Constitucional Nacional. Abordagem que responde à mudança de perspectiva no direito internacional, que passa de um direito de coexistência para um direito de cooperação na comunidade de Estado.

Constitucionalismo fraternal	Valoriza a integração comunitária e a solidariedade, preconizando a adoção de ações distributivistas e solidárias. Exemplo: art. 39 do Estatuto do Idoso (gratuidade dos transportes coletivos aos maiores de 65 anos).
Patriotismo constitucional	Essa abordagem busca um novo modelo de identificação política, vinculado ao multiculturalismo, à promoção de diversas práticas culturais e ao respeito à Constituição.
Transconstitucionalismo	Consiste na elaboração de uma só Constituição aplicável a vários países, em que cada país renuncia parte de sua autonomia (como ocorre com o Tratado da União Europeia).
Constitucionalismo do futuro	Pauta-se pela perspectiva de uma Constituição futura que incorpore as bases do Estado Social de Direito e do constitucionalismo fraternal.
Constitucionalismo simbólico	Essa corrente reflete a falta de efetividade social da Constituição.
Constitucionalismo popular – características	Abordagem que propõe o fim do monopólio da palavra final do Poder Judiciário na interpretação constitucional, por meio de alguns mecanismos, como o desafio à supremacia judicial, com a retirada da prerrogativa da última palavra do sentido da Constituição dos Tribunais, e o reconhecimento e impulsionamento da participação popular nas decisões políticas, entre outros.
Constitucionalismo popular mediado	Considera a importância da vontade popular nas decisões dos tribunais e propõe que a influência popular seja mediada por agentes políticos, mídia e lideranças da sociedade.
Constitucionalismo democrático	Interpretação constitucional não deve estar centrada apenas nos tribunais, mas deve ser realizada também por outras instituições do sistema político: o governo, os movimentos sociais, o povo, entre outros. Não pretende retirar o papel dos tribunais de dizerem em última instância o sentido da Constituição.

Outros constitucionalismos que merecem destaque	a) **Constitucionalismo abusivo:** reflete o emprego de mecanismos constitucionais para enfraquecer a democracia (STF, ADPF 622MC/DF). b) ***Crowdsourced Constitution:*** fenômeno da participação popular por meio da internet (*crowdsourcing*) no processo constituinte, possibilitando que Constituições sejam debatidas e criadas (*constitution-building*) pela internet. c) **Constitucionalismo ecológico:** preservação do meio ambiente ecologicamente equilibrado passa a ser um direito de todo indivíduo. d) **Constitucionalismo digital:** busca afirmar e proteger os direitos fundamentais no ciberespaço. e) **Constitucionalismo multinível:** esse sistema incorpora uma **Constituição supranacional em nível comunitário**, refletindo a transferência parcial da soberania nacional em prol de uma ordem supraestatal, a exemplo do que ocorre na União Europeia.

Capítulo 2

Fundamentos, Classificação, Função, Elementos e Evolução Histórica das Constituições

1. FUNDAMENTOS OU CONCEPÇÕES DE CONSTITUIÇÃO

Existem diferentes formas de compreender o fenômeno constitucional, merecendo destaque as seguintes:

1) **Sociológica** (Ferdinand Lassalle): parte da distinção entre duas espécies de constituição:

   a) **escrita (jurídica):** é o documento formalmente elaborado pelo poder constituinte originário;

   b) **real (efetiva):** é **"a soma dos fatores reais de poder que regem uma nação"**, ou seja, é o conjunto de forças políticas atuantes na mudança/conservação das instituições jurídicas.

   Partindo dessa distinção, fica claro que as questões constitucionais são questões de poder, e não questões jurídicas: quando ocorre um conflito entre o texto escrito da Constituição e as forças políticas que regem a realidade fática, estas últimas tendem a prevalecer. Assim, se a Constituição escrita não corresponder à Constituição real, não passará de uma "folha de papel", isto é, não possui qualquer efetividade/normatividade.

2) **Política** (Carl Schmitt): o fundamento da Constituição é a **"vontade política"** que a antecede, ou seja, **a decisão política fundamental** responsável por definir as matérias constitucionais (direitos fundamentais, estrutura do Estado e organização dos Poderes), o modo e a forma de existência da unidade política (Schmitt, 2007). Em sua concepção política, ocorre a seguinte distinção:

a) **Constituição propriamente dita:** decorre de uma decisão política fundamental, isto é, trata dos direitos fundamentais, da estrutura do Estado e da organização dos Poderes (normas materialmente constitucionais);

b) **leis constitucionais:** corresponde às normas formalmente constitucionais (Schmitt, 1996).

Assim, as leis constitucionais apenas serão válidas caso estejam em conformidade com a decisão política prévia (normas materialmente constitucionais).

3) **Jurídica** (Hans Kelsen): a Constituição é um conjunto de normas jurídicas – como todas as demais leis – e, portanto, o seu fundamento é jurídico (e não sociológico ou político), em virtude de tratar-se de um "dever-ser" (Kelsen, 1998). Partindo dessa premissa, Kelsen distingue dois tipos de Constituição:

a) **sentido jurídico-positivo:** corresponde ao **texto constitucional em si** (norma posta), que ocupa o nível normativo-hierárquico mais elevado do ordenamento positivo (norma positiva suprema), sendo responsável pela produção/aplicação de outras normas. Exemplo: a Constituição de 1988;

b) **sentido lógico-jurídico:** corresponde à **norma fundamental hipotética (ou seja, "todos devem obedecer à Constituição"),** base lógico-transcendental de validade da Constituição jurídico-positiva. É uma "norma fundamental" porque consiste no **fundamento da Constituição em sentido jurídico-positivo**. De outro modo, é "hipotética" porque é uma norma pressuposta, **fruto de uma convenção social** indispensável para a validade jurídica da Constituição e, por consequência, de todo ordenamento jurídico. Exemplo: as pessoas devem obedecer ao disposto em um decreto porque ele tem fundamento em uma lei, e esta última retira seu fundamento de validade na própria Constituição. Contudo, a obediência à constituição em si mesma decorre da norma fundamental hipotética, ou seja, deriva de uma *convenção social*: "todos devem obedecer à Constituição".

4) **Total** (Hermann Heller): critica as visões parcializadas da realidade, sustentando que toda teoria que prescinda da alternativa do direito ou do poder, da norma ou da vontade, da objetividade ou da subjetividade, desconhece o fato de que a **construção da realidade estatal é dialética** (Heller, 1968). Partindo dessa premissa, Heller propõe um conceito de Constituição que abarque suas dimensões política (Schimitt), jurídica (Kelsen) e social (Lassalle): a Constituição total.

5) **Normativa** (Konrad Hesse): sustenta que nem sempre os fatores reais de poder prevalecem sobre a Constituição escrita, fazendo um contraponto à concepção sociológica de Ferdinand Lassalle. Caso a Constituição tivesse apenas o papel de descrever o que acontece na realidade (fatores reais de poder), o direito não poderia ser considerado uma ciência. Assim, embora em algumas situações a Constituição escrita sucumba aos fatores reais de poder, também **dispõe de força normativa capaz de modificar a realidade social**. Em outras palavras, há um **condicio-**

Cap. 2 – Fundamentos, Classificação, Função, Elementos e Evolução Histórica

namento recíproco entre a realidade e a Constituição (Hesse, 1991). Contudo, para que a Constituição seja capaz de modificar a realidade social, é necessária uma **"vontade de Constituição":** aqueles que ditam os rumos da sociedade devem não apenas ter uma "vontade de poder", mas também ansiarem para que a Constituição seja efetivamente cumprida.

6) **Culturalista** (Meirelles Teixeira): a Constituição, assim como o direito, é fruto da atividade criativa humana e, portanto, um produto da cultura. Assim, as concepções anteriormente mencionadas não são antagônicas ou excludentes, mas **complementares**, pois a Constituição encontra fundamento simultaneamente em fatores sociais, nas decisões políticas fundamentais e nas normas jurídicas – com capacidade para modificar a realidade social. Nessa acepção, a Constituição surge como **resultado da cultura de um povo** e, ao mesmo tempo, condiciona e modifica a cultura, em um verdadeiro **"condicionamento recíproco"**. Em outras palavras, a "Constituição é um conjunto de normas jurídicas fundamentais, condicionadas pela cultura total, e ao mesmo tempo condicionantes desta, emanadas da vontade existencial da unidade política, e reguladoras da existência, estrutura e fins do Estado e do modo de exercício e limites do poder político" (Teixeira, 1991).

Sociológico	São os fatores reais de poder de uma sociedade.
Político	É a decisão política fundamental de um povo.
Jurídico	É a norma que dá fundamento, validade e harmonia a todo o sistema jurídico.
Total	É a reunião das dimensões política, jurídica e social da Constituição.
Normativista	Força jurídica capaz de mudar a realidade.
Culturalista	Produto cultural de um povo em um dado momento histórico.

2. TIPOLOGIA CLÁSSICA DAS CONSTITUIÇÕES

As Constituições podem ser classificadas segundo diversos critérios:

1) **Quanto à origem:**

a) **outorgada** (imposta): decorre de um **ato unilateral** da vontade política soberana do governante, sem a participação popular. Exemplos: Constituição Imperial de 1824 (imposta pelo Imperador) e a Constituição de 1969 (imposta por uma junta militar);

b) cesarista: é uma Constituição outorgada, mas **submetida a uma consulta popular** (plebiscito ou referendo), com o intuito de angariar legitimidade (forma híbrida). Não é considerada democrática. Exemplo: a Constituição de 1937, pois, embora previsse a realização de um plebiscito, ele não chegou a ser realizado;

c) pactuada (pactual/convencionada/dualista): decorre do pacto de forças políticas contrapostas, resultando de um compromisso entre o soberano (rei) e a representação nacional (Assembleia). Exemplo: Constituição francesa de 1830;

d) democrática (popular/votada/promulgada): elaborada por um órgão constituinte, composto de representantes do povo, eleitos para o fim específico de fazê-lo. Exemplo: Constituição de 1988.

2) Quanto ao modo de elaboração:

a) histórica: resultante da evolução das tradições, com a gradativa incorporação dos usos, costumes, precedentes judiciais e, até mesmo, documentos escritos, não sendo possível apontar um momento específico de surgimento, tratando-se de uma Constituição consuetudinária (costumeira). Exemplo: Constituição da Inglaterra;

b) dogmática: resulta de um órgão constituinte que sistematiza as ideias e princípios dominantes em determinado momento histórico. Exemplo: Constituição de 1988.

3) Quanto à identificação ou modo de reconhecimento das normas:

a) material: conjunto de normas estruturais de uma dada sociedade política, abrangendo os direitos fundamentais, a estrutura do Estado e a organização dos Poderes. Mesmo que algumas normas não estejam no texto constitucional, são consideradas constitucionais em razão de seu conteúdo. Exemplo: Constituição da Inglaterra;

b) formal: conjunto de normas jurídicas formalizadas de modo diverso do processo legislativo ordinário, ou seja, por meio de um procedimento mais complexo e solene que as diferencia das leis infraconstitucionais, independentemente do conteúdo que lhes seja atribuído. Exemplo: Constituição de 1988.

Atenção

É possível encontrar fora do texto constitucional norma material e formalmente constitucional, por exemplo, um tratado internacional de direitos humanos aprovado na forma do art. 5º, § 3º, da Constituição de 1988.

Cap. 2 – Fundamentos, Classificação, Função, Elementos e Evolução Histórica

> **Importante**
>
> Uma norma que integra o texto constitucional pode ser formal e materialmente constitucional (ex. normas que versam sobre direitos fundamentais) ou apenas formalmente constitucional (art. 242, § 2º, da Constituição de 1988).

4) Quanto à estabilidade:

   a) **imutável:** não pode ser modificada. Exemplos: Código de Hamurabi e Lei das Doze Tábuas;

   b) **fixa:** é a Constituição alterável apenas pelo Poder Constituinte Originário. Exemplo: Constituições francesas da época de Napoleão. Atualmente, não existem Constituições imutáveis ou fixas;

   c) **rígida:** é modificável apenas mediante procedimentos mais complexos e rigorosos do que o processo legislativo ordinário. Exemplo: Constituição de 1988;

   d) **super-rígida:** é uma Constituição rígida dotada de pontos imutáveis (cláusulas pétreas). Para parcela da doutrina, a Constituição de 1988 seria uma espécie de super-rígida;

   e) **flexível (plástica):** exige as mesmas formalidades das leis ordinárias para os seus processos de reforma. Trata-se de característica própria de Constituições costumeiras. Da flexibilidade decorrem dois efeitos: (i) não há hierarquia, uma vez que as normas constitucionais e ordinárias estão no mesmo nível; (ii) não há controle de constitucionalidade. Exemplo: Constituição da Nova Zelândia;

   f) **semirrígida:** possui uma parte rígida e outra flexível, ou seja, determinadas normas exigem um processo mais rigoroso para alteração (ou não podem ser alteradas por serem cláusulas pétreas) e outra parte exige o mesmo processo previsto para a alteração das leis ordinárias. Exemplo: Constituição Imperial de 1824.

5) Quanto à extensão:

   a) **concisa (breve/sumária/sucinta/básica/clássica):** contempla apenas os princípios gerais e as regras básicas de funcionamento e organização do sistema jurídico estatal. Exemplo: Constituição norte-americana de 1787;

   b) **prolixa (analítica/regulamentar/expansiva):** promove o detalhamento de certas temáticas constitucionais ou consagra normas que regulam matéria típica da legislação ordinária, conferindo uma proteção mais ampla a certos institutos. Exemplo: a Constituição de 1988.

6) Quanto à função:

a) **garantia (quadro/estatutária/orgânica):** concebida como estatuto organizatório ou simples instrumento de governo. É responsável pela definição de competências e regulação de processos. Trata-se de uma Constituição sintética/concisa que veicula apenas os princípios materiais estruturantes e os direitos fundamentais de liberdade (liberdades clássicas). Exemplo: Constituição norte-americana de 1787;

b) **programática (dirigente/diretiva):** contém normas definidoras de programas de ação a serem concretizados pelos poderes públicos, tendo surgido após o fim da 1ª Guerra Mundial (Constituições sociais). Impõe um programa de transformação social baseado na melhoria das condições de vida, redução das desigualdades regionais e fortalecimento da economia nacional. Exemplos: Constituição mexicana de 1917, Constituição de Weimar de 1919 e Constituição brasileira de 1988;

c) **constituição-balanço (registro):** descreve e registra, periodicamente, o grau de organização política e das relações reais de poder, realizando um balanço do estágio em que se encontra a evolução do socialismo. Exemplo: Constituições da antiga União das Repúblicas Socialistas Soviéticas (URSS).

7) Quanto à dogmática:

a) **ortodoxa:** adota apenas uma ideologia política informadora de suas normas. Exemplo: Constituições da antiga União das Repúblicas Socialistas Soviéticas (URSS);

b) **eclética (compromissória/compósita/heterogênea):** procura conciliar ideologias opostas, sendo típica das sociedades pluralistas atuais. Exemplo: Constituição de 1988, que consagra simultaneamente o direito de propriedade e a função social da propriedade.

8) Quanto à ontologia (Loewestein, 1976)**:**

a) **normativa:** dispõe de normas capazes de efetivamente dominar o processo político e todos os fatores reais de poder. É uma efetiva limitação do poder. Exemplo: Constituição norte-americana de 1787;

b) **nominal:** apesar de ser válida do ponto de vista jurídico, a Constituição nominal não consegue conformar integralmente o processo político, sobretudo no que tange aos aspectos econômicos e sociais. A principal função da Constituição nominal é educativa, com a sua futura conversão em Constituição normativa. Não consegue efetivamente limitar o poder;

c) **semântica:** Constituição utilizada pelos detentores de fato do poder ("Constituição de fato"). Não tem por finalidade limitar o poder político nem assegura direitos. Apenas confere legitimidade aos detentores do poder. Exemplo: Constituições francesas da época de Napoleão.

Cap. 2 – Fundamentos, Classificação, Função, Elementos e Evolução Histórica

> **Atenção**
>
> Guilherme Peña de Moraes (2010) classifica a Constituição de 1988 como normativa, enquanto Neves (2011) a considera uma Constituição nominal.

9) Quanto à origem de sua decretação:

a) **autoconstituição:** decretada pelo próprio Estado que se submeterá aos seus preceitos. Exemplo: Constituição de 1988;

b) **heteroconstituição:** decretada de fora do Estado, seja por outro Estado ou por organizações internacionais. Exemplo: a primeira Constituição do Canadá, aprovada pelo Parlamento britânico.

3. CLASSIFICAÇÃO DA CONSTITUIÇÃO BRASILEIRA DE 1988

- **Quanto à forma:** escrita.
- **Quanto à sistemática:** codificada.
- **Quanto à origem:** democrática.
- **Quanto à estabilidade:** rígida /super-rígida.
- **Quanto à identificação das normas:** formal.
- **Quanto à extensão:** prolixa.
- **Quanto à função:** dirigente.
- **Quanto à dogmática:** eclética.
- **Quanto à ontologia:** nominal/normativa.
- **Quanto à origem de sua decretação:** autoconstituição.

4. NOVA TIPOLOGIA CONSTITUCIONAL

Além das classificações abordadas nos tópicos anteriores, existem outras que merecem especial atenção:

1) **Constituição real:** fruto de forças sociais atuantes na consolidação das normas constitucionais.

2) **Constituição instrumental:** sinônimo de Constituição escrita.

3) *Living Constitution* **ou Constituição viva:** modo como uma Constituição escrita é interpretada e aplicada segundo determinado contexto de época.

4) **Constituição aberta** (Peter Häberle): entende que a verdadeira Constituição é resultado de um processo de interpretação aberto, historicamente condicionado e conduzido à luz da publicidade, ou seja, a interpretação é feita por uma **sociedade**

aberta de intérpretes, e não apenas por juízes e tribunais, passando o **processo de interpretação a ser aberto e público** (aberto a novos interesses e novas necessidades da sociedade, bem como a novos mecanismos de alteração, sejam formais – emendas e revisões – ou informais – mutações constitucionais, interpretação de conceitos jurídicos indeterminados etc. – e, finalmente, a Constituição assume a condição de **realidade constituída e 'publicizada'** (Bonavides, 2001).

5) **Constituição "em branco":** não estabelece limitações explícitas ao poder de reforma, ou seja, as reformas constitucionais ficam sob a discricionariedade do Poder Constituinte Derivado **("cheque em branco").**

6) **Constituição simbólica** (Marcelo Neves): hipertrofia da função simbólica (essencialmente político-ideológica) em detrimento do caráter normativo-jurídico (Neves, 2007). A "Constituição que não corresponde minimamente à realidade, não logrando subordinar as relações políticas e sociais subjacentes" (Neves, 2007).

> ### Importante
>
> A Constituição simbólica pode ser classificada em (Neves, 2007):
>
> a) Simbólica como confirmação de valores sociais: enfatiza a posição valorativa de determinado grupo da sociedade. Exemplo: a chamada "lei seca" nos Estados Unidos da América, que normatizava os valores puritanos, mas que não conseguiu de fato impedir o consumo de bebidas alcóolicas.
>
> b) Legislação álibi: é a legislação que surge para dar uma "resposta aparente" a determinado problema, passando a impressão de que o Poder Público está capacitado para solucioná-lo – quando, na verdade, não o está. Exemplo: leis penais brasileiras depois de fatos que geram comoção, normalmente, recrudescendo penas e tipificando condutas, mas sem atacar as causas da criminalidade.
>
> c) Legislação como fórmula de compromisso dilatório: elaboração de planos e metas que propõem solucionar os conflitos sociais a longo prazo, para um futuro indeterminado, sem qualquer discriminação da forma de implementação.

7) **Constituição chapa-branca** (Sundfeld, 1998): resguarda interesses e privilégios de dirigentes do setor público, tutela posições de poder em corporações e organismos estatais/paraestatais e estabelece formas de distribuição e de apropriação dos recursos públicos entre vários grupos.

8) **Constituição ubíqua** (Sarmento, 2006): "panconstitucionalização" decorrente do caráter detalhista da Constituição, que incorpora valores substanciais, princípios abstratos e normas concretas em seu programa normativo. Caracterizada pela **onipresença**, pois qualquer temática jurídica encontra ponto de contato com a Constituição.

Cap. 2 – Fundamentos, Classificação, Função, Elementos e Evolução Histórica

9) **Constituição moralmente reflexiva** (Canotilho, 1994): busca a realização de um projeto de modernidade, reestruturando a relação nacional-global, por meio de um novo tipo de contrato social, um contrato cultural e democrático de constitucionalização das relações humanas nacionais e globais, preservando direitos mínimos e buscando inclusão social.

10) **Constituição subconstitucional:** as Constituições devem regulamentar apenas temas que interessem à sociedade como um todo, sem detalhamentos inúteis (prolixismo). Critica o excesso de temas constitucionalizados, sendo muitos deles sem real relevância política e social. O excesso de temas constitucionalizados gera as "Constituições subconstitucionais" ou, simplesmente, "Subconstituições" (Bulos, 2019).

11) **Constituição expansiva:** constitucionaliza temas novos e amplia a proteção constitucional para temas não previstos em Constituições anteriores (Horta, 2010).

12) **Constituição silenciosa:** só pode ser modificada pelo mesmo poder que a criou (Poder Constituinte Originário), "por não prever procedimentos especiais para a sua modificação".

13) **Constituição horizontal:** não está no topo da hierarquia do sistema jurídico, mas exerce a função de coordenação dos demais atos normativos. Isso porque a "[...] ordem jurídica que corresponde à ordem social é um **ordenamento circular,** onde as leis são apenas referenciais da ação política e articulam-se de acordo com as necessidades derivadas da atuação política dos grupos microssociais hegemônicos. Nesse sistema circular de leis, decretos e regulamentos, a constituição ocupa **lugar central**, não acima das leis, mas na mesma horizontalidade, exercendo um papel de coordenação" (Coelho, 2011).

14) **Constituição invisível:** Constituição não escrita, formada pela atuação da sociedade e dos tribunais, traçando conceitos e princípios constitucionais estruturais (ex. princípio da proporcionalidade), reconhecidos consensualmente como indispensáveis para a ordem jurídica (Tribe, 2008).

5. DA FUNÇÃO OU PAPEL DAS CONSTITUIÇÕES

No que tange à função da Constituição no ordenamento jurídico, sua relação com a atividade legislativa ordinária e capacidade de conformação atribuída ao legislador, aos cidadãos e à autonomia privada, pode-se destacar a existência de quatro correntes (Silva, 2005):

1) **Constituição-lei:** sustenta que a Constituição consagra um conjunto de normas como qualquer outro diploma normativo, **sem a incidência da supremacia constitucional**, ou seja, a Constituição não está acima do Poder Legislativo, mas à sua disposição, atuando no mesmo nível da legislação ordinária e, portanto, não é capaz de vincular o legislador (Silva, 2005). Para os defensores dessa corrente, as **normas constitucionais são meras diretrizes**, indicadores ou conselhos, ficando ao alvedrio do legislador acompanhá-las.

> **Atenção**
>
> A concepção de Constituição-lei é incompatível com a rigidez constitucional, a supremacia constitucional e a força normativa da Constituição.

2) **Constituição-fundamento (constituição-total):** a Constituição é o fundamento não apenas das atividades relacionadas ao Estado, mas de **toda a vida social** – que deve, por via de consequência, encontrar-se devidamente regulada pelo texto constitucional. Assim sendo, a **onipresença** da Constituição restringe a liberdade de conformação do legislador e dos cidadãos, pois a atividade legislativa é um simples instrumento de regulamentação da Constituição (Silva, 2005).

3) **Constituição-moldura ("ordem-quadro"):** a Constituição deve atuar como uma espécie de moldura, dentro da qual o legislador tem uma margem de discricionariedade para atuação, podendo preenchê-la conforme a situação política, ou seja, a Constituição opera apenas como limite ao exercício da atividade legislativa. A jurisdição constitucional tem o papel de controlar apenas se o legislador agiu dentro dos parâmetros constitucionalmente estabelecidos, detendo o legislador uma ampla liberdade de conformação (atribuição de sentidos).

> **Jurisprudência**
>
> Adotando a concepção de Constituição-moldura, o STF já decidiu que a "Constituição da República, a despeito de não ter estabelecido um modelo normativo pré--pronto e cerrado de financiamento de campanhas, forneceu uma moldura que traça limites à discricionariedade legislativa, com a positivação de normas fundamentais (*e.g.*, princípio democrático, o pluralismo político ou a isonomia política), que norteiam o processo político, e que, desse modo, reduzem, em alguma extensão, o espaço de liberdade do legislador ordinário na elaboração de critérios para as doações e contribuições a candidatos e partidos políticos" (STF, ADI/DF 4.650).

4) **Constituição dúctil ("Constituição suave" ou "Costituzione mite"):** a Constituição deve acompanhar o pluralismo político, social e econômico existente na sociedade, veiculando conteúdos tendencialmente contraditórios, não predefinidos, sem impor uma forma ou **projeto de vida**. Em outras palavras, o papel da Constituição é assegurar as **condições para a harmonia da vida comum em sociedade**, de forma **maleável**, fornecendo as bases para a construção do ordenamento jurídico, sem realizar diretamente um projeto predeterminado de vida comunitária (Zagrebelsky, 1997). O texto constitucional é apenas um conjunto de materiais a partir dos

Cap. 2 – Fundamentos, Classificação, Função, Elementos e Evolução Histórica

quais a política constitucional viabiliza a realização de princípios e valores da vida comunitária de uma sociedade plural.

> **Importante**
>
> São também funções da Constituição (Sarlet, 2022): a) limitação jurídica e controle do poder; b) ordenação da sociedade; c) organização e estruturação do poder; d) legitimidade e legitimação da ordem jurídico-constitucional; e) garantir a estabilidade; f) garantir a identidade política; g) tutelar os direitos fundamentais; h) promover programas, fins e tarefas estatais (função "impositiva" ou "dirigente").

6. ELEMENTOS, ESTRUTURA E CONTEÚDO DA CONSTITUIÇÃO

1) Elementos da Constituição (Silva, 2014):

a) **elementos orgânicos:** normas que regulam a estrutura do Estado e do Poder (Ex.: Título III – Da Organização do Estado; Título IV – Da Organização dos Poderes e do Sistema de Governo);

b) **elementos limitativos:** normas que compõem o elenco dos direitos e garantias fundamentais, limitando a atuação dos poderes estatais (ex.: Título II – Dos Direitos e Garantias Fundamentais, exceto o Capítulo II do Título II – Dos Direitos Sociais);

c) **elementos socioideológicos:** normas que revelam o compromisso da Constituição com o Estado Social, intervencionista (ex.: Capítulo II do Título II – Dos Direitos Sociais; Título VII – Da Ordem Econômica e Financeira; e Título VIII – Da Ordem Social);

d) **elementos de estabilização constitucional:** normas constitucionais que asseguram a solução de conflitos constitucionais, a defesa da Constituição, do Estado e das instituições democráticas (ex.: arts. 34 a 36 – Intervenção nos Estados e Municípios);

e) **elementos formais de aplicabilidade:** normas que estabelecem a aplicação de outras normas constitucionais (ex.: art. 5º, § 1º, da Constituição, que determina que as normas definidoras dos direitos e garantias fundamentais têm aplicabilidade imediata).

2) Estrutura da Constituição de 1988:

a) **preâmbulo**;

b) **disposições permanentes**;

c) **disposições de cunho transitório** (ADCT), que buscam atender pelo menos a três objetivos: "(a) operar como direito transitório, regulando situações em caráter provisório e viabilizando a transição de um regime jurídico para outro; (b) excepcionar alguma regra geral do corpo permanente da Constituição; (c) regular temas concretos por prazo determinado, portanto, sem a pretensão de permanência das normas contidas no corpo permanente" (Sarlet, 2022).

7. SISTEMA CONSTITUCIONAL E A CONSTITUIÇÃO COMO ACOPLAMENTO ESTRUTURAL

Luhmann (2016) sustenta que, à medida que as sociedades vão se tornando mais complexas, passa a ser necessária a criação de **sistemas sociais próprios** (ex.: política, economia, direito, entre outros).

O sistema do direito é o conjunto de todas as comunicações produzidas na sociedade que se refiram ao direito. O autor faz uso da "regra de atribuição", que permite indicar se uma comunicação possui, ou não, referência ao direito. Essa comunicação se dá por meio de um código binário que, no sistema do direito, é baseado na **oposição lícito/ilícito**. O código, então, garante a autonomia do sistema do direito, a sua diferença em relação ao seu ambiente, o seu **fechamento operacional**.

Como ciência, o direito é capaz de estabelecer um diálogo entre ética e política, pois, concebido como um instrumento social que busca assegurar a convivência harmônica na sociedade, permite fundir a organização social com a eterna busca pela virtude.

Como sistema, por sua vez, o direito não perde a sua autonomia nem absorve os demais sistemas, o que inclui a ética e a política. Os três coexistem. No entanto, ao direito é atribuído o papel de ajustá-los em uma dimensão social: ele é o substrato que possibilita **a fusão do "ideal ético" com a "realidade política"**, minimizando os efeitos dos conflitos sob a égide da juridicidade.

No entanto, por mais que os sistemas funcionem com suas regras próprias, existem canais de comunicação entre eles, sendo tais canais chamados de **"acoplamentos estruturais"**.

Assim, para a teoria dos sistemas de Luhmann, **a Constituição é a via de comunicação entre o sistema jurídico e o sistema político**, permitindo a troca de informações e o funcionamento operativamente fechado, mas cognitivamente aberto, de ambos os sistemas.

8. *VACATIO CONSTITUTIONIS*

Em regra, uma Constituição promulgada entra em vigor imediatamente, como ocorreu com a Constituição de 1988. Contudo, o Poder Constituinte Originário pode estabelecer

Cap. 2 – Fundamentos, Classificação, Função, Elementos e Evolução Histórica

o momento em que a Constituição entrará em vigor. Nesse caso, o período entre a publicação e o início da vigência da Constituição é denominado **vacatio constitutionis** e, durante esse intervalo, mantêm-se válidas as disposições constitucionais anteriores, ainda que incompatíveis com a nova Constituição, até que esta última comece a vigorar.

> **Atenção**
>
> Uma lei promulgada durante o período de **vacatio constitutionis** terá sua constitucionalidade analisada em relação à constituição anterior, podendo **não ser recepcionada** pela nova.

EM RESUMO:

Fundamentos ou concepções de Constituição – principais	1) Sociológica (Ferdinand Lassalle). 2) Política (Carl Schmitt). 3) Jurídica (Hans Kelsen). 4) Total (Hermann Heller). 5) Normativa (Konrad Hesse). 6) Culturalista (Meirelles Teixeira).
Tipologia ou classificação das Constituições	1) Quanto à origem. 2) Quanto ao modo de elaboração. 3) Quanto à identificação das normas. 4) Quanto à estabilidade. 5) Quanto à extensão. 6) Quanto à função (ou estrutura). 7) Quanto à dogmática. 8) Quanto à ontologia.
Outras classificações da Constituição	1) Constituição real. 2) Constituição instrumental. 3) *Living constitution* ou Constituição viva. 4) Constituição aberta. 5) Constituição em branco. 6) Constituição simbólica (Marcelo Neves). 7) Constituição chapa-branca. 8) Constituição ubíqua (Daniel Sarmento). 9) Constituição moralmente reflexiva (Canotilho).

Outras classificações da Constituição	10) Constituição subconstitucional. 11) Constituição expansiva. 12) Constituição silenciosa. 13) Constituição horizontal. 14) Invisível (Lawrence Tribe).
Função da Constituição no ordenamento jurídico – correntes	1) Constituição-lei; 2) Constituição-fundamento; 3) Constituição-moldura; e 4) Constituição dúctil.
Elementos da Constituição	a) Elementos orgânicos. b) Elementos limitativos. c) Elementos socioideológicos. d) Elementos de estabilização constitucional. e) Elementos formais de aplicabilidade.
Evolução histórica das Constituições do Brasil	a) Constituição de 1824. b) Constituição de 1891. c) Constituição de 1934. d) Constituição de 1937. e) Constituição de 1946. f) Constituição de 1967. g) Constituição de 1969. h) Constituição de 1988.

Capítulo 3

Poder Constituinte

1. INTRODUÇÃO

O Poder Constituinte é a "manifestação soberana da vontade política de um povo" (Moraes, 2008), ao qual incumbe elaborar (criar), reformar (alterar) ou complementar uma Constituição.

1.1. Tipologia do Poder Constituinte

O Poder Constituinte pode ser classificado em duas categorias:

A) **Material:** conjunto de forças político-sociais responsáveis por romperem com o *status quo* para estabelecer uma nova ordem, por meio de uma revolução, de golpe de Estado ou por meio de um consenso jurídico-político que venha a englobar toda a sociedade.

B) **Formal:** formaliza a ideia de direito apresentada pelo Poder Constituinte material. Pode ser classificado em:

1. **Poder Constituinte Originário:** encarregado de criar uma ordem constitucional, podendo ser classificado em **histórico ou fundacional** (responsável pela elaboração da primeira constituição de um Estado); ou **revolucionário** (responsável pela criação de uma nova constituição, rompendo por completo com a antiga ordem jurídica existente).

2. **Poder Constituinte Decorrente:** atribuído aos Estados-membros dentro de uma federação, podendo ser classificado em **institucionalizador**; **revisor**; ou **reformador**.

3. **Poder Constituinte Derivado:** encarregado de promover mudanças formais no texto constitucional. Contempla duas espécies: **reformador**; ou **revisor**.

Diante da relevância da matéria, passemos à análise detalhada de cada uma das espécies de Poder Constituinte formal.

2. PODER CONSTITUINTE ORIGINÁRIO (INSTITUIDOR, INAUGURAL, GENUÍNO OU PRIMÁRIO)

O Poder Constituinte Originário é encarregado de criar uma ordem constitucional, seja pela elaboração da primeira constituição de um Estado (Poder Constituinte Histórico), seja pela elaboração de uma nova Constituição para um Estado que já existe (Poder Constituinte "Revolucionário"), provocando uma ruptura com a ordem jurídica existente.

2.1. Natureza

Para compreender a natureza do Poder Constituinte Originário, é preciso primeiro analisar duas diferentes concepções de direito:

1) **Concepção jusnaturalista:** o Poder Constituinte Originário está subordinado ao direito natural, tratando-se um **poder jurídico** ou um **poder de direito**. Isso porque existem dois direitos:

   a) direito positivo – posto pelo Estado. Abrange a Constituição e todos os demais atos normativos (leis, decretos, entre outros);

   b) direito natural – está acima do direito positivo, tendo em vista ser inato ao homem, estabelecendo princípios eternos, universais e imutáveis, os quais limitam o Poder Constituinte Originário.

2) **Concepção positivista:** não há direito além daquele posto pelo Estado. Assim, o Poder Constituinte Originário é um **poder político** ou um **poder de fato**, tendo em vista que não há direito acima do positivo **(pré-jurídico)**. É a posição majoritária.

2.2. Características essenciais do Poder Constituinte Originário

O titular do Poder Constituinte, para Sieyès (2001), era a **nação**, conceito impregnado com a noção de homogeneidade cultural, linguística, econômica e política, associado a aspectos sociológicos e antropológicos.

Atualmente, a doutrina majoritária tem entendido que o titular do Poder Constituinte Originário é o **povo,** conceito jurídico que incorpora características pluralistas, evidenciando uma preocupação com a tolerância e o respeito ao direito à diversidade.

Fixadas essas premissas, é preciso deixar claro que as características do Poder Constituinte Originário precisam ser estudadas à luz das diferentes concepções de direito:

1ª) **Concepção jusnaturalista** (adotada pelo Abade Sieyès):

   a) **incondicionado juridicamente:** o Poder Constituinte Originário não está subordinado ao direito positivo – e, por esse motivo, é incondicionado juridicamente –,contudo está subordinado ao direito natural;

b) **permanente:** o Poder Constituinte Originário não se esgota com o seu exercício, ou seja, não se extingue com a elaboração de uma Constituição **("estado de latência" ou "hibernação"**), podendo se manifestar a qualquer tempo;

> **Importante**
>
> Agente do Poder Constituinte é o grupo encarregado de redigir a Constituição e não se confunde com o seu titular (povo). Não tem natureza permanente, pois finda a elaboração da Constituição, o grupo se dissolve.

c) **inalienável:** a titularidade do Poder Constituinte Originário é atribuída à nação/povo, sendo intransferível. O exercício do Poder Constituinte Originário pode até ser usurpado, mas seu titular continua sendo o povo/nação.

2ª) Concepção positivista (Burdeau, 1957):

a) **inicial:** instaura uma nova ordem jurídica e cria o Estado, de modo que não há nenhum outro poder anterior ou superior ao Poder Constituinte Originário;

b) **autônomo:** cabe ao Poder Constituinte Originário escolher a ideia de direito a ser adotada em determinado Estado, fixando as bases da nova Constituição, inclusive no que tange ao tipo de Estado (unitário, federativo, entre outros), ao sistema de governo (presidencialismo ou parlamentarismo), à forma de governo (monarquia ou república), aos direitos fundamentais a serem consagrados, entre outros aspectos;

c) **incondicionado:** não se submete a nenhum parâmetro previamente estabelecido ou a qualquer condição, seja formal (procedimento), seja material (conteúdo).

> **Importante**
>
> Embora incondicionado, o Poder Constituinte Originário encontra limites, em atenção ao **paradoxo da onipotência**: ele não pode criar normas jurídicas inalteráveis ao seu próprio arbítrio, ou seja, não pode tornar uma parte da Constituição imodificável pelo próprio Poder Constituinte Originário.

No que tange à Constituição de 1988, embora a convocação da Assembleia Nacional Constituinte tenha sido por meio da EC nº 26/1985, prevalece o entendimento de que se tratava de verdadeira manifestação do Poder Constituinte Originário, pois a Assembleia Nacional Constituinte não estava obrigada a seguir as formalidades da EC nº 26/1985.

2.3. Limites materiais (ou extrajurídicos) ao Poder Constituinte Originário

Em que pese tratar-se de um poder inicial e incondicionado, o Poder Constituinte Originário se submete a limites materiais (ou extrajurídicos):

1º) Imperativos do direito natural: para os jusnaturalistas, o conjunto de normas eternas, universais e imutáveis que compõem o direito natural atuam como limites ao Poder Constituinte Originário.

2º) Valores éticos, sociais e políticos: se o Poder Constituinte Originário tem como titular o povo/nação, não pode consagrar valores incompatíveis com aqueles predominantes na sociedade, mas apenas aqueles que correspondam aos valores éticos, sociais e políticos estabelecidos por uma comunidade em determinada época.

3º) Direitos fundamentais consolidados: os direitos fundamentais conquistados por uma sociedade ao longo do tempo não podem ter a sua densificação normativa reduzida. A proibição do retrocesso, vedação ao retrocesso social ou "efeito *cliquet*" atua como limite extrajurídico ao Poder Constituinte Originário, de modo que, na elaboração de uma nova Constituição, **não pode o Poder Constituinte retroceder em relação à tutela dos direitos fundamentais**. Ex.: uma nova Constituição não poderia, no Brasil, prever a pena de morte para hipóteses já não admitidas pela CF/1988.

4º) Normas de direito internacional: parcela da doutrina sustenta que os tratados e convenções internacionais de que o País é signatário, especialmente quando versam sobre direitos humanos, limitam a atuação do Poder Constituinte Originário, com fundamento no princípio da não intervenção, da independência dos povos e da prevalência dos direitos humanos.

2.4. Legitimidade

A legitimidade do Poder Constituinte Originário pode ser analisada sob duas óticas distintas:

a) Subjetiva: diz respeito aos sujeitos responsáveis pela elaboração da Constituição. Enquanto a titularidade do Poder Constituinte Originário é atribuída ao povo, o exercício (efetiva elaboração da Constituição) pode não ser exercido pelos seus titulares, configurando um Poder Constituinte Originário ilegítimo sob a ótica subjetiva. Ex.: determinado grupo de pessoas toma o poder e promulga nova Constituição, em nítida usurpação de poder. De outro modo, quando a Constituição é elaborada pelos representantes do povo, eleitos para esse fim específico, o Poder Constituinte Originário age de modo legítimo.

Cap. 3 – Poder Constituinte

b) Objetiva: relacionada ao objeto/conteúdo da constituição. Sob o aspecto objetivo, o Poder Constituinte Originário deve consagrar um conteúdo normativo em conformidade com a ideia de justiça e com os valores da comunidade em determinado momento histórico.

2.5. Formas de expressão

Duas são as formas de expressão do Poder Constituinte Originário:

a) por outorga (exemplo: Constituição de 1824); e

b) por convocação de Assembleia Nacional Constituinte ou convenção (exemplo: Constituição de 1988).

3. PODER CONSTITUINTE DECORRENTE

O Poder Constituinte Decorrente estrutura ou modifica as Constituições estaduais, em decorrência da capacidade de auto-organização atribuída aos Estados-membros. No caso de estruturação de Constituições estaduais, será um **Poder Constituinte Decorrente inicial/instituidor/institucionalizador** (art. 25, *caput*, da CF/1988). Na hipótese de modificação de Constituições estaduais, será um **Poder Constituinte Decorrente revisor ou reformador**.

> **Atenção**
>
> 1) No que tange ao Distrito Federal, prevalece o entendimento de que **exerce um Poder Constituinte Decorrente**, pois a "Lei Orgânica do DF" tem a natureza de Constituição Estadual e de Lei Orgânica Municipal – o Distrito Federal detém competências estaduais e municipais –, só devendo obediência à própria Constituição de 1988, de onde retira o seu fundamento de validade (Novelino, 2017).
>
> 2) No caso dos municípios, prevalece o entendimento no sentido de que **não há Poder Constituinte Decorrente**, pois a Lei Orgânica se subordina simultaneamente à Constituição de 1988 e à respectiva Constituição Estadual, havendo um silêncio eloquente na Constituição de 1988 (Lenza, 2023).
>
> 3) Com relação a eventuais territórios que venham a ser criados, também não há exercício do Poder Constituinte Decorrente, tendo em vista que não dispõem de autonomia federativa, pois têm natureza de autarquias federais (Lenza, 2023).

3.1. Natureza

É um **poder de direito ou poder jurídico**, consagrado pela Constituição de 1988, só existindo nas federações, visando à elaboração e alteração de Constituições estaduais (ex.: a Constituição do Estado de Minas Gerais). Prevalece o entendimento de que o Poder Constituinte Decorrente seria um **poder derivado**, pois constituído pela Constituição de 1988 (Bastos, 2000). Desse modo, o poder de modificar a Constituição da República abrange, também, o poder de elaborar Constituições Estaduais (1999).

3.2. Fundamentos constitucionais

O Poder Constituinte Decorrente encontra previsão nos seguintes dispositivos constitucionais:

a) Art. 25. "Os Estados organizam-se e regem-se pelas Constituições e leis que adotarem, observados os princípios desta Constituição."

b) Art. 11, *caput*, do ADCT. "Cada Assembleia Legislativa, com poderes constituintes, elaborará a Constituição do Estado, no prazo de um ano, contado da promulgação da Constituição Federal, obedecidos os princípios desta."

O princípio da simetria também pode ser extraído desses dois dispositivos, de modo que as Constituições Estaduais devem obedecer ao modelo estabelecido pela Constituição de 1988. Exemplos:

a) Os princípios básicos do processo legislativo são normas de observância obrigatória pelos Estados-membros, de modo que, se o veto do Presidente da República somente pode ser derrubado em escrutínio aberto, o veto realizado por governador também somente pode ser derrubado pelo mesmo escrutínio (aberto).

b) Requisitos para a criação de uma CPI (art. 58, § 3º, da Constituição de 1988): embora a Constituição de 1988 se limite a regulamentar as CPIs em âmbito federal, o STF entende que os requisitos para a criação das CPIs (requerimento de um terço dos membros, apuração de fato determinado e prazo certo de duração) são de observância obrigatória pelos Estados-membros.

3.3. Características do Poder Constituinte Decorrente

Entre as características do Poder Constituinte Decorrente, podem-se destacar:

a) **Secundário:** está previsto em uma norma constitucional.

b) **Limitado:** encontra limites na Constituição de 1988.

c) **Condicionado:** deve observar o conteúdo da Constituição de 1988.

3.4. Limites

Os limites ao exercício do Poder Constituinte Decorrente são condicionados pelos princípios da Constituição de 1988, nos termos do art. 11 do ADCT, entre os quais podem-se destacar:

Cap. 3 – Poder Constituinte

1) **Princípios constitucionais sensíveis:** quando inobservados, permitem a intervenção federal (art. 34, VII, da CF/1988).

2) **Princípios constitucionais extensíveis:** normas que regulam a organização da União, mas que por simetria devem ser observadas pelos Estado, estendendo-se por toda a Constituição. Exemplos: o modelo federal de processo legislativo, a disciplina relativa aos Tribunais de Contas, entre outros.

3) **Princípios constitucionais estabelecidos:** normas que dizem respeito à organização do federalismo, em especial de competência, pré-ordenação ou de reprodução obrigatória. Exemplos: as regras sobre repartição de competências, organização dos poderes, entre outras.

> ### Importante
>
> É possível a previsão de limites ao Poder Constituinte Decorrente reformador ou revisor pelo próprio Poder Constituinte Decorrente institucionalizador, ou seja, o Poder Constituinte Decorrente institucionalizador pode impor limites "heterônomos" ao poder de reformar/revisar as Constituições Estaduais.

4. PODER CONSTITUINTE DERIVADO (OU INSTITUÍDO, CONSTITUÍDO, SECUNDÁRIO E REMANESCENTE)

O Poder Constituinte Derivado não é, em verdade, um poder constituinte, mas um poder constituído, tendo em vista que se encontra previsto na Constituição de 1988. Trata-se de um poder de "segundo grau", sempre limitado/condicionado pelo Poder Constituinte Originário.

4.1. Espécies

A Constituição de 1988 prevê duas espécies de Poder Constituinte Derivado:

1) **Poder Reformador (art. 60 da CF/1988):** responsável pela reforma da Constituição de 1988. A reforma consiste na via ordinária de alteração da Constituição de 1988, podendo ser realizada por meio de emendas constitucionais ou da incorporação de tratado ou convenção internacional de direitos humanos que observe o procedimento previsto no art. 5º, § 3º, da CF/1988.

2) **Poder Revisor (art. 3º do ADCT):** responsável pela revisão constitucional, via extraordinária de alteração da Constituição de 1988. Ex.: na revisão constitucional realizada em 1993, o eleitorado definiu, por meio de plebiscito, a forma (república) e o sistema de governo (presidencialismo) que vigoram no País.

Contudo, **não é possível uma nova revisão constitucional no Brasil** com fundamento no art. 3º do ADCT, tendo em vista tratar-se de norma de eficácia exaurida e por violar a Constituição de 1988 – pois adota um procedimento menos rígido que a reforma (emendas constitucionais).

E mais: o STF entende **incabível** alterar o texto da Constituição de 1988 via emenda (Poder Reformador) para estabelecer uma nova revisão.

> ### Atenção
>
> 1) O art. 3º do ADCT estabelece três limites ao poder revisor:
>
> a) **limitação temporal:** cinco anos da promulgação da Constituição (05.10.1993);
>
> b) **limitação formal** relativa ao procedimento a ser adotado (menos rígido do que na reforma constitucional): aprovação em sessão unicameral pelo Congresso Nacional e promulgação pela Mesa do Congresso Nacional;
>
> c) **limitação procedimental:** quórum de maioria absoluta.
>
> 2) Embora não previsto expressamente, o STF estabeleceu na ADI 829/DF mais um limite ao Poder Revisor, de natureza circunstancial: não poderá haver revisão **na vigência de intervenção federal, de estado de defesa ou de estado de sítio,** tendo em vista que a gravidade dessas situações excepcionais pode afetar a livre manifestação do Poder Constituinte Derivado.

4.2. Limitações

As limitações ao Poder Constituinte Derivado podem ser de quatro espécies distintas:

1) **Temporais:** são aquelas que proíbem a alteração da Constituição de 1988 durante determinado período, com o intuito de sedimentar o texto constitucional.

A Constituição de 1988 **não trouxe limitação temporal ao Poder Reformador, mas apenas** ao **Poder Revisor** (cinco anos – art. 3º do ADCT). Desse modo, no dia 06.10.1988 (apenas um dia após a promulgação da Constituição de 1988), Amaral Neto apresentou uma proposta de emenda constitucional prevendo a pena de morte.

> ### Atenção
>
> A limitação prevista no art. 60, § 5º, da CF/1988 não caracteriza, segundo a doutrina majoritária, limitação de natureza temporal.

Cap. 3 – Poder Constituinte

2) Circunstanciais: proíbem a alteração da Constituição durante a vigência de estado de defesa, estado de sítio e intervenção federal, ficando ameaçada a livre manifestação do Poder Constituinte Reformador (art. 60, § 1º, da CF/1988).

> ### Atenção
>
> As limitações circunstanciais suspendem apenas os atos deliberativos do processo legislativo relacionado à proposta de emenda, mas **não a promulgação e a publicação da emenda**, tendo em vista que são atos vinculados.

3) Formais (procedimentais ou processuais): impõem requisitos procedimentais a serem observados quando da alteração da Constituição, distinguindo-se em relação ao Poder Reformador (art. 60, *caput*, §§ 2º, 3º e 5º, da CF/1988) e ao Poder Revisor (art. 3º do ADCT). Espécies:

a) limitações formais subjetivas: relacionadas aos sujeitos competentes para alterar a Constituição. Estabelece o art. 60 da CF/1988 a Constituição poderá ser emendada mediante proposta:

I – **de um terço,** no mínimo, dos membros da Câmara dos Deputados ou do Senado Federal;

II – do Presidente da República;

III – **de mais da metade** das Assembleias Legislativas das unidades da Federação, manifestando-se, cada uma delas, pela maioria relativa de seus membros. Assim, é preciso que pelo menos quatorze Assembleias Legislativas de Estados-membros distintos apresentem a proposta, devendo a votação ter sido aprovada pela maioria relativa de seus membros.

> ### Atenção
>
> É possível a apresentação de uma proposta de emenda constitucional pelo povo (iniciativa popular de PEC)?
>
> a) Sim, a partir de interpretação sistemática da Constituição (art. 1º, parágrafo único; art. 14; e art. 61, § 2º, da CF/1988). É a posição de José Afonso da Silva (2010).
>
> b) Não, porque não há previsão expressa e o dispositivo constitucional que versa sobre as emendas constitucionais (art. 60 da CF/1988) deve ser interpretado restritivamente. É a posição majoritária.

b) limitações formais objetivas: podem ser divididas em duas categorias:

    i. limitação relativa ao quórum e às sessões legislativas: enquanto uma lei ordinária é aprovada pela maioria relativa dos presentes e uma lei complementar é aprovada pela maioria absoluta, no caso da emenda, o quórum exigido é de 60% (ou seja, 3/5 dos membros), em dois turnos de votação (art. 60, § 2º, da CF/1988);

> **Importante**
>
> Não há lapso temporal mínimo a ser observado entre os dois turnos de votação de emenda (STF, ADI 4.357/DF).

    ii. limitação relativa à promulgação da emenda: a promulgação deve ser realizada de forma conjunta pela Mesa da Câmara dos Deputados e a Mesa do Senado Federal;

> **Importante**
>
> A iniciativa é o único momento em que ocorre a participação do Presidente da República no processo de elaboração de emenda constitucional, tendo em vista que não há sanção ou veto de proposta de emenda constitucional.

    iii. limitação referente à apresentação de nova proposta na mesma sessão legislativa (princípio da irrepetibilidade): a matéria constante da proposta de emenda rejeitada ou havida por prejudicada não pode ser objeto de nova proposta na mesma sessão legislativa (art. 60, § 5º, da CF/1988). Contudo, afastada a rejeição do substitutivo (proposição que altera substancialmente a proposta de emenda), nada impede a votação do projeto original na mesma sessão legislativa. "O que não pode ser votado na mesma sessão legislativa é a emenda rejeitada ou havida por prejudicada, e não o substitutivo que é uma subespécie do projeto originariamente proposto" (STF, MS 22.503/DF).

> **Atenção**
>
> Sessão legislativa não se confunde com a legislatura ou com período legislativo. A sessão legislativa vem prevista no art. 57 da CF/1988, tem duração anual e não segue o calendário gregoriano. A legislatura abrange o período de quatro anos (art. 44, parágrafo único, da CF/1988). Por fim, os períodos legislativos têm duração semestral.

Cap. 3 – Poder Constituinte

4) Materiais (substanciais ou cláusulas pétreas): proíbem modificações violadoras do núcleo essencial de determinados institutos e princípios. Não se trata de intangibilidade literal: o texto normativo pode até sofrer modificações, mas seu núcleo essencial deve ser preservado (STF – ADI 2.024/MC/DF).

4.2.1. Teorias que justificam a criação de cláusulas pétreas

Duas teorias buscam justificar a criação das cláusulas pétreas:

a) Teoria da democracia dualista (Ackerman, 2006): distingue dois tipos de política:

- **Ordinária:** diz respeito às deliberações realizadas pelos órgãos de representação popular de forma cotidiana (ex. leis ordinárias, leis complementares, medidas provisórias, entre outras).

- **Extraordinária:** reflete as decisões tomadas pelo povo em momentos de grande mobilização cívica, em que há uma intensa manifestação da cidadania (ex. elaboração de uma Constituição), estando em **patamar superior à política ordinária**, e podendo impor limites legítimos ao exercício desta.

b) Teoria do pré-comprometimento (Elster, 2009): as Constituições democráticas são mecanismos de autovinculação da sociedade (pré-comprometimento) e as cláusulas pétreas visam protegê-las contras "tentações momentâneas" com relação às metas de longo prazo.

4.2.2. Finalidades das cláusulas pétreas

As cláusulas pétreas possuem três finalidades:

a) preservar a identidade material da Constituição: os dispositivos que conferem identidade material à Constituição não podem ser alterados em seu núcleo essencial, com o intuito de evitar a sua desfiguração;

b) proteger institutos e valores essenciais para a sociedade;

c) assegurar a continuidade do processo democrático: as cláusulas pétreas evitam a perpetuação do poder nas mãos de determinado governante, estabelecendo, por exemplo, o voto direto, secreto, universal e periódico (art. 60, § 4º, II, da CF/1988), bem como o princípio da anterioridade eleitoral (art. 16 da CF/1988).

4.2.3. Análise detalhada das cláusulas pétreas explícitas (art. 60, § 4º, da Constituição de 1988)

Não será objeto de deliberação a proposta de emenda *tendente a abolir*:

I – **a forma federativa de Estado:** o núcleo essencial da forma federativa de Estado é a autonomia conferida aos entes federativos. Ex.: o princípio da imunidade tributária recíproca (art. 150 da CF/1988) é considerado cláusula pétrea, tendo em vista que tutela a forma federativa de Estado;

II – **o voto direto, secreto, universal e periódico**;

Não há previsão do voto obrigatório, razão pela qual tem-se entendido que a obrigatoriedade do voto não é cláusula pétrea (expressa ou implícita).

III – **a separação dos Poderes:** não se admitem alterações que afetem o equilíbrio, a harmonia e a independência entre os poderes. Ex.: embora a criação do CNJ tenha implicado a inclusão de membros externos ao Poder Judiciário em sua composição, o STF entendeu constitucional a medida, visto que não viola "o núcleo político do princípio, mediante preservação da função jurisdicional, típica do Judiciário, e das condições materiais do seu exercício imparcial e independente" (ADI 3.367/DF);

IV – **os direitos e garantias individuais:** os direitos e garantias individuais são uma das espécies de direitos fundamentais e estão previstos não apenas no art. 5º da CF/1988, mas também em outros dispositivos do texto constitucional, tais como os princípios da anterioridade eleitoral (art. 16 da CF/1988) e da anterioridade tributária (art. 150 da CF/1988).

Contudo, paira divergência no que tange à inclusão dos demais direitos fundamentais entre as cláusulas pétreas. Sobre o tema existem basicamente quatro correntes:

a) **Interpretação literal:** as cláusulas pétreas são apenas aquelas previstas no art. 5º da CF/1988.

b) **Interpretação literal restrita ou restritiva:** cláusulas pétreas não são todos os direitos e garantias previstos no art. 5º da CF/1988, mas apenas os direitos individuais propriamente ditos, ou seja, os direitos de liberdade.

c) **Interpretação extensiva:** cláusulas pétreas são todos os direitos fundamentais.

d) **Interpretação extensiva sistemática:** cláusulas pétreas não são todos os direitos fundamentais, mas apenas os direitos de primeira, segunda e terceira gerações que dizem respeito ao mínimo existencial, tendo como base a dignidade da pessoa humana.

> ### Atenção
>
> É possível ampliar o rol de cláusulas pétreas? Sobre o tema, temos duas correntes:
>
> a) Não, visto que somente o Poder Constituinte Originário pode impor uma limitação intransponível ao Poder Constituinte Derivado.
>
> b) Sim, mediante a ampliação do rol de direitos e garantias individuais que, automaticamente, passam a integrar às cláusulas pétreas. Exemplo: a inserção do inciso LXXVIII no art. 5º da CF/1988, que passou a estabelecer a razoável duração do processo.

Cap. 3 – Poder Constituinte

4.2.4. Cláusulas pétreas implícitas

Além dos limites materiais explícitos, existem limites materiais implícitos, entre os quais podem-se destacar:

a) **Os limites previstos no próprio art. 60 da CF/1988:** trata-se de cláusulas pétreas, não podendo ser objeto de emenda. Ex.: não será objeto de deliberação a proposta de emenda que pretende modificar o quórum de aprovação de 3/5 para maioria absoluta. Também não é possível alterar a iniciativa do Poder Constituinte Derivado Reformador.

> **Importante**
>
> A **dupla reforma, dupla revisão ou reforma em dois tempos** consiste em alterar uma limitação imposta ao poder reformador para, em seguida, alterar o conteúdo da Constituição de 1988. **Não** é admitida no direito brasileiro. Ex.: não é possível emendar a Constituição para retirar o inciso IV do § 4º do art. 60 da CF/1988 e, na sequência, extirpar também o contraditório e a ampla defesa das garantias processuais.

b) **A titularidade do Poder Constituinte:** a titularidade do Poder Constituinte (povo) não pode ser objeto de modificação.

c) **O sistema presidencialista e forma republicana:** não há consenso sobre o fato de se tratar de cláusula pétrea implícita, existindo três correntes:

   i.   **não são cláusulas pétreas**, pois o sistema presidencialista e a forma republicana não estão expressamente previstos (silêncio eloquente). É a posição minoritária (Verde Sobrinho, 2017);

   ii. o sistema presidencialista e a forma republicana **são cláusulas pétreas** e não podem mais ser alterados na Constituição de 1988, tendo em vista que o Poder Constituinte Originário trouxe a previsão de um plebiscito em 7 de setembro de 1993, conferindo ao povo, naquele momento, a legitimidade para decidir sobre eventual interesse na alteração do sistema e da forma de governo. A partir do momento que houve uma decisão popular (plebiscito), o sistema de governo e a forma de governo se tornaram intangíveis;

   iii. **posição intermediária** – é possível alterar o sistema presidencialista e a forma republicana por meio de um novo plebiscito ou de um referendo.

4.2.5. Natureza das cláusulas pétreas

Existem três correntes que procuram explicar a natureza das cláusulas pétreas:

a) **Inaceitabilidade das cláusulas pétreas:** são inaceitáveis, pois não deveria haver diferença substancial entre o Poder Constituinte Derivado e o Originário, tendo em vista que ambos são formas de expressão da soberania do Estado.

b) Teoria da dupla revisão: as cláusulas pétreas são essenciais, pois, acaso suprimidas, abre-se caminho para, em seguida, serem removidos princípios constitucionais petrificados.

c) Imutabilidade de valores constitucionais e do projeto do constituinte originário: as cláusulas pétreas asseguram a imutabilidade de certos valores constitucionais e preservam a identidade do projeto do constituinte originário. **É a corrente adotada pelo nosso ordenamento**, com a ressalva de que as cláusulas pétreas não impedem a alteração redacional de uma norma constitucional, mas somente a violação ao núcleo essencial tutelado pela norma.

5. PODER CONSTITUINTE DIFUSO (OU INTERPRETAÇÃO CONSTITUCIONAL EVOLUTIVA)

O Poder Constituinte Difuso consiste em **poder de fato** (político, econômico ou social) exercido quando os órgãos, incumbidos de aplicar as normas constitucionais, deparam-se com lacunas, obscuridades ou omissões, buscando solucioná-las por meio de **vias não previstas formalmente** no texto constitucional. Duas são as principais formas de instrumentalização do Poder Constituinte Difuso:

a) convenções e costumes constitucionais;

b) mutações constitucionais, ou seja, processos informais de alteração da Constituição em que o texto continua a ser o mesmo, mas é reinterpretado em virtude de uma nova realidade social. Ex.: a mudança de entendimento do STF acerca inconstitucionalidade da progressão de regime nos crimes hediondos, dando ensejo à edição da Súmula Vinculante nº 26.

As normas criadas pelo Poder Constituinte Difuso submetem-se ao controle de constitucionalidade.

6. PODER CONSTITUINTE SUPRANACIONAL OU TRANSNACIONAL

O Poder Constituinte Supranacional ou Transnacional consiste em **poder de fato** encarregado de fazer ou reformular Constituições de **caráter supranacional**, ou seja, "destina-se à formação de uma Constituição supranacional legítima, apta a vincular a comunidade de Estados sujeitos à sua incidência" (Carvalho, 2010).

O qualificativo "supranacional" ou "transnacional" busca distinguir essa modalidade de poder constituinte das Constituições elaboradas por determinado Estado e, também, de uma Constituição fruto do direito internacional.

Cap. 3 – Poder Constituinte

O Poder Constituinte Supranacional ou Transnacional decorre da ideia de cidadania universal, da vontade de integração entre os povos e do remodelamento da soberania. Ex.: a elaboração de uma Constituição de caráter supranacional para o Mercosul.

7. HIATO CONSTITUCIONAL

Expressão cunhada por Ivo Dantas (*apud* Lenza, 2023), o hiato constitucional ocorre nas hipóteses de separação entre o conteúdo da Constituição propriamente dito ("Constituição política") e o que se verifica na realidade social, ou seja, implica a existência de um descompasso entre o texto constitucional e a sociedade.

Diante da ausência de adaptação do texto constitucional e a realidade normatizada, o hiato constitucional pode ocasionar um dos seguintes fenômenos:

a) convocação de Assembleia Nacional Constituinte para a elaboração de uma Constituição;

b) mutação constitucional;

c) reforma constitucional, por meio de emendas constitucionais;

d) hiato autoritário, consistente na imposição unilateral e autoritária de uma nova ordem jurídica (ex.: outorga de uma nova Constituição).

8. LIPOASPIRAÇÃO CONSTITUCIONAL

Os modelos de Constituição podem ser classificados em:

1) **Sintético:** cuida basicamente da regência do Estado, organizando-o e limitando seu poder, por meio da estipulação de direitos e garantias fundamentais. É adotado pela Constituição norte-americana de 1787.

2) **Analítico:** constitucionaliza diversos aspectos da vida social, no que tange à destinação, formação e funcionamento do Estado. É adotado pela Constituição de 1988, que regula temas que não estão relacionados à estrutura da sociedade política, de natureza apenas formalmente constitucional (**"prolixismo constitucional"**).

Nesse contexto, a proposta de que seja realizada uma "lipoaspiração constitucional" objetiva promover **uma redução, um "enxugamento"**, da CF/1988, de modo que passe a ser adotado o modelo sintético, com restrição das matérias por ela reguladas exclusivamente a direitos fundamentais, a estrutura do Estado e a organização dos Poderes (matérias formalmente constitucionais).

Em suma, trata-se de um processo de "desconstitucionalização", ou seja, de "perda de gordura constitucional", que implicaria, por exemplo, a exclusão do art. 242, § 2º, da Constituição de 1988.

EM RESUMO:

Poder Constituinte

Categorias	a) Material. b) Formal. Classifica-se em: b.1) Poder Constituinte Originário; b.2) Poder Constituinte Decorrente; b.3) Poder Constituinte Derivado.

Poder Constituinte Originário

Características	1º) Para a concepção jusnaturalista (adotada por Abade Sieyès): a) incondicionado juridicamente; b) permanente; c) inalienável. 2º) Para a concepção positivista (Georges Burdeau): a) inicial; b) autônomo; c) incondicionado.
Limites	1º) Imperativos do direito natural. 2º) Valores éticos, sociais e políticos. 3º) Direitos fundamentais já consolidados. 4º) Normas de direito internacional.
Legitimidade	a) Subjetiva: diz respeito aos sujeitos responsáveis pela elaboração da Constituição. b) Objetiva: relacionada ao objeto/conteúdo da Constituição.

Poder Constituinte Decorrente

Natureza	Há três posições sobre o tema: a) constituinte; b) derivado; c) dual.
Fundamento	Art. 25 da CF/1988 e art. 11 do ADCT.
Características	a) Secundário. b) Limitado. c) Condicionado.
Limites	Os princípios constitucionais sensíveis, os princípios constitucionais extensíveis e os princípios constitucionais estabelecidos.

Cap. 3 – Poder Constituinte

Poder Constituinte Derivado	
Espécies	1º) Poder Reformador (art. 60 da CRFB/1988): responsável pela reforma da Constituição. 2º) Poder Revisor (art. 3º da ADCT): responsável pela revisão constitucional, via extraordinária de alteração da Constituição.
Limitações	Temporais, circunstanciais, formais e materiais.

Outros pontos que merecem destaque: Poder Constituinte Difuso, Poder Constituinte Supranacional e Hiato Constitucional.

Capítulo 4

Normas Constitucionais

1. FONTES NORMATIVAS CONSTITUCIONAIS

O sistema normativo-constitucional brasileiro é **aberto** (captando as mudanças na realidade social e admitindo a influência de outros sistemas), **dinâmico** (admitindo alterações nos valores que servem de fundamento e no seu conjunto de normas) e faz uso de **linguagem de textura aberta** (ex. ordem pública, interesse relevante, entre outras expressões).

No âmbito federal, as fontes de normas constitucionais podem ser classificadas em quatro categorias:

1) **Fontes diretas** (previstas e reguladas pelo ordenamento nacional) **e formais** (autorizadas pelo ordenamento em vigor a produzirem normas constitucionais):

   a) Constituição de 1988;

   b) emendas constitucionais;

   c) emendas constitucionais de revisão.

2) **Fontes diretas e informais** (não previstas no rol de atos autorizados pelo ordenamento a produzirem normas constitucionais, mas que podem produzir mudanças "tácitas" ou informais na Constituição):

   a) convenções constitucionais (ex.: embora não previsto expressamente no texto constitucional, apenas o titular da iniciativa legislativa reservada pode retirar o projeto de lei anteriormente proposto de apreciação de Casa Legislativa);

   b) costumes constitucionais (ex.: a possibilidade de descumprimento de leis entendidas como inconstitucionais pelos Chefes de Poderes);

   c) mutações constitucionais;

   d) decorrentes do ativismo judicial:

   i. decisões do STF que "criam normas constitucionais" (ex.: ADI 3.999/DF, que admitiu a perda do mandato parlamentar por infidelidade partidária, embora o art. 55 da Constituição de 1988 previsse rol taxativo);

ii. súmulas vinculantes que adotam a Constituição de 1988 como objeto, e não como parâmetro normativo (ex.: Súmula Vinculante nº 11, que estabelece como deve se dar o uso de algemas).

3) **Fontes indiretas** (decorrentes de ordenamento distinto do brasileiro) **e formais:** tratados internacionais de direitos humanos incorporados na forma do art. 5º, § 3º, da Constituição de 1988.

4) **Fontes de normas transitórias, instantâneas ou de "modulação de efeitos":** o Ato das Disposições Constitucionais Transitórias (ADCT), composto de (Barroso, 1993):

   a) disposições transitórias propriamente ditas: sujeitas a condição resolutiva ou termo. Ex.: o art. 10, § 1.º, do ADCT;

   b) disposições de efeitos instantâneos e definitivos: que operam imediatamente ou em prazo estabelecido. Ex.: o art. 13, *caput*, do ADCT (criação do Estado do Tocantins).

   c) disposições de "modulação de efeitos": "modulam" os efeitos de normas constitucionais. Ex.: art. 5º, *caput*, do ADCT (afastou a aplicação do art. 16 na eleição de 15.11.1988).

Nesse contexto, a Constituição de 1988 ocupa o nível hierárquico mais elevado entre as fontes do direito brasileiro, conferindo ao ordenamento jurídico os atributos da **coerência e unidade sistêmicas** (princípio da unidade constitucional).

> **Jurisprudência**
>
> Na ADI 815/RS, o STF firmou o entendimento de que não há hierarquia entre as normas constitucionais decorrentes do Poder Constituinte Originário, afastando a tese de Otto Bachof de que normas constitucionais "fortes" poderiam invalidar as "fracas" (Bachof, 1994).

2. ESPÉCIES NORMATIVAS CONSTITUCIONAIS

Existem basicamente duas abordagens da matéria: uma clássica e uma contemporânea.

2.1. Abordagem clássica (ou teoria restritiva)

Negava normatividade aos princípios, concebendo-os como meios indiretos passíveis de ser utilizados na produção de normas jurídicas (regras). Em outras palavras, só as regras são normas.

2.2. Abordagem contemporânea (ou teoria extensiva)

Sustenta que as **"normas"** são gênero que compreende pelo menos duas espécies: os **princípios** e as **regras**.

Bonavides (2002) acentua que a normatividade dos **princípios** passou por três fases distintas:

a) **jusnaturalista:** os princípios eram concebidos metafisicamente e, embora servissem de fundamento para os valores tutelados pelo direito, não eram considerados normas, mas sim "um conjunto de verdades objetivas derivadas da lei divina e humana";

b) **positivista:** os princípios passaram a integrar os Códigos como "fonte normativa subsidiária".

c) **pós-positivista:** os princípios conquistaram hegemonia axiológico-normativa, convertendo-se em "pedestal normativo sobre o qual assenta todo o edifício jurídico dos novos sistemas constitucionais".

> **Importante**
>
> Humberto Ávila (2014) sustenta a existência de três tipos de normas: princípios, regras e postulados normativos. Os princípios são normas que estabelecem fins a serem alcançados (Ex.: art. 3º da Constituição, que versa sobre os objetivos fundamentais da República Federativa do Brasil).

De outro modo, as **regras** "são normas imediatamente descritivas de comportamentos devidos ou atributivas de poder" (Ávila, 2005, p. 89). Exemplo: o art. 5º, II, da Constituição, que estabelece o princípio da legalidade.

Por fim, os **postulados normativos** são normas que regulamentam a aplicação de outras normas. Exemplo: a proporcionalidade, visto ser uma estrutura formal de raciocínio com princípios, analisando-se a adequação e a necessidade.

Nesse diapasão, existem basicamente três concepções ou abordagens acerca da estrutura normativa de regras e princípios: a **teoria da unicidade** (ou conformidade), a **teoria da distinção forte** (ou quantitativa) e a **teoria da distinção dúctil**.

2.2.1. Teoria da unicidade ou da conformidade

A teoria da unicidade ou da conformidade sustenta que **não há qualquer diferença entre regras e princípios**, sendo o sistema jurídico formado apenas por normas em sentido amplo. Assim, existe apenas o gênero "normas", cuja interpretação/aplicação dá-se de modo distinto segundo cada caso concreto.

A teoria da unicidade é criticada em duas frentes:

1) Trata os enunciados normativos como tópicos, cujo conteúdo é definido à luz do caso concreto, de modo que antes do processo de interpretação/aplicação apenas existiria um conjunto indefinido de enunciados indiferentes estruturalmente (Vale, 2009).

2) Desconsidera o fato de que, em algumas hipóteses, os enunciados jurídicos não geram dúvida sobre seu significado normativo.

2.2.2. *Teoria da distinção forte ou quantitativa*

A teoria da distinção forte ou quantitativa sustenta que regras e princípios são **dois tipos de normas independentes entre si**, cada uma apresentando características próprias e exclusivas.

Assim, Canotilho (2017) propõe cinco critérios distintivos entre princípios e regras:

1) **quanto ao grau de abstração:** os princípios teriam um grau de abstração relativamente elevado, enquanto as regras possuiriam abstração relativamente reduzida;

2) **quanto à determinabilidade:** os princípios seriam vagos e indeterminados, enquanto as regras seriam susceptíveis de aplicação direta;

3) **quanto ao caráter de fundamentabilidade:** no sistema das fontes de direito, os princípios teriam posição privilegiada no ordenamento jurídico em relação às regras;

4) **quanto à proximidade da ideia de direito:** as regras seriam normas vinculativas com um conteúdo meramente funcional, enquanto os princípios traduziriam a ideia de direito e de justiça;

5) **quanto a natureza normogenética:** os princípios são considerados fundamentos de regras.

Hage e Peczenik (2000) apresentam critério distinto para a diferenciação entre regras e princípios. Sustentam que os princípios são normas que fornecem **"razões contributivas"** – ou seja, que serão levadas em consideração para se alcançar determinada decisão – e as regras são normas que fornecem **"razões definitivas"** – ou seja, que incidem de modo absoluto.

De outro modo, Dworkin (2002) diferencia três tipos de normas:

1) **regras:** são razões definitivas para agir, ou seja, prescrevem condições necessárias e suficientes para desencadear as consequências jurídicas por elas previstas;

2) **princípios:** são normas que trazem em si uma exigência de justiça, de equidade ou outra dimensão de moralidade, contemplando as opções e valores político-morais acolhidos pela comunidade em determinado momento histórico;

3) **diretrizes políticas:** são *standards* que estabelecem um objetivo a ser alcançado (ex.: art. 3º da CF/1988).

Cap. 4 – Normas Constitucionais

Contudo, as diferenças entre regras e princípios em Dworkin envolvem dois fundamentos distintos:

1) **Aplicação:** as regras "são aplicáveis à **maneira do tudo ou nada.** Dados os fatos que uma regra estipula, então ou a regra é válida, e neste caso a resposta que ela fornece deve ser aceita, ou não é válida, e neste caso em nada contribui para a decisão" (Dworkin, 2002). Complementando a concepção de Dworkin, aduz Alexy (1988) que as regras são normas que exigem cumprimento pleno (**lógica do tudo ou nada**), constituindo **mandados definitivos**, enquanto os princípios determinam, de acordo com as possibilidades fáticas e jurídicas, a máxima efetividade possível de determinada finalidade (**lógica do mais ou menos**), constituindo **mandados de otimização**. Exemplo: o princípio da inviolabilidade da vida privada (art. 5º, X, da CF/1988) não é absoluto, visto que encontra limites em direitos de terceiros ou em interesses coletivos.

2) **Dimensão:** "[o]s princípios possuem uma dimensão que as regras não têm – a **dimensão do peso ou importância**" (Dworkin, 2002). **Além da dimensão da validade**, na resolução de litígios em que princípios se entrecruzam, o julgador deve levar em consideração a força relativa de cada um, aplicando-se aquele que, na hipótese em julgamento, tenha maior importância ou peso a partir da ponderação **(prévio processo de concretização)**, sem embargo da prevalência do princípio afastado em outro caso concreto. No que tange às regras, dispõem apenas de uma dimensão: **a dimensão da validade**. Assim, na hipótese de conflito, ocorre o afastamento de uma delas pelo princípio da especificidade ou a invalidação de uma das regras.

Regras	Princípios
Mandados de definição	Mandados de otimização
Estrutura linguística "concreta"	Estrutura linguística "abstrata"
Estrutura funcional que parte de uma hipótese e fixa uma consequência comportamental ("Se..., então ...")	Estrutura funcional relacionada apenas à fixação de diretrizes ("Deve-se fazer ...")
Aplicação segundo a lógica do tudo ou nada	Aplicação segundo a lógica do mais ou menos
Resolução de antinomias por meio de metanormas (ex.: *lex posterior derrogat priori*)	Resolução de antinomias por meio da ponderação
Ostentam apenas a dimensão da validade	Ostentam duas dimensões: 1) validade; e 2) peso ou importância

> ### Importante
>
> É possível a contradição de normas no âmbito das regras (**antinomia própria aparente**) ou dos princípios (**antinomia imprópria**). Para resolver o primeiro caso, deve-se introduzir uma exceção a alguma das regras ou declará-la inválida; no segundo, basta o adequado sopesamento dos princípios. Assim, o conflito entre regras é solucionado no âmbito da validade (subsunção); a colisão entre princípios, por sua vez, é resolvida por meio da ponderação.

> ### Atenção
>
> A teoria da distinção forte ou quantitativa recebe críticas de duas ordens:
>
> 1) Certas características estruturais e funcionais "supostamente exclusivas das regras **podem ser encontradas em princípios** e determinadas propriedades normativas supostamente apresentadas apenas pelos princípios **podem ser também atribuídas às regras**" (Vale, 2009). Isso porque o suporte fático e as consequências jurídicas prescritas por uma regra não ocorrem de forma fechada, definida e detalhada. Muitas vezes, as regras apresentam vasta margem interpretativa e aparecem como critérios hermenêuticos, não se resumindo a prescrições exaustivamente compreensivas do caso. Da mesma maneira, é duvidosa a caracterização dos princípios como normas cuja condição de aplicação seja descrita sempre de forma aberta e indeterminada.
>
> 2) O conflito entre regras **não ocorre apenas na dimensão da validade**. Duas regras também podem entrar em colisão de forma que uma delas terá sua eficácia normativa reduzida, **sem que precise ser declarada inválida**. Em suma, não se pode descartar a hipótese de que o conflito entre regras ocorra, excepcionalmente, numa dimensão de peso.

2.2.3. *Teoria da distinção dúctil*

A teoria da distinção dúctil busca o meio-termo entre as duas teorias anteriores. A distinção dúctil, segundo Vale (2009), decorre do fato de que as **propriedades estruturais e funcionais dos princípios podem ser apresentadas pelas regras e vice-versa**.

A diferenciação dúctil é estabelecida com base em certas características observadas geralmente nos princípios (ex.: a generalidade e a vagueza), porém deixando claro que estas **também podem aparecer nas regras**. Nesse liame, torna-se possível sustentar que os princípios são mais gerais que as regras, mas nada impede que as regras também apresentem certo grau de "generalidade" (Vale, 2009).

Cap. 4 – Normas Constitucionais

> ### Atenção
>
> A ideia de **"derrotabilidade"** (*defeasibilty*) consiste em excepcionar a incidência de uma norma jurídica, mesmo que os requisitos necessários e suficientes para sua aplicação estejam presentes, tendo em vista o contexto (fático, jurídico, social, probatório, cognitivo ou processual). Existem três situações em que têm sido admitidas a derrotabilidade das regras:
>
> **1ª) Situações excepcionais e imprevisíveis:** exemplo – durante a pandemia de Covid-19, o "princípio" da anterioridade eleitoral (art. 16 da CF/1988) foi afastado pela EC nº 107/2020, permitindo o adiamento das eleições municipais de outubro de 2020 e os prazos eleitorais respectivos.
>
> **2ª) Inconstitucionalidade em concreto:** embora seja constitucional em abstrato, a regra, ao ser aplicada a um caso concreto, viola princípios constitucionais – ou seja, é inconstitucional. Exemplo: o STF (ADI 223 MC/DF) já decidiu que, abstratamente, pode ser constitucional uma medida provisória que imponha restrições à concessão de liminares, porém, diante de determinado caso concreto, o julgador pode entender inconstitucional a aplicação da medida provisória, afastando a vedação à concessão de liminares (controle difuso de constitucionalidade).
>
> **3ª) Manifesta injustiça:** a tese da **"extrema injustiça"** é caracterizada pela insustentabilidade de normas que acabam perdendo a sua eficácia, não mais sendo respeitadas pela sociedade. Trata-se de limite material ao direito, que veda a edição de normas sobre as quais, embora aprovadas por meios democráticos, venham a ser manifestamente injustas. Exemplo: a **relativização da coisa julgada** estabelecida em ações de investigação de paternidade em que não foi possível determinar a efetiva existência de vínculo genético em decorrência da não realização do exame de DNA (STF, RE 393.889/DF).

3. EXISTÊNCIA, VALIDADE, VIGÊNCIA, EFETIVIDADE, EFICÁCIA E APLICABILIDADE DAS NORMAS CONSTITUCIONAIS

3.1. Plano da existência

No plano da **existência**, uma norma constitucional deve possuir **pertinência** com as normas superiores que regulam a própria sistemática de criação normativa da nova ordem jurídica (**"regra de reconhecimento"**).

3.2. Plano da validade

No plano da **validade**, ao contrário das normas postas pelo Poder Constituinte Originário, as demais normas constitucionais devem atentar para os critérios de validação, sob dupla ótica:

a) **validade material:** conformidade do conteúdo da norma com as normas superiores; e

b) **validade formal:** conformidade do processo de produção da norma em face da sistemática prevista por normas superiores.

3.3. Plano da vigência

No que concerne à **vigência**, trata-se de atributo temporal que, uma vez observado, torna obrigatória a norma constitucional. O **início da vigência**, contudo, pode ser analisada sob três óticas distintas:

a) **Vigência de uma nova Constituição:** inicia-se na data da promulgação, salvo expressa previsão de *vacatio constitutionis*. Não é possível a disciplina da vigência por meio de comandos de origem diversa do Poder Constituinte Originário.

b) **Vigência de emenda constitucional:** a vigência pode ser regulamentada pela própria emenda ou tem início na data da publicação. A matéria pode ser disciplinada por normas constitucionais.

c) **Vigência de mutação constitucional:** embora não seja possível disciplinar previamente a vigência, é possível fixar a data do início dos efeitos da mutação constitucional (STF, RE 197.917/SP).

No que tange ao **fim da vigência constitucional**, ocorrerá quando, pelo critério da efetividade, for instaurada uma nova ordem constitucional. De outro modo, as normas constitucionais isoladas perdem sua vigência quando objeto de emenda constitucional, de mutações constitucionais ou invalidadas pelo controle de constitucionalidade.

3.4. Plano da efetividade

Com relação à **efetividade**, é preciso diferenciar duas situações:

a) **uma nova Constituição:** exige sempre um grau de aceitação e alguma disposição em cumpri-la pelos destinatários e autoridades constituídas, ou seja, a existência de uma nova Constituição **pressupõe sempre alguma efetividade**, pois o ato "constituinte se aperfeiçoa – e com ele a Constituição – quando implementa uma condição de eficácia (efetividade)" (Ferreira, 1999);

b) **normas constitucionais isoladas:** a efetividade é ainda menor do que a da legislação infraconstitucional, porque tem em inúmeros dispositivos como destinatário o próprio Estado, sendo ainda mais difícil a aplicação de sanções.

3.5. Plano da eficácia e aplicabilidade

A aplicabilidade é uma qualidade atribuída à norma constitucional que dispõe de condições de eficácia para produção de seus efeitos. No que tange à classificação quanto

Cap. 4 – Normas Constitucionais

à eficácia e aplicabilidade, Ruy Barbosa (1993) diferencia as normas constitucionais em normas:

1) **autoexecutáveis** (*self executing*): produzem seus plenos efeitos com a simples entrada em vigor da Constituição;

2) **não autoexecutáveis** (*not self executing*): são apenas indicadoras de princípios, razão pela qual demandam atuação legislativa posterior.

De forma mais elaborada, José Afonso da Silva classifica as normas constitucionais em três categorias no que tange à eficácia e aplicabilidade:

1) **Normas constitucionais de eficácia plena:** possuem aplicabilidade **direta** (dispensando qualquer tipo de ato normativo intermediador para serem aplicadas), **imediata** (não dependem de qualquer condição para serem aplicadas) e **integral** (não admitem restrição pelo legislador infraconstitucional). Exemplo: art. 230, § 2°, da Constituição de 1988, que dispõe que: "Aos maiores de sessenta e cinco anos é garantida a gratuidade dos transportes coletivos urbanos". Assim, a gratuidade não depende de lei ou condição para ser aplicada ao caso concreto (direta e imediata) e não admite restrição pelo legislador infraconstitucional (integral), conforme reconhecido pelo STF na ADI 3.768/DF. Entretanto, a matéria pode ser regulamentada pelo legislador infraconstitucional, estabelecendo um limite de assentos gratuitos em cada veículo;

2) **normas constitucionais de eficácia contida** (redutível ou restringível): possuem aplicabilidade **direta, imediata e possivelmente não integral**, ou seja, admitem restrições pelo legislador infraconstitucional (**regras de contenção ou reserva de lei restritiva**) ou pela própria Constituição de 1988 (por exemplo, durante o estado de defesa ou de sítio). Exemplo: o art. 5°, XIII, da Constituição de 1988 ("é livre o exercício de qualquer trabalho, ofício ou profissão, atendidas as qualificações profissionais que a lei estabelecer"), que foi regulamentado pelo Estatuto da OAB (Lei n° 8.906/1994), impedindo a existência de advogados sem formação em direito;

3) **normas constitucionais de eficácia limitada:** possuem aplicabilidade **indireta** (dependem de um ato normativo intermediador para serem aplicadas), **mediata** (dependem do preenchimento de condições para serem aplicadas) e **possivelmente não integral** (admitem restrições pelo legislador infraconstitucional). Portanto, não têm o condão de produzir de imediato todos os seus efeitos, precisando de norma regulamentadora infraconstitucional ou integração por meio de emenda constitucional (ex.: art. 4° da EC n° 47/2005). Podem ser de duas espécies:

   a) **normas de princípio institutivo ou organizativo:** estabelecem programas de estruturação e atribuições de órgãos ou institutos a serem regulados pelo legislador infraconstitucional. Exemplo: art. 102, § 1°, da Constituição de 1988: "A arguição de descumprimento de preceito fundamental, decorrente desta Constituição, será apreciada pelo Supremo Tribunal Federal, na forma da lei";

b) **normas de princípio programático:** fixam diretrizes indicativas de fins e objetivos (programas de ação) a serem perseguidos pelos Poderes Públicos. Exemplo: art. 3º da Constituição de 1988, que estabelece a erradicação da pobreza.

> **Atenção**
>
> Todas as normas constitucionais são dotadas de alguma eficácia – ainda que limitada – e aplicabilidade – ainda que indireta ou mediata –, havendo, contudo, variação no grau eficacial e de aplicabilidade. As normas de eficácia limitada produzem uma **"eficácia mínima",** consistente em (Silva, 2008):
>
> a) **eficácia conformadora:** impõe o exercício das competências atribuídas aos órgãos públicos (ex.: o Poder Legislativo deve legislar na forma imposta pela norma constitucional);
>
> b) **eficácia interpretativa:** serve de base interpretativa para as demais normas jurídicas;
>
> c) **eficácia restringível da discricionariedade ou impeditiva:** reduz a discricionariedade de atuação dos órgãos públicos em relação à matéria regulamentada pela norma constitucional; e
>
> d) **eficácia de invalidação ou paralisante:** impede a recepção de normas infraconstitucionais pré-constitucionais e pode ser utilizada como parâmetro para declarar a inconstitucionalidade de normas infraconstitucionais editadas posteriormente à vigência da norma constitucional.

3.5.1. *Normas constitucionais de eficácia absoluta (ou supereficazes)*

Maria Helena Diniz (1992) propõe classificação similar àquela apresentada por José Afonso da Silva, acrescentando, contudo, uma categoria: as **normas de eficácia absoluta**, as quais possuem aplicabilidade direta, imediata e integral, e **não podem ser restringidas pelo Poder Constituinte Derivado**, ou seja, não podem ser emendadas (cláusulas pétreas) e dispõem de "força paralisante" de qualquer proposta de emenda ou ato normativo que, explícita ou implicitamente, vier a contrariá-las. Ex.: o voto direto, secreto, universal e periódico (art. 14 c/c o art. 60, § 4º, II, da CF/1988).

3.5.2. *Normas de eficácia exaurível e de eficácia exaurida (ou esvaída)*

Bulos (2007) acrescenta duas outras categorias à classificação proposta por José Afonso da Silva:

Cap. 4 – Normas Constitucionais

a) **Normas de eficácia exaurível:** dispõem de eficácia, mas ela vai se exaurir em algum momento, quando forem aplicadas ao caso concreto.

b) **Norma de eficácia exaurida (ou esvaída):** já exauriram sua eficácia. Exemplo: art. 3º do ADCT, que prevê a revisão constitucional após cinco anos, contados da promulgação da Constituição.

3.6. Cláusula de aplicabilidade imediata

O art. 5º, § 1º, da Constituição de 1988 estabelece expressamente que "as normas definidoras dos direitos e garantias fundamentais têm aplicação imediata". Trata-se de metanorma que determina a aplicação imediata das normas que regem os direitos e garantias fundamentais.

Existem quatro correntes que procuram explicar os efeitos da cláusula de aplicabilidade imediata:

1) **irrelevância:** a cláusula é irrelevante, diante da existência do princípio da máxima efetividade;

2) **regra absoluta:** a cláusula garante sempre a aplicabilidade imediata, seja por meio da integração, seja por meio do mandado de injunção – instrumento de concretização dos direitos fundamentais – ou da ação direta de inconstitucionalidade por omissão – instrumento de **apelo ao legislador**, constituindo- em mora;

3) **regra relativa:** a cláusula não pode ser utilizada para suprir lacunas institucionais que afetem a própria aplicabilidade da norma;

4) **princípio:** a cláusula é apenas um princípio que busca a máxima aplicabilidade das normas definidoras dos direitos e garantias fundamentais. É a posição majoritária.

4. ELEMENTOS DA CONSTITUIÇÃO

José Afonso da Silva agrupa as normas constitucionais de acordo com a natureza e a finalidade em cinco categorias, denominadas "elementos" da Constituição:

1) **elementos orgânicos:** regulam a estrutura do Estado e do poder. Exemplo: Título 3 ("Da Organização do Estado") da Constituição de 1988;

2) **elementos limitativos:** disciplinam a atuação do poder estatal e consagram direitos e garantias fundamentais. Exemplo: Título 2 ("Dos Direitos e Garantias Fundamentais) da Constituição de 1988;

3) **elementos socioideológicos:** fixam a ideologia adotada pelo poder constituinte. Exemplo: Título 8 ("Da Ordem Social") da Constituição de 1988;

4) **elementos de estabilização constitucional:** são normas que objetivam solucionar conflitos constitucionais, defendendo a Constituição e as instituições democráticas

nela consagradas (exemplo: art. 34 da Constituição de 1988, que estabelece a intervenção da União nos Estados);

5) **elementos formais de aplicabilidade:** estabelecem diretrizes de aplicação das normas constitucionais (exemplo: art. 5º, § 1º, da Constituição de 1988, que estabelece a aplicabilidade imediata dos direitos e garantias fundamentais).

5. LACUNAS CONSTITUCIONAIS

As lacunas constitucionais podem ser classificadas em quatro categorias (Guastini, 2005):

1) **lacuna normativa:** ausência de norma que conecte um fato típico a uma consequência jurídica (ex.: ausência de previsão sobre em qual Casa Legislativa se inicia o projeto de lei apresentado pelo PGR);

2) **lacuna técnica:** ausência de norma que seja condição necessária de outra (ex.: normas programáticas);

3) **lacuna axiológica:** ausência de norma que estabeleça o senso de justiça (ex.: inconstitucionalidade por omissão em decorrência de violação ao princípio da isonomia);

4) **lacuna institucional:** ausência de complexo de instituições essenciais ao funcionamento do ordenamento jurídico (ex.: ausência de implantação da Defensoria).

Importante

A integração de lacunas constitucionais pode se dar de duas formas:

1) **Lacunas não intencionais:**
   a) **integração primária:** deve ocorrer por meio de reformas/revisões ou mediante a adoção de convenções ou costumes constitucionais. Excepcionalmente, poderá ser suprida por meio do legislador infraconstitucional;
   b) **integração secundária:** realizada por meio da interpretação judicial, em especial por meio da analogia.

2) **Lacunas intencionais:**
   a) **integração primária:** por meio do órgão ao qual a Constituição atribui a tarefa;
   b) **integração secundária:** suprida pelo Poder Judiciário, tangenciando, contudo, a temática da separação dos poderes.

Cap. 4 – Normas Constitucionais

> **Atenção**
>
> O silêncio eloquente consiste na exclusão intencional pelo legislador de determinado fato ou circunstância da determinação legal. Tratando-se de "**silêncio eloquente constitucional**", extrai-se uma **norma implícita proibitiva**, tornando inválidas as tentativas de suprimento pelo legislador infraconstitucional. Exemplo: o STF entendeu que as imunidades especiais instituídas em favor do Presidente da República (art. 86, §§ 3º e 4º, da Constituição de 1988) não podem ser estendidas aos Governadores (ADI 978/PB).

6. APLICAÇÃO DAS NORMAS CONSTITUCIONAIS NO ESPAÇO: AS RELAÇÕES COM O DIREITO ESTRANGEIRO E INTERNACIONAL

A Constituição de 1988 dialoga com outras ordens jurídicas, seja com o sistema jurídico internacional (no plano universal – sistema da ONU – ou no plano regional – a OEA), seja com outros sistemas jurídicos constitucionais.

1) **Relações entre o direito estrangeiro e a Constituição de 1988:** o STF entende que, sendo o ato normativo estrangeiro contrário a qualquer disposição constitucional brasileira, implicará violação à nossa ordem pública. O "Código Bustamante", convenção internacional ratificada pelo Brasil mediante o Decreto nº 18.871/1929, estabelece, em seu art. 4º, que os preceitos constitucionais são de ordem pública internacional, de tal sorte que uma ofensa à Constituição é sempre uma ofensa à ordem pública.

2) **Relações entre o direito estrangeiro e a constituição de origem:** qualquer juiz pode declarar a inconstitucionalidade incidental de norma estrangeira em face da constituição estrangeira, não se aplicando a lei estrangeira se esta for conflitante com a constituição do país em que editada. Ao julgar a Extradição 541, o STF firmou o entendimento de que os órgãos jurisdicionais brasileiros, ao aplicarem direito estrangeiro, podem reconhecer eventual inconstitucionalidade de lei estrangeira com a sua respectiva constituição.

3) **Relações do direito internacional com a Constituição de 1988:** a partir do julgamento pelo STF do RE 466.343/SP, as relações com os tratados internacionais observavam as seguintes diretrizes:

   a) os tratados que não versem sobre direitos humanos possuem hierarquia de lei ordinária, incidindo a tese da paridade entre tratado e lei;

   b) a regra da paridade pode ser excepcionada quanto:

   (i) aos tratados em matéria de direitos humanos ratificados antes da EC nº 45 ou não aprovados pelo rito do art. 5º, § 3º, da Constituição de 1988: dispõem de hierarquia supralegal;

(ii) aos tratados em matéria de direitos humanos aprovados pelo rito previsto no art. 5º, § 3º, da Constituição de 1988: serão equivalentes às emendas constitucionais.

EM RESUMO:

	Normas constitucionais
Espécies	a) Abordagem clássica: concebia duas espécies de normas constitucionais: princípios e normas. b) Abordagem contemporânea: as normas são um gênero que compreende pelo menos duas espécies: os princípios e as regras.
Concepções acerca das regras e princípios	a) Teoria da unicidade. b) Teoria da distinção forte ou quantitativa. c) Teoria da distinção dúctil.
Existência	Norma constitucional deve possuir pertinência com as normas independentes/superiores que regulam a própria sistemática de criação normativa da nova ordem jurídica.
Validação	a) Validade material. b) Validade formal.
Vigência	O início da vigência pode ser analisado sob três óticas distintas: a) vigência de uma nova Constituição; b) vigência de emenda constitucional; c) vigência de mutação constitucional.
Classificação das normas constitucionais quanto à sua eficácia e aplicabilidade	1) José Afonso da Silva: a) normas constitucionais de eficácia plena; b) normas constitucionais de eficácia contida (redutível ou restringível); c) Normas constitucionais de eficácia limitada: c.1) normas de princípio institutivo; e c.2) normas de princípio programático. 2) Maria Helena Diniz: classificação similar àquela apresentada por José Afonso da Silva, acrescentando, contudo, uma categoria: as normas de eficácia absoluta. 3) Uadi Lammêgo Bulos: acrescenta duas outras categorias: a) norma de eficácia exaurível; b) norma de eficácia exaurida.

Elementos da Constituição	Conforme José Afonso da Silva, dividem-se em cinco categorias: 1) elementos orgânicos; 2) elementos limitativos; 3) elementos socioideológicos; 4) elementos de estabilização constitucional); 5) elementos formais de aplicabilidade.
Lacunas constitucionais	Guastini classifica da seguinte forma: 1) lacuna normativa; 2) lacuna técnica; 3) lacuna axiológica; 4) lacuna institucional.

Capítulo **5**

Fenômenos de Direito Constitucional Intertemporal

1. INTRODUÇÃO

O direito constitucional intertemporal procura entender o fenômeno das normas constitucionais no tempo. Busca-se compreender a relação do direito constitucional com o passado, a sua incidência presente e os efeitos no futuro.

2. NORMAS CONSTITUCIONAIS E ANTINOMIAS

A edição de normas constitucionais pode gerar dois tipos de antinomias:

1) **Nova Constituição *vs.* Constituição anterior** – a entrada em vigor de uma nova Constituição provoca a **revogação** da Constituição anterior (**revogação por normação geral**).

2) **Nova constituição *vs.* legislação infraconstitucional em vigor** – três teorias procuram explicar a não aplicação da legislação infraconstitucional conflitante com a nova ordem constitucional:

   a) **teoria da simples "revogação" ou teoria do conflito cronológico:** a entrada em vigor da nova constituição "revoga" a legislação incompatível (plano da vigência temporal das normas). É a posição adotada pelo STF (ADI 1.993/DF);

   b) **teoria da inconstitucionalidade superveniente:** não há "revogação", mas mera ausência de fundamento de validade da legislação anterior;

   c) **teoria intermediária:** a "revogação" é um **efeito** do estado de conflito entre uma lei e a Constituição, enquanto a inconstitucionalidade é o próprio estado de conflito.

3. DESCONSTITUCIONALIZAÇÃO (OU TEORIA DA DESCONSTITUCIONALIZAÇÃO)

A Teoria da Desconstitucionalização sustenta que o surgimento de uma nova Constituição provoca efeitos distintos com relação às normas constitucionais anteriores:

a) **"Constituição propriamente dita" ou normas materialmente constitucionais** (direitos fundamentais, estrutura do Estado e organização dos Poderes): decorrem de uma decisão política fundamental e, portanto, são revogadas com o advento da nova Constituição.

b) **"Leis constitucionais" ou normas formalmente constitucionais:** admite a recepção de normas formalmente constitucionais compatíveis com a nova Constituição na qualidade de normas infraconstitucionais (leis). Ex.: caso viesse a ser promulgada uma nova Constituição brasileira que fizesse referência ao Colégio Pedro II, o art. 242, § 2º (norma formalmente constitucional), seria recepcionado na qualidade de lei ordinária.

> ### Importante
>
> **A teoria da desconstitucionalização** não **é admitida no Brasil, salvo se o Poder Constituinte Originário ou Decorrente vier a encampá-la expressamente**. Assim, como a Constituição de 1988 não continha qualquer previsão estabelecendo a adoção da Teoria da Desconstitucionalização, ao entrar em vigor, ocorreu a chamada "revogação por normação geral", ou seja, a revogação por completo dos dispositivos da Constituição anterior.

4. RECEPÇÃO

O fenômeno da recepção ocorre quando do surgimento de uma nova Constituição e deve ser analisado em dois planos distintos:

1) **No plano constitucional:** a nova Constituição somente pode recepcionar normas de uma Constituição anterior se houver **disposição expressa**. Do contrário, a Constituição anterior fica totalmente revogada (**revogação por normação geral**). Exemplo: art. 34 do ADCT, que recepcionou materialmente normas da Constituição de 1967.

2) **No plano infraconstitucional:** para que seja possível a recepção de normas infraconstitucionais (ex.: uma lei editada antes do advento da Constituição de 1988), é indispensável a presença cumulativa dos seguintes requisitos:

   a) a norma pré-constitucional esteja em vigor no momento de promulgação da nova Constituição;

   b) a norma pré-constitucional tenha sido produzida de forma válida de acordo com a Constituição anterior (compatibilidade formal e material);

   c) a norma pré-constitucional não tenha sido declarada inconstitucional durante a vigência da Constituição anterior; e

Cap. 5 – Fenômenos de Direito Constitucional Intertemporal

d) no que tange à compatibilidade formal:

d.1) as **materialmente compatíveis** (conteúdo) serão recepcionadas pela nova Constituição. Nesse caso, a recepção pode se dar de forma total ou parcial;

d.2) as **materialmente incompatíveis** não serão recepcionadas, em atenção ao **princípio da unidade do ordenamento jurídico**. Exemplo: o STF julgou procedente pedido formulado na ADPF 130/DF para declarar como não recepcionada pela Constituição Federal a Lei nº 5.250/1967 (Lei de Imprensa);

d.3) as **formalmente incompatíveis** de forma **superveniente, embora materialmente compatíveis,** podem ser recepcionadas, mesmo que a forma seja diferente da exigida pela nova Constituição, assumindo uma **"nova roupagem constitucional"**. Exemplo: o CTN, embora seja originariamente uma lei ordinária, foi recepcionado como lei complementar;

Exceção: quando houver alteração de competência para legislar sobre a matéria, **passando do ente menor para o ente maior.** Exemplo: a competência para legislar sobre determinada matéria é de competência dos Municípios e, com o advento da nova Constituição, passa a ser dos Estados-Membros. Nesse caso, não haverá recepção. Essa exceção não incide nas hipóteses de a competência para legislar sobre a matéria passar do ente maior para o ente menor (**ente menor pode recepcionar normas do ente maior**).

Atenção

Para ser recepcionada por uma nova Constituição, é necessário que a norma infraconstitucional esteja em vigor quando da promulgação/outorga do novo texto constitucional. Partindo dessa premissa, a lei em período de *vacatio legis* não pode ser recepcionada, porque não se encontra em vigor.

Jurisprudência

O STF firmou o entendimento na ADI 7/DF de que o controle de constitucionalidade pressupõe a existência de **relação de contemporaneidade** entre o ato normativo editado e a Constituição tomada como parâmetro de confronto. Logo, não é possível o controle de constitucionalidade via ação direta de inconstitucionalidade (ADI) em face de ato normativo editado antes da Constituição que serve de parâmetro. É cabível o ajuizamento da arguição de descumprimento de preceito fundamental (ADPF) em face de ato normativo editado antes da Constituição tomada como parâmetro de confronto. Exemplo: na ADPF 130/DF, o STF declarou que a Lei de Imprensa (Lei nº 5.250/1967) é incompatível com a atual ordem constitucional.

5. FILTRAGEM CONSTITUCIONAL

A filtragem constitucional se refere a três efeitos decorrentes da edição de uma nova Constituição (Schier, 1999):

1) As normas (constitucionais e infraconstitucionais) recepcionadas devem ser reinterpretadas à luz da nova Constituição.

2) As normas infraconstitucionais desconformes com a nova Constituição não serão recepcionadas.

3) As novas normas constitucionais são diretamente aplicáveis, independentemente da preexistência de leis infraconstitucionais intermediárias.

6. CONSTITUCIONALIDADE SUPERVENIENTE

O fenômeno da constitucionalidade superveniente ocorre quando uma **norma nascida inconstitucional é constitucionalizada** em razão do surgimento de uma nova Constituição ou da promulgação de uma emenda constitucional. Haveria uma mudança no parâmetro de constitucionalidade, implicando a "convalidação" da norma originariamente inconstitucional. A título de exemplo, uma norma inicialmente inconstitucional por admitir a prática da "vaquejada" poderia ser "convalidada" com a edição de emenda constitucional que admitisse tal prática, passando a ser tida como constitucional.

> **Jurisprudência**
>
> O STF entende que a norma inconstitucional tem um vício de origem, insanável, sendo eivada de nulidade. Assim, **não é possível o reconhecimento de sua constitucionalidade superveniente**, pois a norma não pode nascer nula e, posteriormente, ser declarada constitucional. Exemplo: a Lei Estadual nº 12.398/1998, que criou a contribuição dos inativos no Estado do Paraná, por ser inconstitucional ao tempo de sua edição, não pode ser convalidada pela EC nº 41/2003 (ADIs 2.158/DF e 2.189/DF).

6.1. Interpretações corretivas

A constitucionalidade superveniente não se confunde com as **interpretações corretivas**. As interpretações corretivas são situações em que o poder constituinte derivado reformador poderia **"corrigir" interpretações constitucionais anteriormente conferidas pelo STF**.

Com efeito, a antinomia aparente é aquela que **permite a conciliação entre os dispositivos antinômicos** pela via da "interpretação corretiva", a qual "conserva am-

Cap. 5 – Fenômenos de Direito Constitucional Intertemporal

bas as normas incompatíveis por meio de interpretação que se ajuste ao espírito da lei e que corrija a incompatibilidade, eliminando-a pela introdução de leve ou de parcial modificação no texto da lei" (STF, HC 68.793/RJ). De outro modo, a antinomia real é aquela que não admite a conciliação, implicando "interpretação ab-rogante", pela qual ou o intérprete elimina uma das normas contraditórias (**ab-rogação simples**) ou elimina as duas normas (**ab-rogação dupla**).

> ### Jurisprudência
>
> Embora paire divergência no âmbito do STF, tem prevalecido o entendimento de que uma emenda constitucional **não pode convalidar**, de forma retroativa, inconstitucionalidades declaradas pelo Tribunal. Exemplo: a alteração promovida pela EC nº 32/2001 na redação do art. 84, VI, da Constituição de 1988 não pode convalidar decretos originalmente inconstitucionais expedidos pelo Governador do Tocantins (ADI 3.232/TO).

> ### Atenção
>
> O **"ativismo congressual" (ou "legislative overruling")** representa situação distinta da constitucionalidade superveniente e das interpretações corretivas. Consiste na edição de diplomas normativos com o objetivo de **superar os efeitos de decisão judicial ou interpretação dada pelo Judiciário**. Isso pode ocorrer por meio de emenda constitucional (que só poderá ser invalidada nas hipóteses de violação ao art. 60 da Constituição) e de leis (que nascem com presunção *iuris tantum* de inconstitucionalidade, sendo necessário que o legislador demonstre que a correção do precedente se faz necessária).

7. REPRISTINAÇÃO

O fenômeno da repristinação pode ser vislumbrado de forma tácita ou expressa.

No plano infraconstitucional, a **repristinação tácita** consiste na restauração automática da vigência de uma norma infraconstitucional **efetivamente** revogada. Para tanto, é necessária a edição de três atos normativos, todos constitucionalmente válidos. A título de exemplo, imagine-se que uma Lei "A" é revogada por uma Lei "B". Posteriormente, uma Lei "C" revoga a Lei "B". Nesse caso, o fato de a lei revogadora (Lei "B") ter sido revogada não implica a restauração automática dos efeitos da Lei "A".

O art. 2º, § 3º, da Lei de Introdução às Normas do Direito Brasileiro (Decreto-lei nº 4.657/1942) regulamenta a matéria na esfera infraconstitucional, admitindo apenas a

repristinação expressa ("Salvo disposição em contrário, a lei revogada não se restaura por ter a lei revogadora perdido a vigência").

No plano constitucional, a lógica é a mesma: **não é possível a repristinação tácita** de normas constitucionais, mas apenas a expressa, com fundamento nos princípios da segurança jurídica e da estabilidade das relações sociais. Assim, se uma Constituição for revogada, só poderá ter restaurada a sua vigência de forma expressa.

A **repristinação expressa** produz efeitos *ex nunc*, em atenção ao princípio da não retroatividade das normas.

7.1. Efeito repristinatório tácito

O efeito repristinatório **não se confunde com a repristinação**, consistindo na restauração automática da vigência de uma norma que aparentemente havia sido revogada (**"pseudorrevogação"**) pela declaração de inconstitucionalidade de uma norma revogadora. Exemplos:

1) Decisão de mérito proferida no controle abstrato de constitucionalidade com efeito *ex tunc*. Exemplo: uma Lei "A" é revogada por uma Lei "B". Posteriormente, em sede de ADI, o STF profere decisão de mérito declarando a Lei "B" inconstitucional com efeito *ex tunc* (retroativo). Como a Lei "B" é inconstitucional desde a sua origem, não poderia ter revogado a Lei "A" (que estava "aparentemente" revogada), de modo que esta voltará a produzir efeitos automaticamente.

2) Concessão de liminar em ADI (art. 11, § 2º, da Lei nº 9.868/1999). Exemplo: uma Lei "A" é revogada por uma Lei "B", mas o STF concede liminar suspendendo a aplicação da Lei "B" até o julgamento definitivo da ADI. Neste caso, para evitar um **"vácuo legislativo"**, é restaurada a eficácia da Lei "A".

8. MUTAÇÃO CONSTITUCIONAL

Mutação constitucional **é um processo informal** de alteração das normas constitucionais sem qualquer alteração no texto da Constituição. Trata-se de fenômeno que deixa clara a distinção entre o "texto" (literalidade do dispositivo constitucional) e a "norma" (produto da **interpretação** do texto, que pode assumir diferentes significados e ser modificada a partir de processos informais).

A mutação constitucional se contrapõe à reforma/revisão. Enquanto a reforma e a revisão são vias formais de alteração da Constituição, na mutação constitucional **não há um processo formal**, podendo decorrer dos seguintes mecanismos (Barroso, 2011):

1) **Interpretação judicial:** é o mecanismo mais adotado em países com Constituições prolixas e escritas.

2) ***Construction:*** função mais ampla que a interpretação, busca esclarecer o significado de "toda a Constituição", confrontando elementos intrínsecos (da própria

Cap. 5 – Fenômenos de Direito Constitucional Intertemporal

Constituição) com elementos extrínsecos (princípios, fatos e valores). Permite a adaptação do texto constitucional a cada momento histórico, inclusive por meio da mutação constitucional.

3) **Costumes:** em países que adotam Constituições concisas ou consuetudinárias, a mutação constitucional tende a ocorrer nas hipóteses de mudança do costume constitucional, sem que o texto da Constituição seja alterado.

4) **Interpretação administrativa:** é possível a mudança de sentido de modo informal no âmbito administrativo. Nesse sentido, Barroso menciona a Resolução nº 7 do CNJ, que restringiu o sentido de nepotismo.

> ## Atenção
>
> Para que uma mutação constitucional seja legítima, é preciso a presença cumulativa de dois pressupostos (Canotilho, 2000):
>
> 1) **Programa normativo:** a nova interpretação deve observar o programa normativo, ou seja, deve estar dentro dos limites do texto da Constituição.
>
> 2) **Princípios estruturais da Constituição:** a nova interpretação só será legítima se estiver em conformidade com os princípios estruturais da Constituição. Exemplo: o STF adotava o entendimento de que o art. 2º, § 1º, da Lei nº 8.072/1990 era compatível com a Constituição de 1988. Todavia, ao decidir o HC 82.959, o STF conferiu ao art. 5º, XLVI, da Constituição de 1988 uma nova interpretação, sustentando que a vedação à progressão de regime no caso de crimes hediondos violaria o princípio estrutural da individualização da pena e, portanto, seria incompatível com a ordem constitucional.

9. GRAUS DE RETROATIVIDADE

Existem três modelos que procuram explicar como uma nova Constituição pode afetar situações jurídicas anteriores:

(i) retroatividade máxima (restitutória) – a nova Constituição retroage para atingir os atos ou fatos já consumados, afastando o direito adquirido, o ato jurídico perfeito ou a coisa julgada;

(ii) retroatividade média – a nova Constituição não retroage para alcançar os atos ou fatos anteriores, embora possa atingir os seus efeitos ainda não ocorridos (efeitos pendentes). Exemplo: "lei que diminuísse a taxa de juros e se aplicasse aos já vencidos, mas não pagos" (STF, ADI 493/DF);

(iii) retroatividade mínima (temperada ou mitigada) – a nova Constituição incide imediatamente sobre os efeitos futuros dos atos ou fatos pretéritos, não atingindo, contudo, os atos ou fatos pretéritos ou seus efeitos pendentes.

> ### Jurisprudência
>
> De forma didática, o STF entende:
>
> A) No que tange ao Poder Constituinte Originário:
>
> (i) **regra geral:** as normas de uma nova Constituição têm **retroatividade mínima**, ou seja, alcançam os **efeitos futuros de fatos ocorridos no passado**. É a posição adotada pelo STF no RE 140.499/GO, que entendeu que o inciso IV do art. 7º da Constituição de 1988, ao vedar a vinculação do salário mínimo para qualquer fim, incide com relação a pensões por morte instituídas antes de sua entrada em vigor (prestações periódicas futuras);
>
> (ii) **exceção:** o Poder Constituinte Originário pode conferir às normas constitucionais retroatividade média (a nova norma constitucional pode alcançar prestações pendentes de negócios celebrados no passado, além de prestações futuras) e máxima (a nova norma constitucional pode alcançar fatos já consumados no passado, inclusive acobertados pela coisa julgada), **desde que o faça expressamente**.
>
> B) No que tange ao **Poder Constituinte Decorrente**, as Constituições Estaduais devem observar o art. 5º, XXXVI, da Constituição de 1988, que protege o ato jurídico perfeito, o direito adquirido e a coisa julgada. Assim sendo, **não poderão, ainda que por disposição expressa, ter retroatividade máxima**.

EM RESUMO:

Fenômenos de direito constitucional intertemporal	
Normas constitucionais e antinomias	Normas constitucionais podem gerar dois tipos de antinomias: 1) nova Constituição *vs.* Constituição anterior: a entrada em vigor de nova Constituição provoca a revogação da Constituição anterior; 2) nova Constituição *vs.* legislação infraconstitucional em vigor: aplicação da legislação infraconstitucional conflitante com a nova ordem constitucional (três teorias): a) teoria da simples "revogação"; b) teoria da inconstitucionalidade superveniente; c) teoria intermediária.

Cap. 5 – Fenômenos de Direito Constitucional Intertemporal

Desconstitucionaliza-ção (ou Teoria da Des-constitucionalização)	Efeitos distintos com relação às normas constitucionais anteriores: a) Constituição propriamente dita ou normas materialmente constitucionais (direitos fundamentais, estrutura do Estado e organização dos Poderes): decorrem de uma decisão política fundamental e, portanto, são revogadas pela nova Constituição. b) Leis constitucionais ou normas formalmente constitucionais: sendo o conteúdo compatível com a nova ordem constitucional, são recepcionadas como normas infraconstitucionais.
Recepção	Ocorre quando do surgimento de uma nova Constituição. a) Plano constitucional: a nova Constituição somente pode recepcionar normas de uma Constituição anterior se houver disposição expressa. b) Plano infraconstitucional: indispensável que a norma pré-constitucional esteja em vigor no momento de promulgação da nova Constituição e tenha sido produzida de forma válida de acordo com a Constituição anterior. Três situações possíveis: b.1) materialmente compatíveis; b.2) materialmente incompatíveis; b.3) formalmente incompatíveis de forma superveniente – embora materialmente compatíveis. A lei em período de *vacatio legis* não pode ser recepcionada, porque não se encontra em vigor.
Constitucionalidade superveniente	Ocorre quando uma norma nascida inconstitucional é constitucionalizada em razão do surgimento de uma nova Constituição ou emenda.
Efeito repristinatório	Consiste na restauração automática da vigência de uma norma que aparentemente havia sido revogada ("pseudorrevogação").
Repristinação tácita	Consiste na restauração automática da vigência de uma norma efetivamente revogada.
Mutação constitucional	São processos informais de alteração das normas constitucionais sem a realização de qualquer modificação no texto da Constituição.

Mutação constitucional	Contrapõe-se à reforma/revisão (processos formais de alteração da Constituição). Pode decorrer dos seguintes mecanismos: interpretação judicial, *construction*, costumes e interpretação administrativa.
Poder constituinte originário e retroatividade	Salvo disposição expressa em contrário pelo Poder Constituinte Originário, as normas de uma nova Constituição têm retroatividade mínima, ou seja, elas alcançam os efeitos futuros de fatos passados.
Graus de retroatividade	a) Retroatividade máxima (restitutória). b) Retroatividade média. c) Retroatividade mínima (temperada ou mitigada). O STF adota a teoria da retroatividade mínima, salvo se houver expressa previsão constitucional

Capítulo 6

Controle de Constitucionalidade

1. SUPREMACIA CONSTITUCIONAL

A supremacia constitucional pode ser analisada sob duas óticas distintas:

A) Supremacia material: relacionada à matéria, ao conteúdo e à substância. A Constituição, em razão da sua supremacia, determina o conteúdo dos demais atos na pirâmide normativa. Abrange matérias que consagram os fundamentos do Estado de Direito, tais como os direitos fundamentais, a estrutura do Estado e a organização dos Poderes.

B) Supremacia formal: estabelece que a hierarquia constitucional não é determinada pelo conteúdo, mas pela forma de elaboração da norma constitucional. É atributo exclusivo das **Constituições rígidas**, sendo verdadeiro **pressuposto para o controle de constitucionalidade.** Uma norma pode ser materialmente constitucional, mas não parâmetro para o controle. Para que haja o controle, a Constituição deve ser hierarquicamente superior aos outros atos normativos e, portanto, deve se submeter a um **processo de modificação mais rígido**. Se um ato normativo não observar a forma prevista na Constituição para a sua elaboração ou violar o conteúdo constitucionalmente consagrado, será considerada inconstitucional, ou seja, haverá uma desconformidade entre o ato normativo (objeto de controle) e o preceito normativo ao qual se atribui supremacia constitucional (parâmetro de controle).

> **Importante**
>
> Como consequência da supremacia da Constituição, a jurisdição constitucional pode assumir dois papéis distintos: **controle de constitucionalidade** (análise de compatibilidade dos atos normativos com a Carta Magna) e **jurisdição das liberdades** (tutela de direitos fundamentais, podendo ser resguardados por meio do *habeas corpus*, do mandado de segurança, do mandado de injunção, do *habeas data*, da ação popular e da ação civil pública).

> **Atenção**
>
> O **controle de convencionalidade** pretende analisar a **compatibilidade** do direito nacional com os **tratados e convenções internacionais**, sendo passível de realização pelos magistrados diante de um caso concreto (**processo subjetivo**). Assim, "o controle de verificação da compatibilidade das leis com os tratados e convenções supralegais é o controle de convencionalidade".

1.1. Finalidades do controle de constitucionalidade

O controle constitucionalidade tem por finalidades (Martins, 2019):

I – o respeito, proteção e promoção da Constituição, em especial dos direitos e garantias fundamentais;

II – a preservação do Estado Democrático de Direito;

III – o respeito à independência e autonomia dos Poderes; e

IV – a preservação da segurança jurídica e da estabilidade das situações jurídicas consolidadas.

1.2. Pressupostos do controle de constitucionalidade "forte" (*Strong Judicial Review*)

O controle de constitucionalidade exige a presença de três pressupostos:

1) a existência de uma Constituição formal e rígida que sirva de fundamento de validade para o restante do ordenamento;

2) um órgão responsável por analisar se os atos normativos são compatíveis com a Constituição;

3) a possibilidade de aplicação de uma sanção para as hipóteses de incompatibilidade: a inconstitucionalidade ("invalidade") do ato normativo.

> **Atenção**
>
> A expressão **"contrariedade constitucional"** é uma percepção "alargada de inconstitucionalidade", que abrange a solução não apenas pelo **critério hierárquico** (inconstitucionalidade em sentido estrito), mas também pelo **critério cronológico** (ex.: conflitos entre uma nova Constituição e normas pré-constitucionais) e pelo **critério da especialidade** (ex.: conflitos entre normas constitucionais editadas no mesmo momento) (Bernardes, 2017).

Cap. 6 – Controle de Constitucionalidade

1.3. Breve histórico do controle de constitucionalidade no Brasil

O controle de constitucionalidade foi inicialmente incorporado à Constituição de 1891 que, por influência da doutrina da *judicial review* norte-americana (caso *William Marbury vs. James Madison* – 1803), estabelecia o controle judicial difuso-incidental de constitucionalidade das leis.

Posteriormente, a Constituição de 1934 estabeleceu a cláusula de reserva de plenário e a representação interventiva.

Na sequência, a EC nº 16/1965 alterou a Constituição de 1946, inaugurando o controle concentrado-abstrato de constitucionalidade de atos normativos federais e estaduais, seguindo o sistema austríaco – que tem como expoente Hans Kelsen – e atribuindo legitimidade ativa exclusiva ao PGR.

Por fim, a Constituição de 1988 instituiu a ação direta de inconstitucionalidade por omissão e ampliou a legitimidade ativa para o ajuizamento de demandas de controle concentrado-abstrato de constitucionalidade.

1.4. Pirâmide normativa

Diante da supremacia da Constituição, o ordenamento jurídico nacional observa atualmente a seguinte "pirâmide normativa":

1º) Constituição de 1.988; E.C.; Tratados sobre Direitos Humanos (art. 5º, § 3º, da Constituição de 1988).

2º) Tratados que versam sobre Direitos Humanos não aprovados pelo quórum previsto no art. 5º, § 3º, da CRFB/88 - *Status* de "norma supra-legal" (RE 466.343, STF).

3º) Atos normativos primários: lei complementar, lei ordinária, lei delegada, decretos legislativos e resoluções e tratados que não versam sobre direitos humanos. Fundamento de validade: Constituição. Efeito: passíveis de controle de constitucionalidade.

4º) Atos normativos secundários: decretos, regulamentos, dentre outros. Fundamentos de validade: a) Direto – Atos normativos primários; b) Indireto – Constituição de 1988.

1.5. Natureza do ato inconstitucional

Atualmente, existem três posições acerca da natureza de um ato inconstitucional:

1) Ato **inexistente:** se um ato normativo não foi elaborado de acordo com seu fundamento de validade, não pertence ao ordenamento jurídico. É a posição defendida por Seabra Fagundes (2015).

2) Ato **nulo:** trata-se de um vício de origem, afetando o **plano da validade**. A decisão tem natureza apenas **declaratória** e, portanto, produz efeitos *ex tunc* (**eficácia retroativa**). É a posição adotada pelo STF (ADI 875/DF).

3) Ato **anulável:** a inconstitucionalidade afeta o **plano da eficácia**, tornando o ato normativo anulável, razão pela qual a decisão que a reconhece tem natureza **constitutiva** (efeitos *ex nunc*). Assim, o ato normativo é válido e eficaz até o momento em que reconhecida a inconstitucionalidade.

> ### Atenção
>
> Na ADPF, a eficácia *ex tunc* não pode retroagir para antes da vigência da Constituição de 1988 (limite temporal máximo – STF, ADPF 33/PA).

2. PARÂMETROS DE CONTROLE

Os parâmetros de controle são os preceitos normativos aos quais se atribui supremacia constitucional para **servirem de paradigma** no exame da constitucionalidade. No cenário atual, podem servir de parâmetros do controle de constitucionalidade:

1) **Constituição formal:** a Constituição de 1988 é composta, de forma didática, de três partes:

a) **Preâmbulo:** existem basicamente três teorias, de acordo com a **natureza jurídica do Preâmbulo**:

    a.1) **teoria da irrelevância jurídica:** o Preâmbulo não é dotado de força normativa, tratando-se de mera declaração política, de cunho simbólico;

    a.2) **teoria da plena eficácia jurídica ou relevância jurídica direta/imediata:** o Preâmbulo é dotado de força normativa constitucional, podendo, portanto, ser utilizado como parâmetro do controle de constitucionalidade;

    a.3) **teoria da relevância indireta/mediata:** não reconhece o Preâmbulo como uma norma constitucional vinculante, conferindo-lhe, contudo, a função de vetor de cunho hermenêutico, ou seja, serve como uma **diretriz interpretativa**,

Cap. 6 – Controle de Constitucionalidade

de modo que não pode servir de parâmetro para o controle. É a posição que prevalece no STF (ADI 2.076).

> **Jurisprudência**
>
> A invocação de Deus no preâmbulo da Constituição de 1988 não é norma de reprodução obrigatória nas Constituições estaduais e leis orgânicas do Distrito Federal e dos Municípios (STF, ADI 2.076/AC).

b) **corpo permanente** (arts. 1º ao 250 da Constituição): independentemente do conteúdo, **servem como parâmetro** para o controle de constitucionalidade, uma vez que formalmente constitucionais; e

c) **ADCT:** no que concerne às **normas do ADCT** que já exauriram sua eficácia (**normas de eficácia exaurida**), não podem ser invocadas como parâmetro, pois não possuem mais aptidão para produzir efeitos. De outro modo, as **normas de eficácia exaurível** que integram o ADCT podem servir como parâmetro do controle de constitucionalidade.

2) **Os princípios implícitos:** embora não consagrados de forma expressa no texto constitucional, não há diferença ontológica entre um princípio expresso e um princípio implícito, de modo que servem de parâmetro para o controle de constitucionalidade.

3) **Os tratados e convenções internacionais de direitos humanos aprovados na forma do art. 5º, § 3º, da CF/1988** são equivalentes às emendas constitucionais (ex.: Convenção Interamericana contra o Racismo, a Discriminação Racial e Formas Correlatas de Intolerância – Decreto nº 10.932/2022).

> **Jurisprudência**
>
> Não é admissível ADI contra lei que viola tratado internacional não incorporado ao ordenamento brasileiro com *status* de emenda constitucional (art. 5º, § 3º, da CF/1988), visto que este não pode servir de parâmetro para o controle (STF, ADI 2.030/SC).

4) **Emendas constitucionais que não incorporam dispositivos expressos ao texto constitucional, de caráter temporário e excepcional.** Exemplo: a EC nº 91/2016, que estabeleceu a possibilidade, excepcional e em período determinado, de desfiliação partidária, sem prejuízo do mandato.

> **Jurisprudência**
>
> Não tem sido admitida a utilização de normas de direito suprapositivo como parâmetros para aferição da constitucionalidade, visto que a Constituição não confere poderes a qualquer órgão para "exercer o papel de fiscal do Poder Constituinte Originário, a fim de verificar se este teria ou não violado os princípios de direito suprapositivos" (STF, ADI 815-3/RS).

2.1. Aspecto material do parâmetro de controle: "bloco de constitucionalidade"

A expressão "bloco de constitucionalidade" foi cunhada pelo autor francês **Louis Favoreu** com o objetivo de fazer referência a todas as normas do ordenamento jurídico francês que tinham *status* **constitucional**. Contemporaneamente, tal expressão assume dois sentidos:

a) **Sentido amplo:** abrange normas **formalmente constitucionais**, **materialmente constitucionais** (ex. Pacto de São José da Costa Rica, que tem *status* supralegal, mas é norma materialmente constitucional) e **vocacionadas a desenvolver a eficácia das normas constitucionais** (normas infraconstitucionais que regulamentam normas que se encontram na Constituição, como a lei que regulamenta o direito de greve).

b) **Sentido estrito:** abrange apenas as **normas formalmente constitucionais, incluindo os princípios implícitos, emendas constitucionais que não incorporam dispositivos expressos ao texto constitucional e os tratados e convenções de direitos humanos incorporados na forma do art. 5°, § 3°, da CF/1988**. É a posição adotada pelo STF (ADI 2.971/RO).

2.2. Aspecto temporal do parâmetro de controle

Os aspectos temporais de normas paramétricas podem ser classificados em duas categorias:

1) **Parâmetro temporal amplo:** aplicado **apenas no âmbito do controle difuso de constitucionalidade**, admite parâmetros temporais que não vigoram mais (**normas revogadas**) e normas que tenham esgotado sua eficácia (**normas transitórias**). Exemplo: o STF declarou a inconstitucionalidade de decretos-leis com base na Constituição de 1969 no ano de 1993, ou seja, quando já vigente a Constituição de 1988 (RE 148.754/RJ). Trata-se de controle da norma pré-constitucional em face da Constituição anterior.

Cap. 6 – Controle de Constitucionalidade

2) **Parâmetro temporal restrito:** aplicado **no controle abstrato de constitucionalidade**, abrange apenas:

   a) a defesa da ordem constitucional vigente (Constituição de 1988 – STF, ADI 595/ES); e

   b) normas que tenham sido objeto de reforma/revisão constitucional (STF – ADI 2.158/PR), pois "mais relevante do que a atualidade do parâmetro de controle é a constatação de que a inconstitucionalidade persiste e é atual, ainda que se refira a dispositivos da Constituição Federal que não se encontram mais em vigor".

O parâmetro temporal restrito só exclui as normas revogadas e transitórias.

3. FORMAS DE INCONSTITUCIONALIDADE

No que tange à classificação das formas de inconstitucionalidade, podem-se destacar os seguintes critérios:

1) quanto ao tipo de conduta praticada;

2) quanto à norma constitucional ofendida;

3) quanto à extensão;

4) quanto ao momento;

5) quanto ao prisma de apuração.

3.1. Quanto ao tipo de conduta

1) **Por ação:** decorre de condutas comissivas, positivas, um "fazer", praticadas pelo Poder Público e contrárias a normas constitucionais. Exemplo: aprovação de uma lei que viola o devido processo legislativo.

2) **Por omissão (total, parcial ou relativa):** é caraterizada:

   a) pela abstenção em se adotarem medidas necessárias para tornar plenamente aplicáveis as normas constitucionais "não autoaplicáveis" (**omissão total** – ex.: art. 37, VII, da CF/1988, que estabelece o direito de greve do servidor público);

Jurisprudência

No Tema 531 de Repercussão Geral, o STF firmou a tese de que a "administração pública deve proceder ao desconto dos dias de paralisação decorrentes do exercício do direito de greve pelos servidores públicos, em virtude da suspensão do vínculo funcional que dela decorre, permitida a compensação em caso de acordo. O desconto será, contudo, incabível se ficar demonstrado que a greve foi provocada por conduta ilícita do Poder Público".

b) pelo fato de terem sido adotadas medidas insuficientes (**omissão parcial** – ex.: insuficiência do valor estabelecido em lei para o salário mínimo para atender ao inciso IV do art. 7º da CF/1988); ou

c) pela adoção de medidas que ferem o princípio constitucional da isonomia por não contemplarem situações contidas no programa normativo (**omissão relativa** – ex.: exclusão dos deficientes do recebimento do benefício assistencial da prestação continuada na situação prevista no parágrafo único do art. 34 da Lei nº 10.741/2003 – STF, RE 580.963/PR).

> ### Importante
>
> Em qualquer caso, a caracterização da omissão exige o decurso de um **prazo razoável** para a discussão, votação e aprovação do ato normativo (***inertia deliberandi***) necessário à exequibilidade das normas constitucionais (STF, MI 361/RJ), caso não tenha sido estabelecido expressamente um prazo pela própria Constituição (ex.: art. 48 do ADCT).

> ### Atenção
>
> A omissão inconstitucional só ocorre quando a lacuna decorre de **opção consciente do constituinte** de conferir a outros órgãos a atribuição de realizar a plena aplicabilidade de normas constitucionais, não incidindo nas hipóteses de "**silêncio eloquente**" – ou seja, "opção do legislador em excluir, intencionalmente, certo fato do comando legal" (Zeno Veloso *apud* Diniz, 2008).

> ### Atenção
>
> O não agir pode acarretar o fenômeno da **"erosão da consciência constitucional"**, sustentado por Karl Loewenstein (1983): a abstenção de cumprir o dever de legislar viola a integridade da Constituição, e essa indiferença dos Poderes Públicos gera um efeito psicológico na sociedade, ocasionando uma "atrofia" da consciência constitucional de todos aqueles que se submetem à Carta Magna. Nesse sentido, o STF decidiu, na ADI 1.484/DF, que: "Quando o parlamento se abstém de cumprir, total ou parcialmente, o dever de legislar, viola a própria integridade da constituição, estimulando o preocupante 'fenômeno da erosão da consciência constitucional'. A indiferença dos destinatários do poder perante a Lei Fundamental, anota Karl Loewenstein (1970), consiste em uma atitude psicológica capaz de conduzir à atrofia dessa consciência".

3.1.1. *Estado de coisas inconstitucional (ECI)*

O estado de coisas inconstitucional, expressão cunhada pela Corte Constitucional colombiana, reflete um quadro de transgressão generalizada e sistêmica de direitos fundamentais, causado pela inércia ou incapacidade de solução pelos Poderes Públicos, e que exige transformações estruturais pela atuação de uma pluralidade de autoridades.

A configuração do estado de coisas inconstitucional exige a presença cumulativa de três **pressupostos**: (i) **fático** (violação **massiva, generalizada e sistêmica** de direitos fundamentais que afete um número elevado ou indeterminado de pessoas); (ii) **político** (conjunto de ações e omissões reiteradas dos poderes públicos – **"paralisia do Poder Público"** – tendentes a perpetuar ou agravar o quadro de inconstitucionalidade, decorrente de falhas estruturais dos entes federativos); (iii) **jurídico** (necessidade de imposição de **medidas estruturais** para a superação das violações, objetivando, inclusive, o assoberbamento de feito no Poder Judiciário caso todas as vítimas venham a buscar uma solução individual para o problema – **"potencialidade de congestionamento da justiça"**).

A solução para a atuação sistêmica inadequada exige a adoção de **medidas (administrativas)** conjuntas dos poderes públicos que atentem para:

1º) a necessidade de aprimoramento das políticas públicas existentes;

2º) a realocação de recursos orçamentários;

3º) a reestruturação da estrutura burocrática.

Na hipótese de insuficiência das medidas adotadas no âmbito administrativo e com o intuito de solucionar o estado de coisas inconstitucional, é possível a utilização de **medidas judiciais** que atentem para:

1º) a **dimensão objetiva** dos direitos fundamentais, ou seja, para a perspectiva de toda a comunidade – e não apenas do indivíduo;

2º) a existência de um litígio estrutural e, por via de consequência, a necessidade de adoção de medidas estruturais por meio de um **processo estrutural**, ou seja, "aquele em que se veicula um litígio estrutural, pautado num problema estrutural, e em que se pretende alterar esse estado de desconformidade, substituindo-o por um estado de coisas ideal";

3º) a necessidade de prolação de **decisões multilaterais**, embasadas em uma tutela processual menos rígida, **mais flexível**, de modo a adaptar-se às necessidades do caso, com **cognição ampla e profunda** (Didier, 2020);

4º) a adoção de **provimentos em cascata** e a necessidade de amplo assessoramento ao juiz para o conhecimento da realidade fática e jurídica;

5º) a sujeição à informação, ao debate e ao controle social (Arenhart, 2013);

6º) atuação proativa do Poder Judiciário ("**ativismo judicial dialógico**"), que permita a adoção de medidas capazes de superar os **"desacordos políticos institucionais"**, a **falta de coordenação entre os órgãos públicos**, os **custos políticos da atuação** e a sub-representação de grupos minoritários (papel contramajoritário de Poder Judiciário);

7°) **diálogo institucional:** o Poder Judiciário deve atuar como um coordenador da atuação dos Poderes, fomentando a discussão sobre o reconhecimento inadequado da proteção dos direitos fundamentais e da busca para a solução do litígio estrutural.

> ### Jurisprudência
>
> No que concerne ao estado de coisas inconstitucional, merecem destaque dois julgados do Supremo Tribunal Federal:
>
> – ADPF 347/DF: o STF reconheceu que o sistema penitenciário brasileiro vive um estado de coisas inconstitucional, fixando a seguinte tese:
>
> "1.   Há um estado de coisas inconstitucional no sistema carcerário brasileiro, responsável pela violação massiva de direitos fundamentais dos presos. Tal estado de coisas demanda a **atuação cooperativa** das diversas autoridades, instituições e comunidade para a construção de uma solução satisfatória.
>
> 2.   Diante disso, União, Estados e Distrito Federal, em conjunto com o Departamento de Monitoramento e Fiscalização do Conselho Nacional de Justiça (DMF/CNJ), deverão elaborar **planos a serem submetidos à homologação do Supremo Tribunal Federal**, nos prazos e observadas as diretrizes e finalidades expostas no presente voto, devendo tais planos ser especialmente voltados para o controle da superlotação carcerária, da má qualidade das vagas existentes e da entrada e saída dos presos.
>
> 3.   O CNJ realizará estudo e regulará a criação de número de varas de execução proporcional ao número de varas criminais e ao quantitativo de presos".
>
> – ADPF 976/DF: o STF decidiu, diante do estado de coisas inconstitucional decorrente da situação da população de rua, adotar **medidas estruturais**, determinando a formulação pelo Poder Executivo federal, no prazo de 120 dias, do **Plano de Ação e Monitoramento para a Efetiva Implementação da Política Nacional para a População em Situação de Rua**, com a participação, entre outros órgãos, do Comitê intersetorial de Acompanhamento e Monitoramento da Política Nacional para População em Situação de Rua (CIAMP-Rua), do Conselho Nacional de Direitos Humanos (CNDH), da Defensoria Pública da União (DPU) e do Movimento Nacional da População em Situação de Rua, contendo, entre outros, os seguintes tópicos.

Cap. 6 – Controle de Constitucionalidade

> **Atenção**
>
> **Compromisso significativo (*meaningful engagement*)**
>
> Na África do Sul, o órgão judicante chegou a uma solução diversa das adotadas pelo STF nas ADPFs 347/DF e 976/DF.
>
> No caso *Olivia Road*, mais de 400 ocupantes de prédios na Cidade de Johanesburgo voltaram-se contra a desocupação ordenada por razões de segurança e de saúde (Kozicki, 2019).
>
> O Tribunal, seguindo o **modelo do compromisso significativo** (*meaningful engagement*), emitiu ordem provisória para o Município e os ocupantes se comprometerem significativamente em (Williams, 2014):
>
> (i) resolver suas diferenças e dificuldades à luz dos valores da Constituição;
>
> (ii) aliviar a condição dos que viviam nos edifícios, tornando-os seguros e saudáveis; e
>
> (iii) reportar os resultados do compromisso.
>
> Assim, por meio do compromisso significativo, o juiz declara a existência de uma omissão inconstitucional relevante. Contudo, **em vez de prolatar decisões mandamentais, entrega aos atores políticos o dever de construção planejada de soluções**.
>
> Trata-se de uma postura conciliatória e coordenadora, de caráter plural, **podendo ser mais adequada ao tratamento fático das omissões inconstitucionais que a utilização das sentenças estruturantes (*structural injunctions*).**

3.2. Quanto à norma constitucional ofendida

O presente critério leva em consideração o parâmetro/norma de referência utilizado para o exercício do controle de constitucionalidade.

1) **Inconstitucionalidade formal (nomodinâmica):** atenta para a violação na produção de atos normativos. Pode ser subdividida em três espécies:

   a) **propriamente dita:** decorre da violação de norma constitucional que rege o processo legislativo. Espécies:

   - **subjetiva:** relacionada ao sujeito competente para iniciar o processo legislativo (vício de iniciativa). Exemplo: apresentação de projeto de lei por parlamentar que modifique o efetivo das Forças Armadas, em violação ao art. 61, § 1º, I, da CF/1988.

     A Súmula n. 5 do STF, que enuncia que "A sanção do projeto supre a falta de iniciativa do Poder Executivo", encontra-se superada. Assim, a ulterior sanção de projeto de lei eivado de vício de iniciativa não supre a inconstitucionalidade;

- **objetiva:** relacionada às demais fases do processo legislativo. Exemplo: inobservância do quórum constitucionalmente exigido para as leis complementares (maioria absoluta);

b) **orgânica (vício de incompetência):** decorre da violação à norma definidora do órgão competente para tratar da matéria, ou seja, do descumprimento das regras de competência. Exemplo: a competência para tratar de determinada matéria é do Município e um Estado-membro legisla sobre o tema;

c) **por violação a pressupostos objetivos:** decorre da inobservância de requisitos constitucionalmente exigidos para elaboração de determinados atos normativos. Exemplo: inconstitucionalidade formal por violação a pressupostos objetivos em decorrência da edição de medida provisória que não apresente "relevância e urgência".

2) **Inconstitucionalidade material (nomoestática):** decorre da ofensa a normas constitucionais que estabelecem direitos ou impõem deveres, ou seja, diz respeito ao conteúdo do ato normativo objeto de controle. Pode ocorrer em duas situações distintas:

a) divergência quanto ao conteúdo do objeto disciplinado. Exemplo: lei que institui a pena de morte em tempos de paz, ofendendo o art. 5º, XLVII, *a*, da CF/1988;

b) divergência quanto ao modo como é disciplinada determinada matéria.

3.3. Quanto à extensão

No que tange à extensão, é possível classificar a inconstitucionalidade em:

1) **Total:** ocorre quando o vício atinge todo o ato normativo (ex.: lei complementar que não observou o quórum de maioria absoluta) ou todo um dispositivo (ex.: inconstitucionalidade integral de alínea), não restando partes válidas a serem aplicadas.

2) **Parcial:** ocorre quando os Poderes Públicos deixam de adotar medidas suficientemente adequadas para tornar efetivas as normas constitucionais (**omissão parcial**), ou quando apenas **uma parte** de um ato normativo, de um dispositivo ou um sentido normativo são considerados inconstitucionais.

> ### Importante
>
> A declaração de inconstitucionalidade parcial pode **incidir sobre uma palavra isolada ou sobre determinadas expressões**, em atenção ao princípio da presunção de constitucionalidade, preservando-se, sempre que possível, os elementos normativos não contaminados.

Cap. 6 – Controle de Constitucionalidade

> **Atenção**
>
> Os efeitos da declaração de inconstitucionalidade parcial não se confundem com o veto parcial. O veto parcial, previsto no art. 66, § 2º, CF/1988, deve necessariamente abranger todo um artigo, todo um parágrafo, toda uma alínea ou todo um inciso. Na declaração de inconstitucionalidade parcial, o STF pode declarar a inconstitucionalidade de apenas uma palavra ou uma expressão de um dispositivo legal.

> **Jurisprudência**
>
> Não é possível que o STF venha a atuar como **"legislador positivo",** promovendo a **"virtual criação de outra regra legal, substancialmente divorciada do conteúdo material que lhe deu o próprio legislador"** (STF, ADI-MC 1.063/DF).

3.4. Quanto ao momento

No que concerne ao momento, as inconstitucionalidades podem ser classificadas em:

1) **Originária:** ocorre quando a norma é inconstitucional desde a sua origem, segundo os parâmetros de controle vigentes à época da sua entrada em vigor. Assim, a inconstitucionalidade originária se apresenta nas hipóteses em que a norma impugnada é posterior à norma parâmetro ofendida. Exemplo: lei editada em 2023 incompatível com a Constituição de 1988 será inconstitucional desde a sua origem.

2) **Superveniente:** surge em momento posterior à edição do ato normativo. A norma impugnada é anterior à norma parâmetro ofendida, sendo originariamente constitucional e se tornando, posteriormente, incompatível com o novo parâmetro de constitucionalidade. Exemplo: a Lei nº 9.868/1999 estabelecia apenas quatro legitimados para a propositura de ADC, nos mesmos moldes previstos pela EC nº 3/1993. Com o advento da EC nº 45/2004, a legitimidade ativa para a propositura da ADC foi ampliada (art. 103 da CF/1988), de modo que o art. 13 da Lei nº 9.868/1999 passou a ser incompatível com a Constituição de 1988. A inconstitucionalidade superveniente pode se manifestar de três formas distintas:

   a) **reforma constitucional;**

   b) **mutação constitucional** (ex.: inconstitucionalidade superveniente de lei editada em 2005 que vedava a união estável homoafetiva com a mutação constitucional que resultou na ADPF 132/RJ, admitindo a união estável homoafetiva);

   c) **mudança no substrato fático da norma** (ex.: embora o STF tenha entendido inicialmente constitucional ato normativo que permitia o uso controlado de uma das modalidades do amianto, diante da descoberta dos seus riscos para a saúde, reconheceu a inconstitucionalidade superveniente na ADI 3.937).

> ### Jurisprudência
>
> A expressão "inconstitucionalidade superveniente" não é adotada pelo STF, que faz referência ao instituto da "não recepção", por entender que a matéria diz respeito ao direito constitucional intertemporal (STF, RE 396.386/SP). Excepcionalmente, contudo, o STF admitiu a inconstitucionalidade superveniente na ADI 3.937/SP.

3) **Progressiva ("norma ainda constitucional" ou "situações constitucionais imperfeitas"):** ocorre quando uma norma, em decorrência de circunstâncias fático-jurídicas, caminha progressivamente para a inconstitucionalidade. A declaração de inconstitucionalidade é **adiada com o intuito de evitar prejuízos** em atenção ao próprio plano normativo traçado pelo constituinte (caráter eminentemente pragmático). O Tribunal decide que a norma ainda é constitucional, mas o Poder Judiciário faz um **"apelo ao legislador"**, por meio de uma **"decisão apelativa"**, para que ele modifique o diploma normativo antes que se torne definitivamente inconstitucional.

> ### Jurisprudência
>
> A título de exemplo, o art. 68 do CPP atribui ao Ministério Público a competência para promover a ação civil *ex delicto* quando a vítima do crime ou seus familiares forem pobres. Todavia, após a Constituição de 1988, essa atribuição não poderia mais ser do MP, pois a assistência judiciária gratuita às pessoas reconhecidamente pobres é função da Defensoria (art. 134, *caput*, da CF/1988). O Ministério Público questionou a constitucionalidade do dispositivo e o STF decidiu que, de fato, a atribuição é da Defensoria Pública; entretanto, como nem todos os Estados possuem Defensoria, a norma é constitucional enquanto a instituição não estiver devidamente estruturada (STF, RE 135.328/SP).

3.5. Quanto ao prisma de apuração

Com relação ao prisma de apuração, é possível classificar as inconstitucionalidades em:

1) **Direta (imediata ou antecedente):** resulta da **violação frontal** à Constituição, ante a inexistência de ato normativo entre a norma impugnada e o parâmetro de controle. Na inconstitucionalidade direta, não há nenhum ato interposto entre o parâmetro e a norma impugnada. Exemplo: impugnação de uma lei que regulamenta diretamente a Constituição.

Cap. 6 – Controle de Constitucionalidade

> **Importante**
>
> 1) A inconstitucionalidade direta não se confunde com a inconstitucionalidade "chapada", "enlouquecida" ou "desvairada" – expressões que refletem uma inconstitucionalidade "clara", que não deixa dúvida quanto à existência do vício (STF, ADI 3.232/TO).
>
> 2) Em regra, somente nos casos de inconstitucionalidade direta tem sido admitido o controle abstrato de constitucionalidade.

2) **Indireta (mediata):** resulta da violação de uma **norma interposta** entre a impugnada e o parâmetro de controle. Exemplo: decreto que regulamenta uma lei, sendo o primeiro incompatível com a Constituição. Contudo, a inconstitucionalidade indireta pode ser classificada em duas categorias:

Consequente: ocorre quando a inconstitucionalidade de uma norma decorre da inconstitucionalidade de outro ato normativo superior, que lhe serve de fundamento de validade. Exemplo: decreto inconstitucional pelo fato de que a lei que regulamenta é inconstitucional. Se a lei é incompatível com a Constituição, por via de consequência o decreto também será inconstitucional. Há uma inconstitucionalidade direta da lei e uma inconstitucionalidade indireta do decreto. Trata-se de uma **inconstitucionalidade por atração, reverberação normativa ou por arrastamento,** ou seja, que atinge um ato normativo como consequência do reconhecimento da inconstitucionalidade de outro ato normativo, existindo uma relação de dependência entre eles.

> **Jurisprudência**
>
> Nos casos de inconstitucionalidade indireta consequente, ocorre uma **exceção à regra de vedação ao controle abstrato de constitucionalidade de atos normativos secundários:** como a lei que viola diretamente a Constituição pode ser objeto de ADI, ADC ou ADPF, também o ato normativo secundário (decreto) pode ser objeto de ADI, ADC ou ADPF. Nesses casos, o STF tem reconhecido a **inconstitucionalidade por atração ou por arrastamento**, declarando a inconstitucionalidade da lei e, por arrastamento, do decreto (ADI 2.578/MG).

Reflexa (ou oblíqua): a verificação da inconstitucionalidade exige o exame prévio de norma infraconstitucional regulamentada, ou seja, resulta da violação a normas infraconstitucionais interpostas. Exemplo: a lei que regulamenta um dispositivo da Constituição é constitucional, mas o decreto que a regulamenta exorbita os limites do art. 84, VI, da Constituição, conforme entendimento do STF (ADI 3.132/SE).

3.6. Inconstitucionalidade "útil"?

A expressão inconstitucionalidade "útil" se refere à prática de Casas Legislativas **promulgarem leis nitidamente inconstitucionais**, com o intuito de **aproveitarem a lentidão** na apreciação da inconstitucionalidade pelo Poder Judiciário ou para **buscarem a modulação dos efeitos** da futura declaração de inconstitucionalidade (Mello, 1998). Trata-se, contudo, de prática que implica **abuso do poder de legislar**, violando a boa-fé, o princípio da separação de poderes e a supremacia da Constituição, minando a confiança no sistema jurídico.

3.7. Inconstitucionalidade circunstancial

A inconstitucionalidade circunstancial consiste em, diante de uma lei formalmente constitucional, identificar que, **em determinadas circunstâncias ou em um contexto particular**, a sua aplicação implicaria inconstitucionalidade.

A título de exemplo, a norma que vedava a concessão de tutela antecipada em face da Fazenda Pública poderia ser tida como constitucional em relação a pedido de pagamento de determinado benefício a servidor, mas seria inconstitucional na hipótese de pedido de tutela antecipada para que o Estado custeie cirurgia essencial (STF, ADI 223).

4. FORMAS DE CONTROLE DE CONSTITUCIONALIDADE

No que tange às formas de controle de constitucionalidade, é possível classificá-las a partir de três critérios distintos:

a) quanto ao momento;

b) quanto à competência jurisdicional;

c) quanto à finalidade do controle jurisdicional.

Passemos à análise de cada uma das categorias.

4.1. Quanto ao momento

Com relação ao momento, o controle de constitucionalidade pode ser classificado em:

1) Preventivo: realizado antes de qualquer violação à Constituição, isto é, durante o processo legislativo, para verificar se a proposição guarda ou não compatibilidade com a Constituição de 1988.

I – Poder Legislativo: em regra, o controle preventivo é exercido no Poder Legislativo pela **Comissão de Constituição e Justiça (CCJ),** órgão permanente de todas as Casas Legislativas encarregado de exercer o controle preventivo de constitucionalidade dos projetos de lei ou de propostas de emenda, podendo arquivá-los nas hipóteses que entender incompatíveis com a Constituição. O **Plenário** também pode exercer o controle preventivo de constitucionalidade, ainda que a CCJ

Cap. 6 – Controle de Constitucionalidade

venha a entender que um projeto de lei ou proposta de emenda é constitucional. Por fim, uma terceira esfera de controle preventivo pelo Poder Legislativo ocorre na **delegação atípica** prevista no art. 68, § 3º, da Constituição, em que o Congresso Nacional edita uma resolução delegando ao Presidente a elaboração da lei, mas ressalva que analisará eventual compatibilidade com a Constituição.

II – Poder Executivo: o controle preventivo exercido pelo Poder Executivo é realizado por meio do **veto jurídico**, ou seja, quando o Chefe do Executivo entende que o projeto de lei é incompatível com a Constituição.

Atenção

No veto político (ou seja, quando o Chefe do Executivo entende que o projeto de lei é contrário ao interesse público), não há efetivo controle de constitucionalidade, mas apenas um juízo político.

III – Poder Judiciário: o controle preventivo é exercido pelo Poder Judiciário apenas de modo excepcional, por meio de **mandado de segurança impetrado por parlamentar em decorrência de violação ao devido processo legislativo constitucional**. Apenas o parlamentar que **participou efetivamente** do processo legislativo possui direito público subjetivo à observância do devido processo legislativo.

Jurisprudência

Caso um parlamentar impetre mandado de segurança e, antes do julgamento da demanda, perca o mandato, o feito deve ser julgado extinto sem a resolução do mérito por perda do objeto (perda superveniente da legitimidade). Segundo o STF, a "legitimação ativa *ad causam* que deve estar presente, juntamente com as demais condições da ação, no momento da resolução do litígio" (STF, MS 27.971/DF). Trata-se de posição distinta da adotada em ADCs, ADIs e ADPFs propostas por partido político com representação no Congresso Nacional, situação em que a eventual perda do cargo pelo representante do partido após a propositura da demanda não impedirá sua apreciação.

No que tange à extensão do controle passível de ser realizado no mandado de segurança, não pode versar sobre questões políticas ou atos *interna corporis* (STF, MS 22.503-3/DF).

2) **Repressivo:** realizado após uma ofensa à Constituição, com o objetivo de repará-la, estando a norma já em vigor.

I – Poder Legislativo: o Poder Legislativo exerce o controle repressivo em três situações distintas:

a) **sustação de atos normativos do Poder Executivo que exorbitem os limites legais (art. 49, V, da CF/1988):** o Congresso Nacional pode sustar atos normativos do Poder Executivo que exorbitem o poder regulamentar ou os limites da delegação legislativa. Exemplo: ao regulamentar uma lei que versa sobre direitos dos idosos, o Presidente da República inclui dispositivos que versam sobre o orçamento da União. Nesse caso, o Congresso Nacional pode editar um **decreto legislativo** sustando a parte do decreto regulamentar do chefe do Poder Executivo que exorbitou os limites legais;

b) **delegação típica:** o Congresso Nacional, por meio de resolução, delega ao Presidente da República e este edita uma lei delegada. Caso o Chefe do Executivo exorbite os limites da delegação legislativa, o Congresso Nacional poderá expedir um **decreto legislativo** sustando os dispositivos da lei delegada;

Jurisprudência

O decreto legislativo, elaborado pelo Congresso Nacional para sustar uma lei delegada, pode ser objeto de ADI, tendo em vista que **dispõe de caráter normativo**. Nesse sentido, o STF decidiu (ADI 748/RS) que "O decreto legislativo, editado com fundamento no art. 49, V, da Constituição Federal, não se desveste dos atributos tipificadores da normatividade pelo fato de limitar-se, materialmente, a suspensão de eficácia de ato oriundo do Poder Executivo. Também realiza **função normativa** o ato estatal que exclui, extingue ou suspende a validade ou a eficácia de uma outra norma jurídica. A eficácia derrogatória ou inibitória das consequências jurídicas dos atos estatais constitui um dos momentos concretizadores do processo normativo".

c) **medida provisória (art. 62 da CF/1988):** expedida medida provisória pelo Presidente da República, com força de lei, deve ser submetida de imediato ao Congresso Nacional. O Congresso pode rejeitar a medida provisória com base em dois fundamentos: ausência dos requisitos objetivos (relevância e urgência) e inobservância das matérias que podem ser veiculadas por meio de medida provisória (art. 62, § 1º, da CF/1988).

I.1 – **Tribunal de Contas:** o Tribunal de Contas é órgão auxiliar do Poder Legislativo, podendo, no exercício de suas atribuições (**teoria dos poderes implícitos**), **afastar** a aplicação de ato normativo que entenda incompatível com a Constituição de 1988. Sobre o tema, a Súmula nº 347, do STF, sedimentou o entendimento de que "O Tribunal de Contas, no exercício de suas atribuições, pode apreciar a constitucionalidade das leis e dos atos do Poder Público". Assim, os Tribunais de Contas não exercem atividade jurisdicional e, portanto, **não exercem controle abstrato de**

Cap. 6 – Controle de Constitucionalidade

constitucionalidade ou com efeitos *erga omnes* e vinculantes, mas apenas apreciam a constitucionalidade dos atos normativos no exercício de suas atribuições.

II – Poder Executivo: o controle repressivo é exercido quando o Chefe do Poder Executivo **deixa de aplicar** um ato normativo que considere inconstitucional, desde que o faça de forma motivada e confira publicidade ao ato (STF, ADI MC 221/DF). O ato normativo tido como inconstitucional **não é retirado do ordenamento jurídico**, mas apenas deixa de ser aplicado pelo Chefe do Poder Executivo. A competência não é extensível a outras autoridades ou órgãos, sendo o Chefe do Poder Executivo o **único competente** para negar cumprimento à lei que considere inconstitucional.

Atenção

O CNJ e CNMP podem, no exercício de suas atribuições, afastar a incidência de norma que veicule matéria inconstitucional (STF, Pet 4.656/PB). Nesse sentido, a Resolução CNJ nº 67/2009, em seu art. 4º, § 3º, dispõe que "O CNJ, no exercício de suas atribuições, poderá afastar, por maioria absoluta, a incidência de norma que veicule matéria tida por inconstitucional pelo Supremo Tribunal Federal e que tenha sido utilizada como base para a edição de ato administrativo".

III – Poder Judiciário: o Poder Judiciário pode exercer o controle repressivo de constitucionalidade por meio de um único órgão (controle concentrado) ou por meio de todos os seus órgãos (controle difuso).

Jurisprudência

O controle preventivo se torna repressivo a partir da **publicação** do ato normativo, ou seja, uma vez publicado o novo diploma normativo, o controle deixa de ser preventivo e passa a ser repressivo. Por esse motivo, a jurisprudência do STF tem exigido "que a ação direta tenha, e só possa ter, como objeto juridicamente idôneo, apenas leis e atos normativos, federais ou estaduais, já promulgados, editados e publicados" (ADI 466 MC/DF). Excepcionalmente, contudo, o STF admite a propositura de ADI antes da publicação do ato normativo. Para tanto, é indispensável que, **até o julgamento da demanda, sobrevenha a publicação**. Assim, "Devendo as condições da ação coexistir à data da sentença, considera-se presente o interesse processual, ou de agir, em ação direta de inconstitucionalidade de Emenda Constitucional que só foi publicada, oficialmente, no curso do processo, mas antes da sentença" (STF, ADI 3.367/DF).

> **Importante**
>
> Embora todos os Poderes possam exercer os dois tipos de controle (preventivo e repressivo), o controle preventivo é exercido, em regra, pelos Poderes Executivo e Legislativo, e o repressivo, pelo Poder Judiciário.

4.2. Quanto à competência jurisdicional

No que tange à competência jurisdicional, o controle de constitucionalidade pode ser classificado em concentrado ou difuso.

1) **Difuso (ou aberto):** trata-se de modalidade de controle exercida por qualquer órgão do Poder Judiciário (juiz ou Tribunal) e que ganhou forma nos Estados Unidos, por meio do famoso caso *Marbury vs. Madison* (1803). O controle difuso não se confunde com o controle incidental.

2) **Concentrado (ou reservado):** trata-se de modalidade de controle exercida por órgãos do Poder Judiciário taxativamente indicados pelo ordenamento. No Brasil, é exercido pelo STF – quando tem como parâmetro a Constituição de 1988 – ou pelos Tribunais de Justiça – quando tem como parâmetro Constituição Estadual. O controle abstrato não se confunde com o controle concentrado.

4.3. Quanto à finalidade (principal) do controle jurisdicional

Quanto à finalidade do controle, é possível classificar o controle em concreto ou concentrado.

1) **Concreto (incidental, por via defesa ou por via de exceção):** a pretensão é deduzida em juízo mediante um **processo constitucional subjetivo**, cuja finalidade principal é **solucionar uma controvérsia envolvendo direitos subjetivos**. A análise da constitucionalidade é vinculada ao plano de incidência do ato normativo. Assim, o juízo de compatibilidade constitucional não é o objeto da demanda, mas questão prejudicial, apreciada nos fundamentos da decisão (**causa de pedir**).

> **Atenção**
>
> Mesmo no silêncio das partes, o julgador não só pode, como deve declarar **de ofício** a inconstitucionalidade do ato normativo, tendo em vista tratar-se de matéria de ordem pública e de natureza indisponível.

2) **Abstrato (por via de ação, por via direta, em tese ou por via principal):** a pretensão é deduzida em juízo por meio de um **processo constitucional objetivo**, ou seja,

Cap. 6 – Controle de Constitucionalidade

um processo constitucional em que não há autor ou réu. A finalidade principal é a **proteção da supremacia da Constituição** e, indiretamente, a proteção de direitos subjetivos.

> ### Atenção
>
> Em regra, o controle concentrado é abstrato e o controle difuso é incidental. Contudo, é possível destacar três exceções:
>
> 1) O controle **concentrado-incidental** realizado por meio de representação interventiva. Trata-se de controle concentrado pelo fato de que o STF e os TJs são os únicos competentes para julgá-la e, ao mesmo tempo, é um processo constitucional subjetivo, contando com autor e réu (partes formais).
>
> 2) O controle **difuso-abstrato** decorre da observância da cláusula de reserva de plenário (art. 97 da CF/1988). Nesse caso, o Plenário do Tribunal ou o Órgão Especial não julga o caso concreto, limitando-se a analisar, em tese, se o ato normativo é compatível com a Constituição.
>
> 3) O **reconhecimento de inconstitucionalidade incidental em sede de controle abstrato**. Exemplo: no julgamento de ADI, o Tribunal pode apreciar a constitucionalidade de norma que regulamente o próprio procedimento da ação direta de inconstitucionalidade (STF, QO na ADC 1/DF).

5. CONTROLE CONCENTRADO-ABSTRATO DE CONSTITUCIONALIDADE

O Brasil adotou um **sistema jurisdicional misto** de controle de constitucionalidade, realizado de forma concentrada e por qualquer juiz ou tribunal.

No presente tópico, passaremos à análise dos aspectos principais do controle concentrado de constitucionalidade, abrangendo as ações diretas de inconstitucionalidade (ADI), as ações declaratórias de constitucionalidade (ADC), as ações diretas de inconstitucionalidade por omissão (ADO) e arguição de descumprimento de preceito fundamental (ADPF).

No controle abstrato, a pretensão é deduzida em juízo por meio de um **processo constitucional objetivo,** sem que existam partes formais, com a finalidade principal de **proteger a supremacia da Constituição**.

5.1. Princípios reitores do processo constitucional objetivo

São princípios que regem o processo objetivo:

a) Princípio da instrumentalidade "ao quadrado", "reforçada" ou "potencializada": há uma flexibilidade maior no procedimento do que em outras demandas, em especial no que tange aos seus aspectos formais, como decorrência da natureza política do controle concentrado e da amplitude semântica das normas.

b) **Princípio da acessibilidade limitada:** a legitimidade ativa não é concedida a qualquer pessoa (art. 103 da CF/1988).

c) **Princípio da congruência ao pedido:** a decisão judicial fica limitada ao pedido formulado pela parte autora, de modo que o julgador que decide fora dos limites da lide poderá incorrer em julgamento *extra, citra ou ultra petita*. Exceções: (i) inconstitucionalidade por arrastamento; (ii) declaração incidental de inconstitucionalidade de norma que não tenha sido impugnada (ex.: em ADI ajuizada contra a Lei de Licitações, pede-se incidentalmente a inconstitucionalidade de dispositivo da Lei nº 9.868/1999).

d) **Princípio da causa de pedir aberta:** livre apreciação do ato normativo impugnado à luz de todo o bloco de constitucionalidade, não ficando o julgador limitado ao alegado pela parte autora.

e) **Princípio da vedação à desistência:** não se admite a desistência nos processos objetivos.

f) **Princípio da especificação das normas paramétricas:** a parte autora deve especificar as normas paramétricas que dão ensejo ao pedido de inconstitucionalidade.

g) **Princípio da instrução:** o órgão julgador dispõe de liberdade para instruir o feito, **inclusive no que tange às questões de fato**.

h) **Princípio da irrecorribilidade e da irrescindibilidade:** não se admite recurso ou ação rescisória contra decisão final em controle abstrato, salvo: embargos declaratórios; e agravo regimental contra decisões monocráticas que extinguem o feito sem a resolução do mérito.

5.2. Caráter dúplice ou ambivalente

A ADI e a ADC **são ações** que possuem a mesma natureza, porém "**com sinal trocado**": se uma demanda é julgada improcedente, a outra deve ser julgada procedente. **É o que se convencionou chamar de "caráter dúplice" ou ambivalente** e se encontra previsto no art. 24 da Lei nº 9.868/1999.

Assim, se uma mesma lei for objeto simultâneo de ADI e ADC, as demandas serão reunidas e, sendo a ADC julgada improcedente, a ADI será julgada procedente.

> **Atenção**
>
> O indeferimento de **medidas cautelares** em ADI e o deferimento em ADC não implica qualquer ambivalência, tendo em vista que o caráter dúplice **incide exclusivamente em decisões de mérito**.

Cap. 6 – Controle de Constitucionalidade

5.3. Pressuposto da ADC: controvérsia judicial relevante

Ao entrar em vigor, uma lei dispõe de presunção relativa de constitucionalidade. A ADC visa transformar essa presunção relativa de constitucionalidade (*juris tantum*) em presunção absoluta (*jure et de jure*).

> **Jurisprudência**
>
> Diplomas normativos que colidam frontalmente com a jurisprudência do Supremo Tribunal Federal (leis *in your face*) nascem com **presunção relativa de inconstitucionalidade.** Incumbe ao legislador ônus de trazer aos autos novos argumentos e demonstrar o desacerto do posicionamento da Corte em decorrência de mudanças fáticas ou axiológicas (STF, ADI 5105/DF).

Contudo, para que o STF não exerça uma função meramente consultiva, a ADC tem como pressuposto a existência de **controvérsia judicial relevante**. Assim, a controvérsia deve existir no âmbito do Poder Judiciário (não sendo suficiente, portanto, uma controvérsia que fique limitada ao âmbito doutrinário) e deve ser relevante (ou seja, colocar em risco a presunção de constitucionalidade).

No momento do ajuizamento de ADC, o autor deve promover a juntada de decisões judiciais que comprovem a existência de controvérsia judicial relevante, em atenção ao art. 14, III, Lei nº 9.868/1999.

5.4. ADPF: caráter subsidiário e arguição incidental

A ADPF apresenta caráter subsidiário, ou seja, só é cabível quando não existir outro meio eficaz para sanar a lesividade. Nesse sentido, o art. 4º, § 1º, da Lei nº 9.882/1999, dispõe que "Não será admitida arguição de descumprimento de preceito fundamental quando houver qualquer **outro meio eficaz de sanar a lesividade**" (destacamos).

A expressão "outro meio eficaz" contida no art. 4º, § 1º, da Lei nº 9.882/1999 abrange qualquer outra via que tenha a mesma efetividade, imediaticidade e amplitude da ADPF (**corrente ampliativa do caráter subsidiário**). Assim, a existência de processos ordinários e recursos extraordinários não exclui a possibilidade de utilização da arguição de descumprimento de preceito fundamental, em virtude da feição marcadamente objetiva dessa ação (STF, ADPF 33/DF). A título de exemplo, sendo cabível o ajuizamento de ADI – que dispõe de efeitos *erga omnes* e vinculantes –, não será admissível a propositura de ADPF.

> ### Atenção
>
> A arguição de descumprimento de preceito fundamental pode ser formulada de forma autônoma (por meio de ação própria) ou incidentalmente. O art. 1º, *caput*, da Lei nº 9.882/1999 disciplina a arguição autônoma, podendo ter caráter preventivo (evitar) ou caráter repressivo (reparar lesão a preceito fundamental), não se restringindo a atos normativos – ou seja, pode a lesão resultar de qualquer ato administrativo, inclusive decretos regulamentares. No que tange à modalidade incidental, é indispensável: 1) uma demanda em andamento (ação original); 2) a demonstração de controvérsia judicial relevante; 3) que um dos legitimados suscite a arguição – levando a apreciação da matéria constitucional ao Supremo Tribunal Federal; e 4) que o seu objeto seja um ato normativo (art. 1º, parágrafo único, da Lei nº 9.882/1999). **O controle continua sendo abstrato**, ainda que a arguição seja incidental, e produz *efeitos erga omnes* perante terceiros.

5.5. Fungibilidade

O princípio da fungibilidade se aplica às ações de controle abstrato de constitucionalidade (ADI, ADC, ADO e ADPF), de modo que, **não se tratando de hipótese de erro grosseiro**, o STF pode admitir o processamento de uma ação em lugar de outra.

> ### Jurisprudência
>
> **IMPORTANTE**
>
> **Não há erro grosseiro** quando pende dúvida sobre o "caráter autônomo de atos infralegais [...] como decretos, resoluções, portarias" ou em virtude da "alteração superveniente da norma constitucional dita violada" (STF, ADPF 314 AgR/DF).

5.6. Cumulação de pedidos

Com intuito de atender ao princípio da economia processual, **é possível a cumulação de pedidos** em uma demanda de controle concentrado de constitucionalidade. Assim, caso um legitimado pretenda que o STF declare a inconstitucionalidade de um dispositivo, a constitucionalidade de outro dispositivo e a inconstitucionalidade por omissão parcial de um terceiro dispositivo, todos eles pertencentes a uma mesma lei, poderá fazê-lo por meio do ajuizamento de uma única demanda.

5.7. Justiça Multiportas e o controle de constitucionalidade

A ideia de Justiça Multiportas decorre de uma metáfora: "seria como se houvesse, no átrio do fórum, várias portas; a depender do problema apresentado, as partes seriam encaminhadas para a porta da mediação, ou da conciliação, ou da arbitragem, ou da própria justiça estatal" (Cunha, 2020).

Desse modo, é possível a **celebração de autocomposição em demandas constitucionais**, em especial com o advento da Resolução nº 790/2022 do STF, que criou o Centro de Soluções Alternativas de Litígios (Cesal/STF), admitindo, por exemplo:

a) que a **solução de problemas estruturais** geralmente exige uma abordagem distinta da tradicional, com a realização de atos de cooperação judiciária e a adoção de técnicas de conciliação e mediação;

b) em processos estruturais, técnicas de conciliação e mediação muitas vezes são necessárias para a realização de uma espécie de negociação para efetivação da decisão estrutural de inconstitucionalidade.

Essa posição é corroborada pelo Enunciado nº 88 da II Jornada de Prevenção e Solução Extrajudicial de Litígios, em que foi assentado que: "As técnicas de autocomposição são compatíveis com o exercício da jurisdição constitucional, inclusive na fase pré-processual, podendo ser aplicadas em ações de competência da Suprema Corte".

Assim, nas demandas de **controle concentrado de constitucionalidade é possível a celebração de acordos** visando conferir maior efetividade à prestação jurisdicional. Quando celebrados, implicam a extinção do feito com a resolução do mérito (art. 487, III, do CPC).

5.7.1. *Pressuposto para a celebração de acordos em demandas de controle concentrado de constitucionalidade*

O STF entende possível a celebração de acordo em sede de processo de controle objetivo de constitucionalidade (ADPF), desde que **o acordo verse exclusivamente sobre um conflito de natureza subjetiva que envolva partes individualizadas**.

Nesse caso, a homologação do acordo **não implica reconhecimento da inconstitucionalidade** de qualquer dispositivo, de modo que a decisão "não implica qualquer comprometimento desta Suprema Corte com as teses jurídicas veiculadas na avença, especialmente aquelas que pretendam, explícita ou implicitamente, vincular terceiras pessoas ou futuras decisões do Poder Judiciário" (STF, ADPF 165/DF).

Embora parcela da doutrina venha sustentando que o objeto do acordo deve ser a mera homologação das disposições patrimoniais que foram combinadas entre as partes – ou seja, aquelas disposições que estavam dentro do âmbito de disponibilidade das partes –, o STF tem admitido a celebração de acordos que visem (DIDIER, 2023):

a) **negócios jurídicos processuais** (ex. modulação de efeitos no controle de constitucionalidade);

b) **federalismo cooperativo** – ex. demarcação de divisas entre Estados da Federação (ACO 34.739), compensação de ICMS (ADPF 984) e gestão compartilhada do arquipélago de Fernando de Noronha (ACO 3.568);

c) **ações coletivas e processos repetitivos** – ex. acordo celebrado pela Procuradoria-Geral da República, pela Advocacia-Geral da União, pela Defensoria Pública Geral da União, pela Procuradoria-Geral Federal e pelo Instituto Nacional do Seguro Social, em que foram estabelecidos parâmetros para regularização do prazo de atendimento aos segurados do INSS (RE 1.171.152/SC);

d) **prevenção ao ajuizamento de ações de controle de constitucionalidade** – ex. cargos em comissão criados por determinada lei municipal (Didier, 2023).

5.7.2. *Legitimidade para a celebração de acordos em demandas de controle concentrado de constitucionalidade*

O acordo pode ser celebrado por **qualquer legitimado** à propositura da demanda, devendo envolver necessariamente todos os partícipes do litígio e as entidades consideradas com representação adequada. Nas hipóteses em que a **correção do vício demandar iniciativa privativa** dos demais Poderes, o acordo pode ser celebrado com o Poder Executivo ou o Poder Legislativo.

5.7.3. *Finalidades da celebração de acordos em demandas de controle concentrado de constitucionalidade*

O acordo pode ter como finalidade:

1) evitar inconstitucionalidades mais gravosas advindas de uma eventual decisão de inconstitucionalidade;

2) estabelecer um regime de transição para preservação da segurança jurídica; ou

3) assegurar solução negociada para hipóteses que demandam conhecimento científico e tecnológico.

5.7.4. *Aspectos relevantes relacionados à celebração de acordos em demandas de controle concentrado de constitucionalidade*

Entre os inúmeros aspectos relevantes à celebração de acordos em demandas de controle concentrado de constitucionalidade, merecem destaque:

1) É possível a celebração de acordo parcial, ou seja, que verse sobre parcela da controvérsia.

2) O acordo pode versar sobre como será implementada a decisão do Supremo Tribunal Federal.

3) O cumprimento do acordo, judicialmente homologado, impede a propositura de novas ações em que se discuta o mesmo objeto.

Cap. 6 – Controle de Constitucionalidade

5.7.5. *Efeitos da decisão que homologa acordo celebrado em demandas de controle concentrado de constitucionalidade*

A homologação do acordo pelo STF não fixa a tese jurídica sobre o tema (*ratio deci-dendi*), ou seja, não há vinculação do próprio tribunal, de outros órgãos do Judiciário e de terceiros em relação à interpretação do ordenamento ou aos compromissos estabelecidos entre as partes (STF, ADPF 165/DF).

5.8. Legitimidades ativa (art. 103 da CF/1988) e passiva no controle concentrado

A **legitimidade ativa** para o ajuizamento de ADI, ADC e ADPF é conferida aos mesmos legitimados, de modo que podem ajuizar qualquer das demandas. Contudo, a jurisprudência do STF classifica a legitimidade ativa em duas categorias:

1) **Legitimados ativos universais: não precisam demonstrar pertinência temática**, ou seja, podendo questionar qualquer ato normativo independentemente de nexo de causalidade entre o conteúdo do objeto impugnado e o interesse representado. São legitimados ativos universais à propositura de demandas de controle concentrado de constitucionalidade:

   I) Presidente da República;

   II) Mesa do Senado Federal;

   III) Mesa da Câmara os Deputados;

   IV) Procurador-Geral da República;

   V) Conselho Federal da OAB;

   VI) Partidos políticos com representação no Congresso Nacional: a legitimidade do partido político deve ser aferida no momento da propositura da demanda de controle concentrado de constitucionalidade. Assim, caso posteriormente o partido venha a perder sua representação no Congresso Nacional, o feito poderá prosseguir, não sendo hipótese de extinção por perda superveniente da legitimidade ativa (STF, ADI 2.618 Agr-Agr/PR).

> **Atenção**
>
> O rol de legitimados universais é taxativo (STF, ADI 641/DF), não permitindo analogia ou interpretação extensiva. A título de exemplo, a Mesa do Congresso Nacional e o Vice-Presidente da República não têm legitimidade ativa – salvo, neste último caso, se estiver no exercício da Presidência da República.

2) Legitimados ativos especiais: precisam demonstrar **pertinência temática**, ou seja, o nexo de causalidade entre o objeto impugnado e suas finalidades ou interesses. São legitimados ativos especiais:

I) Governador de Estado e do Distrito Federal: precisa demonstrar, na petição inicial, que o objeto impugnado é um ato normativo do seu respectivo Estado ou um ato normativo de outro Estado, mas que viole interesses do seu Estado;

II) Mesa da Assembleia Legislativa e da Câmara Legislativa;

III) Confederação sindical e entidade de classe de âmbito nacional: no que tange à entidade de classe de âmbito nacional, exige-se a representação em, pelo menos, **1/3 dos Estados-membros**, mas, excepcionalmente, o STF admite o afastamento do requisito, caso fique demonstrada a relevância da atividade desenvolvida (ADI 2.866 MC/RN). Ademais, o STF tem admitido a chamada **"legitimidade ativa das associações de associações"** (ADI 3153-8/DF). Contudo, as centrais sindicais (ex.: CUT e CGT) **não** têm legitimidade para fazer instaurar, perante o STF, o concernente processo de fiscalização normativa abstrata (STF, ADI 271). Por fim, a entidade pode ser representante não apenas de uma categoria profissional ou econômica, mas também **de uma categoria social** (ex.: universidades e instituições de ensino superior federais – STF, ADI 4.406/DF).

Jurisprudência

Na hipótese de um legitimado ativo especial ajuizar demanda suscitando a inconstitucionalidade formal de apenas parte de um ato normativo, é possível a declaração da inconstitucionalidade de todo o ato, **ainda que não haja pertinência temática**. Assim, tratando-se "[...] de alegação de inconstitucionalidade formal da norma atacada, torna-se inviável a cisão da ação para dela conhecer apenas em relação aos dispositivos que guardem pertinência temática com os estabelecimentos de ensino" (STF, ADI 3.710/GO).

Importante

No que tange à natureza da pertinência temática, existem duas posições:

a) Trata-se de projeção da legitimidade *ad causam*; e

b) Relacionada ao **interesse de agir**. Esta é a posição adotada pelo STF, tendo a Corte decidido que a "[...] exigência da pertinência temática é verdadeira projeção do interesse de agir no processo objetivo, que se traduz na necessidade de que exista uma estreita relação entre o objeto do controle e os direitos da classe representada pela entidade requerente" (STF, ADI 4.426 MC/DF).

Cap. 6 – Controle de Constitucionalidade

> Em demandas de controle concentrado de constitucionalidade, não é recomendável a utilização da terminologia "autor" e "réu", mas, sim, "legitimados ativos" e "passivos", pois não se tutelam direitos subjetivos dos que figuram em quaisquer dos polos da demanda.

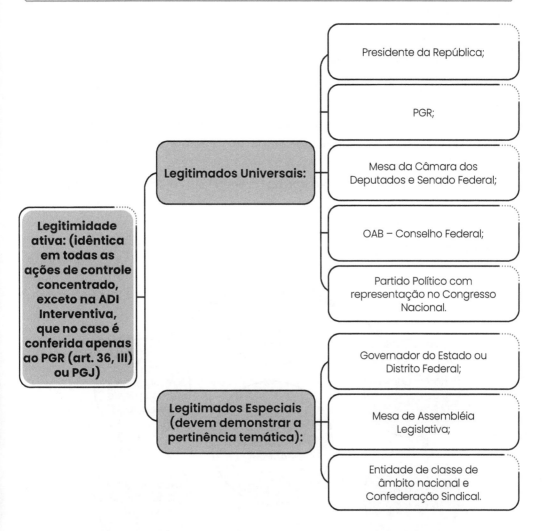

A **legitimidade passiva** varia conforme o tipo de demanda ajuizada:

a) na ADI: autoridades e/ou órgãos responsáveis pela edição do ato normativo impugnado;

b) na ADC: não existe polo passivo;

c) na ADPF: órgão e/ou agente ao qual se imputa a violação do preceito fundamental.

5.9. Não admissibilidade de desistência, assistência, intervenção de terceiros, litisconsórcio passivo, prescrição, prazo em dobro, rescisória e recursos

Nas demandas de controle concentrado de constitucionalidade, **não se admite**:

a) desistência (art. 5º da Lei nº 9.868/1999);

b) assistência (RISTF);

c) intervenção de terceiros, salvo o *amicus curiae* (art. 7º da Lei nº 9.868/1999);

d) litisconsórcio passivo por parte de quem não participou da edição do ato normativo (STF, ADI 1.434/SP);

e) prescrição (Súmula nº 360 do STF: "Não há prazo de decadência para a representação de inconstitucionalidade prevista no art. 8º, parágrafo único, da Constituição Federal");

f) a contagem do prazo em dobro para a Fazenda Pública (STF, ADI 5.814 MC-AgR-AgR/RR);

g) ação rescisória (art. 26 da Lei nº 9.868/1999);

h) recurso, salvo embargos de declaração (art. 26 da Lei nº 9.868/1999).

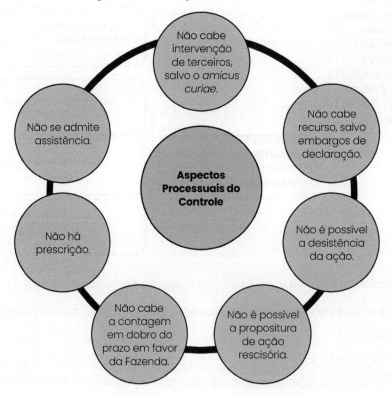

Cap. 6 – Controle de Constitucionalidade

5.10. Capacidade postulatória

Todos os legitimados à propositura de demandas de controle concentrado de constitucionalidade têm capacidade postulatória – ou seja, podem ajuizar a demanda sem a representação por advogado –, salvo os(as):

1) Partidos políticos;

2) Confederações sindicais;

3) Entidades de classe de âmbito nacional.

Em todos os casos em que houver representação por advogado, é necessária procuração com poderes específicos para impugnar a norma questionada, sob pena de extinção sem resolução do mérito (STF, ADI 2.187 QO).

5.11. Parâmetro de controle

A causa de pedir no controle concentrado-abstrato **refere-se à violação de determinado dispositivo constitucional**.

> ### Atenção
>
> Enquanto a causa de pedir em demandas de controle concentrado de constitucionalidade é a violação de determinado dispositivo da Constituição (violação do parâmetro), o pedido é a declaração de inconstitucionalidade (ADI) ou de constitucionalidade (ADC) do dispositivo.

Trata-se, contudo, de **causa de pedir aberta ("cognição aberta")**, pois o STF não fica restrito aos dispositivos invocados na petição inicial, podendo analisar a constitucionalidade **perante qualquer norma da Constituição de 1988.** Em outras palavras, o STF pode declarar a inconstitucionalidade de um ato normativo adotando **fundamento jurídico diverso** do alegado na petição inicial (STF, ADI 2.396/MC).

Na ADI e ADC, o parâmetro de controle pode ser **qualquer norma formalmente constitucional,** incluindo os princípios implícitos, emendas constitucionais que não incorporam dispositivos expressos ao texto constitucional e os tratados e convenções de direitos humanos incorporados na forma do art. 5º, § 3º, da CF/1988.

De outro modo, na ADPF o parâmetro deve ser **determinado preceito fundamental**. Sobre o tema, temos duas posições:

1) O STF, como guardião da Constituição, é responsável por **fixar casuisticamente** o que é preceito fundamental. É a posição encampada na ADPF 1/RJ.

2) Preceito fundamental é a norma que confere o sentido básico ao regime constitucional.

Embora o STF entenda pela fixação casuística dos preceitos fundamentais, podem-se mencionar como exemplos:

1) os princípios fundamentais – arts. 1º ao 4º da CF/1988;

2) os direitos e garantias fundamentais;

3) os princípios constitucionais sensíveis (art. 34, VII, da CF/1988); e

4) as cláusulas pétreas.

5.12. Objeto de controle

Objeto de controle concentrado de constitucionalidade é o ato normativo impugnado/questionado em uma ADI, ADC ou ADPF.

O conceito de ato normativo **exclui não apenas atos e comportamentos públicos destituídos de caráter normativo, como também atos privados**. Inclui, contudo, uma ampla gama de espécies:

1) emendas constitucionais;

2) leis complementares;

3) leis ordinárias;

4) leis delegadas;

5) medidas provisórias;

6) decretos legislativos;

7) decretos autônomos;

8) regimentos internos dos tribunais;

9) regimentos internos de casas legislativas;

10) tratados e convenções internacionais que tenham sido internalizados (de forma equiparada a emendas constitucionais, que disponham de *status* supralegal ou que tenham natureza equiparada a lei ordinária);

11) atos normativos editados por entes públicos.

5.12.1. *Objeto de controle e adstrição ao pedido*

Ao contrário do que ocorre no parâmetro do controle (causa de pedir aberta), com relação ao objeto aplica-se a **regra da adstrição ao pedido**. Exemplo: sendo pleiteada a declaração de inconstitucionalidade do Estatuto do Desarmamento, o STF não pode declarar inconstitucionais dispositivos do Código de Processo Penal.

Em atenção à regra da adstrição, o STF decidiu que, existindo pedido único de declaração de inconstitucionalidade formal de lei, "não é possível sequer examinar a constitucionalidade material" (ADI 2.182/DF).

Cap. 6 – Controle de Constitucionalidade

Existem, contudo, duas **exceções à regra da adstrição ao pedido**:

a) **quando houver interdependência entre os dispositivos** (inconstitucionalidade por arrastamento – STF, ADI 4.451-MC-REF/DF);

b) **revogação por ato de semelhante conteúdo**. Exemplo: uma lei "A" é objeto de ADC, embora tenha sido revogada por uma Lei "B", que tem conteúdo praticamente idêntico ao da Lei "A". Nesse caso, é possível prosseguir no julgamento tendo como objeto a Lei "B". Nesse sentido, o STF já decidiu que "A derrogação do ato normativo originalmente atacado (Decreto 11.435/2004 do Estado do Piauí) não impede a formulação de juízo de inconstitucionalidade do ato superveniente com semelhante conteúdo (Decreto 11.248/2006) e, como o anterior, afrontoso à Súmula Vinculante/STF 2" (STF, ADI 3.147 – ED/PI).

5.12.2. *Perspectivas de análise do objeto de controle*

No que tange ao ato normativo impugnado/questionado em uma ADI, ADC ou ADPF, pode-se analisá-lo sob três óticas ou perspectivas distintas:

1) Perspectiva material ou quanto ao conteúdo do objeto de controle: no que tange à perspectiva material, é preciso distinguir aspectos relacionados às ADIs/ADCs e as ADPFS:

a) **ADIs e ADCs** (art. 102, I, da CF/1988): poderá ser objeto de controle a lei ou ato normativo **vigente** (ou seja, não pode ter sido revogado ou ter a sua eficácia exaurida) e **eficaz** (ou seja, com aptidão para produzir efeitos) que viole diretamente a Constituição de 1988. Abrange, portanto, as emendas constitucionais, leis ordinárias, leis complementares, leis delegadas, resoluções do CNJ e do CNMP ou atos normativos dotados de generalidade e abstração (ex.: deliberações administrativas de órgãos judiciários – STF, ADI 2.104/DF).

> **Atenção**
>
> Não é possível ajuizar ADI ou ADC em face de **ato normativo infralegal de efeitos concretos**, devendo apresentar as características da generalidade e abstração. No que concerne à **lei de efeitos concretos**, pode ser objeto de ADI e ADC (ex.: leis orçamentárias). Assim, "[...] a lei não precisa de densidade normativa para se expor ao controle abstrato de constitucionalidade, devido a que se trata de ato de aplicação primária da Constituição. Para esse tipo de controle, exige-se densidade normativa apenas para o ato de natureza infralegal" (STF, ADI 4.049/DF-MC).

É possível ajuizar ADI em face de decreto que, não se limitando a regulamentar lei, tenha natureza autônoma (STF, ADI 3.664).

Não podem ser objeto de ADC e ADI:

I) Atos tipicamente regulamentares: aqueles que regulamentam uma norma infraconstitucional (atos normativos secundários). Não se confundem com decretos ou regulamentos, que podem apresentar as características de abstração e generalidade.

II) Normas constitucionais originárias (princípio da unidade da Constituição), tendo em vista não ter sido adotada a tese das "normas constitucionais inconstitucionais" de Otto Bachof (1994).

III) Normas de efeitos concretos já exauridos (exemplo: lei orçamentária que já exauriu seus efeitos em determinado exercício financeiro).

IV) Atos normativos anteriores à Constituição de 1988 (incide o fenômeno da recepção).

V) Atos normativos secundários, de modo que é "incabível o ajuizamento de Ação Direta de Inconstitucionalidade contra decreto regulamentar de lei estadual, ou seja, que não possui natureza autônoma" (STF, ADI 4.409/SP).

VI) Sentenças normativas.

VII) Resoluções do TSE. Embora exista posição doutrinária em sentido contrário sobre o tema, o STF decidiu pelo: "Não conhecimento da ação direta de inconstitucionalidade, no que concerne às resoluções referidas do TSE, em respostas a consultas, porque não possuem a natureza de atos normativos, nem caráter vinculativo" (ADI 1.805 MC).

VIII) Normas revogadas, salvo quando: a revogação ocorrer no curso do processo, com o intuito de promover fraude processual (STF, ADI 3.232/TO); houver emenda à inicial, com o intuito de incluir no objeto da demanda ato normativo revogador que reproduza as normas do ato normativo revogado (**princípio da continuidade normativa** – STF, ADI 4.298/TO); ausência de comunicação prévia ao julgamento de mérito pelo STF da revogação da norma (ADI 951 ED/SC).

IX) Norma já declarada constitucional ou inconstitucional pelo Plenário do STF em sede de controle difuso (pois produz efeitos *erga omnes*), salvo se houver mudança nas circunstâncias fático-jurídicas.

X) Leis temporárias, salvo: se houver impugnação em tempo adequado (ou seja, enquanto ainda estava vigente) e a inclusão em pauta de julgamento antes do exaurimento da eficácia; se, apesar do fim lapso temporal fixado, a norma continuar produzindo efeitos para o futuro.

XI) Medidas provisórias que tenham sido rejeitadas ou perderam sua eficácia. Caso a MP tenha sido convertida em lei, a ADI anteriormente ajuizada pode prosseguir (princípio da continuidade normativa), mas é necessário que seja aditada a petição inicial.

XII) Projetos legislativos e propostas de emenda constitucional.

Cap. 6 – Controle de Constitucionalidade

b) ADPFs (art. 1º da Lei nº 9.882/1999): será cabível o ajuizamento de ADPF em face de:

I – lei ou ato normativo (primário ou secundário) federal, estadual ou municipal **anterior à Constituição de 1988**;

II – lei ou ato normativo (primário ou secundário) municipal posteriores à Constituição de 1988; e

III – ato do poder público, normativo ou administrativo, comissivo **ou omissivo**, **consumado ou iminente**, de agentes públicos no desempenho de suas atribuições ou a pretexto de exercê-las ou de particulares no desempenho de função pública, desde que causem (ADPF repressiva) ou possam causar (ADPF preventiva) lesão a preceito fundamental.

> **Atenção**
>
> O objeto das ADPFs **é mais amplo** que das ADIs e ADCs, pois abrange **qualquer ato do poder público**, incluindo atos de caráter administrativo. O STF já decidiu que cabe ADPF inclusive contra conjunto de decisões judiciais que determinam a expropriação de recursos do Estado-membro (ADPF 405 MC/RJ). Além disso, **não há a exigência** de que o ato esteja vigente (ex.: atos pré-constitucionais) ou seja eficaz (ex.: ato já revogado – STF, ADI 2.028/DF), bastando que viole diretamente a Constituição. Até mesmo o **veto jurídico** do Presidente pode ser objeto de ADPF (ADPF 714/DF, 715/DF e 718/DF).

Por fim, **não podem ser objeto de ADPF**:

I) Atos tipicamente regulamentares, pois não violam diretamente um preceito fundamental.

II) Normas constitucionais originárias.

III) Súmulas persuasivas ou vinculantes (STF, AgRg na ADPF 147/DF). Com relação a estas últimas, existe inclusive procedimento específico para revogar ou alterar o enunciado (caráter subsidiário da ADPF).

IV) Proposta de emendas à Constituição (STF, AgRg na ADPF 43/DF).

V) Decisões judiciais transitadas em julgado, sob pena de a ADPF funcionar como sucedânea de ação rescisória. De modo distinto, decisões judiciais não transitadas em julgado podem ser objeto de ADPF (STF, ADPF 101/DF).

VI) Atos políticos (ex.: veto político).

> ## Importante
>
> Existe uma **tendência** pela admissão de controle de constitucionalidade de políticas públicas pelo STF, tendo o Tribunal decidido que: "Esse é [...] o papel que deve desempenhar o Tribunal em favor da superação do quadro de inconstitucionalidades do sistema prisional: retirar as autoridades públicas do estado de letargia, **provocar a formulação de novas políticas públicas**, aumentar a deliberação política e social sobre a matéria e monitorar o sucesso da implementação das providências escolhidas, assegurando, assim, a efetividade prática das soluções propostas" (ADPF 347 MC, voto do Rel. Min. Marco Aurélio, j. 09.09.2015, P, *DJe* 19.02.2016).

2) **Perspectiva temporal ou quanto ao momento de elaboração:** no que concerne ao aspecto temporal ou quanto ao momento de elaboração, é preciso fazer a seguinte distinção:

a) **ADIs e ADCs:** só podem ter como objeto normas **posteriores ao parâmetro invocado** (ex.: lei editada após a Constituição de 1988), visto que o STF não admite a tese da inconstitucionalidade superveniente;

b) **ADPFs:** admitem como objeto **normas anteriores ou posteriores ao parâmetro**, nos termos do art. 1º, parágrafo único, da Lei nº 9.882/1999 (ex. ato administrativo editado antes da Constituição de 1988).

3) **Perspectiva espacial ou quanto ao local de onde emanou o ato normativo:** no que concerne à perspectiva espacial, é preciso fazer as seguintes distinções:

a) **ADC:** só pode ter como objeto ato emanado de uma esfera da federação: lei ou ato normativo federal. Assim, como os atos do Distrito Federal tratam de matéria estadual e municipal, não podem ser objeto de ADC;

b) **ADI:** pode ter como objeto ato emanado de duas esferas: lei ou ato normativo federal e estadual. Assim, somente ato normativo do Distrito Federal derivado do exercício de competência legislativa estadual pode ser objeto de ADI, razão pela qual enuncia a Súmula nº 642, do STF, que "Não cabe ação direta de inconstitucionalidade de lei do Distrito Federal derivada da sua competência legislativa municipal";

c) **ADPF:** pode ter como objeto ato do poder público das três esferas: federal, estadual ou municipal. Assim, os atos do Distrito Federal podem ser objeto de ADPF.

5.13. Instrução probatória

Podem realizar produção probatória no controle concentrado:

a) todos os legitimados ativos;

b) os *amici curiae* admitidos; e

c) a autoridade pública responsável pelo ato impugnado.

5.14. Participação de órgãos e entidades no controle concentrado de constitucionalidade

5.14.1. Amicus curiae *("amigo da Corte")*

Considerando a relevância da matéria e a representatividade do postulante, o STF pode, **de ofício** ou **a requerimento das partes**, ou de quem pretenda manifestar-se, solicitar ou admitir a participação de *amicus curiae* no controle concentrado de constitucionalidade.

O **fundamento legal** para a intervenção do *amicus curiae* no controle concentrado é o art. 7º, § 2º, da Lei nº 9.868/1999. Embora o dispositivo faça referência apenas à ADI, o STF admite, por analogia, a participação do *amicus curiae* na ADC e na ADPF. No controle difuso, incide o art. 138 do CPC.

Em razão da ausência de partes formais no âmbito do controle concentrado-abstrato de constitucionalidade, o *amicus curiae* pluraliza o debate constitucional sobre o tema e confere legitimidade social à decisão.

No que tange à **natureza do *amicus curiae***, o STJ entendeu na ADI 748/RS que se trata de colaborador informal da Corte.

O *amicus curiae* pode se manifestar por meio de sustentação oral (até 15 minutos) ou por meio de memoriais. Nessas hipóteses, poderá apresentar fatos, fundamentos e manifestações técnicas que sejam relevantes para o deslinde da controvérsia e que auxiliem o Tribunal na compreensão de temas complexos do ponto de vista social, econômico, regulatório, científico e tecnológico.

Em caso de necessidade de esclarecimento de matéria ou circunstância de fato ou de notória insuficiência das informações apresentadas pelo *amicus curiae*, poderá o relator, de ofício ou a requerimento, requisitar informações adicionais, designar perito ou comissão de peritos, determinar a realização de audiência pública, entre outras medidas.

> ### Importante
>
> a) No **processo constitucional subjetivo**, o art. 138 do CPC prevê três requisitos alternativos e um cumulativo para a intervenção do *amicus curiae*:
>
> i. requisitos **alternativos** objetivos: a relevância da matéria; especificidade do tema objeto da demanda; **ou** repercussão social da controvérsia;
>
> ii. requisito **cumulativo** subjetivo: representatividade adequada do postulante.

b) No **processo constitucional objetivo**, a Lei nº 9.868/1999 exige apenas três requisitos: relevância da matéria; representatividade do postulante; e pertinência temática (nexo de causalidade entre a atividade do órgão/entidade e o objeto impugnado – STF, ADI 3.931/DF).

Jurisprudência

O STF tem admitido o ingresso de *amicus curiae* até o momento de **liberação pelo relator para inclusão do processo na pauta de julgamento**. Excepcionalmente, contudo, poderá ser admitido o seu ingresso posterior, desde que presente a relevância da matéria e representatividade do postulante (STF, RE 597.064/RJ).

Atenção

São as seguintes as principais distinções no tratamento conferido ao *amicus curiae* pela Lei nº 9.868/1999 e pelo CPC:

1) Postulantes:

a) no **processo constitucional objetivo**, o STF admite que qualquer pessoa jurídica de direito público ou privado, órgão ou entidade especializada, figure como *amicus curiae*. Contudo, **não admite a participação de pessoas físicas** como *amicus curiae*, tendo em vista que a Lei nº 9.868/1999, em seu art. 7º, § 2º, dispõe que o relator, considerando a relevância da matéria e a representatividade dos postulantes, poderá, por despacho irrecorrível, admitir a manifestação de *órgãos ou entidades* (STF, RE 597.064/RJ);

b) no **processo constitucional subjetivo**, o CPC **prevê a participação de pessoas naturais** (art. 138, *caput*).

2) Possibilidade de interposição de recursos:

a) no **processo constitucional objetivo não se admite a interposição de recursos**;

b) no **processo constitucional subjetivo**, o CPC (art. 138, §§ 1º e 3º) passou prever expressamente o **cabimento de recursos** (embargos de declaração e recurso da decisão que julgar o incidente de resolução de demandas repetitivas). Contudo, não cabe recurso da decisão do relator que admitir ou que não admitir o *amicus curiae*.

O *amicus curiae* não tem legitimidade para propor medida cautelar caso não tenha sido admitido para atuar em sede de controle concentrado de constitucionalidade (STF, ADPF 347 TPI-Ref/DF).

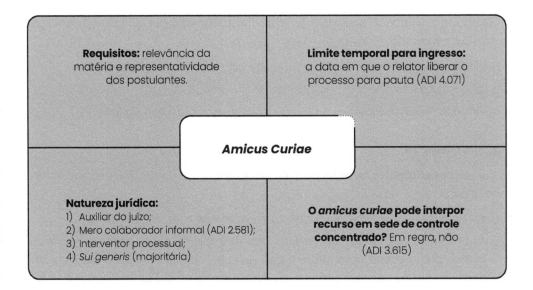

5.14.2. Procurador-Geral da República

Nos termos do art. 103, § 1º, da CF/1988, o Procurador-Geral da República (PGR) deverá ser previamente ouvido nas ações de inconstitucionalidade e em todos os processos de competência do Supremo Tribunal Federal.

No âmbito do controle concentrado, o Ministério Público deixa de atuar como *custos iuris* e passa a atuar como **custos constitutionis** (fiscal da Constituição), de modo a proteger a ordem constitucional objetiva (supremacia da Constituição).

Destaque-se que a homologação de acordo em sede de controle de constitucionalidade deve ser precedida de manifestação do Procurador-Geral da República.

> **Atenção**
>
> O PGR pode apresentar parecer em sentido contrário à inicial por ele mesmo ajuizada.

5.14.3. Advogado-Geral da União

Nos termos do art. 103, § 3º, da CF/1988, quando o Supremo Tribunal Federal apreciar a inconstitucionalidade, em tese (controle abstrato), de norma legal ou ato normativo, citará, previamente, o Advogado-Geral da União, que defenderá o ato ou texto impugnado.

Nesses casos, a Advocacia-Geral da União exerce a função de **defensor legis**, ou seja, defensora da presunção de constitucionalidade das leis. Por esse motivo, no caso da ADC – que busca a declaração da própria constitucionalidade do ato normativo –, o AGU não é citado para defender o ato impugnado, mas é intimado para participar da demanda.

Contudo, existem três situações em que o AGU não está obrigado a defender o ato normativo impugnado:

I.   quando a tese jurídica já tiver sido considerada inconstitucional pelo STF;

II. quando o ato for contrário aos interesses da União;

III. quando for inviável a defesa do ato ("inconstitucionalidade flagrante").

5.15. Liminares

São dois os **pressupostos formais** para a concessão de medidas liminares no controle concentrado:

a) plausibilidade jurídica das alegações do requerente (*fumus boni iuris*);

b) possibilidade de prejuízo decorrente do retardamento da decisão (*periculum in mora*), prevalecendo o entendimento de que "não se configura o *periculum in mora*, para os fins de concessão de cautelar, se a lei objeto da impugnação estiver em vigor há muito tempo" (STF, MS 25.024 MC).

Em regra, no controle concentrado-abstrato (ADI, ADC e ADPF), as liminares devem ser concedidas pela **maioria absoluta** dos ministros do STF. Contudo, é possível a concessão de liminares sem o quórum de maioria absoluta nas seguintes situações:

a) ADC – o STF possui decisões monocráticas concedendo liminar em ADC (ex.: ADC 48 MC/DF).

b) ADI – no período de recesso, há previsão legal de concessão de liminar monocraticamente (Lei nº 9.868/1999, art. 10). Contudo, a jurisprudência do STF entende ser também possível a concessão monocrática de liminar quando houver urgência, sempre *ad referendum* do plenário (ADI 4.638 MC/DF).

c) ADPF – é possível a concessão de liminar monocraticamente em caso de extrema urgência, perigo de lesão grave ou em período de recesso (Lei nº 9.882/1999, art. 5º).

Importante

Assim como ocorre com as decisões de mérito, as liminares no processo constitucional objetivo (ADI, ADC e ADPF) possuem:

a) no que tange à **eficácia subjetiva**, efeitos *erga omnes* – ou seja, a decisão é válida para todos;

b) no que concerne à **eficácia objetiva**, será **vinculante para determinados órgãos e poderes públicos.**

Além desses efeitos, as liminares também produzem efeitos específicos com relação a cada tipo de demanda de controle concentrado:

1) **ADC** – a liminar produz os seguintes efeitos (Lei nº 9.868/1999, art. 21): **suspensão do julgamento** de processos (e não suspensão da tramitação de processos); **suspensão de decisões**; e **proibição de afastamento da aplicabilidade da norma**. Embora o art. 21 da Lei nº 9.868/1999 estabeleça que, não sendo julgada a ADC no prazo de 180 dias, a medida cautelar eventualmente concedida perde a sua eficácia, o STF admite a prorrogação do prazo (ADC 18/DF).

2) **ADI** – a liminar produz os seguintes efeitos: **suspensão da** vigência e/ou eficácia da norma; e **suspensão do julgamento** de processos (STF, Rcl 935/DF).

3) **ADPF** – **suspensão da tramitação** de processos que envolvam a norma discutida (e, **não**, a suspensão do julgamento), conforme art. 5º, § 3º, da Lei nº 9.882/1999.

> **Importante**
>
> **Eficácia temporal:** diz respeito ao momento a partir do qual a liminar começa a produzir, devendo ser analisada com relação a cada espécie de demanda de controle concentrado:
>
> 1) ADC – em regra, a concessão da liminar tem efeitos *ex nunc*, ou seja, seus efeitos não retroagem, valendo somente a partir da data da decisão. Todavia, é possível que o STF conceda efeitos *ex tunc* à liminar (ADC 12/DF).
>
> 2) ADI – em regra, a decisão tem efeitos *ex nunc*, podendo, contudo, o STF conceder efeitos *ex tunc* (Lei nº 9.868/1999, art. 11, § 1º).
>
> 3) ADPF – a Lei nº 9.882/1999 não estabelece a eficácia temporal, razão pela qual, por analogia, incidem os mesmos efeitos da ADI (*ex nunc*), podendo, contudo, o STF conceder efeitos *ex tunc*.
>
> É possível que a medida cautelar estabeleça um **regime normativo transitório** para garantir segurança jurídica.

5.16. Decisão de mérito

Sendo o controle concentrado de constitucionalidade de competência originária do STF (órgão de cúpula do Poder Judiciário), as decisões de mérito prolatadas em ADI, ADC e ADPF são irrecorríveis – salvo embargos declaratórios –, não podendo, igualmente, ser objeto de ação rescisória (Lei nº 9.868/1999, art. 26, e Lei nº 9.882/1999, art. 12).

O **quórum de instalação** no controle concentrado de constitucionalidade é de **2/3** dos Ministros (oito Ministros – art. 22 da Lei nº 9.868/1999). De outro modo, o **quórum** para a **declaração da (in)constitucionalidade** é de **maioria absoluta** (seis Ministros – art. 23 da Lei nº 9.868/1999). Assim, não sendo atingido o quórum mínimo para proclamar a (in)constitucionalidade do ato normativo (ex. empate na votação, tendo em vista a possibilidade de impedimento de algum Ministro), a decisão não produzirá efeitos *erga omnes* e vinculantes (STF, ADI 4.066/DF).

> ### Importante
>
> Nos processos constitucionais objetivos não é possível suscitar o impedimento ou a suspeição de Ministros do STF (arts. 144 e 145 do CPC), embora um Ministro possa, por razões de foro íntimo, declarar-se suspeito ou impedido (STF, ADI 6.362/DF).
>
> **Eficácia subjetiva:** as decisões de mérito prolatadas em ADIs, ADCs e ADPFs produzem eficácia ***erga omnes*** (atingem a todos, poderes públicos e particulares) e **efeitos vinculantes** em relação aos demais órgãos do Poder Judiciário e à Administração Pública federal, estadual e municipal (**não há previsão da produção de efeitos vinculantes com relação a particulares**), sendo a matéria regulamentada pelo art. 102, § 2º, da Constituição; art. 28, parágrafo único, da Lei nº 9.868/1999 e art. 10, § 3º, da Lei nº 9.882/1999. Ademais, alguns aspectos merecem especial atenção relativamente à eficácia subjetiva:
>
> A) **Poder Judiciário:** a decisão vincula **todos** os órgãos do Poder Judiciário, salvo o STF. Se o STF declarou um ato normativo constitucional, como não fica vinculado à sua decisão anterior, poderá mudar de posicionamento se houver **mudança nas circunstâncias fático-jurídicas** e declarar o ato normativo constitucional (STF, AgRg no AI 590.169/RS). Contudo, se o STF já declarou um ato normativo inconstitucional, **não é possível mudar de entendimento,** porque ele já não fará mais parte do ordenamento.
>
> B) **Poder Executivo:** o Chefe do Poder Executivo **fica vinculado** à decisão de mérito prolatada pelo STF, salvo no que tange à sua atuação no processo legislativo. Ex.: o Presidente pode apresentar um projeto de lei contrário a uma súmula vinculante.
>
> C) **Poder Legislativo: não** fica vinculado **exclusivamente** no exercício da atividade legiferante (função típica de legislar), de modo a **evitar a "fossilização**

Cap. 6 – Controle de Constitucionalidade

da constituição" ou a **"petrificação das normas"**. Ex.: na ADPF 378 (que versava sobre o *impeachment* de Dilma Rousseff), a decisão vinculou, inclusive, o Congresso, tendo em vista que exercia **função jurisdicional** (julgamento do Senado com relação à Presidente da República).

> ### Importante
>
> **Eficácia objetiva:** o **relatório** da decisão **não possui eficácia *erga omnes* e vinculante**. No que tange à **fundamentação**, existem duas teorias:
>
> **a) Teoria extensiva:** o efeito vinculante atinge não só o dispositivo, mas também a fundamentação da decisão. Trata-se da chamada **"teoria da transcendência ou do transbordamento dos motivos determinantes"**: os motivos que foram determinantes *(ratio decidendi)* para se chegar a determinado resultando transcendem à decisão e incidem em relação a outros feitos. Essa teoria *não* tem sido adotada pelo STF (RCL 2.990-AgR).
>
> **b) Teoria restritiva:** defende que o efeito vinculante se restringe ao dispositivo da decisão. É a posição atualmente adotada pelo STF.
>
> Por fim, com relação ao **dispositivo** da decisão, não há dúvida de que produz efeitos *erga omnes* e vinculantes. Diante do efeito vinculante, havendo desrespeito à decisão do STF, é cabível o ajuizamento de reclamação.

> ### Importante
>
> **Eficácia temporal:** excepcionalmente, a decisão não disporá de eficácia retroativa (efeitos *ex tunc*), desde que cumpridos dois **requisitos** (Lei nº 9.868/1999, art. 27, e Lei nº 9.882/1999, art. 11): quórum de 2/3 dos Ministros; e razões de segurança jurídica ou de excepcional interesse social. Por meio da **modulação temporal**, relativiza-se o rigor do princípio da nulidade, de modo que a decisão pode produzir efeitos:
>
> a) *ex nunc*, ou seja, a partir da publicação da ata de sessão de julgamento; ou
>
> b) *pro praeterio*, ou seja, com efeitos para o passado, mas não *ex tunc*. Nesse sentido, o STF julgou a ADI 3.660/MG em 2008, fazendo com que a declaração de inconstitucionalidade retroagisse para alcançar lei estadual de 1998, mas com efeitos apenas a partir de 2004, ou seja, após a entrada em vigor da EC nº 45/2004;
>
> c) *pro futuro*, ou seja, a partir de determinado marco temporal futuro. A título de exemplo, em razão da necessidade de continuidade da prestação da função de saneamento básico, o STF entendeu pela "excepcional interesse social para vigência excepcional de leis impugnadas [...] pelo prazo de 24 meses, a contar da data de conclusão do julgamento [...]" (STF – ADI 1.842/RJ).

Pende divergência no STF acerca da possibilidade da **modulação temporal invertida**, ou seja, a possibilidade de modulação dos efeitos quando reconhecida a constitucionalidade do ato normativo.

Embora o art. 10 da Lei nº 9.882/1999 estabeleça que, "Julgada a ADPF, far-se-á comunicação às autoridades ou órgãos responsáveis pela prática dos atos questionados, fixando-se as condições e o modo de interpretação e aplicação do preceito fundamental", é preciso ficar claro que a decisão é **imediatamente aplicável,** lavrando-se o acórdão posteriormente.

No que tange à produção de efeitos para o futuro, em nomenclatura inspirada no direito norte-americano, é possível classificá-la em três categorias:

a) **Prospectividade pura** (*pure prospectivity*): a retroatividade é excluída de maneira absoluta, de modo que o novo entendimento aplica-se somente a eventos ocorridos posteriormente à mudança, sem exceções.

b) **Prospectividade limitada** (*limited prospectivity*): a decisão é prospectiva para as demais hipóteses semelhantes, mas retroage em face de casos pendentes de julgamento.

c) **Prospectividade modificada ou seletiva** (*modified or selective prospectivity*): a decisão retroage apenas no caso paradigma.

Para que seja realizada a **modulação de efeitos da decisão do mérito**, é preciso a presença de dois **requisitos**:

a) quórum de 2/3 dos Ministros;

b) razões de segurança jurídica ou de excepcional interesse social.

Jurisprudência

Nas hipóteses de "ativismo congressual" ou "reversão legislativa", o Legislativo busca reverter situações de "autoritarismo judicial" ou de "comportamento antidialógico", a despeito de decisões de inconstitucionalidade proferidas pelo STF. Contudo, a) no caso de reversão jurisprudencial via emenda constitucional, a inconstitucionalidade somente poderá ser reconhecida nas hipóteses de violação aos limites previstos no art. 60 da Constituição (cláusulas pétreas); e b) no caso de reversão jurisprudencial por lei ordinária, a lei nasce com presunção relativa de inconstitucionalidade, incumbindo ao legislador demonstrar a necessidade de correção do precedente (STF, ADI 5.105/DF, Plenário, Rel. Min. Luiz Fux, j. 1º.10.2015, Info 801).

Conversão de medidas provisórias: proposta ADI contra uma medida provisória, se antes de a demanda ser julgada ocorrer a conversão em lei, **não haverá perda de objeto da ação**, tendo em vista a continuidade normativa entre o ato legislativo provisório e a lei (STF, ADI 1.055/DF).

Cap. 6 – Controle de Constitucionalidade

Modificação de ato normativo impugnado: a modificação da lei objeto de impugnação por meio de ADI não implica extinção do feito, desde que o autor promova o aditamento da petição inicial, demonstrando que, apesar da modificação, subsiste o vício de inconstitucionalidade (STF, ADI 1.931/DF). Caso contrário, o STF reconhecerá a extinção do feito, em razão da perda superveniente de objeto.

Modificação do texto constitucional por emenda: há perda superveniente do objeto da ação direta de inconstitucionalidade quando, no curso do processo, sobrevém emenda à Constituição que modifica substancialmente o conteúdo do artigo impugnado (STF, ADI 1.926/DF).

5.17. Emenda à exordial de ADI

É possível a emenda de petição inicial de ADI para que sejam incluídos novos dispositivos legais, desde que:

a) seja dispensada a requisição de novas informações e manifestações;

b) a medida não prejudique o núcleo da ação (STF, ADI 1.926);

c) não tenham sido juntadas as manifestações do Advogado-Geral da União e do Procurador-Geral da República (STF, ADI 4.541/BA).

5.18. Decisões intermediárias

Nas decisões intermediárias, há uma **relativização do binômio declaração de constitucionalidade/declaração de inconstitucionalidade** como soluções passíveis de serem adotadas no âmbito do controle concentrado, tendo em vista a existência de uma situação complexa (*complex enforcement*) de reconhecimento de inconstitucionalidade. Assim, o STF pode ultrapassar a dicotomia constitucional/inconstitucional, com o intuito de apresentar solução decisional que tutele de forma efetiva a ordem constitucional, adicionando ou substituindo normas.

5.19. Controle concentrado e medidas de caráter estruturante

Julgada a ação de controle concentrado, o STF comunicará às autoridades ou órgãos responsáveis pela prática dos atos considerados (in)constitucionais, fixando as condições e o modo de interpretação e aplicação das normas constitucionais quanto às situações concretas alcançadas pela decisão.

Contudo, o Tribunal poderá ordenar medidas de caráter estruturante, determinando, entre outras providências, que órgãos da administração pública federal, estadual ou municipal acompanhem e monitorem o cumprimento das suas decisões, bem como poderá realizar medidas destinadas a garantir a sua execução.

120 Coleção Exame Nacional da Magistratura – Direito Constitucional

É possível a realização de audiências públicas e a produção de perícias técnicas destinadas à verificação do cumprimento das decisões.

5.20. Técnicas de decisão no controle concentrado de constitucionalidade

Segundo o art. 28, parágrafo único, da Lei nº 9.868/1999, são quatro as técnicas de decisão passíveis de ser adotadas no controle concentrado de constitucionalidade:

1) **Declaração de inconstitucionalidade com redução total ou parcial de texto:** parte do texto de um ato normativo ou de um dispositivo é invalidado, ou seja, há a exclusão de parte do ato normativo ou de todo um ato normativo. Trata-se de técnica utilizada na hipótese de normas polissêmicas ou plurissignificativas, isto é, podem revelar mais de um sentido, implicando **redução do possível âmbito de aplicação da lei/dispositivo sem modificar o texto**. Exemplo: uma norma "A" possui dois sentidos possíveis ("B" e "C"). Assim sendo, a declaração de inconstitucionalidade sem redução de texto ou a interpretação conforme a Constituição pode atribuir, exemplificativamente, o sentido "B" à norma "A", de modo que o sentido "C" será excluído.

> **Atenção**
>
> Ao contrário do que ocorre com o veto parcial (art. 66, § 2º, da CF/1988), na declaração de inconstitucionalidade com redução parcial de texto o STF pode declarar inconstitucional apenas uma palavra ou uma expressão, desde que não implique modificação do sentido do restante do dispositivo.

2) **Declaração de inconstitucionalidade sem redução de texto:** todo o texto de uma lei ou de um dispositivo é declarado inconstitucional. É apenas uma técnica de decisão judicial (e não um princípio interpretativo), de modo que somente pode ser utilizada no controle concentrado-abstrato – e **não no controle difuso**. O juiz **afasta um sentido** da norma (inconstitucional) e permite os demais sentidos (**juízo de inconstitucionalidade**).

3) **Interpretação conforme a Constituição:** utilizada na hipótese de normas polissêmicas ou plurissignificativas, implica redução do possível âmbito de aplicação da lei/dispositivo e não modifica o texto constitucional. Pode ser usada **tanto no controle difuso-incidental quanto no controle concentrado-abstrato**, pois não é somente uma técnica de decisão judicial, mas também um princípio interpretativo. Confere um sentido ao texto (compatível com a Constituição) e afasta os demais sentidos (**juízo de constitucionalidade**).

4) **Declaração de inconstitucionalidade sem pronúncia de nulidade:** implica uma modulação temporal dos efeitos da decisão (efeitos *pro futuro*), ou seja, o Tribunal

Cap. 6 – Controle de Constitucionalidade

decide que a norma é inconstitucional, mas fixa um prazo para que a inconstitucionalidade passe a produzir efeitos, com o intuito de evitar um **vácuo jurídico** que possa ser mais danoso do que a manutenção temporária da norma invalidada. Ex.: quando a pronúncia da inconstitucionalidade de uma lei implica extinção de um Município, violando a segurança jurídica (STF, ADI 2.240/BA).

5.21. Ação direta de inconstitucionalidade por omissão e o controle das omissões inconstitucionais

O controle das omissões inconstitucionais abrange três institutos principais: a Ação Direta de Inconstitucionalidade por Omissão (ADO), a ADPF contra atos omissivos e o Mandado de Injunção (MI). No presente tópico, realizaremos uma análise comparativa dos principais aspectos envolvendo a Ação Direta de Inconstitucionalidade por Omissão e do Mandado de Injunção.

> ### Importante
>
> **Ação direta de inconstitucionalidade por omissão:** é ajuizada em face de omissão inconstitucional total ou parcial quanto ao **cumprimento de dever de legislar ou quanto à adoção de providência de índole administrativa**, conforme previsto no art. 103, § 2º, da CF/1988. Considera-se inconstitucional a omissão legislativa atinente a comando constitucional explícito de regulamentação ou, ausente previsão explícita, a omissão imputável como causadora de violações a direitos fundamentais ou bens jurídicos constitucionais. Reconhecida a mora legislativa, total ou parcial, em sede de ação direta de inconstitucionalidade por omissão, o STF deverá determinar:
>
> a) prazo razoável para que a autoridade competente promova a edição da norma regulamentadora (na hipótese de ser ocasionada por órgão administrativo, o prazo é de 30 dias – art. 103, § 2º, CF/1988);
>
> b) estruturar provisoriamente as condições em que se dará o exercício dos direitos, das liberdades ou das prerrogativas; ou
>
> c) as condições em que poderá o interessado promover ação própria visando a exercê-los.
>
> **Mandado de injunção:** vem previsto no art. 5º, LXXI, da Constituição ("conceder-se-á mandado de injunção sempre que a falta de norma regulamentadora torne inviável o exercício dos direitos e liberdades constitucionais e das prerrogativas inerentes à nacionalidade, à soberania e à cidadania"), sendo regulamentado pela Lei nº 13.330/2016. Trata-se de instrumento **destinado à proteção de direitos subjetivos** que não podem ser exercidos por ausência de norma regulamentadora.

Em qualquer caso (ADO ou MI), para a ocorrência de mora inconstitucional, é necessário o decurso de **prazo razoável** para que a norma seja editada. A **mora agendi** ocorre na fase inaugural do processo legislativo, ou seja, na ausência de apresentação do projeto de ato normativo. De outro modo, se o projeto de ato normativo é apresentado, mas o Legislativo não delibera sobre a proposição, ocorre a **mora deliberandi**.

5.21.1. *Finalidade*

1) **ADO:** tratando-se de controle abstrato de constitucionalidade, tem como finalidade tornar efetiva uma norma constitucional de eficácia limitada, assegurando a supremacia da Carta Magna.

2) **Mandado de injunção:** tratando-se de controle concreto, tem como finalidade assegurar o exercício de direitos, liberdades e prerrogativas, ou seja, a proteção de direitos subjetivos.

O STF decidiu pela perda de objeto em ADO quando a norma constitucional que não tinha sido regulamentada vem a ser revogada (ADI 1.836/DF).

5.21.2. *Tipo de pretensão deduzida em juízo*

1) **ADO:** processo constitucional objetivo.

2) **Mandado de injunção:** processo constitucional subjetivo.

5.21.3. *Competência*

1) **ADO:** em âmbito federal, a competência é do STF e, em âmbito estadual, dos TJs.

2) **Mandado de injunção:** o órgão jurisdicional deve ter competência prevista na Constituição de 1988 ou na Constituição Estadual para suprir a omissão impugnada, valendo destacar as seguintes hipóteses:

   a) **Competência do STF – art. 102 da CF/1988:** "Compete ao **Supremo Tribunal Federal**, precipuamente, a guarda da Constituição, cabendo-lhe: I – processar e julgar, originariamente: [...] **q)** o mandado de injunção, quando a elaboração da norma regulamentadora for atribuição do Presidente da República, do Congresso Nacional, da Câmara dos Deputados, do Senado Federal, da Mesa de uma dessas Casas Legislativas, do Tribunal de Contas da União, de um dos Tribunais Superiores, ou do próprio Supremo Tribunal Federal. [...] II – julgar, em recurso ordinário: **a)** o *habeas corpus*, o mandado de segurança, o habeas data e o mandado de injunção decididos em única instância pelos Tribunais Superiores, se **denegatória a decisão**".

   b) **Competência do STJ – art. 105 da CF/1988:** "Compete ao Superior Tribunal de Justiça: I – processar e julgar, originariamente: [...] **h)** o mandado de injunção, quando a elaboração da norma regulamentadora for atribuição de órgão,

Cap. 6 – Controle de Constitucionalidade

entidade ou autoridade federal, da administração direta ou indireta, excetuados os casos de competência do **Supremo Tribunal Federal** e dos órgãos da **Justiça Militar**, da **Justiça Eleitoral**, da **Justiça do Trabalho** e da **Justiça Federal**".

c) **Competência dos TREs – art. 121, § 4º, da CF/1988 –** "Das decisões dos **Tribunais Regionais Eleitorais** somente caberá recurso quando: [...] **V –** denegarem *habeas corpus*, mandado de segurança, *habeas data* ou mandado de injunção".

d) **Competência da Justiça Federal:** embora não regulamentada expressamente pela Constituição de 1988, o STF tem admitido o processamento de mandado de injunção pela Justiça Federal, nos termos do art. 109, I, da CF (ex.: omissão apontada em relação à norma emanada do Contran – STF, MI 193/DF).

e) **Competência dos Tribunais de Justiça:** fixada pelas Constituições Estaduais.

Prevalece o entendimento de que a cláusula de reserva de plenário incide no mandado de injunção.

5.21.4. *Legitimidade ativa*

1) **ADO:** "Podem propor a ação direta de inconstitucionalidade por omissão **os legitimados à propositura da ação direta de inconstitucionalidade e da ação declaratória de constitucionalidade** [...]" (art. 12-A da Lei nº 9.868/1999), **salvo a autoridade responsável pela omissão**. Exemplo: se a omissão decorre da não apresentação de projeto de lei de sua iniciativa privativa, não poderá o Presidente da República ajuizar ADO.

2) **Mandado de injunção:**

a) **MI individual:** qualquer pessoa, **física ou jurídica**, que se afirme titular de um direito (Lei nº 13.300/2016, art. 3º).

b) **MI coletivo:** pode ser promovido (Lei nº 13.300/2016, art. 12):

I – pelo Ministério Público, quando a tutela requerida for especialmente relevante para a defesa da ordem jurídica, do regime democrático ou dos interesses sociais ou individuais indisponíveis;

II – por partido político com representação no Congresso Nacional, para assegurar o exercício de direitos, liberdades e prerrogativas de seus integrantes ou relacionados com a finalidade partidária;

III – por organização sindical, entidade de classe ou associação legalmente constituída e em funcionamento há pelo menos 1 (um) ano, para assegurar o exercício de direitos, liberdades e prerrogativas em favor da totalidade ou de parte de seus membros ou associados, na forma de seus estatutos e desde que pertinentes a suas finalidades, dispensada, para tanto, autorização especial;

IV – pela Defensoria Pública, quando a tutela requerida for especialmente relevante para a promoção dos direitos humanos e a defesa dos direitos individuais e coletivos dos necessitados, na forma do inciso LXXIV do art. 5º da CF/1988.

5.21.5. *Legitimidade passiva*

1) **ADO:** autoridade ou órgão responsável pela omissão inconstitucional. Ex.: na hipótese de iniciativa privativa, apenas o Presidente da República deverá figurar no polo passivo.

2) **Mandado de injunção:** poder, órgão ou autoridade com atribuição para editar a norma regulamentadora (Lei nº 13.300/2016, art. 3º).

No que tange à intervenção do AGU, diferentemente do que ocorre na ADI – em que atuará **na defesa do ato normativo** –, o art. 8º da Lei nº 9.868/1999 dispõe que, decorrido o prazo das informações, será ouvido o Advogado-Geral da União, que deverá **manifestar-se** no prazo de quinze dias.

5.21.6. *Objeto*

1) **ADO:** ausência total ou parcial de norma ou quanto à adoção de providência de índole administrativa (Lei nº 9.868/1999, art. 12-B);

2) **Mandado de injunção:** ausência **total ou parcial de norma** regulamentadora que torne inviável o exercício dos direitos e liberdades constitucionais e das prerrogativas inerentes à nacionalidade, à soberania e à cidadania (Lei nº 13.300/2016, art. 2º).

5.21.7. *Liminar*

1) **ADO:** em caso de **excepcional urgência e relevância da matéria**, o Tribunal, por decisão da **maioria absoluta** de seus membros, observado o quórum de instalação de oito Ministros, poderá conceder medida cautelar, após a audiência dos órgãos ou autoridades responsáveis pela omissão inconstitucional, que deverão pronunciar-se no **prazo de cinco dias**. A medida cautelar poderá consistir em (Lei nº 9.868/1999, art. 12-F, *caput* e § 1º):

   a) **suspensão da aplicação da lei ou do ato normativo** questionado, no caso de **omissão parcial**;

   b) **suspensão de processos judiciais** ou de **procedimentos administrativos**; ou

   c) **outra providência** a ser fixada pelo Tribunal.

2) **Mandado de injunção:** não admite a concessão de cautelar.

Cap. 6 – Controle de Constitucionalidade

5.21.8. *Efeitos subjetivos da decisão de mérito*

1) **ADO:** ciência ao Poder competente (art. 103, § 2º, da CF/1988; art. 12-H da Lei nº 9.868/1999), sem que tenha sido fixado qualquer prazo para a edição de ato normativo e o prazo de 30 dias para adoção de medidas administrativas. Embora não seja possível obrigar o Congresso Nacional a legislar, o STF tem admitido o suprimento da ausência de regulamentação legal (**teoria concretista direta, geral e com efeitos vinculantes**). A título de exemplo, na ADO 26, a "maioria entendeu que houve omissão inconstitucional do Congresso Nacional por não editar lei que criminalize atos de homofobia e de transfobia. Reconheceu a mora do Congresso Nacional para incriminar atos atentatórios a direitos fundamentais dos integrantes da comunidade LGBT e votou pelo **enquadramento da homofobia e da transfobia como tipo penal definido na Lei do Racismo (Lei 7.716/1989) até que o Congresso Nacional edite lei sobre a matéria**" (STF, ADO 26).

2) **Mandado de injunção:** no que tange aos seus efeitos, existem várias correntes:

   a) **não concretista:** não cabe ao Poder Judiciário concretizar a norma constitucional, mas apenas cientificar o poder competente de sua omissão;

   b) **concretista:** a decisão judicial pode suprir a omissão do legislador, existindo duas teorias sobre o tema:

   b.1) **direta:** cabe ao Poder Judiciário suprir diretamente a omissão, elaborando a norma regulamentadora. O Poder Judiciário pode suprir a omissão de duas formas distintas: **geral/transindividual** (para todos os que se encontrem na mesma situação – efeitos *erga omnes* ou *ultra partes*) ou **individual** (apenas para os impetrantes do mandado de injunção);

   b.2) **intermediária:** o Poder Judiciário estabelece um prazo para que a omissão seja sanada. Na hipótese de inércia, o Poder Judiciário fixa as condições para que o direito seja exercido, de forma **geral** ou **individual**;

   c) **alternativa:** reconhecida a mora constitucional, a sentença concessiva serve para aguardar a norma regulamentadora, mas propicia a superação concreta da omissão, ainda que por meio de medidas compensatórias ou pelas vias processuais ordinárias.

> **Atenção**
>
> **Regra geral**, o art. 8º da Lei nº 13.300/2016 adota a **corrente concretista intermediária individual**: o Poder Judiciário dá ciência ao poder competente da omissão. Na hipótese de inércia, fixa as balizas para o exercício do direito *inter partes*. **Excepcionalmente**, contudo, a Lei nº 13.300/2016 consagrou:

(i) a **corrente concretista direta**, quando comprovado que o impetrado deixou de atender, em **mandado de injunção anterior,** ao prazo estabelecido para a edição da norma (Lei nº 13.300/2016, art. 8º, parágrafo único);

(ii) a **corrente alternativa,** consistente em estabelecer as condições em que se dará o exercício dos direitos, das liberdades ou das prerrogativas reclamados ou, se for o caso, as condições em que poderá o interessado promover ação própria visando a exercê-los, **caso não seja suprida a mora legislativa no prazo determinado** (Lei nº 13.300/2016, art. 8º, II);

(iii) efeitos *ultra partes* (**corrente concretista transindividual**) e *erga omnes* (**corrente concretista geral**), a depender do direito envolvido. Assim, na hipótese de direito coletivo em sentido estrito (ex.: direito de greve), a decisão produzirá efeitos *ultra partes*, ou seja, atingirá todos os membros do grupo que se encontrem na mesma situação. Na hipótese de violação a direito difuso (ex.: meio ambiente), a decisão terá efeitos *erga omnes* (Lei nº 13.300/2016, art. 9º, § 1º).

5.21.9. *Efeitos temporais da decisão de mérito*

a) **ADO:** declarada a inconstitucionalidade por omissão, será dada ciência ao Poder competente para a adoção das providências necessárias (efeitos *pro futuro*).

b) **Mandado de injunção:** como **regra geral**, a produção de efeitos é *pro futuro* (Lei nº 13.300/2016, art. 8º, I), ou seja, a partir da fixação de balizas para o exercício do direito violado. **Excepcionalmente**, admite-se a produção de efeitos *ex nunc* (Lei nº 13.300/2016, art. 8º, parágrafo único), quando já houve a fixação de prazo em mandado de injunção anterior e não foi respeitado pelo órgão responsável pela omissão. Com relação aos beneficiados por decisão transitada em julgado, a norma regulamentadora superveniente produzirá **efeitos** *ex nunc*, salvo se a aplicação da norma editada lhes for mais favorável (Lei nº 13.300/2016, art. 11), hipótese em que produzirá efeitos *ex tunc*.

Atenção

É possível a **revisão da decisão prolatada em sede de mandado de injunção** quando houver a modificação das circunstâncias fáticas ou jurídicas (Lei nº 13.300/2016, art. 10).

5.21.10. *Fungibilidade*

O STF entende inviável a fungibilidade da ADO com o mandado de injunção, tendo em vista a diversidade de pedidos e ritos (MI 395-QO/CE).

Principais aspectos envolvendo a ADO

Legitimidade ativa: Art. 12-A. Podem propor a ação direta de inconstitucionalidade por omissão os legitimados à propositura da ação direta de inconstitucionalidade e da ação declaratória de constitucionalidade.

Recurso contra o indeferimento liminar: Art. 12-C, Parágrafo único. Cabe agravo da decisão que indeferir a petição inicial.

Possibilidade de concessão de cautelar – Art. 12-F, § 1º A medida cautelar poderá consistir na suspensão da aplicação da lei ou do ato normativo questionado, no caso de omissão parcial, bem como na suspensão de processos judiciais ou de procedimentos administrativos, ou ainda em outra providência a ser fixada pelo Tribunal.

Manifestação do AGU – Art. 12-E, § 2º O relator poderá solicitar a manifestação do Advogado-Geral da União, que deverá ser encaminhada no prazo de 15 (quinze) dias.

Efeitos: Art. 12-H. Declarada a inconstitucionalidade por omissão, com observância do disposto no art. 22, será dada ciência ao Poder competente para a adoção das providências necessárias.

6. CONTROLE DIFUSO DE CONSTITUCIONALIDADE

6.1. Competência

No que tange à competência do órgão jurisdicional, existem dois tipos de controle: controle concentrado/reservado (realizado apenas pelo STF na esfera federal e pelos TJs, na *esfera* estadual) e o controle difuso/aberto, que **pode ser efetuado por qualquer órgão do Poder Judiciário**.

6.2. Finalidade

No controle difuso-incidental, a finalidade principal é a **proteção de direitos subjetivos das partes envolvidas**, e não a proteção da supremacia da Constituição. Por esse motivo, a pretensão é deduzida em juízo por meio de um **processo constitucional subjetivo**, de modo que a inconstitucionalidade de uma lei é suscitada de forma incidental (*incidenter tantum*). Exemplo: inconstitucionalidade de lei suscitada em mandado de segurança que visa garantir um tratamento médico.

6.3. Legitimidade ativa e passiva

No **controle abstrato**, não há partes formais (autor e réu), mas apenas legitimados, visto tratar-se de um processo constitucional objetivo, voltado a assegurar a supremacia da Constituição.

De outro modo, com relação ao **controle difuso-incidental**, há um processo constitucional subjetivo em que **existem partes formais que defendem interesses próprios**, e não a supremacia da Constituição. Assim, terá legitimidade ativa qualquer pessoa, física ou jurídica, que seja **titular de um direito** e legitimidade passiva quem tem o **dever subjetivo** de suportar o ônus da decisão.

6.4. Parâmetro de controle

No controle abstrato, o parâmetro de controle em uma ADI ou em uma ADC é uma norma formalmente constitucional vigente, enquanto na ADPF o parâmetro é um preceito fundamental.

A situação é diversa no controle difuso-incidental, em que não apenas as **normas formalmente constitucionais** em vigor podem ser invocadas como parâmetro (ex.: o "corpo permanente" da Constituição de 1988, o ADCT – em relação a normas de eficácia exaurível –, os princípios constitucionais implícitos, os dispositivos de emendas constitucionais que não integram o texto constitucional e os tratados e convenções internacionais de direitos humanos aprovados na forma do art. 5º, § 3º, da Constituição de 1988, entre outros), mas também **normas revogadas**. Isso porque o objetivo é proteger direitos subjetivos, de modo que uma norma constitucional revogada pode ser utilizada como parâmetro no controle difuso-incidental, visto que vigora o princípio do **tempus regit actum** – ou seja, ao tempo do fato violador a norma estava em vigor.

6.5. Objeto

O objeto do controle difuso-incidental de constitucionalidade pode ser **qualquer ato de caráter normativo emanado dos poderes públicos, ainda que já tenha sido revogado**.

6.6. Efeitos da decisão no controle difuso de constitucionalidade

a) Quanto ao aspecto objetivo

No controle difuso-incidental, a análise da constitucionalidade é **feita na fundamentação da decisão**, visto tratar-se de uma questão *incidenter tantum* (**questão prejudicial de mérito**).

Assim, para que o Tribunal decida acerca da violação de determinados direitos subjetivos, deve analisar inicialmente se o ato normativo é compatível com a Constituição de 1988.

Cap. 6 – Controle de Constitucionalidade

b) Quanto ao aspecto subjetivo

A partir do julgamento das ADIs 3.406/RJ e 3.470/RJ, o STF passou a entender que as decisões prolatadas em sede de controle difuso-incidental produzem **efeitos erga omnes e vinculantes.** A fim de evitar anomias e de modo a garantir a unidade da Constituição, a decisão proferida em sede de controle difuso-incidental **deve produzir a mesma eficácia** da decisão tomada em sede de controle abstrato.

É importante destacar que, embora o STF tenha equalizado os efeitos das decisões, ele não tem admitido o ajuizamento de reclamações *per saltum*, ou seja, sem o prévio esgotamento das vias ordinárias (STF, RCL 28.623 AgR/BA).

c) Quanto ao aspecto temporal

No controle incidental, a regra é que a declaração de inconstitucionalidade produz efeitos **ex tunc**, ou seja, retroativos, tendo em vista tratar-se de uma decisão de natureza declaratória.

No entanto, é possível a **modulação temporal** dos efeitos da decisão, desde que presentes os mesmos requisitos exigidos para o controle concentrado-abstrato (art. 27 da Lei nº 9.868/1999):

a) razões de segurança jurídica ou de excepcional interesse social; e

b) quórum de **2/3** (oito Ministros). **É o entendimento que prevalece no STF (RE 586.453/ SE).**

> ### Atenção
>
> É possível a modulação temporal dos efeitos de decisão com relação a normas pré-constitucionais (não recepção), pelas mesmas razões que justificam a modulação no controle de constitucionalidade. Exemplo: embora a Lei nº 6.880/1980 seja anterior à Constituição, diante do fato de ter sido aplicada por mais de 20 anos, o STF declarou que havia sido recepcionada durante o período em que esteve vigente e que deveria ser válida até 31 de dezembro de 2011 – efeito *pro futuro* (Ver: STF, RE 600.885/RS). E mais: diante da inércia do legislador em regulamentar a matéria, o STF prorrogou o prazo de vigência até 31 de dezembro de 2012 (Ver: STF, RE 600.885/RS).

6.7. Cláusula da reserva de plenário (*full bench*)

A cláusula da reserva de plenário afasta a possibilidade de determinadas matérias serem objeto de apreciação por órgãos fracionários do Tribunal, devendo ser submetidas ao plenário ou, até mesmo, ao órgão especial. Assim, "Somente pelo voto da **maioria absoluta de seus membros** ou dos membros do respectivo **órgão especial** poderão os tribunais declarar a inconstitucionalidade de lei ou ato normativo do poder público" (art. 97 da Constituição de 1988).

A cláusula da reserva de plenário apresenta as seguintes características:

1) **Quórum: maioria absoluta**. E se houver cargos vagos? Ainda precisará ser observada a maioria absoluta.

2) **Natureza: regra especial de competência jurisdicional**

   – fundada no princípio da presunção (relativa) de constitucionalidade das leis – e **condição de eficácia jurídica** da declaração de inconstitucionalidade.

3) **Competência para o julgamento: plenário ou órgão especial**.

Atenção

O órgão especial pode ser criado nos tribunais que contem com mais de 25 julgadores, tem em sua composição entre onze e vinte e cinco membros e exerce **funções administrativas** ou **jurisdicionais** delegadas pelo Plenário (STF, AgRg no RE 636.359/AP). Contudo, as atribuições legislativas (exemplo: elaboração de regimento interno) ou políticas (exemplo: eleição do presidente do tribunal) não podem ser delegadas ao órgão especial.

---

4) **Âmbito de incidência: exclusivamente nos tribunais**, abrangendo inclusive o STF. A reserva de plenário **não impede que juízes singulares**, no controle difuso, declarem a inconstitucionalidade de atos normativos (STF, HC 69.921); contudo, os tribunais não podem fazê-lo por meio de órgão fracionário ou de forma monocrática por um desembargador.

5) **Modalidades de controle** em que incide: difuso e concentrado de constitucionalidade.

6) **Aplicação: exclusivamente no reconhecimento de inconstitucionalidade** de ato normativo primário. Na hipótese de reconhecimento da constitucionalidade, **não é necessária** a submissão ao plenário ou ao órgão especial, tendo em vista a presunção de constitucionalidade das leis. Também não é necessário fazê-lo quando se trata de **mera invalidade** de atos normativos secundários ou negócios jurídicos (hipótese de ilegalidade).

7) **Efeitos do reconhecimento da inconstitucionalidade:** vinculantes **para os órgãos fracionários** do Tribunal.

8) **Dispensa da remessa ao plenário ou ao órgão especial:** será dispensada a remessa quando já houver pronunciamento 1) do plenário ou do órgão especial ou 2) do plenário do STF sobre a inconstitucionalidade (art. 949, parágrafo único, do CPC).

Cap. 6 – Controle de Constitucionalidade

6.7.1. *Cláusula de reserva de plenário e inconstitucionalidade branca*

O STF editou a Súmula Vinculante nº 10, fixando o entendimento de que "Viola a cláusula de reserva de Plenário a decisão de órgão fracionário de tribunal que, embora não declare expressamente a inconstitucionalidade de lei ou ato normativo do poder público, afasta sua incidência no todo ou em parte".

Desse modo, a cláusula de reserva de plenário deve incidir mesmo quando o acórdão **não declara propriamente inconstitucional uma norma**, mas afasta sua aplicação em razão de sua inconstitucionalidade. Trata-se de fenômeno denominado **"inconstitucionalidade branca"**.

6.7.2. *Incidente de inconstitucionalidade nos tribunais (arts. 948 e 949 do CPC)*

No que tange ao procedimento de declaração de inconstitucionalidade nos tribunais, podemos dividi-lo em etapas:

- **1ª etapa:** aportando no tribunal demanda em que há, incidentalmente, o questionamento da inconstitucionalidade de uma norma, o relator deverá **ouvir o MP** e, na sequência, **submeter** o feito à apreciação de um órgão fracionário (ex. turma ou câmara), nos termos do art. 948 do CPC.

- **2ª etapa:** se o órgão fracionário entender que a **lei é constitucional**, lavrará o acórdão, em decorrência da presunção de constitucionalidade (art. 949, I, do CPC). Contudo, se **acolher a tese da inconstitucionalidade**, terá de **submeter a matéria ao plenário ou ao órgão especial** para que se pronuncie exclusivamente a respeito da inconstitucionalidade – e, não, sobre todos os aspectos do caso concreto (art. 949, II, do CPC) –, em observância à cláusula de reserva de plenário.

- **3ª etapa:** as pessoas jurídicas de direito público responsáveis pela edição do ato questionado poderão manifestar-se no incidente de inconstitucionalidade, observados os prazos e as condições previstos no regimento interno do tribunal (art. 950, § 1º, do CPC). Ademais, a **parte legitimada à propositura de ADI ou ADC** poderá manifestar-se, por escrito, sobre a questão constitucional objeto de apreciação, no prazo previsto pelo regimento interno, assegurando-se-lhe o direito de apresentar memoriais ou de requerer a juntada de documentos (art. 950, § 2º, do CPC). Considerando a relevância da matéria e a representatividade dos postulantes, o relator poderá admitir, por despacho irrecorrível, **a manifestação de outros órgãos ou entidades** (*amicus curiae* – art. 950, § 3º, do CPC).

- **4ª etapa:** o plenário ou o órgão especial **apreciarão a arguição de inconstitucionalidade**, devolvendo o feito ao órgão fracionário para julgamento. A decisão prolatada pelo plenário ou órgão especial deverá ser observada **por todos os órgãos fracionários** do tribunal, tendo em vista que produz efeitos vinculantes. O julgamento do incidente que aprecia a arguição de inconstitucionalidade **não se sujeita a recurso**, salvo embargos de declaração.

- **5ª etapa:** o órgão fracionário julgará o feito.
- **6ª etapa:** é possível a interposição de **recurso ordinário ou extraordinário contra a decisão** do órgão (câmaras, grupos ou turmas) que completa o julgamento do feito.

> ### Atenção
>
> O recurso extraordinário é cabível contra a decisão do órgão fracionário e, não contra a decisão prolatada pelo plenário ou órgão especial. Nesse sentido, a Súmula nº 513, do STF, enuncia que: "A decisão que enseja a interposição de recurso ordinário ou extraordinário não é a do plenário, que resolve o incidente de inconstitucionalidade, mas a do órgão (câmaras, grupos ou turmas) que completa o julgamento do feito".

6.7.3. Turmas recursais e cláusula de reserva de plenário

As turmas recursais existentes no âmbito dos Juizados Especiais não precisam observar a cláusula de reserva de plenário, pois o art. 97 da Constituição faz expressa referência aos "tribunais" (STF, AgRg no RE 453.744).

6.7.4. Tribunais de Contas e cláusula de reserva de plenário

A cláusula de reserva de plenário não se aplica aos Tribunais de Contas, tendo em vista que não são órgãos do Poder Judiciário.

No caso de não recepção de normas (direito constitucional intertemporal), o tribunal precisa observar a cláusula de reserva de plenário? Não, pois "As normas editadas quando da vigência das Constituições anteriores se submetem somente ao juízo de recepção ou não pela atual ordem constitucional, o que pode ser realizado por órgão fracionário dos Tribunais sem que se tenha por violado o art. 97 da CF" (STF, ARE 705.316 AgR/DF).

A matéria ainda é objeto de apreciação pelo STF em sede de repercussão geral (RE 660.968/RS).

6.7.5. Interpretação conforme a Constituição e cláusula de reserva de plenário

No caso de interpretação conforme a Constituição, não é necessária a observância da cláusula de reserva de plenário (STF, RE 579.721/MG).

Cap. 6 – Controle de Constitucionalidade

6.8. Suspensão da execução de ato normativo pelo Senado

Se o STF reconhecer inconstitucionalidade no âmbito do controle difuso, deverá comunicar o fato ao Senado Federal, o qual poderá suspender a execução da lei, nos termos do art. 52, X, da Constituição de 1988 ("Compete privativamente ao Senado Federal: [...] X – suspender a execução, no todo ou em parte, de lei declarada inconstitucional por decisão definitiva do Supremo Tribunal Federal").

6.8.1. *Natureza do ato de suspensão*

No que tange à natureza do ato de suspensão, existem duas posições:

a) Ato vinculado (Manoel Gonçalves Ferreira Filho): o Senado Federal está obrigado a suspender a execução da lei declarada inconstitucional pelo Supremo.

b) Ato de discricionariedade política (STF): o Senado **não está obrigado** a suspender a execução da lei.

6.8.2. *Interpretação da expressão "no todo ou em parte"*

Merece atenção a interpretação da expressão "no todo ou em parte" contida no art. 97 da Constituição de 1988. Tem o Senado discricionariedade para decidir se suspende toda a matéria reconhecida pelo STF como inconstitucional?

Não, o Senado não tem discricionariedade para decidir se suspende apenas uma parte do ato normativo reconhecido como inconstitucional, **devendo se ater aos exatos limites da decisão do Supremo** (Lenza, 2023).

6.8.3. *Amplitude do conceito de "lei"*

O termo "lei" contido no art. 97 da Constituição de 1988 deve ser interpretado em sentido amplo. Assim, não apenas as leis ordinárias e complementares serão objeto de suspensão pelo Senado, mas também **qualquer ato normativo incompatível com a Constituição**.

6.8.4. *Abrangência da suspensão e princípio federativo*

Embora o Senado seja um órgão do Congresso Nacional, ele pode suspender a execução não apenas de leis ou atos normativos federais, **mas também de leis ou atos normativos estaduais, distritais e municipais**. A medida não viola o princípio federativo, pois o Senado não atua como órgão federal, mas na qualidade de **órgão de caráter nacional**.

6.8.5. *Atos pré-constitucionais e suspensão*

O art. 97 da Constituição faz referência à "lei declarada inconstitucional por decisão definitiva do STF", de modo que a suspensão da execução pelo Senado somente incide no caso de atos normativos posteriores ao parâmetro constitucional. No caso de normas pré-constitucionais, incide o fenômeno da não recepção, de modo que não incumbe ao Senado suspender a execução do ato normativo.

6.8.6. *Efeitos da resolução do Senado*

No que tange aos efeitos da resolução que suspende o ato normativo, existem duas correntes:

1) **ex nunc**, visto que a suspensão, por uma questão lógica, é sempre algo prospectivo;

2) **ex tunc**, com fundamento no art. 1º do Dec. nº 2.346/1997.

Atualmente, entretanto, adota-se o entendimento de que as decisões no controle difuso-incidental já possuem efeitos *erga omnes* e vinculantes, de modo que o STF apenas **comunica** ao Senado com o objetivo de que a referida Casa Legislativa dê publicidade ao que foi decidido, sendo irrelevante o questionamento acerca dos efeitos do art. 52, X, da Constituição de 1988 (STF, ADIs 3406/RJ e 3470/RJ).

> ### Atenção
>
> No RE 955.227/BA, o STF fixou a seguinte tese: "2. Já as decisões proferidas em ação direta ou em sede de repercussão geral interrompem automaticamente os efeitos temporais das decisões transitadas em julgado nas referidas relações, respeitadas a irretroatividade, a anterioridade anual e a noventena ou a anterioridade nonagesimal, conforme a natureza do tributo". Assim, a declaração de inconstitucionalidade, **em sede de recurso extraordinário com repercussão geral**, dispõe de **efeitos vinculantes e eficácia *erga omnes***. Logo, reforça o entendimento de que a resolução do Senado (art. 52, X, da Constituição de 1988) possui a finalidade apenas de dar publicidade à decisão.

6.9. Ação civil pública e controle de constitucionalidade

É possível o controle de constitucionalidade em sede de ação civil pública, desde que incidentalmente, ou seja, como mero fundamento do pedido, **causa de pedir** ou questão prejudicial de mérito (STF, RE 424.993/DF).

Assim, a declaração de inconstitucionalidade **não pode ser próprio pedido** em sede de ação civil pública, visto que a demanda atuaria como sucedânea de ADI, usurpando a competência do STF. Ex.: é possível a propositura de uma ação civil pública pedindo o fechamento de bingos (pedido de efeitos concretos), com fundamento na inconstitucionalidade de lei que autoriza o funcionamento desse tipo de entidade. Não

Cap. 6 – Controle de Constitucionalidade

haverá, assim, usurpação da competência do STF, pois o pedido não é a declaração da inconstitucionalidade da lei, mas, sim, o fechamento dos bingos.

Na hipótese de usurpação da competência do STF, formulando-se pedido de reconhecimento de inconstitucionalidade em sede de ação civil pública, caberá o ajuizamento de reclamação (ver: RCL 2.353/MT).

> **Atenção**
>
> Diante da tendência de abstrativização do controle difuso, é possível que seja afastada a necessidade de que a inconstitucionalidade seja aventada como causa de pedir.

6.10. Tendência de abstrativização

A tendência de abstrativização implica a atribuição de características e efeitos típicos do controle abstrato ao controle difuso-incidental.

Trata-se de uma aproximação com o sistema da ***common law***, em que o ***stare decisis*** exige seja dado o devido peso aos precedentes judiciais. A vinculação vertical e horizontal relaciona-se com a segurança jurídica, que "impõe imediatamente a imprescindibilidade de o direito ser cognoscível, estável, confiável e efetivo, mediante a formação e o respeito aos precedentes como meio geral para obtenção da tutela dos direitos" (Mitidiero, 2013). Na prática, os tribunais inferiores devem aplicar a *ratio decidendi* adotada pelos tribunais superiores em casos anteriormente solucionados, garantindo consistência e previsibilidade ao direito por meio da uniformização da jurisprudência.

No ordenamento nacional, a tendência de abstrativização pode ser observada sob três âmbitos distintos:

1) **Âmbito constitucional:**

   a) Art. 102, § 3º, da Constituição de 1988: requisito da repercussão geral para admissibilidade do Recurso Extraordinário (binômio transcendência *x* relevância).

   b) Art. 103-A da Constituição de 1988: súmulas vinculantes.

2) **Âmbito infraconstitucional:** arts. 332, 525, 535, 927 e 932, IV e V, do CPC. Trata-se de dispositivos que valorizam os precedentes na órbita cível.

3) **Âmbito jurisprudencial (STF):**

   i. MI 708 do STF (determinou a aplicação a todos os servidores públicos da legislação que rege o direito de greve na iniciativa privada, e não somente **àqueles** que ingressaram com a ação).

ii. Rcl 4.335/AC: o Supremo declarou a produção de efeitos ***ultra partes***, em nítida manifestação da **eficácia expansiva do precedente**.

iii. ADI 3.406/RJ e ADI 3.470/RJ: os efeitos no controle difuso-incidental devem ser os mesmos do controle concentrado-abstrato (*erga omnes* e vinculantes).

6.11. Vias em que incabível o pleno controle difuso de constitucionalidade

O STF vem restringindo a admissibilidade plena do controle concreto nas seguintes vias:

a) **Mandado de injunção:** como a causa de pedir é a ocorrência de omissão inconstitucional, o mandado de injunção **não pode ser usado para sustentar a inconstitucionalidade comissiva** de ato normativo já editado com o intuito de regulamentar a Constituição de 1988 (STF, AgRg no MI 609/RJ).

b) **Reclamação constitucional:** só é possível o controle de constitucionalidade de normas já examinadas na decisão que se alega descumprida, ou seja, não pode abranger a declaração de inconstitucionalidade de normas distintas daquelas aventadas na decisão combatida (STF, AgRg no MI 609/RJ).

7. REPRESENTAÇÃO DE INCONSTITUCIONALIDADE ESTADUAL

O art. 125, § 2º, da Constituição de 1988, ao tratar da competência dos Tribunais de Justiça, utiliza a expressão "representação de inconstitucionalidade [estadual]" – e não ação direta de inconstitucionalidade –, dispondo que cabe "aos Estados a instituição de representação de inconstitucionalidade de leis ou atos normativos estaduais ou municipais em face da Constituição Estadual, vedada a atribuição da legitimação para agir a um único órgão".

7.1. Competência

A representação de inconstitucionalidade é um instrumento de controle concentrado-abstrato e, portanto, a competência para processá-la e julgá-la é exclusiva dos **Tribunais de Justiça**, tendo como **parâmetro as Constituições Estaduais**.

O STF não tem competência para processar e julgar esse tipo de demanda, tendo em vista que só pode julgar demandas em controle concentrado que tenham como parâmetro a Constituição de 1988 (STF, ADI 717 MC/AC).

> **Atenção**
>
> Embora o art. 125, § 2º, da Constituição de 1988 faça referência apenas à possibilidade de instituição de representação de inconstitucionalidade (similar à ADI), é possível a implementação das demais ações de controle concentrado (ADC, ADPF, ADO e ADI interventiva estadual).

Cap. 6 – Controle de Constitucionalidade

7.2. Legitimidade

A legitimidade ativa para propor a representação de inconstitucionalidade estadual não precisa seguir o modelo federal previsto no art. 103 da Constituição de 1988, pois não se trata de norma de repetição obrigatória.

Assim, os Estados possuem **liberdade para regulamentar em suas Constituições os legitimados ativos e passivos**, adotando o **modelo da introversão** (atribuição da legitimidade exclusivamente a autoridades e órgãos públicos) ou o **modelo da extroversão** (atribuição da legitimidade também a entidades de caráter privado, como associações ou entidades de classes), sendo **vedada apenas a atribuição da legitimação para agir a um único órgão**.

De forma simétrica com o de modelo federal, é possível a atribuição de legitimidade ativa:

a) **com relação aos atos normativos estaduais:** Governador, Mesa de Assembleia Legislativa, Procurador-Geral de Justiça, Conselho Seccional da OAB, partido político com representação na Assembleia Legislativa, federação sindical e entidade de classe de âmbito estadual;

b) **com relação aos atos normativos municipais:** Prefeito, Mesa da Câmara Municipal e partido político com representação na Câmara do Município.

> **Jurisprudência**
>
> Em julgamento de medida cautelar ADI 558-9-MC, o STF entendeu constitucional o art. 162 da Constituição do Estado do Rio de Janeiro, que prevê a legitimidade ativa do Governador do Estado; Mesa, Comissão Permanente ou membros da Assembleia Legislativa; Procurador-Geral da Justiça; Procurador-Geral do Estado; Procurador-Geral da Defensoria Pública; Defensor Público Geral do Estado; Prefeito Municipal; Mesa de Câmara de Vereadores; Conselho Seccional da Ordem dos Advogados do Brasil; partido político com representação na Assembleia Legislativa ou em Câmara de Vereadores, e federação sindical ou entidade de classe de âmbito estadual.

> **Atenção**
>
> As Constituições Estaduais não precisam consagrar uma autoridade simétrica ao AGU para defender a constitucionalidade do ato impugnado, ou seja, **o Procurador-Geral do Estado não precisa ser responsável pela defesa do ato impugnado**. Nesse sentido, o STF decidiu que inexiste inconstitucionalidade na atribuição ao procurador da Assembleia Legislativa a legitimidade para **defender a constitucionalidade de ato normativo** estadual questionado, "já que ausente o dever de simetria para com o modelo federal" (STF, ADI 119/RO).

7.3. Parâmetro

As normas de Constituição Estadual podem ser classificadas da seguinte forma:

a) **Normas de mera repetição:** são reproduzidas nas Constituições dos Estados por **vontade pura e simples** do legislador constituinte estadual. Exemplo: repetição na Constituição Estadual do art. 103 da Constituição de 1988.

b) **Normas de observância obrigatória:** o Estado-membro não está obrigado a reproduzir as normas na respectiva Constituição, mas, caso opte por fazê-lo, deverá observar o modelo previsto na Constituição de 1988. Exemplo: as medidas provisórias que, caso regulamentadas, devem observar o modelo estabelecido na Constituição de 1988.

c) **Normas de reprodução obrigatória** (normas centrais ou normas pré-ordenadas): devem ser reproduzidas nas Constituições Estaduais, seguindo o modelo estabelecido pela Constituição de 1988. Exemplo: as normas sobre o processo legislativo.

d) **Normas remissivas:** não possuem conteúdo próprio e a regulamentação é devolvida a outra norma da Constituição. Exemplo: Constituição do Estado da Bahia, em seu art. 149, dispõe que "O sistema tributário estadual obedecerá ao disposto na Constituição Federal, em leis complementares federais, em resoluções do Senado Federal, nesta Constituição e em leis ordinárias".

Devidamente analisadas as espécies de normas constitucionais estaduais, **todas** podem servir de parâmetro para o controle abstrato de constitucionalidade nos TJs.

Ao contrário, não é possível utilizar como **parâmetro de controle uma Lei Orgânica Municipal ou a Constituição de 1988** (STF, ADI 5.548/PE).

Excepcionalmente, contudo, as **normas de reprodução obrigatória** podem ser utilizadas como parâmetro para o controle, **ainda que a Constituição Estadual não venha a reproduzi-las**. Com efeito, a "omissão da Constituição estadual não constitui óbice a que o Tribunal de Justiça local julgue a ação direta de inconstitucionalidade contra lei municipal que cria cargos em comissão em confronto com o art. 37, V, da Constituição do Brasil, norma de reprodução obrigatória" (STF, RE 598.016 AgR/MA). E mais: o STF decidiu que Tribunais de Justiça podem exercer controle abstrato de constitucionalidade de leis municipais utilizando como parâmetro a Constituição de 1988 quando se tratar de normas de reprodução obrigatória (STF, RE 650.898/RS).

> ### Atenção
>
> 1) Apenas na hipótese de o parâmetro de controle ser norma de reprodução obrigatória será cabível o ajuizamento de RE perante o STF.
>
> 2) O TJ pode considerar o próprio parâmetro de controle em âmbito estadual inconstitucional.

Cap. 6 – Controle de Constitucionalidade

> Exemplo: ajuizada representação de inconstitucionalidade, o TJ constata que o parâmetro (norma da Constituição Estadual) é incompatível com a Constituição de 1988. Nesse caso, deve declarar de ofício a inconstitucionalidade do parâmetro, sendo cabível a interposição de recurso extraordinário para o STF, que deverá ser objeto de julgamento pelo plenário (STF, RE 1.151.237 AgR/SP).

7.4. Objeto

Podem ser objeto do controle as **lei ou atos normativos (em regra, primários) estaduais ou municipais** do respectivo Estado. Atente-se para o fato de que uma **lei ou um ato normativo federal não pode ser objeto de representação de inconstitucionalidade** em âmbito estadual pelo fato de que não tem como fundamento de validade a Constituição Estadual.

7.5. *Simultaneus processus* ou "duplo controle concentrado"

O *simultaneus processus* ocorre quando uma lei estadual é objeto de representação de inconstitucionalidade no TJ (tendo como parâmetro a Constituição Estadual) e, ao mesmo tempo, tem questionada a sua constitucionalidade perante o STF (tendo como parâmetro a Constituição de 1988).

Nesses casos, a **representação ajuizada no TJ deve ficar suspensa**, aguardando o julgamento da ADI no STF. A representação estadual ficará **prejudicada** se a ADI que tramita no STF for julgada procedente. Entretanto, se a ADI for julgada improcedente pelo STF, a representação estadual **deverá prosseguir** para a análise da constitucionalidade do ato normativo perante a Constituição Estadual, desde que a norma estadual **não seja de observância ou reprodução obrigatória pelo Estado** – situação em que o TJ deve julgar a demanda também improcedente, podendo ser impugnada pela via da reclamação para fazer valer o entendimento fixado pelo STF com efeitos vinculantes (ver: ADI 3.482/DF).

Contudo, na hipótese de coexistência de ações diretas de inconstitucionalidade, sem que a demanda proposta perante o Tribunal de Justiça fique suspensa, **o julgamento da primeira – estadual** – somente prejudica o da segunda – do STF – se preenchidas duas condições **cumulativas**: 1) a decisão do Tribunal de Justiça for pela **procedência da ação, ou seja, reconhecendo a inconstitucionalidade**; e 2) a inconstitucionalidade for por incompatibilidade com preceito da Constituição do Estado **sem correspondência na Constituição de 1988**. Caso o parâmetro do controle de constitucionalidade tenha correspondência na Constituição de 1988, subsiste a jurisdição do STF para o controle abstrato de constitucionalidade (STF, ADI 3.659/AM), pois não se pode "permitir que o Tribunal de Justiça estadual dê a última palavra sobre a compatibilidade de uma lei com a Constituição Federal. Essa é prerrogativa do Supremo".

7.6. Decisão de mérito

No âmbito das representações de inconstitucionalidade, incidem os mesmos efeitos previstos para ADI em âmbito federal (ver: STF – RE 187.142/RJ).

7.7. Cabimento de recurso extraordinário

Das decisões prolatadas em sede de representação de inconstitucionalidade estadual caberá recurso extraordinário para o STF nas seguintes situações:

a) o parâmetro de controle for tido como inconstitucional (ou seja, o TJ verificar que a norma da Constituição Estadual é incompatível com a Constituição de 1988); ou

b) o parâmetro de controle for norma da Constituição de 1988 de reprodução obrigatória pela Carta Estadual (STF, RE 779.841 AgR/SP). Nesse caso, a lei estadual ou municipal, no fundo, viola a própria Constituição de 1988, tendo em vista tratar-se de norma de reprodução obrigatória, de modo que se faz indispensável garantir o acesso ao STF para dizer como deve ser interpretada.

> **Atenção**
>
> A decisão do STF que aprecia o recurso extraordinário interposto em face da decisão prolatada em sede de representação de inconstitucionalidade estadual dispõe, excepcionalmente, de efeitos *ex tunc*, vinculantes e *erga omnes* – "eficácia essa que se estende a todo o território nacional" (STF, RE 187.142/RJ).

7.8. Outras ações de controle abstrato em âmbito estadual

Embora o art. 125, § 2º, da Constituição de 1988 mencione apenas a representação de inconstitucionalidade estadual, os Estados podem consagrar outras ações de controle concentrado, como a ADC, ADO (ver: RE 148.283/MA) e a ADPF.

7.9. Suspensão da execução de ato normativo estadual ou municipal no controle difuso

A decisão prolatada pelo TJ no controle incidental é passível de suspensão da sua execução pela **Assembleia Legislativa** (quando tem como objeto ato normativo estadual) ou pela **Câmara Municipal/Assembleia Legislativa** (quando tem como objeto ato normativo municipal).

Cap. 6 – Controle de Constitucionalidade

8. REPRESENTAÇÃO INTERVENTIVA (OU INTERVENÇÃO PROVOCADA POR REQUISIÇÃO)

8.1. Representação interventiva federal

A intervenção federal busca garantir a unidade federativa e pode ser classificada em:

a) voluntária;

b) provocada por solicitação; ou

c) provocada por requisição.

A **intervenção "voluntária"** ocorre quando o Presidente da República age por sua própria vontade, a partir da análise pessoal e discricionária do ato ou do fato, nas hipóteses do art. 34, I, II, III e V, da Constituição:

"I – manter a integridade nacional;

II – repelir invasão estrangeira ou de uma unidade da Federação em outra;

III – pôr termo a grave comprometimento da ordem pública; [...]

V – reorganizar as finanças da unidade da Federação que: a) suspender o pagamento da dívida fundada por mais de dois anos consecutivos, salvo motivo de força maior; b) deixar de entregar aos Municípios receitas tributárias fixadas nesta Constituição, dentro dos prazos estabelecidos em lei".

De outro modo, a **intervenção "provocada por solicitação"** busca garantir o livre exercício de qualquer dos Poderes nas unidades da Federação. Constatada, no Estado ou no Distrito Federal, violação à separação de poderes, de modo que as funções típicas de um ente sejam usurpadas ou desrespeitadas por outro, o Poder coacto pode provocar a decretação de intervenção federal.

Por fim, a intervenção **"provocada por requisição"**, também chamada de **representação interventiva federal** – porque depende de um pronunciamento judicial –, busca a obtenção de um provimento judicial que declara a inconstitucionalidade de ato praticado por Estado ou Município (**conflito federativo concreto**) e será objeto de estudo detalhado, tendo em vista refletir modalidade de controle concentrado-incidental.

8.1.1. *Base normativa da representação interventiva federal*

A base normativa da representação interventiva federal é a Lei nº 12.562/2011.

8.1.2. *Natureza*

Trata-se de modalidade de **controle concentrado-incidental**, visto que a pretensão é deduzida em juízo por meio de um processo constitucional subjetivo (em que há partes, tais como a União, Estados ou Municípios) e a inconstitucionalidade só pode ser apreciada pelo STF.

8.1.3. Competência

A competência, na fase jurisdicional, é do **STF**. Contudo, o Chefe do Poder Executivo, à vista do pronunciamento judicial, é quem decreta a intervenção, por meio da expedição de um **decreto**.

8.1.4. Legitimidade ativa e passiva

Apenas o **Procurador-Geral da República** possui legitimidade ativa para ajuizar a representação interventiva, atuando com **autonomia e discricionariedade** como substituto processual na tutela de interesse de toda a coletividade.

Legitimado passivo é o ente federativo em que ocorre a violação ao princípio constitucional sensível ou a recusa à execução de lei federal.

8.1.5. Parâmetros

São dois os parâmetros para a representação interventiva:

1) **Princípios constitucionais sensíveis** (art. 34, VII, da Constituição de 1988):

   a) forma republicana, sistema representativo e regime democrático;

   b) direitos da pessoa humana;

   c) autonomia municipal;

   d) prestação de contas da administração pública, direta e indireta;

   e) aplicação do mínimo exigido da receita resultante de impostos estaduais, compreendida a proveniente de transferências, na manutenção e desenvolvimento do ensino e nas ações e serviços públicos de saúde.

2) **Recusa à execução de lei federal** (art. 34, VI, da Constituição de 1988).

8.1.6. Objeto

Atos normativos **estaduais e distritais ou atos administrativos (comissivos ou omissivos) e concretos**, desde que a medida não seja utilizada para substituir a representação para a execução de lei federal. Nesse sentido: IF114/MT (omissão de autoridades estaduais em proteger a vida de presos custodiados).

8.1.7. Liminar

Segundo o art. 5º da Lei nº 12.562/2011, o STF, por decisão da *maioria absoluta* de seus membros, poderá deferir pedido de medida liminar na representação interventiva.

A liminar poderá consistir na determinação de que se **suspenda o andamento de processo** ou os **efeitos de decisões judiciais ou administrativas** ou de **qualquer outra medida** que apresente relação com a matéria objeto da representação interventiva (art. 5º, § 2º, da Lei nº 12.562/2011).

Cap. 6 – Controle de Constitucionalidade

143

8.1.8. *Decisão de mérito*

As decisões de mérito prolatadas em representação interventiva têm **natureza políti-co-administrativa**.

Exige-se a presença de pelo menos **oito Ministros** no julgamento (quórum de instalação) e o voto favorável de ao menos **seis Ministros** para a procedência do pedido interventivo.

Ademais, a decisão não implica suspensão do ato impugnado e **não dispõe de efeitos *erga omnes***, apenas viabilizando a declaração de intervenção pelo Presidente da República.

Por fim, a decisão que julgar procedente ou improcedente o pedido da representação interventiva é **irrecorrível**, sendo insuscetível de impugnação por ação rescisória (art. 12 da Lei nº 12.562/2011).

> **Atenção**
>
> Prevalece o entendimento de que o ato de decretação da intervenção pelo Presidente da República é **vinculado**, podendo incorrer o Presidente em crime de responsabilidade caso deixe de atender à determinação do STF (Lei nº 1.079/1950. Ver: também Lei nº 12.562/2011, art. 11).

8.1.9. *Procedimento*

O procedimento em representações interventivas é escalonado em duas etapas:

1ª) **Etapa jurisdicional** – STF ou TJ analisam os pressupostos para a intervenção e, sendo o caso, requisitam a intervenção para o Chefe do Poder Executivo.

2ª) **Etapa executiva** – intervenção do Poder Executivo pode ocorrer de duas formas distintas:

   a) **intervenção por mera suspensão:** o Chefe do Poder Executivo expede decreto que apenas suspende a execução do ato impugnado. Não há apreciação do ato pelo Congresso Nacional ou pela Assembleia Legislativa;

   b) **intervenção "efetiva":** sendo insuficiente a mera suspensão, pode ocorrer a efetiva intervenção, devendo o Chefe do Poder Executivo especificar a amplitude, o prazo e as condições de execução e que, se couber, nomear interventor. O decreto do Chefe do Poder Executivo deve ser submetido à apreciação do Congresso Nacional ou da Assembleia Legislativa do Estado no prazo de 24 horas para a realização do controle político.

8.2. Representação interventiva estadual

A Constituição de 1988 permite a representação interventiva no âmbito estadual, de modo que os Estados venham a intervir nos Municípios.

O art. 35 da Constituição de 1988 contempla **rol taxativo** de hipóteses de intervenção estadual em municípios (STF, ADI 6.616/AC), e o inciso IV dispõe que os Estados poderão intervir nos Municípios em decorrência de pronunciamento do Tribunal de Justiça:

a) fundado na inobservância pelos municípios de princípios indicados na Constituição Estadual;

b) para prover a execução de lei, de ordem ou de decisão judicial.

> **Atenção**
>
> Embora não tenha sido expressamente revogada a Lei nº 4.337/1964, entendemos que incide a Lei nº 12.562/2011, no que couber, com relação à representação interventiva estadual.

8.2.1. Competência

A competência é do respectivo Tribunal de Justiça.

8.2.2. Legitimidade ativa

A legitimidade ativa para o ajuizamento da demanda é do Procurador-Geral da Justiça. Nesse sentido, a Súmula nº 614 do STF enuncia que: "Somente o Procurador-Geral da Justiça tem legitimidade para propor ação direta interventiva por inconstitucionalidade de lei municipal".

8.2.3. Parâmetro

Servem de parâmetro os **princípios sensíveis estabelecidos pelo Poder Constituinte Decorrente**.

> **Atenção**
>
> A Constituição Estadual **não pode trazer hipóteses de intervenção estadual diferentes** daquelas elencadas no art. 35 da Constituição de 1988, tratando-se de **rol taxativo** (STF, ADI 6.616/AC).

Cap. 6 – Controle de Constitucionalidade

8.2.4. *Decisão de mérito*

As decisões de mérito prolatadas em representação interventiva têm **natureza políti-co-administrativa**.

> **Atenção**
>
> Embora a Súmula nº 637, do STF, estabeleça que não cabe recurso extraordinário contra acórdão de Tribunal de Justiça que defere pedido de intervenção estadual em município, parcela da doutrina vem entendendo que a súmula incide exclusivamente para a hipótese prevista no art. 34, VI, da Constituição de 1988. Como a representação interventiva estadual tem previsão no art. 34, VII, da Constituição de 1988, é possível a interposição de recurso extraordinário.

9. RELATIVIZAÇÃO DA COISA JULGADA INCONSTITUCIONAL

A coisa julgada tem fundamento na segurança jurídica em sentido objetivo. Em alguns casos, contudo, o ordenamento jurídico prevê **instrumentos típicos** para sua revisão, como a ação rescisória (ver: art. 966, CPC), a *querela nullitatis*, a correção de erros materiais na decisão, impugnação rescisória de título executivo judicial (ver: art. 525, § 12, do CPC), entre outros.

Além deles, há meios **atípicos** de relativização ou desconsideração da coisa julgada, embora a doutrina não seja uníssona acerca da possibilidade da formação da coisa julgada quando a decisão é injusta ou inconstitucional.

No que concerne à relativização **atípica** da coisa julgada, existem basicamente três correntes:

1) **Negativista:** para os defensores dessa corrente, não é possível a desconsideração fora das hipóteses expressamente previstas em lei (ex.: ação rescisória). Marinoni, Didier Jr., Barbosa Moreira, Nelson Nery Jr., Ovídio Batista, entre outros, sustentam ser impossível compactuar com a relativização atípica da coisa julgada pelo fato de que não é admissível uma cláusula aberta de revisão das decisões, sob pena de violação à harmonia que deve existir entre os valores da segurança jurídica e a justiça. Em breve síntese, sustentam os opositores à relativização atípica que permitir o afastamento da coisa julgada com fundamento na injustiça ou inconstitucionalidade da decisão **viola a segurança jurídica e a previsibilidade das decisões judiciais**, na medida em que impede ao jurisdicionado colocar um fim ao litígio.

2) **Relativização da coisa julgada inconstitucional:** segundo os defensores dessa corrente, entre os quais se destaca Humberto Theodoro Júnior, é possível a relativização da coisa julgada quando inconstitucional, pois o vício de inconstitucionalida-

de **gera nulidade de pleno direito** (*ex tunc*), com o que não há falar em formação da própria coisa julgada (Theorodo Júnior, 2003).

3) **Relativização da coisa julgada por questões de extrema justiça:** sustentando pensamento de vanguarda sobre a temática, Cândido Rangel Dinamarco aduz que a coisa julgada não precisa ser inconstitucional ou nem sequer violar valores constitucionais, bastando para sua relativização o **sopesamento diante da justiça da decisão.**

Em suma, os defensores da relativização atípica da coisa julgada sustentam que a manutenção de decisão eivada de grave injustiça ou inconstitucionalidade implica a "perenização" de situações indesejadas. Isso porque, contendo a própria sentença vícios insanáveis decorrentes da inconstitucionalidade ou injustiça da decisão, deve ser considerada **inexistente juridicamente**. Ora, se nem sequer existe no mundo jurídico, não poderá ser reconhecida como sentença, e, assim, **não implica a consolidação da coisa julgada material** (ver: STJ, REsp 622.405/SP, Rel. Min. Denise Arruda, *DJU* 20.09.2007, p. 221).

EM RESUMO:

Supremacia constitucional

Tipos	a) Supremacia material: relacionada à matéria, ao conteúdo e à substância. A Constituição, em razão da sua supremacia, determina o conteúdo dos demais atos normativos que estão abaixo dela na pirâmide normativa. b) Supremacia formal: é atributo exclusivo das constituições rígidas, sendo verdadeiro pressuposto para o controle de constitucionalidade. A supremacia formal estabelece que a hierarquia constitucional não é determinada pelo conteúdo, mas pela forma de elaboração da norma constitucional.

Jurisdição constitucional

Papéis	1) Controle de constitucionalidade. 2) Jurisdição das liberdades.

Controle de constitucionalidade

Parâmetros de controle	1) Constituição formal. 2) Os princípios implícitos.

Parâmetros de controle	3) Os tratados e convenções internacionais de direitos humanos aprovados na forma do art. 5º, § 3º, da CF/1988. 4) Emendas constitucionais que não incorporam dispositivos expressos ao texto constitucional, de caráter temporário e excepcional.
Bloco de constitucionalidade	Expressão foi cunhada pelo autor francês Louis Favoreu. a) Sentido amplo: abrange normas formalmente constitucionais, materialmente constitucionais e vocacionadas a desenvolver a eficácia das normas constitucionais. b) Sentido estrito: abrange apenas normas formalmente constitucionais. É a posição adotada pelo STF.
Aspecto temporal do parâmetro de controle	1) Parâmetro temporal amplo: aplicado apenas no âmbito do controle difuso de constitucionalidade. 2) Parâmetro temporal restrito: aplicado no controle abstrato de constitucionalidade.
Formas de inconstitucionalidade	1) Quanto ao tipo de conduta praticada. 2) Quanto à norma constitucional ofendida. 3) Quanto à extensão. 4) Quanto ao momento. 5) Quanto ao prisma de apuração.
Formas de controle de constitucionalidade	a) Quanto ao momento: a.1) preventivo; a.2) repressivo. b) Quanto à competência jurisdicional: b.1) difuso (ou aberto); b.2) concentrado (ou reservado). c) Quanto à finalidade do controle jurisdicional: c.1) concreto; c.2) abstrato.
Controle concentrado--abstrato de constitucionalidade	Aspectos relevantes: 1) Princípios reitores do processo objetivo: a) princípio da instrumentalidade "ao quadrado", "reforçada" ou "potencializada"; b) princípio da acessibilidade limitada; c) princípio da congruência ao pedido; d) princípio da causa de pedir aberta; e) princípio da vedação à desistência; f) princípio da especificação das normas paramétricas; g) princípio da instrução; h) princípio da irrecorribilidade e da irrescindibilidade.

Controle concentrado-abstrato de constitucionalidade	2) Caráter dúplice ou ambivalente: art. 24 da Lei nº 9.868/1999.
	3) Pressuposto da ADC: controvérsia judicial relevante.
	4) ADPF: caráter subsidiário e arguição incidental.
	5) Fungibilidade: aplica-se às ações de controle abstrato de constitucionalidade (ADI, ADC e ADPF).
	6) Cumulação de pedidos: possibilidade.
	7) Legitimidade: a) ativa: a.1) universal; a.2) especial; b) passiva.
	8) Não admite: desistência, assistência, intervenção de terceiros, litisconsórcio passivo, prescrição e prazo em dobro.
	9) Capacidade postulatória: todos, exceto partidos políticos, confederações sindicais e entidades de classe de âmbito nacional.
	10) Parâmetro: na ADI e ADC, o parâmetro de controle pode ser qualquer norma formalmente constitucional. Na ADPF, o parâmetro deve ser determinado preceito fundamental.
	11) Objeto: é o ato normativo impugnado/questionado em uma ADI, ADC ou ADPF.
	12) Participação de órgãos e entidades: "amicus curiae" ("amigo da Corte"); Procurador-Geral da República; Advogado-Geral da União.
	13) No controle concentrado de constitucionalidade de competência originária do STF, as decisões de mérito prolatadas em ADI, ADC e ADPF são irrecorríveis (salvo embargos declaratórios), não podendo, igualmente, ser objeto de ação rescisória.
	14) Quórum de instalação é de 2/3 dos Ministros (oito Ministros – Lei 9.868/1999, art. 22). Quórum para a declaração da (in)constitucionalidade é de maioria absoluta (seis Ministros – Lei nº 9.868/1999, art. 23).
Ação Direta de Inconstitucionalidade por Omissão e o Controle das Omissões Inconstitucionais	1) Finalidade: a) ADO: controle abstrato de constitucionalidade: tornar efetiva uma norma constitucional, assegurando a supremacia da Carta Magna; b) mandado de injunção: controle concreto: assegurar o exercício de direitos, liberdades e prerrogativas, ou seja, a proteção de direitos subjetivos.
	2) Competência: a) ADO: em âmbito federal, é do STF e, em âmbito estadual, dos TJs; b) mandado de injunção: o órgão jurisdicional deve ter competência prevista na Constituição de 1988 ou na Constituição Estadual para suprir a omissão impugnada.

Cap. 6 – Controle de Constitucionalidade

Ação Direta de Inconstitucionalidade por Omissão e o Controle das Omissões Inconstitucionais	3) Legitimidade ativa: a) ADO: art. 12-A da Lei n° 9.868/1999, salvo a autoridade responsável pela omissão; b) mandado de injunção individual: qualquer pessoa, natural ou jurídica, que se afirme titular de um direito; c) mandado de injunção coletivo: art. 12 da Lei n° 13.300/2016: Ministério Público; partido político com representação no Congresso Nacional; organização sindical, entidade de classe ou associação legalmente constituída e em funcionamento há pelo menos um ano; Defensoria Pública.
	4) Legitimidade passiva: a) ADO: autoridade ou órgão responsável pela omissão inconstitucional; b) mandado de injunção: poder, órgão ou autoridade com atribuição para editar a norma regulamentadora (art. 3° da Lei n° 13.300/2016).
	5) Objeto: a) ADO: art. 12-B da Lei n° 9.868/1999; b) mandado de injunção: art. 2° da Lei n° 13.300/2016.
	6) Liminar: a) ADO: em caso de excepcional urgência e relevância da matéria; b) mandado de injunção: não se admite a concessão de liminar.
Representação de inconstitucionalidade estadual	1) Fundamento: art. 125, § 8°, da CF/1988.
	2) Competência: a competência para processá-la e julgá-la é exclusiva dos Tribunais de Justiça
	3) Legitimidade: os Estados possuem liberdade para regulamentar em suas Constituições os legitimados ativos e passivos.
	4) Parâmetros de controle: a) normas de mera repetição; b) normas de observância obrigatória; c) normas de reprodução obrigatória; d) normas remissivas.
	5) Objeto: as leis ou atos normativos (em regra, primários) estaduais ou municipais do respectivo Estado.
	6) *Simultaneus processus* ou "duplo controle concentrado": ocorre quando uma lei estadual é objeto de representação de inconstitucionalidade no TJ (tendo como parâmetro a Constituição Estadual) e, ao mesmo tempo, tem questionada a sua constitucionalidade perante o STF (tendo como parâmetro a Constituição de 1988).
	7) Cabe recurso extraordinário para o STF se: a) parâmetro de controle for tido como inconstitucional; b) parâmetro for dispositivo interpretado contrariamente ao sentido da norma de observância obrigatória.

Representação interventiva (ou intervenção provocada por requisição)	1) Representação interventiva federal: Fundamento: Lei nº 12.562/2011. Competência: STF. Legitimidade ativa: apenas o Procurador-Geral da República. Parâmetros: a) princípios constitucionais sensíveis (art. 34, VII, da Constituição de 1988); b) recusa à execução de lei federal (art. 34, VI, da Constituição). Objeto: atos normativos estaduais e distritais, inclusive atos omissivos e atos concretos. Liminar: art. 5º da Lei nº 12.562/2011. 2) Representação interventiva estadual: Fundamento: art. 35 da CF/1988. Competência: TJ. Legitimidade ativa: Procurador-Geral da Justiça. Parâmetro: princípios sensíveis estabelecidos pelo constituinte decorrente. Decisões de mérito: ***têm natureza político-administrativa***.
Relativização da coisa julgada inconstitucional	Três posições: 1) negativista; 2) relativização da coisa julgada inconstitucional; 3) relativização da coisa julgada por questões de extrema justiça.

Capítulo **7**

Hermenêutica Constitucional

1. INTERPRETAÇÃO, *CONSTRUCTION* E HERMENÊUTICA

A **interpretação** é a atividade de **revelar/atribuir sentido e alcance** a disposições normativas, com o intuito de que sejam aplicadas a situações concretas.

A *construction* (ou **"construção constitucional"**), por sua vez, é uma função mais ampla, que busca esclarecer o **significado de toda a Constituição**. Confrontam-se elementos **intrínsecos** com elementos **extrínsecos**, servindo à adaptação do texto constitucional para cada momento histórico (Bulos, 2007).

Por fim, a **hermenêutica** é termo polissêmico que pode, para fins meramente didáticos, ser sintetizada como "área do conhecimento" que tem como objeto o **estudo dos princípios e métodos interpretativos**, fornecendo instrumental teórico ao intérprete.

2. ENUNCIADO NORMATIVO E NORMA

O enunciado normativo (texto) **não se confunde** com a norma (resultado da interpretação). O **enunciado normativo** é a **fórmula linguística** contida em determinado diploma normativo que necessita ser interpretado (ex.: "Matar alguém" – CP, art. 121), enquanto a **norma** é o conteúdo resultante da interpretação de um dado enunciado normativo (ex.: a norma que se extrai do art. 121 do CP é "não matar").

Duas posições enfocam filosoficamente as condições e as possibilidades de estabelecimento de limites interpretativos para os enunciados normativos:

a) **Decisionismo:** sustenta que o intérprete detém certa liberdade interpretativa, podendo escolher alguma das interpretações possíveis da **moldura da norma**, bem como criar direito novo não estritamente dentro dessa moldura.

b) **Não decisionismo:** sustenta que o juiz tem o compromisso de julgar segundo **a integridade e a coerência do direito**, de modo que existe uma **"única resposta correta"** (*the one right answer*) (Dworkin, 1999).

3. COMPREENSÃO DO SENTIDO DAS NORMAS E A CONSTITUIÇÃO

Na atualidade, a **compreensão** é um fenômeno dotado de **temporalidade**, uma vez que não ocorre desvinculada das circunstâncias do intérprete, mas sempre em virtude de uma **condição hermenêutica historicamente situada** (Gadamer, 1999). A compreensão é sempre uma compreensão **sujeita a novas reformulações**. A Constituição é o ponto de partida para a definição dos preceitos jurídicos infraconstitucionais. Toda compreensão, interpretação e aplicação – que, na visão de Gadamer (1999), **são momentos conexos** – das normas **é simultaneamente compreensão, interpretação e aplicação da Constituição.**

4. RELAÇÃO ENTRE A HERMENÊUTICA CONSTITUCIONAL E A HERMENÊUTICA JURÍDICA CLÁSSICA

É possível classificar as três teorias que procuram explicar a condição epistemológica da interpretação constitucional com relação aos métodos tradicionais de interpretação jurídica:

1) **teoria da diferença imanente:** nela convivem simultaneamente duas disciplinas hermenêuticas essencialmente distintas (a hermenêutica constitucional e a hermenêutica jurídica clássica), uma vez que **existem peculiaridades exclusivas da interpretação da Constituição**, em razão de sua supremacia;

2) **teoria da igualdade absoluta:** postula a unidade da hermenêutica no direito. Tratando-se a Constituição de norma jurídica, **não há justificativa para a criação de uma disciplina hermenêutica autônoma**; e

3) **teoria da igualdade com especificidades:** a hermenêutica constitucional é espécie do gênero hermenêutica jurídica clássica. Segundo Hesse (1998), o principal objetivo da hermenêutica constitucional é desenvolver métodos específicos de interpretação da Constituição, sem desconsiderar as conquistas obtidas pela hermenêutica jurídica clássica. A hermenêutica constitucional traça linhas gerais que refletirão em todo o restante do direito, a partir da especificidade de seu objeto: as normas presentes na Constituição que, segundo diversos juristas, seriam **dotadas de particularidades que as diferem das demais normas jurídicas**.

Sem desconsiderar a importância e a contribuição dessas três correntes doutrinárias, à luz do princípio da supremacia da Constituição, outra não pode ser a conclusão senão aquela que nos leva à **unicidade do fenômeno interpretativo**: o processo de compreensão, interpretação e aplicação de um preceito jurídico é unitário e, por esse motivo, tem sempre como ponto de partida a Constituição. A Constituição serve de base para a compreensão de todo o direito, determinando o sentido de todas as normas que compõem o ordenamento jurídico (**filtragem constitucional**).

Portanto, se toda concretização da norma é sempre uma concretização da Constituição, conclui-se que a hermenêutica jurídica clássica é "absorvida" pela hermenêu-

Cap. 7 – Hermenêutica Constitucional

tica constitucional, pois **toda interpretação (ainda que indiretamente) é sempre uma interpretação da Constituição**.

5. POSTULADOS INTERPRETATIVO-CONSTITUCIONAIS

A elaboração de um rol de postulados de interpretação constitucional busca facilitar a tarefa do exegeta dessa espécie de normas. Cuida-se de diretivas interpretativas extraídas de elaborações doutrinárias, que servem para conduzir o intérprete pelo caminho a ser trilhado na interpretação, **sem qualquer precedência hierárquica ou força coercitiva** (Dobrowolski, 2006), porém não há uniformidade na doutrina acerca desses postulados interpretativos.

1. **Princípio da presunção de constitucionalidade das leis:** estabelece a presunção **relativa** de constitucionalidade das leis, e não a absoluta.

> ### Atenção
>
> Com relação às leis editadas contrariando a jurisprudência do STF, incide o princípio da **presunção da inconstitucionalidade**, incumbindo ao legislador demonstrar a necessidade de adequação do precedente.

2. **Princípio da supremacia da Constituição:** toda interpretação parte da premissa de que a Constituição é o **fundamento de validade** de todas as demais normas do ordenamento jurídico.

3. **Princípio da unidade:** impõe ao intérprete que considere as normas constitucionais **harmonicamente**, de forma global, como um **sistema unitário** no intuito de harmonizar e prevenir contradições, com base na premissa de que inexiste hierarquia normativa entre as normas constitucionais. Por isso mesmo, as normas constitucionais não podem ser tomadas como elementos isolados, mas sim como preceitos integrados que formam um sistema (unitário) (Hesse, 1998). Exemplo: a interpretação entre o art. 5º, inciso XXII ("é garantido o direito de propriedade") e o inciso XXIII ("a propriedade atenderá a sua função social"), da Constituição, deve ser feita de forma harmônica, em conjunto, de modo a compatibilizar o direito de propriedade com sua função social. Por fim, o princípio da unidade **afasta a teoria das "normas constitucionais inconstitucionais"**, defendida por Otto Bachof.

4. **Interpretação conforme a Constituição:** existem basicamente quatro teorias que procuram explicar a natureza jurídica da interpretação conforme a Constituição:

   a) é um **princípio interpretativo**;

   b) é uma **técnica decisória** de controle de constitucionalidade;

   c) é um **princípio interpretativo e uma técnica decisória** de controle de constitucionalidade;

d) é um **princípio interpretativo** quando utilizada no controle concreto de constitucionalidade e uma **técnica de decisão** quando utilizada no controle abstrato de constitucionalidade.

> **Atenção**
>
> Partindo da premissa de que se trata de um princípio, a interpretação conforme a Constituição só pode ser aplicada quando (Canotilho, 2002):
>
> (i) houver um **espaço de decisão**, ou seja, várias propostas interpretativas, umas em conformidade e outras em desconformidade com o texto constitucional. O intérprete deve dar guarida apenas àquelas, desconsiderando estas; ou
>
> (ii) chega-se a um resultado interpretativo em inequívoca contradição com a Constituição, devendo essa interpretação **ser rejeitada por inconstitucionalidade.**
>
> Canotilho (2002) sustenta que o princípio da interpretação conforme a Constituição comporta várias dimensões, quais sejam:
>
> a) **princípio da prevalência da Constituição:** impõe ao intérprete escolher, entre várias possibilidades de interpretação, aquela que não contrarie o enunciado normativo e o programa da norma constitucional;
>
> b) **princípio de conservação das normas:** uma norma não deve ser declarada inconstitucional quando possa ser interpretada em conformidade com a Constituição;
>
> c) **princípio da exclusão da interpretação conforme a Constituição *contra legem*:** o intérprete não pode contrariar a letra e o sentido da Constituição.

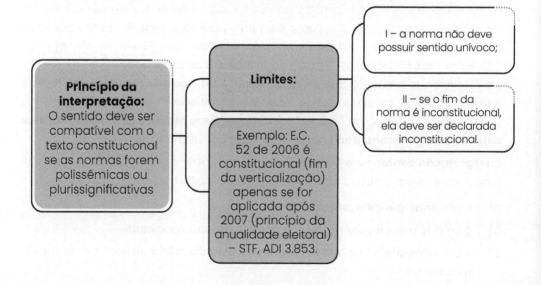

Cap. 7 – Hermenêutica Constitucional

5. **Princípio do efeito integrador:** estabelece que "na resolução dos problemas jurídico-constitucionais deve se dar primazia aos critérios ou pontos de vista que favoreçam a integração política e social e o reforço da unidade política" (Canotilho, 2002). Esse princípio sustenta-se na premissa de que a Constituição deve manter a **coesão sociopolítica** do Estado, uma vez que essa coesão é requisito indispensável para a existência do ordenamento jurídico. O princípio do efeito integrador acaba sendo uma aplicação das ideias de "unidade" e "força normativa da Constituição", ou seja, "já que o efeito integrador nada mais seria do que 'dar efetividade ótima' (força normativa) à unidade político-constitucional (unidade da Constituição)" (Silva, 2005).

6. **Princípio da exatidão, conformidade ou correção funcional ou princípio da justeza:** estabelece uma delimitação de competências entre órgãos públicos – consequência do princípio da separação de poderes. Assim, nenhuma interpretação realizada por um órgão pode conduzir a uma usurpação de competência ou de função dos demais, ou seja, **não pode subverter o "esquema funcional" criado pela Constituição.**

Atenção

O princípio da exatidão já foi usado como forma de impedir ou de **limitar o chamado "ativismo judicial"** (Silva, 2005) de modo a extirpar do campo de apreciação dos tribunais questões ou matérias de natureza política. Os teóricos alemães utilizam a metáfora da Constituição-moldura: de acordo com tal teoria, ao Tribunal Constitucional caberia uma atividade negativa, de controle do legislador para que respeite os limites da moldura (legislador negativo); o "preenchimento" dessa moldura, por outro lado, é questão que somente caberia ao legislador.

---

7. **Princípio da concordância prática ou da harmonização:** intimamente vinculado ao princípio da unidade, o princípio da concordância prática impõe ao intérprete a **coordenação dos bens jurídicos em conflito** a partir de uma leitura compatível, de forma a afastar a prevalência de um bem constitucional sobre outro (Zagrebelsky, 2007). Fundamenta-se na ideia de que **os bens constitucionais são de igual valor**, o que impõe ao intérprete a tarefa de tentar conciliar ou harmonizar esses bens jurídicos. Contudo, Hesse – seguindo o pensamento de Friedrich Müller – afirma que

a concordância prática **não implica a ideia de ponderação de bens ou valores** como quer Alexy, uma vez que com o uso de tal técnica corre-se sempre o risco de abandonar a "unidade da Constituição".

> ## Atenção
>
> O princípio da unidade refere-se ao **conflito em abstrato de normas jurídicas** (ex.: direito de propriedade *x* função social da propriedade), enquanto o princípio da concordância prática concerne ao **conflito em concreto** (ex.: direito de greve dos médicos *x* direito à saúde da população).

8. **Princípio da proporcionalidade:** o princípio da proporcionalidade impõe ao intérprete **a ponderação dos bens em conflito**, sempre de acordo com as ideias de justiça e equidade, fundamentando-se em três teorias:

   (i) o princípio da proporcionalidade é abstraído do **sistema de direitos fundamentais**, tutelando os indivíduos da arbitrariedade do Estado;

   (ii) o princípio da proporcionalidade é abstraído do próprio **Estado de Direito**;

   (iii) o princípio da proporcionalidade é abstraído da **cláusula do devido processo legal substantivo**. É a posição adotada pelo STF.

> ## Importante
>
> O princípio da proporcionalidade possui três **elementos**:
>
> a) **Adequação dos meios:** à medida que pretende realizar o interesse público deve ser adequada aos fins que visa concretizar.
>
> b) **Necessidade:** devem-se escolher os meios menos gravosos para o alcance dos fins visados, evitando sempre que possível uma ingerência indevida na esfera de liberdade do jurisdicionado. Assim, uma lei será inconstitucional "se se puder constatar, inequivocamente, a existência de outras medidas menos lesivas" (Barroso, 1999).
>
> c) **Proporcionalidade em sentido estrito:** deve-se verificar sempre a relação custo-benefício da medida tomada, ponderando os resultados obtidos e os danos causados, observando a proporcionalidade entre a medida interventiva e a sua eficácia no caso concreto.

Cap. 7 – Hermenêutica Constitucional

9. **Princípio da força normativa:** "na resolução de problemas jurídico-constitucionais, deve ser dada a preferência àqueles pontos de vista que, sob os respectivos pressupostos, proporcionem às normas da Constituição força de efeito ótima" (Coelho, 1997). Trata-se de conferir primazia a soluções interpretativas que levem em conta a **historicidade da estrutura constitucional** e possibilitem a sua **"atualização" normativa**, ao mesmo tempo que se garantam **eficácia e permanência** às suas normas.

> **Importante**
>
> O intérprete deve levar em consideração que as condições históricas se transformam, sendo indispensável prestigiar a força normativa, de forma a garantir a eficácia e a permanência das normas da Constituição.

10. **Princípio da máxima efetividade:** deve o intérprete buscar a **máxima efetividade possível** da finalidade da norma constitucional, sem alterar o seu conteúdo. A efetividade da norma se dá com a realização do direito, "fazendo prevalecer no mundo dos fatos os valores e interesses por ela tutelados", no intuito de que exista uma "aproximação, tão íntima quanto possível, entre o dever ser normativo e o ser da realidade social" (Barroso, 2004). No caso de direitos fundamentais, representa um apelo para que se **densifiquem os seus preceitos** – naturalmente abertos e predispostos a interpretações expansivas. Em suma, entre duas interpretações possíveis, deve o intérprete optar por aquela que **prestigie a vontade da norma constitucional** (Barroso, 2004).

> **Jurisprudência**
>
> Sobre a aplicação do princípio da máxima efetividade, o STF decidiu no Agravo de Instrumento 555.806 que não se aplica a limitação imposta pela Súmula nº 343 quando a matéria impugnada em sede de ação rescisória for de índole constitucional, "sob pena de infringência à força normativa da Constituição e ao princípio da máxima efetividade da norma constitucional".

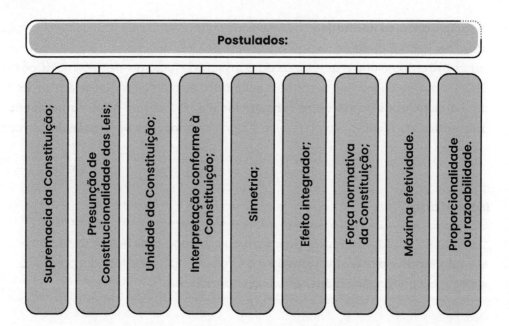

5.1. Insuficiência dos postulados normativo-constitucionais

A simples observância dos postulados não é suficiente para que a hermenêutica constitucional proporcione decisões racionais e coerentes com o ordenamento jurídico. Exsurge nesse ponto a necessidade da busca por outras vias, tendo despontado métodos específicos para a interpretação constitucional, que, apesar de não solucionarem o problema da interpretação – como fica claro a partir da obra de Gadamer (1999) –, podem servir de **diretivas** para a busca do sentido da norma constitucional.

6. MÉTODOS DE INTERPRETAÇÃO CONSTITUCIONAL

As concepções abordadas neste trabalho, por finalidades didáticas, serão divididas em duas categorias: as alemãs e as norte-americanas. É o que passaremos a expor a seguir.

6.1. A experiência da Alemanha

Na Alemanha, a busca pela racionalidade na interpretação do texto constitucional procurou traçar métodos que direcionem o intérprete na busca do sentido da norma. São esses métodos que passaremos a resenhar a seguir.

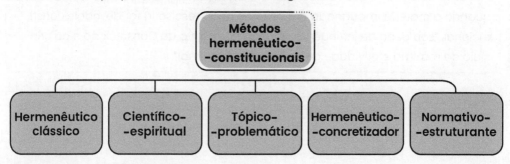

Cap. 7 – Hermenêutica Constitucional

No entanto, é preciso salientar que, apesar de partirem de premissas diversas, os métodos de interpretação da Constituição **são complementares**, razão pela qual devem ser **aplicados em conjunto**. Assim, não é possível afirmar, antes da análise do caso concreto e das circunstâncias fáticas, que determinado método de interpretação constitucional **seja superior aos outros**. Isso porque tudo vai depender do enunciado normativo a ser interpretado e da realidade concreta.

Os modernos métodos de interpretação constitucional são, normalmente, **diretivas úteis** para se encontrarem soluções mais consentâneas com a realidade, visto que criados especificamente para interpretação das normas constitucionais, ao contrário dos métodos clássicos, criados para interpretação das normas de direito privado. Assim, os modernos métodos são normalmente mais adequados para uma compreensão do texto constitucional, pois **levam em consideração as inúmeras especificidades** das normas constitucionais (hierarquia, necessidade de legitimidade da Constituição, efetividade, entre outras).

Além disso, embora a interpretação constitucional possa ser criadora, **não pode jamais pretender alterar a substância** do enunciado normativo, pois isso equivaleria a realizar, de forma ilegítima, uma emenda constitucional, violando, por conseguinte, a congruência interna do ordenamento e gerando insegurança jurídica.

Contudo, pensar que a adoção **de um método pode extirpar toda a influência da subjetividade do intérprete é ignorar a sua própria condição**; é desconsiderar os ensinamentos da hermenêutica filosófica.

6.2. Hermenêutico clássico ou jurídico

Segundo **Forst Hoff**, por ser a Constituição uma espécie de lei (**tese da identidade entre lei e Constituição**), ela deve ser interpretada a partir dos elementos clássicos desenvolvidos por Savigny. Aplicam-se, segundo ele, os **mesmos métodos da hermenêutica jurídica clássica**: teleológico, histórico, gramatical, lógico, entre outros).

Para o autor, compreender os direitos fundamentais como valores, e não como normas jurídicas vinculantes, significa despir a Constituição de segurança jurídica, levando o processo de interpretação das normas constitucionais a um casuísmo e à irracionalidade (Forsthoff, 1975).

Contudo, esses elementos clássicos foram desenvolvidos para serem aplicados aos institutos do direito privado, revelando-se **insuficientes para uma adequada interpretação da Constituição**. Tal método se baseia numa equiparação da *verdade* com a *conformidade* da proposição jurídica, buscando um sentido na norma *em si*. A tarefa do intérprete da Constituição, então, resumir-se-ia a *descobrir* o verdadeiro significado (sentido) da norma e a guiar-se por ele na aplicação (Mendes, 2015, p. 94). Daí por que esse método se revela insuficiente, abrindo espaço para novos métodos mais adaptados à realidade constitucional.

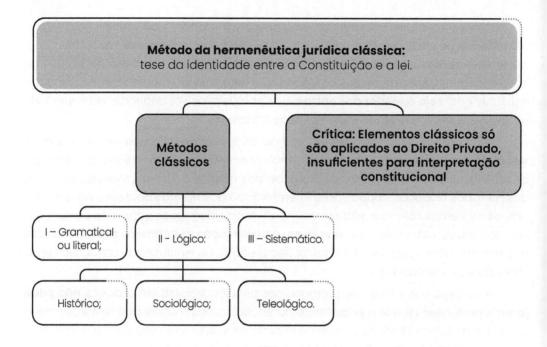

6.3. Científico-espiritual (ou valorativo ou sociológico)

O método científico-espiritual foi criado por **Rodolf Smend** e leva em conta **o sistema de valores** que servem de fundamento à Constituição, sem desconsiderar a realidade que subjaz à norma constitucional.

Para tanto, o intérprete deve sempre se prender à realidade, pelo que tem de **espiritual,** como processo renovador da própria realidade (Bonavides, 2002), devendo levar em consideração os **valores efetivamente vividos** pela sociedade para aproximar a Constituição real do texto constitucional. Assim, a Constituição deve ter em conta as **bases de valoração** (ou ordens de valores) subjacentes ao texto constitucional, bem como o sentido e a realidade que ela possui como elemento do processo de *integração* como perspectiva política e sociológica, de modo a absorver/superar conflitos, no sentido a preservar a unidade social (Mendes, 2015).

O **espírito da Constituição** está nos valores que ela consagra. A Constituição é a ordenação jurídica do Estado ou a dinâmica vital da vida estatal, embora o Estado não esteja limitado aos momentos contemplados pela Constituição.

Convém lembrar que para Smend os critérios da hermenêutica jurídica tradicional não são adequados para revelar o sentido do texto constitucional; no entanto, o método sociológico mendiano, ao privilegiar a realidade do Estado e a função social da Constituição, **desconsidera o caráter normativo**, pois esses aspectos se tornam critérios para a determinação do conteúdo da Constituição.

Ademais, o recurso à ordem de valores obriga ao intérprete a assumir o sentimento e a realidade da comunidade, compartilhando o mesmo sistema de valores. Assume-se,

Cap. 7 – Hermenêutica Constitucional

assim, o risco de reduzir o indivíduo à condição de ser desprovido de qualquer diferença significativa ou de relevo diante de uma imensa estrutura de "engrenagens sociais".

O apego excessivo à realidade é uma das principais críticas ao método científico-espiritual, na medida em que termina por **desacreditar** o texto constitucional, uma vez que não possui um fundamento filosófico-jurídico claro e preciso (Canotilho, 2002).

Método científico-espiritual, valorativo ou sociológico (Rudolf Smend) – a Constituição deve ser interpretada sistematicamente como um todo: *visão de conjunto*.

Espiritual refere-se ao espírito da Constituição contido nos valores que ela consagra.

Crítica (Canotilho) – o método não possui um fundamento filosófico-jurídico claro e preciso.

6.4. Tópico-problemático

Em 1953, em sua obra *Tópica e jurisprudência* (1978), **Viehweg** define a tópica como "uma técnica do pensamento problemático". É um método de pensamento que parte do problema e que se caracteriza pelo emprego de certos **pontos de vista** (*topoi*), chamados de lugares específicos, que servem para a ponderação das vantagens e desvantagens dos argumentos.

A tópica considera esgotado o positivismo racionalista que parte do todo, do pensamento sistemático e dedutivista. A tópica **parte do problema para chegar ao sistema**, enquanto o pensamento sistemático, tradicionalmente aplicado, tem como ponto de partida o sistema.

Com isso, a interpretação jurídica se torna um processo argumentativo *aberto ou indeterminado* que, em vez de ser dirigido por critérios dados previamente pela norma a ser interpretada, utiliza a **norma e o ordenamento como pontos de vista** ou *topoi*, constituindo argumentos para o estabelecimento de fins ou valores jurídicos, que servem para encaminhar a solução do problema, permitindo, assim, múltiplas interpretações. Em razão da natureza aberta das normas constitucionais, os defensores do método sustentam que há uma **preferibilidade pela discussão do problema**, o que afasta uma dedução substantiva das normas constitucionais (Canotilho, 2002).

O exagero na aplicação do método tópico pode abalar a normatividade da Constituição, conduzindo a um **casuísmo ilimitado**, a um **subjetivismo** e a uma **insegurança interpretativa**, pois a norma jurídica é **apenas mais um argumento** a ser considerado, e não o principal argumento.

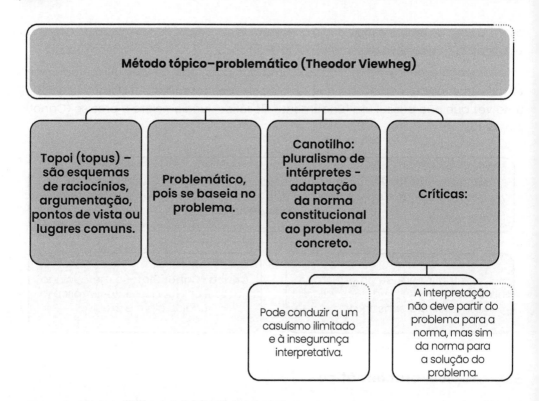

6.5. Hermenêutico-concretizador

O método da concretização constitucional foi desenvolvido por **Konrad Hesse,** e, ao contrário do método tópico-problemático, **parte da Constituição para o problema.**

Sem questionar a necessidade da natureza aberta da interpretação, conforme pressupõe a tópica, esste método busca a submissão do problema à norma e estabelecer as bases de uma **racionalidade controlada**. Em Hesse, a interpretação e a aplicação passam a ser dimensões de um **processo unitário**: só podemos interpretar a norma para aplicá-la e só podemos aplicá-la se a interpretarmos.

Assim, nos processos de tomada de decisão, deve haver um procedimento racional, cujo discurso seja fundamentado, de forma a gerar segurança jurídica e previsibilidade nas decisões judiciais.

Esse procedimento unitário de interpretação/aplicação inicia com a compreensão da norma a ser concretizada e envolve também a **pré-compreensão do intérprete e as peculiaridades do caso concreto** a ser solucionado, uma vez que não pode haver compreensão do conteúdo da norma "de um ponto situado fora da existência histórica, por assim dizer, arquimédico, senão somente na situação histórica concreta, na qual ela se encontra, cuja maturidade informou seus conteúdos de pensamento e determina seu saber e seu (pré)-juízo" (Hesse, 1983).

Cap. 7 – Hermenêutica Constitucional

A Constituição jurídica, para Hesse, está **condicionada pela sua historicidade**. Todavia, ela não é, unicamente, a expressão da contingência a cada momento, mas, em função de seu caráter normativo, também **conforma a realidade social e política.**

Dessa correlação entre "ser" e "dever ser" decorrem as possibilidades e os limites da força normativa de uma Constituição, destacando tanto os **pressupostos subjetivos** (o papel criador do intérprete) quanto os **objetivos** (as circunstâncias e o contexto no qual se desenvolve tal atividade), de modo que a relação entre texto e contexto percorre uma circularidade (**círculo hermenêutico**) (Canotilho, 2002, p. 1.198).

Assim, na procura pelo sentido da norma, ou seja, na sua concretização, é preciso enfocar o **"programa normativo"**, que está contido, basicamente, no texto da lei, cujo sentido – vinculante para a solução do problema – deverá ser buscado pelos métodos da hermenêutica jurídica tradicional.

> **Atenção**
>
> A principal diferença entre a tópica concretizadora de Hesse e a tópica de Viehweg é que, em Hesse, a tópica é **vinculada normativamente**, ou seja, tem como principal limite de interpretação a própria norma; diferentemente, na de Viegweg, a norma é vista como **um dos pontos** de vista (*topoi*) a ser considerado para encontrar a solução, sem servir de fundamento principal para solução do problema.

Contudo, Hesse não leva em consideração, na sua elaboração teórica, o lado oposto da força normativa da Constituição, ou seja, ele não considera a **força normativa do real** e as possíveis implicações desta na interpretação constitucional.

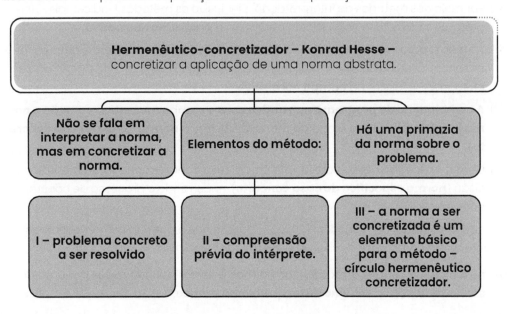

6.6. Hermenêutico-estruturante

Friedrich Müller procurou aperfeiçoar a técnica de concretização, propondo uma **metódica estruturante**. Para ele, o texto constitucional contém o núcleo do enunciado normativo. A fim de ser aplicado ao caso concreto, produzindo a "norma concreta da decisão" ou norma específica do caso concreto, necessita, antes, ser materializado (Müller, 2008).

Portanto, **a norma não está contida no texto**, que apenas funciona como baliza para a interpretação: **a norma é o resultado do processo de concretização** (Müller, 2000). Para Müller, seguindo a doutrina kelseniana, o texto normativo é apenas um indicativo da norma, enquanto a norma não compreende somente o texto, mas abrange também um **"domínio normativo"**, isto é, **"um pedaço da realidade social"** que o programa normativo só parcialmente contempla.

No método hermenêutico-estruturante, o intérprete deve levar em consideração, na concretização da norma, os elementos resultantes do **programa normativo** (texto da norma e a norma) e do **domínio normativo** (realidade social que a norma intenta conformar). A norma surge da interpretação do texto à luz da realidade social (concretização).

O método de Müller é composto das seguintes fases:

1º) O intérprete deve selecionar os textos de norma **mais apropriados** ao caso, levando em consideração as circunstâncias concretas.

2º) Após a escolha dos textos de normas (hipóteses de textos de normas), o intérprete descobre o campo factual (**campo de espécie**), a partir da fusão das hipóteses de textos de normas incidentes aos fatos.

3º) Por meio dos métodos de interpretação – inclusive os métodos tradicionais –, interpreta-se toda a base linguística e obtém-se o **programa normativo**.

4º) À luz do programa normativo, o intérprete escolhe dentro do **campo** factual os fatos extranormativos (dados factuais relevantes extrajurídicos) para a solução do caso, chegando-se assim ao **campo normativo**.

5º) **A combinação do programa normativo com o campo normativo compõe a norma jurídica**, formulada ainda de maneira abstrata (**norma geral do caso concreto**).

6º) Com a aplicação dessa norma jurídica ao caso concreto, chega-se à norma-decisão (**norma específica do caso concreto**), encerrando o processo de concretização.

De forma didática, Canotilho (2002) esclarece que o método hermenêutico-estruturante adota como base os seguintes postulados:

a) busca captar a transformação das normas a serem concretizadas por uma decisão voltada para a **solução de um problema prático**;

b) o texto de uma norma deve ser tomado **apenas como um ponto inicial** do programa normativo;

c) uma vez que a norma não pode ser reduzida ao texto, ela abrange um **"domínio normativo"**, ou seja, um **"pedaço de realidade social"** que o programa normativo contempla apenas parcialmente; e

d) a concretização normativa, então, deve levar em conta dois elementos de concretização, um formado pelos elementos resultantes da interpretação do texto normativo (**ou elemento literal**) e outro, o elemento de concretização dependente de uma investigação do referente normativo (**domínio ou região normativa**).

Contudo, aduz Bonavides que, depois de abrir-se para a realidade, esse método se assenta em uma estrutura jurídica limitativa, consistente no nível **hierárquico superior ocupado pelos elementos metodológicos do âmbito da norma e dogmáticos** sobre os elementos teóricos e político-jurídicos.

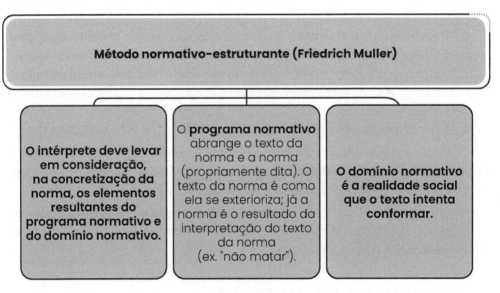

6.7. Método concretista da Constituição Aberta de intérpretes

O método concretista da Constituição Aberta de intérpretes **não consiste em um procedimento de interpretação** da Constituição propriamente dito, mas na fixação de **quem** deve ser considerado seu legítimo intérprete.

Häberle (2002) parte da ideia de Constituição Aberta, ou seja, de que a Constituição é um sistema vivo que deve ser interpretado de forma dinâmica ao longo do tempo, adaptando-se às mudanças sociais. A Constituição Aberta apresenta quatro características principais:

a) **diálogo constitucional:** é necessário um **debate público** sobre questões constitucionais, com a inclusão de múltiplas vozes e perspectivas;

Crítica: pode levar a interpretações divergentes, enfraquecendo a Constituição.

b) **evolução constitucional:** as constituições precisam evoluir para acompanhar as **mudanças sociais;**

c) **legitimidade democrática:** as mudanças na Constituição devem refletir os **interesses democráticos da sociedade;**

d) **pluralismo interpretativo:** a interpretação da Constituição não deve ser feita apenas por um número fechado de pessoas, propondo um alargamento do círculo de intérpretes. A interpretação da Constituição deve ser um **processo aberto e público**. Assim, todo aquele que vive sob o pálio da Constituição **deve ser considerado seu legítimo intérprete**, ainda que a palavra final do sentido do texto seja do Tribunal Constitucional (Häberle, 2002).

Essas premissas têm encontrado reverberação em nosso ordenamento. Ex.: a figura do *amicus curiae* no controle abstrato de constitucionalidade, bem como a realização de audiências públicas.

O STF já decidiu que o "princípio fundamental da separação de poderes, enquanto cânone constitucional interpretativo, reclama a *pluralização dos intérpretes da Constituição*, mediante a atuação coordenada entre os poderes estatais – Legislativo, Executivo e Judiciário – e os diversos segmentos da sociedade civil organizada, em um processo contínuo, ininterrupto e republicano, em que cada um destes *players* contribua, com suas capacidades específicas, no embate dialógico [...]" (STF, ADI 5.105/DF).

Contudo, é preciso ficar claro que, em Häberle, **a "última instância" interpretativa permanece com a jurisdição constitucional**, ou seja, na hipótese de divergência, incumbe ao Poder Judiciário dizer qual é a norma.

Häberle propõe a adoção do **método da comparação constitucional**, que impõe uma análise comparativa entre os diversos sistemas constitucionais, permitindo uma comunicação entre eles (Häberle, 2001).

7. A EXPERIÊNCIA NORTE-AMERICANA

7.1. Interpretativistas *vs.* não interpretativistas

Nos Estados Unidos, é possível identificar duas correntes de pensamento acerca da forma como deve ser interpretada a Constituição: o **interpretativismo** e o **não interpretativismo**.

7.1.1. *Interpretativismo*

Segundo o interpretativismo, os juízes devem limitar-se a **captar o sentido dos preceitos expressos no texto constitucional** ou, pelo menos, tidos como claramente implícitos (textura semântica), não podendo pretender substituir as decisões político-legislativas da maioria democrática.

Cap. 7 – Hermenêutica Constitucional

Ao interpretar a Constituição, o julgador **não deve fugir ao desejado pelo legislador (autocontenção do julgador)**. Assim, ao dar um passo para além das molduras do texto, está **subvertendo o princípio do *rule of law***, desnaturando-o na forma de um direito feito por magistrados (*law of judges*) e que enfraquece a democracia.

O interpretativismo se manifesta por meio de duas correntes principais nos Estados Unidos:

a) **Originalismo:** os magistrados devem seguir o entendimento original dos responsáveis pela criação da Constituição, mediante a leitura dos documentos da época e da história da elaboração da Carta. Adota **a teoria subjetiva da interpretação** (*mens legislatoris*), ou seja, a interpretação deve basear-se na busca pela vontade do criador do texto constitucional.

b) **Textualismo:** busca uma interpretação pautada pelos elementos contidos no texto constitucional, ou seja, na ***mens legis*** (teoria objetiva da interpretação). Deve-se "respeitar" o texto constitucional: o intérprete só pode aplicar o texto constitucional, e não modificá-lo.

7.1.2. *Não interpretativismo*

Os não interpretativistas entendem que os tribunais **podem invocar valores e princípios, tais como a justiça e a ordem**. O direito constitucional não contém somente regras, mas também preceitos abertos, cuja concretização cabe ao Judiciário.

Assim, diferentemente dos interpretativistas, os não interpretativistas defendem uma **maior autonomia do juiz ao interpretar/aplicar a norma**, com aplicação de valores e princípios substantivos, tais como os princípios da liberdade e da justiça. Logo, importam mais os valores, como a igualdade, a justiça e a liberdade, do que a estrita vontade do legislador: o juiz é responsável por atualizar o texto constitucional segundo as circunstâncias e exigências do momento em que é aplicado (protagonismo judicial).

7.2. Debate hermenêutico nos Estados Unidos na contemporaneidade

O debate norte-americano alçou novos rumos, incorporando conquistas do movimento do giro linguístico e, com isso, atingindo a questão da legitimidade do direito e das decisões judiciais.

1) **Teoria do "reforço da democracia" (John Hart Ely):** argumenta a insuficiência teórica do debate interpretativismo *x* não interpretativismo, notadamente em face do papel que um juiz deve assumir quando se depara com uma situação em que necessite realizar o controle de constitucionalidade. Isso porque o magistrado não goza de uma "presunção de legitimidade", já que não é eleito pelo povo.

Ely, então, propõe que os Tribunais Constitucionais assumam a **condição de "reforços da democracia"** (Montebello, 2002), tendo como ponto de partida uma **concepção procedimental de democracia**, que se volta para a aplicação de procedimentos justos e iguais a todos.

Assim, os tribunais devem desempenhar função similar à de árbitros em um jogo de futebol: não dizem quem é o vencedor, atuando no intuito apenas de garantir que o jogo **"seja jogado de maneira limpa, justa e em igualdades de condição"**.

Nessa perspectiva, o Poder Judiciário **não tem autoridade para alterar decisões que sejam fruto de deliberações democráticas**, podendo agir apenas para a preservação de direitos relativos à comunicação e à participação de toda a sociedade.

Para a teoria do "reforço da democracia", as escolhas políticas devem ser feitas pelos Poderes democraticamente eleitos. Contudo, quando os representantes democraticamente **eleitos agirem de modo indevido**, incumbe ao Poder Judiciário atuar.

2) **Minimalismo e maximalismo (Cass Sunstein):** insere-se em um movimento denominado *minimalismo judicial* (*judicial minimalism*) e que busca "retomar" o papel do Poder Judiciário em um Estado que se considera democrático.

Os minimalistas não acreditam que o Poder Judiciário seja capaz de solucionar problemas de amplo espectro social, devendo se **concentrar na solução do caso concreto** (Leal, 2007).

Assim, Sunstein assevera que os juízes devem deixar "questões em aberto", não sendo responsáveis por apresentarem respostas substantivas – impregnadas de valores ou de "visões políticas". E isso porque incumbe ao Congresso Nacional, no exercício de sua "dimensão democrática", dar respostas finais sobre as questões jurídicas de grande envergadura (Sunstein, 2001). Em verdade, ao deixar o máximo de questões controvertidas em aberto, o Poder Judiciário promove a democracia, porque **reduz sua interferência no processo político**.

Sunstein (1999) aduz, então, que uma **decisão minimalista** deve apresentar como características dois pontos: **superficialidade** (*shallowness*) e **estreiteza/restrição** (*narrowness*). A superficialidade impõe ao juiz que não se aprofunde em debates teóricos de cunho político. De outro modo, a estreiteza impõe ao julgador que se limite às questões objeto do caso concreto.

Portanto, os tribunais devem (sunstein, 1999): (i) evitar decidir casos que não estejam **"prontos para serem decididos"**, em especial diante das discussões existentes na sociedade sobre os valores envolvidos e a ausência de dados; (ii) **evitar emitir opiniões consultivas**; (iii) respeitar os precedentes (*holdings/ratio decidendi*); e (iv) exercer a **"virtude passiva" ("decidir não decidir")**, não ingressando em temáticas impregnadas de valores que ainda estão sendo discutidas pela comunidade.

Cap. 7 – Hermenêutica Constitucional

Para Sunstein, os tribunais devem decidir apenas o caso concreto, e não buscar estabelecer precedentes de amplo espectro social que tenham aplicabilidade em casos futuros.

Excepcionalmente, contudo, **pode ser necessária a prolação de decisões maximalistas**, ou seja, formuladoras de normas gerais para julgamentos futuros, voltadas a fornecerem justificativas teóricas aprofundadas.

As decisões maximalistas apresentam como característica a **"profundidade"** (*depth*) e a **"largura"** (*width*). A título de exemplo, devem ser prolatadas nas hipóteses de: **inadequado funcionamento da democracia** (exemplo: *Brown versus Board of Education*), **desconfiança nas instituições** e necessidade de garantir previsibilidade às decisões ("planejamento antecipado").

Diante dessa construção teórica baseada no dualismo minimalismo *x* maximalismo, um magistrado pode assumir diferentes perfis de atuação (Sunstein, 2017):

(i) **herói:** o juiz adota um "maximalismo" potencializado pelo ativismo judicial: é o julgador que implementa reformas sociais, inclusive por meio de processos estruturais de amplo espectro social;

(ii) **soldado:** o julgador atua com maior deferência ao processo político, acatando a decisão democraticamente tomada;

(iii) **mudo:** é o julgador que "não quer falar nada", silenciando-se diante de grandes controvérsias constitucionais, de modo a deixar o "espaço aberto" para o processo político;

(iv) **minimalista:** prolata decisões minimalistas, ou seja, caracterizadas pela *narrowness* (estreiteza) e *shallowness* (superficialidade).

3) A leitura moral da Constituição (Ronald Dworkin): parte da concepção de uma **"comunidade de princípios"**, ou seja, da ideia de que uma sociedade compartilha um conjunto de princípios e do reconhecimento de iguais direitos e liberdades subjetivas a todos os seus membros. Logo, ninguém é livre para decidir qual o sentido da norma constitucional, nem mesmo o Poder Judiciário, visto que **qualquer sentido deve ter como ponto de partida esse conjunto de princípios basilares**.

Dworkin propõe, então, uma leitura moral da Constituição, em especial nos chamados **hard cases**, para os quais o ordenamento jurídico não fornece uma resposta "clara". Essa leitura moral pode partir de diferentes padrões decisórios, conforme os **grandes valores morais** inseridos no texto constitucional.

Com efeito, cada julgador realiza uma leitura moral da Constituição conforme suas próprias convicções pessoais: juízes com convicções políticas mais conservadoras tendem a proferir decisões conservadoras, enquanto os que têm uma convicção mais liberal tendem a prolatar decisões liberais.

Existem, contudo, duas ordens de limites à atuação do julgador:

a) **Aspectos semânticos e históricos:** a atividade interpretativa deve ser restringida pelo texto da Constituição e pelos aspectos históricos da matéria em discussão.

b) **Integridade do direito:** as normas da comunidade devem ser criadas e interpretadas de modo a expressar um **sistema único e coerente de justiça e equidade**, na correta proporção (Dworkin, 2003), conferindo a devida importância à noção de devido processo legal. A integridade apresenta três dimensões: **principiológica** (as decisões judiciais devem ser pautadas por princípios, e não por acordos, estratégias ou acomodações políticas), **vertical** (as decisões judiciais devem respeitar os precedentes) e **horizontal** (o juiz deve considerar, na aplicação dos princípios, os efeitos futuros do precedente).

De forma metafórica, esse sistema único e coerente de justiça e equidade (integridade) pode ser vislumbrado como um **"romance em cadeia"** (*chain novel*). Na construção do direito ou da "narrativa jurídica", cada julgador deve se portar como se fosse um dos autores de um grande romance (o "romance do direito"), interpretando o capítulo anterior (ou seja, os precedentes) de modo a conferir continuidade e consistência à história que está sendo narrada e aos seus futuros capítulos (dimensão horizontal da integridade).

A integridade na atividade de aplicação do direito é necessária, e não apenas uma opção do julgador, visto que, no contexto do Estado Democrático de Direito, as decisões judiciais são tomadas por magistrados inseridos em uma "comunidade de princípios".

A **discricionariedade judicial**, nesse contexto, é inadmissível. O julgador é capaz de decidir qualquer caso, por mais difícil que seja, com base na completude das **regras, princípios e diretrizes políticas**. Existe, portanto, uma **"única resposta correta"** (*the one right answer*).

Qual seria a única decisão correta para determinado caso concreto? Segundo Dworkin, seria aquela que resolve a dupla exigência que se impõe ao juiz: fazer com que a decisão se harmonize com a jurisprudência anterior e ao mesmo tempo a justifique conforme a moral política da comunidade.

Essa "blindagem" contra discricionarismos é imanente ao Estado Democrático, uma vez que não se podem admitir juízes com ampla discricionariedade para decidir os "casos difíceis". **O juiz é dotado da responsabilidade** ("moralidade política") de tomar, por meio da interpretação, **a melhor decisão** – ou seja, aquela que melhor **justifique as práticas de sua comunidade** –, que se coloca como evento único e irrepetível (**única resposta correta**).

Contudo, para se alcançar a única resposta correta, Dworkin cria um modelo ideal, consubstanciado na figura do **"juiz Hércules"**: um juiz dotado de uma capacidade, conhecimento e paciência sobre-humanas (Dworkin, 2002). Ao aceitar a integridade e decidir um caso difícil, o juiz deve buscar, no conjunto coerente de princípios, regras e

Cap. 7 – Hermenêutica Constitucional

diretrizes políticas (ou seja, com base no direito constitucional, que constitui a moralidade política da comunidade), uma justificação adequada, em consonância com a estrutura política e com a doutrina jurídica da comunidade.

Os **desacordos morais razoáveis** ocorrem em sociedades plurais e consistem na ausência de consenso sobre temas relevantes e polêmicos, por exemplo, o aborto de fetos anencefálicos e a realização de pesquisas com células-tronco.

Por fim, Habermas (1997) sustenta que a proposta de Dworkin não é adequada para a maioria das democracias contemporâneas. Em primeiro lugar, porque Dworkin aposta em um juiz altamente qualificado, seja por seus conhecimentos e habilidades profissionais, seja por suas virtudes pessoais. Em segundo lugar, porque, em um contexto histórico-social de crise (ex. autoritarismo), a teoria de Dworkin torna-se inviável, incumbindo ao magistrado adotar uma postura crítica e, se o caso, afastar a "comunidade de princípios".

EM RESUMO:

Hermenêutica Constitucional	
Conceito	Área do conhecimento" ou "arte" que tem como objeto o estudo dos princípios e métodos interpretativos, fornecendo instrumental teórico ao intérprete.
Enunciado normativo e norma	Enunciado normativo: fórmula linguística contida em determinado diploma normativo que necessita ser interpretado. Norma: é conteúdo resultante da interpretação de um dado enunciado normativo, ou seja, o produto de um texto normativo já interpretado.
Relação entre a hermenêutica constitucional e hermenêutica jurídica clássica	Três teorias: 1) Teoria da diferença imanente. 2) Teoria da igualdade absoluta. 3) Teoria da igualdade com especificidades.
Postulados interpretativo-constitucionais	1) Princípio da presunção de constitucionalidade das leis. 2) Princípio da supremacia da Constituição. 3) Princípio da unidade. 4) Interpretação conforme a Constituição. 5) Princípio do efeito integrador.

Postulados interpretativo-constitucionais	6) Princípio da exatidão (conformidade ou correção) funcional ou princípio da justeza. 7) Princípio da concordância prática ou da harmonização. 8) Princípio da proporcionalidade. 9) Princípio da força normativa. 10) Princípio da máxima efetividade.
Análise crítica dos métodos	Não há um método único capaz de solucionar problema tão complexo e controvertido (a interpretação das normas constitucionais). Os métodos não são uma resposta pronta e acabada para uma "hermenêutica constitucionalmente adequada", mas meras diretivas para a interpretação constitucional.
Métodos de interpretação constitucional: a experiência da Alemanha	1) Hermenêutico clássico ou jurídico. 2) Científico-espiritual ou valorativo ou sociológico. 3) Tópico-problemático. 4) Hermenêutico-concretizador. 5) Hermenêutico-estruturante.
Métodos de interpretação constitucional: a experiência norte-americana	1) Interpretativismo e o não interpretativismo. 2) Debate hermenêutico nos Estados Unidos: 2.1) teoria do "reforço da democracia"; 2.2) minimalismo e maximalismo; 2.3) a leitura moral da Constituição.

Capítulo 8

Teoria Geral dos Direitos Fundamentais

1. ASPECTOS INTRODUTÓRIOS

1) **Conceito:** os direitos fundamentais são importantes conquistas da sociedade na democracia contemporânea, constituindo-se em valores fundantes da Constituição e do Estado. Trata-se de um conjunto de direitos fixados por determinada comunidade política organizada com o intuito de garantir a dignidade da pessoa humana.

2) **Distinção terminológica:**

   a) **direitos do homem:** concepção jusnaturalista, que reflete valores não positivados;

   b) **direitos fundamentais:** concepção constitucionalista, que reflete valores positivados na Constituição;

   c) **direitos humanos:** concepção internacionalista, que reflete valores positivados em tratados e convenções internacionais.

3) **Direito *vs.* deveres:** embora a Constituição não elenque expressamente os deveres fundamentais, tem-se entendido tratar-se de **lacuna intencional**: quando enuncia um direito (sujeito ativo), está a prescrever deveres para as outras pessoas (sujeitos passivos).

2. APLICABILIDADE

O art. 5º, § 1º, da CF/1988 dispõe que as normas definidoras dos direitos e garantias fundamentais têm aplicabilidade imediata. Contudo, tendo em vista que diversos dispositivos que consagram direitos fundamentais exigem lei regulamentadora (exemplos: art. 5º, XXIX e LXXVII, da CF/1988), há duas vias interpretativas:

1ª) O art. 5º, § 1º, da CF/1988 consagra uma **regra**, cuja exceção ocorre apenas nos casos em que há previsão expressa em sentido contrário na Carta Magna, ou seja, as normas de direitos e garantias fundamentais têm aplicabilidade imediata, exceto quando a própria Constituição dispõe em sentido contrário.

2º) De acordo com Ingo Sarlet (Sarlet, 2012), o art. 5º, § 1º, da CF/1988 não consagra uma regra, mas **um princípio**. Assim, as normas definidoras dos direitos e garantias fundamentais têm aplicação imediata, na maior medida possível, de acordo com as circunstâncias fáticas e jurídicas existentes.

3. DIRETRIZES INTERPRETATIVAS DAS NORMAS DE DIREITOS FUNDAMENTAIS

Entre as principais diretrizes interpretativas das normas de direitos fundamentais, podem-se destacar:

1. **Cláusula da primazia do tratamento mais favorável ou princípio *pro persona* ou *pro homine*:** as normas de direitos fundamentais devem ser interpretadas de forma mais benéfica aos titulares do respectivo direito. Cuida-se de uma metanorma apta a resolver antinomias. Exemplo: se o ordenamento interno veda a prisão por prazo superior a 40 anos e, no âmbito internacional, a vedação é apenas para a aplicação da prisão perpétua, em atenção à cláusula da primazia do tratamento mais favorável prevalece o limite de 40 anos.

> **Atenção**
>
> A Constituição não prevê expressamente a cláusula da primazia. Contudo, no âmbito infraconstitucional, ela está prevista no art. 29 do Pacto de São José da Costa Rica.

2. **Cláusula da vedação ao retrocesso, ou irreversibilidade dos direitos fundamentais ou "efeito *cliquet*":** pode assumir dois sentidos distintos:

   a) **amplo:** abrange toda forma de garantia em face de medidas do poder público que tenham como objetivo suprimir ou reduzir a proteção conferida aos direitos fundamentais, **sejam eles sociais ou não**. Inclui, por exemplo, as cláusulas pétreas e a garantia da não retroatividade das leis;

   b) **estrito:** proíbe as tentativas de involução exclusivamente com relação aos **direitos sociais** (ex. redução dos níveis de seguridade social).

Cap. 8 – Teoria Geral dos Direitos Fundamentais

No que tange à amplitude da incidência da cláusula da vedação ao retrocesso, existem três tendências:

(i) radical: atua no limite suprapositivo, impedindo até mesmo a atuação do Poder Constituinte Originário que venha implicar involuções na tutela de direitos sociais;

(ii) peremptória: não limita o constituinte originário, mas apenas o Poder Constituinte Derivado e o legislador ordinário;

(iii) intermediária (majoritária): a vedação ao retrocesso é princípio constitucional que deve ser ponderado diante de outros princípios, devendo ser sempre preservado o "núcleo essencial" do direito fundamental. É a posição adotada pelo STF (ADI 3.104/DF).

> ### Atenção
>
> **1)** A vedação ao retrocesso não está expressamente prevista na CF/1988.
>
> **2)** A *living constitution* é compatível com a vedação ao retrocesso social? Os não interpretativistas defendem a concepção de *living constitution* ou "constituição viva": a Constituição como verdadeiro organismo vivo, adaptável às mudanças do ambiente que a circunda. É a Constituição em processo de permanente progresso, aceitando mutações constitucionais e evolução por ação da sociedade e dos poderes públicos, independentemente de emendas constitucionais. A ideia de "constituição viva" é compatível com a vedação ao retrocesso social, tendo em vista que esta última não impede a ocorrência de mudanças, mas apenas involuções que tenham por objetivo suprimir ou reduzir a proteção conferida aos direitos fundamentais.

4. LOCALIZAÇÃO TOPOGRÁFICA E CLÁUSULA DE ABERTURA (EXPANSIVIDADE) DO CATÁLOGO CONSTITUCIONAL DOS DIREITOS FUNDAMENTAIS

A teoria material dos direitos fundamentais deixa claro que a Constituição, no art. 5º e seguintes (Título II), consagra, de forma sistematizada, os direitos e garantias fundamentais. Entretanto, trata-se de **rol meramente exemplificativo**, estando previstos em outros dispositivos constitucionais e, inclusive, fora da Constituição. Exemplos: o princípio da anterioridade eleitoral (art. 16 da CF/1988); o princípio da anterioridade tributária (art. 150 da CF/1988); a inimputabilidade penal dos menores de 18 anos (art. 228 da CF/1988); o Pacto de São José da Costa Rica.

Nesse sentido, o art. 5º, § 2º, da CF/1988 consagra uma **cláusula aberta ou de abertura (expansividade) do catálogo constitucional dos direitos fundamentais,** estabelecendo que os direitos e garantias expressos na Constituição não excluem outros decorrentes do regime e dos princípios por ela adotados, ou dos tratados internacionais em que a República Federativa do Brasil seja parte.

> **Importante**
>
> A **multifuncionalidade** dos direitos e das garantias constitucionais fundamentais é caracterizada pela:
>
> 1)   aplicabilidade imediata;
>
> 2)   interpretação ampliativa;
>
> 3)   proibição ao retrocesso social;
>
> 4)   adoção de mecanismos que garantam a tempestividade e a duração razoável da tutela jurídica.

5. CLÁUSULA DE COMPLEMENTARIDADE

A cláusula de complementaridade é princípio segundo o qual o rol de direitos humanos reconhecidos pelo direito internacional serve de complemento ao rol de direitos fundamentais no âmbito interno.

> **Importante**
>
> O Brasil adota a **complementaridade condicionada**, tendo em vista que a aplicação das normas de direito internacional depende:
>
> a)   da conformidade constitucional da norma internacional, em atenção ao princípio da supremacia da Constituição (STF, RHC 79.785); e
>
> b)   da adoção do devido processo do internalização (art. 49, I, da CF/1988).

6. HIERARQUIA DOS TRATADOS DE DIREITOS HUMANOS

Até 2008, a jurisprudência do STF considerava que todo e qualquer tratado internacional teria *status* hierárquico equivalente à lei ordinária.

Com o advento da EC nº 45/2004, que acrescentou o § 3º ao art. 5º, a CF/1988 passou a preceituar que os tratados e convenções internacionais de direitos humanos (**aspecto material**) têm *status* constitucional, desde que sejam aprovados por 3/5 dos membros do Congresso Nacional em dois turnos de votação (**aspecto formal**).

Cap. 8 – Teoria Geral dos Direitos Fundamentais

Em 2008, o STF resolveu alterar a sua jurisprudência com relação a tratados e convenções internacionais de direitos humanos que não tenham sido aprovados pelo quórum previsto no § 3º do art. 5º (ex.: Pacto de São José da Costa Rica, que foi incorporado ao ordenamento jurídico brasileiro antes da EC nº 45/2004), passando a ser dotados de **supralegalidade** (RE 466.343/SP).

Assim, no que tange aos tratados e convenções internacionais, a hierarquia normativa atual é a seguinte:

1º) Tratados e convenções internacionais de direitos humanos, desde que aprovados por 3/5 e em dois turnos de votação: equivalem às emendas constitucionais.

2º) Tratados e convenções internacionais de direitos humanos não aprovados de acordo com o rito do art. 5º, § 3º, da CF/1988: ostentam caráter de supralegalidade, ou seja, estão abaixo da Constituição, mas acima das leis.

3º) Tratados e convenções internacionais que não versam sobre direitos humanos: são equiparados às leis ordinárias.

> ### Importante
>
> A expressão "**direito supraconstitucional**" reflete normas jurídicas que estariam acima da Constituição de um país, exercendo influência e autoridade sobre ela. Baseia-se na ideia de que certos princípios e direitos são universais e devem ser aplicados independentemente das Constituições nacionais. Essas normas decorrem de um universalismo gerado pela força dos tratados internacionais, convenções, pactos e outros instrumentos legais que ostentam natureza normativa "superior à Constituição nacional" (Gomes; Mazzuoli, 2013).

---

7. CLASSIFICAÇÕES DOS DIREITOS FUNDAMENTAIS

7.1. Classificação segundo a Constituição de 1988

Em uma exegese literal da Constituição de 1988, é possível classificar os direitos fundamentais segundo o Título II (arts. 5º ao 17) em:

a) direitos individuais (art. 5º);

b) direitos coletivos (embora expressos no art. 5º, estão consagrados, principalmente, nos arts. 6º e seguintes);

c) direitos sociais (arts. 6º ao 11);

d) direitos de nacionalidade (art. 12);

e) direitos políticos (arts. 14 ao 17).

Contudo, essa classificação é alvo de críticas pelo fato de que não percebe a existência de direitos fundamentais consagrados em outras partes da Constituição.

> **Importante**
>
> O art. 60, § 4º, IV, da CF/1988, ao tratar das cláusulas pétreas, faz expressa referência aos direitos e garantias individuais, não mencionando expressamente os direitos e garantias fundamentais. A interpretação literal levaria à conclusão de que apenas os direitos e garantias individuais, elencados no art. 5º, seriam cláusulas pétreas expressas. Todavia, parte considerável da doutrina entende que, embora a Constituição se refira apenas aos direitos e garantias individuais, todos os direitos fundamentais seriam cláusulas pétreas.

7.2. Classificação funcional dos direitos fundamentais

A teoria dos *status*, desenvolvida por Georg Jellinek (1979, p. 86-87), trata das funções que os direitos fundamentais desempenham nas relações entre os particulares e o Estado:

I) *status* passivo (ou *subjectionis*): o indivíduo é detentor de deveres perante o Estado, numa relação de sujeição/subordinação. Exemplo: alistamento eleitoral;

II) *status* negativo: o indivíduo goza de um espaço de liberdade diante da ingerência dos poderes públicos, ou seja, o Estado tem um dever de abstenção. Exemplo: o Estado não pode impedir a liberdade de manifestação artística;

III) *status* positivo (ou *civitatis*): o indivíduo tem o direito de exigir uma atuação positiva do Estado, por meio de prestações materiais ou jurídicas. Exemplo: prestação de medicamentos;

Cap. 8 – Teoria Geral dos Direitos Fundamentais

IV) *status* ativo: o indivíduo pode influenciar a formação da vontade política do Estado, participando como membro da comunidade. Exemplo: o direito de votar.

7.3. Classificações estruturais dos direitos fundamentais

Existem três classificações estruturais dos direitos fundamentais:

1) Classificação unidimensional: a semelhança entre os direitos fundamentais impede que sejam classificados em categorias estruturalmente distintas.

2) Classificação bidimensional: os direitos fundamentais podem ser divididos em dois grupos:

   a) direitos de defesa (liberdades negativas – ex.: direitos individuais); e

   b) direitos a prestações (liberdades positivas – ex.: direito à saúde).

3) Classificação tridimensional (majoritária): os direitos fundamentais são divididos em três grupos:

   a) direitos de defesa – exigem do Estado uma abstenção (exemplo: liberdade religiosa);

   b) direitos a prestações: exigem do Estado uma atuação positiva (ex.: direitos sociais); e

   c) direitos de participação: permitem ao indivíduo participar da vida política do Estado (ex.: direitos políticos).

8. CLASSIFICAÇÃO DOS DEVERES FUNDAMENTAIS

Os deveres fundamentais podem classificados em:

1) Deveres fundamentais conexos ou correlatos: têm como base os direitos fundamentais aos quais se encontram atrelados (ex.: dever de proteção ao meio ambiente equilibrado e dever de proteção à saúde).

2) Deveres fundamentais autônomos: não se relacionam à conformação de qualquer direito fundamental (ex.: dever de pagar impostos, dever de prestar o serviço militar, dever de colaborar na administração eleitoral, entre outros).

9. CARACTERÍSTICAS DOS DIREITOS FUNDAMENTAIS

1) **Universalidade:** decorre do fato de que os direitos fundamentais são de titularidade de todo gênero humano, sem restrições de grupo, sexo, ou classe de pessoas ("igual dignidade de todos os seres humanos").

> ### Atenção
>
> **Validade universal x uniformidade:** a universalidade não significa que os direitos fundamentais sejam uniformes em todos os ordenamentos jurídicos, já que o multiculturalismo e os aspectos intranacionais podem exigir que os direitos fundamentais sejam relativizados.
>
> **Concepção universalista de direitos humanos x relativismo cultural:** a concepção universalista de direitos humanos se contrapõe ao relativismo cultural, ou seja, à necessidade de se respeitarem as particularidades culturais de cada povo. Prevalece, atualmente, a posição que sustenta a **"forte proteção aos direitos humanos e o fraco relativismo cultural":** o relativismo cultural não pode ser ignorado, mas não pode ser defendido a ponto de legitimar violações a direitos humanos.
>
> **Titularidade:** a universalidade não significa que todo e qualquer indivíduo pode usufruir de todo e qualquer direito. Existem alguns direitos fundamentais cuja titularidade depende do preenchimento de requisitos ou de determinadas condições (ex.: a aquisição da nacionalidade – art. 12 da CF/1988). Contudo, têm sido admitidos como titulares dos direitos fundamentais: (i) os brasileiros, natos e naturalizados; (ii) os estrangeiros residentes no Brasil ("Todos são iguais perante a lei, sem distinção de qualquer natureza, garantindo-se aos brasileiros **e aos estrangeiros residentes País** a inviolabilidade [...]" – art. 5º da CF/1988); (iii) estrangeiros não residentes (STF, HC 94.016); e (iv) pessoas jurídicas (ex.: direitos a indenização por danos morais, direito à imagem, direito de propriedade, entre outros).

2) **Historicidade:** os direitos fundamentais são históricos, ou seja, eles surgem, modificam-se e podem até ser extintos. A historicidade decorre de uma postura positivista, sendo incompatível com a fundamentação jusnaturalista dos direitos fundamentais – que entende serem eternos, universais e imutáveis. Exemplo: o direito ao meio ambiente ganha força após a Revolução Industrial e, com a evolução tecnológica, pode ser que, em algum momento, deixe de ser considerado um direito fundamental, em virtude da conscientização humana e da extinção dos riscos envolvidos. A caminhada histórica é sempre no sentido de admitir novos direitos e ampliar a proteção à pessoa (**historicidade "expansiva"**), não se admitindo suprimir direitos já reconhecidos pela ordem jurídica.

3) **Inalienabilidade:** a titularidade não pode ser transferida.

4) **Imprescritibilidade:** não se extinguem pela simples inércia de seu titular (ex.: o escravo desde o nascimento não perde o seu direito à liberdade).

Cap. 8 – Teoria Geral dos Direitos Fundamentais

> **Atenção**
>
> Embora os direitos fundamentais sejam imprescritíveis, a pretensão reparatória de lesão ou ameaça ao direito fundamental pode ser prescritível.

5) **Indisponibilidade:** o titular não pode dispor de seu direito.

6) **Irrenunciabilidade:** a pessoa não pode renunciar de forma genérica, absoluta, total e abstrata a direito fundamental. Diante de uma situação concreta, tem-se admitido a renúncia excepcional e temporária a direito fundamental (ex.: Big Brother).

> **Atenção**
>
> A **renúncia à titularidade** de direito fundamental não é admitida pelo ordenamento jurídico. Assim, ninguém pode renunciar a ser titular de um direito fundamental de forma total, perpétua e irreversível (ex.: o indivíduo não pode dizer que "abre mão", em caráter definitivo, do seu direito de propriedade). Contudo, a **renúncia ao exercício** do direito pode ocorrer em alguns casos específicos (ex.: renúncia ao direito de interpor um recurso), desde que estejam presentes dois pressupostos: (i) vontade livre e autodeterminada do renunciante; (ii) determinadas espécies de direito fundamental envolvido (ex.: não é possível renunciar ao direito à vida, mas é possível renunciar temporariamente ao direito a propriedade – art. 1.275, II, do CC).

7) **Relatividade (ou limitabilidade):** não existem direitos absolutos, pois todos encontram limites em direitos de terceiros ou de toda a coletividade (ex.: o direito à vida foi relativizado pelo STF na ADPF 54, permitindo-se o aborto de fetos anencefálicos). Contudo, Bobbio (2004) aponta duas exceções à relatividade: (i) o direito a não ser escravizado; e (ii) o direito a não ser torturado.

8) **Complementaridade:** as normas sobre direitos fundamentais não podem ser interpretadas isoladamente, mas demandam um esforço de conjugação em um só sistema de direitos, lógica e coerentemente integrados.

10. EFICÁCIA DOS DIREITOS FUNDAMENTAIS

No que tange à eficácia dos direitos fundamentais, é possível classificá-la em:

1) **eficácia vertical (ou de subordinação):** proteção dos indivíduos contra o poder do Estado;

2) eficácia vertical com repercussão lateral: refere-se à eficácia com relação aos particulares decorrente da incidência do direito fundamental à tutela jurisdicional. Ao fornecer a tutela jurisdicional, protegendo o direito previsto pelo legislador, a atuação do juiz repercute na situação dos particulares, viabilizando o direito fundamental pretendido, o que faz com que o direito à tutela jurisdicional tenha repercussão lateral sobre os particulares;

3) eficácia diagonal: aplicação dos direitos fundamentais a relações entre particulares nas quais há um desequilíbrio fático (ex.: patrões e empregados; conveniados e plano de saúde);

4) eficácia horizontal (externa, com relação a terceiros ou privada): proteção dos interesses de particulares, situados em um mesmo plano (ex.: contraditório e ampla defesa). Pode ser classificada em quatro subteorias:

a) **teoria da ineficácia horizontal:** não admite a aplicação dos direitos fundamentais às relações entre particulares. Adota como fundamentos: (i) o liberalismo (o Estado deve respeitar o espaço de liberdade dos indivíduos); e (ii) a autonomia privada. Existe uma exceção no âmbito da teoria da ineficácia: a doutrina da *state action*, que admite a eficácia horizontal e, embora tenha como pressuposto o fato de que a violação a um direito fundamental só pode ocorrer por meio de uma ação estatal, equipara determinados atos privados a atos estatais;

b) **teoria da eficácia horizontal indireta:** é possível a aplicação dos direitos fundamentais às relações entre particulares, mas apenas de modo indireto, por meio da edição de lei. Trata-se de teoria originária da Alemanha, a partir dos estudos de Günter Dürig (1990). Contudo, duas críticas têm sido suscitadas acerca dessa teoria: (i) ameaça à autonomia privada; (ii) é incompatível com os princípios democrático, da separação dos poderes e da segurança jurídica;

c) **teoria da eficácia horizontal direta ("Direkte Drittwirkung"):** tem como principal expoente Hans Carl Nipperdey, prevalecendo em Portugal, Espanha, Itália e Brasil (STF). Adota como fundamento a autonomia da vontade: os direitos fundamentais podem ser aplicados diretamente às relações entre particulares sem a intermediação do legislador, embora tal aplicação não ocorra com a mesma intensidade que dá nas relações entre o Estado e o particular (STF, RE 201.819/RJ). Deve-se fazer uma ponderação entre o direito fundamental e a autonomia da vontade;

> ### Jurisprudência
>
> Na hipótese de exclusão de associado decorrente de conduta contrária aos estatutos, impõe-se a observância ao devido processo legal, viabilizado o exercício amplo da defesa (STF, RE 158.215/RS).

Cap. 8 – Teoria Geral dos Direitos Fundamentais

d) **teoria integradora:** integra a teoria da eficácia horizontal indireta com a teoria da eficácia horizontal direta. A regra é a aplicação indireta (edição de lei). A aplicação direta somente pode ocorrer em hipóteses excepcionais. Tem como principais expoentes Robert Alexy e Ernst-Wolfgang Böckenförde.

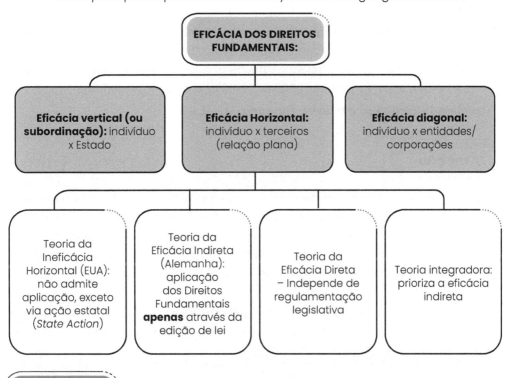

> **Atenção**
>
> No que tange à eficácia dos direitos fundamentais, é relevante a distinção entre (Canotilho, 1994):
>
> (i) Constituição dirigente (ou programática): modelo constitucional típico do Estado Social que busca criar metas sociais a serem alcançadas pelo Estado e pela comunidade, em especial por meio das chamadas normas constitucionais programáticas. Ex.: Constituição brasileira de 1988.
>
> (ii) Constituição moralmente reflexiva: nova concepção que atenta para a globalização e tem como bases:
> - a Constituição como um documento garantidor de direitos básicos de proteção dos indivíduos;
> - a fundamentação de uma teoria da justiça baseada em macrovisão em prol da integração dos socialmente marginalizados;
> - a direção para a contratualização, por meio de instrumentos cooperativos, de diversidade cultural e do alargamento da transnacionalização.

11. DIGNIDADE DA PESSOA HUMANA E DIREITOS FUNDAMENTAIS

A concepção contemporânea da dignidade da pessoa humana é de base antropocêntrica, igualitária, universal e inclusiva. No que tange à sua **natureza**, existem basicamente duas correntes:

a) **Valor constitucional supremo (núcleo axiológico da constituição)**, irradiando seus efeitos sobre todo o ordenamento. Orienta "não apenas as ações do Estado, mas também as inúmeras relações privadas que se desenvolvem na sociedade civil e no mercado" (Sarmento, 2002, p. 59-60). É a posição majoritária.

b) **Qualidade intrínseca a todo ser humano** (Sarlet, 2015).

> **Atenção**
>
> Os direitos fundamentais podem ser considerados como um sistema, porque têm o mesmo núcleo comum: a dignidade da pessoa humana. Contudo, existem direitos fundamentais que são considerados **derivações de 1º grau** (exemplos: vida, liberdade e igualdade) e existem outros direitos que são considerados **derivações de 2º grau** (exemplo: o 13º salário constitui direito social indiretamente ligado à dignidade).
>
> A dignidade serve de fundamento aos outros direitos fundamentais, atuando como condicionante, razão pela qual é denominada "**protoprincípio**" dos direitos fundamentais.

> **Importante**
>
> A consagração da dignidade da pessoa humana na Constituição de 1988 impõe a observância de três **deveres** distintos, segundo Reis Novais (2016):
>
> **I)** **Dever de respeito (caráter negativo):** impõe aos poderes públicos e aos particulares um dever de abstenção, ou seja, de não adotar condutas violadoras aos seres humanos. Esse dever é violado em duas hipóteses:
>
> a) "**fórmula do objeto" (Kant)** – a dignidade da pessoa humana é violada todas as vezes que o ser humano é tratado como um objeto, e não como um fim em si mesmo;
>
> b) "**expressão do desprezo**" (Tribunal Constitucional Federal da Alemanha) – é necessário que o tratamento como meio seja fruto de uma expressão de desprezo por aquele ser humano. Ex.: arremesso de anões.
>
> **II)** **Dever de proteção:** imposto aos poderes públicos e, secundariamente, aos particulares:

a) o Poder Constituinte deve resguardar os direitos individuais decorrentes da dignidade;

b) o Poder Judiciário deve adotar a dignidade como "vetor interpretativo".

III) Dever de promoção: o Estado deve adotar medidas voltadas à promoção de condições dignas de existência, sobretudo por meio da consagração de direitos sociais e de políticas públicas no que tange ao "mínimo existencial", ou seja, conjunto de bens e utilidades indispensáveis a uma vida humana digna.

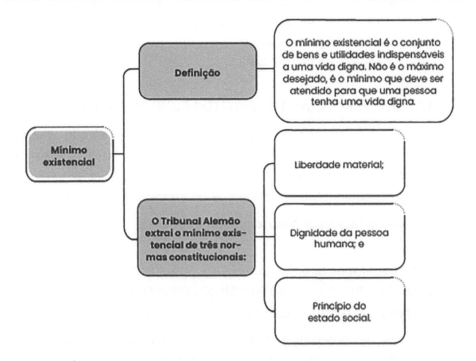

12. DIMENSÕES DOS DIREITOS FUNDAMENTAIS

Os direitos fundamentais possuem duas dimensões:

1) **Dimensão subjetiva:** adota uma perspectiva do indivíduo titular do direito (ex.: o indivíduo possui o direito à vida, à liberdade religiosa, à manifestação do pensamento, entre outros). O direito fundamental outorga ao seu titular a possiblidade jurídica de impor interesses pessoais em face de órgãos estatais.

2) **Dimensão objetiva:** adota uma perspectiva da comunidade/coletividade (ex.: a vida como relevante para toda a coletividade), gerando três efeitos principais:

   I) **atuação dos direitos fundamentais como normas de competência negativa:** o Estado não tem competência para intervir na esfera de liberdade conferida ao indivíduo;

II) **atuação dos direitos fundamentais como pautas interpretativas:** impõe a interpretação da legislação infraconstitucional à luz dos direitos fundamentais. Ex.: ADPF 187/DF, relacionada às plurissignificações do art. 287 do Código Penal (apologia de crime ou criminoso), que deve ser interpretado em harmonia com as liberdades fundamentais de reunião, de expressão e de petição;

III) **resguardo de posições jurídicas fundamentais contra possíveis violações por terceiros:** ex.: na ADI 3.510/DF, em que se discutia a constitucionalidade da pesquisa com células-tronco embrionárias, o Ministro Lewandowski defendeu que o direito à vida está consagrado na Constituição de 1988 sob uma perspectiva da coletividade e, portanto, a proteção independe de o feto ou de o embrião serem titulares de direitos.

13. CONTEÚDO ESSENCIAL DOS DIREITOS FUNDAMENTAIS

A determinação do conteúdo essencial de um direito busca evitar que o Poder Legislativo ou o Poder Judiciário, ao regulamentarem ou interpretarem a Constituição, desconfigurem o direito fundamental.

Duas teorias procuram determinar o conteúdo essencial de um direito fundamental:

1) **Teoria absoluta (*Absolute Theorie*):** divide o conteúdo dos direitos fundamentais em duas partes:

   a) **conteúdo essencial:** é definido de modo absoluto, ou seja, intransponível, não podendo sofrer intervenção ou limitação legislativa;

   b) **periferia:** parte passível de intervenção legislativa:

   i. crítica à teoria absoluta: o juiz decide o que faz e o que não faz parte do núcleo duro, mas não justifica a sua escolha;

   ii. exemplo de adoção da teoria absoluta pelo STF: caso do exercício da profissão de jornalista (ADPF 130 – voto Min. Ayres Britto).

2) **Teoria relativa (*Relative Theorie*):** não há nenhum limite do direito fundamental que não possa ser ultrapassado pelo Poder Legislativo ou pelo Poder Judiciário. A definição do âmbito de proteção de um direito fundamental depende das circunstâncias fáticas e jurídicas envolvidas, devendo-se adotar os seguintes critérios para solucionar as colisões: a) princípio da proporcionalidade; b) princípio da concordância prática ou harmonização; e c) interpretação constitucional sistemática. Exemplo de adoção da teoria relativa: caso do Exame da OAB (STF – RE 603.583/RS – voto Min. Luiz Fux).

14. RESTRIÇÕES AOS DIREITOS FUNDAMENTAIS

Duas teorias procuram fixar limites aos direitos fundamentais (Novais, 2003, p. 157):

A) **Teoria interna:** um direito fundamental possui seus próprios limites **("limites imanentes")**, sem a necessidade de análise de outras normas. A fixação desses limites se dá por meio da interpretação. Assim, o "âmbito de proteção definitivo" dos direitos fundamentais é alcançado por uma estrutura similar a de uma regra ("tudo ou nada"). Exemplo: no caso das células-tronco, o Ministro Ayres Britto sustentou que a Constituição de 1988 não protege a vida do embrião, razão pela qual não há colisão com o direito à vida e à saúde previstos na CF/1988 (STF, ADI 3.510).

B) **Teoria externa:** as restrições a um direito fundamental são a ele externas, pois fixadas por outros direitos fundamentais consagrados pela Constituição. Exemplo: o STF decidiu no RHC 146.303/RJ que a "incitação ao ódio público contra quaisquer denominações religiosas e seus seguidores não está protegida pela cláusula constitucional que assegura a liberdade de expressão. [...] os postulados da igualdade e da dignidade pessoal dos seres humanos constituem limitações externas à liberdade de expressão, que não pode e não deve ser exercida com o propósito subalterno de veicular práticas criminosas tendentes a fomentar e a estimular situações de intolerância e de ódio público".

14.1. Etapas de restrição a direitos fundamentais pela teoria externa

A restrição de um direito fundamental pela teoria externa observa as seguintes etapas, conforme Novelino (2024):

1ª) **Direito *prima facie* (princípio):** o conteúdo inicialmente protegido é determinado da forma mais ampla possível. Exemplo: liberdade artística. Qualquer tipo de manifestação da liberdade de expressão artística está, inicialmente, protegido, inclusive o direito pintar uma avenida movimentada às 18 horas de uma sexta-feira.

2ª) **Âmbito definitivo (regra):** a definição dos limites externos decorrentes da necessidade de conciliar o direito fundamental com outros direitos. No caso da liberdade artística, não é possível pintar uma avenida movimentada às 18 horas de uma sexta-feira, sob pena de violação à liberdade de locomoção das demais pessoas. Assim, após a ponderação dos princípios à luz das circunstâncias fáticas e jurídicas envolvidas, é possível identificar qual é o direito definitivamente protegido. Em outras palavras, a partir de uma ponderação de princípios, cria-se uma regra.

3ª) **Teoria dos limites dos limites (*schranken-schranken*):** o regime legal decorrente da restrição de um direito fundamental deve observar o núcleo essencial do direito, ou seja, o âmbito mínimo de proteção do direito fundamental e que serve de limite às próprias limitações que este pode sofrer (limites dos limites). Exemplo: não é possível restringir a liberdade artística em parte da calçada de uma avenida às 18 horas de uma sexta-feira.

São requisitos para a aplicação da Teoria dos Limites dos Limites, segundo Sarlet, Marinoni e Mitidiero (2014, p. 470):

a) **princípio da salvaguarda do núcleo essencial:** qualquer restrição a direito e garantia fundamental deve respeitar o mínimo existencial;

b) **princípio da segurança jurídica:** a limitação deve ser clara, precisa e explícita;

c) **princípio da proporcionalidade:** a limitação deve ser proporcional;

d) **princípio da reserva legal:** não pode haver limitação do direito fundamental que não seja por lei;

e) **princípio da não retroatividade:** nenhuma limitação pode ser feita com caráter retroativo, apenas *ex nunc*;

f) **princípio da generalidade e da abstração:** a limitação precisa ser geral, não podendo gerar discriminações absurdas.

> ## Atenção
>
> André de Carvalho Ramos (2020, p. 152-153) adota outra classificação das restrições aos direitos fundamentais:
>
> 1) "Reserva legal subsidiária": os direitos previstos na Constituição de 1988 estão sujeitos a uma "reserva legal subsidiária", podendo o legislador restringi-los em prol da proteção de outros valores constitucionais. Por exemplo, a Lei de Execuções Penais permite a quebra do sigilo de correspondência dos presos.
>
> 2) "Reserva geral de ponderação": todos os direitos fundamentais estão sujeitos a uma "reserva geral de ponderação", uma vez que, na sua aplicação prática, estão sujeitos a cedências recíprocas entre si.

15. TEORIA DA RESERVA DO POSSÍVEL

A teoria da reserva do possível atenta para objeções de ordem fática – em especial econômicas – e jurídica que possam justificar a impossibilidade, total ou parcial, de prestar obrigações previstas em normas de direito fundamental.

Existem duas **concepções** da Teoria da Reserva do Possível:

a) sentido amplo: abrange as impossibilidades fáticas e jurídicas de prestar as obrigações previstas em normas de direitos fundamentais;

b) sentido estrito: abrange apenas a reserva do financeiramente possível, ou seja, obstáculos econômicos à efetivação direitos fundamentais.

Cap. 8 – Teoria Geral dos Direitos Fundamentais

São três as **dimensões** da Teoria da Reserva do Possível (novelino, 2024, p. 547):

1) *dimensão fático-econômica*: ausência de recursos financeiros e materiais para que seja possível ao Estado realizar determinada prestação;

2) *dimensão jurídica*: impossibilidade de prestações cujos recursos não estejam alocados na lei orçamentária para o alcance de determinada finalidade;

3) *dimensão da razoabilidade*: impossibilidade de exigir prestação social que esteja fora dos limites da razoabilidade.

> **Jurisprudência**
>
> Em regra, o STF entende não ser possível a alegação da reserva do possível, visto que "não pode afastar a garantia do mínimo existencial, pois a ponderação revela que não existem razões de ordem financeira que justifique a recusa em cumpri-los" (ADPF-MC 45/DF).

Excepcionalmente, é possível aplicar a Teoria da Reserva do Possível quando houver a devida alocação de recursos e estiver caracterizada a real insuficiência orçamentária. Exemplo: a Administração Pública não investe na realização de *shows* para a população, destinando todo o seu orçamento para a saúde e educação, mas ainda assim faltam recursos para determinados tratamentos de alto custo (STJ, REsp 1.185.474/SC).

EM RESUMO:

Direitos Fundamentais	
Conceito	São um conjunto de direitos estabelecidos por determinada comunidade política organizada com o intuito de garantir a dignidade da pessoa humana.
Distinção terminológica	a) Direitos do homem: reflete valores não positivados. b) Direitos fundamentais: reflete valores positivados na Constituição. c) Direitos humanos: valores positivados em tratados e convenções internacionais.
Aplicabilidade	Normas definidoras dos direitos e garantias fundamentais têm aplicabilidade imediata (art. 5º, § 1º, da CF/1988).

Diretrizes interpretativas	1) Cláusula da primazia do tratamento mais favorável ou princípio *pro persona* ou *pro homine*. 2) Cláusula da vedação ao retrocesso ou "efeito *cliquet*" – sentidos: a) amplo; b) estrito.
Funções	Segundo Jellinek, os direitos fundamentais apresentam quatro funções: *status* ativo; *status* passivo; *status* positivo; *status* negativo.
Localização topográfica	Art. 5º e seguintes (Título II) da CF/1988. Não se restringem aos previstos no Título II e existem, inclusive, fora da Constituição.
Cláusula de complementaridade	Rol de direitos humanos reconhecidos pelo direito internacional complementa o rol de direitos fundamentais no âmbito interno.
Hierarquia dos tratados	1º) Tratados e convenções internacionais de direitos humanos, desde que aprovados por 3/5 e em dois turnos de votação – equivalem às emendas constitucionais. 2º) Tratados e convenções internacionais de direitos humanos não aprovados de acordo com o rito do art. 5º, § 3º – supralegalidade (abaixo da Constituição, mas acima das leis). 3º) Tratados e convenções internacionais que não versam sobre direitos humanos – equiparados às leis ordinárias.
Classificação segundo a Constituição de 1988	a) Direitos individuais (art. 5º). b) Direitos coletivos (os direitos coletivos, embora estejam expressos no art. 5º, estão consagrados, principalmente no art. 6º e seguintes da Constituição). c) Direitos sociais (art. 6º ao art. 11). d) Direitos de nacionalidade (art. 12). e) Direitos políticos (art. 14 ao art. 17).
Classificação estrutural	a) Unitária. b) Dualista. c) Trialista.

Cap. 8 – Teoria Geral dos Direitos Fundamentais

Classificação dos deveres fundamentais	a) Deveres fundamentais conexos ou correlatos. b) Deveres fundamentais autônomos.
Características dos direitos fundamentais	1) Universalidade. 2) Historicidade. 3) Inalienabilidade. 4) Imprescritibilidade. 5) Indisponibilidade. 6) Irrenunciabilidade. 7) Relatividade (ou limitabilidade). 8) Complementaridade.
Eficácia	a) Eficácia vertical (ou de subordinação). b) Eficácia vertical com repercussão lateral. c) Eficácia diagonal. d) Eficácia horizontal (externa, com relação a terceiros ou privada).
Dimensões	1) Dimensão subjetiva. 2) Dimensão objetiva.
Restrições	1) Teoria interna: um direito fundamental possui seus próprios limites. 2) Teoria externa: as restrições a um direito fundamental lhe são externas, pois fixadas por outros direitos fundamentais consagrados pela Constituição.
Teoria da Reserva do Possível	Atenta para objeções de ordem fática e jurídica, em especial de ordem econômica, que possam justificar a impossibilidade, total ou parcial, de prestar obrigações previstas em normas de direito fundamental.

Capítulo 9

Princípios e Direitos Fundamentais

1. PRINCÍPIOS FUNDAMENTAIS: FUNÇÃO, CLASSIFICAÇÃO E EFICÁCIA

A Constituição de 1988 optou por concentrar, em seu corpo permanente, um conjunto de princípios que adjetivou de "fundamentais".

Os princípios fundamentais são fruto de uma decisão fundamental do constituinte que, em decorrência de sua natureza estruturante e informadora de todo o ordenamento jurídico, exercem **função constitutiva da própria identidade constitucional**.

Os princípios constitucionais fundamentais podem ser **classificados** em (Sarlet; Marinoni; Mitidiero, 2022, p. 118):

1) **Princípios gerais:** atuam como critérios materiais informadores de interpretação/aplicação de toda a Constituição de 1988. Exemplos: princípios do Estado Democrático de Direito e da separação dos Poderes.

2) **Princípios setoriais (ou especiais):** critérios materiais informadores de interpretação/aplicação de alguns setores da Constituição de 1988. Exemplos: os princípios que regem a ordem econômica (art. 170 da CF/1988) ou da ordem social (art. 193 e seguintes da CF/1988).

No que tange à **eficácia**, dois aspectos devem ser destacados com relação aos princípios fundamentais:

a) **Eficácia negativa:** (i) não recepção de normas infraconstitucionais editadas antes da entrada em vigor da Constituição de 1988 que tenham conteúdo material incompatível com a nova ordem constitucional; e (ii) a declaração de inconstitucionalidade das normas infraconstitucionais posteriores em desacordo com a Constituição de 1988.

b) **Eficácia interpretativa e integrativa:** atuam como critério material para a interpretação e integração das lacunas do direito infraconstitucional e da própria Constituição, podendo ensejar, inclusive, o reconhecimento de inconstitucionalidade por omissão.

> **Importante**
>
> A **hipertrofia dos princípios fundamentais** se manifesta sob duas dimensões (Sarlet; Marinoni; Mitidiero, 2022, p. 118):
>
> 1) **panprincipialismo:** criação doutrinária e jurisprudencial de novos princípios sem a necessária sustentação no sistema jurídico-constitucional, ou seja, sem "normatividade";
>
> 2) **manipulação decisionista dos princípios fundamentais:** atribuição de efeitos aos princípios que são incompatíveis com sua estrutura normativa, inclusive por meio da aplicação desnecessária dos princípios fundamentais em detrimento das regras.

1.1. Princípios fundamentais explícitos

A Constituição de 1988 explicita inúmeros princípios fundamentais, em especial em seu Título I, podendo-se destacar:

a) **A forma de Estado:** federativa, tratando-se de cláusula pétrea prevista no art. 60, § 4º, I, da CF/1988.

> **Importante**
>
> O **princípio federativo** exerce o papel de princípio estruturante de caráter objetivo e contribui para a construção da identidade constitucional, não se confundindo, contudo, com o Estado Federal, ou seja, com a estrutura organizacional (forma de Estado).

b) **A divisão de poderes:** o art. 2º da Constituição de 1988 estabelece que "São Poderes da União, independentes e harmônicos entre si, o Legislativo, o Executivo e o Judiciário". Trata-se de **cláusula pétrea** prevista no art. 60, § 4º, III, da CF/1988.

c) **O sistema de governo:** presidencialista. Embora **não seja cláusula pétrea**, como foi objeto de plebiscito, tem prevalecido o entendimento de que não pode ser alterado.

d) **A forma de governo:** republicana. Embora **não seja cláusula pétrea**, como foi objeto de plebiscito, tem prevalecido o entendimento de que **não pode ser alterada**.

Cap. 9 – Princípios e Direitos Fundamentais

> **Importante**
>
> **O princípio republicano ou "republicanismo"** consiste em um conjunto de valores que norteiam a República, em especial: a **eletividade** dos que exercem o governo; a **responsabilidade dos governantes**; a **temporariedade dos mandados; e** a fundação de uma **ordem baseada na liberdade e na igualdade.**

e) **O regime político: democrático semidireto**, tendo em vista que o art. 1º, parágrafo único, da CF/1988 dispõe que todo "o poder emana do povo, que o exerce por meio de representantes eleitos ou diretamente, nos termos desta Constituição".

f) **Os fundamentos da República** (art. 1º da CF/1988).

g) **Os objetivos da República** (arts. 3º e 4º da CF/1988).

1.1.1. *Fundamento da República*

O art. 1º da CF/1988 estabelece os fundamentos da República Federativa do Brasil:

I – **a soberania:** una, indivisível, inalienável e imprescritível. O STF entende que, na órbita interna, a soberania é ilimitada, ou seja, não existem limites impostos pelo direito natural (ADI 3.300/DF). Na órbita internacional, contudo, tem como limite o **princípio da coexistência pacífica dos Estados**;

II – **a cidadania:** deve ser compreendida em sentido amplo, de modo a garantir à pessoa a **completa integração na sociedade e a aptidão para titularizar direitos**, inclusive por meio: a) da obtenção, pelos reconhecidamente pobres, de registro de nascimento e certidão de óbito gratuitos (art. 5º, LXXVI, da CF/1988); b) ajuizamento gratuito das ações de *habeas corpus* e *habeas data* e, na forma da lei, a prática de atos necessários ao exercício da cidadania (art. 5º, LXXVII, da CF/1988);

III – **a dignidade da pessoa humana:** consagra a máxima kantiana de que a pessoa deve ser vislumbrada como **fim em si mesma**. Implica um complexo de direitos e deveres fundamentais que asseguram a pessoa contra qualquer tratamento degradante e desumano, bem como garantem a **existência digna** por meio de mínimas condições existenciais (saúde, previdência, assistência, educação, entre outros) e de **participação ativa** na escolha do próprio destino e da comunidade (Sarlet, 2012, p. 83).

No que diz respeito ao *status* jurídico-normativo, a dignidade da pessoa humana consiste simultaneamente em:

a) **valor-fonte** "que conforma e inspira todo o ordenamento constitucional vigente em nosso País e que traduz, de modo expressivo, um dos fundamentos em que se assenta, entre nós, a ordem republicana e democrática consagrada pelo sistema de direito constitucional positivo" (STF, HC 87.676/ES);

b) **norma jurídica,** seja como **regra** – como ocorre com proibição da tortura e todo e qualquer tratamento desumano e degradante (art. 5.º, III, da CF/1988) –, seja como **princípio**, que em uma dimensão **objetiva** implica até mesmo deveres de proteção estatais, contra o próprio Estado e contra ações de atores privados (estado de coisas inconstitucional) (STF, ADPF 347/DF);

IV – os valores sociais do trabalho e da livre-iniciativa: o trabalho deve ser vislumbrado como instrumento para a realização moral, material e espiritual do trabalhador, compatibilizando-se com a livre-iniciativa;

V – o pluralismo político: legitima o **direito à diferença** (sexual, de crença, de consciência, de convicção filosófica ou política, de origem, de idade, entre outras), a diversidade de interesses (**ecletismo**) e de partidos políticos, bem como garante **a livre participação popular**.

> ### Atenção
>
> Pluralismo político não se confunde com **pluripartidarismo**, visto que este último diz respeito à multiplicidade de agremiações partidárias.

1.1.2. Objetivos da República

Os objetivos da República podem ser classificados em três categorias:

a) **No âmbito das relações internas (art. 3º):** I – construir uma sociedade livre, justa e solidária; II – garantir o desenvolvimento nacional; III – erradicar a pobreza e a marginalização e reduzir as desigualdades sociais e regionais; IV – promover o bem de todos, sem preconceitos de origem, raça, sexo, cor, idade e quaisquer outras formas de discriminação.

b) **No âmbito das relações internacionais de forma geral (art. 4º):** I – independência nacional; II – prevalência dos direitos humanos; III – autodeterminação dos povos; IV – não intervenção; V – igualdade entre os Estados; VI – defesa da paz; VII – solução pacífica dos conflitos; VIII – repúdio ao terrorismo e ao racismo; IX – cooperação entre os povos para o progresso da humanidade; X – concessão de asilo político.

c) **No âmbito das relações internacionais latino-americanas (art. 4º, parágrafo único):** buscar a integração econômica, política, social e cultural dos povos da América Latina, visando à formação de uma comunidade latino-americana de nações.

1.1.3. Princípio democrático e a soberania popular

A democracia consiste em condição de um regime político e forma de exercício do poder estatal.

Cap. 9 – Princípios e Direitos Fundamentais

Como conceito jurídico-constitucional, assume no contexto de cada ordem constitucional positiva contornos próprios.

Na Constituição de 1988, o princípio democrático desempenha papel normativo estruturante, envolvendo duas dimensões que se complementam e asseguram legitimidade procedimental e substancial a ordem jurídico-política: 1) material; e 2) organizatória e procedimental.

Nesse sentido, o Preâmbulo e o art. 1º consagram o Estado Democrático de Direito, a cidadania e o pluralismo político. Além disso, o parágrafo único do art. 1º "enfatiza a soberania popular como fonte do poder estatal, firmando, ademais, compromisso com a democracia representativa combinada com mecanismos de participação direta do cidadão (art. 14), modelo que tem sido também designado de semidireto" (Sarlet; Marinoni; Mitidiero, 2022, p. 124).

Importante

A concepção contemporânea do princípio democrático compreende:

1)   a busca da **construção de consensos** em uma sociedade aberta e inclusiva, que assegure aos cidadãos a possibilidade de desenvolvimento integral de suas personalidades individuais no âmbito de uma **sociedade livre, justa e solidária** (art. 3.º, I, da CF/1988); e

2)   o **respeito e a promoção dos direitos das minorias** (direitos políticos, liberdade de expressão, ação popular, entre outros) e a **consagração da justiça social** (art. 170 da CF/1988), inclusive por meio da adoção de mecanismos participativos e representativos de fiscalização e controle do poder, pelo reconhecimento de identidades coletivas e emprego de ações afirmativas.

Por fim, a **soberania popular** deve ser compreendida sob a perspectiva de que a titularidade e o exercício do poder estatal podem ser reconduzidos concretamente ao povo, no sentido de uma legitimação democrática efetiva (Sarlet; Marinoni; Mitidiero, 2022, p. 124).

1.1.4. *Princípio do Estado de Direito e seus subprincípios*

O princípio do Estado de Direito é composto de duas dimensões:

1)   **Dimensão formal (ou Estado formal de Direito):** caracterizado pela separação de poderes, legalidade da Administração Pública, garantia de acesso à Justiça, independência judicial no **âmbito** do controle dos atos administrativos e previsão de indenização dos particulares pela intervenção estatal indevida.

2) **Dimensão material (ou Estado material de Direito):** impõe a vinculação da legalidade aos princípios jurídicos gerais e estruturantes e aos direitos e garantias fundamentais.

O Estado material de Direito não é o oposto do Estado formal de Direito, mas uma concepção que funde ambas as concepções.

Importante

Entre os **elementos** do Estado de Direito, podem-se destacar:

1) **Primado do direito:** impõe a articulação dos princípios da constitucionalidade e da legalidade, com a vinculação "direta do legislador à Constituição e uma dupla vinculação (direta e indireta) dos poderes Judiciário e Executivo à Constituição e às leis" (Sarlet; Marinoni; Mitidiero, 2022, p. 128). Abrange os princípios da **reserva legal** (a Administração Pública só pode agir autorizada pela lei ou com base em lei) e da **reserva da Constituição.**

O **princípio da reserva da Constituição é concretizado** pelo **princípio da tipicidade constitucional de competências** (os órgãos estatais só **têm competência para fazer o que a Constituição lhes permite**) e pelo **princípio da constitucionalidade da restrição dos direitos e garantias fundamentais** (as restrições de direitos devem estar previstas na Constituição ou ser conduzidas pelo legislador com fundamento em autorização prevista na Constituição).

2) **Proteção dos direitos fundamentais:** com a criação de um sistema efetivo de proteção, inclusive pela via judicial.

3) **Princípio da separação dos Poderes:** busca o controle do "poder pelo próprio poder", por meio da fiscalização recíproca.

4) **Princípio da segurança jurídica**, em sua dúplice dimensão: a) objetiva (garantia da estabilidade de ordem jurídica); e b) subjetiva (previsibilidade das decisões e atos do Poder Público e dos respectivos efeitos jurídicos, tutelando a confiança).

5) **Responsabilidade do Estado:** consagrada na responsabilidade objetiva do Estado (art. 37, § 6º, da CF/1988), que abrange a responsabilidade por erro judiciário (art. 5.º, LXXV, da CF/1988) e as normas sobre a indenização nos casos de desapropriação.

6) **Acesso à justiça:** consagrada na Constituição de 1988 pelas garantias asseguradas ao Poder Judiciário e seus agentes, pelo princípio da inafastabilidade da jurisdição, pela ampla assistência judiciária, pela inclusão do Ministério Público na condição de função essencial à Justiça e pelos remédios constitucionais.

7) **Proibição de excesso de intervenção e insuficiência de proteção:** corolário da proporcionalidade dos atos do Poder Público, impõe uma proibição de proteção insuficiente ou deficiente e a proibição de excesso de intervenção.

Cap. 9 – Princípios e Direitos Fundamentais

199

1.1.5. *Princípio da sustentabilidade*

O princípio da sustentabilidade impõe que se atendam às necessidades do presente sem comprometer a possibilidade de as gerações futuras atenderem a suas próprias necessidades.

Consagrado na órbita internacional pela Comissão Mundial sobre Meio Ambiente e Desenvolvimento das Nações Unidas, por meio do Relatório Nosso Futuro Comum (1987), encontra reverberação expressa no Código Florestal (Lei nº 12.651/2012), como objetivo central do regime jurídico de proteção florestal (art. 1.º-A, parágrafo único) e, mais recentemente, no art. 43, § 4º, da CF/1988, dispondo que, sempre que possível, "a concessão dos incentivos regionais [...] considerará **critérios de sustentabilidade** ambiental e redução das emissões de carbono".

O princípio da sustentabilidade expressa uma "opção pelo **capitalismo ambiental ou socioambiental** capaz de compatibilizar a livre-iniciativa, a autonomia e a propriedade privada com a proteção ambiental e a justiça social (e também justiça ambiental), tendo como norte normativo 'nada menos' do que a proteção e promoção de uma vida humana digna e saudável (e, portanto, com qualidade, equilíbrio e segurança ambiental) para todos os membros da comunidade estatal" (Sarlet; Marinoni; Mitidiero, 2022, p. 135).

1.2. Princípios fundamentais implícitos

Entre os princípios fundamentais implícitos podem-se destacar:

1) **Princípio da supremacia constitucional:** as normas da Constituição têm preponderância sobre as demais normas do ordenamento jurídico. Apresenta duas dimensões: a supremacia formal e a material.

2) **Princípio da presunção de constitucionalidade das leis:** os atos do poder público se presumem (relativamente) constitucionais, só podendo ser declarada a inconstitucionalidade por autoridade competente e após o afastamento de todos os fundamentos existentes em sentido contrário.

> **Atenção**
>
> A legislação infraconstitucional que colide frontalmente com a jurisprudência possui uma presunção *iuris tantum* de **inconstitucionalidade** (STF, ADI 5.105/DF). Há ainda casos de **presunção *fraca* de constitucionalidade**, como ocorre com atos normativos que buscam: a) restringir direitos de minorias; ou b) restringir direitos fundamentais.

3) Princípio da segurança jurídica: relacionado com a estabilidade das relações jurídicas. Pode ser extraído da garantia do princípio da legalidade e o correspondente direito de não ser obrigado a fazer ou deixar de fazer alguma coisa senão em virtude de lei (art. 5º, II, da CF/1988), passando pela expressa proteção do direito adquirido, da coisa julgada e do ato jurídico perfeito (art. 5º, XXXVI, da CF/1988), pelo princípio da legalidade e anterioridade em matéria penal (art. 5º, XXXIX, da CF/1988) e da irretroatividade da lei penal desfavorável (art. 5º, XL, da CF/1988), chegando às demais garantias processuais (penais e civis), como é o caso da individualização e limitação das penas (art. 5º, XLV a XLVIII, da CF/1988) e das garantias do devido processo legal, do contraditório e da ampla defesa (art. 5º, LIV e LV, da CF/1988).

4) Princípio (ou postulado) da proporcionalidade: trata-se de diretriz utilizada na avaliação de critérios de aplicação de direitos a partir da análise da adequação e necessidade dos meios para se atingir os objetivos pretendidos, servindo, inclusive, como mecanismo para evitar o excesso do poder. Possui, portanto, **natureza instrumental**. Entre as diversas correntes que procuram explicar o fundamento do princípio da proporcionalidade pode-se destacar tratar-se de uma decorrência do:

a) princípio da igualdade;

b) princípio do devido processo legal substancial (**posição adotada pelo STF –– ADI 855/PR**);

c) princípio do Estado de Direito (posição que prevalece na Alemanha);

d) art. 5º, § 2º, da CF/1988, que dispõe que "Os direitos e garantias expressos nesta Constituição não excluem outros decorrentes do regime e dos princípios por ela adotados, ou dos tratados internacionais em que a República Federativa do Brasil seja parte"; e

e) princípio da reserva legal, que deve ser vislumbrado como princípio da reserva legal "proporcional".

> ## Importante
>
> O princípio da proporcionalidade atua:
>
> **1)** como **parâmetro de controle da constitucionalidade material** das atividades legislativas, administrativa e judicial.
>
> **2)** na **análise das colisões de normas que envolvem direitos fundamentais**, de modo a tutelar o "núcleo essencial" de cada um deles. Exemplo: observados os direitos fundamentais da pessoa humana e o princípio da proporcionalidade, o STF entende constitucionais as medidas atípicas destinadas a assegurar a efetivação dos julgados (ADI 5941/DF).

Cap. 9 – Princípios e Direitos Fundamentais

3) como **dever estatal de proteção dos direitos fundamentais**, nas suas vertentes de **proibição de excesso** (*Ubermassverbot*) e de **proteção deficiente** (*Untermassverbot* – censura a ausência ou insuficiência de medidas estatais adotadas para garantir o exercício de um direito).

Importante

O princípio da proporcionalidade pode ser subdivido em dois pressupostos e três dimensões, que devem ser aplicados observando a seguinte **ordem "progressiva" ou "preferencial"**:

1) Pressupostos:

a) **objetivos legítimos:** os objetivos pretendidos devem ser juridicamente admissíveis; e

b) **meios legítimos:** os meios devem estar autorizados diante da análise das consequências jurídicas inerentes à norma que permita a interferência no direito fundamental.

2) Dimensões:

a) **adequação:** aptidão dos meios para se alcançar as finalidades pretendidas;

b) **necessidade:** os meios adotados devem gerar o menor impacto possível quando comparados com as alternativas existentes. Tem-se, contudo, uma margem de **"ação epistêmica"**: havendo dúvida razoável, existe um espaço conferido ao Poder Legislativo para que ele possa optar por determinada medida;

c) **proporcionalidade em sentido estrito:** as vantagens na adoção das medidas devem superar as desvantagens de sua adoção.

Atenção

No que tange à relação entre os princípios da proporcionalidade e da razoabilidade, duas correntes merecem destaque:

a) **Teoria da indistinção ou da fungibilidade:** proporcionalidade é sinônimo de razoabilidade. **É a posição adotada pelo STF** (STF, ADI 1910/DF).

b) **Teoria da distinção:** proporcionalidade e razoabilidade não se confundem, existindo três vertentes:

b.1) **teoria da distinção quanto ao plano de incidência:** a proporcionalidade diz respeito a apreciações abstratas, enquanto a razoabilidade concerne à análise de casos concretos;

b.2) **teoria da continência da proporcionalidade na razoabilidade:** a proporcionalidade é apenas o aspecto mais destacado da razoabilidade;

b.3) **teoria da continência da razoabilidade na proporcionalidade:** a razoabilidade é apenas uma análise de meios e fins, enquanto a proporcionalidade adota uma estrutura racional mais ampla, consistente na análise da adequação, necessidade e proporcionalidade em sentido estrito.

2. TEORIAS CONTEMPORÂNEAS DOS DIREITOS FUNDAMENTAIS

Os direitos fundamentais consistem em um conjunto de direitos que buscam resguardar a dignidade da pessoa humana, em especial no que tange à liberdade, igualdade e fraternidade.

Contemporaneamente, duas teorias procuram explicar os direitos fundamentais:

a) **Teoria construtivista – Erhard Denninger** (Denninger, 2003): propõe a substituição da trilogia igualdade-liberdade-fraternidade por uma nova: **segurança-diversidade-solidariedade**. Atualmente, não basta a liberdade, visto que a **segurança** é pressuposta para a democracia (exemplo: segurança contra os riscos tecnológicos e segurança ambiental). Da mesma forma, não basta a igualdade, sendo indispensável o respeito à **diversidade** – ética, política, cultural, entre outros aspectos –, inclusive por meio de ações afirmativas. Por fim, não basta a fraternidade – calcada em observar "o outro como irmão", com grande cunho simbólico –, mas é necessária a **solidariedade**, consistente em uma visão pragmática de implementação de direitos sociais.

b) **Teoria desconstrutivista – Costas Douzinas** (Douzinas, 2007): promove uma desconstrução dos direitos fundamentais, tendo em vista que não servem apenas como meio para a promoção de liberdade e resistência ao arbítrio estatal. Ao contrário, os direitos fundamentais passaram a ser um "elemento político", acarretando exclusão e perpetuação das desigualdades.

Importante

O "Constitucionalismo Democrático", da Escola de Yale, que tem como expoentes Robert Post e Reva Siegel, enfatiza o papel da sociedade civil e dos movimentos sociais na compreensão constitucional, deixando claro que a **participação pública e o debate** são os pilares para a construção de um constitucionalismo verdadeiramente democrático (Post; Siegel, 2004, p. 1027-1044).

Cap. 9 – Princípios e Direitos Fundamentais

2.1. Destinatários dos direitos e garantias fundamentais

O art. 5º, *caput*, da CF/1988 dispõe que todos são iguais perante a lei, sem distinção de qualquer natureza, garantindo-se aos brasileiros e aos estrangeiros residentes no País a inviolabilidade do direito à vida, à liberdade, à igualdade, à segurança e à propriedade.

Assim, surgiram duas correntes no que tange aos destinatários dos direitos e garantias fundamentais:

a) **Interpretação filológica ou restritiva:** os direitos e garantias individuais se destinam apenas aos brasileiros (pessoas físicas e jurídicas) e aos estrangeiros, desde que, no caso destes últimos, sejam **residentes no País**. Assim, os estrangeiros que estiverem no Brasil, mas que não tiverem residência em nosso país, não são destinatários nem podem invocar os direitos previstos no art. 5º da CF/1988 – embora possam recorrer, por exemplo, às normas de direito internacional para resguardarem seus interesses. É posição minoritária, defendida por José Afonso da Silva (Silva, 2006, p. 65).

b) **Interpretação extensiva:** não apenas os brasileiros e estrangeiros residentes no Brasil, mas **qualquer pessoa que esteja em território nacional** pode validamente invocar os direitos e garantias previstos no art. 5º da CF/1988. Os defensores dessa corrente se valem de dois fundamentos principais: a dignidade da pessoa humana (art. 1º, III, da CF/1988) e a primazia dos direitos humanos nas relações internacionais (art. 4º, II, da CF/1988). Esse é o entendimento adotado pelo STF (HC 94.016/SP).

> **Atenção**
>
> 1) Os direitos e garantias fundamentais são instrumentos de contenção do arbítrio e, portanto, podem ser invocados por todos: não apenas pessoas naturais, mas também **pessoas jurídicas de direito privado e pessoas jurídicas de direito público** – em especial, neste último caso, as garantias de natureza procedimental (contraditório, ampla defesa, devido processo legal, entre outros). Contudo, as pessoas jurídicas **não podem impetrar** *habeas corpus*, pois não sofrem nem são ameaçadas de sofrer violência ou coação em sua liberdade de locomoção (STF, HC 92.921).

2.2. Parâmetros que devem nortear decisões sobre políticas públicas relacionadas a direitos fundamentais

Com o intuito de conferir efetividade aos direitos fundamentais, o STF entende possível a intervenção do Poder Judiciário em políticas públicas, sem que ocorra violação ao princípio da separação dos Poderes, desde que observados os seguintes parâmetros:

(i) a **ausência ou a grave deficiência do serviço público**, decorrente da inércia ou excessiva morosidade do Poder Público, devem estar devidamente comprovadas nos autos;

(ii) deve-se questionar **se é razoável e faticamente viável** que a obrigação pleiteada seja universalizada pelo ente público devedor, considerados os recursos efetivamente existentes;

(iii) o Poder Judiciário deve determinar a **finalidade** a ser atingida, e não o modo como deva ser alcançada pelo administrador, prestigiando-se a resolução consensual da demanda e o diálogo institucional com as autoridades públicas responsáveis;

(iv) a decisão judicial deve **apoiar-se em documentos ou manifestações de órgãos técnicos**, os quais poderão acompanhar a petição inicial ou compor a instrução processual; e

(v) sempre que possível, deve-se **permitir a participação de terceiros no processo**, com a admissão de *amici curiae* e a designação de audiências públicas.

> **Jurisprudência**
>
> No **Tema 698** de Repercussão Geral foram fixadas as seguintes teses:
>
> 1. A intervenção do Poder Judiciário em políticas públicas voltadas à realização de direitos fundamentais, em caso de ausência ou deficiência grave do serviço, não viola o princípio da separação dos Poderes.
>
> 2. A decisão judicial, como regra, em lugar de determinar medidas pontuais, deve apontar as finalidades a serem alcançadas e determinar à Administração Pública que apresente um plano e/ou os meios adequados para alcançar o resultado.

2.2.1. *Processo com medidas estruturais e intervenção em políticas públicas*

O processo com medidas estruturais busca realizar uma reforma em entidades ou políticas públicas que não vêm atuando da forma esperada, de modo a concretizar um direito fundamental ou reorganizar uma política pública. Assim, um processo estrutural apresenta cinco **características** principais (Didier Jr., 2020, p. 107-108):

(i) tem como base um **estado de desconformidade** entre aquilo que é esperado e a forma como atua uma entidade;

(ii) traça a **forma** como vai se dar a reestruturação, mediante a prolação de uma decisão de implementação **escalonada** e que preveja um **regime de transição**;

(iii) adota um **procedimento bifásico**: define-se o problema estrutural e traça-se um programa ou projeto de reestruturação;

Cap. 9 – Princípios e Direitos Fundamentais

205

(iv) exige a **flexibilização** do procedimento, admitindo formas atípicas de intervenção de terceiros, de medidas executivas e de alteração do objeto litigioso;

(v) é marcado pela **consensualidade**, inclusive no plano dos negócios jurídicos processuais.

> ## Atenção
>
> Na esfera do controle e intervenção em políticas públicas por meio de feitos estruturais, devem ser observados princípios como a garantia do mínimo existencial, da justiça social, do atendimento ao bem comum, da universalidade, do equilíbrio orçamentário, entre outros, atentando-se para suas características peculiares, tais como:
>
> 1) a **policentria**, indicando a intervenção no contraditório do Poder Público e da sociedade;
>
> 2) a **dialogicidade**, pela abertura ao diálogo entre o juiz, as partes, os representantes dos demais Poderes e a sociedade;
>
> 3) a **cognição ampla e profunda**, de modo a propiciar ao juiz o assessoramento necessário ao pleno conhecimento da realidade fática e jurídica;
>
> 4) a **flexibilidade quanto ao procedimento**, a ser consensualmente adaptado ao caso concreto por meio de negócios jurídicos processuais;
>
> 5) a **sujeição à informação, ao debate e ao controle social**, por qualquer meio adequado, processual ou extraprocessual;
>
> 6) a prolação de **decisões judiciais abertas, flexíveis e progressivas**, inclusive por meio da relativização da regra da congruência objetiva externa (Arenhart, 2013, p. 398);
>
> 7) a **flexibilidade no cumprimento** das decisões;
>
> 8) os **provimentos em cascata**.

A reorganização de políticas públicas por meio de processos com medidas estruturais deve atentar para as seguintes fases (Costa, 2017, p. 11-12):

1) O **procedimento** deve ser **escalonado**, de modo a permitir a avaliação de eficiência e efetividade da política pública *ex ante* e *ex post*, bem como a meta-avaliação das medidas adotadas.

2) A **avaliação *ex ante*** deve atentar para:

I – o que é esperado da política pública, identificando objetivos, recursos alocados, ações que se pretende executar, resultados esperados e relações causais assumidas;

II – definição dos indicadores de desempenho a serem utilizados;

III – investigação da realidade de implementação da política pública;

IV – aferição da exequibilidade, bem como a capacidade de mensuração de seu desempenho e de alcance dos objetivos planejados; e

V – subsídios para auxiliar a tomada de decisão sobre os aperfeiçoamentos que podem ser feitos na política pública, inclusive por meio da realização de audiências públicas.

3) As **avaliações *ex ante* e *ex post*** devem observar as seguintes etapas:

I – constituição da Comissão de Avaliação, composta por especialistas na avaliação de políticas públicas e no objeto da política pública em apreço;

II – primeira coleta e envio de dados;

III – elaboração de parecer pela Comissão de Avaliação;

IV – análise dos dados pelo responsável pela análise, abrangendo teste de consistência (assertivas "se – então"), análise de vulnerabilidade e análise da pertinência e suficiência das ações (matriz ações/causas);

V – adoção das medidas cabíveis para garantir efetividade e sanar eventuais irregularidades nas políticas públicas, atentando para as alternativas de intervenção, correção de desvios ou perturbações na trajetória de implementação, adequação e disponibilidade de recursos e ampliação da transparência.

2.3. Tipologia dos direitos fundamentais

Ao nominar o Título II de "Dos Direitos e Garantias Fundamentais", o constituinte de 1988 indicou que aqui se trata do gênero, abarcando, nos diversos capítulos, as espécies, em especial:

a) os direitos e deveres individuais e coletivos (Capítulo I);

b) os direitos sociais (Capítulo II);

c) os direitos de nacionalidade (Capítulo III);

d) os direitos políticos (Capítulo IV); e

e) o regramento dos partidos políticos (Capítulo V).

Nesse contexto, os direitos fundamentais podem ser classificados da seguinte forma:

a) **Direitos individuais:** "reconhecem **autonomia aos particulares**, garantindo a iniciativa e independência dos indivíduos diante dos demais membros da sociedade política e do próprio estado" (SILVA, 1998, p. 194). Exemplo: direito de propriedade.

b) **Direitos individuais de expressão coletiva:** são direitos de titularidade individual que decorrem de **atuação convergente de várias pessoas**. Exemplo: direito de reunião.

Cap. 9 – Princípios e Direitos Fundamentais

207

c) **Direitos coletivos *lato sensu*:** podem ser classificados em três subcategorias:

c.1) **direitos difusos** (art. 81, parágrafo único, I, do CDC): conceitua os interesses ou direitos difusos como aqueles transindividuais, de natureza indivisível, de que sejam titulares pessoas indeterminadas e ligadas por circunstâncias de fato. Características: **1) transindividualidade; 2) natureza indivisível; 3) atribuição a pessoas indeterminadas; e 4) vinculação fática** (Venturini, 2007; Neves, 2016);

c.2) **direitos coletivos em sentido estrito** (art. 81, parágrafo único, II, do CDC): são direitos transindividuais, de natureza indivisível, de que seja titular grupo, categoria ou classe de pessoas ligadas entre si ou com a parte contrária por uma relação jurídica base. Características: **1) transindividualidade; 2) natureza indivisível; 3) titularidade atribuída a grupo, categoria ou classe de pessoas ligadas entre si ou com a parte contrária; e 4) existência de uma relação jurídica base** (Neves, 2016);

c.3) **direitos individuais homogêneos** (art. 81, parágrafo único, III, do CDC): decorrem de "origem comum", isto é, **unidade de origem, de procedência, de gênese da conduta** perpetrada pelo violador do direito e que pode ter fundamentos fáticos ou jurídicos (Watanabe, 2011, p. 76), sendo caracterizada, em termos processuais, pelos fatos e fundamentos legais da demanda, ou seja, narrados a título de causa de pedir (Neves, 2016, p. 157). Parcela da doutrina tem apontado para o fato de que os direitos individuais homogêneos têm mais um requisito cumulativo: para alguns, **a homogeneidade** (ou seja, dispensa de significativa imersão no campo probatório para a execução individual da demanda coletiva) e, para outros, a **presença de número razoável de pessoas** (Neves, 2016, p. 157).

2.4. Devolução de verbas recebidas de boa-fé para custear direitos fundamentais de natureza essencial

Debruçando-se sobre a temática da devolução de verbas recebidas de boa-fé para custear direitos fundamentais de natureza essencial, o STF entendeu, no RE 1.319.935 AgR ED/SP, que o segurado de plano de saúde **não precisa devolver** produtos e serviços obtidos por meio de provimento jurisdicional para custear direitos fundamentais de natureza essencial, ainda que o medicamento ou serviço não possuíssem registro nos órgãos competentes. O tribunal adotou como fundamentos para afastar o dever de devolução o direito à vida, à saúde e à boa-fé.

De modo distinto, na esfera previdenciária, o STJ firmou entendimento no Tema 692 no sentido de que "A reforma da decisão que antecipa os efeitos da tutela final **obriga o autor da ação a devolver os valores dos benefícios previdenciários ou assistenciais recebidos**, o que pode ser feito por meio de desconto em valor que não exceda 30% da importância de eventual benefício que ainda lhe estiver sendo pago".

3. DIREITOS INDIVIDUAIS E COLETIVOS EM ESPÉCIE

3.1. Direito à vida

O bem jurídico protegido é a vida humana em seu sentido biológico, não abrangendo, por exemplo, a vida dos animais. Admite, contudo, duas dimensões:

a) **Negativa:** implica um dever de abstenção (respeito) pelo Estado e particulares. Todo indivíduo tem o direito de estar vivo, de permanecer vivo, não podendo o Estado subtrair a vida de qualquer pessoa, salvo na hipótese de pena de morte em situação de guerra declarada – expressamente autorizada pelo art. 5º, XLVII, *a*, da CF/1988.

b) **Positiva:** dever de proteção da vida humana (ex.: proteção às testemunhas coagidas ou expostas a graves ameaças – Lei nº 9.807/1999) e de promoção de condições dignas de sobrevivência – em consonância, inclusive, com a teoria do mínimo existencial. Assegura o direito de exigir que o Poder Público reprima, por meio de leis e ações concretas, comportamentos incompatíveis com a dignidade da pessoa humana.

> **Importante**
>
> A eficácia *post mortem* da personalidade consiste na possibilidade de proteção de atributos da personalidade mesmo após o óbito. Exemplo: o nome e a imagem da pessoa falecida (STJ, REsp 521.697/RJ).

3.1.1. *Dimensões subjetiva e objetiva do direito à vida*

Todo direito fundamental apresenta duas **dimensões**: uma subjetiva (perspectiva do indivíduo) e outra objetiva (perspectiva da coletividade).

Com relação ao direito à vida, essas dimensões podem ser bem visualizadas na ADI 3.510, que teve como objeto a Lei de Biossegurança (Lei nº 11.105/2005), responsável por permitir a realização de pesquisas com células-tronco embrionárias.

No julgamento, o Ministro Ayres Britto analisou o direito à vida em sua **dimensão subjetiva (perspectiva do embrião como titular de direitos)**, de modo que a Constituição faz alusão à vida das pessoas **que já nasceram**, e não à vida do embrião ou do feto.

De outro modo, o Ministro Ricardo Lewandowski analisou o direito à vida em sua **dimensão objetiva (perspectiva da comunidade)**, pertencente **à humanidade como um todo**, sobretudo em decorrência dos "riscos potenciais que decorrem da manipulação do código genético humano".

Cap. 9 – Princípios e Direitos Fundamentais

3.1.2. Inviolabilidade x irrenunciabilidade do direito à vida

A **inviolabilidade** protege o direito à vida contra violações por parte de terceiros e, até mesmo, do Estado. De outro modo, a **irrenunciabilidade** tutela o direito contra o seu próprio titular, ou seja, não é possível renunciar à titularidade do direito à vida. Sobre o tema, merece destaque a discussão acerca da possibilidade de a pessoa se recusar a receber transfusão de sangue (ex.: Testemunhas de Jeová). O Enunciado nº 403, do Conselho da Justiça Federal, admite a recusa, enunciando que:

> O direito à inviolabilidade de consciência e de crença, previsto no art. 5º, VI, da Constituição Federal, aplica-se também à pessoa que se nega a tratamento médico, inclusive transfusão de sangue, com ou sem risco de morte, em razão do tratamento ou da falta dele, desde que observados os seguintes critérios: a) capacidade civil plena, excluído o suprimento pelo representante ou assistente; b) manifestação de vontade livre, consciente e informada; e c) oposição que diga respeito exclusivamente à própria pessoa do declarante.

Atenção

As **diretivas antecipadas de vontade** consistem em manifestações de vontade que versam sobre questões existenciais relativas à vida e ao cadáver (ex.: o testamento vital, a procuração para cuidados de saúde e outras disposições concernentes ao futuro da vida e do cadáver no caso de perda de autonomia pela pessoa).

3.1.3. Restrições ao direito à vida

O direito à vida, embora seja inviolável e irrenunciável, **não tem natureza absoluta**, sendo admitidas como intervenções constitucionalmente legítimas:

a) A **pena de morte no caso de guerra declarada** (art. 5º, XLVII, *a*, da CF/1988), que deverá ser executada por fuzilamento (art. 56 do Dec.-lei nº 1.001/1969).

b) O **aborto terapêutico ou necessário** (se não há outro meio de salvar a vida da gestante – art. 128, I, do Código Penal), o **aborto sentimental** (se a gravidez resulta de estupro e o aborto é precedido de consentimento da gestante ou, quando incapaz, de seu representante legal (art. 128, II, do Código Penal) ou aquele realizado no **primeiro trimestre de gestação** (STF, HC 124.306/RJ).

No que tange à interrupção voluntária da gestação no primeiro trimestre, é preciso esclarecer que a matéria foi objeto de questão incidental decidida pela 1ª Turma do STF e, portanto, não dispõe de caráter vinculante.

c) Interrupção da gravidez de feto com anencefalia, tendo em vista que a imposição estatal "da manutenção de gravidez cujo resultado final será irremediavelmente a morte do feto vai de encontro aos princípios basilares do sistema constitucional, mais precisamente à dignidade da pessoa humana, à liberdade, à autodeterminação, à saúde, ao direito de privacidade, ao reconhecimento pleno dos direitos sexuais e reprodutivos de milhares de mulheres" (STF, ADPF 54/DF).

d) Pesquisas com células-tronco embrionárias (ADI 3.510/DF, do STF): o embrião pode ser utilizado em pesquisas com células-tronco embrionárias desde que considerado inviável para a fertilização *in vitro*, ou seja, deve ser um embrião que seria descartado.

e) Ortotanásia: morte pelo seu processo natural, sem o prolongamento artificial. É conduta atípica perante o Código Penal e que não afasta a possibilidade de se oferecerem tratamentos paliativos.

> ### Atenção
>
> Diferentemente, na **eutanásia** temos a morte provocada por compaixão em pessoa que está sofrendo, portadora de doença incurável ou em estado terminal, configurando o tipo penal do homicídio privilegiado ou "por piedade" (art. 121, § 1º, do Código Penal). A **distanásia**, por sua vez, é "o prolongamento exagerado da morte de um paciente terminal ou tratamento inútil. Não visa prolongar a vida, mas sim o processo de morte" (DINIZ, Maria Helena. *O estado atual do biodireito*. São Paulo: Saraiva, 2001. p. 307). No **suicídio assistido**, a pessoa em estágio terminal é assistida por terceiros na prática, por ela mesma, de atos que levarão à sua morte (ex.: apertando um botão de uma máquina, aciona-se um dispositivo que injeta um medicamento letal).

f) Medida de **destruição de astronave hostil** (art. 303, § 2º, da Lei nº 7.565/1986).

> ### Importante
>
> **Momento em que se consuma a morte:** com o óbito encefálico, tendo em vista que o art. 3º da Lei nº 9.434/1997 dispõe que a retirada *post mortem* de tecidos, órgãos ou partes do corpo humano destinados a transplante ou tratamento deverá ser precedida de diagnóstico de morte encefálica.

3.1.4. *Direito a não sentir dor*

É possível sustentar a existência de um **direito a não sentir dor**, como decorrência do direito à vida, que apresenta duas dimensões (Sarsur, 2014, p. 141):

Cap. 9 – Princípios e Direitos Fundamentais

1) **Dimensão negativa:** proíbe a omissão do Estado diante da dor física e do sofrimento do paciente.

2) **Dimensão positiva:** impõe a adoção de políticas públicas e de ações estatais que favoreçam a atenuação do sofrimento humano, em todas as suas formas.

A premissa básica do direito a não sentir dor é o **consentimento informado**. Assim, a pessoa pode sentir dor desde que consinta; quando o sujeito já não deseja mais sentir dor, devem ser a ele oferecidos os meios para eliminar ou atenuar esta experiência (Sarsur, 2014, p. 141).

3.2. Direito à igualdade

O direito à igualdade tem como fundamento o princípio democrático e busca evitar a discriminação por motivos arbitrários, analisando a proporcionalidade dos fatores discriminantes adotados para estabelecer similitudes e distinções em situações fáticas ou jurídicas. A igualdade possui os seguintes tipos:

a) **Igualdade jurídica, perante a lei ou formal:** isonomia na interpretação e aplicação da lei, mesmo quando nela há discriminações. Impõe ao intérprete/aplicador do direito o dever de aplicar a lei para tratar igualmente os iguais e desigualmente os desiguais, na medida de suas desigualdades. Leva em consideração o **conteúdo justo do tratamento** dispensado e vem prevista no art. 5º, *caput*, da Constituição ("Todos são iguais perante a lei, sem distinção de qualquer natureza [...]"). **Destinatários principais: Executivo e Judiciário** (igualdade na interpretação/aplicação da lei).

> ### Importante
>
> A isonomia também incide no âmbito jurisdicional com arrimo no devido processo legal (art. 5º, LV, da CF/1988), vedação aos tribunais de exceção (art. 5º, XXXVII, da CF/1988) e garantia de assistência jurídica gratuita (art. 5º, LXXIV, da CF/1988).

b) **Igualdade fática, na lei ou material:** impõe aos poderes públicos o dever de adotar medidas concretas para a redução ou compensação de desigualdades existentes no plano dos fatos. Prevista no art. 3º, III, da CF/1988 ("Constituem objetivos fundamentais da República Federativa do Brasil: III – [...] reduzir as desigualdades sociais e regionais"). Vincula não apenas intérpretes/aplicadores, mas também o próprio legislador. **Destinatários principais: Legislativo** (igualdade na elaboração da lei).

> **Importante**
>
> A partir de interpretação sistemática do art. 3°, III, e do art. 5°, *caput*, é possível concluir pela adoção de uma concepção formal e material de igualdade pela CF/1988 (STF – AI 360.461 Agr/MG).

3.2.1. Âmbito de proteção

O direito à igualdade tem natureza **relacional**, ou seja, exige a comparação entre indivíduos, grupos, coisas ou situações para que seja possível verificar eventuais violações a partir de três parâmetros (Melo, 1993, p. 21):

a) o elemento tomado como fator de desigualação;

b) a correlação lógica abstrata existente entre o fator erigido em critério de discrímen e a disparidade estabelecida no tratamento jurídico diversificado; e

c) a consonância da correlação lógica com os interesses absorvidos pelo sistema constitucional.

Assim, será **legítima** a desequiparação se houver uma justificativa constitucional adequada para o tratamento conferido ao caso. Exemplo: Súmula n° 683 do STF, que admite o limite de idade para a inscrição em concurso público quando possa ser justificado pela natureza das atribuições do cargo a ser preenchido.

Contudo, será **ilegítima** a desequiparação se for baseada em critérios arbitrários, preconceituosos ou discriminatórios. Exemplo: em caso envolvendo o sistema de cotas, o STF entendeu ser inconstitucional lei estadual que assegurava, de forma infundada e/ou desproporcional, percentual das vagas oferecidas para universidade pública local a candidatos que cursaram integralmente o ensino médio em instituições públicas ou privadas da mesma unidade federativa (RE 614.873/AM). Ademais, no Tema 579, o STF firmou o entendimento de que é "constitucional a regra que veda, no âmbito do Sistema Único de Saúde, a internação em acomodações superiores, bem como o atendimento diferenciado por médico do próprio Sistema Único de Saúde, ou por médico conveniado, mediante o pagamento da diferença dos valores correspondentes".

> **Jurisprudência**
>
> 1) Em que pese a busca pela igualdade, a Súmula Vinculante n° 42 enuncia que: "É inconstitucional a vinculação do reajuste de vencimentos de servidores estaduais ou municipais a índices federais de correção monetária".
>
> 2) No mesmo sentido, a Súmula Vinculante n° 37 enuncia que: "Não cabe ao Poder Judiciário, que não tem função legislativa, aumentar vencimentos de servidores públicos sob o fundamento de isonomia".

Cap. 9 – Princípios e Direitos Fundamentais

3) Contudo, o STF tem entendido que o reconhecimento de direito de férias aos servidores temporários em equiparação aos servidores efetivos não viola a Súmula Vinculante nº 37 do STF, pois o direito de férias não se confunde com o aumento de remuneração (Rcl 19.359 AgR).

3.2.2. Ações afirmativas (ou "discriminações positivas")

As ações afirmativas consistem em políticas públicas, práticas estatais ou programas privados que, regra geral, apresentam **caráter temporário**, visando à **redução de desigualdades** decorrentes de discriminações (raça, etnia), de hipossuficiência econômica (classe social) ou características físicas (deficiência), desenvolvidas por meio da concessão de **algum tipo de compensação**, de modo a reequilibrar as oportunidades de diferentes segmentos sociais.

Excepcionalmente, as ações afirmativas não buscam reduzir as desigualdades, mas garantir oportunidades, como ocorre com aquelas voltadas a povos indígenas, buscando respeitar as diferenças culturais.

Atenção

As ações afirmativas abrangem inúmeras modalidades, **não se restringindo aos sistemas de cotas** (exemplos: concessão de bolsas de estudo, programas especiais de treinamento, linhas especiais de crédito, entre outras), podendo **beneficiar inclusive pessoas jurídicas** (ex.: concessão de incentivos fiscais para corrigir distorções regionais).

Jurisprudência

– O STF tem entendido constitucional a adoção de sistema de cotas para ingresso em universidades ou em concursos públicos, desde que observada a proporcionalidade e realizado o devido controle sobre a autodeclaração da cor/etnia. O Supremo decidiu ser legítima a utilização, nesses casos, além da **autodeclaração**, de critérios subsidiários de **heteroidentificação** – sobretudo quando existirem fundadas razões de abuso na autodeclaração, facultando-se o uso de critérios distintos, tais como a exigência de apresentação de fotos pelos candidatos, a formação de comissões com composição plural para entrevista dos candidatos, entre outros –, desde que respeitada a dignidade da pessoa humana e garantidos o contraditório e a ampla defesa (ADC 41/DF).

- O STF decidiu que prestigia o princípio da igualdade material (art. 5º, *caput*, da CF/1988) a possibilidade de o Estado lançar mão seja de **políticas de cunho universalista** – que abrangem um número indeterminados de indivíduos, mediante ações de natureza estrutural –, seja de **ações afirmativas** – que atingem grupos sociais determinados, de maneira pontual, atribuindo a estes certas vantagens, por um tempo limitado, de modo a permitir-lhes a superação de desigualdades decorrentes de situações históricas. Contudo, as políticas de ação afirmativa fundadas em **discriminação reversa** são legítimas apenas se a sua manutenção estiver condicionada à persistência, no tempo, do quadro de exclusão social que lhes deu origem. Caso contrário, tais políticas podem converter-se em **benesses permanentes**, instituídas em prol de determinado grupo social, mas **em detrimento da coletividade como um todo**, situação incompatível com o espírito da Constituição (STF, ADPF 186).

- No que tange à **política de cotas**, o STF tem entendido que os requisitos da renda familiar *per capita* e da escola pública possuem natureza objetiva e não violam a Constituição de 1988. Contudo, mesmo que o candidato tenha estudado em escola privada mediante bolsa, não poderá se beneficiar de medida de ação afirmativa (STJ, AgRg no REsp 1.314.005/RS). E mais: escola filantrópica privada não dá direito a vaga universitária pelo sistema de cotas (STJ, REsp 1.616.635).

- O STF decidiu ser inconstitucional a bonificação de inclusão regional sobre a nota final do Enem, não sendo possível beneficiar alunos pelo simples fato de que concluíram o ensino médio nas imediações da instituição de ensino superior (STF, Rcl 65.976/MA).

- O STF entendeu possível a reserva de vagas para candidatas do sexo feminino para ingresso na carreira da Polícia Militar. Nesse caso, elas devem concorrer às demais vagas, ou seja, aquelas disponibilizadas para os demais candidatos (STF, ADI 7.492/AM).

3.2.3. *Teoria do Impacto Desproporcional* (Disparate Impact Doctrine)

A Teoria do Impacto Desproporcional consiste na ideia de que as práticas empresariais e políticas públicas, ainda que não tenham intenção discriminatória no momento de sua concepção, podem violar o princípio constitucional da igualdade material "se, em consequência de sua aplicação, resultarem efeitos nocivos de incidência especialmente desproporcional sobre certas categorias de pessoas" (Gomes, 2001, p. 24).

No *leading case Griggs v. Duke Power Co.* (1971), julgado pela Suprema Corte norte-americana, com o intuito de promover seus funcionários, uma empresa aplicava testes de conhecimentos gerais que acabavam por beneficiar os trabalhadores que estudaram nas melhores escolas – ou seja, normalmente pessoas brancas –, em detri-

Cap. 9 – Princípios e Direitos Fundamentais

mento de pessoas negras – que não tiveram acesso às melhores instituições de ensino (Vitorelli, 2017, p. 83).

No Brasil, o STF empregou a Teoria do Impacto Desproporcional no julgamento da ADI 1946-5/DF, que versava sobre o salário-maternidade: a pretexto de proteger a mulher, a adoção do salário-maternidade poderia dificultar a sua inserção no mercado de trabalho, promovendo verdadeira **discriminação indireta**.

3.2.4. *Congeneridade e transferência entre instituições de ensino*

O art. 1º da Lei nº 9.536/1997 permite a transferência *ex officio* entre instituições vinculadas a qualquer sistema de ensino, em qualquer época do ano e independentemente da existência de vaga, quando se tratar de servidor público federal civil ou militar estudante, ou seu dependente estudante, se requerida em razão de comprovada remoção ou transferência de ofício, que acarrete mudança de domicílio para o município onde se situe a instituição recebedora, ou para localidade mais próxima desta.

Inicialmente, o STF decidiu dar ao art. 1º da Lei nº 9.536/1997 interpretação conforme à Constituição de 1988, de modo a autorizar a transferência obrigatória "desde que a instituição de destino seja congênere à de origem, ou seja, de pública para pública ou de privada para privada".

Contudo, no Tema 57, o STF apreciou a possibilidade de servidor público militar transferido ingressar em universidade pública, na falta de universidade privada congênere à de origem, fixando a seguinte tese: "É constitucional a previsão legal que assegure, na hipótese de transferência *ex officio* de servidor, a matrícula em instituição pública, se inexistir instituição congênere à de origem".

3.3. **Princípio da legalidade**

O princípio da legalidade tem seu nascedouro com o próprio Estado de Direito, de modo a evitar qualquer o exercício autoritário do Poder.

O art. 5º, II, da CF/1988 dispõe que "ninguém será obrigado a fazer ou deixar de fazer alguma coisa senão em virtude de lei". No âmbito das relações privadas, o dispositivo admite que se faça tudo o que a lei não proíba.

No que tange à Administração Pública, contudo, incide o **princípio da legalidade estrita**: só é permitido fazer o que a lei permitir (*rule of law, not of men*).

3.4. **Direito à privacidade**

Atualmente, o direito à privacidade é vislumbrado como **gênero,** tendo como espécies **a intimidade, a vida privada, a honra/imagem das pessoas** e, para aqueles que o admitem, **o direito ao esquecimento**.

Nesse sentido, o art. 5º, X, da CF/1988 dispõe que "são invioláveis a intimidade, a vida privada, a honra e a imagem das pessoas, assegurado o direito a indenização pelo dano material ou moral decorrente de sua violação".

Importante

A Constituição de 1988 estabelece garantias para prevenir ou reparar violações ao direito à privacidade, entre as quais podem-se mencionar: **a)** o direito à indenização por danos materiais e morais (art. 5º, V e X, da CF/1988), individuais e coletivos; **b)** a garantia contra a autoincriminação (art. 5º, LXIII, da CF/1988); e **c)** a vedação à utilização de provas obtidas por meios ilícitos (art. 5º, LVI, da CF/1988).

Atenção

Teoria das Esferas (*Sphärentheorie* do direito alemão) (Göttin; Schertz; Seitz, 2008): no intuito de explicar a distinção entre privacidade e intimidade, sustenta que, quanto mais próximo das características/experiências de identificação do indivíduo, maior deve ser o grau de proteção conferido pelo ordenamento jurídico. Assim, a teoria classifica a privacidade em três esferas concêntricas:

a) Esfera privada: contém as outras duas esferas e abrange aspectos da vida pessoal que estão excluídos do conhecimento de terceiros (noção de *privacy*) ou que existe desejo de torná-los públicos. Exemplos: 1) postagem pública no Instagram; e 2) Tema 483 do STF: "É legítima a publicação, inclusive em sítio eletrônico mantido pela Administração Pública, dos nomes dos seus servidores e do valor dos correspondentes vencimentos e vantagens pecuniárias".

b) Esfera íntima: intermediária das outras duas, abrange a intimidade, com acesso restrito a pessoas com as quais se tem um relacionamento mais próximo. Abrange relações no meio social sem interesse na divulgação (ex.: festa particular).

c) Esfera do segredo: refere-se ao sigilo, aos aspectos mais internos do indivíduo, inclusive informações confidenciais e dados pessoais (ex.: orientação sexual e confissões contidas em um diário). Inclui o direito à vida privada, permitindo à pessoa que desenvolva sua vida interior, incluindo o direito de estar só e o direito de não ser importunado (exemplo: impedir a importunação via *spam* ou *telemarketing*).

Parte da doutrina critica a Teoria das Esferas com base na impossibilidade de se fixarem cientificamente as fronteiras que dividem as bases de incidência das três esferas (Ferraz Jr., 1992, p. 216-217).

Cap. 9 – Princípios e Direitos Fundamentais

Atenção

1) Intimidade e revista íntima: o art. 1º da Lei nº 13.271/2016 estabelece que as empresas privadas e os órgãos e entidades da administração pública, direta e indireta, ficam proibidos de adotar qualquer prática de revista íntima de suas funcionárias e de clientes do sexo feminino. A norma abrange **não apenas as funcionárias, mas também as clientes**, razão pela qual tem especial incidência na seara das relações de consumo, tal como sói ocorrer com mulheres "suspeitas" de estarem furtando bens que foram levadas a salas reservadas e submetidas à revista íntima. Diante do veto ao art. 3º da Lei nº 13.271/2016, permanece a discussão sobre a possibilidade de realização de revista íntima em presídios.

Ademais, no Tema 998, o STF já formou maioria no sentido de ser inadmissível a prática vexatória da revista íntima em visitas sociais nos estabelecimentos de segregação, tendo sido proposta a seguinte tese: "É inadmissível a prática vexatória da revista íntima em visitas sociais nos estabelecimentos de segregação vedados sob qualquer forma ou modo o desnudamento de visitantes e a abominável inspeção de suas cavidades corporais. A prova a partir dela obtida é ilícita, não cabendo como escusa a ausência de equipamentos eletrônicos e radioscópicos, ressalvando-se as decisões proferidas e transitadas em julgado até a data deste julgamento. Confere-se o prazo de 24 meses, a contar da data deste julgamento, para aquisição e instalação de equipamentos como *scanners* corporais, esteiras de raio X e portais detectores de metais".

2) *Sharenting* **ou** *oversharenting***:** são expressões que refletem o fenômeno da **superexposição de imagens e dados de crianças e adolescentes na Internet (*sites*, redes sociais, entre outros)**, com potencial de impactar decisivamente o desenvolvimento psicofísico, sobretudo diante da facilidade com que os conteúdos postados em redes sociais se disseminam. A temática envolve o embate entre a liberdade de expressão dos pais (vinculada à autoridade parental) e os direitos fundamentais dos filhos à privacidade, à imagem e à proteção aos dados pessoais. Embora o STF ainda não tenha se debruçado sobre o tema, prevalece o entendimento de que incide o princípio do melhor interesse da criança e do adolescente: o direito à livre expressão dos pais deve ser mitigado no resguardo dos interesses dos filhos.

Importante

Graus de proteção do direito à privacidade: é preciso distinguir três aspectos:

a) Locais públicos e reservados: os fatos ocorridos em um local reservado merecem uma proteção jurídica mais intensa do que um fato ocorrido em um local público.

b) Pessoas públicas e comuns: a proteção à privacidade da pessoa pública é menos intensa do que aquela conferida a uma "pessoa comum".

c) Fatos de interesse público e de mero interesse do público: fatos de interesse público são relevantes para a sociedade (ex.: o STF entendeu constitucional a requisição direta do Ministério Público de informações bancárias de contas de titularidade da Prefeitura, com o fim de averiguar eventuais irregularidades, sem que a medida venha a caracterizar quebra de sigilo bancário de forma ilegal – RHC 133.118/CE), enquanto os fatos de mero interesse do público são motivados pela curiosidade, **não justificando**, portanto, a relativização do direito à privacidade (ex.: apuração de "traição" praticado por um famoso jogador de futebol).

Jurisprudência

Segundo o STF, as autoridades e os agentes fiscais tributários da União, dos Estados, do Distrito Federal e dos Municípios **podem requisitar diretamente das instituições financeiras informações sobre as movimentações bancárias dos contribuintes**, com fulcro no art. 6º da Lei Complementar nº 105/2001, visto que não se trata de efetiva "quebra" de sigilo bancário, mas apenas de "transferência de sigilo" dos bancos ao Fisco (ADI 2.390/DF, ADI 2.386/DF, ADI 2.397/DF e ADI 2.859/DF). De qualquer modo, devem ser observados os seguintes parâmetros: a) pertinência temática entre a obtenção das informações bancárias e o tributo objeto de cobrança; b) prévia notificação do contribuinte quanto à instauração do processo; c) sujeição do pedido de acesso a um superior hierárquico; d) existência de sistemas eletrônicos de segurança que sejam certificados e com o registro de acesso; e e) estabelecimento de mecanismos efetivos de correção de desvios.

3.4.1. *Direito à honra*

A honra se divide em **subjetiva** (estima que a pessoa tem do si própria) e **objetiva** (reputação do indivíduo no meio social).

A referência à honra pelo art. 5º, X, da CF/1988 abrange não apenas a honra das pessoas físicas (subjetiva e objetiva), mas também a das pessoas jurídicas (honra objetiva). Nesse sentido, a Súmula nº 227 do STJ estabelece que a pessoa jurídica pode sofrer dano moral.

3.4.2. *Direito à imagem*

A imagem é um direito inato da pessoa humana e abrange qualquer expressão formal e sensível da personalidade. Na Constituição de 1988, o direito à imagem encon-

Cap. 9 – Princípios e Direitos Fundamentais

tra reverberação em três incisos distintos do art. 5º: V (imagem-atributo), X (imagem propriamente dita) e XXVIII, alínea *a* (proteção da imagem no que tange ao criador da obra).

Tradicionalmente, a doutrina subdivide o direito à imagem em três espécies (Martínez, 1997):

a) **imagem-retrato:** é aquela visualmente perceptível e que abrange tudo o que pode concretamente individualizar uma pessoa, ou seja, as características comportamentais que a tornam única no mundo. Não se refere apenas à representação do corpo físico ou a expressão material da pessoa, mas, sim, à representação de todos os aspectos que a individualizam, como a voz, os gestos, a forma de caminhar, entre outros;

b) **imagem-atributo:** corresponde às qualidades e características intrínsecas do indivíduo, ao prestígio, à reputação que a pessoa desfruta no meio social, sua conduta particular ou em sua atividade profissional;

c) **imagem-voz:** timbre sonoro que serve para a identificação da pessoa (exemplo: "Lombardi").

Importante

1) A tutela constitucional da imagem é estendida às pessoas jurídicas, salvo, obviamente, no que tange à imagem-retrato e imagem-voz.

2) O **direito à imagem não é absoluto,** podendo ser relativizado em hipóteses: a) de notoriedade (ex.: artistas); b) natureza pública do local em que captadas as imagens; c) interesse de ordem pública (ex.: divulgação de imagens de criminosos, visando a captura); e d) interesse científico, didático ou cultural (ex.: biografias).

Na ADI 4.815/DF, o STF, conferindo interpretação conforme à Constituição aos arts. 20 e 21 do Código Civil, declarou **inexigível autorização de pessoa biografada** relativamente a obras biográficas literárias ou audiovisuais, bem como de pessoas retratadas como coadjuvantes (ou de seus familiares, em caso de pessoas falecidas ou ausentes).

O direito à imagem pode, ainda, ser tutelado pela **via coletiva**, admitindo o art. 1º, VII, da Lei da Ação Civil Pública o ajuizamento de ações de responsabilidade por danos morais e patrimoniais causados à honra e à dignidade de grupos raciais, étnicos ou religiosos.

Por fim, a Súmula nº 403 do STJ enuncia que independe de prova do prejuízo a indenização pela publicação não autorizada de imagem de pessoa com fins econômicos ou comerciais.

3.4.3. Sigilo de correspondência, comunicação e de dados

O art. 5°, XII, da CF/1988 dispõe ser inviolável o sigilo da correspondência e das comunicações telegráficas, de dados e das comunicações telefônicas, salvo, no último caso, por ordem judicial, nas hipóteses e na forma que a lei estabelecer para fins de investigação criminal ou instrução processual penal.

Assim, o dispositivo estabelece a proteção ao sigilo de quatro formas de comunicações, com ressalva expressa apenas com relação a uma delas:

1) **Correspondência**, sem fazer qualquer ressalva expressa.

2) **Telegráfica**, sem fazer qualquer ressalva expressa. Não pode ser violada, salvo nas hipóteses de decretação de estado de defesa e de sítio (arts. 136, § 1.°, I, c, e 139, III, da CF/1988) ou em razão da ponderação de princípios realizada diante de caso concreto.

3) **Dados**, sem fazer qualquer ressalva expressa.

4) **Telefônica**, contendo ressalva expressa, de modo a exigir ordem judicial, podendo ser admitida nas hipóteses e na forma que a Lei n° 9.296/1996 estabelecer para fins de investigação criminal ou instrução processual penal.

3.4.4. Quebra do sigilo de dados

A quebra do sigilo de dados é um gênero, que pode abranger o acesso a **dados bancários**, **fiscais**, **telefônicos** ou **informáticos**.

Para que a quebra do sigilo de dados seja lícita, é preciso a presença **cumulativa** de dois pressupostos:

1) **material:** devida justificação constitucional; e

2) **formal:** autorização por autoridade competente, ou seja, as autoridades judiciárias, o Corregedor Nacional de Justiça (em processo regularmente instaurado para apuração de infração por sujeito determinado, mediante decisão fundamentada e baseada em indícios concretos – STF, ADI 4709/DF) e as Comissões Parlamentares de Inquérito (estaduais ou federal – art. 58, § 3°, da CF/1988).

> **Importante**
>
> CPI de âmbito municipal não pode determinar a quebra do sigilo de dados, visto que inexiste Poder Judiciário na esfera municipal, inviabilizando a incidência do art. 58, § 3°, da CF/1988.

Cap. 9 – Princípios e Direitos Fundamentais

> **Jurisprudência**
>
> Os Tribunais de Contas e o Ministério Público não têm, em regra, legitimidade para quebrarem o sigilo bancário, devendo buscar o acesso aos dados por meio de autorização judicial (STF, ADI 4.709/DF). Contudo, nas hipóteses em que as **operações financeiras envolvem recursos públicos**, inexiste óbice à requisição direta, sendo dispensado o acesso prévio ao Poder Judiciário.
>
> O STF entende constitucional o **compartilhamento dos relatórios de inteligência financeira do COAF e da íntegra do procedimento de fiscalização da Receita Federal** com as polícias e o Ministério Público, sem a obrigatoriedade de prévia autorização judicial, devendo ser resguardado o sigilo das informações em procedimentos formalmente instaurados e sujeitos a posterior controle jurisdicional (RE 1.055.941 – Tema 990).
>
> O STF entende **não ser necessária a observância à ampla defesa antes de quebrar o sigilo de dados na órbita investigativa**, visto que o contraditório não incide na fase inquisitorial (AgRg no Inq 897/DF).
>
> O *habeas corpus* pode ser utilizado para impugnar decisão judicial que autoriza a quebra de sigilos fiscal e bancário em procedimento criminal, "haja vista a possibilidade destes resultarem em constrangimento à liberdade do investigado" (STF, AI 573.623).

3.4.5. *Direito fundamental à proteção dos dados pessoais*

O tratamento de dados, fruto do avanço da tecnologia da informação, tem implicado inúmeras discussões doutrinárias sobre a forma como deve ser regulamentado.

No âmbito infraconstitucional, o CDC regulamenta a matéria, especialmente no que concerne ao direito de acesso à informação, ao direito de retificação e ao limite temporal para manutenção dos dados, entre outros aspectos.

Ademais, a Lei nº 12.414/2011, também conhecida como "Lei do Cadastro Positivo", veda o armazenamento de dados sensíveis e excessivos, dispondo, ainda, sobre o acesso aos principais elementos da análise de risco.

Não bastasse, a Lei nº 12.527/2011, conhecida como "Lei de Acesso à Informação", disciplina de forma geral o tratamento de informações pessoais.

A Lei nº 12.965/2014, conhecida como "Marco Civil da Internet", contempla inúmeras disposições sobre a proteção de dados.

Contudo, nenhum desses diplomas regulamentava de forma específica e estruturada a tutela de dados pessoais. Diante da existência de lacuna, sobreveio a Lei nº 13.709/2018, conhecida como Lei Geral de Proteção de Dados (LGPD), que regulamentou o tratamento de dados pessoais, inclusive nos meios digitais, por pessoa natural ou por pessoa jurídica de direito público ou privado.

Nesse sentido, o STF entendia ser a proteção de dados pessoais direito fundamental implícito, inserido nos incisos X e XII do art. 5º da Constitucional de 1988, que compõem a chamada cláusula geral de privacidade (ADIs 6.387, 6.388, 6.389 e 6.390).

Com o advento da EC nº 115/2022, o inciso LXXIX do art. 5º da CF/1988 passou a assegurar, "nos termos da lei, o direito à proteção dos dados pessoais, inclusive nos meios digitais". Trata-se de norma constitucional de eficácia limitada, mas que já produz efeitos, tendo em vista a anterior edição LGPD (Lei nº 13.709/2018).

Assim, o direito fundamental à Proteção dos Dados Pessoais **deixou de ser implícito e passou a estar explicitamente previsto na Constituição** de 1988, assumindo a condição de cláusula pétrea, de modo que não pode ser objeto de deliberação a proposta de emenda tendente a abolir o mencionado direito.

Ademais, a EC nº 115/2022 atribuiu **à União a competência para organizar e fiscalizar a matéria**, acrescentando o inciso XXVI ao art. 21 da CF/1988.

E mais: com o advento da EC nº 115/2022, o art. 22 da Constituição foi acrescido do inciso XXX, que dispõe **competir privativamente à União legislar sobre a proteção e tratamento de dados pessoais**. Assim, é competência privativa da União legislar sobre proteção e tratamento de dados pessoais, de forma a uniformizar a regulamentação do tema, nos termos da LGPD.

O art. 22, parágrafo único, da Constituição permite que lei complementar autorize os Estados a legislar sobre questões específicas da proteção e tratamento de dados pessoais.

3.4.6. *Sigilo de dados processuais*

O sigilo de dados processuais abrange os processos judiciais e administrativos e vem previsto em dois dispositivos constitucionais: arts. 5º, LX, e 93, IX, ambos da Constituição de 1988.

Assim, embora os dados no ambiente processual sejam normalmente públicos, a defesa da intimidade pode determinar o sigilo, implicando responsabilidade do Estado eventual revelação.

Todos têm direito a receber dos órgãos públicos informações de seu interesse particular, ou de interesse coletivo ou geral, que serão prestadas no prazo da lei, sob pena de responsabilidade, ressalvadas aquelas cujo sigilo seja imprescindível à segurança da sociedade e do Estado (art. 5º, XXXIII, da CF/1988).

3.4.7. *Sigilo das comunicações em geral*

Em regra, qualquer tipo de captação ou registro de comunicações alheias é ilícito. Contudo, em determinadas hipóteses, é possível a captação ou registro das comunicações, ainda que sob autorização judicial.

Cap. 9 – Princípios e Direitos Fundamentais

Nesse sentido, são possíveis as seguintes formas de intervenção nas comunicações:

1) **Interceptação:** registro realizado por terceiros no momento da comunicação, sem o conhecimento dos interlocutores, sendo vedada pelo art. 5º, XII, da CF/1988. Pode ser classificada em três espécies:

   a) **interceptação da correspondência:** em regra, não é possível a violação do sigilo das correspondências, porém existem três exceções: **Estado de defesa** (art. 136, § 1º, I, *b*, da CF/1988); **Estado de sítio** (art. 139, III, da CF/1988); e **administração penitenciária** no que tange à correspondência remetida pelo reeducando (art. 41 da LEP – STF, HC 70.814/SP). Os requisitos para a interceptação da correspondência são os mesmos elencados no art. 2º da Lei nº 9.296, de 24 de julho de 1996, ou seja: I – indícios razoáveis da autoria ou participação em infração penal; II – a prova não puder ser feita por outros.

> **Jurisprudência**
>
> No Tema 1.041, o STF assentou o entendimento de que "Só é lícita a prova obtida por meio da abertura de carta, telegrama ou encomenda postada nos Correios quando houver autorização judicial ou nas hipóteses legais".

   b) **interceptação da comunicação de dados:** o STF adotou a posição **ampliativa**, segundo a qual dados informáticos, bancários, fiscais e telefônicos estão abrangidos pelo art. 5º, XII, da CF/1988, em atenção ao princípio da máxima efetividade dos direitos fundamentais (HC 168.052/SP); e

   c) **interceptação das comunicações telefônicas:** é possível a interceptação de comunicações telefônicas, desde que presentes os seguintes requisitos: (i) ordem judicial (não pode, por exemplo, ser autorizada por CPI); (ii) nas hipóteses e na forma que a Lei nº 9.296/1996 estabelecer; e (iii) para fins de investigação criminal ou instrução processual penal (a interceptação telefônica em face de servidor público para fins de investigação criminal seja utilizada como prova emprestada em processo administrativo disciplinar).

2) **Gravação:** registro realizado por um dos interlocutores, sem o conhecimento de algum dos outros interlocutores.

3) **Escuta:** registro feito por terceiros, com o conhecimento de pelo menos um dos interlocutores.

A escuta e a gravação não exigem, em regra, a existência de ordem judicial prévia.

> ### Atenção
>
> Interceptação, gravação e escuta ambiental:
>
> - **Interceptação ambiental:** consiste na captação ambiental de sinais eletromagnéticos, ópticos ou acústicos feita por terceiros sem o conhecimento dos interlocutores. O Pacote Anticrime inseriu o art. 8º-A na Lei nº 9.296/1996, passando a exigir, de forma genérica, a prévia autorização judicial para a captação ambiental.
>
> - **Gravação ambiental ou "clandestina":** um dos interlocutores efetua o registro, sem o conhecimento de um dos demais. O STF fixou o entendimento de que **é lícita a prova consistente em gravação ambiental** realizada por um dos interlocutores sem conhecimento do outro (RE 583.937 – Tema 237). Assim, a gravação ambiental feita por advogados que participam da colheita do depoimento, ainda que clandestina ou inadvertida, não configura crime, escuta ambiental, muito menos interceptação telefônica (STJ, HC 662.690/RJ). Portanto, não há vedação para que uma pessoa grave uma conversa da qual ela participa, mas a gravação "clandestina" **será ilícita** quando: **utilizada sem justa causa** ou **violar causa legal específica de sigilo ou de reserva de conversação** (exemplos: conversas entre médico e paciente ou entre um advogado e seu cliente – STF, AI 560.223 AgR/SP).
>
> - **Escuta ambiental:** ao menos um dos interlocutores tem ciência da gravação (Lei nº 12.850/2013, art. 3º).

3.4.8. *Direito ao esquecimento*

No Tema 786 de Repercussão Geral (RE 1.010.606), o STF entendeu **incompatível com a Constituição a ideia de "um direito ao esquecimento**, assim entendido como o poder de obstar, em razão da passagem do tempo, a divulgação de fatos ou dados verídicos e licitamente obtidos e publicados em meios de comunicação social analógicos ou digitais".

Contudo, o Tribunal deixou claro que eventuais excessos ou abusos no exercício da liberdade de expressão e de informação devem ser analisados caso a caso, a partir da proteção da honra, da imagem, da privacidade e da personalidade em geral, bem como das expressas e específicas previsões legais nos âmbitos penal e cível.

3.5. **Inviolabilidade do domicílio**

O art. 5º, XI, da Constituição de 1988 dispõe que "a casa é asilo inviolável do indivíduo, ninguém nela podendo penetrar sem consentimento do morador, salvo em caso de

Cap. 9 – Princípios e Direitos Fundamentais

flagrante delito ou desastre, ou para prestar socorro, ou, durante o dia, por determinação judicial".

O conceito de casa é abrangente, ultrapassando a ideia de moradia: contempla qualquer local fechado, habitado e não aberto ao público (ex.: escritórios profissionais, consultórios, estabelecimentos comerciais, hotéis, motéis, barcos, *trailers*, barracas, entre outros – STF, HC 93.050/RJ). Até mesmo veículo automotor pode ser enquadrado no conceito de "casa", desde que utilizado como moradia (exemplo: *motorhome* – STF, RHC 117.767/DF).

O ingresso em domicílio só pode ocorrer quando há o consentimento do morador. Excepcionalmente, contudo, é possível ingressar em domicílio sem autorização do morador nas hipóteses de:

a) **flagrante delito**, desde que exista justificativa no momento da prática do ato e ainda que as razões sejam apresentadas posteriormente;

b) **desastre**;

c) **prestação de socorro**;

d) **determinação judicial, durante o dia:** há basicamente dois critérios utilizados para definir o significado do termo "dia" contido no art. 5º, XI, da CF/1988: (i) **critério cronológico** (considera dia o período compreendido entre 6h00min e 18h00min); (ii) **físico-astronômico** (considera dia o **período entre a aurora e o crepúsculo**).

Como as três primeiras hipóteses (flagrante delito, desastre e prestação de socorro) têm natureza emergencial, o ingresso em domicílio pode ocorrer durante o dia ou a noite.

Jurisprudência

O ingresso em residência para efetuar uma prisão não implica liberdade para vasculhar todo o seu interior (**pescaria probatória ou *fishing expedition***), sob pena de nulidade (STJ, HC 663.055/MT).

• No Tema 280, o STF entendeu que a entrada forçada em domicílio sem mandado judicial só é lícita, mesmo em período noturno, quando amparada em fundadas razões, devidamente justificadas *a posteriori*, que indiquem que dentro da casa ocorre situação de flagrante delito, sob pena de responsabilidade disciplinar, civil e penal do agente ou da autoridade, e de nulidade dos atos praticados.

• O STF decidiu que não há violação à proteção conferida aos domicílios na colocação de grampo telefônico em período noturno em escritório de advocacia, tendo em vista não apenas que a realização da diligência em período diurno seria inviável, mas também em atenção ao princípio da proporcionalidade (Inq 2.424/RJ).

3.6. Direitos de liberdade

A liberdade apresenta duas dimensões:

a) **Liberdade negativa** (liberdade civil, "dos modernos", "de agir"): situação em que a pessoa tem "a possibilidade de agir sem ser impedido, ou de não agir sem ser obrigado por outros" (Bobbio, 1996, p. 48).

b) **Liberdade positiva** (liberdade política, "dos antigos", "de querer"): "situação na qual um sujeito tem a possibilidade de orientar seu próprio querer no sentido de uma finalidade sem ser determinado pelo querer dos outros" (Bobbio, 1996, p. 42). Trata-se de liberdade para que os indivíduos façam suas próprias escolhas, estando vinculada à autodeterminação/autonomia de cada pessoa.

Principais modalidades:

1) **Liberdade de ação:** reflexo da autonomia privada, relaciona-se com as possibilidades de escolha conferidas à pessoa dentro dos limites traçados pelo ordenamento ("o que não está proibido, está permitido"). Abrange, inclusive, o direito à resistência contra o exercício ilegal do poder e contra a atividade de legislar violando o núcleo essencial da autonomia privada. A liberdade de ação encontra limites não apenas na lei e na Constituição de 1988, mas também na eficácia horizontal dos direitos fundamentais.

2) **Liberdade de locomoção:** está relacionada ao direito de ir, vir, ficar e permanecer, vedando que o indivíduo seja preso fora das hipóteses admitidas pela Constituição de 1988. Encontra previsão no art. 5º, XV, da CF/1988 ("é livre a locomoção no território nacional em tempo de paz, podendo qualquer pessoa, nos termos da lei, nele entrar, permanecer ou dele sair com seus bens") e conta com uma garantia fundamental específica: o *habeas corpus* (art. 5º, LXVIII, da CF/1988).

> **Atenção**
>
> Durante o estado de sítio decretado com fundamento no art. 137, I, da CF/1988, poderão ser adotadas medidas como a obrigação de permanência em localidade determinada (art. 139, I, da CF/1988) e a detenção em edifício não destinado a acusados ou condenados por crimes comuns (art. 139, II, da CF/1988). Ademais, nas hipóteses de decretação de estado de sítio fundadas no art. 137, II, da CF/1988, a liberdade de locomoção poderá ser restringida ou suspensa, nos termos do art. 138, *caput*, da CF/1988.

3) **Liberdade de manifestação de pensamento:** encontra previsão no art. 5º, IV, da Constituição de 1988, ao dispor ser "livre a manifestação do pensamento, sendo vedado o anonimato". Trata-se de liberdade intelectual de que dispõe cada pessoa

Cap. 9 – Princípios e Direitos Fundamentais

de escolher e manifestar sua forma de pensar, garantindo que não será punida, ainda que externe pensamentos pecaminosos ou imorais. Abrange **quaisquer modalidades de expressão, inclusive as não verbais**. A liberdade de manifestação do pensamento se relaciona com (art. 5º, IX, da CF/1988):

a) **a liberdade de expressão artística**;

b) **a liberdade da atividade intelectual**;

c) **a liberdade científica**;

d) **a liberdade de ensino e pesquisa** (art. 206, II, da CF/1988);

e) **a liberdade de comunicação** e abrange a inexigibilidade de licença prévia e a impossibilidade de censura (art. 220, § 2º, da CF/1988);

f) **a liberdade de expressão religiosa**.

Jurisprudência

O STF foi instado a se manifestar sobre a possibilidade de, em nome da liberdade religiosa, excepcionar obrigação imposta a todos relativa à identificação civil. Em outras palavras, é possível tirar fotografias para documentos oficiais utilizando vestimentas ou acessórios que representem manifestação da fé (exemplo: um judeu que deseja tirar uma foto para sua CNH usando uma Kipá)? O STF entendeu possível utilizar vestimentas que sejam manifestação de fé à luz do direito à liberdade de crença e religião (art. 5º, VI, da Constituição de 1988) e com amparo no princípio da proporcionalidade, tendo fixado a seguinte tese no Tema 953: "É constitucional a utilização de vestimentas ou acessórios relacionados a crença ou religião nas fotos de documentos oficiais, desde que não impeçam a adequada identificação individual, com rosto visível".

A livre manifestação do pensamento pode ser restringida nas seguintes hipóteses:

a) **Proibição do anonimato**: o art. 5º, IV, da CF/1988 estabelece expressamente a vedação ao anonimato, com o intuito de evitar o exercício abusivo do direito (**anonimato vil**) e, consequentemente, permitir a devida responsabilização do agente e o exercício do direito de resposta. O **pseudônimo** apenas caracterizará anonimato se não for possível identificar o autor.

Atenção

1) O *whistleblower* (ou "soprador do apito", "denunciante" ou "informante") é pessoa que expõe atividades ilícitas no âmbito de organizações públicas ou privadas às autoridades, com o intuito de que sejam apuradas, razão pela qual

tem o direito subjetivo de conservar-se no anonimato. Nesse sentido, o art. 3º da Lei nº 13.608/2018 dispõe que o "informante que se identificar terá assegurado, pelo órgão que receber a denúncia, o sigilo dos seus dados". Ademais, poderão a União, os Estados, o Distrito Federal e os Municípios, no âmbito de suas competências, estabelecer formas de recompensa pelo oferecimento de informações que sejam úteis para a prevenção, a repressão ou a apuração de crimes ou ilícitos administrativos, inclusive o pagamento de valores em espécie (art. 4º da Lei nº 13.608/2018).

2) Bilhetes apócrifos (sem assinatura) e denúncias anônimas: Em regra, a vedação ao anonimato impede que denúncias anônimas ou bilhetes apócrifos possam ser utilizados como fundamento para a instauração de um procedimento investigativo. Excepcionalmente, contudo, podem ser admitidos como provas lícitas em duas situações:

- **Bilhete apócrifo (sem assinatura):** pode ser admitido como prova quando for produzido pelo próprio acusado ou quando constituir o corpo de delito do crime. Exemplo: um criminoso sequestra alguém e manda um bilhete apócrifo solicitando o pagamento de determinada quantia para o resgate. O bilhete foi produzido pelo próprio acusado, sendo admitido como prova lícita.

- **Denúncia anônima:** embora a denúncia anônima não possa servir, por si só, de fundamento para a instauração de procedimento investigativo, a autoridade competente tem o dever funcional de investigar o fato ilícito que lhe foi comunicado. Nesse sentido, a Súmula nº 611 do STJ enuncia que: "Desde que devidamente motivada e com amparo em investigação ou sindicância, é permitida a instauração de processo administrativo disciplinar com base em denúncia anônima, em face do poder-dever de autotutela imposto à Administração".

b) **Direito de resposta:** autônomo com relação à liberdade de manifestação do pensamento, está previsto no art. 5º, V, da CF/1988 ("É assegurado o direito de resposta, proporcional ao agravo, além da indenização por dano material, moral ou à imagem"). Deve ser **proporcional ao agravo sofrido**. Assim, se um jornal publica, em sua primeira página, notícia falsa em relação a alguém, o direito de resposta deve ser proporcional, ou seja, publicado também na primeira página. Contudo, o exercício do direito de resposta não exclui a possibilidade de se buscar indenização por danos materiais, morais ou à imagem da pessoa.

c) **Direito de acesso à informação e garantia do sigilo da fonte:** é assegurado a todos o acesso à informação e resguardado o sigilo da fonte, quando necessário ao exercício profissional (art. 5º, XIV, da CF/1988). Ademais, todos têm direito a receber dos órgãos públicos informações de seu interesse particular, ou de interesse coletivo ou geral, que serão prestadas no prazo da lei, sob pena de responsabilidade, ressalva-

Cap. 9 – Princípios e Direitos Fundamentais

das aquelas cujo sigilo seja imprescindível à segurança da sociedade e do Estado (art. 5º, XXXIII, da CF/1988).

d) **Veracidade da informação:** a informação divulgada deve ser verdadeira, razão pela qual, nos termos da Súmula nº 221, do STJ, "São civilmente responsáveis pelo ressarcimento de dano, decorrente de publicação pela imprensa, tanto o autor do escrito quanto o proprietário do veículo de divulgação".

e) **Atos considerados ofensivos à honra ou à imagem alheia** (ex. calúnia, difamação, injúria, denunciação caluniosa, entre outros).

f) *Fighting words:* discursos que incitem a prática de violência imediata em seus destinatários, destituídos de valor social ou persuasivo (ex. tatuagem contendo a inscrição "morte aos delinquentes").

> **Jurisprudência**
>
> Em atenção ao princípio da liberdade de manifestação do pensamento, o STF fixou a seguinte tese no Tema 838: "Editais de concurso público não podem estabelecer restrição a pessoas com tatuagem, salvo situações excepcionais em razão de conteúdo que viole valores constitucionais".

g) **Discurso de ódio (*hate speech*):** o STF tem entendido que os princípios da igualdade e da dignidade da pessoa humana impedem manifestações do pensamento pautadas pelo ódio (RHC 146.303/RJ). Nesse sentido, o art. 20 da Lei nº 7.716/1989 tipifica a conduta de "Praticar, induzir ou incitar a discriminação ou preconceito de raça, cor, etnia, religião ou procedência nacional".

h) **Tendência de restrição *a posteriori* da liberdade de expressão:** a liberdade de imprensa assegura aos profissionais de comunicação social o direito de buscar, de receber e de transmitir informações e ideias por quaisquer meios, ressalvada a possibilidade de intervenção judicial, necessariamente *a posteriori*, nos casos em que se registrar prática abusiva dessa prerrogativa (STF, Rcl 21504 AgR/SP).

i) **Vedação ao proselitismo e liberdade de expressão:** viola o princípio constitucional da liberdade de expressão a vedação, no âmbito da programação das emissoras de radiodifusão comunitária, da prática de proselitismo, ou seja, a transmissão de conteúdo tendente a converter pessoas a uma doutrina, sistema, religião, seita ou ideologia, visto que a liberdade de pensamento inclui o discurso persuasivo, o uso de argumentos críticos, o consenso e o debate público informado (STF, ADI 2.566/DF).

3.7. Liberdade religiosa

A liberdade de consciência consiste na faculdade de aderir a certos valores morais ou espirituais, abrangendo convicções filosóficas, políticas, religiosas e morais.

De outro modo, **a liberdade de crença** apresenta as faculdades de crer em alguns conceitos sobrenaturais propostos por alguma religião ou revelação (**teísmo**), de acreditar na existência de Deus, mas rejeitar qualquer espécie de revelação divina (**deísmo**), e de não ter crença em Deus algum (**ateísmo**).

A liberdade de culto, por sua vez, é a exteriorização da liberdade de crença, podendo ser exercida em locais públicos ou privados por meio de rituais. Exemplos: participação em procissão, cultos em igrejas, entre outros.

> **Atenção**
>
> O art. 5º, VI, da CF/1988 dispõe ser "inviolável a **liberdade de consciência** e de **crença**, sendo assegurado o livre exercício dos cultos religiosos e garantida, na forma da lei, a proteção aos locais de **culto** e a suas liturgias".

A **liberdade de organização religiosa** assegura liberdade para o estabelecimento e organização de entidades religiosas. Nesse sentido, o art. 150, VI, *b*, da Constituição estabelece imunidade tributária com relação aos impostos sobre entidades religiosas e templos de qualquer culto, inclusive suas organizações assistenciais e beneficentes.

A **liberdade para prestar assistência a pessoas internadas**, prevista no art. 5º, VII, da CF/1988, assegurada, nos termos da lei, a prestação de **assistência religiosa** nas entidades civis e militares de internação coletiva. Assim, aos religiosos de todas as confissões é assegurado o acesso aos hospitais da rede pública ou privada, bem como aos estabelecimentos prisionais civis ou militares, para dar atendimento religioso aos internados, desde que em comum acordo com estes, ou com seus familiares no caso de doentes que já não mais estejam no gozo de suas faculdades mentais (art. 1º da Lei nº 9.982/2000).

> **Atenção**
>
> O **direito à apostasia** consiste no respeito à negação, renúncia ou saída de determinada religião ou culto religioso, independentemente das regras previstas pela própria religião.

3.7.1. Objeção de consciência (escusa de consciência ou imperativo de consciência)

A objeção de consciência consiste na possibilidade de o indivíduo invocar suas convicções para se **eximir de cumprir determinadas obrigações legalmente previstas,** ficando, contudo, submetido ao cumprimento de prestações alternativas previstas em lei.

Cap. 9 – Princípios e Direitos Fundamentais

O imperativo de consciência deve ser baseado em convicções que possam causar um grave tormento moral ao indivíduo, ou seja, deve ter como base um **pensamento estruturado, coerente, sincero e "irrenunciável" moralmente para determinada pessoa**. Presentes esses requisitos, é possível a dispensa, por exemplo, de atividades de caráter essencialmente militar, podendo prestar atividades alternativas de caráter administrativo, assistencial, filantrópico ou mesmo produtivo, em substituição às atividades de caráter essencialmente militar (art. 3º, § 2º, da Lei nº 8.239/1991 c/c art. 143, § 1º, da CF/1988).

Nesse sentido, o art. 5º, VIII, da CF/1988 dispõe que "ninguém será privado de direitos por motivo de **crença religiosa ou de convicção filosófica ou política**, salvo se as invocar para eximir-se de obrigação legal a todos imposta e recusar-se a cumprir prestação alternativa, fixada em lei".

> ## Atenção
>
> A expressão "obrigação legal a todos imposta" não implica a imposição a todas as pessoas de determinada obrigação, mas apenas que seja uma obrigação legal imposta a todos os que se encontrarem na mesma situação.
>
> Além disso, quando a obrigação legal é imposta a todos os que se encontram em uma mesma situação, a pessoa pode alegar imperativo de consciência, devendo cumprir uma prestação alternativa. Contudo, se houver recusa ao cumprimento da obrigação legal e da prestação alternativa, é possível a imposição de uma sanção: privação dos direitos políticos. Existem duas correntes que procuram explicar sua natureza à luz do art. 15, IV, da CF/1988: a) Trata-se de hipótese de suspensão dos direitos políticos; b) Trata-se de hipótese de perda dos direitos políticos.
>
> Com relação ao júri, o § 1º do art. 438 do CPP estabelece que a prestação alternativa constituir-se-á no "exercício de atividades de caráter administrativo, assistencial, filantrópico ou mesmo produtivo, no Tribunal de Justiça, na Defensoria Pública, no Ministério Público ou na entidade conveniada para esses fins". Dispõe, ainda, o § 2º que, na fixação da medida, o juiz deverá atender aos princípios da proporcionalidade e razoabilidade.

3.7.2. Escusa de consciência e ensino

A atual redação do art. 7º-A da Lei nº 9.394/1996 assegura, ao aluno regularmente matriculado em instituição de ensino **pública ou privada**, de qualquer nível, no **exercício da liberdade de consciência e de crença**, o direito de, mediante prévio e motivado requerimento, ausentar-se de prova ou de aula marcada para dia em que, segundo os preceitos de sua religião, seja vedado o exercício de tais atividades, devendo-se-lhe atribuir, a critério da instituição e sem custos para o aluno, uma das seguintes **prestações alternativas**:

a) **prova ou aula de reposição**, conforme o caso, a ser realizada em data alternativa, no turno de estudo do aluno ou em outro horário agendado com sua anuência expressa;

b) **trabalho escrito ou outra modalidade de atividade de pesquisa**, com tema, objetivo e data de entrega definidos pela instituição de ensino.

O diploma **nada estabelece acerca do ENEM**, razão pela qual permanece o entendimento do STF no Agravo Regimental na Suspensão de Tutela Antecipada 389/MG, ao decidir acerca de pedido de participação de estudantes judeus em data alternativa, de que o deferimento da medida constituiria **ofensa ao princípio da igualdade**.

Jurisprudência

O STF já decidiu ser possível a realização de etapas de concurso público em datas e horários distintos dos previstos em edital, por candidato que invoca escusa de consciência por motivo de crença religiosa, desde que presentes três requisitos: 1) razoabilidade; 2) preservação da igualdade com os demais candidatos; e 3) que não incida ônus excessivo à Administração Pública (RE 611874/DF – Tema 386.).

É necessário requerimento expresso para que o aluno tenha o direito de se ausentar, não sendo possível a incidência de qualquer custo (art. 7º-A, *caput*, da LDB).

Existem, no entanto, **limites temáticos à prestação alternativa**: a prestação alternativa deverá observar os parâmetros curriculares e o plano de aula do dia da ausência do aluno (art. 7º-A, § 1º, da LDB).

Por fim, o cumprimento de prestação alternativa substituirá a obrigação original para todos os efeitos, inclusive regularização do registro de frequência (art. 7º-A, § 2º, da LDB).

3.7.3. *Laicidade e dever de neutralidade do Estado*

O fenômeno religioso não pode ser excluído do debate público, mas a utilização de argumentos religiosos exige uma **"tradução institucional"**, consistente na conversão dos argumentos religiosos em **argumentos racionalmente justificáveis passíveis de serem impostos a todos**. Exemplo: embora várias religiões sejam contrárias à prática do aborto, existe um argumento racionalmente justificável para que seja criminalizado ("tradução institucional"): a proteção à vida do feto.

Na Constituição de 1988, o dever de neutralidade do Estado vem previsto no art. 19, ao dispor que é vedado à União, aos Estados, ao Distrito Federal e aos Municípios estabelecer cultos religiosos ou igrejas, subvencioná-los, embaraçar-lhes o funcionamento ou manter com eles ou seus representantes relações de dependência ou aliança, ressalvada, na forma da lei, a colaboração de interesse público.

Assim, em um Estado laico – em que não existe uma religião oficial –, o dever de neutralidade impõe o respeito a todas as religiões.

> **Jurisprudência**
>
> O STF entendeu inconstitucional a determinação de disponibilização de exemplares de Bíblias em escolas e bibliotecas públicas estaduais por violação à laicidade estatal e à liberdade religiosa (ADI 5258/AM).

3.7.4. *Laicidade, laicismo e ateísmo*

A **laicidade** consiste no dever de neutralidade do Estado com relação ao fenômeno religioso, razão pela qual não adota uma religião oficial.

Laicismo, por sua vez, é uma perspectiva refratária ao fenômeno religioso, que não se harmoniza com a religião (ex.: França).

Por fim, o **ateísmo** significa a negativa da existência de Deus.

O Brasil é um Estado **laico, mas não laicista**. Isso porque há uma relação harmoniosa entre Estado e a religião, preservando **feriados religiosos**, símbolos religiosos e a **referência a Deus no preâmbulo** da Constituição de 1988.

3.7.5. *Símbolos religiosos em locais públicos*

Dworkin entende que os símbolos religiosos não podem ser colocados em locais públicos porque, em uma sociedade secular tolerante, o Estado, embora não deva considerar ilegal a existência de símbolos religiosos, não deve instalar ou permitir que se instalem tais símbolos em qualquer propriedade pública (Dworkin, 2023).

No entanto, a temática foi levada à apreciação do CNJ por meio dos Pedidos de Providências 1.344, 1.345, 1.346 e 1.362, ficando consignado, ao final, que os crucifixos são símbolos da cultura brasileira e que, portanto, não violam o dever de neutralidade do Estado.

A matéria se encontra submetida à apreciação do STF no Tema 1.086 de Repercussão Geral, em decorrência de recurso extraordinário em que se discute, à luz dos arts. 3º, IV, 5º, *caput* e IV, 19, I, e 37 da CF/1988, se é compatível com a liberdade religiosa e o caráter laico da Estado brasileiro a presença de símbolos religiosos em locais públicos proeminentes, de ampla visibilidade e de atendimento ao público.

3.7.6. *Ensino religioso*

O dever do Estado com a educação está amplamente disposto no art. 208 da CF. Quanto ao ensino religioso em escolas públicas, existem três modalidades distintas:

1°) **confessional:** ensinamento de princípios e dogmas de determinada religião;

2°) **interconfessional:** ensinamento de princípios e dogmas comuns a várias religiões;

3°) **não confessional**: ensinamento de aspectos religiosos de modo "neutro", ou seja, consistente apenas em uma descrição do fenômeno religioso ("abordagem expositiva").

O art. 210, § 1°, da CF/1988 dispõe que o ensino religioso, de matrícula facultativa, constituirá disciplina dos horários normais das escolas públicas de ensino fundamental.

A matéria é regulada pela LDB , ao estabelecer, em seu art. 33, que o ensino religioso, de matrícula facultativa, é parte integrante da formação básica do cidadão e constitui disciplina dos horários normais das escolas públicas de ensino fundamental, assegurado o respeito à diversidade cultural religiosa do Brasil, vedadas quaisquer formas de proselitismo.

O STF, ao julgar a ADI 4.439, entendeu que o ensino religioso seria esvaziado acaso ministrado de forma não confessional. A **posição que prevaleceu** foi a de que o ensino religioso deve ter **natureza confessional**, ou seja, deve transmitir os princípios e dogmas de determinada religião, tendo em vista três fundamentos principais: a) os princípios e dogmas das religiões constituem o núcleo do conceito de ensino religioso; b) pluralismo religioso; c) facultatividade da matrícula.

Em suma, interpretando de forma sistemática os preceitos constitucionais que dispõem sobre a laicidade do Estado (art. 19, I, da CF/1988) e a liberdade religiosa (art. 5°, VI, CF/1988), o STF entendeu que incumbe ao Estado assegurar o cumprimento do art. 210, § 1°, da CF/1988, permitindo aos alunos, desde que de forma voluntária e expressa, que se matriculem, sem qualquer ônus para o Poder Público, em ensino religioso, garantida a oportunidade a todas as doutrinas.

3.7.7. *Sacrifício de animais em cultos religiosos*

O art. 225, § 1°, da CF/1988 incumbe ao Poder Público proteger a fauna e a flora, vedadas, na forma da lei, as práticas que coloquem em risco sua função ecológica, provoquem a extinção de espécies ou **submetam os animais a crueldade.**

Regulamentando a matéria, o art. 2° da Lei n° 11.915/2003, do Estado do Rio Grande do Sul, vedou o sacrifício "de animais com venenos ou outros métodos não preconizados pela Organização Mundial da Saúde – OMS –, nos programas de profilaxia da raiva", não enquadrando nessa vedação "o livre exercício dos cultos e liturgias das religiões de matriz africana".

Cap. 9 – Princípios e Direitos Fundamentais

A ressalva referente à possibilidade de sacrifício de animais em cultos religiosos foi objeto do Recurso Extraordinário 494.601/RS, tendo o STF firmado a tese de que "É constitucional a lei de proteção animal que, a fim de resguardar a liberdade religiosa, permite o sacrifício ritual de animais em cultos de religiões de matriz africana".

3.7.8. Casamento religioso

Nos termos do art. 226, § 2º, da CF/1988, o casamento religioso tem efeito civil, nos termos da lei. Como o Estado é laico, não apenas o casamento celebrado na igreja católica, mas também aquele realizado em centro espírita, templo, sinagoga, terreiro, entre outros, por líder de qualquer religião ou crença, produz efeitos civis (Lenza, 2023, p. 1193).

3.7.9. Liberdade religiosa e fotografias de documentos oficiais

No Tema 953, o STF foi instado a se manifestar sobre a possibilidade de, em nome da liberdade religiosa, excepcionar obrigação imposta a todos relativa à identificação civil. Em outras palavras, é possível tirar fotografias para documentos oficiais utilizando vestimentas ou acessórios que representem manifestação da fé? Um judeu poderia tirar uma foto para sua CNH usando uma Kipá?

O STF decidiu ser possível utilizar vestimentas que sejam manifestação de fé à luz do direito à liberdade de crença e religião (art. 5º, VI, da Constituição de 1988) e com amparo no princípio da proporcionalidade, tendo sido fixada a seguinte tese: "É constitucional a utilização de vestimentas ou acessórios relacionados a crença ou religião nas fotos de documentos oficiais, desde que não impeçam a adequada identificação individual, com rosto visível".

3.8. Liberdade de reunião

A liberdade de reunião vem prevista no art. 5º, XVI, da CF/1988, que estabelece que todos podem reunir-se pacificamente, sem armas, em locais abertos ao público, independentemente de autorização, desde que não frustrem outra reunião anteriormente convocada para o mesmo local, sendo apenas exigido prévio aviso à autoridade competente.

A reunião é caracterizada pelo **agrupamento de pessoas de forma voluntária que têm como finalidade a defesa de uma ideia ou posição** (ex. passeata, comício, entre outras).

O direito de reunião, por sua vez, possui natureza individual, embora de repercussão coletiva, podendo ser exercido em **bens privados ou públicos de uso comum do povo** – não alcançando, contudo, bens públicos de uso especial (prédios, escolas, entre outros) –, sendo dispensado o pedido de licença.

O aviso prévio para o exercício de direito de reunião consiste **na mera informação ao poder público**, de modo a permitir sua realização de forma pacífica e sem frustrar outra reunião no mesmo local (STF, RE 806.339/SE – Tema 855).

O direito de reunião apresenta cinco características principais: **1) finalidade pacífica, com ausência de armas** (inclusive brancas). Com fundamento nesse requisito, o STF entendeu pela constitucionalidade de leis estaduais que proíbem que policiais civis participem de manifestações em favor de autoridades ou atos da Administração Pública (CF/1988 – ADPF 734/PE); **2) bens públicos de uso comum ou privados** (neste último caso, dispensado o aviso prévio); **3) não haja a frustração de uma reunião já marcada** para o mesmo local; **4) desnecessidade de autorização**; **5) prévio aviso** à autoridade competente.

Na seara eleitoral, o art. 39 da Lei nº 9.504/1997 estabelece que a realização de qualquer ato de propaganda partidária ou eleitoral, em recinto aberto ou fechado, não depende de licença da polícia. Contudo, o candidato, partido ou coligação promotora do ato fará a devida comunicação à autoridade policial em, no mínimo, vinte e quatro horas antes de sua ocorrência, a fim de que esta lhe garanta, segundo a prioridade do aviso, o direito contra quem tencione usar o local no mesmo dia e horário. E mais: a autoridade policial tomará as providências necessárias à garantia da realização do ato e ao funcionamento do tráfego e dos serviços públicos que o evento possa afetar.

Por fim, em caso de lesão ou ameaça de lesão ao direito de reunião, o **remédio constitucional cabível é o mandado de segurança.**

3.9. Liberdade de associação

A liberdade de associação é direito individual de expressão coletiva de coligação de pessoas que buscam realizar fins lícitos, mediante a constituição de uma entidade de caráter permanente (estabilidade).

Na categoria de associações estão abrangidos: 1) os partidos políticos; 2) as cooperativas em geral; 3) os sindicatos; 4) as entidades associativas de natureza desportiva (art. 217 da CF/1988); 5) os consórcios públicos (art. 241 da CF/1988).

A estabilidade diferencia a liberdade de associação da liberdade de reunião.

O art. 5º, XVII a XX, da CF/1988 assegura:

a) a plena liberdade de associação para fins lícitos, vedada a de caráter paramilitar;

b) a independência de autorização para a criação de associações e, na forma da lei, de cooperativas, sendo vedada a interferência estatal em seu funcionamento;

Cap. 9 – Princípios e Direitos Fundamentais

> **Jurisprudência**
>
> No Tema 499, o STF fixou a seguinte tese: "A eficácia subjetiva da coisa julgada formada a partir de ação coletiva, de rito ordinário, ajuizada por associação civil na defesa de interesses dos associados, somente alcança os filiados, residentes no âmbito da jurisdição do órgão julgador, que o fossem em momento anterior ou até a data da propositura da demanda, constantes da relação jurídica juntada à inicial do processo de conhecimento".

c) a indispensabilidade de decisão judicial para a dissolução compulsória ou suspensão das atividades, exigindo-se, no primeiro caso, o trânsito em julgado;

d) a liberdade de associar-se (**liberdade positiva de associação**) ou de permanecer associado (**liberdade negativa de associação – desfiliação**).

> **Jurisprudência**
>
> O STF entendeu ser possível a cobrança por parte de associação de taxa de conservação de loteamento fechado de proprietário não associado a partir do advento da Lei nº 13.465/2017 (RE 695.911 – Tema 492).

3.9.1. Liberdade de representação associativa

As entidades associativas, quando expressamente autorizadas, têm legitimidade para representar seus filiados judicial ou extrajudicialmente (art. 5º, XXI, da CF/1988).

> **Jurisprudência**
>
> – Debruçando sobre a representação judicial, o STF firmou entendimento no Tema 1.119 de que é desnecessária a) a autorização expressa dos associados, b) a relação nominal destes ou c) a comprovação de filiação prévia para a cobrança de valores pretéritos de título judicial decorrente de mandado de segurança coletivo impetrado por entidade associativa de caráter civil. Contudo, o referido entendimento não se aplica às **associações genéricas** (que não representam qualquer categoria econômica ou profissional específica), sendo insuficiente a mera regularidade registral da entidade para sua atuação em sede de mandado de segurança coletivo, pois a medida poderá causar prejuízo aos beneficiários supostamente defendidos (STF, ARE 1.339.496 AgR/RJ).

- O STF fixou tese no Tema 948 de que possuem legitimidade para a liquidação e execução de sentença coletiva ajuizada por associação, na condição de substituta processual, todos os beneficiados, independentemente de filiação à entidade.
- Na hipótese de dissolução judicial de associação autora de ação civil pública, é possível a sua substituição processual pelo Ministério Público (STJ, AgInt no REsp 1.582.243/SP).

3.10. Liberdade de exercício profissional

O art. 5º, XIII, da CF/1988 estabelece ser livre o exercício de qualquer trabalho, ofício ou profissão, atendidas as qualificações profissionais que a lei estabelecer.

Assim, é inconstitucional a imposição de requisitos e condicionantes que ofendam esse direito fundamental, restringindo o livre exercício profissional, a ponto de atingir seu núcleo essencial. É o caso, por exemplo, da exigência de diploma de nível superior para o exercício de jornalismo (STF, RE 511.961) ou a inscrição de música em conselho de fiscalização (STF, RE 414.426).

O STF decidiu no RE 603.583 ser constitucional a exigência de aprovação no exame da OAB como um dos requisitos para que o bacharel em direito possa inscrever-se como advogado.

3.11. Direito de propriedade

O direito de propriedade vem previsto, de forma ampla, no art. 5º, XXII, da CF/1988, ao dispor que "é garantido o direito de propriedade". Abrange qualquer direito patrimonial, não importando se tem como objeto bem corpóreo (ex. bens móveis, imóveis, entre outros) ou incorpóreo (ex. direitos autorais, propriedade industrial, entre outros).

Entretanto, o direito de propriedade não dispõe de natureza absoluta, de modo que, em determinadas circunstâncias, poderá ser restringido, tal como sói ocorrer quando a propriedade não cumpre a sua função social, quando é necessária a desapropriação, na requisição e na expropriação-sanção.

O art. 5º, XXVI, da CF/1988 estabelece a impenhorabilidade da pequena propriedade rural, dispondo que, "a pequena propriedade rural, assim definida em lei, desde que trabalhada pela família, não será objeto de penhora para pagamento de débitos decorrentes de sua atividade produtiva, dispondo a lei sobre os meios de financiar o seu desenvolvimento".

3.11.1. *Função social da propriedade*

O art. 5º, XXIII, da CF/1988 dispõe que "a propriedade atenderá a sua função social". Assim, a função social da propriedade consiste em um **conjunto de obrigações que**

Cap. 9 – Princípios e Direitos Fundamentais

fazem parte da própria estrutura do regime jurídico da propriedade, condicionando o exercício do direito à sua observância pelo proprietário.

3.11.2. Natureza jurídica da função social da propriedade

No que tange à **natureza jurídica** da função social, existem basicamente duas correntes:

1) **função social como elemento do direito de propriedade** (Silva, 2003, p. 275);

2) **Função social como restrição ao direito de propriedade** (STF): função social não é um elemento do direito de propriedade, mas apenas uma restrição a esse direito. Assim, quando a propriedade não cumpre sua função social, não pode ser subtraída arbitrariamente, devendo ser observados o devido processo legal, o contraditório, a ampla defesa e a devida indenização. A ausência de cumprimento da função implica apenas a redução da proteção conferida ao direito de propriedade. A título de exemplo, o processo de reforma agrária "não pode ser implementado pelo uso arbitrário da força e pela prática de atos ilícitos de violação possessória, ainda que se cuide de imóveis alegadamente improdutivos" (STF – ADI 2.213 MC/DF).

3.11.3. Cumprimento da função social da propriedade

Para determinar se uma propriedade cumpre a sua função social, é preciso atentar para a natureza da propriedade (urbana ou rural) e para a presença de determinados requisitos. Vejamos:

a) **Propriedade urbana:** a propriedade urbana cumpre sua função social quando atende às exigências expressas no plano diretor (art. 182, § 2º, da CF/1988).

b) **Propriedade rural:** a função social é cumprida quando a propriedade rural atende, simultaneamente, segundo critérios e graus de exigência estabelecidos em **lei**, aos seguintes requisitos (art. 186 da CF/1988): I – aproveitamento racional e adequado; II – utilização adequada dos recursos naturais disponíveis e preservação do meio ambiente; III – observância das disposições que regulam as relações de trabalho; IV – exploração que favoreça o bem-estar dos proprietários e dos trabalhadores.

3.11.4. Sanções pelo descumprimento da função social da propriedade

Em caso de **imóveis urbanos** que não cumpram sua função social, é possível a aplicação das seguintes sanções de **forma sucessiva** (art. 182, § 4º, da CF/1988):

1) **Parcelamento ou edificação compulsórios:** o proprietário terá o prazo mínimo de um ano, a partir da notificação, para que seja protocolado o projeto no órgão municipal competente; e de dois anos, a partir da aprovação do projeto, para iniciar as obras do empreendimento (art. 5º, § 4º, da Lei nº 10.257/2001).

2) **Imposto sobre a propriedade predial e territorial urbana progressivo no tempo:** mediante a majoração da alíquota pelo prazo de cinco anos consecutivos (art. 7º, *caput*, da Lei nº 10.257/2001). O valor da alíquota a ser aplicado a cada ano será fixado em lei específica municipal e não excederá a duas vezes o valor referente ao ano anterior, respeitada a alíquota máxima de 15% (art. 7º, § 1º, da Lei nº 10.257/2001). Caso a obrigação de parcelar, edificar ou utilizar não esteja atendida em cinco anos, o Município manterá a cobrança pela alíquota máxima, até que se cumpra a referida obrigação (art. 7º, § 2º, da Lei nº 10.257/2001).

3) **Desapropriação do imóvel:** com pagamento mediante títulos da dívida pública de emissão previamente aprovada pelo Senado Federal, com prazo de resgate de até dez anos, em parcelas anuais, iguais e sucessivas, assegurados o valor real da indenização e os juros legais.

De modo distinto, o art. 184 da CF/1988 dispõe, com relação aos **imóveis rurais**, que compete à União desapropriar por **interesse social**, para fins de **reforma agrária**, mediante:

1) prévia e justa indenização em **títulos da dívida agrária**, com cláusula de preservação do valor real, resgatáveis no **prazo de até vinte anos**, a partir do segundo ano de sua emissão;

2) a definição em lei da utilização a ser conferida;

3) indenização em dinheiro das benfeitorias úteis e necessárias, mas não as benfeitorias voluptuárias (ou seja, aquelas que visam o aformoseamento e deleite).

> ### Atenção
>
> São insuscetíveis de desapropriação para fins de reforma agrária a pequena e a média propriedade rural, desde que o seu proprietário não possua outra propriedade rural (art. 4º, § 1º, da Lei nº 8.629/1993).

> ### Jurisprudência
>
> Com fundamento no fato de que o sistema constitucional não tolera a prática de atos de **invasões fundiárias**, o STF entendeu na ADI 2213 ser constitucional o art. 2º, § 6º, da Lei nº 8.629/1993, que estabelece que o imóvel rural de domínio público ou particular objeto de **esbulho possessório ou invasão motivada por conflito agrário ou fundiário de caráter coletivo** não será vistoriado, avaliado ou desapropriado nos dois anos seguintes à sua desocupação, ou no dobro desse prazo, em caso de reincidência.

Cap. 9 – Princípios e Direitos Fundamentais

3.11.5. *Limitações ao direito de propriedade*

As limitações ao direito de propriedade podem ser classificadas em três categorias:

a) **Limitações ao aspecto absoluto da propriedade:** tombamento, limitações administrativas e direito de vizinhança.

b) **Limitações ao aspecto exclusivo da propriedade:** servidões, ocupações temporárias, requisição administrativa e direitos reais sobre coisa alheia.

c) **Limitações ao aspecto perpétuo da propriedade:** expropriação e requisição.

3.11.6. *Desapropriação*

A desapropriação vem prevista no art. 5º, XXIV, da CF/1988, ao dispor que "a lei estabelecerá o procedimento para desapropriação por necessidade ou utilidade pública, ou por interesse social, mediante justa e prévia indenização em dinheiro, ressalvados os casos previstos nesta Constituição".

Trata-se de forma **originária de aquisição** compulsória de propriedade por meio de procedimento administrativo pelo qual o Poder Público ou seus delegatários, mediante prévia declaração de necessidade pública (ex.: construção de um hospital), utilidade pública (ex.: instalação de uma grande fábrica de automóveis) ou interesse social (ex.: promover a reforma agrária), impõem ao proprietário a perda de um bem, com o pagamento de justa indenização (Pietro, 2012, p. 166).

O **objeto** da desapropriação envolve, geralmente, bens corpóreos (ex.: imóveis), podendo, excepcionalmente, abranger bens incorpóreos (ex.: direitos autorais – art. 2º, do DL nº 3.365/1941).

No que tange à **forma**, pode se dar pela via administrativa (consensual) ou pela via judicial.

> ## Importante
>
> **Sujeitos ativos são normalmente os entes públicos** (União, Estados-membros, Distrito Federal, Municípios e suas autarquias ou fundações públicas), podendo, excepcionalmente, ser realizada mediante autorização expressa constante de lei ou contrato (art. 3º do Decreto-lei nº 3.365/1941) pelos(as):
>
> I – concessionários, inclusive aqueles contratados nos termos da Lei nº 11.079/2004 (Lei de Parceria Público-Privada), permissionários, autorizatários e arrendatários;
>
> II – entidades públicas;
>
> III – entidades que exerçam funções delegadas do poder público; e
>
> IV – contratados pelo poder público para fins de execução de obras e serviços de engenharia sob os regimes de empreitada por preço global, empreitada integral e contratação integrada.

Sujeitos passivos são, em regra, os particulares. Contudo, o ente público superior pode desapropriar bens de ente inferior mediante autorização legislativa (art. 2º, § 2º, do Decreto-lei nº 3.365/1941).

Atente-se para o fato de que, em regra, haverá o pagamento de uma indenização prévia e justa em dinheiro. Contudo, os arts. 182, § 4º, III, e 184, ambos da CF/1988, embora estabeleçam o pagamento de indenização prévia e justa, permitem que não seja feito em dinheiro, mas em títulos da dívida pública (imóvel urbano) ou em títulos da dívida agrária (imóvel rural).

É possível que o ente expropriante desista da ação de desapropriação, mesmo após o trânsito em julgado, desde que: a) ainda não tenha havido o pagamento integral do preço; e b) o imóvel não tenha sofrido alteração substancial, sendo ônus do expropriado provar a existência de fato impeditivo do direito de desistência (STJ, REsp 1.368.773/MS).

Por fim, é necessário instruir a petição inicial da ação desapropriação de imóveis com a estimativa do impacto orçamentário-financeiro e apresentar declaração a respeito da compatibilidade das despesas necessárias ao pagamento das indenizações ao disposto no plano plurianual, na lei de diretrizes orçamentárias e na lei orçamentária anual (STJ, REsp 1.930.735/TO).

Na desapropriação indireta ou apossamento administrativo ocorre a apropriação de bem particular pelo Estado sem observar as formalidades previstas em lei, caracterizando verdadeiro esbulho possessório perpetrado pelo Poder Público.

3.11.6.1. Desapropriação para fins de reforma agrária e isenção de impostos

Na desapropriação para fins de reforma agrária, embora não haja a isenção de todos os tributos, haverá a isenção no que tange a impostos federais, estaduais e municipais. Nesse sentido, o art. 184, § 5º, da CF/1988 estabelece que são "isentas de impostos federais, estaduais e municipais as operações de transferência de imóveis desapropriados para fins de reforma agrária".

3.11.6.2. Desapropriação de propriedade produtiva e de pequena e média propriedade rural

A Constituição de 1988 admite a desapropriação de propriedade produtiva e de pequena e média propriedade rural em caso de necessidade ou utilidade pública.

No entanto, estabelece serem insuscetíveis de desapropriação para fins de reforma agrária a pequena e média propriedade rural, assim definidas em lei, desde que seu proprietário não possua outra, e a propriedade produtiva (art. 185 da CF/1988).

3.11.7. *Requisição*

Diante de uma situação de perigo público iminente ou em tempo de guerra, o Estado pode se utilizar compulsoriamente de bens móveis, imóveis ou serviços particulares

Cap. 9 – Princípios e Direitos Fundamentais

com indenização ulterior (*a posteriori*), se houver dano, sendo o instituto denominado de requisição, o qual está previsto em dois dispositivos constitucionais:

1) Art. 5º, XXV – "no caso de iminente perigo público, a autoridade competente poderá usar de propriedade particular, assegurada ao proprietário indenização ulterior, se houver dano".

2) Art. 22 – "Compete privativamente à União legislar sobre: III – requisições civis e militares, em caso de iminente perigo e em tempo de guerra".

A matéria é regulamentada em âmbito infraconstitucional pelo Decreto-lei nº 4.812/1942, que dispõe sobre a requisição de bens imóveis e móveis, necessários às forças armadas e à defesa passiva da população, bem como pelo art. 25 da Lei nº 6.439/1977.

3.11.7.1. Requisição pela União de bens de Estado-membro ou Município

Em regra, a União não pode requisitar bens integrantes do patrimônio público estadual ou municipal, em atenção ao princípio federativo. Contudo, poderá fazê-lo em caso de estado de defesa (art. 136, § 1º, II, da CF/1988) ou estado de sítio (art. 139, VII, da CF/1988).

> **Atenção**

Principais diferenças entre desapropriação e requisição	
Desapropriação	**Requisição**
Só pode recair sobre bens.	Pode recair sobre bens ou serviços.
Voltada à aquisição compulsória da propriedade pelo Estado ou por particular.	Ocorre apenas o uso ou ocupação temporários da propriedade.
Só pode ocorrer para atender necessidades permanentes da sociedade.	Visa a atender necessidades transitórias e urgentes da sociedade.
Pressupõe um acordo entre o proprietário do imóvel e o Estado ou um processo judicial.	É autoexecutável, ou seja, independe de autorização do Poder Judiciário, tendo em vista que pressupõe a ocorrência de "iminente perigo público".
Sempre há indenização justa, prévia e, em regra, em dinheiro.	Somente haverá indenização se existir dano.

3.11.8. *Expropriação-sanção e confisco*

A **expropriação-sanção** é prevista no art. 243 da CF/1988, que estabelece que as propriedades rurais e urbanas de qualquer região do País "onde forem localizadas **culturas ilegais de plantas psicotrópicas ou a exploração de trabalho escravo** na forma da lei serão expropriadas e destinadas à reforma agrária e a programas de habitação popular, sem qualquer indenização ao proprietário e sem prejuízo de outras sanções previstas em lei".

O **confisco**, por sua vez, está previsto no art. 243, parágrafo único, da CF/1988, de modo que "todo e qualquer bem de valor econômico apreendido em decorrência do **tráfico ilícito de entorpecentes e drogas afins e da exploração de trabalho escravo** será confiscado e reverterá a fundo especial com destinação específica, na forma da lei".

A partir da leitura dos dispositivos, está claro que a expropriação-sanção e o confisco implicam a **perda da propriedade** e, ao contrário do que ocorre na desapropriação, **não conferem direito a indenização**.

> ### Jurisprudência
>
> Segundo o STF, a expropriação recairá sobre a totalidade do imóvel, ainda que o cultivo ilegal ou a utilização de trabalho escravo tenham ocorrido em apenas parte dele (RE 543.974).

> ### Atenção
>
> A "exploração de trabalho escravo", introduzida pela EC nº 81/2014, exige expressamente a sua regulamentação legal para ser aplicada, tratando-se, portanto, de norma constitucional de eficácia limitada.

3.11.8.1. Responsabilidade do proprietário na expropriação-sanção

Na expropriação-sanção, a responsabilidade do proprietário **é subjetiva**, ou seja, para que a propriedade seja expropriada, é necessário que o proprietário tenha atuado com **dolo ou culpa** (*in eligendo* ou *in vigilando*). Contudo, não se exige que o proprietário tenha participado da prática ilícita.

E mais: o STF entende que ocorre a **inversão do ônus da prova**, de modo que incumbe ao proprietário demonstrar que não agiu com culpa ou dolo (RE 635.336/PE – Tema 399). Assim, caso uma propriedade rural seja arrendada e o proprietário não saiba do cultivo de plantas psicotrópicas, incumbe-lhe demonstrar que não agiu com culpa para se eximir de qualquer responsabilidade.

Caso o bem pertença a mais de um proprietário (condomínio), é necessário que todos demonstrem que não atuaram com culpa ou dolo para evitar a expropriação.

3.11.8.2. Procedimento para a expropriação

A Lei nº 8.257/1991 e o Decreto nº 577/1992 estabelecem o rito judicial para expropriação-sanção. A competência é da Justiça Federal.

3.11.8.3. Propriedade intelectual

O direito de propriedade intelectual, abrangendo a propriedade industrial e os direitos do autor, são regulamentados nos seguintes dispositivos da CF/1988:

1) Art. 5º, XXVII: aos autores pertence o direito exclusivo de utilização, publicação ou reprodução de suas obras, transmissível aos herdeiros pelo tempo que a lei fixar.

2) Art. 5º, XXVIII: são assegurados: a) a proteção às participações individuais em obras coletivas e à reprodução da imagem e voz humanas, inclusive nas atividades desportivas; b) o direito de fiscalização do aproveitamento econômico das obras que criarem ou de que participarem aos criadores, aos intérpretes e às respectivas representações sindicais e associativas.

3) Art. 5º, XXIX: a lei assegurará aos autores de inventos industriais privilégio temporário para sua utilização, bem como proteção às criações industriais, à propriedade das marcas, aos nomes de empresas e a outros signos distintivos, tendo em vista o interesse social e o desenvolvimento tecnológico e econômico do País.

3.12. **Consumidor**

Nos termos do art. 5º, XXXII, da CF/1988, o Estado promoverá, na forma da lei, a defesa do consumidor.

Ademais, o art. 24, VIII, da CF/1988 dispõe que compete à União, aos Estados e ao Distrito Federal legislar **concorrentemente** sobre responsabilidade por dano ao consumidor.

O art. 170, V, da CF/1988 dispõe, ainda, que a ordem econômica, fundada na valorização do trabalho humano e na livre-iniciativa, tem por fim assegurar a todos existência digna, conforme os ditames da justiça social, observado o **princípio da defesa do consumidor**.

Entre os inúmeros diplomas que merecem destaque na defesa do consumidor, à especial relevância faz jus o CDC (Lei nº 8.078/1990), que incide nas relações de consumo de natureza bancária ou financeira (STF, ADI 2591).

No Tema 210, o STF firmou a seguinte tese: "Nos termos do art. 178 da Constituição da República, as normas e os tratados internacionais limitadores da responsabilidade das transportadoras aéreas de passageiros, especialmente as Convenções de Varsóvia e Montreal, têm prevalência em relação ao Código de Defesa do Consumidor".

Recentemente, contudo, a Lei nº 14.181/2021 alterou o CDC para aperfeiçoar a disciplina do crédito ao consumidor e dispor sobre a prevenção e o tratamento do superendividamento.

3.12.1. *Prevenção e o tratamento do superendividamento*

A Lei nº 14.181/2021 conceitua superendividamento como a impossibilidade manifesta de consumidor pessoa natural, atuando de boa-fé, pagar a totalidade de suas dívidas sem comprometer seu mínimo existencial.

A mesma Lei acrescentou dois incisos ao art. 4º do CDC, prevendo dois novos princípios: **a)** o princípio da educação financeira e ambiental dos consumidores; **b)** o princípio da prevenção e tratamento do superendividamento como forma de evitar a exclusão social do consumidor.

A Lei nº 14.181/2021 também acrescentou dois novos instrumentos ao rol contido no art. 5º do CDC: **a)** a instituição de mecanismos de prevenção e tratamento extrajudicial e judicial do superendividamento e de proteção do consumidor pessoa natural; **b)** a instituição de núcleos de conciliação e mediação de conflitos oriundos de superendividamento.

3.12.2. *Novos direitos básicos do consumidor*

A Lei nº 14.181/2021 acrescentou três novos direitos básicos do consumidor ao rol do art. 6º do CDC: **a)** o direito à garantia de práticas de crédito responsável, de educação financeira e de prevenção e tratamento de situações de superendividamento; **b)** o direito à preservação do mínimo existencial, na repactuação de dívidas e na concessão de crédito; **c)** o direito à informação acerca dos preços dos produtos por unidade de medida, tal como por quilo, por litro, por metro ou por outra unidade, conforme o caso.

3.12.3. *Da prevenção e do tratamento do superendividamento*

A Lei nº 14.181/2021 inseriu um novo capítulo no CDC que dispõe sobre a prevenção do superendividamento da pessoa natural, sobre o crédito responsável e sobre a educação financeira do consumidor.

A nova forma de tutela do consumidor só abrange as hipóteses em que o consumidor se superendivida por ter **agido impulsivamente ou em decorrência de fatores externos**, nunca dolosamente, mediante fraude ou má-fé.

O novo regime protetivo contempla três esferas principais: a) a ampliação do direito à informação; b) novas proibições na oferta de crédito ao consumidor; c) novos deveres do fornecedor voltados à contratação consciente de crédito.

Cap. 9 – Princípios e Direitos Fundamentais

Assim, o novo regime protetivo abrange o fornecimento de crédito e as vendas a prazo, passando a estabelecer regras mais abrangentes de **informação ao consumidor** do que as convencionais (art. 52 do CDC), tais como (art. 54-B do CDC): I – o custo efetivo total e a descrição dos elementos que o compõem; II – a taxa efetiva mensal de juros, bem como a taxa dos juros de mora e o total de encargos, de qualquer natureza, previstos para o atraso no pagamento; III – o montante das prestações e o prazo de validade da oferta, que deve ser, no mínimo, de 2 (dois) dias; IV – o nome e o endereço, inclusive o eletrônico, do fornecedor; V –o direito do consumidor à liquidação antecipada e não onerosa do débito.

No que tange às **proibições**, o novo diploma veda, na oferta de crédito ao consumidor, as seguintes medidas (art. 54-C do CDC): **a)** indicar que a operação de crédito poderá ser concluída sem consulta a serviços de proteção ao crédito ou sem avaliação da situação financeira do consumidor; **b)** ocultar ou dificultar a compreensão sobre os ônus e os riscos da contratação do crédito ou da venda a prazo; **c)** assediar ou pressionar o consumidor para contratar o fornecimento de produto, serviço ou crédito, principalmente se se tratar de consumidor idoso, analfabeto, doente ou em estado de vulnerabilidade agravada ou se a contratação envolver prêmio; **d)** condicionar o atendimento de pretensões do consumidor ou o início de tratativas à renúncia ou à desistência de demandas judiciais, ao pagamento de honorários advocatícios ou a depósitos judiciais.

Por fim, no que concerne **aos deveres prévios** (art. 54-D do CDC), o novo diploma passou a estabelecer que o fornecedor deverá: I – informar e esclarecer adequadamente o consumidor, considerada sua idade, sobre a natureza e a modalidade do crédito oferecido, todos os custos incidentes e as consequências genéricas e específicas que eles sofrerão em caso de inadimplemento; II – avaliar, de forma responsável, as condições de crédito do consumidor, mediante análise das informações disponíveis em bancos de dados de proteção ao crédito, observado o disposto neste Código e na legislação sobre proteção de dados; III – informar a identidade do agente financiador e entregar ao consumidor, ao garante e a outros coobrigados cópia do contrato de crédito.

3.12.4. *Consequências do descumprimento dos deveres (art. 54-D, parágrafo único, do CDC)*

O descumprimento dos deveres previstos pelo fornecedor poderá acarretar:

1) a redução dos juros, dos encargos ou de qualquer acréscimo ao principal;

2) a dilação do prazo de pagamento previsto no contrato original, conforme a gravidade da conduta do fornecedor e as possibilidades financeiras do consumidor;

3) o pagamento de indenização por danos patrimoniais e morais ao consumidor;

4) outras sanções previstas na legislação consumerista (ex.: multa imposta pelo Procon).

3.12.5. *Práticas abusivas com relação ao fornecimento de crédito*

A Lei nº 14.181/2021 acrescentou o art. 54-G ao CDC, prevendo três novas condutas que caracterizam **práticas abusivas relacionadas ao fornecimento de crédito**:

I – realizar ou proceder à cobrança ou ao débito em conta de qualquer quantia que houver sido contestada pelo consumidor em compra realizada com cartão de crédito ou similar, enquanto não for adequadamente solucionada a controvérsia, desde que o consumidor haja notificado a administradora do cartão com antecedência de pelo menos 10 (dez) dias contados da data de vencimento da fatura, vedada a manutenção do valor na fatura seguinte e assegurado ao consumidor o direito de deduzir do total da fatura o valor em disputa e efetuar o pagamento da parte não contestada, podendo o emissor lançar como crédito em confiança o valor idêntico ao da transação contestada que tenha sido cobrada, enquanto não encerrada a apuração da contestação;

II – recusar ou não entregar ao consumidor, ao garante e aos outros coobrigados cópia da minuta do contrato principal de consumo ou do contrato de crédito, em papel ou outro suporte duradouro, disponível e acessível, e, após a conclusão, cópia do contrato;

III – impedir ou dificultar, em caso de utilização fraudulenta do cartão de crédito ou similar, que o consumidor peça e obtenha, quando aplicável, a anulação ou o imediato bloqueio do pagamento, ou ainda a restituição dos valores indevidamente recebidos.

O novo diploma ainda estabelece que, nos contratos de adesão, o fornecedor deve prestar ao consumidor, previamente, as informações de que tratam o art. 52 e o *caput* do art. 54-B do CDC, além de outras porventura determinadas na legislação em vigor, e fica obrigado a entregar ao consumidor cópia do contrato, após a sua conclusão.

3.12.6. *Processo de repactuação de dívidas*

A Lei nº 14.181/2021 passou a prever um "processo de repactuação de dívidas", similar ao instituto da "recuperação judicial" – que não se confunde, portanto, com a declaração de insolvência civil –, com o intuito de solucionar consensualmente o superendividamento do consumidor.

A medida pode ser realizada em dois âmbitos distintos:

a) **Administrativo:** realizada pelos órgãos públicos integrantes do Sistema Nacional de Defesa do Consumidor (ex. Procon), com possibilidade de o processo ser regulado por convênios específicos celebrados entre os referidos órgãos e as instituições credoras ou suas associações.

b) **Judicial:** presidida pelo juiz ou por conciliador credenciado no juízo.

Cap. 9 – Princípios e Direitos Fundamentais

Para tanto, devem ser observados os seguintes **requisitos na repactuação das dívidas**:

1) **Presença de todos os credores**, salvo no que tange às dívidas: **a)** oriundas de contratos celebrados dolosamente sem o propósito de realizar pagamento; **b)** dívidas provenientes de contratos de crédito com garantia real; **c)** dívidas de financiamentos imobiliários; e **d)** dívidas de crédito rural.

2) Apresentação de **proposta de plano de pagamento** que contemple: **a)** prazo máximo de 5 (cinco) anos, preservados o mínimo existencial e as garantias e as formas de pagamento originalmente pactuadas; **b)** eventuais medidas de dilação dos prazos de pagamento e de redução dos encargos da dívida ou da remuneração do fornecedor, entre outras destinadas a facilitar o pagamento da dívida; **c)** referência à suspensão ou à extinção das ações judiciais em curso; **d)** data a partir da qual será providenciada a exclusão do consumidor de bancos de dados e de cadastros de inadimplentes; **e)** condicionamento de seus efeitos à abstenção, pelo consumidor, de condutas que importem no agravamento de sua situação de superendividamento.

Na hipótese de não comparecimento injustificado de qualquer credor, ou de seu procurador com poderes especiais e plenos para transigir, à audiência de conciliação, teremos as seguintes consequências: **a)** suspensão da exigibilidade do débito; **b)** interrupção dos encargos da mora; **c)** sujeição compulsória ao plano de pagamento da dívida se o montante devido ao credor ausente for certo e conhecido pelo consumidor; **d)** o pagamento do credor ausente deve ocorrer apenas após o pagamento aos credores presentes à audiência conciliatória.

A sentença judicial que homologar o acordo com qualquer credor terá eficácia de título executivo e força de coisa julgada.

3.12.7. *Processo por superendividamento*

Se não houver êxito na conciliação com relação a quaisquer credores, o juiz, a pedido do consumidor, instaurará **"processo por superendividamento"**, com o intuito de revisão e integração dos contratos e repactuação das dívidas remanescentes.

Nesse caso, a **revisão dos contratos** decorrerá de **plano judicial compulsório**, o qual deverá preencher os seguintes requisitos: **a)** assegurar aos credores, no mínimo, o valor do principal devido, corrigido monetariamente por índices oficiais de preço; **b)** prever a liquidação total da dívida em, no máximo, 5 (cinco) anos; **c)** prever que a liquidação da dívida deverá ocorrer após a quitação do plano de pagamento consensual; **d)** prever que a primeira parcela será devida no prazo máximo de 180 (cento e oitenta) dias, contado de sua homologação judicial; **e)** estabelecer que o restante do saldo será devido em parcelas mensais iguais e sucessivas.

Para tanto, o juiz procederá à citação de todos os credores cujos créditos não tenham integrado o acordo porventura celebrado.

No prazo de 15 (quinze) dias, os credores citados juntarão documentos e as razões da negativa de aceder ao plano voluntário ou de renegociar.

O juiz poderá nomear um administrador – desde que isso não onere as partes –, o qual, no prazo de até 30 (trinta) dias, apresentará plano de pagamento que contemple medidas de temporização ou de atenuação dos encargos.

3.13. Direito de herança

A herança é o conjunto de direito e obrigações que se transmite a outrem em decorrência da morte do seu autor.

O direito de herança vem previsto no art. 5º, XXX, da CF/1988 ("é garantido o direito de herança"). A lei não pode eliminar seu núcleo essencial, o que inclui a sucessão legítima (legal) e testamentária (decorrente de testamento).

> **Jurisprudência**
>
> O STF assentou ser inconstitucional a diferenciação de regimes sucessórios entre cônjuges e companheiros, razão pela qual, em relação a estes últimos, incide o regime estabelecido no art. 1.829 do Código Civil, e não aquele previsto no art. 1.790 do Código Civil (RE 646.721/RS).

Diante do **princípio da pessoalidade das penas** (art. 5º, XLV, da CF/1988), nenhuma pena passará da pessoa do condenado. Contudo, a obrigação de reparar o dano e a decretação do perdimento de bens podem ser, nos termos da lei, estendidas aos sucessores e contra eles executadas, **até o limite do valor do patrimônio transferido.**

Por fim, o art. 5º, XXXI, da Constituição dispõe que a sucessão de bens de estrangeiros situados no País será regulada pela lei brasileira em benefício do cônjuge ou dos filhos brasileiros, sempre que não lhes for mais favorável a lei pessoal do *de cujus*.

No que tange aos filhos, o STF assentou ser **possível a "pluriparentalidade" ou "duplo vínculo de filiação"**, sendo assegurados ao filho os direitos decorrentes da paternidade socioafetiva e do vínculo de filiação biológico, inclusive no que concerne à sucessão e à prestação de alimentos (RE 898.060/SC).

3.14. Proibição da tortura

O art. 5º, XLIII, da CF/1988 estabelece que ninguém será submetido a tortura nem a tratamento desumano ou degradante, e a lei considerará crime inafiançável a prática da tortura.

Cap. 9 – Princípios e Direitos Fundamentais

Os crimes de tortura foram definidos pela Lei nº 9.455/1997, podendo ser caracterizados pela prática das seguintes condutas:

I – constranger alguém com emprego de violência ou grave ameaça, causando-lhe sofrimento físico ou mental: a) com o fim de obter informação, declaração ou confissão da vítima ou de terceira pessoa; b) para provocar ação ou omissão de natureza criminosa; c) em razão de discriminação racial ou religiosa;

II – submeter alguém, sob sua guarda, poder ou autoridade, com emprego de violência ou grave ameaça, a intenso sofrimento físico ou mental, como forma de aplicar castigo pessoal ou medida de caráter preventivo;

III – submeter pessoa presa ou sujeita a medida de segurança a sofrimento físico ou mental, por intermédio da prática de ato não previsto em lei ou não resultante de medida legal;

IV – omitir-se em face das condutas anteriormente descritas, quando o agente tinha o dever de evitá-las ou apurá-las.

Jurisprudência

O STF, ao apreciar a ADPF 153, que pretendia **anular a anistia concedida aos policiais e militares acusados de praticar atos de tortura, durante o regime militar** (art. 1º da Lei nº 6.683/1979), julgou improcedente o pedido, sob o argumento de que o art. 5º, XLIII, da CF/1988 – que declara insuscetível de graça e anistia a prática da tortura – não alcança, por impossibilidade lógica, anistia concedida anteriormente à sua vigência.

EM RESUMO:

	Princípios fundamentais
Composição	a) Pela forma de Estado; b) Pela divisão de poderes; c) Pelo sistema de governo; d) Pela forma de governo; e) Pelo regime político; f) Pelos fundamentos da República; g) Pelos objetivos da República.

Teorias contemporâneas dos direitos fundamentais	a) Teoria Construtivista (Erhard Denninger): propõe a substituição da trilogia igualdade-liberdade-fraternidade por uma nova: segurança-diversidade-solidariedade. b) Teoria Desconstrutivista (Costas Douzinas): promove uma desconstrução dos direitos fundamentais, tendo em vista que não estão sendo mais utilizados com a ideia de liberdade e resistência ao arbítrio estatal.
Destinatários dos direitos e garantias fundamentais	a) Interpretação filológica ou restritiva: os direitos e garantias individuais destinam-se apenas aos brasileiros (pessoas físicas e jurídicas) e aos estrangeiros, desde que, no caso destes últimos, sejam residentes no País. b) Interpretação extensiva: não apenas os brasileiros e estrangeiros residentes no Brasil, mas qualquer pessoa que esteja em território nacional pode validamente invocar os direitos e garantias previstos no art. 5º da Constituição.
Tipologia dos direitos fundamentais	a) Direitos individuais. b) Direitos individuais de expressão coletiva. c) Direitos coletivos *lato sensu*: c.1) direitos difusos; c.2) direitos coletivos em sentido estrito; c.3) direitos individuais homogêneos.
Direitos Fundamentais	
Princípios implícitos fundamentais	a) Princípio da supremacia constitucional. b) Princípio da presunção de constitucionalidade das leis. c) Princípio da segurança jurídica. d) Princípio (ou postulado) da proporcionalidade.
Direitos individuais em espécie	1. Direito à vida. 2. Direito à igualdade. 3. Direito à privacidade. 4. Inviolabilidade do domicílio. 5. Direitos de liberdade. 6. Liberdade religiosa. 7. Liberdade de reunião. 8. Liberdade de associação. 9. Liberdade de exercício profissional..; 10. Direito à propriedade.

Capítulo 10

Garantias Individuais

1. DIREITOS *VS*. GARANTIAS FUNDAMENTAIS

As normas que regem os direitos fundamentais podem ser formuladas de dois modos distintos:

a) **Direitos fundamentais:** são normas enunciativas de direitos, relevantes para a sociedade (fundamentais), motivo pelo qual são consagradas no ordenamento jurídico de maneira expressa ou implícita. Exemplo: direito à liberdade de locomoção.

b) **Garantias fundamentais:** têm um **caráter instrumental**, refletindo mecanismos de limitação do poder ou de defesa dos direitos fundamentais. Não são um fim em si mesmas, mas um meio para a proteção e efetividade de direitos. Exemplo: *habeas corpus* (art. 5º, LXVIII, da CF/1988), que visa resguardar o direito à liberdade de locomoção.

Podem ser classificadas em:

1) **Garantias gerais:** visam afastar quaisquer violações a direitos fundamentais. Exemplo: devido processo legal.

2) **Garantias específicas:** visam assegurar determinados direitos fundamentais, mas também as próprias garantias fundamentais. Exemplo: remédios constitucionais (*habeas data*, mandado de segurança, entre outros).

2. GARANTIAS FUNDAMENTAIS MATERIAIS

2.1. Segurança jurídica

O direito à segurança é uma espécie de **cláusula geral**, que abrange uma série de manifestações específicas, como é o caso da segurança jurídica, da segurança social, da segurança pública, da segurança pessoal, entre outras.

Segundo entendemos, a segurança jurídica deve ser vista, concomitantemente, como um valor, um princípio e um direito (Souza).

Coleção Exame Nacional da Magistratura – Direito Constitucional

1) **Segurança como valor:** no Estado de Direito, a segurança jurídica traz em sua natureza a ideia de afastamento de incertezas, o que implica assumir um perfil axiológico. Como **valor-meio**, a segurança jurídica "[...] resulta de um conjunto de técnicas normativas dispostas a garantir a completude do sistema; ou seja, o ordenamento jurídico tem, na Segurança, uma autocorreção, um corretivo dele próprio, como meios predispostos para assegurar a observância, e, portanto, a conservação de um determinado ordenamento constitucional" (Souza). Como **valor-necessário**, a segurança jurídica reflete um pressuposto para "a atuação dos valores que o ordenamento jurídico pretenda realizar, em maior ou menor grau" (Souza). Por fim, como **valor-adjetivo**, na relação com os demais valores, a sua realização decorre da sua qualidade para gerar segurança. Identifica no valor segurança, portanto, um sentido "autorreflexivo" (Souza). Contudo, para que se tenha uma perspectiva holística da segurança jurídica, não pode o fenômeno ser vislumbrado sob um de seus aspectos. Para tanto, é preciso compreendê-la não apenas como valor, mas também como princípio.

2) **Segurança como princípio:** na relação entre tempo e direito, a segurança jurídica, como princípio, expressa-se na continuidade e permanência. A doutrina constitucional contemporânea tem considerado a segurança jurídica como expressão inarredável do Estado de Direito, de tal sorte que passou a ter o *status* de **subprincípio do princípio estruturante do Estado de Direito** (Sarlet, 2006). Há duas decisões do STF – MC 2.900/RS e MS 24.268/MG – qualificando a segurança jurídica como princípio constitucional na posição de subprincípio do Estado de Direito. Para Canotilho (2002), a segurança jurídica, como princípio jurídico, ramifica-se em duas vertentes: *(i)* **natureza objetiva:** envolve a questão dos **limites à retroatividade dos atos do Estado**, protegendo o direito adquirido, o ato jurídico perfeito e a coisa julgada; e *(ii)* **natureza subjetiva:** diz respeito à **proteção à confiança**, impondo limitações ao poder estatal de modificar atos que produzam vantagens aos destinatários, ainda que ilegais, em virtude das expectativas geradas aos beneficiários (Canotilho, 2002).

3) **Segurança como direito fundamental:** sob o título dos direitos e garantias fundamentais, a segurança vem regulamentada com as garantias inerentes ao Estado Democrático, materializando-se em verdadeiro **direito subjetivo** no art. 5º, *caput*, da CF/1988. Apesar de não ter o constituinte se referido expressamente ao "direito à segurança jurídica", este acabou sendo contemplado implicitamente em diversos dispositivos: como a garantia do princípio da legalidade e o correspondente direito de não ser obrigado a fazer ou deixar de fazer alguma coisa senão em virtude de lei (art. 5º, II), passando pela expressa proteção do direito adquirido, da coisa julgada e do ato jurídico perfeito (art. 5º, XXXVI), pelo princípio da legalidade e anterioridade em matéria penal (art. 5º, XXXIX) e da irretroatividade da lei penal desfavorável (art. 5º, XL), chegando às demais garantias processuais (penais e civis), como é o caso da individualização e limitação das penas (art. 5º, XLV a XLVIII) e das garantias do devido processo legal, do contraditório e da ampla defesa (art. 5º, LIV e LV).

Cap. 10 – Garantias Individuais

> **Jurisprudência**
>
> O STF já se manifestou sobre o tema, decidindo que "[...] a burla ao que contido no art. 16 ainda afronta os direitos individuais da segurança jurídica (CF, art. 5º, *caput*) e do devido processo legal (CF, art. 5º, LIV)" (vide STF, ADI 3.685/DF, Tribunal Pleno, Rel. Min. Ellen Gracie, j. 22.03.2006). Desse modo, erige-se a segurança jurídica em direito não apenas com fundamento em sua íntima relação com o texto constitucional – no que concerne ao conteúdo e à ideologia –, mas também como meio de consolidação do ordenamento jurídico. Trata-se de mandamento peremptório ao intérprete para que a observe, em todos os procedimentos, judiciais ou administrativos, cíveis ou criminais, o direito à segurança jurídica, sob pena de violar um dos postulados do Estado Democrático de Direito. Portanto, no Brasil, a segurança jurídica constitui valor, princípio e direito fundamental.

2.2. Princípio da legalidade

O art. 5º, II, da CF/1988 dispõe que "ninguém será obrigado a fazer ou deixar de fazer alguma coisa senão em virtude de lei". Trata-se da consagração do princípio da legalidade que, no âmbito privado, permite **fazer tudo o que não é proibido por lei** (autonomia da vontade) e, no âmbito público, **somente permite fazer o que está previsto na lei** (legalidade estrita).

O principal objetivo do princípio da legalidade é **limitar o poder do Estado**, garantindo a autonomia privada, mas também conformar os comportamentos de particulares e da Administração Pública às normas jurídicas. Tutelam-se, portanto, a liberdade, a propriedade e a segurança jurídica.

A Constituição de 1988, ao consagrar o princípio da legalidade, faz alusão ao termo **"lei" em sentido amplo**, de modo a abranger toda norma infraconstitucional, inclusive aquelas previstas no art. 59 da Constituição, e não apenas a "lei" em sentido (aquela emanada do Poder Legislativo).

> **Atenção**
>
> O **princípio da juridicidade** remete ao princípio da legalidade em sentido amplo, atuando como diretriz normativa que obriga o respeito à Constituição, à lei, aos próprios atos administrativos e aos tratados de direitos humanos.

- **Restrições ao princípio da legalidade:** 1) Estado de defesa (art. 136 da CF/1988); 2) Estado de sítio (art. 137 da CF/1988).

Coleção Exame Nacional da Magistratura – Direito Constitucional

- **Subprincípios da legalidade:** a Constituição prevê dois subprincípios da legalidade: **a) legalidade tributária:** reserva legal e anterioridade da lei (art. 150, I e III, da CF/1988); **b) legalidade penal:** não há crime sem lei anterior que o defina, nem pena sem prévia cominação legal (art. 5º, XXXIX, da CF/1988).

2.3. Princípio da reserva legal

O princípio da reserva legal estabelece o tratamento de determinadas matérias exclusivamente pelo Poder Legislativo, **por meio de lei ordinária ou lei complementar**.

Não se confunde, portanto, com o princípio da legalidade, pois o princípio da reserva legal exige a regulamentação de determinadas matérias por meio de lei ordinária ou lei complementar, enquanto o princípio da legalidade adota a concepção de "lei" em sentido amplo, ou seja, de modo a abranger toda norma infraconstitucional.

Classificação da reserva legal

I – Reserva legal absoluta x reserva legal relativa

a) **Reserva legal absoluta:** a Constituição exige a regulamentação integral da norma constitucional por uma lei em sentido formal (LO ou LC). Exemplo: regulamentação da substituição externa nos tribunais (STF – HC 74.109/SP).

b) **Reserva legal relativa:** exige lei em sentido formal apenas para a fixação de parâmetros gerais de atuação, a ser complementada por um ato normativo infralegal (ex. portarias ou resoluções).

II – Reserva legal simples x reserva legal qualificada

a) **Reserva legal simples:** a Constituição estabelece apenas a necessidade de intervenção legislativa, sem fazer qualquer exigência quanto ao conteúdo da lei a ser editada ou quanto a sua finalidade.

b) **Reserva legal qualificada:** a Constituição exige lei para regulamentar a matéria e estabelece os meios a serem utilizados ou os fins a serem perseguidos. Exemplo: art. 5º, XII, da CF/1988, que estabelece ser inviolável o sigilo das comunicações telefônicas, salvo, por ordem judicial, *nas hipóteses e na forma que a lei estabelecer para fins de investigação criminal ou instrução processual penal*.

III – Reserva legal proporcional

Exige a compatibilidade da restrição legal de um direito fundamental com o princípio da proporcionalidade. O permissivo constitucional para o legislador restringir o exercício de um determinado direito não pode atingir o seu próprio núcleo essencial. Assim, qualquer medida restritiva de um direito fundamental deve ser: 1) adequada (ou seja, deve adotar meios aptos a atingir o fim ao qual se destina); 2) necessária/exigível (menos gravosa possível); 3) proporcional em sentido estrito (os benefícios promovi-

Cap. 10 – Garantias Individuais

dos pela norma restritiva devem superar os ônus causados). Ex.: o STF já decidiu que a reserva legal estabelecida pelo art. 5º, XIII, da Constituição não confere ao legislador o poder de restringir o exercício da liberdade profissional a ponto de atingir o seu próprio núcleo essencial (STF – RE 511.961/SP).

2.4. Princípio da não retroatividade das leis

O princípio da não retroatividade das leis ou da irretroatividade das leis busca resguardar a incolumidade de situações consolidadas, preservando a segurança jurídica. Dispõe o art. 5º, XXXVI, da CF/1988: "a lei não prejudicará o direito adquirido, o ato jurídico perfeito e a coisa julgada".

Regulamentando a matéria na esfera infraconstitucional, o art. 6º da LINDB estabelece que a lei em vigor terá efeito imediato e geral, respeitados o ato jurídico perfeito, o direito adquirido e a coisa julgada. Reputa-se ato jurídico perfeito o já consumado segundo a lei vigente ao tempo em que se efetuou. Consideram-se adquiridos os direitos que o seu titular, ou alguém por ele, possa exercer, como aqueles cujo começo do exercício tenha termo prefixo, ou condição preestabelecida inalterável, a arbítrio de outrem. Por fim, chama-se coisa julgada a decisão judicial de que já não caiba recurso.

Contudo, a garantia da irretroatividade da lei não é invocável pela entidade estatal que a tenha editado (Súmula nº 654 do STF).

> ### Atenção
>
> Admite-se a concessão de **eficácia retroativa a determinado ato normativo**, desde que observados os seguintes requisitos (STF – ADI 605 MC/DF): 1) a eficácia retroativa não pode ser presumida; 2) a eficácia retroativa deve emanar de disposição expressa; 3) a eficácia retroativa não prejudique ato jurídico perfeito, direito adquirido ou coisa julgada. A título de exemplo, dispõem de eficácia retroativa: a) as leis penais mais benéficas (art. 5º, XL, da CF/1988); e b) as leis interpretativas, visto que elaboradas para esclarecer o sentido de uma lei anterior já em vigor.

2.4.1. *Direito adquirido*

Direito adquirido é aquele que o seu titular pode exercer, **integrando o patrimônio jurídico da pessoa**, não sendo passíveis de desconstituição ou modificação, ainda que promulgadas novas leis.

Os direitos adquiridos diferem da **expectativa de direito** na medida em que esta depende do futuro preenchimento de um requisito legal ou da ocorrência de fato aquisitivo específico.

Atenção

– Em regra, o ato administrativo ilegal não gera direito adquirido. Assim, a administração pode anular seus próprios atos, quando eivados de vícios que os tornem ilegais, porque não originam direitos. Contudo, na hipótese de revogação, por motivo de conveniência ou oportunidade, devem ser respeitados os direitos adquiridos. Nesse sentido, a Súmula nº 473 do STF.

– A irredutibilidade de vencimentos é uma **"modalidade qualificada" de direito adquirido** (STF, RE 364.317/RS), visto que a Constituição de 1988 proíbe que o valor nominal recebido pelo servidor público seja reduzido, sem que a medida venha impedir que determinadas parcelas dos vencimentos sejam reduzidas.

2.4.1.1. Direito adquirido e normas constitucionais

No que tange à possiblidade de invocação de direito adquirido em face de normas constitucionais, é preciso distinguir duas hipóteses:

a) Normas constitucionais originárias: não são obrigadas a observar direitos adquiridos, tendo em vista que não vinculam o Poder Constituinte Originário. As normas constitucionais originárias possuem uma **retroatividade mínima (automática)**, ou seja, atingem efeitos futuros de fatos ocorridos no passado. Ex.: a fixação de limite remuneratório incide de forma automática, inclusive para aqueles que recebiam valores superiores antes do advento da Constituição 1988 (RE 242.740/GO).

Atenção

Para a incidência da **retroatividade média** (ou seja, que alcança fatos passados pendentes de consumação) ou da **retroatividade máxima** (ou seja, que alcança fatos consumados no passado – vide art. 231, § 6º, da CF/1988), é necessária expressa previsão constitucional.

b) Emendas/revisões constitucionais: pende controvérsia acerca da interpretação a ser conferida ao termo "lei" previsto no art. 5º, XXXVI, da CF/1988 ("a lei não prejudicará o direito adquirido, o ato jurídico perfeito e a coisa julgada"). Prevalece atualmente no STF o entendimento de que o Poder Constituinte Derivado deve respeitar os direitos adquiridos, ou seja, o termo "lei" deve ser interpretado em sentido amplo.

Cap. 10 – Garantias Individuais

Jurisprudência

O STF entende ser incabível a alegação de direito adquirido contra a mudança de regime jurídico (RE 957.768 – AgR/PB). Assim, é possível a extinção de quinquênios de um servidor público, ainda que, no momento de ingresso na carreira, fizesse jus aos benefícios, sem que a medida venha a caracterizar violação a direito adquirido. No mesmo sentido, o tribunal entendeu que não há, em nosso ordenamento, nenhuma norma jurídica válida que, como efeito específico da aposentadoria, imunizem-lhe os proventos e as pensões, de modo absoluto, à tributação de ordem constitucional. Em outras palavras, não há direito adquirido com o aposentamento que impeça a incidência de novos tributos sobre os benefícios (STF, ADI 3105).

2.4.1.2. Direito adquirido no âmbito previdenciário

O direito adquirido no ramo previdenciário não se opera sobre o regime de previdência social, mas sim **sobre o benefício**. Assim, não preenchendo o beneficiário os requisitos para a obtenção de determinado benefício previdenciário, qualquer mudança na legislação **não lhe viola direito adquirido**. Em outras palavras, antes de implementadas todas as condições para a obtenção de um benefício, o segurado ou dependente só possui expectativa de direito.

2.4.2. *Ato jurídico perfeito*

Considera-se ato jurídico perfeito o já consumado segundo a lei vigente ao tempo em que se efetuou. O termo "consumado" não se refere aos efeitos, mas à presença dos **elementos essenciais para sua validade**.

Antes da Constituição de 1988, prevalecia o entendimento de que o ato jurídico perfeito não poderia ser invocado em face de leis de ordem pública. Contudo, atualmente, o STF entende que toda e qualquer lei, **inclusive de ordem pública**, deve respeitar o ato jurídico perfeito (ver: STF, RE 200.514/RS).

Atenção

A Súmula Vinculante nº 1 enuncia que "ofende a garantia constitucional do ato jurídico perfeito a decisão que, sem ponderar as circunstâncias do caso concreto, desconsidera a validez e a eficácia de acordo constante de termo de adesão instituído pela Lei Complementar n. 110/2001". Portanto, não é possível presumir **em abstrato** que tenha havido vício de consentimento na vontade do trabalhador ao assinar acordo com a Caixa Econômica Federal com relação aos expurgos inflacionários do FGTS.

2.4.3. *Coisa julgada*

A coisa julgada tem como fundamento a segurança jurídica em sentido objetivo, de modo que a proteção conferida pela Constituição de 1988 à matéria abrange duas espécies:

a) Coisa julgada formal: produz efeitos endoprocessuais (dentro do processo), tornando a sentença insuscetível de reexame e imutável dentro do mesmo processo.

b) Coisa julgada material: torna imutáveis os efeitos produzidos pela sentença no mesmo processo e em qualquer outro processo (efeitos exoprocessuais). É conceituada no art. 502 do CPC como a autoridade que torna imutável e indiscutível a decisão de mérito não mais sujeita a recurso.

No que concerne ao **âmbito de proteção**, impende destacar três aspectos:

a) A coisa julgada a que se refere o art. 5º, XXXVI, da CF/1988 é a decisão judicial de que já não caiba recurso, não conferindo o mencionado dispositivo **proteção à coisa julgada administrativa** (ver: STF – RE 144.996).

b) A garantia da coisa julgada é um **limite ao poder reformador**, ou seja, vincula o poder constituinte derivado, tendo em vista que integra o núcleo essencial da separação dos poderes (art. 60, § 4º, III, da CF/1988).

c) Relativização (típica) da coisa julgada: a proteção à coisa julgada não tem natureza absoluta, sendo justificada a sua relativização com base nos princípios da força normativa da Constituição e da máxima efetividade das normas constitucionais (ex.: ação rescisória).

> **Jurisprudência**
>
> – No Tema 392, o STF decidiu sobre a superação da coisa julgada para possibilitar **nova ação de investigação de paternidade em face de viabilidade de realização de exame de DNA**, fixando as seguintes teses: "I – É possível a repropositura de ação de investigação de paternidade, quando anterior demanda idêntica, entre as mesmas partes, foi julgada improcedente, por falta de provas, em razão da parte interessada não dispor de condições econômicas para realizar o exame de DNA e o Estado não ter custeado a produção dessa prova; II – Deve ser relativizada a coisa julgada estabelecida em ações de investigação de paternidade em que não foi possível determinar-se a efetiva existência de vínculo genético a unir as partes, em decorrência da não realização do exame de DNA, meio de prova que pode fornecer segurança quase absoluta quanto à existência de tal vínculo".
>
> – O STF, nos **Temas 881 e 885**, que versam sobre a **cessação automática dos efeitos temporais da coisa julgada** em matéria tributária, fixou o seguinte: "1.

Cap. 10 – Garantias Individuais

As decisões do STF em **controle incidental de constitucionalidade**, anteriores à instituição do regime de repercussão geral, **não impactam automaticamente a coisa julgada** que se tenha formado, mesmo nas relações jurídicas tributárias de trato sucessivo. 2. Já as decisões proferidas em **ação direta ou em sede de repercussão geral interrompem automaticamente os efeitos temporais** das decisões transitadas em julgado nas referidas relações, respeitadas a irretroatividade, a anterioridade anual e a noventena ou a anterioridade nonagesimal, conforme a natureza do tributo".

Atenção

De forma didática, pode-se sistematizar o entendimento do STF do seguinte modo: imagine uma decisão transitada em julgado estabelecendo que, em uma relação jurídica de trato sucessivo (ex.: o contribuinte não precisa pagar determinado tributo porque ele seria inconstitucional). Posteriormente, o STF decide que o tributo é constitucional. Pode a Fazenda cobrar o tributo com relação aos fatos geradores surgidos após a decisão do tribunal que entendeu constitucional o tributo?

1) Se a decisão do STF for proferida em **ação direta ou em sede de repercussão geral: sim, é possível** cobrar o tributo **com relação aos fatos geradores surgidos após a decisão do tribunal,** visto que houve a **interrupção automática** dos efeitos temporais da decisão transitada em julgado em sentido contrário. Contudo, devem ser respeitadas a irretroatividade, a anterioridade anual e a noventena, conforme a natureza do tributo.

2) Se essa decisão do STF foi proferida em controle incidental (difuso) de constitucionalidade **sem repercussão geral: não é possível** cobrar o tributo com relação aos fatos geradores ocorridos após a decisão do tribunal.

Quanto à **retroatividade da lei penal mais benéfica** (art. 5º, XL, da CF/1988) pode **desconstituir decisão penal** que aplicara legislação mais severa, independentemente da data do trânsito em julgado. Nesse sentido, a Súmula nº 611 do STF estabelece que, transitada em julgado a sentença condenatória, compete ao juízo das execuções a aplicação de lei mais benigna.

Jurisprudência

– **Retroatividade da jurisprudência penal mais benéfica:**

1) STF: não admite a retroatividade, tendo decidido que o "princípio da irretroatividade da lei penal mais benéfica, salvo exceções devidamente justificadas no *decisum*, não se aplica às interpretações jurisprudenciais" (HC 213605 AgR).

2) STJ: admite a retroatividade, nas hipóteses de entendimento "pacífico e relevante" (RvCr 5.2.320/SP).

– Conflito de coisas julgadas:

1) Esfera cível: formando-se duas coisas julgadas e tendo sido executada a primeira delas, esta deve prevalecer sobre a segunda (STJ, AgInt nos EDcl no REsp 1.930.955/ES).

2) Esfera criminal: transitando duas sentenças condenatórias pelos mesmos fatos e contra um mesmo réu, prevalece **a mais favorável ao condenado**, independentemente de qual delas tenha transitado em primeiro lugar (STJ, HC 281.101/SP).

2.4.4. *Coisa julgada e teoria dos precedentes judiciais*

A doutrina do precedente judicial decorre da aplicação do princípio do *stare decisis*: as decisões dos tribunais superiores vinculam os juízos que lhes são hierarquicamente inferiores, consolidando uma verdadeira **eficácia vertical do precedente**.

Na prática, os tribunais inferiores devem aplicar a *ratio decidendi* adotada pelos tribunais superiores em casos anteriormente solucionados, garantindo consistência e previsibilidade ao direito por meio da uniformização da jurisprudência.

Você precisa ler

Dispositivos legais sobre o tema: art. 947, § 3º, do CPC ("O acórdão proferido em assunção de competência vinculará todos os juízes e órgãos fracionários, exceto se houver revisão de tese"), art. 926 do CPC (os tribunais devem uniformizar sua jurisprudência e mantê-la **estável, íntegra e coerente**) e art. 988 do CPC (cabimento de reclamação para preservar a competência dos tribunais, garantir a autoridade de suas decisões e a observância de enunciado de súmula vinculante e de precedente proferido em julgamento de casos repetitivos ou em incidente de assunção de competência).

Os precedentes podem ser classificados de duas formas distintas:

1) Quanto ao **conteúdo**:

a) **declarativos:** quando simplesmente reconhecem um precedente anterior para dar solução a um caso concreto, como ocorre no art. 932, IV e V, do Código de Processo Civil; ou

b) **criativos:** quando o intérprete interpreta/compreende/aplica a norma jurídica ao caso concreto.

Cap. 10 – Garantias Individuais

2) Quanto aos **efeitos** (Didier, 2014):

a) **vinculantes** (*binding precedentes*): possuem eficácia vinculante com relação aos casos similares que lhes forem supervenientes;

b) **obstativos:** têm o condão de impedir a remessa necessária ou o conhecimento de recursos interpostos;

c) **persuasivos** (*persuasive precedents*): não têm eficácia vinculante. Refletem mera diretriz interpretativa, que deve ser seguida pelo fato de que o julgador acredita na sua adequação.

2.4.4.1. Técnicas de confrontação e técnicas de superação de precedentes

Em que pese a busca pela certeza e previsibilidade no direito, o ordenamento jurídico não pode permanecer alheio à realidade social. Por esse motivo, os países da família do *Common Law* desenvolveram a seguinte técnica que evita a aplicação dos precedentes:

- **Distinguishing:** existindo um precedente vinculante, os tribunais podem afastar a sua aplicação quando, distinguindo o caso concreto do paradigma, não vislumbrar tratar-se dos mesmos fatos ou dos mesmos fundamentos jurídicos. Trata-se de **técnica de confrontação:** o precedente não será aplicado quando o órgão jurisdicional distinguir o caso sob julgamento, demonstrando fundamentadamente se tratar de **situação particularizada por hipótese fática distinta ou questão jurídica não examinada**, a impor solução jurídica diversa.

    Já o *overruling* e o *overriding* apresentam-se como **técnicas de superação dos precedentes**.

- **Overruling:** um precedente perde a sua força vinculante, sendo substituído por uma nova norma geral do caso concreto, de forma expressa (***express overruling***) ou implícita (***implied overruling***), pelo mesmo tribunal ou outro de hierarquia superior. Trata-se de **técnica de superação dos precedentes**.

- **Overriding:** distingue-se do *overruling* na medida em que o precedente não é superado por completo; nesse caso, o tribunal apenas **limita a incidência do precedente**, em função da superveniência de circunstâncias fáticas ou jurídicas que tornam a sua incidência incabível no caso concreto (Didier, 2014). Assim, a modificação de entendimento sedimentado poderá fundar-se, entre outras alegações, na revogação ou modificação de norma em que se fundamentou a tese ou em alteração econômica, política ou social. Trata-se de **técnica de superação dos precedentes**. Dispositivos sobre o tema: art. 927, § 4º, art. 927, §§ 1º e 2º, e art. 927, § 3º, do CPC.

Pode ocorrer, contudo, de o julgador **ignorar um precedente vinculante ou um diploma normativo** que levaria a um resultado diverso daquele alcançado. Nessa hipótese, tem-se o que se convencionou chamar de **decisão *per incuriam*** ou "por falta de cuidado", visto que o precedente não precisará ser seguido por um tribunal inferior. Em outras palavras, os juízos hierarquicamente inferiores ficam livres para afastar uma decisão anterior de um tribunal superior. Ex.: em *Secretary of State for Trade and Industry vs. Desay* (1991), ficou decidido ser possível afastar um precedente *per incuriam*, desde que demonstrado que a decisão prolatada envolve **algum tipo de erro**, implicando sérios inconvenientes para a aplicação da justiça e para os jurisdicionados.

2.5. Princípios reitores dos processos administrativos

No âmbito dos processos administrativos, incidem os princípios da legalidade, finalidade, motivação, razoabilidade, proporcionalidade, moralidade, ampla defesa, contraditório, segurança jurídica, interesse público e eficiência, nos termos do art. 2º da Lei nº 9.784/1999.

3. PRINCÍPIOS E GARANTIAS FUNDAMENTAIS PROCESSUAIS DOS PROCESSOS CIVIL, PENAL E ADMINISTRATIVO

3.1. Princípio da inafastabilidade da jurisdição, do livre acesso ao Judiciário ou da ubiquidade da Justiça

Previsto no art. 5º, XXXV, da CF/1988, o princípio da inafastabilidade da jurisdição estabelece que a lei não excluirá da apreciação do Poder Judiciário lesão ou ameaça a direito.

Assim, o Poder Judiciário pode ser invocado por qualquer pessoa para que exerça seu poder jurisdicional em qualquer hipótese de lesão (**tutela repressiva**) ou ameaça de lesão (**tutela preventiva**) a direito.

> **Jurisprudência**
>
> Com fundamento no princípio da inafastabilidade de jurisdição, o STF entendeu inconstitucional o art. 7º, § 2º, da Lei nº 12.016/2009, que veda a concessão de medida liminar em mandado de segurança "que tenha por objeto a compensação de créditos tributários, a entrega de mercadorias e bens provenientes do exterior, a reclassificação ou equiparação de servidores públicos e a concessão de aumento ou a extensão de vantagens ou pagamento de qualquer natureza" (STF, ADI 4.296/DF).

Cap. 10 – Garantias Individuais

Atenção

O acesso à justiça por meio dos tribunais está sendo progressivamente substituído pela **ideia de acesso ao direito** (Costa e Silva, 2009), a qual reflete uma nova dimensão em que se confere primazia à solução extrajudicial do conflito.

Exceções ao princípio da inafastabilidade da jurisdição: como a inafastabilidade da jurisdição não é princípio absoluto, pode ser relativizada em determinadas hipóteses (denominadas de **jurisdição condicionada ou instância administrativa de curso forçado),** em especial quando se está diante de:

a) atos *interna corporis (*STF, MS 24.356/DF);

b) questões exclusivamente políticas (STF, QO na ADPF 01/RJ);

c) hipóteses de discricionariedade administrativa;

d) mérito de punições militares por motivo disciplinar (art. 142, § 2º, da CF/1988; STF, HC 70.648/RJ);

e) casos envolvendo a justiça desportiva (art. 217, § 1º, da CF/1988);

f) atos administrativos que contrariem súmulas vinculantes (art. 7º, § 1º, da Lei nº 11.417/2006), de modo que, contra omissão ou ato da administração pública, o uso da reclamação só será admitido após esgotamento das vias administrativas (**contencioso administrativo atenuado**) (Lenza, 2023);

g) casos que exigem o prévio **requerimento** administrativo (e que **não se confundem** com o prévio **exaurimento** da esfera administrativa). Exemplos:

– *Habeas data* – A Súmula nº 2 do STJ enuncia que "Não cabe o *habeas data* (CF, art. 5º, LXXII, letra 'a') se não houve recusa de informações por parte da autoridade administrativa".

– **Concessão de benefícios previdenciários** – No **Tema 350, o STF** firmou a tese de que a "concessão de benefícios previdenciários **depende de requerimento do interessado**, não se caracterizando ameaça ou lesão a direito antes de sua apreciação e indeferimento pelo INSS, ou se excedido o prazo legal para sua análise". Contudo, a "exigência de prévio requerimento administrativo não deve prevalecer quando o entendimento da Administração for **notória e reiteradamente contrário à postulação do segurado**" (STF, RE 631.240).

Exigência de depósito prévio: "É inconstitucional a exigência de depósito prévio como requisito de admissibilidade de ação judicial na qual se pretenda discutir a exigibilidade de crédito tributário" (Súmula Vinculante nº 28 do STF).

Cláusula compromissória e compromisso arbitral: Na convenção de arbitragem não se renuncia ao direito de ação, mas se faz uma opção pela **jurisdição privada**, nos termos da Lei nº 9.307/1996.

3.2. Devido processo legal

O princípio do devido processo legal vem previsto no art. 5º, LIV, da CF/1988 ("ninguém será privado da liberdade ou de seus bens sem o **devido processo legal**") e pode ser analisado sob duas óticas distintas:

a) **Devido processo legal substancial (*substantive due process of law*):** fundamento constitucional das máximas da proporcionalidade e da razoabilidade, atuando como proteção em face de eventual abuso de poder.

b) **Devido processo legal formal (*procedural due process of law*):** voltado para o processo em si, de forma a obrigar o magistrado a seguir os princípios processuais.

> **Atenção**
>
> A **motivação dos pronunciamentos judiciais** vem prevista no art. 93, IX, da CF/1988, ao dispor que "todos os julgamentos dos órgãos do Poder Judiciário serão públicos, e fundamentadas todas as decisões, sob pena de nulidade, podendo a lei limitar a presença, em determinados atos, às próprias partes e a seus advogados, ou somente a estes, em casos nos quais a preservação do direito à intimidade do interessado no sigilo não prejudique o interesse público à informação". Trata-se de exigência que exerce dupla função: 1) **endoprocessual**, permitindo a impugnação da decisão; e 2) **exoprocessual,** propiciando o controle do ato por toda a sociedade.

Elementos do devido processo legal (STF, HC 94.016/SP):

a) **o direito ao processo** (garantia de acesso ao Poder Judiciário);

b) **o direito à citação e ao conhecimento prévio do teor da acusação**;

c) **o direito à devida motivação da decisão** (art. 93, IX, da CF/1988);

d) **o direito a um julgamento público** (art. 5º, LX, da CF/1988);

e) **o direito a um julgamento célere, sem dilações indevidas** (art. 5º, LXXVIII, da CF/1988);

f) **o direito ao contraditório e à plenitude de defesa** (direito à autodefesa e à defesa técnica – art. 5º, LV, da CF/1988);

g) **o direito de não ser processado e julgado com base em leis *ex post facto***;

h) **o direito à igualdade entre as partes**;

i) **o direito de não ser processado com fundamento em provas revestidas de ilicitude**;

j) **o direito ao benefício da gratuidade** (art. 5º, LXXIV, da CF/1988);

Cap. 10 – Garantias Individuais

k) **o direito à observância do princípio do juiz natural** (art. 5º, LIII, da CF/1988, sendo vedado o deslocamento a órgão *ad hoc* ou juízo de exceção, em especial aqueles instituídos *ex post factum*);

l) **o direito à observância do princípio do promotor natural** (ver: STF, HC 103.038);

m) **o direito ao silêncio e direito de não autoincriminação** (art. 5º, LXIII, da CF/1988);

n) **o direito à produção da prova;**

o) **o direito de presença e de "participação ativa" nos atos de interrogatório judicial** dos demais litisconsortes penais passivos, quando existentes.

Jurisprudência

– **Não há violação ao princípio do promotor natural** quando o Promotor de Justiça que, atuando na vara criminal comum, oferece denúncia contra o acusado na vara do Tribunal do Júri, sendo esta posteriormente ratificada de forma implícita pelo Promotor que funciona no Tribunal do Júri, prosseguindo na condução do feito (STF, HC 114.093/PR).

– No que tange ao direito à produção da prova, o STF entendeu que, na audiência de instrução e julgamento, não pode o juiz iniciar a inquirição de testemunha, mas apenas complementá-la sobre os pontos não esclarecidos (STF, HC 187.035/SP).

– No que tange ao contraditório, duas súmulas vinculantes merecem destaque:

   a) Súmula Vinculante nº 3 do STF: "Nos processos perante o Tribunal de Contas da União asseguram-se o contraditório e a ampla defesa quando da decisão puder resultar anulação ou revogação de ato administrativo que beneficie o interessado, excetuada a apreciação da legalidade do ato de concessão inicial de aposentadoria, reforma e pensão".

   b) Súmula Vinculante nº 14 do STF: "É direito do defensor, no interesse do representado, ter acesso amplo aos elementos de prova que, já documentados em procedimento investigatório realizado por órgão com competência de polícia judiciária, digam respeito ao exercício do direito de defesa".

3.2.1. *Abuso processual*

O abuso processual é caracterizado pelo abuso do direito de ação ou de defesa, capaz de gerar a reparação dos danos (inclusive morais). Ex.: **sham litigation** ("litigância simulada"), caracterizada na jurisprudência da Suprema Corte norte-americana como a situação em que a parte ingressa com inúmeros processos infundados e repetitivos, sem amparo no direito de peticionar (*California Motor Transport Co. vs. Trucking Unlimited* – 1972).

O assédio processual pode ser praticado pelo julgador (ex.: permitir postulações protelatórias, não velar pela duração razoável do processo, permitir o prosseguimento de vícios processuais) ou pelas partes (ex.: negar ou retardar o cumprimento de decisões coletivas, instaurar incidentes manifestamente infundados, fazer requerimentos de provas inúteis ou desnecessárias, interpor recursos protelatórios).

Em *terrae brasilis*, o STJ firmou o entendimento de que o ajuizamento de sucessivas ações judiciais com propósito doloso de configurar ato ilícito de abuso do direito de ação ou de defesa caracteriza **assédio processual** (ver: STJ, REsp 1.817.845/MS, 3ª Turma, Rel. Acd. Min. Nancy Andrighi, j. 10.10.2019 – Info 658).

Por fim, de forma a combater o assédio processual, o art. 81 do CPC admite que o juiz, além de fixar multa pela má-fé, arbitre indenização pelos prejuízos que a parte contrária sofreu, oriundos do exercício abusivo dos direitos e faculdades processuais.

Jurisprudência

O STJ não tem admitido a chamada **"nulidade de algibeira"**, ou seja, aquela que, podendo ser sanada pela insurgência imediata da defesa após a ciência do vício, não é alegada de forma estratégica pela parte (ver STJ, AgRg no HC 732.642/SP).

3.2.2. *Direito à prova e suas limitações*

Segundo o inciso LVI do art. 5º da CF/1988, são inadmissíveis, no processo, as provas obtidas por meios ilícitos.

As **provas ilegais** são gênero que abrange duas espécies: **a) provas ilícitas:** infringem regras de direito material (ex.: obtenção de prova por meio de tortura); **b) provas ilegítimas:** afrontam regras de direito processual (ex.: produção de prova a destempo no caso do Tribunal do Júri, juntando-a apenas um dia antes do plenário).

A **sanção processual** cominada para ilicitude da prova é a sua **inadmissibilidade**, ou seja, a sua não aceitação no processo, e não a nulidade da prova.

Jurisprudência

- No Tema 1.041, o STF fixou as seguintes teses: "(1) Sem autorização judicial ou fora das hipóteses legais, é ilícita a prova obtida mediante abertura de carta, telegrama, pacote ou meio análogo, salvo se ocorrida em estabelecimento penitenciário, quando houver fundados indícios da prática de atividades ilícitas; (2) Em relação a abertura de encomenda postada nos Correios, a prova obtida somente será lícita quando houver fundados indícios da prática de atividade ilícita, formalizando-se as providências adotadas para fins de controle administrativo ou judicial".

Cap. 10 – Garantias Individuais

> • No Tema 1.238, o STF fixou serem inadmissíveis, em processos administrativos de qualquer espécie, provas consideradas ilícitas pelo Poder Judiciário.

3.2.2.1. Prova ilícita por derivação: a teoria dos frutos da árvore envenenada

A teoria dos frutos da árvore envenenada (*fruits of the poisonous tree*) é proveniente do direito norte-americano e estabelece que a prova ilícita originária contamina as provas dela advindas. Ex.: a nulidade decorrente da obtenção do local em que se encontra o produto do crime mediante a confissão do suspeito obtida por meio de tortura.

Limitações à prova ilícita por derivação

Existem exceções à teoria dos frutos da árvore envenenada, ou seja, hipóteses em que é afastada a ilicitude por derivação.

1) **Teoria do encontro fortuito de provas ou da serendipidade** (STF, HC 129.678/SP): consideram-se **válidas as provas encontradas casualmente pelos agentes** por ocasião do cumprimento de medidas de investigação regularmente autorizadas, relativas a ilícito até então desconhecidos. Pode ser classificada em:

   a) **serendipidade de primeiro grau:** exige nexo causal com relação ao crime investigado originariamente. Exemplo: localização do cadáver ocultado durante a apuração da prática de homicídio;

   b) **serendipidade de segundo grau:** ausência de nexo causal ou conexão com o fato originalmente apurado. Exemplo: é lícita a prova de roubo colhida fortuitamente em uma interceptação telefônica para investigação de estupro. Nesse sentido, o STF decidiu que "nas interceptações telefônicas validamente determinadas é passível a ocorrência da serendipidade, pela qual, de forma fortuita, são descobertos delitos que não eram objetos da investigação originária" (STF, HC 137438).

2) **Teoria da fonte independente (*independent source doctrine*):** inicialmente proposta no direito norte-americano (*Bynum vs. US* – 1960), estabelece que, se ficar demonstrado que a obtenção da prova se deu legitimamente, a partir de elementos de informação decorrentes de uma fonte autônoma de prova, que "não guarde qualquer relação de dependência, nem decorra da prova originariamente ilícita, com esta não mantendo vínculo causal, tais dados probatórios são admissíveis, porque não contaminados pela mácula da ilicitude originária" (Brasileiro, 2022).

   Sobre o tema, o STF (HC 83.921/RJ) já decidiu que o reconhecimento fotográfico, procedido na fase inquisitorial, em desconformidade com o art. 226, I, do CPP, não tem a virtude de contaminar o acervo probatório coligido na fase judicial, sob o crivo do contraditório, por inaplicabilidade da teoria da árvore dos frutos envenenados (*fruits of the poisonous tree*), tendo em vista que a sentença condenatória foi embasada em provas autônomas produzidas em juízo.

3) **Teoria da descoberta inevitável (exceção da fonte hipotética independente ou *inevitable discovery limitation*):** aplicada nos EUA no caso *Nix vs. Williams-Williams II* (1984), sustenta que, sendo demonstrado que a prova derivada da ilícita seria produzida de qualquer modo, independente da prova ilícita originária, deverá ser considerada válida. O STJ já aplicou a teoria da descoberta inevitável em caso em que discutia a ilicitude de extrato bancário obtido por herdeiro da vítima sem autorização judicial. Isso porque "a prova seria necessariamente descoberta por outros meios legais", pois "o sobrinho da vítima, na condição de herdeiro, teria, inarredavelmente, após a habilitação no inventário, o conhecimento das movimentações financeiras e, certamente, saberia do desfalque que a vítima havia sofrido; ou seja, a descoberta era inevitável" (ver STJ, HC 52.995/AL).

4) **Teoria da limitação da mancha purgada (vícios sanados, tinta diluída ou *purged taint*):** desenvolvida em *Wong Sun vs. US* (1963), afasta a ilicitude por derivação se o nexo causal entre a prova ilícita originária e nova prova for atenuado em virtude: a) do decurso do tempo; b) de circunstâncias supervenientes na cadeia probatória; c) da ausência de relevância na ilegalidade; ou d) da vontade de um dos envolvidos em colaborar com as investigações. O STJ já decidiu que "as provas encaminhadas ao MP brasileiro são legítimas, segundo o parâmetro de legalidade suíço, e o meio de sua obtenção não ofende a ordem pública, a soberania nacional e os bons costumes brasileiros, até porque decorreu de **circunstância autônoma interveniente na cadeia causal, a qual afastaria a mancha da ilegalidade existente no indício primário**. Não há, portanto, razões para a declaração de sua inadmissibilidade no presente processo" (STJ, APn 856/DF).

5) **Teoria da exceção da boa-fé (*good faith exception*):** aplicada em *US vs. Leon* (1984), propõe que seja considerada válida "prova obtida em violação a princípios constitucionais, desde que sua obtenção não tenha decorrido da vontade de quem procedeu à investigação" (Brasileiro, 2022), mas sim de um erro ou ignorância. São dois os critérios para sua aplicação e consequente afastamento da inadmissibilidade: a) a boa-fé do agente; e b) a crença razoável na legalidade da conduta.

6) **Teoria do risco:** sustenta que aquele que **espontaneamente revela sua participação em eventos ilícitos** assume o risco de ser responsabilizado pela documentação do fato por outrem. Afasta-se, assim, a violação ao direito à privacidade,

Cap. 10 – Garantias Individuais

permitindo a utilização, por exemplo, de fotografias clandestinas que decorreram de condutas espontâneas de revelação da prática de crimes.

7) **Teoria da limitação da destruição da mentira do imputado:** de origem norte-americana em *Walder vs US* (1954), estabelece que a prova ilícita, embora **não seja idônea para comprovar a culpabilidade do acusado, pode ser valorada no sentido de demonstrar que o autor do fato delituoso** mentiu (Brasileiro, 2022).

8) **Teoria da limitação da infração constitucional por pessoa que não faz parte do órgão policial:** a prova somente poderá ser considerada ilegal se decorrente de conduta do agente policial, não por outros agentes estatais ou pelos particulares. A título de exemplo, "verificando-se que a diligência investigatória realizada em outro país em atendimento a pedido de cooperação jurídica internacional foi feita de acordo com o ordenamento jurídico do Estado estrangeiro, não há falar em nulidade ou ilicitude da prova quando esta for introduzida no processo em curso no território nacional" (Brasileiro, 2022).

3.2.2.2. Aproveitamento da prova ilícita e proporcionalidade

No que tange à utilização da prova ilícita com fulcro no princípio da proporcionalidade, existem basicamente três correntes:

1) **Ampla admissão da utilização da prova ilícita**, desde que o direito violado seja de valor inferior ao que se busca tutelar com a admissão da prova ilícita (Brito; Fabretti, 2012).

2) Admissão da utilização da prova ilícita com base no princípio da proporcionalidade **exclusivamente *pro reo*** (Tourinho Filho, 2009).

3) **Vedação à utilização da prova ilícita com fulcro no princípio da proporcionalidade.** É a posição adotada pelo STF no HC 96.056/PE.

3.2.3. *Prova emprestada*

A prova emprestada é "aquela que, embora produzida em outro processo, se pretende produzir efeitos no processo em questão. Sua validade como documento e meio de prova, desde que reconhecida sua existência por sentença transitada em julgado, é admitida pelo sistema brasileiro". Tem como fundamento os **princípios da economia processual, da eficiência e da celeridade,** buscando evitar a repetição desnecessária da produção de prova de idêntico conteúdo.

Nesse sentido, o art. 372 do CPC dispõe que "o juiz poderá admitir a utilização de prova produzida em outro processo, atribuindo-lhe o valor que considerar adequado, observado o contraditório".

> ### Importante
>
> Em regra, para fins de admissibilidade da prova emprestada, o princípio do contraditório deve ser observado tanto no processo de origem, no qual se formou a prova, como no processo de destino, no qual se pretende utilizar a prova já produzida. Se a prova foi produzida em processo no qual não houve a intervenção da parte, não há falar em prova emprestada, mas em **prova documental ou compartilhamento de prova**. Contudo, no EREsp 617.428, julgado pela Corte Especial do STJ, firmou-se o entendimento de que a prova emprestada **não pode se restringir a processos em que figurem partes idênticas**, sob pena de se reduzir excessivamente sua aplicabilidade, sem justificativa razoável para tanto.
>
> Na órbita administrativa, a Súmula nº 591 do STJ enuncia que é **permitida a "prova emprestada" no processo administrativo disciplinar**, desde que devidamente autorizada pelo juízo competente e respeitados o contraditório e a ampla defesa.

> ### Atenção
>
> O **valor probatório** da prova emprestada **é o mesmo** da prova originalmente produzida.

3.3. Acesso à justiça

O princípio do acesso à justiça é corolário da inafastabilidade da jurisdição e busca tornar efetivas as garantias do sistema processual, concretizando quatro escopos:

1) **Ampliação do acesso à justiça:** busca permitir **o máximo acesso à tutela jurisdicional**, afastando eventuais obstáculos existentes à concretização de direitos. Adota como base o que se convencionou chamar de **"três ondas reformatórias do processo":** a) a primeira onda tinha como preocupação o **aspecto financeiro**, ou seja, tutelava o hipossuficiente econômico; b) a segunda busca a efetiva **concretização de direitos transindividuais**; e c) a terceira está preocupada com o próprio **"modo de ser do processo"** (Cappelletti, 1988).

2) **Ampla participação no processo:** busca permitir que as partes desempenhem um papel central e efetivo na formação do convencimento do juízo. O objetivo é possibilitar não só uma maior aproximação com a pacificação social, mas também que o juiz tenha mais elementos para valorar e proferir a decisão.

Cap. 10 – Garantias Individuais

> **Atenção**
>
> A participação deve ser promovida **não apenas por meio do contraditório participativo** (diálogo permanente do juízo com as partes), mas também por meio do **contraditório efetivo** (as partes devem ter a efetiva possibilidade de influenciar a formação do convencimento do juízo).

3) **Prolação de decisão justa:** exige a **prolação de decisão com justiça** – ou, ao menos, com a convicção de justiça, em razão da amplitude do conceito –, levando em conta os princípios constitucionais e a tutela dos direitos fundamentais.

4) **Eficácia da decisão:** é indispensável a busca pela **prolação de decisões eficazes**, por meio: a) da **previsão ampla da tutela de urgência** – cautelar e satisfativa –, de forma a afastar o perigo decorrente da ausência de efetividade causada pelo tempo para se alcançar a tutela definitiva; b) do **aumento dos poderes do juiz** na instrução e na efetivação da decisão, seja por meio da previsão de mecanismos de execução indireta (ex. *astreintes*, prisão civil, entre outros), seja pela ampliação das sanções processuais aplicáveis para as hipóteses de descumprimento da decisão (art. 77, IV, § 2º, do CPC); c) busca pela **razoável duração do processo**; e d) **máxima cooperação e boa-fé** entre todos os sujeitos que atuam no feito, para que se obtenha decisão de mérito justa e efetiva (art. 6º do CPC).

3.4. Celeridade processual

Na órbita internacional, a prestação jurisdicional dentro de um prazo razoável e efetivo encontra-se prevista nos arts. 8.º, 1.º, e 25, 1.º, do Pacto de São José da Costa Rica.

Em nosso ordenamento, o art. 5º, LXXVIII, da CF/1988 estabelece que a todos, no âmbito judicial e administrativo, são assegurados a razoável duração do processo e os meios que garantam a celeridade de sua tramitação, a saber:

1) **Dimensão temporal:** deve-se buscar um **equilíbrio** entre a observância das garantias fundamentais e a velocidade de tramitação dos processos, atentando-se para a flexibilidade procedimental (Gajardoni, 2008).

2) **Dimensão instrumental:** a adoção de **meios** que garantam a celeridade na tramitação. Ex.: o IRDR previsto no CPC. Ademais, o princípio da celeridade processual impõe ao magistrado que aprecie o pedido de tutela provisória de modo que venha a produzir resultados efetivos e úteis para as partes.

4. GARANTIAS FUNDAMENTAIS DE NATUREZA PENAL

Entre as garantias criminais podem-se destacar as seguintes:

1) **Julgamento pelo Tribunal do Júri** (art. 5º, XXXVIII, da CF/1988): é reconhecida a instituição do júri, com a organização que lhe der a lei, assegurados: a) a plenitude de defesa; b) o sigilo das votações; c) a soberania dos veredictos; d) a competência para o julgamento dos crimes dolosos contra a vida.

Jurisprudência

– Sobre o Tribunal do Júri, vale destacar os seguintes julgados dos Tribunais Superiores: **i. Manifestação de jurado e nulidade no plenário:** deve ser declarado nulo o júri em que membro do conselho de sentença afirma a existência de crime em plena fala da acusação (STJ, HC 436.241/SP); **ii. Tribunal do júri e tese frágil:** a rescisão do veredicto popular fundada no art. 593, III, *d*, do Código de Processo Penal só é possível quando a conclusão alcançada pelos jurados é teratológica (STJ, AgRg no HC 482.056/SP); **iii. Defesa sucinta no Tribunal do Júri e nulidade:** a sustentação oral realizada em tempo reduzido no Tribunal do Júri não caracteriza, necessariamente, deficiência de defesa técnica (SJT, HC 365.008/PB); **iv. *In dubio pro societate* e Tribunal do Júri:** a submissão a julgamento pelo Tribunal do Júri pressupõe a existência de lastro probatório consistente no sentido da tese acusatória, ou seja, "requer-se um *standard* probatório um pouco inferior ao exigido para prolação de sentença condenatória, mas, ainda assim, dependente da preponderância de provas incriminatórias" (STF, ARE 1.067.392/CE).

– A Súmula Vinculante nº 45 do STF enuncia que "a competência constitucional do tribunal do júri prevalece sobre o foro por prerrogativa de função estabelecido exclusivamente pela Constituição Estadual".

2) **Legalidade da prisão:** ninguém será preso senão em flagrante delito ou por ordem escrita e fundamentada de autoridade judiciária competente, salvo nos casos de transgressão militar ou crime propriamente militar, definidos em lei (art. 5º, LXI, da CF/1988).

Jurisprudência

Não é possível a conversão da prisão em flagrante em preventiva de ofício, ou seja, sem provocação por parte da autoridade policial, do querelante, do assistente, ou do Ministério Público (STJ, RHC 131.263).

Cap. 10 – Garantias Individuais

3) Comunicação da prisão: a prisão de qualquer pessoa e o local onde se encontre serão comunicados imediatamente ao juiz competente e à família do preso ou à pessoa por ele indicada (art. 5º, LXII, da CF/1988).

4) Relaxamento da prisão ilegal: a prisão ilegal será imediatamente relaxada pela autoridade judiciária (art. 5º, LXV, da CF/1988).

> ### Atenção
>
> O **relaxamento da prisão** ocorre nas hipóteses em que a prisão for ilegal, sendo cabível em toda e qualquer espécie de prisão. De outro modo, a **revogação da prisão cautelar** (que incide exclusivamente na prisão temporária ou na preventiva), incide quando desaparecerem os motivos que deram ensejo à segregação (art. 316 do CPP e Lei nº 7.960/1989). Em qualquer caso, ocorre a restauração da **liberdade plena** do investigado/acusado, sendo, contudo, possível a imposição de medidas cautelares diversas da prisão.

5) Comunicação dos direitos ao preso: o preso será informado de seus direitos, entre os quais o de permanecer calado, sendo-lhe assegurada a assistência da família e de advogado (art. 5º, LXIII, da CF/1988).

6) Identificação do responsável pela prisão: o preso tem direito à identificação dos responsáveis por sua prisão ou por seu interrogatório policial (art. 5º, LXIV, da CF/1988).

7) Liberdade provisória com ou sem fiança: ninguém será levado à prisão ou nela mantido, quando a lei admitir a liberdade provisória, com ou sem fiança (art. 5º, LXVI, da CF/1988).

8) Individualização das penas: a lei regulará a individualização da pena (art. 5º, XLVI, da CF/1988).

9) Pessoalidade ou intranscendência da pena: nenhuma pena passará da pessoa do condenado, podendo a obrigação de reparar o dano e a decretação do perdimento de bens ser, nos termos da lei, estendidas aos sucessores e contra eles executadas, até o limite do valor do patrimônio transferido (art. 5º, XLV, da CF/1988).

> ### Jurisprudência
>
> **Princípio da intranscendência e responsabilidade da pessoa jurídica incorporada:** quando pessoa jurídica, respondendo por crime ambiental, é incorporada e não há nenhum indício de fraude, incide por analogia o art. 107, I, do CP (morte do agente), com a consequente extinção de sua punibilidade (STJ, REsp 1.977.172/PR).

10) Ação penal privada subsidiária da pública: será admitida ação privada nos crimes de ação pública, se esta não for intentada no prazo legal (art. 5º, LIX, da CF/1988).

11) Direito da presa de permanecer com o filho durante a amamentação: às presidiárias serão asseguradas condições para que possam permanecer com seus filhos durante o período de amamentação (art. 5º, L, da CF/1988).

12) Direito à indenização: o Estado indenizará o condenado por erro judiciário, assim como o que ficar preso além do tempo fixado na sentença (art. 5º, LXXV, da CF/1988).

Jurisprudência

- No Tema 592, o STF fixou a seguinte tese: "Em caso de inobservância do seu dever específico de proteção previsto no art. 5º, inciso XLIX, da Constituição Federal, o Estado é responsável pela morte de detento".

- No Tema 365, o STF deixou claro que, considerando que "é dever do Estado, imposto pelo sistema normativo, manter em seus presídios os padrões mínimos de humanidade previstos no ordenamento jurídico, é de sua responsabilidade, nos termos do art. 37, § 6º, da Constituição, a obrigação de ressarcir os danos, inclusive morais, comprovadamente causados aos detentos em decorrência da falta ou insuficiência das condições legais de encarceramento".

13) Federalização de crimes contra direitos humanos: nas hipóteses de grave violação de direitos humanos, o Procurador-Geral da República, com a finalidade de assegurar o cumprimento de obrigações decorrentes de tratados internacionais de direitos humanos dos quais o Brasil seja parte, poderá suscitar, perante o STJ, em qualquer fase do inquérito ou processo, incidente de deslocamento de competência para a Justiça Federal (art. 109, § 5º, da CF/1988).

Jurisprudência

Em decisão proferida no IDC 2, o STJ deixou clara a excepcionalidade do deslocamento da competência do juízo estadual para o federal, de modo a exigir a presença dos seguintes pressupostos: 1) grave violação a direitos humanos; 2) risco de responsabilização internacional decorrente do descumprimento de obrigações jurídicas assumidas em tratados internacionais; e 3) incapacidade das instâncias e autoridades locais em oferecer respostas efetivas.

Cap. 10 – Garantias Individuais

4.1. Presunção de inocência ou de não culpabilidade

O princípio da presunção de inocência ou da não culpabilidade serve como instrumento de tutela da liberdade, visando evitar juízos condenatórios precipitados e protegendo indivíduos potencialmente culpáveis contra eventuais excessos das autoridades públicas.

> **Você precisa ler**
>
> **No âmbito internacional**: art. 9 da Declaração Universal dos Direitos do Homem e do Cidadão/1786 ("Todo homem é inocente até que seja declarado culpado"); art. 11.1 da Declaração Universal dos Direitos Humanos/ 1948 ("Toda pessoa acusada de um delito tem direito a que se presuma sua inocência enquanto não se prove sua culpabilidade conforme a lei"); e art. 8, parágrafo I, do Pacto de São José da Costa Rica ("Toda pessoa acusada de um delito tem direito a que se presuma sua inocência enquanto não se comprove legalmente sua culpabilidade").

> **Atenção**
>
> Nenhum dos documentos anteriores exige expressamente o trânsito em julgado da condenação.
>
> **No âmbito constitucional:** art. 5º, LXI, da CF/1988, dispondo que "ninguém será preso senão em flagrante delito ou por ordem escrita e fundamentada de autoridade judiciária competente, salvo nos casos de transgressão militar ou crime propriamente militar, definidos em lei".
>
> **No âmbito legal:** arts. 283 e 637 do CPP. Ademais, o Pacote Anticrime estabelece a execução provisória da pena como regra no caso de condenação a uma pena igual ou superior a 15 anos de reclusão nas hipóteses de competência do Tribunal do Júri (art. 492, I, *e*, CPP), destacando as exceções estabelecidas no art. 492, §§ 3º ao 6º, do CPP (ver STJ, *Habeas Corpus* 849.880/SC).

> **Jurisprudência**
>
> – Ao julgar as ADCs 43/DF, 44/DF e 54/DF, as quais pediam a declaração de constitucionalidade do art. 283 do CPP, o STF adotou o entendimento de que o cumprimento da pena somente pode ter início com o esgotamento de todos os recursos, sendo **vedada a execução provisória da pena**.
>
> – Em consonância com o entendimento manifestado pelo STF na ADC 43/DF, a Súmula nº 643 do STJ firmou o entendimento de que a execução da **pena restritiva de direitos** depende do trânsito em julgado da condenação.

> **Atenção**
>
> **1) Presunção de inocência e eliminação de concurso público:** o simples fato de responder a inquérito ou a ação penal não é suficiente para impedir a participação de candidato em concurso público. No **Tema 22**, o STF firmou o entendimento de que, "sem previsão constitucionalmente adequada e instituída por lei, não é legítima a cláusula de edital de concurso público que restrinja a participação de candidato pelo simples fato de responder a inquérito ou ação penal".
>
> Assim, a inviabilização da participação de candidato em certame exige: 1) previsão **legal** (não sendo suficiente a mera previsão em edital); 2) condenação por **órgão colegiado ou condenação definitiva**; e 3) que o inquérito/processo tenha **relação com o cargo** que o candidato vai exercer.
>
> 2) A **suspensão dos direitos políticos** por condenação criminal transitada em julgado **não impede a nomeação e posse** de candidato aprovado em concurso público, desde que não incompatível com a infração penal praticada. Contudo, o início do efetivo exercício do cargo ficará condicionado ao regime da pena ou à decisão judicial do juízo de execuções, que analisará **a compatibilidade de horários** (ver STF, RE 282.553/RR).

4.1.1. *Medidas cautelares*

A tutela cautelar no processo penal tem razão de ser na demora da prestação jurisdicional, atuando por meio de instrumentos que visam evitar os efeitos do tempo sobre a pretensão que se busca obter com o processo (Brasileiro, 2022).

Classificação das medidas cautelares:

1) **Medidas cautelares de natureza patrimonial:** relacionadas à reparação do dano (ex.: arts. 125 e 144 do CPP) e ao perdimento de bens como efeito da condenação.

2) **Medidas cautelares relativas à prova:** relacionadas à obtenção de provas para o processo penal. Exemplo: produção antecipada de prova testemunhal (art. 225 do CPP).

3) **Medidas cautelares de natureza pessoal:** relacionadas à restrição ou privação da liberdade de locomoção do imputado durante as investigações ou o curso do processo penal (ex.: prisão preventiva, prisão temporária, cautelares diversas da prisão previstas no art. 319 do CPP, entre outras).

Princípios aplicáveis às medidas cautelares de natureza pessoal:

a) **Presunção de inocência** ou não culpabilidade.

Cap. 10 – Garantias Individuais

b) **Jurisdicionalidade:** exige a prolação de pronunciamento judicial devidamente fundamentado para a decretação de qualquer medida cautelar.

c) **Proporcionalidade.**

Pressupostos das medidas cautelares:

1) *Fumus comissi delicti:* consiste na plausibilidade do direito de punir, tratando-se, ao menos em sede de cognição sumária, de um fato criminoso.

2) *Periculum in mora libertatis:* consiste no perigo em concreto que a permanência do agente em liberdade pode acarretar para a investigação criminal, o processo penal, a efetividade de aplicação do direito penal ou a segurança social (Brasileiro, 2022).

> **Atenção**
>
> O **princípio da contemporaneidade do** *periculum libertatis* não admite a decretação de uma medida cautelar em decorrência de fatos pretéritos, não atuais, que não se mostram mais presentes no momento da apreciação judicial.

Características das medidas cautelares:

1) **Acessoriedade** com relação a um processo principal.

2) **Preventividade:** buscam prevenir a ocorrência de danos.

3) **Instrumentalidade qualificada:** as medidas cautelares não são um fim em si mesmas. Ao contrário, têm como finalidade tutelar os fins do processo principal.

4) **Provisoriedade:** deixam de vigorar quando desaparecem os fundamentos para sua decretação ou quando decidido de forma definitiva o processo principal.

5) **Revogabilidade:** podem ser revogadas a qualquer momento (cláusula *rebus sic stantibus*).

6) **Não definitividade:** não fazem coisa julgada material.

7) **Referibilidade:** referem-se a uma situação de perigo que se pretende superar.

8) **Jurisdicionalidade:** exigem a decretação e o controle judicial.

9) **Sumariedade:** submetem-se à cognição sumária ou não exauriente.

Aplicação de medidas cautelares e vedação à decretação de ofício pelo juiz: as medidas cautelares poderão ser aplicadas isolada ou cumulativamente (art. 282, § 1º, do CPP), sempre em observância **ao sistema acusatório** (art. 129, I, da CF/1988), que vincula o início da relação processual à provocação do encarregado de deduzir a pretensão punitiva (*ne procedat judex ex officio*). Assim, embora as medidas cautelares sejam decretadas pelo juiz, é necessário o requerimento das partes ou, quando no curso da investigação criminal, por representação da autoridade policial ou mediante requerimento do Ministério Público (art. 282, § 2º, do CPP).

> ### Atenção
>
> O juiz poderá, de ofício ou a pedido das partes, revogar a medida cautelar ou substituí-la quando verificar a falta de motivo para que subsista, bem como voltar a decretá-la, se sobrevierem razões que a justifiquem (art. 282, § 5º, do CPP).

> ### Importante
>
> No caso de **descumprimento de qualquer das obrigações impostas**, o juiz, mediante requerimento do Ministério Público, de seu assistente ou do querelante, poderá: a) substituir a medida; b) impor outra em cumulação; ou c) decretar a prisão preventiva (art. 282, § 4º, do CPP).

Legitimidade para requerer as medidas cautelares:

a) **Fase investigativa:** representação da autoridade policial ou requerimento do Ministério Público.

> ### Atenção
>
> O Delegado de Polícia pode representar pela decretação de qualquer medida cautelar, e o Ministério Público deve se manifestar previamente à decisão judicial.

b) **Fase processual:** requerimento do Ministério Público, querelante ou do assistente.

Contraditório prévio à decretação das medidas cautelares: o juiz, ao receber o pedido de medida cautelar, determinará a intimação da parte contrária, para se manifestar **no prazo de 5 (cinco) dias**, acompanhada de cópia do requerimento e das peças necessárias, permanecendo os autos em juízo. Excepcionalmente, é possível afastar o contraditório prévio nos casos **de urgência ou de perigo**, os quais deverão **ser justificados e fundamentados** em decisão que atente para elementos do caso concreto (art. 282, § 3º, do CPP).

Duração das medidas cautelares: o CPP **não fixa um prazo máximo** de duração das medidas cautelares, permitindo a jurisprudência a sua incidência mais dilatada do que as prisões cautelares **na ordem inversa de gravidade** da intervenção na liberdade de locomoção.

Cap. 10 – Garantias Individuais

> **Atenção**
>
> No que tange ao juiz das garantias, o art. 3º-B, VI, do CPP estabelece que na prorrogação da prisão provisória deve-se assegurar o exercício do contraditório em audiência pública e oral. Contudo, o STF, na ADI 6.298, assentou o entendimento de que, **inclusive na prorrogação de medidas cautelares**, o exercício do contraditório será preferencialmente em audiência pública e oral.

Extinção das medidas cautelares: as medidas cautelares devem ser extintas nas hipóteses de sentença condenatória transitada em julgado, arquivamento de inquérito policial, rejeição da denúncia/queixa, extinção da punibilidade ou sentença absolutória com fulcro no art. 386, parágrafo único, II, do CPP (Brasileiro, 2022).

Medidas cautelares e detração: no Tema Repetitivo 1.155, o STJ firmou tese favorável à detração do período de cumprimento das medidas cautelares na pena definitiva, visto que o "1) período de recolhimento obrigatório noturno e nos dias de folga, por comprometer o *status libertatis* do acusado, deve ser reconhecido como período a ser detraído da pena privativa de liberdade e da medida de segurança, em homenagem aos princípios da proporcionalidade e do *non bis in idem*. 2) O monitoramento eletrônico associado, atribuição do Estado, não é condição indeclinável para a detração dos períodos de submissão a essas medidas cautelares, não se justificando distinção de tratamento ao investigado ao qual não é determinado e disponibilizado o aparelhamento. 3) As horas de recolhimento domiciliar noturno e nos dias de folga devem ser convertidas em dias para contagem da detração da pena. Se no cômputo total remanescer período menor que vinte e quatro horas, essa fração de dia deverá ser desprezada".

Medidas cautelares pessoais diversas da prisão previstas no CPP: em **rol exemplificativo**, os arts. 319 e 320 do CPP elencam as seguintes medidas cautelares:

a) comparecimento periódico em juízo, no prazo e nas condições fixadas pelo juiz, para informar e justificar atividades;

b) proibição de acesso ou frequência a determinados lugares quando, por circunstâncias relacionadas ao fato, deva o indiciado ou acusado permanecer distante desses locais para evitar o risco de novas infrações;

c) proibição de manter contato com pessoa determinada quando, por circunstâncias relacionadas ao fato, deva o indiciado ou acusado dela permanecer distante;

d) proibição de ausentar-se da Comarca quando a permanência seja conveniente ou necessária para a investigação ou instrução;

e) recolhimento domiciliar no período noturno e nos dias de folga quando o investigado ou acusado tenha residência e trabalho fixos;

f) suspensão do exercício de função pública ou de atividade de natureza econômica ou financeira quando houver justo receio de sua utilização para a prática de infrações penais;

> **Atenção**
>
> É aplicável aos detentores de **mandato eletivo** a medida cautelar de suspensão do exercício de função pública (STJ, HC 228.023/SC).

g) internação provisória do acusado nas hipóteses de crimes praticados com **violência ou grave ameaça**, quando os peritos concluírem ser inimputável ou semi-imputável (art. 26 do Código Penal) e houver **risco de reiteração**;

> **Atenção**
>
> A medida de internação provisória é aplicável **mesmo antes da conclusão do laudo pericial**, visto ser inviável a manutenção no cárcere comum de pessoa que ostenta sinais nítidos de doença mental (Nucci, 2011).

h) fiança, nas infrações que a admitem, para assegurar o comparecimento a atos do processo, evitar a obstrução do seu andamento ou em caso de resistência injustificada à ordem judicial;

> **Atenção**
>
> A fiança busca garantir o cumprimento das obrigações processuais pelo réu e ostenta natureza de **garantia real**. Pode ser prestada: a) por meio de depósito (dinheiro, pedras, objetos o motais preciosos ou títulos da dívida); ou b) hipoteca (art. 1.473 do CC).

i) monitoração eletrônica;

j) entrega de passaporte.

Por fim, a **condução coercitiva** também pode ser classificada como espécie de medida cautelar de coação pessoal, tendo em vista a restrição da liberdade do ofendido (art. 201, § 1º, do CPP), de testemunhas (art. 218 do CPP) e do perito (art. 278 do CPP) pelo lapso temporal necessário à apresentação para participar de ato processual penal (Brasileiro, 2022).

Cap. 10 – Garantias Individuais

> **Atenção**
>
> Na ADPF 395/DF, o STF declarou a incompatibilidade com a Constituição de 1988 da condução coercitiva de investigados ou de réus para interrogatório, tendo em vista que o imputado não é legalmente obrigado a participar do ato.

4.1.2. *Prisão em flagrante, temporária e preventiva*

Espécies de prisão:

a) **Prisão extrapenal:** tem como exemplos a prisão civil e a prisão militar (art. 5º, LXI, CF/1988). No que tange à prisão civil, a Súmula Vinculante nº 25 enuncia ser "ilícita a prisão civil de depositário infiel, qualquer que seja a modalidade de depósito".

b) **Prisão penal (ou prisão-pena, pena ou *carcer ad poenam*):** aplicável quando há sentença condenatória com trânsito em julgado (STF, ADCs 43, 44 e 54).

c) **Prisão cautelar (provisória, processual, sem pena ou *carcer ad custodiam*):** aplicável antes do trânsito em julgado da sentença condenatória, tendo como intuito assegurar as investigações ou o processo penal. Ex.: prisão em flagrante, preventiva e temporária.

> **Atenção**
>
> – A simples prisão para averiguações (ou seja, sem ordem judicial) é ilegal, configurando a prática de crime de abuso de autoridade previsto no art. 9º, *caput*, da Lei nº 13.869/2019.
>
> – A Súmula Vinculante nº 56 ("A falta de estabelecimento penal adequado não autoriza a manutenção do condenado em regime prisional mais gravoso, devendo-se observar, nessa hipótese, os parâmetros fixados no RE 641.320/RS") **não incide com relação ao preso cautelar.**

4.1.3. *Prisão de magistrados e membros do MP*

Nos termos do art. 33 da LC nº 35/1979, é prerrogativa do magistrado não ser preso senão por ordem escrita do tribunal ou do órgão especial competente para o julgamento, salvo em flagrante de crime inafiançável, caso em que a autoridade fará imediata comunicação e apresentação do magistrado ao presidente do tribunal a que esteja vinculado.

Ademais, quando, no curso de investigação, houver indício da prática de crime por parte do magistrado, a autoridade policial, civil ou militar, remeterá os respectivos autos ao tribunal ou órgão especial competente para o julgamento, a fim de que prossiga na investigação.

Com relação aos membros do Ministério Público, conforme o art. 40 da Lei nº 8.625/1993, serão presos somente por ordem judicial escrita, salvo em flagrante de crime inafiançável, caso em que a autoridade fará, no prazo máximo de vinte e quatro horas, a comunicação e a apresentação do membro do Ministério Público ao Procurador-Geral de Justiça.

> ### Atenção
>
> No caso de prisão em flagrante de magistrados e membros do MP, o auto de prisão em flagrante não pode ser presidido pelo delegado, mas, sim, pelo presidente do tribunal ou pelo Procurador-Geral.

4.1.4. *Direitos fundamentais do preso*

Entre os direitos fundamentais do preso, podem-se destacar:

1) O respeito à integridade física e moral (art. 5º, XLIX, da CF/1988). Assim, não é admissível a indevida exposição do preso à mídia (***perp walk***), como ocorre quando a polícia expõe de forma sensacionalista e em local público o preso.

2) A comunicação imediata da prisão do juiz competente e ao Ministério Público (art. 5º, LXII, da CF/1988). O art. 306, § 1º, do CPP estabelece ainda que, em até vinte e quatro horas após a realização da prisão, será encaminhado ao juiz competente o auto de prisão em flagrante e, caso o autuado não informe o nome de seu advogado, cópia integral para a Defensoria Pública.

3) O direito de ser informado de seus direitos, entre os quais o de permanecer calado, sendo-lhe assegurada a assistência da família e de advogado (art. 5º, LXIII, da CF/1988). Desse modo, só são admissíveis eventuais provas se ficar demonstrado que o imputado foi informado do direito de consultar um defensor antes e durante o interrogatório, do direito a não se autoincriminar antes do interrogatório policial e de que não apenas entendeu esses direitos, mas voluntariamente os renunciou.

4) O direito de não produzir provas contra si mesmo, que abrange:

   a) o direito ao silêncio ou de ficar calado (manifestação passiva de defesa);

   b) o direito de não ser constrangido a confessar a prática de infração penal;

   c) a inexigibilidade de dizer a verdade: **o direito de mentir** abrange apenas a prerrogativa do acusado de negar, ainda que falsamente, a prática do delito

Cap. 10 – Garantias Individuais

(*ver* STF, HC 68.929/SP). Não abrange as mentiras agressivas (ou seja, quando se imputa falsamente a terceiro inocente a prática de infração penal) ou o direito de falsear a própria identidade pessoal (Tema 478 do STF);

d) o direito de não praticar qualquer comportamento incriminador;

e) o direito de não produzir prova invasiva.

5) O direito de assistência de advogado (art. 5º, LXIII, da CF/1988).

6) O direito à identificação do responsável pela prisão ou pelo interrogatório policial (art. 5º, LXIV, da CF/1988).

7) O direito ao relaxamento da prisão ilegal (art. 5º, LXV, da CF/1988), que incide com relação a qualquer modalidade de prisão.

4.1.5. *Prisão e emprego da força*

Nos termos do art. 284 do CPP, não será permitido o emprego de força, salvo a indispensável no caso de resistência ou de tentativa de fuga do preso.

Sobre o tema, a Lei nº 13.060/2014 disciplina o uso dos instrumentos de menor potencial ofensivo pelos agentes de segurança pública em todo o território nacional. Assim, os órgãos de segurança pública deverão priorizar a utilização dos instrumentos de menor potencial ofensivo, desde que o seu uso não coloque em risco a integridade física ou psíquica dos policiais, e deverão obedecer aos princípios da legalidade, da necessidade e da razoabilidade e proporcionalidade.

4.1.6. *Prisão em flagrante*

A prisão em flagrante consiste em "medida de autodefesa da sociedade, consubstanciada na privação da liberdade de locomoção daquele que é surpreendido em situação de flagrância, a ser executada independentemente de prévia autorização judicial" (Brasileiro, 2022).

Fases da prisão em flagrante:

1) **Fase de mero ato administrativo:** captura, condução coercitiva, lavratura do auto de prisão em flagrante e recolhimento à prisão. Nesse caso, a autoridade coatora será o delegado de polícia, cabendo *habeas corpus* perante juiz de 1º grau.

2) **Fase judicial:** inicia-se com a comunicação da autoridade judiciária da detenção do agente, sendo possíveis o seu relaxamento, a conversão em preventiva ou o cabimento de liberdade provisória. Eventual *habeas corpus* deve ser impetrado perante o respectivo tribunal, tendo como autoridade coatora o juiz.

Natureza jurídica: três teorias procuram explicar a natureza jurídica da prisão em flagrante:

1) medida de caráter precautelar;

2) ato administrativo;

3) prisão cautelar. É a posição majoritária.

Sujeitos ativos da prisão em flagrante:

1) No **flagrante facultativo:** qualquer do povo tem a faculdade ("poderá" – art. 301 do CPP) de prender quem seja encontrado em flagrante delito. Trata-se de **exercício regular de direito *pro magistratu*.**

2) No **flagrante obrigatório:** as autoridades policiais e seus agentes deverão prender quem seja encontrado em flagrante delito.

Sujeito passivo: qualquer pessoa, devendo-se atentar apenas para as imunidades prisionais.

Modalidades de flagrante:

1) **Flagrante próprio (real, propriamente dito, perfeito ou verdadeiro):** o criminoso é capturado cometendo a infração (art. 302, I, do CPP) ou ao acabar de cometê-la (art. 302, II, do CPP). A prisão deve ocorrer de imediato, ou seja, sem o decurso de intervalo temporal.

> **Atenção**
>
> A análise no momento da captura do agente restringe-se à tipicidade formal (STJ, HC 154.949/MG).

2) **Flagrante impróprio (irreal, imperfeito ou quase flagrante):** o agente é **perseguido** logo após a prática da infração e capturado em situação que faça **presumir** ser ele o autor da infração penal (art. 302, III, do CPP). Não existe um limite temporal para o encerramento da perseguição, podendo perdurar por várias horas, sendo relevante apenas que tenha início após o cometimento da infração penal.

3) **Flagrante presumido (ficto ou assimilado):** o agente é encontrado **logo depois da prática do delito, com instrumentos, objetos, armas ou papéis** que façam presumir ser o responsável pelo delito (art. 302, IV, do CPP). Não exige perseguição.

4) **Flagrante esperado:** atuação da polícia que se antecipa à atividade criminosa, sem a utilização de agente provocador, fazendo campana (tocaia) e aguardando a prática dos atos executórios para efetivar a captura. Não há que falar em ilegalidade do flagrante esperado, tendo em vista **a ineficácia relativa do meio.**

5) **Flagrante forjado:** é o crime "inventado", fabricado, simulado, com o intuito de incriminar um inocente. Diante da ilicitude da conduta do forjador (que incorre em denunciação caluniosa e, sendo o caso, abuso de autoridade), a prisão deve ser relaxada. Exemplo: colocar drogas na casa de alguém para prendê-lo.

Cap. 10 – Garantias Individuais

6) **Flagrante preparado (provocado, delito de ensaio, delito putativo ou imagina-do por obra do agente provocador):** um policial ou um particular induz ou instiga o sujeito à realização do crime, estimulando que o pratique e providenciando, na sequência, a sua prisão. A preparação do flagrante pela polícia torna impossível a sua consumação (Súmula nº 145 do STF), não se podendo estimular a prática de um delito, com o intuito de realizar a captura. **Trata-se, portanto, de hipótese de crime impossível, sendo cabível o relaxamento da prisão.**

7) **Flagrante postergado (diferido, retardado, estratégico ou ação controlada):** pro-move-se o adiamento da captura em flagrante para o momento mais adequado ou estratégico para fins de formação de provas e obtenção de informações. A ausência de autorização judicial não torna ilegal a prisão em flagrante postergado, uma vez que o instituto visa a proteger o trabalho investigativo. Ver: art. 8º da Lei nº 12.850/2013.

Prisão em flagrante nas diversas espécies de crimes:

1) **Crime permanente:** entende-se o agente em flagrante delito enquanto não cessar a permanência (art. 303 do CPP).

2) **Crime habitual:** embora exista conflito na doutrina, o STF entende que o caráter habitual do crime de casa de prostituição não impede a prisão em flagrante (STF, RHC 46.115/SP).

3) **Crime de ação penal privada e ação penal pública condicionada:** nada impede a prisão em flagrante, devendo, no momento da lavratura do auto de prisão em flagrante, ser colhida a manifestação do ofendido ou de seu representante legal.

4) **Crime formal:** o flagrante é possível, desde que antes do exaurimento do delito.

5) **Crime continuado:** é possível a prisão em flagrante em cada uma das várias con-dutas independentes que dá ensejo à continuidade.

6) **Apresentação espontânea:** não é possível a prisão em flagrante, embora nada impeça a decretação da prisão preventiva.

> **Atenção**
>
> Não é possível a conversão da prisão em flagrante em preventiva de ofício, ou seja, sem provocação por parte ou da autoridade policial, do querelante, do assis-tente, ou do Ministério Público (STJ, RHC 131.263).

Vícios na lavratura do autor de prisão em flagrante: eventuais vícios na lavratura do autor de prisão em flagrante não contaminam o processo judicial, uma vez que os vícios no inquérito não maculam a ação penal. Incide, na hipótese, o **princípio da inco-lumidade do separável.**

Convalidação judicial da prisão em flagrante: após receber o auto de prisão em flagrante, no prazo máximo de até 24 horas após a realização da prisão, o juiz deverá promover audiência de custódia e fundamentadamente:

I – relaxar a prisão ilegal;

II – converter a prisão em flagrante em preventiva ou temporária, desde que presentes os seus requisitos;

III – conceder liberdade provisória, com ou sem fiança, cumulada com medidas cautelares diversas da prisão.

> **Atenção**
>
> O relaxamento da prisão em flagrante não impede a decretação da prisão preventiva, da prisão temporária ou de medidas cautelares diversas da prisão.

> **Jurisprudência**
>
> O STF firmou o entendimento na ADI 6.298 de que o preso em flagrante ou por força de mandado de prisão provisória será encaminhado à presença do juiz das garantias, no prazo de 24 horas, **salvo impossibilidade fática**, momento em que se realizará a audiência com a presença do MP e da defensoria pública ou de advogado constituído, **cabendo, excepcionalmente, o emprego de videoconferência**, mediante decisão da autoridade judiciária competente, desde que esse meio seja apto à verificação da integridade do preso e à garantia de todos os seus direitos.

4.1.7. *Prisão temporária*

A prisão temporária consiste em espécie de prisão cautelar que se encontra prevista na Lei nº 7.960/1989 e que pode ser decretada durante a fase de investigação criminal em determinados delitos. Ostenta natureza pré-processual e tem como finalidade assegurar o resultado útil da investigação criminal.

Requisitos: caberá prisão temporária:

a) quando imprescindível para as investigações do inquérito policial;

b) quando houver fundadas razões, de acordo com qualquer prova admitida na legislação penal, de autoria ou participação do indiciado em determinados delitos a serem analisados no próximo tópico;

Cap. 10 – Garantias Individuais

289

c) quando fundada na existência de fatos novos e contemporâneos, com base no § 2º do art. 312 do CPP. Trata-se do princípio da atualidade ou contemporaneidade: a urgência no decreto da prisão cautelar deve ser contemporânea à ocorrência do fato que fundamenta os riscos que se pretende evitar;

> **Atenção**
>
> Não é vedada a prisão temporária para crimes antigos, mas apenas a sua imposição caso **não haja fato contemporâneo** ao decreto prisional que o justifique.

d) quando adequada à gravidade concreta do crime, às circunstâncias do fato e às condições pessoais do indiciado, nos termos do art. 282, II, CPP (princípio da proporcionalidade);

> **Atenção**
>
> O art. 313 do CPP não se aplica à prisão temporária (STF, ADI 4109/DF).

e) quando não for suficiente a imposição de medidas cautelares diversas.

> **Jurisprudência**
>
> O STF decidiu que o inciso II do art. 1º da Lei nº 7.960/1989 (que prevê o cabimento da prisão temporária quando o indiciado não tiver residência fixa ou não fornecer elementos necessários ao esclarecimento de sua identidade) é dispensável ou, quando interpretado isoladamente, inconstitucional (ADI 4.109/DF).

Delitos em que é cabível a prisão temporária: o art. 1º, III, da Lei nº 7.960/1989 prevê o cabimento da prisão temporária nos seguintes delitos (**rol taxativo**):

a) homicídio doloso (art. 121, *caput*, e seu § 2º);

b) sequestro ou cárcere privado (art. 148, *caput*, e seus §§ 1º e 2º);

c) roubo (art. 157, *caput*, e seus §§ 1º, 2º e 3º);

d) extorsão (art. 158, *caput*, e seus §§ 1º e 2º);

e) extorsão mediante sequestro (art. 159, *caput*, e seus §§ 1º, 2º e 3º);

f) estupro (art. 213, *caput*, e sua combinação com o art. 223, *caput*, e parágrafo único);

g) atentado violento ao pudor (art. 214, *caput*, e sua combinação com o art. 223, *caput*, e parágrafo único);

h) rapto violento (art. 219, e sua combinação com o art. 223, *caput*, e parágrafo único);

i) epidemia com resultado de morte (art. 267, § 1º);

j) envenenamento de água potável ou substância alimentícia ou medicinal qualificado pela morte (art. 270, *caput*, combinado com art. 285);

l) quadrilha ou bando (art. 288), todos do Código Penal;

m) genocídio (arts. 1º, 2º e 3º da Lei nº 2.889, de 1º de outubro de 1956), em qualquer de suas formas típicas;

n) tráfico de drogas (art. 12 da Lei nº 6.368, de 21 de outubro de 1976);

o) crimes contra o sistema financeiro (Lei nº 7.492, de 16 de junho de 1986);

p) crimes previstos na Lei de Terrorismo.

Prazo da prisão temporária: em regra, terá o **prazo de 5 (cinco) dias**, prorrogável por igual período em caso de extrema e comprovada necessidade (art. 2º da Lei nº 7.960/1989). Excepcionalmente, no que tange aos **crimes hediondos**, a prisão temporária terá o **prazo de 30 dias**, prorrogável por igual período em caso de extrema e comprovada necessidade.

Atenção

Inclui-se o dia do cumprimento do mandado de prisão no cômputo do prazo de prisão temporária.

O despacho que decretar a prisão temporária deverá ser fundamentado e prolatado dentro do **prazo de 24 horas**, contadas a partir do recebimento da representação ou do requerimento (art. 2º, § 2º, da Lei nº 7.960/1989).

Atenção

O mandado de prisão conterá necessariamente **o período de duração da prisão temporária**, bem como o dia em que o preso deverá ser libertado (art. 2º, § 4-Aº, da Lei nº 7.960/1989).

Procedimento: a prisão temporária será decretada pelo juiz, em face da representação da autoridade policial ou de requerimento do Ministério Público. Na hipótese de representação da autoridade policial, o juiz, antes de decidir, ouvirá o Ministério Público.

Atenção

A Lei nº 7.960/1989 não atribui legitimidade ao querelante para requerer a prisão temporária.

Cap. 10 – Garantias Individuais

O juiz poderá, de ofício, ou a requerimento do Ministério Público e do advogado, determinar que o preso lhe seja apresentado, solicitar informações e esclarecimentos da autoridade policial e submetê-lo a exame de corpo de delito (art. 2º, § 3º, da Lei nº 7.960/1989).

Decorrido o prazo contido no mandado de prisão, a autoridade responsável pela custódia deverá, independentemente de nova ordem da autoridade judicial, colocar imediatamente o preso em liberdade, salvo se já tiver sido comunicada da prorrogação da prisão temporária ou da decretação da prisão preventiva.

> **Atenção**
>
> Os presos temporários deverão permanecer, obrigatoriamente, separados dos demais detentos (art. 3º da Lei nº 7.960/1989).

4.1.8. *Prisão preventiva*

A prisão preventiva é modalidade de prisão cautelar decretada pela autoridade judicial a partir de requerimento do Ministério Público, do querelante ou do assistente, ou por representação da autoridade policial, em qualquer fase da investigação policial ou do processo penal, sempre que presentes os seus pressupostos (prova da existência do crime e indícios suficientes da autoria), requisitos (art. 312 do CPC) e hipóteses de admissibilidade (art. 312 do CPP) e desde que inadequadas as medidas cautelares diversas da prisão (art. 319 do CPP).

> **Atenção**
>
> A prisão preventiva se distingue da temporária pelos seguintes motivos:
>
> a) enquanto a prisão temporária só pode ser decretada na fase pré-processual, a preventiva pode ser decretada na fase investigativa e durante o processo;
>
> b) enquanto a prisão temporária só é aplicável a um rol taxativo de delitos, a prisão preventiva será cabível em qualquer delito que preencha as suas condições de aplicação;
>
> c) enquanto a prisão temporária tem um prazo determinado, a prisão preventiva não o tem.

Iniciativa: a prisão preventiva poderá ser decretada pelo juiz, a requerimento do Ministério Público, do querelante ou do assistente, ou por representação da autoridade policial.

Tratando-se de competência originária dos tribunais, a competência para a decretação da prisão preventiva é do relator (art. 2º, parágrafo único, da Lei nº 8.038/1990).

Pressupostos para a decretação da prisão preventiva: incumbe ao juiz verificar inicialmente a presença dos seguintes **pressupostos cumulativos**:

1) A **prova da existência do crime e indícios suficientes de autoria** (*fumus comissi delicti*).

2) Em seguida, aferir a presença do *periculum libertatis*, consistente em fatos contemporâneos à decisão **(princípio da atualidade – art. 312, § 2º, do CPP)** que impliquem perigo concreto como decorrência da permanência do investigado em liberdade, seja para a investigação, para o processo penal ou para a segurança social (Brasileiro, 2022).

3) A demonstração da insuficiência das medidas cautelares diversas da prisão (**princípio da preferibilidade das medidas cautelares diversas da prisão**).

Requisitos alternativos para a decretação da prisão preventiva:

1) A garantia da ordem pública, que consiste, segundo a posição majoritária, no "risco considerável de reiteração de ações delituosas por parte do acusado" (Brasileiro, 2022). Assim, não será possível a decretação da prisão preventiva em decorrência do clamor social (ver STF, HC 84.311/SP), na gravidade abstrata do delito (ver STF, HC 90.858/SP), ou como simples via para acautelar o meio social (ver STF, HC 86.748/RJ).

2) A garantia da ordem econômica, que consiste, segundo a posição majoritária, no risco considerável de reiteração de ações delituosas por parte do acusado que "perturbem o livre exercício de qualquer atividade econômica, com abuso do poder econômico, objetivando a dominação dos mercados, a eliminação da concorrência ou o aumento arbitrário dos lucros" (Brasileiro, 2022).

3) A conveniência da instrução criminal, ou seja, quando o agente está perturbando ou impedindo a produção de provas.

> **Atenção**
>
> Encerrada a instrução processual, incumbe ao juiz revogar a prisão preventiva decretada para a conveniência da instrução criminal.

4) Para assegurar a aplicação da lei penal, ou seja, quando o agente deixar claro que pretende se evadir do distrito da culpa, impedindo a futura execução da pena. Assim, a simples afirmação de que o investigado carece de domicílio certo e conhecido "não tem a força de lastrear a segregação provisória para assegurar eventual aplicação da lei penal" (ver STF, HC 91.616/RS).

Cap. 10 – Garantias Individuais

5) Descumprimento de qualquer das obrigações impostas por força de outras medidas cautelares (art. 282, § 4º, do CPP).

Hipóteses de admissibilidade da prisão preventiva: será admitida a decretação da prisão preventiva (art. 313 do CPP):

a) Nos crimes dolosos punidos com pena privativa de liberdade máxima superior a quatro anos, independentemente da natureza da pena (reclusão ou detenção).

> **Atenção**
>
> Devem ser consideradas as qualificadoras e as causas de aumento e diminuição na análise do *quantum* da pena, mas não devem ser levadas em consideração as agravantes e as atenuantes.

b) Se tiver sido condenado por outro crime doloso, em sentença transitada em julgado. Assim, é possível a decretação da prisão preventiva para o **reincidente em crime doloso**, independentemente da pena cominada ao delito, salvo se: (i) decorrido o período depurador de cinco anos da data do cumprimento ou extinção da pena; ou ii) concedido o perdão judicial.

c) Se o crime envolver violência doméstica e familiar contra a mulher, criança, adolescente, idoso, enfermo ou pessoa com deficiência, para garantir a execução das medidas protetivas de urgência. Nesse caso, é irrelevante a quantidade de pena cominada ou se o delito é punido com reclusão ou detenção.

d) Dúvida sobre a identidade civil da pessoa ou não fornecimento de elementos suficientes para seu esclarecimento. Nesse caso, é irrelevante a quantidade de pena cominada ou se o delito é punido por culpa ou dolo.

> **Atenção**
>
> Não será admitida a decretação da prisão preventiva quando os elementos acostados aos autos atestarem que o agente atuou acobertado por excludente de ilicitude (ex.: estado de necessidade, legítima defesa, estrito cumprimento do dever legal, entre outras), inclusive as justificantes previstas na parte especial (ex.: art. 128, I, do CP), ou excludentes de culpabilidade (ex.: coação moral irresistível e inexigibilidade de conduta diversa).
>
> A inimputabilidade (art. 26, *caput*, do CP), por si, não impede a privação da liberdade, tendo em vista a periculosidade do agente.

Duração da prisão preventiva e excesso de prazo: em que pese a ausência de previsão legal do prazo máximo de duração da prisão preventiva, têm-se considerado excessivas as seguintes hipóteses:

1) diligências suscitadas exclusivamente pela acusação e que ocasionam mora processual;

2) inércia do Poder Judiciário, violando a razoável duração do processo;

3) violação ao princípio da razoabilidade que ocasione mora processual.

Uma vez reconhecido o excesso de prazo, os tribunais têm relaxado a prisão que se tornou ilegal. Excepcionalmente, contudo, têm: 1) fixado condições a serem cumpridas por aquele que obteve o relaxamento da prisão, por exemplo, o comparecimento a todos os atos do processo (STJ, HC 69.382/BA); 2) determinado a **realização imediata do julgamento**, ou seja, imposto a "aceleração do julgamento", sem relaxar a prisão ilegal (STF, HC 95.314/SP).

Jurisprudência

Duas súmulas merecem destaque sobre o excesso de prazo:

1) Súmula nº 64 do STJ: "Não constitui constrangimento ilegal o excesso de prazo na instrução, provocado pela defesa".

2) Súmula nº 52 do STJ: "Encerrada a instrução criminal, fica superada a alegação de constrangimento por excesso de prazo".

Atenção

Relaxada a prisão preventiva por excesso de prazo, só será possível a decretação de nova prisão cautelar se sobrevier **motivo superveniente** que autorize a sua decretação.

Revisão periódica da prisão preventiva: decretada a prisão preventiva, deverá o órgão emissor da decisão revisar a necessidade de sua manutenção a **cada 90 dias**, mediante decisão fundamentada, de ofício, sob pena de tornar a prisão ilegal (art. 316, parágrafo único, do CPP).

O STJ entende que essa revisão periódica "não se aplica aos Tribunais de Justiça e Federais, quando em atuação como órgão revisor" (STJ, HC 589.544/SC), de modo que a reavaliação deve ser realizada: (i) pelo juiz de primeiro grau que decretou a prisão preventiva, ainda que o feito esteja tramitando do Tribunal como órgão revisor; ou (ii) pelo tribunal, nos processos em que houver prerrogativa de foro.

Cap. 10 – Garantias Individuais

295

> ### Jurisprudência
>
> Na SL 1.395 MC Ref/SP, o STF fixou a tese de que "A inobservância do prazo nonagesimal do artigo 316 do Código de Processo Penal não implica automática revogação da prisão preventiva, devendo o juízo competente **ser instado a reavaliar a legalidade e a atualidade** de seus fundamentos".

4.1.9. *Prisão domiciliar*

A prisão domiciliar ostenta **natureza humanitária e cautelar, substituindo a prisão preventiva** com o recolhimento do indiciado ou acusado em sua residência, só podendo dela ausentar-se com autorização judicial (art. 318 do CPP).

No caso de descumprimento das obrigações impostas, o juiz, mediante requerimento do Ministério Público, de seu assistente ou do querelante, poderá novamente decretar a prisão preventiva (art. 282, § 4°, do CPP).

> ### Atenção
>
> A prisão domiciliar, por substituir a prisão preventiva, admite: a) o uso de *habeas corpus*; b) a detração na pena definitiva do tempo de cumprimento da prisão domiciliar; e c) o seu relaxamento por eventual excesso de prazo.

Hipóteses de admissibilidade da prisão domiciliar: é preciso atentar para o princípio da adequação: só é possível a substituição se adequada ao caso concreto. Assim, poderá o juiz substituir a prisão preventiva pela domiciliar quando o agente for:

I – maior de 80 (oitenta) anos;

II – extremamente debilitado por motivo de doença grave;

III – imprescindível aos cuidados especiais de pessoa menor de 6 (seis) anos de idade ou com deficiência;

IV – gestante;

V – mulher com filho de até 12 (doze) anos de idade incompletos;

> ### Atenção
>
> Para que seja possível a substituição nos casos de prisão preventiva imposta à mulher gestante ou que for mãe ou responsável por crianças ou pessoas com deficiência, é necessário demonstrar que a presa: (i) não tenha cometido crime com violência ou grave ameaça a pessoa; e (ii) não tenha cometido o crime contra seu filho ou dependente (art. 318-A do CPP).

VI – homem, caso seja o único responsável pelos cuidados do filho de até 12 anos de idade incompletos.

4.1.10. *Liberdade provisória*

O art. 5º, LXVI, da CF/1988 dispõe que ninguém será levado à prisão ou nela mantido, quando a lei admitir a liberdade provisória, com ou sem fiança.

A liberdade provisória incide em qualquer **hipótese de prisão legal**, acarretando a restituição da liberdade **com vinculação ao acusado/investigado**, ostentando a natureza de: 1) medida de contracautela substitutiva da prisão em flagrante (art. 310, III, do CPP); ou 2) medida cautelar autônoma (art. 319, VIII, do CPP).

Espécies de liberdade provisória:

1) **Quanto à fiança:**

   a) **com fiança;**

   b) **sem fiança:** nas hipóteses em que o agente tenha praticado o fato amparado em excludentes de ilicitude ou culpabilidade (salvo a inimputabilidade – art. 310, § 1º, do CPP) ou por motivo de pobreza (art. 350 do CPP).

2) **Quanto à sujeição ao cumprimento das obrigações:**

   a) **com vinculação:** o agente é posto em liberdade, mas deve cumprir determinados deveres processuais. Exemplo: aplicação das medidas cautelares previstas no art. 319 do CPP;

   b) **sem vinculação:** não há a imposição de qualquer dever processual.

3) **Quanto à possibilidade de concessão:**

   a) **obrigatória:** trata-se de direito incondicional do acusado. Exemplo: art. 301 do CTB, ao estabelecer que, ao condutor do veículo, nos casos de sinistros de trânsito que resultem em vítima, não se imporá a prisão em flagrante nem se exigirá fiança, se prestar pronto e integral socorro;

   b) **proibida:** o art. 310, § 2º, do CPP estabelece que, se o juiz verificar que o agente é reincidente ou que integra organização criminosa armada ou milícia, ou que porta arma de fogo de uso restrito, deverá denegar a liberdade provisória, com ou sem medidas cautelares.

Contudo, a vedação não tem sido mais admitida, pois "não se pode privar o magistrado da análise da necessidade (ou não) da manutenção da prisão cautelar do agente, impondo verdadeira prisão *ex lege*" (Brasileiro, 2022).

Cap. 10 – Garantias Individuais

4.1.11. *Aspectos relevantes relativos à fiança*

No que tange à fiança, podem-se destacar os seguintes aspectos:

1) **Momento para a concessão:** a fiança poderá ser prestada enquanto não transitar em julgado a sentença condenatória (art. 334 do CPP).

2) **Possibilidade de concessão pela autoridade policial:** nos casos de infração cuja pena privativa de liberdade máxima não seja superior a quatro anos.

3) **Critérios a serem utilizados na fixação da fiança:** a natureza da infração, as condições pessoais de fortuna e vida pregressa do acusado, as circunstâncias indicativas de sua periculosidade, bem como a importância provável das custas do processo, até final julgamento (art. 326 do CPP).

4) **Obrigações processuais do afiançado:**

   a) **comparecimento perante a autoridade**, todas as vezes que for intimado para atos do inquérito e da instrução criminal e para o julgamento;

   b) **não mudar de residência**, sem prévia permissão da autoridade processante, ou ausentar-se por mais de oito dias de sua residência, sem comunicar àquela autoridade o lugar onde será encontrado.

Quebramento da fiança: Julgar-se-á quebrada a fiança quando o acusado (art. 341 do CPP):

I – regularmente intimado para ato do processo, deixar de comparecer, sem motivo justo;

II – deliberadamente praticar ato de obstrução ao andamento do processo;

III – descumprir medida cautelar imposta cumulativamente com a fiança;

IV – resistir injustificadamente a ordem judicial;

V – praticar nova infração penal dolosa;

VI – descumprimento dos deveres previstos nos arts. 327 e 328 do CPP.

> **Atenção**
>
> O quebramento injustificado da fiança importará: a) na perda de metade do seu valor; b) na imposição de outras medidas cautelares ou, se for o caso, a decretação da prisão preventiva (art. 343 do CPP).

Perda da fiança: ocorre quando o acusado for condenado e não se apresentar para o início do cumprimento da pena definitivamente imposta. Nessas hipóteses, haverá a **perda da totalidade** do valor da fiança.

Cassação da fiança ocorre:

a) quando for concedida sem que seja cabível (art. 338 do CPP);

b) quando ocorrer inovação na tipificação do delito, passando a ser a infração ina-fiançável (art. 339 do CPP);

c) quando houver aditamento da denúncia, não sendo mais passível de concessão.

Na hipótese de cassação da fiança, ocorrerá a **devolução de seu valor integral** a quem a prestou.

Reforço da fiança: Será exigido o reforço da fiança (art. 340 do CPP):

a) quando a autoridade tomar, por engano, fiança insuficiente;

b) quando houver depreciação material ou perecimento dos bens hipotecados ou caucionados, ou depreciação dos metais ou pedras preciosas;

c) quando for inovada a classificação do delito.

4.2. Vedações criminais expressas

Entre as vedações criminais expressas, podem-se destacar: **a) vedação ao juízo ou tribunal de exceção** (art. 5°, XXXVII, da CF/1988); **b) vedação às penas de banimento, cruéis, de prisão perpétua ou de trabalhos forçados** (art. 5°, XLVII, da CF/1988); **c) vedação à pena de morte, salvo em caso de guerra declarada** (art. 5°, XLVII, da CF/1988); **d) vedação à extradição de brasileiro, salvo o naturalizado na hipótese de crime comum praticado antes da naturalização, ou de envolvimento em tráfico de drogas** (art. 5°, LI, da CF/1988); **e) vedação à extradição de estrangeiro por crime político ou de opinião** (art. 5°, LII, da CF/1988).

4.2.1. Vedação à identificação criminal

O civilmente identificado não será submetido à identificação criminal, salvo nas hipóteses previstas em lei (art. 5°, LVIII, da CF/1988).

Assim, embora apresentado documento de identificação, poderá ocorrer identificação criminal quando (art. 3° da Lei 12.037/2009): I – o documento apresentar rasura ou tiver indício de falsificação; II – o documento apresentado for insuficiente para identificar cabalmente o indiciado; III – o indiciado portar documentos de identidade distintos, com informações conflitantes entre si; IV – a identificação criminal for essencial às investigações policiais, segundo despacho da autoridade judiciária competente, que decidirá de ofício ou mediante representação da autoridade policial, do Ministério Público ou da defesa; V – constar de registros policiais o uso de outros nomes ou diferentes qualificações; VI – o estado de conservação ou a distância temporal ou da localidade da expedição do documento apresentado impossibilite a completa identificação dos caracteres essenciais.

Ademais, nos casos em que a identificação for essencial para o sucesso das investigações, os dados relacionados à **coleta do perfil genético** deverão ser armazena-

Cap. 10 – Garantias Individuais

dos em banco de dados de perfis genéticos, gerenciado por unidade oficial de perícia criminal (art. 5º-A da Lei nº 12.037/2009). As informações genéticas contidas nos bancos de dados de perfis genéticos **não poderão revelar traços somáticos ou comportamentais** das pessoas, exceto determinação genética de gênero, consoante as normas constitucionais e internacionais sobre direitos humanos, genoma humano e dados genéticos (art. 5º-A, § 1º, da Lei nº 12.037/2009).

> **Atenção**
>
> **É nula a coleta compulsória de material genético** não descartado e a inserção dos respectivos dados em banco estatal, situação que não se confunde com os precedentes do STJ de extração de saliva em objetos descartados – como cigarros jogados no lixo ou copos de plástico eliminados (ver STJ, EDcl nos EDcl no AgRg no RE nos EDcl no AgRg no AREsp 1.442.541/AC).

4.3. Mandados constitucionais de criminalização

Os mandados constitucionais de criminalização, também denominados mandamentos constitucionais de criminalização, consistem em normas constitucionais que **determinam a criminalização de determinadas condutas** para a proteção de bens e valores especialmente relevantes para a sociedade (ex.: art. 5º, XLI, XLII, XLIII, XLIV; art. 7º, X; e art. 227, § 4º).

Contudo, a criminalização deve observar o princípio da proporcionalidade, sobretudo a sua faceta relativa à **proibição de proteção deficiente**, não sendo admissível omissão indevida do Estado na sua tarefa de proteção de direitos fundamentais.

No âmbito dos mandados de criminalização, a Constituição de 1988 estabelece que são **crimes inafiançáveis e imprescritíveis** o racismo e a ação de grupos armados, civis ou militares, contra a ordem constitucional e o Estado Democrático (art. 5º, XLII e XLIV, da CF/1988) e que são **crimes inafiançáveis e insuscetíveis de graça ou anistia** a tortura, o tráfico ilícito de entorpecentes e drogas afins, o terrorismo e os crimes hediondos (art. 5º, XLIII, da CF/1988).

> **Atenção**
>
> 1) O STF entende que o legislador ordinário pode ampliar o rol de crimes imprescritíveis ou insuscetíveis de graça ou anistia (ver: STF, RE 460.971).
>
> 2) Ao apreciar a ADPF 153, o STF não admitiu a revisão jurisdicional da Lei nº 6.683/1979, que anistiou policiais e militares acusados de praticar atos de tortura durante o regime militar.

4.4. Crime de racismo e o STF

No que tange ao delito de racismo, três julgados do STF merecem destaque:

1) **ADO 26 e MI 4.733:** as condutas homofóbicas e transfóbicas, reais ou supostas, que envolvem **aversão odiosa à orientação sexual ou à identidade de gênero de alguém**, adéquam-se aos tipos penais previstos na Lei nº 7.716/1989 (ver STF, ADO 26/DF, Plenário, Rel. Min. Celso de Mello; MI 4733/DF, Rel. Min. Edson Fachin, j. 13.06.2019 – Info 944).

2) **RHC 146.303:** a conduta de incitar o ódio público contra determinadas religiões pode caracterizar o crime de racismo previsto no art. 20, § 2º, da Lei nº 7.716/1989 (ver STF, RHC 146.303/RJ, 2ª Turma, Rel. Min. Edson Fachin, red. p/ o ac. Min. Dias Toffoli, j. 06.03.2018).

3) **HC 134.682:** a prática do **proselitismo religioso** (tentar convencer outras pessoas a também se converterem à sua religião), ainda que feita por meio de comparações entre as religiões (dizendo que uma é melhor que a outra), não configura, em si, crime de racismo. Só haverá racismo, segundo o Supremo, **se o discurso for baseado na ideia de dominação, opressão, restrição de direitos ou violação à dignidade humana das pessoas integrantes das demais crenças**. Na situação concreta, o STF entendeu que o réu apenas fez comparações entre as religiões e que não pretendia subjugar os adeptos do espiritismo (STF, HC 134.682).

4.5. Polícia penal

A EC nº 104/2019 criou a polícia penal, responsável pela segurança dos estabelecimentos penais. Trata-se de órgão de segurança pública em âmbito federal, estadual ou distrital, vinculado ao órgão que administra o sistema penal da União ou do Estado/DF.

Nesse sentido, o art. 144 da CF/1988 passou a estabelecer que a segurança pública, dever do Estado, direito e responsabilidade de todos, é exercida para a preservação da ordem pública e da incolumidade das pessoas e do patrimônio, por meio dos seguintes órgãos: I – polícia federal; II – polícia rodoviária federal; III – polícia ferroviária federal; IV – polícias civis; V – polícias militares e corpos de bombeiros militares; VI – polícias penais federal, estaduais e distrital.

No que concerne à **finalidade** da polícia penal, o art. 144, § 5º-A, da CF/1988 dispõe que será responsável pela **segurança dos estabelecimentos penais.**

Existem três tipos de polícias penais: 1) a **Polícia Penal da União** (vinculada ao Departamento Penitenciário Nacional – DEPEN); 2) a **polícia penal dos Estados**; e 3) a **polícia penal do Distrito Federal.** Enquanto a polícia penal da União está vinculada ao DEPEN, as polícias penais estaduais e a polícia penal distrital estão subordinadas aos governadores dos Estados e do Distrito Federal (art. 144, § 6º, da CF/1988).

Cap. 10 – Garantias Individuais

> **Atenção**
>
> A polícia penal distrital é organizada e mantida pela União (art. 21, XIV, da CF/1988). Contudo, está subordinada ao governo do Distrito Federal (art. 32, § 4º, da CF/1988).

Por fim, o preenchimento do quadro de servidores das polícias penais é feito, exclusivamente, por meio de concurso público e da transformação dos cargos isolados, dos cargos de carreira dos atuais agentes penitenciários e dos cargos públicos equivalentes (art. 4º da EC nº 104/2019).

4.6. Uso de algemas

Com o intuito de **"humanizar" o emprego de algemas**, o Decreto nº 8.858/2016 adotou como diretrizes a proteção e a promoção da dignidade da pessoa humana; a vedação de submissão ao tratamento desumano e degradante; as normas contidas na Resolução nº 2010/16, de 22 de julho de 2010, das Nações Unidas sobre o tratamento de mulheres presas e medidas não privativas de liberdade para mulheres infratoras (Regras de Bangkok); e o Pacto de San José da Costa Rica (este último no que concerne ao tratamento humanitário dos presos e, em especial, das mulheres em condição de vulnerabilidade).

O diploma normativo admite o emprego de algemas em três casos: 1) **resistência**; 2) **fundado receio de fuga**; e 3) **perigo à integridade física própria ou alheia**, causado pelo preso ou por terceiros (art. 2º do Decreto nº 8.858/2016).

O decreto veda, contudo, o emprego de algemas em mulheres presas durante o trabalho de parto, no trajeto da parturiente entre a unidade prisional e a unidade hospitalar e, após o parto, durante o período em que se encontrar hospitalizada (art. 3º do Decreto nº 8.858/2016). Ampliando a limitação, a Lei nº 13.434/2017 inseriu o § 1º no art. 292 do CPP, com a seguinte redação: "É vedado o uso de algemas em mulheres grávidas durante os atos médico-hospitalares preparatórios para a realização do parto e durante o trabalho de parto, bem como em mulheres durante o período de puerpério imediato".

> **Importante**
>
> A **Súmula Vinculante nº 11 do STF** rege os efeitos decorrentes de eventuais violações às regras estabelecidas para o uso de algemas. Assim, na hipótese de inobservância das disposições trazidas pelo decreto, teremos: 1) **a nulidade da prisão**; 2) a **nulidade do ato processual** realizado; 3) a **responsabilidade disciplinar** civil e penal do agente ou da autoridade; e 4) a **responsabilidade civil do Estado**.

> ### Jurisprudência
>
> Quando se tratar de adolescente, o STF decidiu ser preciso observar, além dos requisitos anteriormente elencados, as seguintes condições para o uso de algemas (Rcl 61.876):
>
> (i) uma vez apreendido e não sendo o caso de liberação, o menor será encaminhado ao representante do Ministério Público competente (art. 175 do ECA), que deverá avaliar e opinar sobre a eventual necessidade de utilização de algemas apontada pela autoridade policial que estiver realizando a diligência em questão;
>
> (ii) não sendo possível a apresentação imediata do menor ao órgão ministerial, ele será encaminhado à entidade de atendimento especializada, que deverá apresentá-lo em vinte e quatro horas ao representante do *Parquet* (art. 175, § 1º);
>
> (iii) nas localidades em que não houver entidade de atendimento especializada para receber o menor apreendido, ele ficará aguardando a apresentação ao representante do Ministério Público em repartição policial especializada e, na falta desta, em dependência separada da destinada a maiores (art. 175, § 2º), não podendo assim permanecer por mais de 24 horas;
>
> (iv) apresentado o menor ao representante do *Parquet* e emitido o parecer sobre a eventual necessidade de utilização das algemas, essa questão será submetida à autoridade judiciária, que deverá se manifestar de forma motivada sobre a matéria no momento da audiência de apresentação do menor; e
>
> (v) o Conselho Tutelar deverá ser instado a se manifestar sobre as providências relatadas pela autoridade policial para decisão final do Ministério Público.

4.7. Juiz das garantias

A figura do juiz das garantias vem regulamentada, principalmente, nos arts. 3º-A a 3º-F do CPP. Trata-se de magistrado responsável pelo controle da legalidade e dos direitos fundamentais durante a investigação criminal, buscando superar o **fenômeno da dissonância cognitiva e garantir a imparcialidade**.

Na ADI 6.298/DF, o STF firmou o entendimento pela constitucionalidade do juiz das garantias, assentando, em especial, que:

1) **com relação ao *art. 3º-A* do CPP** ("O processo penal terá estrutura acusatória, **vedadas** a iniciativa do juiz na fase de investigação e a substituição da atuação probatória do órgão de acusação"): o juiz das garantias pode determinar a realização de **diligências suplementares**, visando dirimir dúvidas sobre questões relevantes;

2) **com relação ao art. 3º-B, *caput*, do CPP** ("O juiz das garantias é responsável pelo controle da legalidade da investigação criminal e pela salvaguarda dos direitos

Cap. 10 – Garantias Individuais

303

individuais cuja franquia tenha sido reservada à autorização prévia do Poder Judiciário, competindo-lhe especialmente"): deve ser concedido **prazo de 12 meses, prorrogável por mais 12 meses**, para que sejam adotadas as medidas legislativas e administrativas necessárias à adequação das diferentes leis de organização judiciária, à efetiva implantação e ao efetivo funcionamento do juiz das garantias em todo o País, tudo conforme as diretrizes do CNJ e sob a supervisão dele;

3) **com relação ao art. 3º-B, *IV, VIII e IX*, do CPP** ("IV – ser informado sobre a instauração de qualquer investigação criminal; VIII – prorrogar o prazo de duração do inquérito, estando o investigado preso, em vista das razões apresentadas pela autoridade policial e observado o disposto no § 2º deste artigo; IX – determinar o trancamento do inquérito policial quando não houver fundamento razoável para sua instauração ou prosseguimento"): estabelecer que **todos os atos praticados pelo Ministério Público se submetam ao controle judicial** e fixar o prazo de até 90 dias, contados da publicação da ata do julgamento, para os representantes do Ministério Público encaminharem todos os PIC e outros procedimentos de investigação criminal ao respectivo juiz natural, independentemente de o juiz das garantias já ter sido implementado na respectiva jurisdição;

4) **com relação ao art. 3º-B, *VI*, do CPP** ("VI – prorrogar a prisão provisória ou outra medida cautelar, bem como substituí-las ou revogá-las, assegurado, no primeiro caso, o exercício do contraditório em audiência pública e oral, na forma do disposto neste Código ou em legislação especial pertinente"): o exercício do contraditório será preferencialmente em audiência pública e oral, **inclusive no que tange à prorrogação das medidas cautelares**;

5) **com relação ao art. 3º-B, *VII*, do CPP** ("VII – decidir sobre o requerimento de produção antecipada de provas consideradas urgentes e não repetíveis, assegurados o contraditório e a ampla defesa em audiência pública e oral"): o juiz pode **deixar de realizar a audiência quando houver risco para** o processo, ou **diferi-la** em caso de necessidade;

6) **com relação ao art. 3º-B, *XIV*, do CPP** ("XIV – decidir sobre o recebimento da denúncia ou queixa, nos termos do art. 399 deste Código"): a competência do juiz das garantias **cessa com o oferecimento da denúncia**;

7) **com relação ao art. 3º-B, § 1º, do CPP** ("O preso em flagrante ou por força de mandado de prisão provisória será encaminhado à presença do juiz de garantias no prazo de 24 (vinte e quatro) horas, momento em que se realizará audiência com a presença do Ministério Público e da Defensoria Pública ou de advogado constituído, vedado o emprego de videoconferência"): não há falar em vedação absoluta ao emprego de videoconferência em audiência de custódia. Assim, o preso em flagrante ou por força de mandado de prisão provisória será encaminhado à presença do juiz das garantias, no prazo de 24 horas, **salvo impossibilidade fática**, momento em que se realizará a audiência com a presença do MP e da defensoria

pública ou de advogado constituído, **cabendo, excepcionalmente, o emprego de videoconferência**, mediante decisão da autoridade judiciária competente, desde que este meio seja apto à verificação da integridade do preso e à garantia de todos os seus direitos;

8) **com relação ao art. 3º-B, § 2º, do CPP** ("Se o investigado estiver preso, o juiz das garantias poderá, mediante representação da autoridade policial e ouvido o Ministério Público, prorrogar, uma única vez, a duração do inquérito por até 15 (quinze) dias, após o que, se ainda assim a investigação não for concluída, a prisão será imediatamente relaxada"): o juiz pode decidir de forma fundamentada, reconhecendo a necessidade de **novas prorrogações do inquérito**, diante de elementos concretos e da complexidade da investigação.

9) **com relação ao art. 3º-C do CPP** ("A competência do juiz das garantias abrange todas as infrações penais, exceto as de menor potencial ofensivo, e cessa com o recebimento da denúncia ou queixa na forma do art. 399 deste Código"): a competência do juiz das garantias cessa com o oferecimento da denúncia. Ademais, as normas relativas ao juiz das garantias **não se aplicam** às seguintes situações:

   a) processos de competência originária dos tribunais, os quais são regidos pela Lei nº 8.038/1990;

   b) processos de competência do tribunal do júri;

   c) casos de violência doméstica e familiar; e

   d) infrações penais de menor potencial ofensivo;

10) **com relação ao art. 3º-C, § 1º, do CPP** ("Recebida a denúncia ou queixa, as questões pendentes serão decididas pelo juiz da instrução e julgamento"): a competência do juiz das garantias cessa com o oferecimento da denúncia;

11) **com relação ao art. 3º-C, § 2º, do CPP** ("As decisões proferidas pelo juiz das garantias não vinculam o juiz da instrução e julgamento, que, após o recebimento da denúncia ou queixa, deverá reexaminar a necessidade das medidas cautelares em curso, no prazo máximo de 10 (dez) dias"): a competência do juiz das garantias cessa com o oferecimento da denúncia, momento a partir do qual incumbe ao juiz da instrução reexaminar a necessidade das cautelares;

12) **com relação ao art. 3º-C, §§ 3º e 4º, do CPP** ("§ 3º Os autos que compõem as matérias de competência do juiz das garantias ficarão acautelados na secretaria desse juízo, à disposição do Ministério Público e da defesa, e não serão apensados aos autos do processo enviados ao juiz da instrução e julgamento, ressalvados os documentos relativos às provas irrepetíveis, medidas de obtenção de provas ou de antecipação de provas, que deverão ser remetidos para apensamento em apartado. § 4º Fica assegurado às partes o amplo acesso aos autos acautelados na secretaria do juízo das garantias"): os autos que compõem as matérias de competência do juiz das garantias **serão remetidos ao juiz da instrução e julgamento**;

Cap. 10 – Garantias Individuais

305

13) **com relação ao *art. 3º-D* do CPP** ("O juiz que, na fase de investigação, praticar qualquer ato incluído nas competências dos arts. 4º e 5º deste Código ficará impedido de funcionar no processo. Parágrafo único. Nas comarcas em que funcionar apenas um juiz, os tribunais criarão um sistema de rodízio de magistrados, a fim de atender às disposições deste Capítulo"): **o dispositivo é inconstitucional** (inconstitucionalidade material do artigo 3º-D, *caput*, e inconstitucionalidade formal do parágrafo único).

14) **com relação ao *art. 3º-E* do CPP** ("O juiz das garantias será designado conforme as normas de organização judiciária da União, dos Estados e do Distrito Federal, observando critérios objetivos a serem periodicamente divulgados pelo respectivo tribunal"): o juiz das garantias será **investido**, e não designado, conforme as normas de organização judiciária da União, dos Estados e do Distrito Federal, observando critérios objetivos a serem periodicamente divulgados pelo respectivo tribunal;

15) **com relação ao *art. 3º-F, caput,* do CPP** ("O juiz das garantias deverá assegurar o cumprimento das regras para o tratamento dos presos, impedindo o acordo ou ajuste de qualquer autoridade com órgãos da imprensa para explorar a imagem da pessoa submetida à prisão, sob pena de responsabilidade civil, administrativa e penal"): dispositivo reputado **constitucional**, visando combater o *perp Walk*;

16) **com relação ao *art. 3º-F, parágrafo único,* do CPP** ("Por meio de regulamento, as autoridades deverão disciplinar, em 180 (cento e oitenta) dias, o modo pelo qual as informações sobre a realização da prisão e a identidade do preso serão, de modo padronizado e respeitada a programação normativa aludida no *caput* deste artigo, transmitidas à imprensa, assegurados a efetividade da persecução penal, o direito à informação e a dignidade da pessoa submetida à prisão"): deve-se atribuir interpretação conforme o art. 220 da CF/1988 para assentar que a divulgação de informações sobre a realização da prisão e a identidade do preso pelas autoridades policiais, Ministério Público e magistratura **deve assegurar a efetividade da persecução penal, o direito à informação e a dignidade da pessoa submetida à prisão;**

17) **com relação ao art. 28, *caput*, do CPP** ("Art. 28. Ordenado o arquivamento do inquérito policial ou de quaisquer elementos informativos da mesma natureza, o órgão do Ministério Público comunicará à vítima, ao investigado e à autoridade policial e encaminhará os autos para a instância de revisão ministerial para fins de homologação, na forma da lei"): ao se manifestar pelo arquivamento do inquérito policial ou de quaisquer elementos informativos da mesma natureza, o órgão do Ministério Público **submeterá** sua manifestação ao juiz competente e comunicará à vítima, ao investigado e à autoridade policial, **podendo encaminhar** os autos para o Procurador-Geral ou para a instância de revisão ministerial, quando houver, para fins de homologação, na forma da lei;

18) **com relação ao art. 28, § 1°, do CPP** ("§ 1° Se a vítima, ou seu representante legal, não concordar com o arquivamento do inquérito policial, poderá, no prazo de 30 (trinta) dias do recebimento da comunicação, submeter a matéria à revisão da instância competente do órgão ministerial, conforme dispuser a respectiva lei orgânica"): além da vítima ou de seu representante legal, **a autoridade judicial competente** poderá submeter a matéria à revisão da instância competente do órgão ministerial, caso verifique patente ilegalidade ou teratologia no ato do arquivamento.

5. AÇÕES CONSTITUCIONAIS

Ações constitucionais são instrumentos que têm como objetivo corrigir atos omissivos ou comissivos que violem direitos ou garantias fundamentais, podendo ter natureza **não jurisdicional** (direito de petição, direito a obter informações e direito à certidão) **ou jurisdicional** (*habeas data*, ação popular, mandado de segurança, *habeas corpus*, mandado de injunção).

5.1. Ações constitucionais de natureza não jurisdicional

5.1.1. Direito de petição

O direito de petição consiste na possibilidade de invocar a **atenção de autoridade pública em defesa de direito ou contra ilegalidade/abuso de poder** (Lei n° 13.869/2019), independentemente do pagamento de taxas. Está previsto no art. 5°, XXXIV, *a*, da CF/1988, que estabelece que "são a todos assegurados, independentemente do pagamento de taxas o direito de petição aos Poderes Públicos em defesa de direitos ou contra ilegalidade ou abuso de poder".

Forma: deve ser exercido por meio de **petição escrita**, com a adequada exposição da pretensão.

Titularidade: qualquer pessoa, física ou jurídica, nacional ou estrangeira.

O direito de petição, por si, **não assegura o acesso direto ao Poder Judiciário**. Sendo o caso, deve a ação ser proposta por pessoa legitimada, com capacidade postulatória, nos termos da lei (STF, Pet 9.545 AgR).

> **Atenção**
>
> Na hipótese de **inércia ou excesso de prazo** da autoridade apresentar resposta ao direito de petição, é cabível a impetração de mandado de segurança ou ação civil pública, a depender do caso (STF, RE 472.489).

Cap. 10 – Garantias Individuais

5.1.2. *Direito de informação*

O direito de informação consiste no **direito fundamental material** de obter dos órgãos públicos **informações de interesse particular, ou de interesse coletivo ou geral**, que serão prestadas no prazo da lei, sob pena de responsabilidade, ressalvadas aquelas cujo sigilo seja imprescindível à segurança da sociedade e do Estado (art. 5º, XXXIII, da CF/1988).

Na órbita infraconstitucional, o direito de informações vem regulamentado pela Lei nº 12.527/2011.

> **Atenção**
>
> O direito de informação diferencia-se do direito de petição e do direito de certidão na medida em que possui **natureza de direito material**, e não instrumental.

Âmbito de proteção: o direito de informação contém a liberdade de informar, de se informar e de ser informado (STF, ADI 4815). O **direito à liberdade de informar** refere-se à formação da opinião pública: todos podem receber livremente dados sobre assuntos de interesses da coletividade e sobre as pessoas cujas ações, público-estatais ou público-sociais, interferem em sua esfera de saber e aprender sobre temas relacionados a suas legítimas cogitações.

O **direito de ser informado** diz respeito àquele que recebe o teor da comunicação, tornando-se ator no processo de liberdade de compreensão crítica e responsável por suas opiniões e por suas ações.

O **direito de se informar** relaciona-se à liberdade de buscar a informação em fonte não censurada e sobre qualquer tema de interesse do cidadão. O art. 21 da Lei nº 12.527/2011 estabelece que não poderá ser negado acesso à informação necessária à tutela judicial ou administrativa de direitos fundamentais. Ademais, as informações ou documentos que versem sobre condutas que impliquem **violação dos direitos humanos** praticada por agentes públicos ou a mando de autoridades públicas não poderão ser objeto de restrição de acesso.

Restrições ao direito de informação: são consideradas **imprescindíveis à segurança da sociedade ou do Estado** e, portanto, passíveis de classificação, as informações cuja divulgação ou acesso irrestrito possam (art. 23 da Lei nº 12.527/2011): I – pôr em risco a defesa e a soberania nacionais ou a integridade do território nacional; II – prejudicar ou pôr em risco a condução de negociações ou as relações internacionais do País, ou as que tenham sido fornecidas em caráter sigiloso por outros Estados e organismos internacionais; III – pôr em risco a vida, a segurança ou a saúde da população; IV – oferecer elevado risco à estabilidade financeira, econômica ou monetária do País; V – prejudicar ou causar risco a planos ou operações estratégicos das Forças Armadas; VI – prejudicar ou causar risco a projetos de pesquisa e desenvolvimento científico ou tecnológico, assim como a sistemas, bens, instalações ou áreas de interesse estratégico nacional; VII – pôr em risco a segurança de instituições ou de altas autoridades nacionais ou estrangeiras e seus familiares; ou VIII – comprometer atividades de inteligência, bem como de investigação ou fiscalização em andamento, relacionadas com a prevenção ou repressão de infrações.

Nesses casos, a informação em poder dos órgãos e entidades públicas, observado o seu teor e em razão de sua imprescindibilidade à segurança da sociedade ou do Estado, poderá ser classificada como **ultrassecreta** (prazo máximo de restrição é de **25 anos**), **secreta** (prazo máximo de restrição é de **15 anos**) **ou reservada** (prazo máximo de restrição é de **5 anos**).

Com relação às **informações pessoais**, o tratamento deve ser feito de forma transparente e com respeito à intimidade, vida privada, honra e imagem das pessoas, bem como às liberdades e garantias individuais. Nesse caso, as informações: I – terão seu acesso restrito, independentemente de classificação de sigilo e pelo prazo máximo de 100 anos a contar da sua data de produção, a agentes públicos legalmente autorizados e à pessoa a que elas se referirem; e II – poderão ter autorizada sua divulgação ou acesso por terceiros diante de previsão legal ou consentimento expresso da pessoa a que elas se referirem.

Titularidade ativa: qualquer interessado, ou seja, qualquer pessoa, física ou jurídica, nacional ou estrangeira.

Titularidade passiva: devem prestar as informações solicitadas (arts. 1º e 2º da Lei nº 12.527/2011): a) os órgãos públicos integrantes da **administração direta** dos Poderes Executivo, Legislativo, incluindo as Cortes de Contas, e Judiciário e do Ministério Público; b) as autarquias, as fundações públicas, as empresas públicas, as sociedades de economia mista e demais entidades controladas direta ou indiretamente pela União, Estados, Distrito Federal e Municípios; c) as **entidades privadas sem fins lucrativos** que recebam, para realização de ações de interesse público, recursos públicos diretamente do orçamento ou mediante subvenções sociais, contrato de gestão, termo de parceria, convênios, acordo, ajustes ou outros instrumentos congêneres.

Prazo para obtenção das informações (art. 11 da Lei nº 12.527/2011): o órgão ou entidade pública deverá autorizar ou conceder o **acesso imediato** à informação disponível. Não sendo possível conceder o acesso imediato, o órgão ou entidade que receber o pedido deverá, **em prazo não superior a 20 dias:** I – comunicar a data, local e modo para se realizar a consulta, efetuar a reprodução ou obter a certidão; II – indicar as razões de fato ou de direito da recusa, total ou parcial, do acesso pretendido; ou III – comunicar que não possui a informação, indicar, se for do seu conhecimento, o órgão ou a entidade que a detém, ou, ainda, remeter o requerimento a esse órgão ou entidade, cientificando o interessado da remessa de seu pedido de informação. O prazo de 20

Cap. 10 – Garantias Individuais

dias **poderá ser prorrogado por mais 10 dias**, mediante justificativa expressa, da qual será cientificado o requerente.

Inércia em responder ao pedido: não sendo o pedido respondido pela entidade no prazo legal, cabe a impetração de *habeas data* ou *habeas corpus*, a depender da natureza das informações.

Direito à informação e direito ao esquecimento: O STF fixou no Tema 786 ser **incompatível com a Constituição a ideia de um direito ao esquecimento**, assim entendido como o poder de obstar, em razão da passagem do tempo, a divulgação de fatos ou dados verídicos e licitamente obtidos e publicados em meios de comunicação social analógicos ou digitais.

> **Atenção**
>
> Os defensores da existência de um direito ao esquecimento ressalvam os fatos genuinamente históricos cujo interesse público e social deve sobreviver à passagem do tempo. Nesse sentido, a 4ª Turma do STJ afastou o direito ao esquecimento em relação ao caso "Aída Curi" (STJ, REsp 1.335.153).

5.1.3. *Justiça de Transição e direito à memória coletiva*

A Justiça de Transição consiste no processo de mudança e adaptação de um regime ditatorial para um Estado Democrático de Direito, de modo a evitar "revanchismos", sem, contudo, negar a existência do passado.

Tem como base quatro **pilares**: a) a reestruturação das instituições existentes; b) a responsabilização criminal das pessoas que cometeram crimes; c) a reparação das vítimas; e d) a busca pela verdade histórica.

Nesse contexto, o **direito à memória coletiva**, atribuído a toda a sociedade, garante o esclarecimento de fatos e circunstâncias que geraram graves violações de direitos humanos, por exemplo, torturas, mortes, entre outros.

Na órbita internacional, a Corte Interamericana de Direitos Humanos, no *Caso Gomes Lund e outros vs. Brasil*, condenou nosso país pelo fato de ter negado acesso aos arquivos estatais que possuíam informações sobre a Guerrilha do Araguaia. A Corte assegurou o direito à memória coletiva determinando que o Brasil continue "desenvolvendo as iniciativas de busca, sistematização e publicação de **toda a informação sobre a Guerrilha do Araguaia,** assim como da informação relativa a violações de direitos humanos ocorridas durante o regime militar".

No plano constitucional, o direito à memória coletiva encontra **fundamento**: a) no princípio da dignidade da pessoa humana; e b) no compromisso do Estado constitucional brasileiro de assegurar o respeito aos direitos humanos (art. 4º, II, da CF/1988).

No âmbito infraconstitucional, o direito à memória coletiva encontra reverberação na Lei nº 12.528/2011, que criou a "Comissão Nacional da Verdade".

5.1.4. *Direito a certidões*

O direito à obtenção de certidões encontra previsão no art. 5º, XXXIV, *b*, da CF/1988, que assegura a todos, independentemente do pagamento de taxas, "a obtenção de certidões em repartições públicas, para defesa de direitos e esclarecimento de situações de interesse pessoal".

Na órbita infraconstitucional, o direito a certidões é regulamentado pela Lei nº 9.051/1995, que exige para sua concretização a apresentação de **petição escrita**, devendo os interessados fazer constar esclarecimentos relativos aos fins e razões do pedido.

Titularidade ativa: qualquer pessoa física ou jurídica, nacional ou estrangeira.

Titularidade passiva: é atribuída aos órgãos da administração centralizada ou autárquica, às empresas públicas, às sociedades de economia mista e às fundações públicas da União, dos Estados, do Distrito Federal e dos Municípios.

Prazo para a expedição das certidões: **15 dias**, contados do registro do pedido (art. 1º da Lei nº 9.051/1995). Não sendo atendido o pedido (inércia), é cabível a **impetração de mandado de segurança ou ação civil pública**, a depender do caso.

> ### Atenção
>
> O Ministério Público tem legitimidade ativa para a defesa, em juízo, dos direitos e interesses individuais homogêneos, quando impregnados de relevante natureza social, como sucede com o direito de petição e o direito de obtenção de certidão em repartições públicas (STF, RE 472.489).

5.2. Remédios constitucionais

5.2.1. *Habeas data*

O *habeas data* é uma ação introduzida pela Constituição de 1988 que visa assegurar o conhecimento de informações ou promover a retificação/complementação de dados.

No âmbito constitucional, o art. 5º, LXXII, dispõe que "conceder-se-á 'habeas-data': a) para assegurar o conhecimento de informações relativas à pessoa do impetrante, constantes de registros ou bancos de dados de entidades governamentais ou de caráter público; b) para a retificação de dados, quando não se prefira fazê-lo por processo sigiloso, judicial ou administrativo".

No âmbito infraconstitucional, a matéria é regulada pela Lei nº 9.507/1997.

Cap. 10 – Garantias Individuais

Legitimidade ativa: ampla, ou seja, atribuída a **qualquer pessoa física ou jurídica**, inclusive de direito público, nacional ou estrangeira, visando à obtenção, retificação ou complementação de informações. Trata-se de ação **personalíssima**, ou seja, a tutela se restringe às informações relativas à pessoa do impetrante. Excepcionalmente, contudo, o STF tem admitido a impetração por **cônjuge sobrevivente na defesa de interesse do falecido** (ver: STF, HD 147/DF).

> ## Atenção
>
> O Ministério Público não tem legitimidade extraordinária para impetrar *habeas data* em nome de terceiros, tendo em vista tratar-se de demanda personalíssima. Contudo, o Ministério Público tem legitimidade para impetrar *habeas data* voltado à obtenção ou retificação de **informações relacionadas ao próprio órgão**.

Legitimidade passiva: qualquer **órgão ou entidade (pessoa jurídica)** detentora das informações que se pretende obter, retificar ou complementar. Nesse sentido, o art. 2º da Lei nº 9.507/1997 dispõe que o "requerimento será apresentado ao órgão ou entidade depositária do registro ou banco de dados e será deferido ou indeferido no prazo de quarenta e oito horas". O órgão ou entidade que figurar no polo passivo não precisa ter natureza pública, podendo ostentar natureza privada, pois a **natureza pública** exigida pelo *habeas data* **não é do órgão**, mas sim **da própria informação**, que deve ser transmissível a terceiros ou que não seja de uso privativo do órgão ou entidade produtora ou depositária das informações (art. 1º, parágrafo único, da Lei nº 9.507/1997). Ex.: é possível a impetração de *habeas data* em face de Serviço de Proteção de Crédito (SPC).

Objeto: apenas informações de **caráter pessoal** podem ser objeto de *habeas data*, que busca tutelar dois direitos: **a) privacidade**; e **b) acesso à informação.**

> ## Atenção
>
> Não é possível que uma entidade negue o acesso a informações de interesse particular sobre a pessoa do indivíduo, alegando a segurança da sociedade e do Estado (ver: STJ, REsp 781.969/RJ).

Objetivo: assegurar o conhecimento, a retificação e/ou a complementação de informações de caráter pessoal constantes em bancos de dados de caráter público.

Hipóteses de cabimento:

1) *habeas data* **"cognitivo":** visa o conhecimento de informações pessoais constantes de registro ou banco de dados de entidades governamentais ou de caráter público (art. 7º, I, Lei nº 9.507/1997);

Coleção Exame Nacional da Magistratura – Direito Constitucional

> **Atenção**
>
> Se as informações **não forem de caráter pessoal**, a ação cabível será o mandado de segurança, e não o *habeas data* (ver: STJ, REsp 781.969/RJ).

2) *habeas data* **"retificatório":** visa a retificação de dados (art. 7°, II, da Lei n° 9.507/1997);

> **Atenção**
>
> O STJ entende **não ser possível** o processamento de *habeas data* em que haja **a cumulação de pedidos** (exemplo: conhecimento e retificação de informações). Em outas palavras, só é possível impetrar *habeas data* para a retificação quando o indivíduo já tiver conhecimento da informação (STJ, HD 160/DF).

3) *habeas data* **"completivo":** nesse caso, as informações estão corretas, mas o impetrante visa a realização de anotação nos assentamentos, de contestação ou explicação sobre dado verdadeiro, mas justificável e que esteja sob pendência judicial ou amigável (art. 7°, III, da Lei n° 9.507/1997).

> **Atenção**
>
> Se as informações **não forem de caráter pessoal**, a ação cabível é o mandado de segurança, e não o *habeas data* (ver: STJ, REsp 781.969/RJ).

> **Jurisprudência**
>
> O STJ entende **não ser possível** o processamento de *habeas data* em que haja **a cumulação de pedidos** (ex.: conhecimento e retificação de informações) (STJ, HD 160/DF).

Interesse de agir: é necessária a demonstração do interesse de agir para a admissão do *habeas data*, sendo preciso comprovar que a ausência de atendimento ao pedido pode **gerar algum dano concreto** (de ordem material ou moral). Nesse sentido, o art. 8°, parágrafo único, da Lei n° 9.507/1997 dispõe que a petição inicial deverá ser instruída com prova: "I – da recusa ao acesso às informações ou do decurso de mais de dez dias sem decisão; II – da recusa em fazer-se a retificação ou do de-

Cap. 10 – Garantias Individuais

curso de mais de quinze dias, sem decisão; ou III – da recusa em fazer-se a anotação a que se refere o § 2.º do art. 4.º ou do decurso de mais de quinze dias sem decisão". Assim, o prazo para acessar as informações e fazer a retificação ou anotação é de **15 dias**. Não sendo adotada a providência, estará caracterizado o interesse de agir pela inércia. Ademais, a exigência de demonstração do interesse de agir **não viola o princípio do acesso à justiça**, tendo em vista que não se confunde com o princípio da inafastabilidade da jurisdição. Nesse sentido, a Súmula nº 2 do STJ enuncia que "Não cabe o *habeas data* (CF, art. 5º, LXXII, letra 'a') se não houve recusa de informações por parte da autoridade administrativa".

> **Atenção**
>
> **Não se exige o prévio esgotamento** da esfera administrativa, mas apenas o **prévio requerimento** administrativo.

Liminar: embora a Lei nº 9.507/1997 não regulamente o cabimento de liminar, a doutrina majoritária entende que há possibilidade de concessão de medida liminar em situações excepcionais em sede de *habeas data*.

Decisão de mérito: o art. 13 da Lei nº 9.507/1997 dispõe que, "se julgar procedente o pedido, o juiz **marcará data e horário** para que o coator: I – apresente ao impetrante as informações a seu respeito, constantes de registros ou bancos de dados; ou II – apresente em juízo a prova da retificação ou da anotação feita nos assentamentos do impetrante".

Natureza jurídica da decisão de mérito: a) natureza **mandamental** (Barbosa Moreira); **b)** natureza **constitutiva** (Rogério Tucci); **c)** natureza **dúplice** (Vicente Greco Filho), ou seja, o *habeas data* "cognitivo" tem natureza mandamental e o *habeas data* "retificatório" e o "completivo", natureza constitutiva.

Competência para julgamento: o julgamento do *habeas data* compete (art. 20 da Lei nº 9.507/1997):

I – **originariamente: a)** ao Supremo Tribunal Federal, contra atos do Presidente da República, das Mesas da Câmara dos Deputados e do Senado Federal, do Tribunal de Contas da União, do Procurador-Geral da República e do próprio Supremo Tribunal Federal; **b)** ao Superior Tribunal de Justiça, contra atos de Ministro de Estado ou do próprio Tribunal; **c)** aos Tribunais Regionais Federais contra atos do próprio Tribunal ou de juiz federal; **d)** a juiz federal, contra ato de autoridade federal, excetuados os casos de competência dos tribunais federais; **e)** a tribunais estaduais, segundo o disposto na Constituição do Estado; **f)** a juiz estadual, nos demais casos;

II – **em grau de recurso: a)** ao Supremo Tribunal Federal, quando a decisão denegatória for proferida em única instância pelos Tribunais Superiores; **b)** ao Superior

Tribunal de Justiça, quando a decisão for proferida em única instância pelos Tribunais Regionais Federais; c) aos Tribunais Regionais Federais, quando a decisão for proferida por juiz federal; d) aos Tribunais Estaduais e ao do Distrito Federal e Territórios, conforme dispuserem a respectiva Constituição e a lei que organizar a Justiça do Distrito Federal;

III – mediante **recurso extraordinário** ao Supremo Tribunal Federal, nos casos previstos na Constituição.

> ### Importante
>
> O *habeas data* tem **prioridade** sobre as demais demandas, salvo *habeas corpus* e mandado de segurança.

5.2.2. *Ação popular*

A denominação "ação popular" advém: 1) da legitimidade ativa para o ajuizamento desse remédio constitucional, atribuída a qualquer cidadão; e 2) da finalidade de proteger a "coisa pública". Assim, a ação popular permite ao cidadão fiscalizar diretamente a atuação dos poderes públicos e adotar providências para sanar eventuais ilegalidades.

Previsão constitucional: art. 5º, LXXIII, o qual dispõe que "qualquer **cidadão** é parte legítima para propor ação popular que vise a anular ato lesivo ao patrimônio público ou de entidade de que o Estado participe, à moralidade administrativa, ao meio ambiente e ao patrimônio histórico e cultural, ficando o autor, salvo comprovada má-fé, isento de custas judiciais e do ônus da sucumbência".

Legitimidade ativa: é atribuída a **todo cidadão** (art. 5º, LXXIII, da CF/1988). A corrente **majoritária associa o conceito de cidadão ao de eleitor**, dispondo o art. 1º, § 3º, da Lei nº 4.717/1965 que a prova da cidadania será feita com o título eleitoral ou com documento correspondente. Assim, o brasileiro que esteja com seus **direitos políticos ativos suspensos** não poderá ajuizar ação popular.

> ### Jurisprudência
>
> O STJ tem decidido ser irrelevante o domicílio eleitoral do autor, que **poderá litigar contra ato praticado em qualquer local do país** (STJ, REsp 1.242.800/MS).

Cap. 10 – Garantias Individuais

> **Importante**
>
> A legitimidade ativa do cidadão tem natureza **extraordinária**, tendo em vista que não defende direito próprio, mas sim direito coletivo (Almeida, 2003).

> **Atenção**
>
> Há a possibilidade de equiparação entre portugueses e brasileiros se houver reciprocidade por parte de Portugal. Assim, se um português residir no Brasil e cumprir as exigências da lei, havendo reciprocidade por parte de Portugal, poderá exercer aqui os mesmos direitos que os brasileiros podem exercer em Portugal. Desse modo, se o brasileiro que vive em Portugal puder votar e ser votado, os portugueses terão título de eleitor no Brasil e **poderão ajuizar ação popular**.

> **Importante**
>
> O Ministério Público **não tem legitimidade** para ajuizar a ação popular, atuando geralmente como *custos iuris* nesse tipo de demanda (art. 6º, § 4º, da Lei nº 4.717/1965). Contudo, se o autor desistir da ação ou der motivo à absolvição da instância e não houver cidadãos interessados em promover o andamento ao feito, incumbe ao representante do Ministério Público adotar as medidas cabíveis (art. 9º da Lei nº 4.717/1965).
>
> **As pessoas jurídicas não têm legitimidade ativa** para ajuizar ação popular. Nesse sentido, o enunciado da Súmula nº 365 do STF: "Pessoa jurídica não tem legitimidade para propor ação popular".

> **Atenção**
>
> Sendo a ação popular meio de exercício de um direito político, a outorga de legitimidade ativa para a propositura da demanda ao relativamente incapaz – que pode ser eleitor quando possuir idade superior aos 16 anos –, confere-lhe **automaticamente a capacidade de estar em juízo**, independentemente de representação processual. Existe, contudo, posição em contrário, exigindo a emancipação do eleitor.

Capacidade postulatória: embora qualquer cidadão tenha legitimidade ativa, não dispõe de capacidade postulatória, de modo que a **ação popular deve ser ajuizada por advogado** (ver: STF, AO 1.531 AgR).

Legitimidade passiva: a ação popular pode ser proposta contra:

1) quaisquer **autoridades, funcionários ou administradores** que houverem autorizado, aprovado, ratificado ou praticado o ato impugnado, ou que, por omissão, tiverem dado oportunidade à lesão;

2) **pessoa jurídica que dispõe de patrimônio e recursos públicos**, abrangendo a União, o Distrito Federal, os Estados, os Municípios, as entidades autárquicas, as sociedades de economia mista, as sociedades mútuas de seguro nas quais a União represente os segurados ausentes, as empresas públicas, os serviços sociais autônomos, as instituições ou fundações para cuja criação ou custeio o tesouro público haja concorrido ou concorra com mais de 50% do patrimônio ou da receita ânua, as empresas incorporadas ao patrimônio da União, do Distrito Federal, dos Estados e dos Municípios, e quaisquer pessoas jurídicas ou entidades subvencionadas pelos cofres públicos, inclusive as empresas supranacionais (ver art. 6º, *caput*, da Lei nº 4.717/1965 e STJ, REsp 453.136/PR);

> **Atenção**
>
> O CNMP e o CNJ **não podem figurar no polo passivo de ação popular**, tendo em vista tratar-se de órgãos colegiados da União, e não pessoas jurídicas (STF, PET 3.674 QO).

3) os **beneficiários diretos** pelo ato ou pela omissão (ver: STJ, REsp 234.388/SP. Segundo o STJ, os beneficiados indiretos são aqueles apenas episódica e circunstancialmente beneficiados pelo ato ou omissão, ou seja, aqueles que não guardam relação de causalidade necessária e suficiente com a violação apontada na Ação Popular 166).

> **Jurisprudência**
>
> Tem-se entendido (ver STJ, REsp 453.136/PR) que as **agências executivas, agências reguladoras, organizações sociais e organizações da sociedade civil de interesse público** também podem figurar no polo passivo de ações populares. Até mesmo uma **pessoa jurídica binacional** pode figurar no polo passivo (ex.: Itaipu).

Cap. 10 – Garantias Individuais

Atenção

No que tange à ação popular fundada em ato ou contrato de operação bancária ou de crédito real quando o valor do bem dado em hipoteca ou penhor for inferior ao constante de escritura, contrato ou avaliação, o art. 6º, § 2º, da Lei nº 4.717/1965 **exclui a legitimidade** de todas as autoridades, funcionários e administradores que tenham de alguma forma participado do ato, permitindo a propositura da demanda **exclusivamente em face das pessoas jurídicas públicas e privadas** previstas no art. 1º, *caput*, da LAP, dos **responsáveis pela avaliação inexata e os beneficiários da avaliação**.

Importante

O art. 7º, § 2º, III, da Lei nº 4.717/1965 relativiza a regra da estabilização subjetiva da lide encampada pelo art. 329 do CPC, permitindo a formação de **litisconsórcio passivo ulterior a qualquer momento**, desde que **antes da sentença**, com o intuito de promover a inclusão dos beneficiários ou responsáveis pelo ato impugnado anteriormente ignorados.

Objeto: é a preservação da moralidade administrativa, do meio ambiente e do patrimônio histórico e cultural, podendo impugnar **atos de caráter administrativo ou a ele equiparados** das seguintes modalidades: **a)** comissivos (ver: STJ, REsp 889.766/SP); **b)** omissivos; **c)** vinculados; **d)** discricionários (ver STF, AO 772 MC/SP).

Atenção

Os **pronunciamentos judiciais** (ex.: uma decisão judicial) **não podem ser objeto de ação popular**, uma vez que possuem sistema específico de impugnação, seja pela via recursal, seja mediante ação rescisória.

Importante

A ação popular **não é o meio adequado para questionar lei em tese**, pois não pode ser utilizada como sucedâneo da ação direta de inconstitucionalidade (ver: STJ, REsp 1.081/SC).

Espécies de ação popular: a) preventiva: quando houver apenas uma ameaça de lesão; **b) repressiva:** quando já houver uma lesão consumada ao patrimônio público, à moralidade administrativa, ao meio ambiente ou ao patrimônio histórico e cultural; **c) corretiva:** busca combater a prática de atos inválidos no desempenho da atividade administrativa; e **d) supletiva:** objetiva combater as omissões decorrentes da inatividade administrativa.

Objetivo: tutelar bens materiais (patrimônio público) **e imateriais** (moralidade administrativa, meio ambiente e patrimônio histórico e cultural).

Atenção

A ação popular **não pode ser utilizada** como instrumento de defesa de **direitos do consumidor** (STJ, REsp 818.725/SP).

Requisitos específicos: Para que seja cabível a ação popular, o ato deve ser ilegal **e** lesivo ao mesmo tempo? Há três posicionamentos sobre o tema:

a) a lesividade, por si só, já é suficiente;

b) a lesividade contém ilegalidade; e

c) há necessidade de conjugação de lesividade e ilegalidade. É a posição adotada pelo STJ (ver: STJ, EREsp 260.821/SP).

Competência: Em regra, a competência para o processamento de ação popular é do juízo de 1º grau, tendo em vista que a demanda não tem natureza criminal, de modo que o **foro por prerrogativa de função** previsto para as infrações penais comuns **não se aplica à ação popular**. Nesse sentido, o art. 5º da Lei nº 4.717/1965 dispõe que, conforme "a origem do ato impugnado, é competente para conhecer da ação, processá-la e julgá-la o juiz que, de acordo com a organização judiciária de cada Estado, o for para as causas que interessem à União, ao Distrito Federal, ao Estado ou ao Município". Contudo, se a União, autarquias federais ou empresas públicas federal figurarem no polo passivo, a competência para o julgamento do feito será da **Justiça Federal**.

Importante

O STF dispõe de **competência originária** para processar e julgar ações populares nas seguintes situações (art. 102, I, *f* e *n*, da CF/1988): a) quando todos os membros da magistratura tiverem interesse na causa; b) quando mais da metade dos membros do tribunal de origem estiver impedida ou for direta ou indiretamente interessada; e c) quando houver conflito federativo envolvendo União e Estados.

Cap. 10 – Garantias Individuais

Liminar: o art. 5º, § 4º, da Lei nº 4.717/1965 estabelece expressamente que na "defesa do patrimônio público caberá a suspensão liminar do ato lesivo impugnado".

Peculiaridades procedimentais:

a) **prazo para defesa:** 20 dias, prorrogáveis por mais 20 dias;

b) **reconvenção:** vedada;

c) **reexame necessário:** a sentença que concluir pela carência ou pela improcedência da ação está sujeita ao duplo grau de jurisdição, não produzindo efeito senão depois de confirmada pelo tribunal (art. 19 da Lei nº 4.717/1965). O princípio do **duplo grau de jurisdição** não está expressamente previsto na Constituição de 1988, embora encontre amparo no Pacto de San José da Costa Rica (art. 8º, item 3º, *h*).

Decisão de mérito na ação popular: duas situações podem ocorrer:

a) pedido julgado **procedente:** o efeito da decisão é a condenação dos responsáveis/beneficiários pelas perdas e danos e a declaração da nulidade/anulação do ato;

b) pedido julgado **improcedente:** a decisão faz coisa julgada e produz efeitos *erga omnes*. Contudo, se o pedido for julgado improcedente **por insuficiência probatória**, é cabível o ajuizamento de nova ação popular, porque a coisa julgada se forma *secundum eventum probationis*.

Custas e ônus de sucumbência: não há condenação em custas judiciais e ônus de sucumbência em ação popular, salvo se comprovada má-fé.

Princípio da reparação integral do dano coletivo: a indenização pelos prejuízos causados à coletividade deve abranger a **integralidade dos danos provocados** (Didier, 2017). Nesse sentido, o art. 11 da Lei nº 4.717/1965 dispõe que "a sentença que julgando procedente a ação popular decretar a invalidade do ato impugnado, condenará ao pagamento de perdas e danos os responsáveis pela sua prática e os beneficiários dele, ressalvada a ação regressiva contra os funcionários causadores de dano, quando incorrerem em culpa".

"Sucessão processual" e princípio da disponibilidade motivada da ação coletiva: o art. 9º da Lei nº 4.717/1965 prevê verdadeira **"sucessão processual"**, com a consequente modificação subjetiva da demanda: o Ministério Público ou qualquer outro legitimado ingressará no polo ativo do feito coletivo, desde que o autor originário desista ou incorra nas hipóteses de extinção do feito sem resolução do mérito (art. 485 do CPC). Sobre o tema, o STJ já decidiu que esse "aparente privilégio decorre da especial natureza da ação popular, meio processual de dignidade constitucional, instrumento de participação da cidadania, posto à disposição de todos para a defesa do interesse coletivo" (ver STJ, REsp 554.532/SP).

Intervenção móvel ou legitimação bifronte: a atuação dos entes públicos em ações populares submete-se ao regime da **intervenção móvel ou legitimação bifronte** – caso seja proposta ação coletiva em face da administração pública, o ente po-

320 Coleção Exame Nacional da Magistratura – Direito Constitucional

derá deslocar-se de sua posição original no polo passivo para a condição de *amicus curiae* ou para o polo ativo (situação esta em que atuará ao lado do cidadão), desde que a medida resguarde o interesse público (art. 6º, § 3º, da Lei nº 4.717/1965).

5.2.3. *Mandado de segurança individual*

Previsão constitucional e legal: nos termos do art. 5º, LXIX, da CF/1988, "conceder-se-á mandado de segurança para proteger direito líquido e certo, não amparado por 'habeas-corpus' ou 'habeas-data', quando o responsável pela ilegalidade ou abuso de poder for autoridade pública ou agente de pessoa jurídica no exercício de atribuições do Poder Público".

O mandado de segurança é regulamentado na órbita infraconstitucional pela Lei nº 12.016/2009.

Direito líquido e certo: é aquele que **pode ser comprovado de plano**, por meio de prova documental, **sem a necessidade de dilação probatória** (prova pré-constituída). O direito líquido e certo é uma condição da ação (interesse de agir), levando à extinção do feito sem a resolução do mérito (art. 485, VI, do CPC), e não à improcedência do pedido.

> **Importante**
>
> Caso a prova documental esteja de posse da autoridade coatora ou de terceiros, esse fato não impedirá o recebimento da demanda (art. 6º, § 1º, da Lei nº 12.016/2009): o juiz deve ordenar, preliminarmente e de ofício, a exibição desse documento, e marcará, para o cumprimento da ordem, o prazo de dez dias.

> **Jurisprudência**
>
> A mera controvérsia sobre matéria de direito **não impede** concessão de mandado de segurança (Súmula nº 625 do STF).

> **Atenção**
>
> Para que seja cabível o mandado de segurança, não pode ser caso de *habeas corpus* ou *habeas data*. Ademais, em nome do princípio da cooperação, poderá o magistrado, desde que preenchidos os requisitos, converter o mandado de segurança em *habeas corpus* ou *habeas data*, adaptando o procedimento.

Cap. 10 – Garantias Individuais

Legitimidade ativa: a) pessoas físicas, residentes ou em trânsito no território nacional (ver STF, RE 215.267/SP); **b)** pessoas jurídicas, de direito público ou de direito privado, nacionais ou estrangeiras (ver STF, RMS 3.709/PR); **c)** entes despersonalizados (exemplo: Mesas das Casas Legislativas, espólio, massa falida, condomínios horizontais, entre outros); **d)** agentes políticos na defesa de suas prerrogativas funcionais – governadores, prefeitos, magistrados, membros do Ministério Público (STF, MS 21.642/DF).

Ademais, o titular de direito líquido e certo **decorrente de direito, em condições idênticas, de terceiro,** poderá impetrar mandado de segurança a favor do direito originário, se o seu titular não o fizer, no prazo de 30 (trinta) dias, quando notificado judicialmente (art. 3º da Lei nº 12.016/2009).

Por fim, quando o direito ameaçado ou violado couber a várias pessoas, qualquer delas poderá impetrar mandado de segurança (art. 1º, § 3º, da Lei nº 12.016/2009).

Jurisprudência

– Em regra, o STF não admite intervenção de terceiros (ver STF, AgRg no RE 575.093) e *amicus curiae* em mandado de segurança (ver STF, AgR no MS 26.552/DF).

– A pessoa jurídica de direito privado delegatária de serviço público somente tem legitimidade ativa para ingressar com pedido de suspensão de segurança na hipótese em que estiver atuando na defesa de interesse público primário relacionado com os termos da própria concessão e prestação do serviço público (ver STJ, AgInt na SLS 3.169/RS).

Legitimidade passiva: é concedida a pessoas jurídicas, visto que deverão oferecer contestação, interpor possíveis recursos e arcar com os efeitos pecuniários decorrentes da concessão da ordem. Assim, é obrigatória a inclusão, na petição inicial, da pessoa jurídica (art. 6º, *caput*, da Lei nº 12.016/2009).

Atenção

Não há litisconsórcio passivo entre a pessoa jurídica e a autoridade coatora, visto que a autoridade responsável pelo ato impugnado não é um ente distinto da pessoa jurídica, mas um órgão, uma parte integrante dela (STJ, AgRg no REsp 86944/SP). Todavia, estende-se à autoridade coatora o direito de recorrer (art. 14, § 2º, da Lei nº 12.016/2009).

Jurisprudência

- Caso a indicação errônea da autoridade coatora implique alteração da parte ré, o juiz deverá conferir à parte oportunidade de emendar a inicial (ver STF, RMS 21.382/DF), salvo se a medida resultar na alteração da competência jurisdicional (ver STJ, REsp 1.954.451/RJ).
- No caso de a indicação errônea não implicar alteração do polo passivo da impetração, cabe ao magistrado, *ex officio*, a correção da irregularidade, em nome do princípio da celeridade e economia dos atos processuais (STF, RMS 17.889/RS).

Teoria da encampação: indicada como coatora autoridade hierarquicamente superior àquela efetivamente responsável pela prática do ato, desnecessária a correção caso o agente trazido ao processo assuma a defesa do ato praticado pelo subordinado. Trata-se de aplicação da teoria da encampação, que busca relativizar eventual "erro" na indicação da autoridade coatora, permitindo o prosseguimento da demanda. A teoria da encampação será aplicada no mandado de segurança quando presentes, cumulativamente, os seguintes **requisitos** (Súmula nº 628 do STJ): a) existência de **vínculo hierárquico** entre a autoridade que prestou informações e a que ordenou a prática do ato impugnado; b) **manifestação a respeito do mérito** nas informações prestadas; e c) **ausência de modificação de competência** estabelecida na Constituição de 1988.

Atenção

O Tribunal de Justiça não pode ser considerado autoridade coatora quando atua na condição de mero executor de decisão do CNJ (STJ, AgInt no RMS 64.215/MG).

Objeto: o mandado de segurança é cabível contra **atos de império, comissivos ou omissivos, ilegais ou praticados com abuso de poder** pela autoridade coatora.

A título de exemplo, a Súmula nº 333 do STJ enuncia que "Cabe mandado de segurança contra ato praticado em licitação promovida por sociedade de economia mista ou empresa pública".

Importante

Não cabe mandado de segurança: 1) contra os atos de **gestão comercial** praticados pelos administradores de empresas públicas, de sociedade de economia mista e de concessionárias de serviço público (art. 1º, § 2º, da Lei nº 12.016/2009);

Cap. 10 – Garantias Individuais

2) contra ato do qual caiba **recurso administrativo com efeito suspensivo**, independentemente de caução (art. 5º, I, da Lei nº 12.016/2009); 3) contra decisão judicial da qual caiba **recurso com efeito suspensivo** (art. 5º, II, da Lei nº 12.016/2009); 4) contra **decisão judicial transitada em julgado** (art. 5º, III, da Lei nº 12.016/2009); 5) contra atos normativos em tese (Súmula nº 266 do STF); 6) para a proteção de direitos inerentes à liberdade de locomoção e ao acesso ou retificação de informações relativas à pessoa do impetrante.

Jurisprudência

Embora o mandado de segurança não possa, em regra, ser utilizado com sucedâneo recursal (ver STF, AgRg no MS 27.569/DF), é possível a impetração de mandado de segurança em caso de **dúvida razoável sobre o cabimento de agravo de instrumento** contra decisão interlocutória que examina competência (ver STJ, RMS 58.578/SP).

Ademais, o mandado de segurança **não pode ser utilizado** como sucedâneo de: a) **ação popular** (Súmula nº 101 do STF); b) **ação de cobrança** (Súmula nº 269 do STF); c) **ação civil pública (ver** STJ, MS 267/DF); ou d) **reclamação constitucional** (STJ, MS 11.707/DF).

É possível, contudo, a **declaração incidental de inconstitucionalidade** de quaisquer leis ou atos normativos, desde que a controvérsia constitucional não figure como pedido, mas, sim, como causa de pedir (ver STJ, RMS 31.707/MT).

Atenção

A pessoa jurídica de direito privado delegatária de serviço público somente tem legitimidade ativa para ingressar com pedido de suspensão de segurança na hipótese em que estiver atuando na defesa de interesse público primário relacionado com os termos da própria concessão e prestação do serviço público (ver STJ, AgInt na SLS 3.169/RS).

Espécies:

1) Mandado de segurança preventivo: quando intentado em face de uma ameaça de ilegalidade ou abuso de poder que coloque em risco direito líquido e certo do impetrante. Nesse caso, não há falar em prazo para a impetração.

2) Mandado de segurança repressivo: quando intentado diante de uma ilegalidade ou abuso de poder já praticados, que tenham violado direito líquido e certo. Nes-

Coleção Exame Nacional da Magistratura – Direito Constitucional

se caso, o art. 23 da Lei nº 12.016/2009 estabelece que o direito de requerer mandado de segurança será extinto quando decorridos **cento e vinte dias**, contados da ciência do ato impugnado pelo interessado (**prazo de natureza decadencial**).

> ## Atenção
>
> – Tratando-se de **prestações de trato sucessivo**, o prazo decadencial **renova- -se a cada mês**, tendo em vista que a cada mês renova-se a omissão (ver STF, RMS 24.736). Contudo, caso a lei tenha fixado prazo para a autoridade prati-car o ato, o término desse prazo, sem a aludida providência, implica o início da contagem do lapso decadencial (ver STF, RMS 26.881).
>
> – O decurso do prazo decadencial não impede que a parte venha a se valer das **vias ordinárias** para resguardar seu direito.
>
> – Nos termos da Súmula nº 430 do STF, "pedido de reconsideração na via admi-nistrativa **não interrompe** o prazo para o mandado de segurança".

Liminar: é possível "quando houver fundamento relevante e do ato impugnado puder resultar a ineficácia da medida, caso seja finalmente deferida, sendo facultado exigir do impetrante caução, fiança ou depósito, com o objetivo de assegurar o ressar-cimento à pessoa jurídica" (art. 7º, III, da Lei nº 12.016/2009). A liminar tem **efeitos *ex nunc*** que, "salvo se revogada ou cassada, persistirão até a prolação da sentença" (art. 7º, § 3º, da Lei nº 12.016/2009).

> ## Jurisprudência
>
> – O STF entendeu inconstitucional o art. 7º, § 2º, da Lei nº 12.016/2009, que vedava a concessão de medida liminar que tenha por objeto a compensação de cré-ditos tributários, a entrega de mercadorias e bens provenientes do exterior, a reclassificação ou equiparação de servidores públicos e a concessão de aumento ou a extensão de vantagens ou pagamento de qualquer natureza (ver STF, ADI 4.296/DF).
>
> – É possível a incidência da teoria do fato consumado nas hipóteses de conces-são da liminar em mandado de segurança. A título de exemplo, o STF decidiu que, em sede de mandado de segurança impetrado após o decurso do prazo decadencial e em que foi concedida liminar que perdurou por mais de 12 anos, deveria ser apreciado o mérito da ação, em nome da segurança jurídica, mesmo tendo decorrido o prazo de 120 dias (STF, MS 25.097/DF).

Cap. 10 – Garantias Individuais

Desistência e trânsito em julgado: é lícito desistir de mandado de segurança, independentemente de aquiescência da autoridade apontada como coatora, **mesmo após sentença de mérito**, desde que antes do trânsito em julgado (STJ, DESIS nos EDcl no AgInt no REsp 1.916.374/PR).

Competência para julgamento: é fixada **segundo a autoridade coatora**, ou seja, o agente responsável pela prática do ato e que detém competência para o seu desfazimento. Nesse sentido, o inciso LXIX do art. 5º da CF/1988 consagra o cabimento do *mandamus* quando o responsável pela ilegalidade ou pelo abuso de poder é uma autoridade pública, ou agente de pessoa jurídica de direito privado no exercício de atribuições do Poder Público. Equiparam-se às autoridades os representantes ou órgãos de partidos políticos e os administradores de entidades autárquicas, bem como os dirigentes de pessoas jurídicas ou as pessoas naturais no exercício de atribuições do Poder Público, somente no que disser respeito a essas atribuições (art. 1º, § 1º, da Lei nº 12.016/2009).

Assim, o julgamento de mandado de segurança será de competência: **a) do STF**, se impetrado em face de atos do Presidente da República, das Mesas da Câmara dos Deputados e do Senado Federal, do Tribunal de Contas da União, do Procurador-Geral da República e do próprio Supremo Tribunal Federal; **b) do STJ**, contra ato de Ministro de Estado, dos Comandantes da Marinha, do Exército e da Aeronáutica ou do próprio Tribunal; **c) dos TRFs**, contra ato do próprio Tribunal ou de juiz federal; **d) dos juízes federais**, contra ato de autoridade federal, excetuados os casos de competência dos tribunais federais; **e) da Justiça do Trabalho**, quando o ato questionado envolver matéria sujeita à jurisdição laboral; **f) da Justiça Eleitoral**, quando o ato questionado envolver matéria sujeita à jurisdição eleitoral; **g) dos tribunais e juízes estaduais**, conforme estabelecido na Constituição Estadual.

A **competência territorial**, por sua vez, será fixada segundo o local em que a autoridade coatora exercer suas funções (Marinoni). Na hipótese de **pluralidade de autoridades coatoras** que exercem suas funções em locais distintos, incumbe ao impetrante escolher aquele que lhe parecer mais conveniente entre os diferentes foros competentes, incidindo de forma subsidiária o disposto no art. 46, § 4º, do CPC.

> ### Jurisprudência
>
> O STJ pacificou o entendimento de que, na hipótese de competência originária de tribunais distintos em razão da pluralidade de autoridades coatoras, prevalece o tribunal com atribuição para o julgamento da **autoridade de hierarquia superior** (ver STJ, MS 4.167/DF, 3ª Seção, Rel. Min. Anselmo Santiago, j. 25.06.1997, *DJ* 1º.09.1997, p. 40.720).

Honorários: não cabe a condenação ao pagamento de honorários advocatícios em mandado de segurança, sem prejuízo da aplicação de sanções no caso de litigância de má-fé (art. 25 da Lei nº 12.016/2009).

Mandado de segurança contra decisão judicial e trânsito em julgado do feito principal: o mandado de segurança deve ter seu mérito apreciado independentemente de superveniente trânsito em julgado da decisão impugnada (ver EDcl no MS 22.157/DF, Rel. Min. Luis Felipe Salomão, Corte Especial, por maioria, j. 14.03.2019, *DJe* 11.06.2019).

Recursos: a Lei nº 12.016/2009 estabelece a possibilidade de interposição de agravo de instrumento (art. 7º, § 1º) contra decisão liminar e apelação (art. 14) em face de sentença prolatada em mandado de segurança.

Ademais, contra acórdãos de TRFs e TJs prolatados em mandado de segurança cabe recurso ordinário constitucional ao STJ.

Por fim, contra acórdãos de Tribunais Superiores prolatados em mandado de segurança cabe recurso ordinário constitucional ao STF.

Jurisprudência

- É incabível a interposição de recurso ordinário constitucional em sede de execução em mandado de segurança (ver STJ, Pet 15.2.453/BA, 2ª Turma, Rel. Min. Assusete Magalhães, j. 15.08.2023 – Info 783).
- A Súmula nº 624 do STF enuncia que não compete ao STF conhecer originariamente de mandado de segurança contra atos de outros tribunais.

Mandado de segurança contra ato de juizado especial: em regra, competem à turma recursal processar e julgar o mandado de segurança contra ato de juizado especial (Súmula nº 376 do STJ). Excepcionalmente, admite-se o conhecimento da impetração de mandado de segurança nos Tribunais de Justiça para fins de exercício do controle de competência dos juizados especiais (ver STJ, AgInt no RMS 70.750/MS).

Sustentação oral: o art. 16 da Lei nº 12.016/2009, com a redação dada pela Lei nº 13.676/2018, prevê que, nos casos de competência originária dos tribunais, "caberá ao relator a instrução do processo, sendo assegurada a defesa oral na sessão do julgamento **do mérito ou do pedido liminar**".

5.2.4. *Mandado de segurança coletivo*

O mandado de segurança coletivo, previsto no art. 5º, LXX, da CF/1988, é remédio constitucional destinado a assegurar direitos **coletivos e individuais homogêneos** por meio da atuação de legitimados extraordinários.

Cap. 10 – Garantias Individuais

Legitimidade ativa: o art. 5º, LXX, da CF/1988, regulamentado pela art. 21 da Lei nº 12.016/2009, estabelece que o mandado de segurança coletivo pode ser impetrado por: **a) partido político com representação no Congresso Nacional**, na defesa de seus interesses legítimos relativos a seus integrantes ou à finalidade partidária; **b) organização sindical, entidade de classe ou associação legalmente constituída e em funcionamento há, pelo menos, um ano**, em defesa de direitos líquidos e certos da totalidade, ou de parte, dos seus membros ou associados, na forma dos seus estatutos e desde que pertinentes às suas finalidades.

Jurisprudência

– Trata-se **de rol taxativo de natureza mitigada**: não se admite a impetração por Estado-membro na defesa da sua população (STF, MS 21.059), mas inexiste qualquer óbice à propositura de mandado de segurança coletivo pelo MP (Ver: STJ, AgRg no AREsp 746.846/RJ).

– O STJ já decidiu que os partidos políticos poderão representar somente seus filiados e apenas realizar a defesa de direitos políticos (STJ, MS 197/DF).

– A impetração de mandado de segurança coletivo por entidade de classe em favor dos associados **independe da autorização destes** (Súmula nº 629 do STF).

– São desnecessárias a autorização expressa dos associados, a relação nominal destes, bem como a **comprovação de filiação prévia**, para a cobrança de valores pretéritos de título judicial decorrente de mandado de segurança coletivo impetrado por entidade associativa de caráter civil (STF, Tema 1119 – ARE 1.293.130).

– Entidade de classe tem legitimidade para impetrar mandado de segurança ainda quando a pretensão veiculada **interesse apenas a uma parte da respectiva categoria** (Súmula nº 630, do STF). Contudo, se a defesa de interesses de parcela da categoria **vir em prejuízo de parte dos servidores filiados**, não há falar em legitimidade da entidade de classe para impetrar mandado de segurança coletivo (STF, RMS 23.868/ES).

Objeto: os direitos protegidos pelo mandado de segurança coletivo podem ser (art. 21, parágrafo único, da Lei nº 12.016/2009): I – **coletivos**, assim entendidos os transindividuais, de natureza indivisível, de que seja titular grupo ou categoria de pessoas ligadas entre si ou com a parte contrária por uma relação jurídica básica; II – **individuais homogêneos**, assim entendidos os decorrentes de origem comum e da atividade ou situação específica da totalidade ou de parte dos associados ou membros do impetrante.

Assim, o art. 21, parágrafo único, da Lei nº 12.016/2009, **impede a impetração de mandado de segurança para a tutela dos direitos difusos**, permitindo a utilização do *writ* exclusivamente para a tutela de direitos coletivos e individuais homogêneos. Trata-se, como vem sustentando a doutrina, de norma inconstitucional, visto que impede injustificadamente a tutela dos direitos difusos por meio do mandado de segurança.

Liminar: é cabível, sendo inconstitucional a exigência de oitiva prévia do representante da pessoa jurídica de direito público como condição para a concessão de liminar em mandado de segurança coletivo, tendo em vista que o art. 22, § 2°, da Lei n° 12.016/2009 restringe o poder geral de cautela do magistrado (STF, ADI 4.296/DF).

Coisa julgada coletiva *ultra partes*: a sentença fará coisa julgada **limitadamente** aos membros do grupo ou categoria substituídos pelo impetrante (art. 22 da Lei n° 12.016/2009).

> ### Atenção
>
> Por ser indivisível, o interesse coletivo implica que a coisa julgada a todos aproveita, sejam filiados à entidade associativa impetrante, sejam os que integram a classe titular do direito coletivo e que venham a se filiar após o ajuizamento do feito ou da sentença (STJ, AgRg no Ag 435.2.551/PE).
>
> **Ações individuais e litispendência:** o mandado de segurança coletivo não induz litispendência para as ações individuais, porém, de acordo com o conceito de **transporte *in utilibus* da coisa julgada**, os efeitos da coisa julgada coletiva não beneficiarão o impetrante a título individual se não requerer **a desistência** de seu mandado de segurança no prazo de **30 dias** a contar da ciência comprovada da impetração da segurança coletiva (art. 22, § 1°, da Lei n° 12.016/2009).
>
> **Competência para julgar execução individual em mandado de segurança coletivo e impedimento:** Compete ao Tribunal de Justiça julgar execução individual de mandado de segurança coletivo ajuizada por servidor não filiado a sindicato, ainda que a medida venha a beneficiar alguns servidores de tribunal local que são parentes de desembargadores, tendo em vista que não há impedimento dos desembargadores que não mantêm relação de parentesco com o servidor (AO 2.380 AgR/SE).

5.2.5. *Mandado de injunção*

O mandado de injunção consiste em instrumento processual de cunho constitucional que visa suprir, concretamente, as omissões do Poder Público em editar as normas necessárias para tornar efetivos direitos e liberdades constitucionais e prerrogativas inerentes à nacionalidade, à soberania e à cidadania (Bernardes, 2016).

O *writ* está previsto no art. 5°, LXXI, da CF/1988: "conceder-se-á mandado de injunção sempre que a falta de norma regulamentadora torne inviável o exercício dos

Cap. 10 – Garantias Individuais

direitos e liberdades constitucionais e das prerrogativas inerentes à nacionalidade, à soberania e à cidadania".

Em nível infraconstitucional, a Lei nº 13.300/2016 disciplina o processo e o julgamento dos mandados de injunção individual e coletivo.

> **Atenção**
>
> No âmbito das omissões inconstitucionais, dois instrumentos buscam suprir a síndrome da inefetividade das normas constitucionais: o mandado de injunção resguarda direitos subjetivos, enquanto a ADO tutela a ordem constitucional vigente (Lenza, 2015).

Espécies de mandado de injunção: a) individual: ajuizado por pessoa física ou jurídica, em nome próprio, defendendo interesse próprio, com o intuito de permitir o exercício de um direito, liberdade ou prerrogativa; **b) coletivo:** proposto por legitimados em nome próprio, defendendo interesses alheios, pertencentes, indistintamente, a uma coletividade indeterminada de pessoas ou determinada por grupo, classe ou categoria (art. 12, parágrafo único, da Lei nº 13.300/2016).

Requisitos do mandado de injunção:

a) a existência de norma constitucional **sem aplicabilidade imediata** (em regra, de princípio institutivo) e que estabeleça direitos e liberdades constitucionais e prerrogativas inerentes à nacionalidade, à soberania e à cidadania;

b) o dever estatal de legislar para regulamentar e tornar efetivos os direitos e liberdades;

c) inércia/omissão em editar a norma regulamentadora;

d) decurso de "prazo razoável" ou de prazo fixado constitucionalmente para editar a norma regulamentadora (STF, MI 361/RJ).

> **Atenção**
>
> Se houver projeto de lei em tramitação, ainda não votado, temos a *inertia deliberandi*, sendo cabível mandado de injunção contra o presidente do Congresso Nacional.

Não cabimento do mandado de injunção: não é cabível mandado de injunção:

1) pela **ausência de ações ou medidas administrativas**, visto que o remédio constitucional deve ser utilizado exclusivamente diante da inércia/omissão do poder em editar a norma regulamentadora;

2) quando tratar-se de **norma constitucional autoaplicável** (STF, QO no MI 97/MG);

3) para suprir lacuna ou ausência de regulamentação de **direito previsto em norma infraconstitucional**, em especial quando se trata de legislação que se refere a prerrogativas a serem estabelecidas discricionariamente (STF, AgRg no MI 766/DF).

Natureza da norma regulamentadora: a) administrativa: quando o responsável pela sua edição é um órgão, entidade ou autoridade administrativa (ex.: portaria); **b) legislativa:** quando o responsável pela sua edição for uma Casa Legislativa.

Espécies de omissão: a) total: quando não há qualquer norma regulamentadora sobre o tema (ex.: direito de greve de servidores públicos); **b) parcial:** quando existir norma regulamentando de forma insuficiente a matéria (art. 2°, parágrafo único, da Lei n° 13.300/2016).

> ## Atenção
>
> Se a norma regulamentadora for editada antes da decisão final no mandado de injunção, o processo será extinto sem resolução de mérito (falta de interesse de agir – art. 11, parágrafo único, da Lei n° 13.300/2016).

Legitimidade ativa: é preciso distinguir os mandados de injunção individuais e coletivos:

A) **Mandado de injunção individual – qualquer pessoa, natural ou jurídica**, que se afirme titular de um direito (teoria da asserção) dispõe de legitimidade ativa (art. 3° da Lei n° 13.300/2016). É possível a impetração de mandado de injunção por pessoa jurídica **de direito público** (ver STF, MI 725).

B) **Mandado de injunção coletivo –** o mandado de injunção coletivo pode ser promovido (art. 12 da Lei n° 13.300/2016): I – **pelo Ministério Público**, quando a tutela requerida for especialmente relevante para a defesa da ordem jurídica, do regime democrático ou dos interesses sociais ou individuais indisponíveis; II – **por partido político com representação no Congresso Nacional**, para assegurar o exercício de direitos, liberdades e prerrogativas de seus integrantes ou relacionados com a finalidade partidária; III – **por organização sindical, entidade de classe ou associação legalmente constituída e em funcionamento há pelo menos 1 (um) ano,** para assegurar o exercício de direitos, liberdades e prerrogativas em favor da totalidade ou de parte de seus membros ou associados, na forma de seus estatutos e desde que pertinentes a suas finalidades, dispensada, para tanto, autorização especial; IV – **pela Defensoria Pública**, quando a tutela requerida for especialmente relevante para a promoção dos direitos humanos e a defesa dos direitos individuais e coletivos dos necessitados, na forma do inciso LXXIV do art. 5° da Constituição Federal.

Cap. 10 – Garantias Individuais

Legitimidade passiva: é concedida ao poder, órgão, entidade ou autoridade com atribuição para editar a norma regulamentadora (art. 3º da Lei nº 13.300/2016). Ex.: se omissão decorre da edição de lei nacional, em regra, deve figurar no polo passivo o presidente do Congresso Nacional. Tratando-se de **iniciativa privativa** para editar lei nacional, deve figurar no polo passivo do mandado de injunção, por exemplo, o Presidente da República.

> ### Atenção
>
> **Não cabe litisconsórcio passivo** entre as autoridades e órgãos públicos que deverão, se for o caso, elaborar a regulamentação, e particulares que, em favor do impetrante do mandado de injunção, vierem a ser obrigados ao cumprimento da norma regulamentadora (STF, AgRg no MI 323).

Competência: depende da autoridade que figura no polo passivo e que possui atribuição para editar a norma. Vejamos:

1) **Competência do STF:**

   a) **Art. 102** da CF/1988: "Compete ao **Supremo Tribunal Federal**, precipuamente, a guarda da Constituição, cabendo-lhe: **I –** processar e julgar, originariamente: [...] **q)** o **mandado de injunção**, quando a elaboração da norma regulamentadora for atribuição do Presidente da República, do Congresso Nacional, da Câmara dos Deputados, do Senado Federal, das Mesas de uma dessas Casas Legislativas, do Tribunal de Contas da União, de um dos Tribunais Superiores, ou do próprio Supremo Tribunal Federal".

   b) **Art. 102, II –** "julgar, em recurso ordinário: **a)** o *habeas corpus*, o mandado de segurança, o *habeas data* e o **mandado de injunção** decididos em única instância pelos Tribunais Superiores, se **denegatória a decisão**".

2) **Competência do STJ: art. 105 da CF/1988** – "Compete ao **Superior Tribunal de Justiça: I –** processar e julgar, originariamente: [...] **h)** o **mandado de injunção**, quando a elaboração da norma regulamentadora for atribuição de órgão, entidade ou autoridade federal, da administração direta ou indireta, excetuados os casos de competência do **Supremo Tribunal Federal** e dos órgãos da **Justiça Militar**, da **Justiça Eleitoral**, da **Justiça do Trabalho** e da **Justiça Federal**".

3) **Competência dos TREs: art. 121, § 4º, da Constituição** – "Das decisões dos **Tribunais Regionais Eleitorais** somente caberá recurso quando: [...] **V –** denegarem *habeas corpus*, mandado de segurança, *habeas data* ou **mandado de injunção**".

4) Competência da Justiça Federal: embora não regulamentada expressamente pela Constituição de 1988, o STF tem admitido o processamento de mandado de injunção pela Justiça Federal (STF, MI 571 QO/SP. E ainda: STF, MI 193/DF).

5) Competência dos Tribunais de Justiça: fixada pelas Constituições Estaduais.

Liminar: Não se admite a concessão de liminar (Ver: STF – AC 124 AgR/PR).

Efeitos da decisão de mérito: existem várias correntes:

1) Não concretista: não cabe ao Poder Judiciário concretizar a norma constitucional, mas apenas cientificar o poder competente de sua omissão.

2) Concretista: a decisão judicial pode suprir a omissão do legislador, existindo duas subteorias sobre o tema:

I – **direta** (**geral** ou **individual**): cabe ao Poder Judiciário suprir diretamente a omissão, elaborando a norma regulamentadora, que poderá ser aplicada: a) para todos que se encontrem na mesma situação (efeitos *erga omnes* – **corrente concretista direta geral**); ou b) apenas para os impetrantes do mandado de injunção (**corrente concretista direta individual**);

II – **intermediária** (**geral** ou **individual**): o Poder Judiciário fixa um prazo para que a omissão seja sanada. Na hipótese de inércia, o Poder Judiciário fixa as condições para que o direito seja exercido.

3) Alternativa: reconhecida a mora constitucional, a sentença concessiva serve para aguardar a norma regulamentadora, mas propicia a superação concreta da omissão, ainda que pela fixação de medidas compensatórias ou pelas vias processuais ordinárias.

Qual a teoria adotada pela Lei nº 13.300/2016? Em regra, a **corrente concretista intermediária individual ou coletiva:** o Poder Judiciário dá ciência ao poder competente da omissão. Na hipótese de inércia, fixa as balizas para o exercício do direito (art. 8º da Lei nº 13.300/2016).

Excepcionalmente, contudo, a Lei nº 13.300/2016 consagrou: **a)** a **corrente concretista direta**, quando comprovado que o impetrado deixou de atender, em mandado de injunção anterior, ao prazo estabelecido para a edição da norma (art. 8º, parágrafo único, da Lei nº 13.300/2016); **b)** a **corrente alternativa,** consistente em estabelecer as condições em que se dará o exercício dos direitos, das liberdades ou das prerrogativas reclamados ou, se for o caso, as condições em que poderá o interessado promover ação própria visando a exercê-los, caso não seja suprida a mora legislativa no prazo determinado (art. 8º, II, da Lei nº 13.300/2016).

Cap. 10 – Garantias Individuais

333

> ## Jurisprudência
>
> No âmbito das ações diretas de inconstitucionalidade, o STF parece ter adotado a **corrente intermediária,** fixando a seguinte tese com relação à licença-paternidade: "1. Existe omissão inconstitucional relativamente à edição da lei regulamentadora da licença-paternidade, prevista no art. 7º, XIX, da Constituição. 2. Fica estabelecido o prazo de 18 meses para o Congresso Nacional sanar a omissão apontada, contados da publicação da ata de julgamento. 3. Não sobrevindo a lei regulamentadora no prazo acima estabelecido, caberá a este Tribunal fixar o período da licença paternidade" (STF, ADO 20/DF.)

Efeitos subjetivos da coisa julgada em mandado de injunção coletiva: no mandado de injunção coletivo, os efeitos subjetivos serão ***ultra partes*** (na hipótese de direito coletivo em sentido estrito) ou ***erga omnes*** (na hipótese de violação a direito difuso), a depender do direito envolvido.

Efeitos temporais da coisa julgada em mandado de injunção: a Lei nº 13.300/2016 estabelece como regra geral a produção de efeitos ***pro futuro*** (art. 8º, I), ou seja, a partir da fixação de balizas para o seu exercício. Excepcionalmente, os efeitos serão ***ex nunc*** (art. 8º, parágrafo único, Lei nº 13.300/2016), quando já houve a fixação de prazo em mandado de injunção anterior e não foi respeitado pelo órgão responsável pela omissão.

> ## Importante
>
> A norma regulamentadora superveniente produzirá efeitos ***ex nunc*** com relação aos **beneficiados por decisão transitada em julgado**, salvo se a aplicação da norma editada lhes for mais favorável (art. 11 da Lei nº 13.300/2016), hipótese em que produzirá efeitos ***ex tunc.***

Extensão dos efeitos por decisão monocrática do relator: transitada em julgado a decisão que julgou procedente o mandado de injunção, seus efeitos poderão ser estendidos aos casos análogos por decisão monocrática do relator, ou seja, para **outros mandados de injunção que tenham o mesmo objetivo** (art. 9º, § 2º, da Lei nº 13.300/2016).

Procedimento:

a) **Distribuição da petição inicial indicando o impetrado e a pessoa jurídica**, vindo em tantas vias (cópias) quantos forem os impetrados (art. 4º, § 1º, da Lei nº 13.300/2016).

> **Atenção**
>
> Nos termos do art. 4°, § 2°, da Lei n° 13.300/2006, quando o documento necessário à prova do alegado encontrar-se em repartição ou estabelecimento público, em poder de autoridade ou de terceiros, havendo recusa em fornecê-lo por certidão, no original, ou em cópia autêntica, será ordenada, a pedido do impetrante, a exibição do documento no prazo de dez dias, devendo, nesse caso, ser juntada cópia à segunda via da petição.

b) **Indeferimento da petição inicial** – quando a impetração for: 1) manifestamente incabível (hipóteses do art. 330 do CPC); ou 2) manifestamente improcedente (hipóteses do art. 332 do CPC).

> **Atenção**
>
> O indeferimento do pedido por insuficiência de prova não impede a renovação da impetração, desde que fundada em outros elementos probatórios (art. 9°, § 3°, da Lei n° 13.300/2016).

c) **Recurso contra o indeferimento da petição inicial:** 1) indeferimento da petição inicial por juiz: cabe apelação; 2) indeferimento por decisão monocrática do relator (em processos de competência originária do Tribunal): o recurso cabível é o agravo interno (art. 6°, parágrafo único, da Lei n° 13.300/2016).

d) **Providências a serem tomadas após o recebimento da petição inicial (art. 5°):** I – a notificação do impetrado sobre o conteúdo da petição inicial, devendo-lhe ser enviada a segunda via apresentada com as cópias dos documentos, a fim de que, no prazo de 10 (dez) dias, preste informações; II – a ciência do ajuizamento da ação ao órgão de representação judicial da pessoa jurídica interessada, devendo-lhe ser enviada cópia da petição inicial, para que, querendo, ingresse no feito.

e) **Intervenção do MP (art. 7° – 10 dias).**

f) **Sentença ou acórdão.**

Demanda revisional da injunção: o art. 10 da Lei n° 13.300/2016 dispõe que, sem prejuízo dos efeitos já produzidos, a decisão poderá ser revista, a pedido de qualquer interessado, quando sobrevierem **relevantes modificações das circunstâncias de fato ou de direito**. A **competência** para a demanda revisional é do **juízo que proferiu a decisão** no mandado de injunção.

Cap. 10 – Garantias Individuais

> **Atenção**
>
> Os efeitos jurídicos já produzidos pela decisão concessiva no mandado de injunção permanecem intactos. **Não se trata**, portanto, **de ação rescisória**, tendo em vista que o objetivo não é desconstituir a coisa julgada, mas reapreciar a aplicabilidade da decisão diante da modificação das circunstâncias de fato e de direito.

5.2.6. Habeas corpus

A Constituição de 1988 consagra o *habeas corpus* no art. 5º, LXVIII. Em nível infraconstitucional, o CPP estabelece normas procedimentais em seus arts. 647 a 667.

Cabimento: cabe *habeas corpus* sempre que alguém sofrer ou se achar ameaçado de sofrer violência ou coação, em sua liberdade de locomoção, por **ilegalidade ou abuso de poder.**

A liberdade tutelada por meio de *habeas corpus* deve ser entendida de **forma ampla**, abrangendo toda e qualquer providência de autoridade que possa de algum modo acarretar constrangimento à liberdade de locomoção. Ex.: *habeas corpus* contra a instauração de um inquérito policial ou para impugnar medidas cautelares, em especial aquelas previstas no art. 319 do CPP (STF, HC 147426/AP e HC 147303/AP).

> **Jurisprudência**
>
> O STF já sedimentou as seguintes hipóteses em que **incabível o *habeas corpus***:
>
> **1)** "Não se conhece de *habeas corpus* contra omissão de relator de extradição, se fundado em fato ou direito estrangeiro cuja prova não constava dos autos, nem foi ele provocado a respeito" (Súmula nº 692 do STF).
>
> **2)** "Não cabe *habeas corpus* contra decisão condenatória a pena de multa, ou relativo a processo em curso por infração penal a que a pena pecuniária seja a única cominada" (Súmula nº 693 do STF).
>
> **3)** "Não cabe *habeas corpus* contra a imposição da pena de exclusão de militar ou de perda de patente ou de função pública" (Súmula nº 694 do STF).
>
> **4)** "Não cabe *habeas corpus* quando já extinta a pena privativa de liberdade" (Súmula nº 695 do STF).
>
> **5)** Violação ao art. 28 da Lei nº 11.343/2006, visto que o dispositivo não prevê a possibilidade de o réu receber pena privativa de liberdade (STF, HC 127.834/MG).
>
> **6)** Exame de nulidade que não tenha sido suscitada antes do trânsito em julgado ou da proposta de revisão criminal (STF, RHC 124.041/RO).

7) Tutelar o direito à visita em presídio (exemplo: paciente que, possuidora de prótese metálica, requereu o direito a visita sem se submeter ao detector de metais), tendo em vista que a decisão a ser atacada tem natureza administrativa (STF, HC 128.057/SP).

8) Conceder efeito suspensivo à RESE (STJ, HC 351.114/SP).

9) Impetrado contra decisão que decretou a prisão preventiva de acusado quando sobrevém sentença penal condenatória, em razão da modificação do debate processual e a alteração do título prisional originário (STF, HC 143.333/PR).

10) Em decorrência da superveniência de sentença condenatória, nas hipóteses em que impetrado para o trancamento de ação penal. Nesse sentido, enuncia a Súmula nº 648 do STJ: "A superveniência da sentença condenatória prejudica o pedido de trancamento da ação penal por falta de justa causa feito em *habeas corpus*".

11) Para impugnar a suspensão de direitos políticos (STF, RHC 73.831).

12) Para questionar indiciamento em inquérito policial, eis que a medida não vincula o MP (STF, HC 85.491).

13) Para trancamento de processo de *impeachment* (STF, HC 134.314 AgR/DF).

Atenção

Sendo cabível *habeas corpus*, não se admite mandado de segurança, embora seja possível a conversão das demandas em nome do princípio da cooperação.

Legitimidade ativa: o *habeas corpus* poderá ser impetrado por qualquer pessoa, em seu favor ou de outrem, bem como pelo Ministério Público (art. 654 do CPP).

Atenção

Não confundir impetrante e paciente em *habeas corpus*: o **impetrante** é o autor da ação, enquanto o **paciente** é aquele que pode se beneficiar com a ordem de *habeas corpus*. Impetrado ou autoridade coatora é aquele que pratica a ilegalidade.

Capacidade postulatória: o *habeas corpus* é o único dos remédios constitucionais que **dispensa capacidade postulatória** para o seu ajuizamento, ou seja, o impetrante não precisa estar representado por advogado.

Gratuidade: o art. 5º, LXXVII, da CF/1988 estabelece a gratuidade do *habeas corpus*, do mesmo modo como ocorre com o *habeas data*.

Cap. 10 – Garantias Individuais

Legitimidade passiva: podem ser réus em *habeas corpus* tanto **autoridades públicas** (delegado de polícia, juiz, tribunal, membro do Ministério Público, entre outros) quanto **particulares** (hospitais, clínicas psiquiátricas, entre outros).

Liminar: é admissível, desde que presentes o *fumus boni iuris* e o *periculum in mora*.

Espécies de *habeas corpus*:

a) **Preventivo:** visa a proteger todo aquele que se achar ameaçado de sofrer violência ou coação, em sua liberdade de locomoção, por ilegalidade ou abuso de poder. Expede-se, nesse caso, um **salvo-conduto**.

b) **Repressivo (ou liberatório):** busca sanar uma lesão já consumada à liberdade de locomoção. Expede-se, nesse caso, um **alvará de soltura**.

c) **De ofício (ou *ex officio*):** sempre que uma autoridade judiciária (juiz ou tribunal) tomar conhecimento de uma prisão (ou ameaça) ilegal, arbitrária ou abusiva de poder, poderá conceder a ordem, independentemente de provocação (art. 654, § 2º, do CPP). O juiz de direito, o desembargador ou o ministro que não estiver exercendo a atividade jurisdicional deverá impetrar, e não conceder de ofício *habeas corpus*, uma vez que atua como qualquer do povo.

d) **Individual:** tutela o direito individual à liberdade de locomoção.

e) **Coletivo:** tutela de forma coletiva a liberdade de locomoção (ex.: o HC 143.641/SP do STF, impetrado em favor de todas as mulheres presas preventivamente que ostentassem a condição de gestantes, de puérperas ou de mães de crianças sob sua responsabilidade, bem como em nome das próprias crianças).

Sustentação oral: o art. 937, § 3º, do CPC, segundo o qual é cabível a sustentação oral no agravo interno interposto contra decisão de relator que extinga ação rescisória, mandado de segurança e reclamação, também se aplica ao *habeas corpus*, por se tratar de pedido de *writ* tal qual o mandado de segurança (STF, HC 152.676/PR).

Competência: é fixada de acordo com a autoridade coatora:

1) **Competência originária do STF para processar e julgar *habeas corpus***, quando o paciente for: a) Presidente da República, Vice-Presidente da República, membros do Congresso Nacional, Ministros do STF e o Procurador-Geral da República; b) Ministros de Estado, Comandantes da Marinha, Exército e Aeronáutica, membros dos Tribunais Superiores, do TCU e chefes de missão diplomática de caráter permanente.

2) **Competência originária do STF para processar e julgar *habeas corpus*** quando o coator for Tribunal Superior ou quando o coator ou o paciente for autoridade ou funcionário cujos atos estejam sujeitos diretamente à jurisdição do STF, ou se trate de crime sujeito ao STF em uma única instância.

3) **Competência do STF para julgar, em recurso ordinário**, *habeas corpus* decidido em única instância pelos Tribunais Superiores, se denegatória a decisão.

4) **Competência originária do STJ para processar e julgar *habeas corpus***, quando o coator ou paciente forem: Governadores dos Estados e do Distrito Federal, Desembargadores dos Tribunais de Justiça dos Estados e do Distrito Federal, os membros dos Tribunais de Contas dos Estados e do Distrito Federal, os dos Tribunais Regionais Federais, dos Tribunais Regionais Eleitorais e do Trabalho, os membros dos Conselhos ou Tribunais de Contas dos Municípios e os do Ministério Público da União que oficiem perante tribunais, ou quando o coator for tribunal sujeito à jurisdição do STJ, ou quando o coator for Ministro de Estado ou Comandante da Marinha, do Exército ou da Aeronáutica, ressalvada a competência da Justiça Eleitoral.

5) **Competência do STJ para julgar, em recurso ordinário**, os *habeas corpus* decididos em única ou última instância pelos TRFs ou pelos tribunais dos Estados, do Distrito Federal e Territórios, quando a decisão for denegatória.

6) **Competência dos TRFs** para processar e julgar, originariamente, os *habeas corpus*, quando a autoridade coatora for juiz federal.

7) **Competência dos TRFs para julgar, em grau de recurso**, as causas decididas pelos juízes federais e pelos juízes estaduais no exercício da competência federal da área de sua jurisdição.

8) **Competência dos juízes federais** para processar e julgar os *habeas corpus*, em matéria criminal de sua competência ou quando o constrangimento provier de autoridade cujos atos não estejam diretamente sujeitos a outra jurisdição.

9) **Competência da Justiça Eleitoral:** art. 121, §§ 3.º e 4.º, V, combinado com o art. 105, I, *c*, da CF/1988.

> **Jurisprudência**
>
> O STF entende superada a Súmula nº 690, de modo que é competência originária do TJ local o julgamento de *habeas corpus* contra decisão de turma recursal de juizados especiais criminais (STF, HC 86.834/SP).

Cap. 10 – Garantias Individuais

EM RESUMO:

GARANTIAS INDIVIDUAIS

Direitos vs. Garantias fundamentais	a) Direitos fundamentais: normas enunciativas de direitos, relevantes para a sociedade (fundamentais), motivo pelo qual são consagrados no ordenamento jurídico de maneira expressa ou implícita. b) Garantias fundamentais: têm um caráter instrumental, refletindo mecanismos de limitação do poder ou de defesa dos direitos fundamentais. Não são um fim em si mesmas, mas um meio para a proteção e efetividade de direitos. Podem ser classificadas em: 1) garantias gerais; 2) garantias específicas.
Garantias relacionadas à segurança jurídica	1) Princípio da legalidade. 2) Princípio da reserva legal. 3) Princípio da não retroatividade das leis. 4) Ato jurídico perfeito. 5) Coisa julgada.
Garantias processuais	1) Princípio da inafastabilidade da jurisdição (art. 5º, XXXV, da CF/1988). 2) Devido processo legal (art. 5º, LIV, da CF/1988).
Garantias de natureza penal	Destacam-se: a) Julgamento pelo Tribunal do Júri (art. 5º, XXXVIII, da CF/1988). b) Legalidade da prisão (art. 5º, LXI, da CF/1988). c) Comunicação da prisão (art. 5º, LXII, da CF/1988). d) Relaxamento da prisão ilegal (art. 5º, LXV, da CF/1988). e) Comunicação dos direitos ao preso (art. 5º, LXIII, da CF/1988). f) Identificação do responsável pela prisão (art. 5º, LXIV, da CF/1988). g) Liberdade provisória com ou sem fiança (art. 5º, LXVI, da CF/1988). h) Individualização das penas (art. 5º, XLVI, da CF/1988). i) Pessoalidade ou intranscendência da pena (art. 5º, XLV, da CF/1988). j) Ação penal privada subsidiária da pública (art. 5º, LIX, da CF/1988).

Garantias de natureza penal	k) Direito da presa de permanecer com o filho durante a amamentação (art. 5º, L, da CF/1988). l) Direito à indenização (art. 5º, LXXV, da CF/1988).
Notas sobre terrorismo	Terrorismo consiste na prática por um ou mais indivíduos dos atos previstos no art. 2º da Lei nº 13.260/2016, por razões de xenofobia, discriminação ou preconceito de raça, cor, etnia e religião, quando cometidos com a finalidade de provocar terror social ou generalizado, expondo a perigo pessoa, patrimônio, a paz pública ou a incolumidade pública. Os atos de terrorismo estão previstos no art. 2º, § 1º, da Lei nº 13.260/2016.
Crime de racismo	Julgados do STF que merecem destaque: 1) ADO 26 e MI 4.733; 2) RHC 146.303; 3) HC 134.682. Legislação que trata do tema: Leis nº 7.716/1989 e nº 14.532/2023 e Código Penal.
Polícia penal	Trata-se de órgão de segurança pública em âmbito federal, estadual ou distrital, vinculado ao órgão que administra o sistema penal da União ou do Estado/DF.
Uso de algemas	O Decreto nº 8.858/2016 veio regulamentar o art. 199 da Lei de Execução Penal ("O emprego de algemas será disciplinado por decreto federal"). Permanecem em vigor os arts. 474, § 3º, e 478 do CPP, responsáveis por regulamentar o uso de algemas no plenário do Tribunal do Júri. A Súmula Vinculante nº 11 do STF rege os efeitos decorrentes de eventuais violações às regras estabelecidas para o uso de algemas.
Ações constitucionais	1. Direito de petição. 2. Direito de informações. 3. Direito a certidões. 4. *Habeas data*. 5. Ação popular. 6. Mandado de segurança individual. 7. Mandado de segurança coletivo. 8. Mandado de injunção. 9. *Habeas corpus*.

Capítulo 11

Direitos Sociais

1. ASPECTOS INTRODUTÓRIOS

1.1. Previsão constitucional

Os direitos sociais consistem em direitos fundamentais de **segunda dimensão**, exigindo prestações positivas estatais ("liberdades positivas"), diretas ou indiretas, cuja finalidade é possibilitar a equalização das condições de vida e mitigar as vulnerabilidades sociais (**isonomia material e social**) (Nunes Júnior, 2017).

Os direitos sociais se encontram previstos principalmente no Capítulo II do Título II (arts. 6º ao 11) e no Título VIII ("Ordem Social" – arts. 193 a 214) da CF/1988.

De forma **não taxativa**, o art. 6º da CF/1988 arrola os principais direitos sociais, incluindo a educação, a saúde, a alimentação, o trabalho, a moradia, o transporte, o lazer, a segurança, a previdência social, a proteção à maternidade e à infância e a assistência aos desamparados.

1.2. Os direitos sociais são cláusulas pétreas?

A doutrina diverge acerca da possibilidade de inclusão dos direitos sociais entre as cláusulas pétreas, tendo em vista que o art. 60, § 4º, IV, da CF/1988 dispõe que não será objeto de deliberação a proposta de emenda tendente a abolir os direitos e garantias *individuais*. Assim, existem três posições sobre a matéria:

A) **Interpretação restritiva ou literal:** cláusulas pétreas são apenas os direitos de liberdade, em especial aqueles arrolados no art. 5º da CF/1988.

B) **Interpretação intermediária:** os direitos sociais de cunho individual têm natureza de "direitos individuais" e, portanto, são cláusulas pétreas.

C) **Interpretação ampliativa:** os direitos sociais são cláusulas pétreas, assim como todos os demais direitos fundamentais (Bonavides, 2002).

1.3. Efetividade dos direitos sociais

Validade, eficácia e efetividade não se confundem.

A **validade** significa que uma norma inferior deve ser elaborada em conformidade com a forma e o conteúdo estabelecido pela norma superior. De outro modo, a **eficácia** é a aptidão da norma para produzir os seus efeitos. A **efetividade**, por sua vez, é a aptidão de uma norma para cumprir a sua função.

Fixadas essas premissas, podem-se destacar dois fatores que contribuem para a menor efetividade dos direitos sociais quando comparada com os direitos de liberdade:

1) **Textura aberta:** os dispositivos que versam sobre direitos sociais possuem textura aberta, consagrando princípios – ou seja, são normas de otimização –, de modo que a concretização ocorre, sobretudo, por meio de políticas públicas. Como o orçamento estatal é limitado, as políticas públicas implantadas, inevitavelmente, priorizam determinados aspectos dos direitos sociais.

2) **Direitos prestacionais:** como os direitos sociais possuem um caráter prestacional – ou seja, não exigem uma abstenção, mas um agir do estado –, envolvem custos elevados, o que dificulta o pleno alcance de sua efetividade.

1.4. Aplicabilidade das normas de direito social

O art. 5º, § 1º, da CF/1988 estabelece que as normas definidoras dos direitos e garantias fundamentais têm aplicação imediata.

Conforme ressaltado anteriormente, não se trata de uma regra (prescrição absoluta), mas de um princípio (Sarlet, 2012), de modo que, sem prejuízo da discussão existente sobre o mínimo existencial, muitos dos direitos sociais não têm como ser exigidos em toda a sua amplitude de forma imediata, tendo em vista as limitações orçamentárias.

No caso de omissão legislativa, os direitos sociais podem ser implementados por meio de institutos como o mandado de injunção e a ADO.

1.5. Formas de positivação dos direitos sociais

A positivação dos direitos sociais segue diferentes modalidades (Canotilho, 2004):

1) Normas programáticas definidoras de tarefas e fins do Estado (*Staatszielbestimmungen*) de conteúdo eminentemente social.

2) Normas de organização atributivas de competência para a adoção de medidas relevantes nos planos econômico, social e cultural.

3) Consagração constitucional de garantias institucionais (*Institutionnelle Garantien*) de proteção da essência de certas instituições (família, administração local, saúde

Cap. 11 – Direitos Sociais

pública) e de adoção de medidas conexas com o "valor social eminente" dessas instituições.

4) Positivação dos direitos sociais como direitos subjetivos públicos, isto é, inerentes ao espaço existencial dos cidadãos.

2. IMPLEMENTAÇÃO JUDICIAL (JUDICIALIZAÇÃO) DE DIREITOS SOCIAIS

Não é função do Poder Judiciário implementar políticas públicas, mas dos Poderes Legislativo e Executivo. Contudo, havendo comprometimento da efetividade de um direito, seja individual ou coletivo, incumbe ao Poder Judiciário intervir, podendo adotar distintas "posturas":

a) **Controle jurisdicional sobre políticas públicas:** consiste em levar ao Poder Judiciário a avaliação e fiscalização da legalidade, da legitimidade e da adequação das políticas públicas implementadas pelos outros Poderes, objetivando garantir a efetividade dos direitos fundamentais e a conformidade das políticas públicas com os princípios constitucionais. Exemplo: juiz que analisa a legalidade de uma política governamental que restringe o acesso a determinado serviço público com base em critérios discriminatórios.

b) **Judicialização da política:** fenômeno pelo qual embates políticos são levados ao Poder Judiciário na forma de lides para serem objeto de decisão, principalmente quando os outros Poderes falham em solucionar o problema ou em respeitar a Constituição. A judicialização pode ocorrer tanto por iniciativa dos cidadãos quanto por iniciativa dos próprios agentes políticos. Exemplo: decisões em conflitos entre unidades da Federação governadas por partidos distintos.

c) **Ativismo judicial:** postura interpretativa em que os juízes assumem um papel "ativo" na defesa dos direitos fundamentais, mesmo que isso implique a tomada de decisões que "vão além da interpretação literal" da Constituição. Ocorre principalmente em situações de retração do Poder Legislativo, impedindo que demandas sociais sejam atendidas de maneira efetiva. Exemplo: o STF entendeu constitucional a vacinação obrigatória contra a Covid-19, ultrapassando a interpretação literal da Constituição de 1988 e adotando uma postura proativa na proteção do direito à saúde pública (ADI 6.586/DF).

d) **Ativismo judicial seletivo, elitista ou dissimulado:** postura judicial que seleciona quais questões serão abordadas de forma mais "ativa" ou "mais restritiva", implicando uma "seletividade" não consistente com a defesa dos direitos fundamentais.

e) **Politização da justiça:** consiste na "partidarização" do Poder Judiciário, distorcendo o exercício de suas atribuições. A politização da justiça expressa uma crítica ao comportamento de juízes que se pautam por motivações político-partidárias.

Exemplo: juiz que reconhece a constitucionalidade de uma norma pelo fato de favorecer determinado partido.

f) **Judicial restraint:** os juízes devem adotar uma postura restritiva, uma atuação limitada, fazendo uma interpretação literal da Constituição e evitando tomar decisões que possam ser consideradas políticas ou que excedam sua competência (Wolfe, 1997). Trata-se de uma visão limitativa do papel do Poder Judiciário na proteção dos direitos fundamentais. Exemplo: juiz pode se recusar a tomar uma decisão sobre uma política governamental que considera um assunto de competência exclusiva de outros Poderes.

> ### Atenção
>
> "Jurisprudência da crise" é expressão que atenta para os limites de recursos do Estado e a concretização de direitos nos momentos de crise econômica, com o corte de gastos por parte dos Estados (Magalhães, 2017). Exemplo: políticas de austeridade que têm sido submetidas ao Tribunal Constitucional português.

Devidamente fixadas as diferentes posturas que podem ser adotadas, existem cinco argumentos **contra a implementação judicial de direitos sociais:**

A) **Separação dos poderes/legislador positivo:** a intervenção do Poder Judiciário é uma usurpação de competências do Poder Legislativo e do Poder Executivo. Quando o tribunal declara a inconstitucionalidade de um ato normativo, está atuando como um "legislador negativo"; contudo, não pode atuar como "legislador positivo", "criando normas constitucionais".

Em sentido contrário, tem-se sustentado que a Constituição exige prestações materiais e o poder público tem se omitido, de modo que o Poder Judiciário precisa intervir.

B) **Ausência de legitimidade democrática do Poder Judiciário:** os membros do Poder Judiciário não são eleitos pelo povo. Como os recursos que custeiam os direitos sociais são públicos, cabe ao povo, por meio de seus membros eleitos (Poder Executivo e Poder Legislativo), decidir de que forma devem ser aplicados, e **não** ao Poder Judiciário.

> ### Importante
>
> Em sentido contrário, tem-se advogado que a democracia não deve ser vislumbrada sob uma ótica meramente formal, mas também por uma perspectiva substancial. Assim, deve-se garantir o respeito aos direitos básicos de todos, inclusive das minorias, e o Poder Judiciário deve exercer seu **papel contramajoritário.**

Cap. 11 – Direitos Sociais

C) Desenho e capacidades institucionais: o desenho institucional atual foi uma opção do Poder Constituinte Originário, não podendo ser alterado pela via jurisdicional, ou seja, não pode o Judiciário exercer atribuições de outros Poderes. No que tange às capacidades institucionais, é preciso que a deliberação quanto à alocação de recursos seja feita pelo Poder Executivo, que possui uma visão global, ou seja, de **macrojustiça**, permitindo a sua aplicação otimizada, enquanto o Poder Judiciário possui uma visão de **microjustiça**, limitada à lide em apreciação.

D) Acesso restrito ao Poder Judiciário: o objetivo dos direitos sociais é reduzir as desigualdades, permitindo que um grupo de pessoas possa, inclusive, valer-se do Poder Judiciário. Contudo, o acesso à justiça apresenta, ainda hoje, inúmeros entraves, de modo que o grupo que deveria se beneficiar com a concretização de um direito social pode não ter acesso ao Poder Judiciário, refletindo, de modo reverso, em aumento das desigualdades.

E) Custos dos direitos sociais: toda decisão alocativa de recursos é, também, "desalocativa" (Sarmento, 2010): o orçamento é limitado, de modo que é necessário realizar **escolhas "difíceis"**, também denominadas **"escolhas trágicas"** por Calabresi e Bobbit (1978). Como todos os direitos sociais são importantes e os recursos são limitados, quando se aloca um montante de recursos para garantir determinado direito, automaticamente haverá a desalocação em outros direitos.

A plena realização dos direitos de segunda geração possui limites fáticos (existência e quantidade dos recursos financeiros postos à disposição do Estado) e jurídicos (definem-se tendo em vista a realização de outros direitos sociais e, principalmente, na garantia das liberdades individuais). Dessarte, diante dessas limitações fáticas e jurídicas à sua efetivação, os direitos fundamentais encontram-se submetidos à *reserva do possível*.

Trata-se de defesa passível de ser alegada pelo Estado, o qual terá, como **ônus**, a **demonstração de justo motivo objetivamente aferível da inviabilidade de atendimento à demanda**. Assim, a reserva do possível apresenta três dimensões:

1ª) Possibilidade fática: consiste na disponibilidade de recursos necessários para a satisfação do direito prestacional. Se não há recursos suficientes para custear determinado direito social, não há que falar em responsabilidade estatal. A inexistência de recursos orçamentários não se confunde com a má alocação de recursos, a qual **não exime o Estado de sua responsabilidade** (ex.: Município realiza grandes festas e deixa de investir em saúde).

2ª) Possibilidade jurídica: consiste na autorização orçamentária e no respeito às **competências federativas**. Para se exigir uma prestação de determinado ente federativo, é preciso verificar se ele dispõe de competência para atender à solicitação e na observância ao devido procedimento para a obtenção de autorização orçamentária para sua concretização.

3ª) Razoabilidade da universalização da prestação exigida considerados os recursos efetivamente disponíveis: a análise da razoabilidade de exigir do Estado uma prestação não deve envolver apenas o atendimento ao autor da demanda – situação em que o orçamento será suficiente –, mas a todos os que se encontrem na mesma situação e que, potencialmente, podem exigir do Estado determinado direito. O atendimento à prestação deve ter como horizonte a sua **universalização,** em atenção ao princípio da isonomia.

3. MÍNIMO EXISTENCIAL

3.1. Conceito

O mínimo existencial consiste em um bloco ou conjunto de bens e utilidades indispensáveis a uma vida digna e que permitam ao indivíduo exercer a sua liberdade no meio social (Nunes, 2017). É uma decorrência da trilogia liberdade material, Estado Social de Direito e dignidade da pessoa humana.

3.2. Conteúdo do mínimo existencial

A definição dos direitos que compõem o mínimo existencial varia de acordo com cada período histórico e o contexto social, porém é preciso oferecer um parâmetro para evitar a discricionariedade judicial. Nesse sentido, o conteúdo do mínimo existencial é composto (Barcellos, 2002):

a) pelo **núcleo** do direito à saúde. Assim, não integra o mínimo existencial a colocação de aparelhos ortodônticos para fins estéticos;

b) pelo direito à educação básica, obrigatória e gratuita dos 4 aos 17 anos (art. 208, I, da CF/1988);

c) pela assistência aos desamparados, como ocorre com o benefício de prestação continuada (art. 203, V, da CF/1988);

d) pelo direito à moradia, não sob o viés de que cada pessoa deve dispor de residência individualizada, mas de instituições que forneçam abrigo, higiene pessoal, alimentação e repouso; e

e) pelo direito de acesso à justiça, atuando como garantia dos demais direitos que integram o mínimo existencial.

3.3. Estrutura do mínimo existencial

Pende controvérsia acerca da estrutura do mínimo existencial, ou seja, se seriam direitos absolutos (incidindo como regras) ou relativos (incidindo como princípios).

- 1ª corrente (Sarento, 2016): o mínimo existencial possui a estrutura de um princípio (caráter relativo), de modo que deve ser sopesado perante a reserva do possível.

Cap. 11 – Direitos Sociais

- 2ª corrente (STF, RE 482.611/SC): o mínimo existencial possui a estrutura de uma regra (caráter absoluto), não devendo ser ponderado em face da reserva do possível.

3.4. Mínimo existencial *vs.* mínimo vital ou de subsistência

O mínimo existencial não se confunde com o mínimo vital ou de subsistência. O mínimo existencial é gênero que abrange um bloco ou conjunto de bens e utilidades (Soria, 2005):

a) indispensáveis a uma vida digna (**mínimo vital ou de subsistência**);

b) que permitam ao indivíduo exercer a sua liberdade e inserção no meio social (**mínimo sociocultural**).

O mínimo vital ou de subsistência está relacionado apenas com uma faceta do mínimo existencial, ou seja, com o próprio direito à vida (art. 5º, *caput*, da CF/1988), com as condições mínimas materiais para uma vida (**mínimo fisiológico** – ex.: prestações básicas de alimentação, vestimenta, abrigo, saúde ou os meios indispensáveis para a sua satisfação).

4. PRINCÍPIO DA VEDAÇÃO AO RETROCESSO SOCIAL, EFEITO *CLIQUET*, PRINCÍPIO DA "NÃO REVERSIBILIDADE DOS DIREITOS FUNDAMENTAIS SOCIAIS", "PROIBIÇÃO DE CONTRARREVOLUÇÃO SOCIAL", "PROIBIÇÃO DE EVOLUÇÃO REACIONÁRIA", "EFICÁCIA VEDATIVA/IMPEDITIVA DE RETROCESSO", "LIMITE DO SACRIFÍCIO" OU "NÃO RETORNO DA CONCRETIZAÇÃO"

4.1. Conceito

O princípio da vedação ao retrocesso, também conhecido como efeito *cliquet*, princípio da "não reversibilidade dos direitos fundamentais sociais", "proibição de contrarrevolução social", "proibição de evolução reacionária", "eficácia vedativa/impeditiva de retrocesso" ou "não retorno da concretização", é o impedimento dirigido aos Poderes Públicos de extinção ou redução, de forma desproporcional e injustificada, do grau de concretização alcançado por um direito fundamental social, a fim de preservar as conquistas jurídico-sociais no âmbito dos direitos fundamentais.

4.2. Âmbitos de aplicação

O princípio da vedação ao retrocesso pode assumir dois âmbitos de aplicação:

1º) Impedir que o Poder Constituinte Originário retroceda nas conquistas da sociedade em matéria de direitos fundamentais. Exemplo: caso sobrevenha uma nova Constituição, não será possível prever a pena de morte, salvo na hipótese de guerra declarada.

2°) Obstáculo à atuação dos poderes públicos constituídos. Após a concretização em nível infraconstitucional, os direitos fundamentais sociais possuem uma dimensão dúplice — de direitos subjetivos a determinadas prestações estatais e de uma garantia institucional —, de tal sorte que não se encontram mais na esfera de disponibilidade do legislador e não podem ser reduzidos ou suprimidos. Qualquer medida em contrário, que venha a ameaçar o padrão de prestações já alcançado, será inconstitucional (Canotilho, 2002).

> **Atenção**
>
> O princípio da vedação ao retrocesso social incide em relação ao Poder Executivo (v.g., no momento de concretizar políticas públicas), Poder Legislativo (v.g., no momento de regulamentação dos direitos fundamentais) e Poder Judiciário (v.g., na interpretação/compreensão/aplicação dos direitos fundamentais).

4.3. Previsão constitucional

A vedação ao retrocesso social encontra-se consagrada na conjugação dos seguintes princípios constitucionais:

1) **Segurança jurídica** (art. 5°, *caput* e XXXVI, da CF/1988) – Impõe a estabilidade das posições jurídicas criadas pelo legislador ao concretizar as normas constitucionais.

2) **Dignidade da pessoa humana** (art. 1°, III, da CF/1988) – O legislador não pode simplesmente suprimir ou reduzir o alcance das normas asseguradoras de direitos sociais, pois isso seria o mesmo que retirar eficácia das normas constitucionais, em nítida violação ao princípio da força normativa da Constituição e da máxima efetividade dos direitos fundamentais (Miranda, 1990). Em verdade, a supressão do núcleo de tutela de determinado direito social anteriormente alcançado afeta a própria dignidade da pessoa humana.

3) **Máxima efetividade** (art. 5°, § 1°, da CF/1988) – Na interpretação dos direitos fundamentais, deve-se atribuir às normas o sentido que confira a maior efetividade possível. Assim, além de estar incumbido de um dever permanente de concretização dos direitos fundamentais, não pode o legislador ordinário simplesmente suprimi-los ou restringi-los, de modo a invadir o núcleo essencial de tutela já alcançado.

4) **Estado Democrático de Direito** (art. 1°, *caput*, da CF/1988).

5) **Prevalência dos direitos humanos** (art. 4°, II, da CF/1988).

Cap. 11 – Direitos Sociais

4.4. Efeitos

Duas correntes procuram explicar os efeitos do princípio da vedação ao retrocesso social:

a) A vedação ao retrocesso impede qualquer tipo de redução no grau de concretização alcançado por um direito fundamental (Zagrebelsky, 2002).

b) A vedação ao retrocesso social admite que o grau de concretização de um dado direito fundamental seja reduzido, desde que, como resultado, tenha-se a **ampliação geral da tutela dos direitos fundamentais**, de acordo com as prioridades eleitas pelos representantes do povo para as disponibilidades orçamentárias (Andrade, 1983). Exemplo: é possível extinguir uma UBS para que seja instalado um grande hospital em outra região da mesma cidade. É a posição adotada pelo STF (ARE 639.337).

> **Jurisprudência**
>
> O STF (ARE 737.811 AgR/SP) entende que a vedação ao retrocesso social só incide com relação a direitos sobre os quais exista um **"consenso básico na sociedade"** (também chamado de **"consenso profundo"**), para além da "aceitação relativamente aparente e superficial da opinião política dominante" (Canotilho, 2002).

4.5. Dimensões do princípio da vedação ao retrocesso social

O princípio da vedação ao retrocesso atua como um limite material implícito do ordenamento jurídico, podendo ser vislumbrado sob duas dimensões diversas (Queiroz, 2006):

a) **Dimensão negativa:** impõe ao legislador, no exercício da criação normativa, a obediência ao grau de densidade normativa já alcançado pelos direitos fundamentais. Deve ser respeitada a não supressão ou a não redução, ao menos de maneira desproporcional ou irrazoável, do grau de proteção normativa já alcançado pela legislação infraconstitucional.

b) **Dimensão positiva:** atenta para a necessidade constitucional dos poderes públicos atuarem positivamente para a redução das desigualdades sociais e materiais, ou seja, não visa apenas à manutenção do que já foi alcançado (manutenção do *status quo*), mas objetiva também um avanço no processo de concretização dos direitos fundamentais.

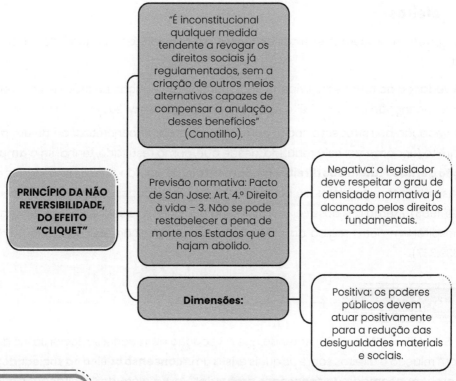

> **Atenção**
>
> Existe uma relação entre o princípio da vedação ao retrocesso e a Teoria dos Limites dos Limites. Não existem direitos e garantias fundamentais de natureza absoluta, pelo que o legislador ordinário pode impor limites ao exercício desses direitos e garantias. No entanto, o poder da lei de impor limites não pode ser exercido fora de quaisquer parâmetros, haja vista que o legislador ordinário deverá respeitar o núcleo essencial desses institutos.

5. CAMALEÕES NORMATIVOS

A expressão **"camaleões normativos"** reflete a indeterminação do sistema normativo de direitos sociais, o que explica, "em grande medida, a confusão entre conteúdo de um direito, juridicamente definido e determinado, e sugestão de conteúdo, sujeita a modelações político-jurídicas cambiantes" (Canotilho, 1998).

6. DIREITOS SOCIAIS EM ESPÉCIE

6.1. Direitos sociais previstos no art. 6º da CF/1988

O art. 6º da CF/1988 arrola os direitos sociais de caráter universal, fazendo referência aos seguintes:

Cap. 11 – Direitos Sociais

a) educação;

b) saúde;

c) alimentação, que encontra reverberação da Lei nº 11.346/2006, responsável pela criação do Sistema Nacional de Segurança Alimentar e Nutricional (SISAN), com o intuito de assegurar o direito à alimentação adequada;

d) trabalho;

e) moradia;

f) transporte;

g) lazer, que deve ser inclusive incentivado pelo Poder Público, como forma de promoção social (art. 217, § 3º, da CF/1988);

h) segurança, que, como direito social, está ligada à ideia de segurança pública, dever do Estado, direito e responsabilidade de todos, exercida para a preservação da ordem pública e da incolumidade das pessoas e do patrimônio (art. 144, *caput*, da CF/1988);

i) previdência social;

j) proteção à maternidade e à infância;

> **Jurisprudência**
>
> O STF decidiu que o servidor público que seja pai em família que não há presença materna ("pai solo") faz jus à licença-maternidade e ao salário-maternidade pelo prazo de 180 dias (RE 1.348.854/DF – Tema 1.182).

k) assistência aos desamparados, independentemente de contribuição à seguridade social (art. 203 da CF/1988);

l) renda básica familiar, garantida pelo poder público em programa permanente de transferência de renda, cujas normas e requisitos de acesso serão determinados em lei, observada a legislação fiscal e orçamentária. Sobre o tema, a Lei nº 14.601/2023 produziu uma reestruturação na política nacional de Assistência Social, ampliando, inclusive, as possibilidades de cumulação do BPC com outras políticas públicas.

Embora não previsto expressamente, o **direito à busca da felicidade sob a sua dimensão objetiva** (estado coletivo de felicidade) é também considerado direito social implícito pelo STF, expressão de uma "ideia-força que deriva do princípio essencial da dignidade da pessoa humana" (RE 477.554/MG).

6.2. Direitos sociais individuais dos trabalhadores previstos no art. 7º da CF/1988

O art. 7º da CF/1988 elenca em **rol exemplificativo** direitos relacionados à temática trabalhista, sendo, portanto, normas constitucionais apenas em sentido formal. Assim, são direitos dos trabalhadores urbanos e rurais, além de outros que visem à melhoria de sua condição social:

I – relação de emprego protegida contra despedida arbitrária ou sem justa causa, nos termos de lei complementar, que preverá indenização compensatória, dentre outros direitos;

II – seguro-desemprego, em caso de desemprego involuntário;

III – fundo de garantia do tempo de serviço;

Jurisprudência

No Tema 608, o STF fixou a tese de que "O prazo prescricional aplicável à cobrança de valores não depositados no Fundo de Garantia por Tempo de Serviço (FGTS) é quinquenal, nos termos do art. 7º, XXIX, da Constituição Federal".

IV – salário mínimo, fixado em lei, nacionalmente unificado, capaz de atender a suas necessidades vitais básicas e às de sua família com moradia, alimentação, educação, saúde, lazer, vestuário, higiene, transporte e previdência social, com reajustes periódicos que lhe preservem o poder aquisitivo, sendo vedada sua vinculação para qualquer fim;

Jurisprudência

No que tange ao art. 7º, IV, da CF/1988, o STF editou quatro súmulas vinculantes:

a) Súmula Vinculante nº 4: "Salvo nos casos previstos na Constituição, o salário mínimo não pode ser usado como indexador de base de cálculo de vantagem de servidor público ou de empregado, nem ser substituído por decisão judicial". Embora não seja possível utilizar o salário mínimo como fator de indenização, é possível utilizá-lo para: 1) fixar indenizações (STF, AgRg no RE 409.427); 2) estabelecer valores devidos a título de pensão alimentícia (STF, RE 134.567/PR); e 3) fixar piso salarial, sendo vedado, contudo, o reajuste automático (STF, RE 1.077.813 AgR/PR).

b) Súmula Vinculante nº 6: "Não viola a Constituição o estabelecimento de remuneração inferior ao salário mínimo para as praças prestadoras de serviço militar inicial".

c) Súmula Vinculante nº 15: "O cálculo de gratificações e outras vantagens do servidor público não incide sobre o abono utilizado para se atingir o salário mínimo".

d) Súmula Vinculante nº 16: "Os artigos 7º, IV, e 39, § 3º (redação da EC 19/98), da Constituição, referem-se ao total da remuneração percebida pelo servidor público".

Na ADPF 336, o STF entendeu que não viola a Constituição o estabelecimento da remuneração de três quartos do salário mínimo para o trabalho do preso.

Cap. 11 – Direitos Sociais

V – piso salarial proporcional à extensão e à complexidade do trabalho;

Jurisprudência

No Tema 1132, o STF fixou as seguintes teses em relação ao piso salarial dos agentes comunitários de saúde e os de combate às endemias dos Municípios, Estados e do DF: "I – É constitucional a aplicação do piso salarial nacional dos Agentes Comunitários de Saúde e Agentes de Combate às Endemias, instituído pela Lei nº 12.994/2014, aos servidores estatutários dos entes subnacionais, em consonância com o art. 198, § 5º, da Constituição Federal, com a redação dada pelas Emendas Constitucionais 63/2010 e 120/2022, cabendo à União arcar com os ônus da diferença entre o piso nacional e a legislação do ente municipal; II – Até o advento da Lei Municipal nº 9.646/2022, a expressão 'piso salarial' para os Agentes Comunitários de Saúde e Agentes de Combate às Endemias corresponde à remuneração mínima, considerada, nos termos do art. 3º, inciso XIX, da Lei Municipal nº 8.629/2014, somente a soma do vencimento do cargo e da gratificação por avanço de competências".

VI – irredutibilidade do salário, salvo o disposto em convenção ou acordo coletivo;

VII – garantia de salário, nunca inferior ao mínimo, para os que percebem remuneração variável;

VIII – décimo terceiro salário com base na remuneração integral ou no valor da aposentadoria;

IX – remuneração do trabalho noturno superior à do diurno;

X – proteção do salário na forma da lei, constituindo crime sua retenção dolosa;

XI – participação nos lucros, ou resultados, desvinculada da remuneração, e, excepcionalmente, participação na gestão da empresa, conforme definido em lei;

XII – salário-família pago em razão do dependente do trabalhador de baixa renda nos termos da lei;

XIII – duração do trabalho normal não superior a oito horas diárias e quarenta e quatro semanais, facultada a compensação de horários e a redução da jornada, mediante acordo ou convenção coletiva de trabalho;

XIV – jornada de seis horas para o trabalho realizado em turnos ininterruptos de revezamento, salvo negociação coletiva;

XV – repouso semanal remunerado, preferencialmente aos domingos;

XVI – remuneração do serviço extraordinário superior, no mínimo, em cinquenta por cento à do normal;

XVII – gozo de férias anuais remuneradas com, pelo menos, um terço a mais do que o salário normal;

XVIII – licença à gestante, sem prejuízo do emprego e do salário, com a duração de cento e vinte dias;

Jurisprudência

1) No Tema 542, o STF fixou a tese de que "A trabalhadora gestante tem direito ao gozo de licença-maternidade e à estabilidade provisória, independentemente do regime jurídico aplicável, se contratual ou administrativo, ainda que ocupe cargo em comissão ou seja contratada por tempo determinado".

2) No Tema 1.042, o STF fixou a tese de "A mãe servidora ou trabalhadora não gestante em união homoafetiva tem direito ao gozo de licença-maternidade. Caso a companheira tenha utilizado o benefício, fará jus à licença pelo período equivalente ao da licença-paternidade".

3) No Tema 782, o STF apreciou a temática da licença adotante (ou seja, licença concedida na hipótese de adoção), firmando a tese de que os "prazos da licença adotante não podem ser inferiores aos prazos da licença gestante, o mesmo valendo para as respectivas prorrogações". Contudo, com relação à licença adotante, "não é possível fixar prazos diversos em função da idade da criança adotada".

XIX – licença-paternidade, nos termos fixados em lei;

Sobre o tema, a Lei nº 13.257/2016 passou a permitir a prorrogação por 15 dias, além dos 5 já estabelecidos no ADCT, da licença-paternidade, podendo alcançar 20 dias, desde que ocorra a formal adesão da pessoa jurídica ao programa e requerimento do beneficiário;

Jurisprudência

Na ADO 20/DF, o STF decidiu que existe omissão inconstitucional relativamente à edição da lei regulamentadora da licença-paternidade, prevista no art. 7º, XIX, da Constituição, estabelecendo o prazo de 18 meses para o Congresso Nacional sanar a omissão.

XX – proteção do mercado de trabalho da mulher, mediante incentivos específicos, nos termos da lei;

XXI – aviso prévio proporcional ao tempo de serviço, sendo no mínimo de trinta dias, nos termos da lei;

XXII – redução dos riscos inerentes ao trabalho, por meio de normas de saúde, higiene e segurança;

Cap. 11 – Direitos Sociais

XXIII – adicional de remuneração para as atividades penosas, insalubres ou perigosas, na forma da lei;

Jurisprudência

Passados 35 anos, a lei que regulamenta o adicional de penosidade não foi editada para os trabalhadores urbanos e rurais. Por esse motivo, o STF fixou, na ADO 74/DF, o prazo de 18 meses para adoção das medidas legislativas constitucionalmente exigíveis para suplantar a omissão.

XXIV – aposentadoria;

XXV – assistência gratuita aos filhos e dependentes desde o nascimento até 5 (cinco) anos de idade em creches e pré-escolas;

XXVI – reconhecimento das convenções e acordos coletivos de trabalho;

XXVII – proteção em face da automação, na forma da lei;

XXVIII – seguro contra acidentes de trabalho, a cargo do empregador, sem excluir a indenização a que este está obrigado, quando incorrer em dolo ou culpa;

XXIX – ação, quanto aos créditos resultantes das relações de trabalho, com prazo prescricional de cinco anos para os trabalhadores urbanos e rurais, até o limite de dois anos após a extinção do contrato de trabalho;

XXX – proibição de diferença de salários, de exercício de funções e de critério de admissão por motivo de sexo, idade, cor ou estado civil;

XXXI – proibição de qualquer discriminação no tocante a salário e critérios de admissão do trabalhador portador de deficiência;

XXXII – proibição de distinção entre trabalho manual, técnico e intelectual ou entre os profissionais respectivos;

XXXIII – proibição de trabalho noturno, perigoso ou insalubre a menores de dezoito e de qualquer trabalho a menores de dezesseis anos, salvo na condição de aprendiz, a partir de quatorze anos;

De forma didática, é possível sistematizar a proibição do trabalho de menores da seguinte forma:

a)	Menor de 18 anos – Proibido trabalho insalubre, perigoso e noturno.

b)	Menor de 16 anos, a partir de 14 anos – Não pode trabalhar, salvo como aprendiz.

c)	Menor de 14 anos – Não pode trabalhar em qualquer hipótese.

XXXIV – igualdade de direitos entre o trabalhador com vínculo empregatício permanente e o trabalhador avulso.

No que tange aos trabalhadores domésticos, são assegurados os direitos previstos nos incisos IV, VI, VII, VIII, X, XIII, XV, XVI, XVII, XVIII, XIX, XXI, XXII, XXIV, XXVI, XXX, XXXI e XXXIII e, atendidas as condições estabelecidas em lei e observada a simplificação do cumprimento das obrigações tributárias, principais e acessórias, decorrentes da relação de trabalho e suas peculiaridades, os previstos nos incisos I, II, III, IX, XII, XXV e XXVIII, bem como a sua integração à previdência social (art. 7º, parágrafo único, da CF/1988).

6.3. Direitos sociais coletivos dos trabalhadores previstos no art. 8º da CF/1988

O art. 8º da CF/1988 dispõe acerca direitos relacionados à liberdade de associação profissional e sindical. Vejamos:

a) **Liberdade e autonomia sindical:**

I – a lei não poderá exigir autorização do Estado para a fundação de sindicato, ressalvado o registro no órgão competente, vedadas ao Poder Público a interferência e a intervenção na organização sindical;

V – ninguém será obrigado a filiar-se ou a manter-se filiado a sindicato;

> **Jurisprudência**
>
> O STF decidiu serem "compatíveis com a Constituição Federal os dispositivos da Lei 13.467/2017 (Reforma Trabalhista) que extinguiram a obrigatoriedade da contribuição sindical e condicionaram o seu pagamento à prévia e expressa autorização dos filiados" (ADI 5.794 e ADC 55).

b) **Unicidade sindical na mesma base territorial:**

II – é vedada a criação de mais de uma organização sindical, em qualquer grau, representativa de categoria profissional ou econômica, na mesma base territorial, que será definida pelos trabalhadores ou empregadores interessados, não podendo ser inferior à área de um Município;

c) **Representação e substituição processuais:**

III – ao sindicato cabe a defesa dos direitos e interesses coletivos ou individuais da categoria, inclusive em questões judiciais ou administrativas;

d) **Participação sindical em negociações coletivas e ausência de caráter tributário em contribuição confederativa:**

IV – a assembleia geral fixará a contribuição que, em se tratando de categoria profissional, será descontada em folha, para custeio do sistema confederati-

Cap. 11 – Direitos Sociais

vo da representação sindical respectiva, independentemente da contribuição prevista em lei;

Súmula Vinculante nº 40: "A contribuição confederativa de que trata o art. 8º, IV, da Constituição Federal, só é exigível dos filiados ao sindicato respectivo".

e) **Outros direitos ligados à liberdade de associação e sindical:**

VI – é obrigatória a participação dos sindicatos nas negociações coletivas de trabalho;

VII – o aposentado filiado tem direito a votar e ser votado nas organizações sindicais;

VIII – é vedada a dispensa do empregado sindicalizado a partir do registro da candidatura a cargo de direção ou representação sindical e, se eleito, ainda que suplente, até um ano após o final do mandato, salvo se cometer falta grave nos termos da lei.

6.4. Direito de greve (art. 9º da CF/1988)

O art. 9º da CF/1988 assegura o direito de greve, competindo aos trabalhadores decidir sobre a oportunidade de exercê-lo e sobre os interesses que devam por meio dele defender.

No que tange ao direito de greve (art. 9º, §§ 1º e 2º, da CF/1988):

1) A lei definirá os serviços ou atividades essenciais, e, quando houver a possibilidade de lesão do interesse público, o Ministério Público do Trabalho poderá ajuizar dissídio coletivo, competindo à Justiça do Trabalho decidir o conflito (art. 114, § 3º, da CF/1988). Contudo, alguns serviços públicos, em razão de sua essencialidade, **não podem ser paralisados**, como é o caso do serviço de segurança pública, tendo sido fixado o entendimento na Tese 541 de que "O exercício do direito de greve, sob qualquer forma ou modalidade, é vedado aos policiais civis e a todos os servidores públicos que atuem diretamente na área de segurança pública".

2) A lei disporá sobre o atendimento das necessidades inadiáveis da comunidade.

3) A lei estabelecerá as penas para os abusos cometidos.

Com relação aos trabalhadores da iniciativa privada, a matéria é regulada no âmbito infraconstitucional pela Lei nº 7.783/1989. Assim, nos termos da Súmula Vinculante nº 23, "A Justiça do Trabalho é competente para processar e julgar ação possessória ajuizada em decorrência do exercício do direito de greve pelos trabalhadores da iniciativa privada".

No que tange ao direito de **greve de servidores públicos**, vem estabelecido no art. 37, VIII, da CF/1988. Tratando-se de norma de eficácia limitada, o STF tem permitido o direito de greve por meio da aplicação analógica da Lei nº 7.783/1989 (MI 670/ES).

Jurisprudência

Com relação ao direito de greve dos servidores públicos, o STF assentou em sede de Repercussão Geral que:

1) Tema 531: "A administração pública deve proceder ao desconto dos dias de paralisação decorrentes do exercício do direito de greve pelos servidores públicos, em virtude da suspensão do vínculo funcional que dela decorre, permitida a compensação em caso de acordo. O desconto será, contudo, incabível se ficar demonstrado que a greve foi provocada por conduta ilícita do Poder Público".

2) Tema 544: "A justiça comum, federal ou estadual, é competente para julgar a abusividade de greve de servidores públicos celetistas da Administração pública direta, autarquias e fundações públicas".

Atenção

Há vedação à realização de greve pelos militares que compõe as Forças Armadas (art. 142, § 3º, IV, da CF/1988), pelos policiais militares e pelos integrantes do Corpo de Bombeiros (art. 42, § 1º, da CF/1988).

EM RESUMO:

Direitos sociais	
Previsão constitucional	Capítulo II do Título II (arts. 6º ao 11) e no Título VIII ("Ordem Social" – arts. 193 a 214) da CF/1988.
São cláusulas pétreas?	Há três teorias: 1) Interpretação restritiva ou literal. 2) Interpretação intermediária. 3) Interpretação ampliativa.
Aplicabilidade das normas de direito social	Imediata.

Cap. 11 – Direitos Sociais

Formas de positivação	1) Sob a forma de normas programáticas definidoras de tarefas e fins do Estado de conteúdo eminentemente social. 2) Na qualidade de normas de organização atributivas de competência para a emanação de medidas relevantes nos planos econômico, social e cultural. 3) Mediante a consagração constitucional de garantias institucionais, obrigando o legislador a proteger a essência de certas instituições (família, administração local, saúde pública) e a adotar medidas conexas com o 'valor social eminente' dessas instituições. 4) Como direitos subjetivos públicos.
Implementação judicial	Pode ser realizada por: a) controle jurisdicional sobre políticas públicas; b) judicialização da política; c) ativismo judicial; d) ativismo judicial seletivo, elitista ou dissimulado; e) politização da justiça; f) *judicial restraint*. Argumentos **contra** a implementação judicial de direitos sociais: a) intervenção do Poder Judiciário é uma usurpação de competências do Poder Legislativo e do Poder Executivo; b) ausência de legitimidade democrática do Poder Judiciário; c) desenho e capacidades institucionais; d) acesso restrito ao Poder Judiciário; e) custos dos direitos sociais.
Mínimo existencial	Consiste em um bloco ou conjunto de bens e utilidades indispensáveis a uma vida digna e que permitam ao indivíduo exercer a sua liberdade no meio social.
Princípio da vedação ao retrocesso social	Garantia do indivíduo perante os avanços e a necessidade de mudança, atuando como meio de garantir um mínimo de continuidade no ordenamento jurídico, indispensável para assegurar segurança jurídica e previsibilidade.

Capítulo 12

Direitos de Nacionalidade

A nacionalidade consiste no **vínculo jurídico-político** estabelecido entre uma pessoa e um Estado. Estrangeiros, por sua vez, são aqueles que não têm determinada nacionalidade.

> **Atenção**
>
> – A nacionalidade não se confunde com **cidadania**. Esta última diz respeito à qualidade do nacional que se encontra no gozo dos direitos políticos.
>
> – Povo, população e nação também são conceitos distintos:
>
> a) **povo:** conjunto de pessoas unidas ao Estado pela nacionalidade;
>
> b) **população:** consiste apenas no conjunto de residentes de um dado território (nacionais, estrangeiros e apátridas);
>
> c) **nação:** conjunto de pessoas que ostentam consciência de identidade socio-cultural.

É possível também que a pessoa tenha mais de uma pátria (**polipátrida**), em especial quando dois Estados soberanos utilizam critérios diferentes para o reconhecimento de nacionalidade ou quando a pessoa manifesta sua vontade em possuí-las. A título de exemplo, o Brasil adota, em regra, o *ius soli*, enquanto a Itália faz uso do *ius sanguinis*. Assim, uma pessoa nascida no Brasil, filha de italianos, será polipátrida.

> **Atenção**
>
> A temática da "**nacionalidade real ou efetiva**" consiste na busca pela determinação de qual é a "verdadeira" nacionalidade da pessoa que possui múltiplas nacionalidades. O tema foi examinado pela Corte Internacional de Justiça no célebre caso Nottebohm, sob o argumento de que, na hipótese de dupla nacionalidade, haveria uma prevalecente – a nacionalidade real e efetiva – identificada a partir de laços fáticos fortes entre a pessoa e o Estado (STF, HC 83.450).

De outro modo, **apátrida** ou *heimatlos* são pessoas que não preenchem os critérios para a obtenção de qualquer nacionalidade.

Existem dois critérios para a concessão de nacionalidade:

1) *ius sanguinis*: concessão da nacionalidade baseada no "vínculo do sangue", na filiação, na ascendência. A título de exemplo, se os pais são italianos, os filhos adquirem a nacionalidade italiana;

2) *ius soli*: concessão da nacionalidade baseada no local de nascimento (**critério da territorialidade**). A título de exemplo, aquele que nasce no Brasil, em regra, fará jus à nacionalidade brasileira.

1. ESPÉCIES DE NACIONALIDADE

a) **Nacionalidade primária ou originária:** a nacionalidade primária ou originária **decorre do nascimento**, seja em razão do local (Brasil – *ius soli*), seja com base em laços consanguíneos (filhos de pai ou mãe brasileiros – *ius sanguinis*). Nesse caso, a aquisição da nacionalidade não depende de um ato de vontade. A Constituição de 1988 arrola três hipóteses de aquisição de nacionalidade primária/originária:

- **1ª hipótese – nascidos na República Federativa do Brasil**, ainda que de pais estrangeiros, **desde que estes não estejam a serviço de seu país** (art. 12, I, *a*, da CF/1988). Adota-se o critério territorial, baseado no local de nascimento (*ius soli*). Portanto, mesmo que os pais sejam estrangeiros, a pessoa será considerada brasileira nata.

- **2ª hipótese:** nascidos no estrangeiro, de pai brasileiro **ou** mãe brasileira, desde que qualquer deles esteja **a serviço da República Federativa do Brasil** (art. 12, I, *b*, da CF/1988). **Critério:** *ius sanguinis* + funcional. Exemplo: diplomata brasileiro que reside na França, casa-se com uma francesa e tem um filho: a criança será brasileira nata, pois o pai está a serviço da República Federativa do Brasil.

Atenção

O art. 12, I, *b*, da Constituição de 1988 exige apenas que o pai ou a mãe sejam brasileiros, não fazem qualquer referência à necessidade de serem brasileiros natos. Assim, o filho poderá adquirir a nacionalidade brasileira de forma nata tanto de pais brasileiros natos como naturalizados.

- **3ª hipótese:** os nascidos no estrangeiro de pai brasileiro **ou** de mãe brasileira, desde que sejam **registrados em repartição brasileira** competente **ou ve-**

Cap. 12 – Direitos de Nacionalidade

nham a residir na República Federativa do Brasil e **optem,** em qualquer tempo, depois de atingida a maioridade, pela nacionalidade brasileira (art. 12, I, *c*, da CF/1988). O dispositivo abarca duas situações distintas de **nacionalidade potestativa**:

a) "os nascidos no estrangeiro de pai brasileiro ou de mãe brasileira, desde que sejam registrados em repartição brasileira competente [...]" – **Critério:** *ius sanguinis* + registro na repartição brasileira competente;

b) "[...] ou venham a residir na República Federativa do Brasil e optem, em qualquer tempo, depois de atingida a maioridade, pela nacionalidade brasileira" – **Critérios:** *ius sanguinis* + *jus domicilii* + manifestação de vontade. A pessoa deve ter nascido no estrangeiro de pai brasileiro ou de mãe brasileira que não tenham realizado seu registro em repartição brasileira, vir a residir posteriormente no Brasil e fazer a opção pela nacionalidade brasileira a qualquer tempo após ter atingido a maioridade.

Caso a pessoa venha para o Brasil antes de completar 18 anos, terá apenas uma **"nacionalidade originária provisória"**, e será considerado **brasileiro nato** para todos os fins legais até atingir a maioridade. Quando atingir a maioridade, poderá optar pela nacionalidade brasileira em caráter de definitividade. Para tanto, é imprescindível o ajuizamento de demanda de jurisdição voluntária perante a **Justiça Federal**, ficando a nacionalidade brasileira submetida à **condição suspensiva** de manifestação da opção pelo interessado e produzindo a sentença efeitos *ex tunc.*

> **Atenção**
>
> A Constituição de 1988 não prevê a **adoção** como critério para a aquisição da nacionalidade originária. Assim, um estrangeiro que venha a ser adotado por pais brasileiros, caso tenha interesse, poderá se naturalizar, mas não obter a nacionalidade originária. Existe, contudo, entendimento no sentido de que, embora a Constituição não tenha previsto a expressamente a adoção como critério para a aquisição de nacionalidade originária, seria possível a sua concessão com base no art. 227, § 6º, da Constituição de 1988.

b) Nacionalidade secundária ou adquirida: decorre de um **ato de vontade**. Pode ser classificada em:

1) **naturalização tácita:** há um ato de vontade, ou seja, a pessoa manifesta sua vontade para se tornar nacional de determinado país. **Não foi encampada pela Constituição de 1988**;

> ### Atenção
>
> A naturalização tácita não se confunde com a naturalização involuntária. Na naturalização involuntária, a pessoa não manifesta a sua vontade, adquirindo involuntariamente a nacionalidade de um país. Exemplo: a mulher que se casa com um italiano adquire involuntariamente a nacionalidade do marido.

2) **naturalização expressa:** "os que, na forma da lei, adquiram a nacionalidade brasileira, exigidas aos originários de países de língua portuguesa apenas residência por um ano ininterrupto e idoneidade moral" (art. 12, II, *a*, da CF/1988). A Constituição prevê dois tipos de naturalização expressa:

1ª hipótese – os originários de países de língua portuguesa (incluindo os portugueses) devem preencher dois requisitos: **residência por um ano ininterrupto e idoneidade moral;**

2ª hipótese – "na forma da lei": hipótese de **naturalização ordinária** que abrange as pessoas não originárias de países de língua portuguesa. O art. 65 da Lei nº 13.445/2017 estabelece os requisitos para a aquisição da nacionalidade brasileira:

I – ter capacidade civil, segundo a lei brasileira;

II – ter residência em território nacional, pelo prazo mínimo de 4 (quatro) anos;

III – comunicar-se em língua portuguesa, consideradas as condições do naturalizando; e

IV – não possuir condenação penal ou estiver reabilitado, nos termos da lei.

> ### Atenção
>
> Na hipótese de naturalização ordinária, não há direito público subjetivo à aquisição da nacionalidade brasileira: mesmo que a pessoa cumpra todos os requisitos exigidos pela lei e pela Constituição, pode ocorrer de não ser concedida a naturalização, tendo em vista tratar-se de **exercício da soberania estatal** (ato discricionário).

3) **Naturalização extraordinária:** "os estrangeiros de qualquer nacionalidade, residentes na República Federativa do Brasil há mais de quinze anos ininterruptos e sem condenação penal, desde que requeiram a nacionalidade brasileira" (art. 12, II, *b*, da Constituição de 1988). Assim, é necessária a presença cumulativa de três requisitos para a obtenção da naturalização extraordinária:

Cap. 12 – Direitos de Nacionalidade

a) residência no Brasil **há mais de quinze anos ininterruptos**;

b) ausência de condenação penal; e

c) formulação de requerimento expresso.

> **Jurisprudência**
>
> O STF decidiu no RE 842.131 AgR-AgR que há direito público subjetivo à naturaliza-ção extraordinária, em razão da expressão "desde que requeiram". Preenchidos os requisitos, o Estado brasileiro está obrigado a conceder a naturalização (**ato vinculado**).

4) **Naturalização especial** – dispensa a residência no Brasil, exigindo, contudo, a presença de requisitos alternativos e cumulativos (arts. 68 e 69 da Lei nº 13.445/2017):

– **Requisitos alternativos:**

a) ser **cônjuge ou companheiro, há mais de 5 (cinco) anos, de inte-grante do Serviço Exterior Brasileiro em atividade ou de pessoa a serviço do Estado brasileiro no exterior; ou**

b) ser ou ter sido empregado em missão diplomática ou em reparti-ção consular do Brasil por mais de 10 (dez) anos ininterruptos.

– **Requisitos cumulativos:**

a) tenha capacidade civil, segundo a lei brasileira;

b) comunique-se em língua portuguesa, consideradas as condições do naturalizando; e

c) não possua condenação penal ou esteja reabilitado, nos termos da lei.

5) **Naturalização provisória:** concedida ao migrante criança ou adolescente que tenha fixado residência em território nacional **antes de completar 10 anos de idade**. Deve ser requerida por intermédio de seu representante legal e será convertida em definitiva se o naturalizando expressamente assim o requerer **no prazo de dois anos após atingir a maioridade** (art. 70 da Lei nº 13.445/2017).

2. QUASE NACIONALIDADE E CLÁUSULA DE RECIPROCIDADE (*DO UT DES*)

Aos portugueses com residência permanente no País serão atribuídos **os direitos ine-rentes** aos brasileiros, desde que haja reciprocidade por parte de Portugal. Assim, em-bora o português **continue com a nacionalidade portuguesa e não adquira naciona-lidade brasileira,** passa a dispor dos mesmos direitos de um brasileiro.

Nesse sentido, o art. 12, § 1º, da Constituição de 1988 dispõe que "Aos portugueses com residência permanente no País, se houver reciprocidade em favor de brasileiros, serão atribuídos os direitos inerentes ao brasileiro, salvo os casos previstos nesta Constituição".

> **Atenção**
>
> **1)** Diante da expressão "salvo os casos previstos nesta Constituição", a equiparação dos portugueses ocorre com os **brasileiros naturalizados**, e não com os brasileiros natos.
>
> **2)** A cláusula de reciprocidade (*do ut des*) está prevista no Tratado de Amizade, Cooperação e Consulta, entre a República Federativa do Brasil e a República Portuguesa (Decreto nº 3.927/2001).

3. DIFERENÇAS DE TRATAMENTO ENTRE BRASILEIROS NATOS E NATURALIZADOS

Embora a legislação infraconstitucional não possa estabelecer qualquer tipo de diferença de tratamento entre o brasileiro nato e o naturalizado (princípio da não discriminação), existem algumas hipóteses expressamente previstas na Constituição de 1988 (ver art. 12, § 2º):

1) **Cargos privativos de brasileiros natos (art. 12, § 3º, da CF/1988):**

   I – de Presidente e Vice-Presidente da República;

   II – de Presidente da Câmara dos Deputados;

   III – de Presidente do Senado Federal;

   IV – de Ministro do Supremo Tribunal Federal;

   V – da carreira diplomática;

   VI – de oficial das Forças Armadas;

   VII – de Ministro de Estado da Defesa.

São dois **os fundamentos** utilizados para reservar apenas aos brasileiros natos os referidos cargos:

a) segurança nacional.

b) linha sucessória do Presidente da República: o Presidente da República ou qualquer outra pessoa que esteja em um cargo que **possa vir a ocupar a Presidência da República** (ainda que temporariamente) não pode ser brasileiro naturalizado, estrangeiro ou "quase nacional".

Cap. 12 – Direitos de Nacionalidade

> ## Atenção
>
> – Os brasileiros **naturalizados podem ser deputados e senadores**; porém, **não poderão ser os presidentes das respectivas Casas Legislativas,** porque estes estão na linha de sucessão da Presidência da República.
>
> – Todos os Ministros do STF – e não apenas o seu Presidente – devem ser brasileiros natos, tendo em vista que a Presidência da Corte é rotativa (dois anos), de modo que todos estão, ainda que potencialmente, na linha sucessória do Presidente da República.

Embora a Constituição de 1988 não regulamente de forma expressa a condição de presidente do CNJ, o art. 103-B, § 1º, da Constituição de 1988 estabelece que a presidência será sempre exercida pelo presidente do STF. Logo, o presidente do CNJ será sempre brasileiro nato.

2) **Assentos no Conselho da República –** o Conselho da República é órgão superior de consulta do Presidente da República e será composto, entre outros, por **seis cidadãos brasileiros natos**, com mais de 35 anos de idade, sendo dois nomeados pelo Presidente da República, dois eleitos pelo Senado Federal e dois eleitos pela Câmara dos Deputados, todos com mandato de três anos, vedada a recondução (art. 89, VII, da Constituição de 1988).

3) **Propriedade de empresa jornalística e de radiodifusão:** a propriedade de empresa jornalística e de radiodifusão sonora e de sons e imagens é privativa de brasileiros **natos ou naturalizados** – neste último caso, desde que ostente essa condição há mais de **dez anos** – ou de pessoas jurídicas constituídas sob as leis brasileiras e que tenham sede no País (art. 222, *caput*, da Constituição de 1988).

4) **Extradição:** consiste em medida de cooperação internacional entre o Estado brasileiro e outro Estado pela qual se concede ou solicita a entrega de pessoa sobre quem recaia condenação criminal definitiva ou para fins de instrução de processo penal em curso (art. 81 da Lei nº 13.445/2017). Na **extradição passiva** – ou seja, quando outro país solicita a extradição de uma pessoa que se encontra no Brasil –, **o brasileiro nato não pode ser extraditado (princípio geral de inextraditabilidade do brasileiro nato)**, mesmo que disponha de dupla nacionalidade. O brasileiro naturalizado pode, eventualmente, vir a ser extraditado em decorrência (art. 5º, LI, da Constituição de 1988):

   a) **da prática de crime antes da naturalização**, visando evitar que indivíduos adquiram a nacionalidade brasileira com o intuito de impedirem a responsabilização penal em outro país;

   b) **do comprovado envolvimento com tráfico ilícito de entorpecentes e drogas afins**. Nessa hipótese, não importa quando o delito foi praticado: mesmo sendo o crime perpetrado posteriormente à naturalização, admite-se a extradição.

> **Atenção**
>
> Não impede a extradição a circunstância de ser o extraditando casado com bra-
> sileira ou ter filho brasileiro (Súmula nº 421 do STF), nem a existência de vínculo
> afetivo (ver: STF, HC 83.113 MC/DF).

4. EXTRADIÇÃO

Para que seja autorizada a extradição do brasileiro **naturalizado**, é necessária a presença dos seguintes requisitos:

a) **Princípio da dupla punibilidade:** o ato praticado deve ser punível no Brasil e no Estado requerente (art. 82, II, da Lei nº 13.445/2017), não podendo a punibilidade estar
   extinta pela prescrição em qualquer dos dois países (art. 82, VI, da Lei nº 13.445/2017).
   Ver: STF, Ext 866/PT.

b) **Vedação ao duplo risco (*double jeopardy*):** a pessoa não pode correr o risco de
   ser punida pelo mesmo fato em dois países (*bis in idem*). Em outras palavras, o
   extraditando não pode estar respondendo a processo ou condenado/absolvido no
   Brasil pelo mesmo fato (art. 82, V, da Lei nº 13.445/2017). Ver: STF, Ext 890/PT.

c) **Vedação à extradição por crime político ou de opinião** (art. 5º, LII, da Constituição
   de 1988). Contudo, o STF poderá **deixar de considerar como crime político** o atentado contra chefe de Estado ou quaisquer autoridades, bem como crime contra a
   humanidade, crime de guerra, crime de genocídio e terrorismo (art. 82, § 4º, da Lei
   nº 13.445/2017).

> **Atenção**
>
> Não será efetivada a entrega do extraditando sem que o Estado requerente assuma
> o compromisso de não considerar qualquer motivo político para agravar a pena
> (art. 96 da Lei nº 13.445/2017).

d) **Observância aos direitos fundamentais do extraditado:** não se concederá a extradição quando:

   (i) o extraditando tiver de responder, no Estado requerente, perante tribunal ou
        juízo de exceção (art. 82, VIII, da Lei nº 13.445/2017);

   (ii) o Estado requerente não assumir o compromisso de comutar a pena corporal,
        perpétua ou de morte em pena privativa de liberdade, respeitado o limite má-
        ximo de cumprimento (40 anos), ou ainda de não submeter o extraditando a

Cap. 12 – Direitos de Nacionalidade

tortura ou a outros tratamentos ou penas cruéis, desumanos ou degradantes (art. 96, III e VI, da Lei nº 13.445/2017). Ver: STF, Ext 855/CL.

e) **Princípio da especialidade:** o extraditando só pode ser processado e julgado no país estrangeiro pelos crimes que foram objeto do pedido da extradição.

> **Atenção**
>
> Nada impede que o Estado requerente formule, posteriormente, pedido de extensão do julgamento para outros crimes, desde que sejam diversos daqueles crimes que motivaram o pedido inicial e que tenham sido cometidos em data anterior ao pleito extradicional (Ver: STF, Ext 943 Extn/ITA).

f) **Aplicação imediata dos tratados de extradição:** os tratados extradicionais não têm natureza penal, razão pela qual podem retroagir para permitir a extradição daquele que praticou crime anterior à celebração. Em outras palavras, as normas extradicionais não constituem lei penal, motivo pelo qual não incide a vedação constitucional de aplicação a fato anterior da legislação penal menos favorável (Ver: STF, Ext 864/ITA).

> **Atenção**
>
> A inexistência de tratado de extradição "não impede a formulação e o eventual atendimento do pleito extradicional, desde que o Estado requerente prometa reciprocidade de tratamento ao Brasil, mediante expediente (Nota Verbal) formalmente transmitido por via diplomática" (STF, Ext. 1.203/Hungria).

Ademais, ainda que o STF julgue procedente o pedido de extradição (Rcl 11.243/RJ), o Presidente da República não está obrigado a extraditar o requisitado, dispondo de discricionariedade (ato de soberania nacional).

Por fim, o art. 86 da Lei nº 13.445/2017 **afastou a necessidade de prisão do extraditado** – anteriormente exigida pelo STF como pressuposto do processo de extradição (Ext. 579-QO) –, dispondo que "O Supremo Tribunal Federal, ouvido o Ministério Público, poderá autorizar prisão albergue ou domiciliar ou determinar que o extraditando responda ao processo de extradição em liberdade, com retenção do documento de viagem ou outras medidas cautelares necessárias, até o julgamento da extradição ou a entrega do extraditando, se pertinente, considerando a situação administrativa migratória, os antecedentes do extraditando e as circunstâncias do caso".

5. EXPULSÃO

A expulsão consiste em **medida administrativa de retirada compulsória** de migrante ou visitante do território nacional, conjugada com o impedimento de reingresso por prazo determinado (art. 54, *caput*, Lei nº 13.445/2017).

Poderá dar causa à expulsão a condenação com **sentença transitada em julgado** relativa à prática de:

I – crime de genocídio, crime contra a humanidade, crime de guerra ou crime de agressão, nos termos definidos pelo Estatuto de Roma do Tribunal Penal Internacional, de 1998 (Decreto nº 4.388, de 25 de setembro de 2002); ou II – crime comum doloso passível de pena privativa de liberdade, consideradas a gravidade e as possibilidades de ressocialização em território nacional.

Nesse caso, a expulsão **não ocorre de forma automática**, visto que depende da gravidade e das possibilidades de ressocialização em território nacional.

> **Atenção**
>
> | Extradição | Expulsão |
> | --- | --- |
> | Súmula nº 421 do STF: "Não impede a extradição a circunstância de ser o extraditando casado com brasileira ou ter filho brasileiro". | **Súmula nº 1 do STF:** "É vedada a expulsão de estrangeiro **casado** com brasileira, ou que tenha **filho brasileiro, dependente da economia paterna**". |
> | | Art. 55, II, *b*, da Lei nº 13.445/2017: não se procederá à expulsão quando o expulsando tiver **cônjuge ou companheiro (hétero ou homoafetivo)** residente no Brasil, sem discriminação alguma, reconhecido judicial ou legalmente. |
> | | A socioafetividade "também constitui fator autônomo e suficiente apto a impedir a expulsão de estrangeiros que tenham filhos brasileiros" (STF, RHC 123.891 AgR). |

6. DEPORTAÇÃO

A deportação consiste **na retirada compulsória de pessoa que se encontre em situação migratória irregular** em território nacional. Não se procederá à deportação se a medida configurar extradição não admitida pela legislação brasileira (art. 53 da Lei nº 13.445/2017).

Cap. 12 – Direitos de Nacionalidade

> **Atenção**
>
> Na extradição, a pessoa **comete um crime em outro país** e este solicita a extradição ao Brasil (extradição passiva). De modo diverso, na expulsão a pessoa comete **um crime no Brasil**, sendo condenado à pena privativa de liberdade por crime doloso **ou** pela prática de crime de genocídio, crime contra a humanidade, crime de guerra ou crime de agressão, nos termos definidos pelo Estatuto de Roma. Por fim, na deportação, ao contrário do que ocorre na expulsão e na extradição, **não há falar na prática de qualquer delito**, mas apenas em **entrada ou permanência em situação irregular** no território brasileiro.

7. REPATRIAÇÃO

A repatriação consiste em medida administrativa de devolução de pessoa em situação de impedimento ao país de procedência ou de nacionalidade (art. 49 da Lei nº 13.445/2017).

Será feita imediata comunicação do ato fundamentado de repatriação à empresa transportadora e à autoridade consular do país de procedência ou de nacionalidade do migrante ou do visitante, ou a quem o representa (art. 49, § 1º, da Lei nº 13.445/2017).

Contudo, é vedada a repatriação de pessoa (art. 49, § 4º, da Lei nº 13.445/2017):

1) em situação de refúgio ou de apátrida, de fato ou de direito;

2) ao menor de 18 anos desacompanhado ou separado de sua família, exceto nos casos em que se demonstrar favorável para a garantia de seus direitos ou para a reintegração a sua família de origem;

3) a quem necessite de acolhimento humanitário;

4) em qualquer caso, para país ou região que possa apresentar risco à vida, à integridade pessoal ou à liberdade da pessoa.

8. *SURRENDER* ("ENTREGA")

O art. 5º, § 4º, da Constituição de 1988 estabelece que o Brasil se submete à jurisdição de Tribunal Penal Internacional a cuja criação tenha manifestado adesão.

Assim, sendo o Brasil signatário do Estatuto de Roma, submete-se à previsão de entrega de pessoas que tenham cometido crimes contra a humanidade, independentemente de sua nacionalidade.

8.1. Extradição *vs. surrender*

A extradição e o *surrender* se distinguem por dois aspectos principais:

Extradição	Surrender
Natureza	
A entrega de uma pessoa é feita por um Estado a um outro Estado. Exemplo: "A" pratica um crime na Itália e foge para o Brasil. Neste caso, o Brasil pode entregá-lo à jurisdição italiana para que possa ser processado e julgado naquele país.	A pessoa é entregue por um Estado ao Tribunal Penal Internacional.
Finalidade	
A extradição de brasileiro nato é vedada de forma absoluta para: (i) evitar o risco de um julgamento parcial e sem que sejam asseguradas as garantias penais e processuais penais; (ii) impedir que o nacional seja processado e julgado com base em legislação elaborada sem a sua participação.	Como o Brasil manifestou sua adesão ao TPI, as normas foram elaboradas com a participação do Estado brasileiro.

> ### Atenção
>
> **1)** Na extradição, a pessoa cumpre a pena no Estado para o qual fora extraditada (ex.: o brasileiro extraditado para a França cumprirá a pena na França). De outro modo, no *surrender*, há a possibilidade de que a execução da pena ocorra no próprio Estado que realizou a entrega (ex.: brasileiro entregue ao TPI pode cumprir a pena no Brasil).
>
> **2)** Como o Estatuto de Roma não admite qualquer tipo de ressalva com relação aos países aderentes, há certa polêmica a respeito da possibilidade de "entrega" de brasileiro nato ao TPI, tendo em vista a previsão de pena de caráter perpétuo, vedada pelo art. 5º, XLVII, *b*, da Constituição de 1988.

9. PERDA DA NACIONALIDADE

A perda da nacionalidade brasileira pode ocorrer com base em dois fundamentos (art. 12, § 4º, da CF/1988):

I – Em razão do cancelamento da naturalização, por sentença judicial, em virtude de fraude relacionada ao processo de naturalização ou de atentado contra a ordem constitucional e o Estado Democrático. Sobre essa primeira hipótese, é preciso destacar os seguintes aspectos:

1º) É indispensável a propositura de **"ação de cancelamento de naturalização"** na Justiça Federal (subseção do domicílio do réu). A legitimidade ativa é **exclusiva do Ministério Público Federal**.

2º) O cancelamento da naturalização é aplicável **exclusivamente aos brasileiros naturalizados**, e não aos natos.

3º) Não se admite a reaquisição da nacionalidade, **salvo por meio de ação rescisória**.

4º) **Fundamentos** para o cancelamento da naturalização e consequente perda da nacionalidade: a) **fraude relacionada ao processo de naturalização**; b) **atentado contra a ordem constitucional e o Estado Democrático**.

5º) **Efeitos da sentença que cancela a naturalização**: a sentença terá efeito *ex tunc* **no caso de fraude** (como não possuía os requisitos, a pessoa não poderia ter se naturalizado) e *ex nunc* **na segunda hipótese** (caráter de punição).

> **Atenção**
>
> O cancelamento da naturalização pode gerar apatridia? Embora não exista qualquer vedação na Constituição de 1988, parcela da doutrina sustenta que a "proibição da criação da apatridia" compõe o núcleo essencial do direito à nacionalidade, sendo compatível com a Convenção da ONU para a Redução dos Casos de Apatridia (1961), que determina que os Estados não podem privar uma pessoa de sua nacionalidade se essa privação a converter em apátrida (art. 8º, § 1º).

II – Pedido expresso de perda da nacionalidade brasileira perante autoridade brasileira competente, ressalvadas situações que acarretem apatridia. O dispositivo foi incluído pela EC nº 131/2023, que passou a admitir a polipatria. Assim, é possível **renunciar à nacionalidade brasileira ("perda renúncia")**, caracterizando verdadeiro **"direito à autoexpatriação"**. Preserva-se a autonomia do indivíduo, desde que observada uma condição: que a renúncia **não acarrete apatridia**.

Desse modo, um brasileiro que se naturaliza no exterior, por qualquer motivo (necessidade econômica, gratidão, entre outros), não perde a nacionalidade brasileira, inexistindo qualquer hipótese de "polipatria proibida".

A perda de nacionalidade brasileira pela renúncia será efetivada **após a publicação de decreto do Ministro da Justiça**, por meio de delegação do Presidente da República, no *Diário Oficial da União*.

9.1. Reaquisição da nacionalidade pela desistência à renúncia

A desistência à renúncia da nacionalidade não impede o interessado de readquirir sua nacionalidade brasileira originária, nos termos da lei (art. 12, § 5º, da Constituição).

Assim, a pessoa que renunciou à nacionalidade brasileira poderá desistir da renúncia, readquirindo a nacionalidade brasileira.

No caso de reaquisição, o art. 254, § 7º, do Decreto nº 9.199/2017 assentou o entendimento de que a pessoa **readquire a nacionalidade da mesma espécie da que possuía antes da perda.** Exemplo: se a pessoa era brasileira nata, readquire tal condição.

9.2. Retroatividade da EC nº 131/2023

No que tange à retroatividade da EC nº 131/2023, existem basicamente duas correntes:

1) É possível a retroatividade, visto que o princípio da retroatividade da lei penal mais benigna é passível de ser invocado na temática da "perda da nacionalidade" (Ramos, 2023).

2) Não é possível a retroatividade, diante da inviabilidade de invocar o princípio da retroatividade da lei penal para a matéria.

10. CONDIÇÃO JURÍDICA DO ESTRANGEIRO

Em regra, o estrangeiro residente no Brasil tem os mesmos direitos e deveres dos brasileiros (art. 5º, *caput*, da Constituição de 1988). Contudo, existem certas **restrições ao exercício de atividades econômicas** previstas em diferentes dispositivos da Constituição:

1) investimentos de capital estrangeiro e remessa de lucros (art. 172);

2) transporte aquático (art. 178, parágrafo único);

3) aquisição e arrendamento de propriedade rural (art. 190);

4) sistema financeiro nacional (art. 192);

5) assistência à saúde (art. 199, § 3º);

6) empresas jornalísticas e de radiofusão de sons e imagens (art. 222, §§ 1º e 4º).

Cap. 12 – Direitos de Nacionalidade

Ademais, o estrangeiro pode acessar cargos públicos, desde que se submeta à mesma sistemática de seleção que os brasileiros (concursos).

Por fim, os estrangeiros **não têm direitos políticos**, de forma que não podem ser eleitores (art. 14, § 2º, da Constituição de 1998), salvo no que tange aos portugueses, desde que preenchidos determinados requisitos.

EM RESUMO:

Direitos de Nacionalidade

Nacionalidade – conceito	É o vínculo jurídico-político de direito público interno entre uma pessoa e um Estado.
Polipatridia e apatridia	Polipátrida é a pessoa tem mais de uma pátria. Apátrida ou *heimatlos* são pessoas que não têm o reconhecimento dos atributos inerentes à nacionalidade por qualquer Estado.
Critérios para a concessão de nacionalidade	1) *Ius sanguinis*: concessão da nacionalidade baseada no vínculo do sangue. 2) *Ius soli*: concessão da nacionalidade baseada no local de nascimento.
Espécies de nacionalidade	1) Nacionalidade primária (ou originária): adquirida com o nascimento, em razão do local (Brasil – *ius soli*) ou com base em laços consanguíneos (filhos de pai ou mãe brasileiros – *ius sanguinis*). 2) Nacionalidade secundária (ou adquirida): decorre de um ato de vontade. Pode ser classificada em: 2.1) naturalização tácita; 2.2) naturalização expressa; 2.3) naturalização extraordinária; 2.4) naturalização especial 2.5) naturalização provisória.
Quase nacionalidade	Aos portugueses com residência permanente no País serão atribuídos os direitos inerentes aos brasileiros, desde que haja reciprocidade por parte de Portugal.

Diferenças de tratamento entre brasileiros natos e naturalizados	1) Cargos privativos de brasileiros natos (art. 12, § 3º, da CF/1988). 2) Assentos no Conselho da República: o Conselho da República é órgão superior de consulta do Presidente da República, e será composto, entre outros, por seis cidadãos brasileiros natos (art. 89, VII, da CF/1988). 3) Propriedade de empresa jornalística e de radiodifusão: **é privativa de brasileiros natos ou naturalizados, neste último caso, desde que ostente essa condição há mais de dez anos (art. 222,** *caput,* da CF/1988). 4) Extradição: na extradição passiva – ou seja, quando um outro país solicita a extradição de uma pessoa que se encontra no Brasil –, o brasileiro nato não pode ser extraditado, mesmo que disponha de dupla nacionalidade. O brasileiro naturalizado pode, eventualmente, vir a ser extraditado nas hipóteses previstas no art. 5º, LI, da CF/1988.
Expulsão	Consiste em medida administrativa de retirada compulsória de migrante ou visitante do território nacional, conjugada com o impedimento de reingresso por prazo determinado (art. 54, *caput,* da Lei nº 13.445/2017).
Deportação	É a retirada compulsória de pessoa que se encontra em situação migratória irregular em território nacional.
***Surrender* ("entrega")**	A pessoa é entregue por um Estado ao Tribunal Penal Internacional.
Perda da nacionalidade	A perda da nacionalidade brasileira pode ocorrer com base em dois fundamentos (art. 12, § 4º, da Constituição de 1988): I – em razão do cancelamento da naturalização, por sentença judicial, em virtude de fraude relacionada ao processo de naturalização ou de atentado contra a ordem constitucional e o Estado Democrático;

Cap. 12 – Direitos de Nacionalidade

Perda da nacionalidade	II – pedido expresso de perda da nacionalidade brasileira perante autoridade brasileira competente, ressalvadas situações que acarretem apatridia.
Condição jurídica do estrangeiro	Em regra, o estrangeiro residente no Brasil tem os mesmos direitos e deveres dos brasileiros. Contudo, existem certas restrições ao exercício de atividades econômicas previstas na Constituição.

Capítulo 13

Direitos Políticos

1. DEFINIÇÃO

Os direitos políticos são direitos públicos subjetivos fundamentais conferidos aos cidadãos para que exerçam a soberania popular, compondo a base do regime democrático.

2. ESPÉCIES

Há duas espécies de direitos políticos: **1) direitos políticos positivos** – consubstanciados em normas que asseguram a participação do indivíduo no processo político e nos órgãos governamentais (ex.: direito de votar e de ser votado); **2) direitos políticos negativos** – privações constitucionais ao direito de participar do processo político e dos órgãos governamentais (ex.: inexigibilidade e suspensão/perda dos direitos políticos).

> **Importante**
>
> Não é possível a cassação (retirada arbitrária) de direitos políticos.
>
> O exercício dos direitos políticos é gratuito (art. 5º, LXXVII, da Constituição de 1988).

2.1. Direitos políticos positivos

2.1.1. Direito de sufrágio

O **sufrágio** é a essência dos direitos políticos e consiste em um "**direito público subjetivo de natureza política**, que tem o cidadão de eleger, ser eleito e participar da organização e da atividade do poder estatal" (Silva, 2006). Em outras palavras, cuida-se do **"direito de votar" e "ser votado"**.

O **voto** é o **meio pelo qual se exerce o sufrágio**. Tem natureza **personalíssima**, não podendo ser exercido por procuração.

O **escrutínio** é o **modo como é exercido o direito de sufrágio**. O escrutínio pode ser aberto (exemplo: derrubada do veto do Presidente da República) ou secreto (exemplo: eleições gerais para escolha dos governantes).

O art. 60, § 4º, da Constituição, ao estabelecer como cláusula pétrea o voto "direto, secreto, universal e periódico", **não segue um rigor terminológico**, confundindo os conceitos de sufrágio, voto e escrutínio. A título de exemplo, o voto não é secreto: o que é secreto é o escrutínio, ou seja, o modo como se realiza o direito de voto.

> ### Importante
>
> O sufrágio pode ser classificado em:
>
> **1) Restrito:** a participação política do cidadão sofre restrições, relacionadas à condição econômica, capacidade intelectual, gênero, entre outros. Pode ser subdividido em:
>
> a) **censitário:** relacionado à condição econômica do indivíduo. Estava previsto no art. 95 da Constituição de 1824;
>
> b) **capacitário:** exige a demonstração de capacidade intelectual para que o indivíduo possa votar. No Brasil, **não há sufrágio capacitário**: embora os analfabetos não possam ser votados, a restrição não tem caráter discriminatório, encontrando fundamento no próprio exercício do cargo;
>
> c) **em razão do gênero:** exige determinado gênero para que a pessoa possa votar. A Constituição de 1934 (art. 108) foi a primeira a consagrar o direito ao voto para mulheres.
>
> **2) Universal:** consiste na atribuição a todos os cidadãos do direito de votar e de serem votados, tendo sido adotado pelo art. 14, *caput,* da CF/1988.

> ### Atenção
>
> Todo sufrágio tem alguma espécie de restrição, não existindo sociedade que defira o exercício "pleno" do sufrágio a todos os seus cidadãos. Assim, o que distingue o sufrágio universal do restrito não é a existência de requisitos, mas, sim, a razoabilidade deles (ex. é razoável a restrição ao voto aos menores de 16 anos).

2.1.2. *Capacidade eleitoral ativa e alistabilidade*

A **capacidade eleitoral ativa** consiste na capacidade de votar. De outro modo, o **alistamento eleitoral**, realizado perante a Justiça Eleitoral, diz respeito ao procedimento necessário para que uma pessoa adquira a condição de eleitor e, portanto, possa exercer a sua capacidade eleitoral ativa.

Cap. 13 – Direitos Políticos

O STF já decidiu ser válido o cancelamento do título do eleitor que, convocado por edital, não comparece ao processo de revisão eleitoral, com fundamento no art. 14, *caput* e § 1º, da CF/1988 (ADPF 541 MC/DF).

> **Importante**
>
> O voto apresenta as seguintes características:
>
> **1) Direto:** em regra, os cidadãos votam diretamente em seus representantes. Exceções (voto indireto): a) governador de território – sobrevindo a criação de um território, a escolha do governador será feita pelo Presidente da República; b) vacância do cargo de Presidente e Vice-Presidente nos dois últimos anos do mandato: será realizada eleição indireta pelo Congresso Nacional.
>
> **2) Igual:** o voto tem o mesmo valor para todos os eleitores, independentemente da capacidade econômica, intelectual, do gênero ou da idade ("One person, one vote").
>
> Nos termos do art. 2º da EC nº 111/2021, os votos dados a candidatas mulheres ou a candidatos negros para a Câmara dos Deputados nas eleições realizadas de 2022 a 2030 serão contados **em dobro** para fins de distribuição entre os partidos políticos dos recursos do fundo partidário e do Fundo Especial de Financiamento de Campanha (FEFC). Trata-se de exemplo de ação afirmativa que pretende estimular a participação na política de mulheres e negros.
>
> **3) Periódico:** a democracia exige que os mandatos tenham prazo determinado.
>
> **4) Personalíssimo:** apenas a própria pessoa pode votar, não sendo possível o voto por procuração.
>
> **5) Livre:** é vedada qualquer forma de coação ou coerção sobre aquele que vota.
>
> O **voto impresso** não é admitido pelo STF, tendo em vista a possibilidade de macular o sigilo e, por via de consequência, a liberdade de votar (ADI 5.889/DF).
>
> **6) Obrigatório:** a obrigatoriedade de comparecer ao local de votação incide para aqueles que têm mais de 18 e menos de 70 anos de idade, salvo no que tange aos analfabetos e aos maiores de 16 e menores de 18 anos (art. 14, § 1º, da CF/1988).

> **Atenção**
>
> 1) A obrigatoriedade do voto **não tem natureza de cláusula pétrea**, tendo em vista que o art. 60, § 4º, II, da CF/1988 dispõe que não será objeto de deliberação a proposta de emenda tendente a abolir apenas o voto direto, secreto, universal e periódico.

2) A ausência do título de eleitor no momento da votação não constitui, por si só, óbice ao exercício do sufrágio, ou seja, é desnecessária a **dupla identificação** (STF, ADI 4.467).

3) O voto não apresenta como característica ser secreto, pois a publicidade diz respeito ao escrutínio, ou seja, ao modo como é exercido o direito de sufrágio.

Jurisprudência

Voto e transporte público coletivo: de modo a garantir o exercício do voto, o STF entendeu que viola a Constituição a omissão do poder público em ofertar transporte público coletivo de forma gratuita e em frequência compatível com aquela praticada em dias úteis nos dias das eleições na zona urbana (ADPF 1.013/DF).

Importante

Inalistáveis: em que pese a adoção do sufrágio universal, existem determinadas pessoas que não podem alistar-se como eleitores e, portanto, não dispõem de capacidade eleitoral ativa. O art. 14, § 2º, da CF/1988 dispõe que não podem alistar-se como eleitores: a) **estrangeiros:** porque a nacionalidade é requisito para o exercício da cidadania em sentido estrito. Exceção se faz aos portugueses equiparados, desde que haja reciprocidade em Portugal em favor dos brasileiros ("quase nacionalidade"); b) **conscritos:** são todos aqueles que prestam o serviço militar obrigatório, inclusive os médicos, dentistas, farmacêuticos e veterinários após a conclusão da graduação (art. 4º da Lei nº 5.292/1967).

2.1.3. *Capacidade eleitoral passiva ou elegibilidade*

A capacidade eleitoral passiva ou elegibilidade consiste na capacidade de ser eleito, observadas as condições estabelecidas pela CF/1988 e pela legislação eleitoral. O art. 14, § 3º, da CF/1988 dispõe que são condições de elegibilidade, na forma da lei:

I – a **nacionalidade brasileira**;

Os estrangeiros são inalistáveis e, portanto, inelegíveis. Exceção: os portugueses equiparados, desde que haja reciprocidade em Portugal.

II – o pleno **exercício dos direitos políticos**;

Assim, caso o indivíduo esteja com os seus direitos políticos suspensos (ex.: em decorrência de condenação criminal), não será elegível.

Cap. 13 – Direitos Políticos

III – o **alistamento eleitoral**;

Logo, os conscritos e os menores de 16 anos não são elegíveis;

IV – o **domicílio eleitoral** na circunscrição;

> **Atenção**
>
> 1) O conceito de domicílio eleitoral **não se confunde** com o de domicílio civil. Para fixação do **domicílio eleitoral** é necessário demonstrar a existência de **vínculo residencial, afetivo, familiar, profissional, comunitário ou de outra natureza** que justifique a escolha do município. Assim, o indivíduo pode residir em determinada cidade e ter domicílio eleitoral em outra. Já o **domicílio civil** da pessoa natural é o lugar onde ela estabelece a sua residência com ânimo definitivo ou, quanto às relações concernentes à profissão, o lugar onde esta é exercida.
>
> 2) Para concorrer às eleições, o candidato deverá possuir domicílio eleitoral na respectiva circunscrição pelo **prazo mínimo de seis meses** (art. 9º da Lei nº 9.504/1997).

V – a **filiação partidária**, que deverá ter sido obtida pelo menos **seis meses** da data do pleito (art. 9º da Lei nº 9.504/1997);

A temática é regulada pela Resolução do TSE nº 23.596/2019.

VI – a **idade mínima** de: a) trinta e cinco anos para Presidente e Vice-Presidente da República e Senador; b) trinta anos para Governador e Vice-Governador de Estado e do Distrito Federal; c) vinte e um anos para Deputado Federal, Deputado Estadual ou Distrital, Prefeito, Vice-Prefeito e juiz de paz; d) dezoito anos para Vereador.

A idade mínima deve estar preenchida **na data da posse**, salvo com relação ao vereador, que terá como data-limite para análise o **pedido de registro de candidatura** (art. 11, § 2º, Lei nº 9.504/1997).

A **plena cidadania** é adquirida com 35 anos de idade, tendo em vista ser a mínima para que um indivíduo possa concorrer a todos os cargos, inclusive Presidente da República, Vice-Presidente e Senador.

> **Atenção**
>
> Até o advento da EC nº 111/2021, a posse e o início do mandato ocorriam em 1º de janeiro. Com o advento da EC nº 111/2021, a partir das eleições de 2026, o mandato do Presidente terá início em **5 de janeiro** (art. 82 da CF/1988) e o do Governador, em **6 de janeiro** do ano seguinte ao de sua eleição (art. 28, *caput*, da CF/1988).

2.2. Direitos políticos negativos

Os direitos políticos negativos são privações ao direito de participar do processo político, responsáveis por impedir o cidadão de eleger um candidato ou de ser eleito. Podem ser classificados em: a) inelegibilidades; ou b) perda e suspensão dos direitos políticos.

2.2.1. *Inelegibilidades*

As inelegibilidades consistem em circunstâncias, previstas na CF/1988 ou em lei complementar, que privam o cidadão do exercício pleno ou parcial da capacidade de ser eleito.

As inelegibilidades afetam apenas a capacidade eleitoral passiva; a capacidade eleitoral ativa permanece preservada (STF, ADC 29/DF).

> ### Atenção
>
> **Não confundir inelegibilidades com condições de elegibilidade**. As hipóteses de **inelegibilidades** só podem ser criadas por **lei complementar** e estão atualmente previstas na LC nº 64/1990. De outro modo, as **condições de elegibilidade** podem ser regulamentadas por **lei ordinária**, estando atualmente regulamentadas pelo Código Eleitoral (Lei nº 4.737/1965).

> ### Importante
>
> As inelegibilidades podem ser classificadas em:
>
> **1) Absolutas:** relacionadas a **condições pessoais do indivíduo**, atingem **todos os cargos** em disputa em determinado pleito. Estão previstas no art. 14, § 4º, da CF/1988, que dispõe serem inelegíveis: **a.1)** os **inalistáveis**, ou seja, os menores de 16 anos; os estrangeiros, com exceção dos portugueses equiparados; e os conscritos, durante o serviço militar obrigatório; e **a.2)** os **analfabetos**.
>
> Embora o **analfabeto** tenha o direito de votar (capacidade eleitoral ativa), não pode ser eleito (capacidade eleitoral passiva).
>
> **2) Relativas:** relacionadas a determinados **cargos eletivos**, estando previstas no art. 14, §§ 5º a 8º, da CF/1988 ou em lei complementar. Podem ser classificadas em:
>
> **a) Inelegibilidades relativas relacionadas ao cargo de Chefe do Poder Executivo** (Presidente, Governador e Prefeito): podem dizer respeito ao mesmo cargo que o indivíduo ocupa ou a outros cargos.

Cap. 13 – Direitos Políticos

a.1) Com relação ao mesmo cargo (como decorrência da função exercida para um terceiro mandato): o art. 14, § 5º, da CF/1988 estabelece que "O Presidente da República, os Governadores de Estado e do Distrito Federal, os Prefeitos e quem os houver **sucedido**, ou **substituído** no curso dos mandatos poderão ser reeleitos para um único período subsequente". Admite-se, assim, a reeleição dos Chefes do Poder Executivo **para um único período subsequente**.

A **sucessão tem caráter definitivo** (ex.: o titular do cargo de Governador que se candidata ao cargo de Senador será sucedido pelo vice). De outro modo, a **substituição tem caráter temporário** (ex.: o Presidente viaja para o exterior e o vice o substitui durante a sua ausência).

A partir da leitura do art. 14, § 5º, da CF/1988, podem-se destacar os seguintes aspectos:

1º Embora não paire dúvida sobre ser possível **apenas uma reeleição** para os cargos de Chefe do Poder Executivo, o STF e TSE chegaram a soluções distintas: (i) **TSE:** as hipóteses de sucessão e substituição devem ser computadas como se houvesse transcorrido um mandato (Consulta 1.699-37/DF); (ii) **STF:** a substituição não deve ser computada como se houvesse o transcurso de um mandato, pois **apenas na sucessão** do titular é que há o exercício do primeiro mandato.

2º A figura do **prefeito itinerante/profissional** ou do **governador itinerante/profissional** é incompatível com o princípio republicano, que exige alternância de pessoas e grupos familiares no poder. Ex.: o cidadão que exerce dois mandatos consecutivos como prefeito de determinado município fica inelegível para o cargo de prefeito **em qualquer outro município da federação**.

3º Com relação aos cargos do **Poder Legislativo, não há limites** para a reeleição.

4º A vedação ao exercício de três mandatos consecutivos de prefeito pelo mesmo núcleo familiar aplica-se na hipótese em que tenha havido a convocação do segundo colocado nas eleições para o **exercício de mandato-tampão** (STF, RE 1.128.439/RN).

a.2) Com relação a outros cargos eletivos: trata-se da **desincompatibilização** daqueles que já exercem mandato no Poder Executivo. Para concorrerem a **outros cargos**, o Presidente da República, os Governadores de Estado e do Distrito Federal e os Prefeitos devem renunciar aos respectivos mandatos **até seis meses antes do pleito**, de modo a evitar que utilize a máquina administrativa em seu favor (art. 14, § 6º, da CF/1988). A desincompatibilização não incide na reeleição dos Chefes do Executivo, tendo em vista que não se trata de "outros cargos".

b) Inelegibilidades relativas relacionadas a cargos não eletivos: a CF/1988 estabelece três casos de inelegibilidade relativa a outros cargos não eletivos:

I – Militar: o art. 14, § 8º, da CF/1988 dispõe que o **militar** alistável é elegível, atendidas as seguintes condições: a) se contar **menos de dez anos de serviço**, deverá afastar-se da atividade (desligando-se **em definitivo** da organização); b) se contar **mais de dez anos de serviço**, será agregado (caráter temporário) pela autoridade superior e, se eleito, passará automaticamente, no ato da diplomação, para a inatividade.

A **agregação** consiste na **situação temporária** em que o militar da ativa deixa de ocupar uma vaga na escala hierárquica do Corpo, Quadro, Arma ou Serviço (art. 34 do Decreto-lei nº 3.940/1941).

II – Juízes: o art. art. 95, parágrafo único, da CF/1988 veda aos juízes dedicar-se à **atividade político-partidária**.

III – Membros do Ministério Público: o art. 128, § 5º, II, *e*, da CF/1988 estabelece a vedação ao exercício de atividade político-partidária aos Membros do MP.

c) Inelegibilidade em razão do parentesco ou "inelegibilidade reflexa": de modo a evitar perpetuação de familiares no poder e atender aos princípios republicanos, são inelegíveis, no território de jurisdição do titular, o **cônjuge** e os **parentes consanguíneos** ou afins, **até o segundo grau ou por adoção**, do Presidente da República, de Governador de Estado ou Território, do Distrito Federal, de Prefeito ou de quem os haja substituído dentro dos seis meses anteriores ao pleito, **salvo se já titular de mandato eletivo e candidato à reeleição** (art. 14, § 7º, da CF/1988). Ex.: se "A" foi eleito Presidente e possui três filhos, todos parlamentares, estes somente poderão se candidatar à reeleição para os cargos que já ocupam. Aspectos a serem observados:

1º A expressão **"no território de jurisdição do titular"** deve ser interpretada no sentido de "circunscrição", de forma a corresponder **à área de atuação do titular do Poder Executivo** (Ac.-TSE, de 18.09.2008, no REsp 29.730). Assim, **no caso de Governador**, o cônjuge e os parentes até o segundo grau não podem se candidatar a nenhum cargo dentro do Estado em que exerce a governança, ou seja, para os cargos de Senador ou Deputado Federal pelo mesmo Estado; Prefeito ou Vereador em municípios pertencentes ao mesmo Estado; ou ao próprio cargo de Governador. **Tratando-se de Prefeito**, o cônjuge e os parentes até o segundo grau não podem se candidatar aos cargos do mesmo município (Prefeito e Vereador); porém, ficam livres para se candidatarem aos demais cargos (Senador, Deputado Federal, Presidente ou Deputado Estadual).

2º O STF tem entendido que fica inelegível para o cargo de Prefeito de município resultante de **desmembramento territorial** o cônjuge ou parentes até o segundo grau do atual Chefe do Poder Executivo do município-mãe (RE 158.314).

3º A Súmula Vinculante nº 18 do STF enuncia que **a dissolução da sociedade conjugal**, no curso do mandato, **não afasta a inelegibilidade reflexa. Exceção: morte do titular do cargo no Poder Executivo**, não acarretando a inelegibilidade do cônjuge, prevista no art. 14, § 7º, da CF/1988 (AC 3.298 MC-AgR/PB).

Cap. 13 – Direitos Políticos

4º No que tange à **ocupação simultânea dos cargos de Chefe do Poder Executivo e de Presidente da Casa Legislativa por parentes** (ex. parentes sejam Governador do Estado e Presidente da Assembleia Legislativa ou, ainda, Prefeito e Presidente da Câmara Municipal), o STF firmou a tese na ADPF 1.089/DF de que **não viola a inelegibilidade por parentesco**, visto que o art. 14, § 7º, da CF/1988 limita o exercício dos direitos políticos fundamentais, devendo ser interpretado restritivamente.

d) Outras hipóteses: lei complementar estabelecerá **outros casos de inelegibilidade (relativas)** e os prazos de sua cessação, a fim de proteger a probidade administrativa, a moralidade para exercício de mandato considerada vida pregressa do candidato e a normalidade e legitimidade das eleições contra a influência do poder econômico ou o abuso do exercício de função, cargo ou emprego na administração direta ou indireta (art. 14, § 9º, da CF/1988). A matéria é atualmente regulada pela Lei Complementar nº 64/1990, com as alterações promovidas pela Lei Complementar nº 135/2010 ("Lei da Ficha Limpa"), que passou a prever novas hipóteses de inelegibilidade e ampliou os prazos (oito anos).

Atenção

No que tange às hipóteses de inelegibilidade, também podem ser classificadas quanto à origem em constitucionais e infraconstitucionais. As primeiras são aquelas previstas nos §§ 4º ao 9º do art. 14 da CF/1988 e não precluem. Já as infraconstitucionais, previstas na LC nº 64/1990, devem ser alegadas no momento da impugnação do registro da candidatura, sob pena de preclusão.

As inelegibilidades absolutas **não admitem desincompatibilização** e **devem estar previstas na CF/1988**. De outro modo, as inelegibilidades relativas **admitem a desincompatibilização** e podem ser criadas por **lei complementar**.

Jurisprudência

O STF (ADI 2.530/DF) já decidiu ser **inconstitucional a "candidatura nata"**, ou seja, o titular de mandato eletivo não possui o "direito adquirido" de ser registrado pelo partido político como candidato à reeleição, sob pena de esvaziamento da concepção de fidelidade partidária. Ex.: aquele que já exerce o cargo de Prefeito não tem o direito, em novas eleição, de ser registrado pelo partido como candidato à reeleição, devendo concorrer com os demais interessados em convenção partidária.

2.2.2. *Perda e suspensão de direitos políticos*

Em um Estado Democrático, os direitos políticos não podem ser **cassados**, ou seja, não podem ser **retirados arbitrariamente** dos indivíduos. Entretanto, o art. 15 da CF/1988 prevê hipóteses de perda e suspensão dos direitos políticos, não sendo admissível **interpretação ampliativa**.

1) **Perda** dos direitos políticos (**caráter de definitividade**):

   a) **Cancelamento da naturalização por sentença transitada em julgado:** caso a pessoa tenha cancelado, **por meio de sentença transitada em julgado**, a sua naturalização, não poderá readquiri-la. A reaquisição dos direitos políticos **perdidos** só será possível no caso de **procedência de ação rescisória** proposta contra sentença prolatada em ação de cancelamento da naturalização.

2) **Suspensão** dos direitos políticos (**caráter de temporariedade**): abrange a capacidade eleitoral ativa e passiva do condenado, impedindo-o de votar, filiar-se a partido político e candidatar-se a cargo eletivo; e afeta qualquer atividade que o agente esteja exercendo quando da sua condenação irrecorrível, implicando, sendo o caso, a perda do atual mandato. Hipóteses:

   a) **Incapacidade civil absoluta:** trata-se de hipótese de **suspensão** dos direitos políticos que se tornou inócua em razão da alteração promovida no Código Civil pela Lei nº 13.146/2015, afastando a incapacidade civil absoluta tanto daqueles que, por enfermidade ou deficiência mental, não tivessem o necessário discernimento para a prática de atos, como das pessoas que, mesmo por causa transitória, não pudessem exprimir sua vontade. Atualmente, somente os menores de 16 anos são considerados absolutamente incapazes, de modo que a eventual suspensão dos direitos políticos não tem relevância prática, na medida em que não dispõem de capacidade eleitoral ativa ou passiva.

   b) **Condenação criminal transitada em julgado:** trata-se de hipótese de **suspensão** dos direitos políticos que perdura **até a extinção da punibilidade** do agente condenado criminalmente por meio de sentença transitada em julgado. Nessa hipótese, a suspensão de direitos políticos cessa com o cumprimento ou a extinção da pena, independendo de reabilitação ou de prova de reparação dos danos (Súmula nº 9 do TSE). A suspensão incide **automaticamente**, não importando se a condenação é por crime ou contravenção penal (Ac.-TSE nº 13.293/1996), ou ainda se ocorreu a substituição da pena privativa de liberdade pela restritiva de direitos (STF, RE 601.182). Em casos de **sentença absolutória imprópria**, a Resolução nº 22.193/2006 do TSE estabelece que a decisão que impõe medida de segurança ostenta natureza condenatória, atribuindo sanção penal, e, justamente por isso, **implica a suspensão dos direitos políticos**. **Não incide a suspensão dos direitos políticos** nas hipóteses de prisões cautelares (temporária, preventiva ou em flagrante).

Cap. 13 – Direitos Políticos

c) **Improbidade administrativa:** para tanto, é necessária sentença judicial que reconheça a ocorrência da improbidade e, **expressamente**, determine a suspensão dos direitos políticos. Após o advento da Lei nº 14.230/2021, a suspensão dos direitos políticos com fulcro na prática de ato de improbidade só pode ocorrer nas hipóteses de **enriquecimento ilícito ou dano ao erário** (arts. 9º e 10 da Lei nº 8.429/1992), não sendo possível a sua incidência quando o agente pratica atos de improbidade administrativa que atentam contra os princípios da administração pública (art. 11 da Lei nº 8.429/1992), tendo em vista a ausência de previsão expressa dessa modalidade de sanção. Nesse sentido, o art. 12 da Lei nº 8.429/1992 admite a suspensão dos direitos políticos por até 14 anos nos casos de enriquecimento ilícito e por até 12 anos nos casos de dano ao erário.

> **Atenção**
>
> O indivíduo pode alegar escusa de consciência para se eximir de cumprir obrigação a todos imposta, devendo, contudo, cumprir prestação alternativa fixada em lei. No entanto, havendo recusa em cumprir obrigação a todos imposta e a prestação alternativa, existem duas correntes acerca dos efeitos sobre os direitos políticos: (i) trata-se de hipótese de **suspensão**, pois, a qualquer momento, o indivíduo pode regularizar a sua situação e readquirir seus direitos; e (ii) trata-se de hipótese de **perda**, pois não há prazo predeterminado para a reaquisição dos direitos. Esta última é a posição majoritária na doutrina nacional.
>
> **Cláusula de reciprocidade e suspensão dos direitos políticos**: embora não decorra de previsão constitucional expressa, a cláusula de reciprocidade entre brasileiros e portugueses (art. 12, § 1º, da CF/1988) pode ocasionar a suspensão dos direitos políticos no Brasil. Nesse sentido, o art. 17.3 do Decreto nº 3.927/2001 dispõe que "o gozo de direitos políticos no Estado de residência importa na suspensão do exercício dos mesmos direitos no Estado da nacionalidade". Ex.: caso um brasileiro esteja no gozo de seus direitos políticos em Portugal, serão suspensos os seus direitos políticos no Brasil.

3. PRINCÍPIO DA ANTERIORIDADE OU DA ANUALIDADE ELEITORAL

O princípio da anterioridade eleitoral, previsto no art. 16 da CF/1988, preceitua que lei modificativa do processo eleitoral que entrar em vigor no período de um ano antes das eleições terá a sua eficácia diferida para o pleito eleitoral subsequente. Ex.: se uma lei que realiza mudanças no processo eleitoral for publicada em janeiro de 2024, não poderá ser aplicada no pleito eleitoral de 2024, mas apenas às eleições de 2026. A nova lei eleitoral entra em vigor imediatamente. Somente a sua eficácia (aptidão para produzir efeitos) é que fica diferida ou adiada para o pleito subsequente.

1) **Finalidade: impedir alterações casuísticas no processo eleitoral**, capazes de violar a igualdade de participação de candidatos e partidos políticos.

2) **Natureza jurídica:** garantia fundamental do cidadão-eleitor fundada no devido processo legal eleitoral, na igualdade de oportunidade e no resguardo das minorias. Como garantia fundamental, tem natureza de **cláusula pétrea**, de modo que o poder constituinte derivado reformador não pode afastar a eficácia diferida da norma ou alterar o núcleo essencial do dispositivo. Ex.: embora a EC nº 52/2006 tenha extinguido a verticalização eleitoral (art.17, § 1º, da CF/1988), não pôde ser aplicada às eleições que ocorreram no ano de 2006.

> ### Jurisprudência
>
> O princípio da anterioridade eleitoral condiciona a atuação do Poder Judiciário, de modo que as **decisões do Tribunal Superior Eleitoral** que, **no curso do pleito eleitoral** ou logo após o seu encerramento, impliquem mudança de jurisprudência sobre o processo eleitoral, **somente terão eficácia sobre outros casos no pleito eleitoral posterior** (STF, RE 637.485/RJ).

4. PARTICIPAÇÃO POPULAR NO REGIME DEMOCRÁTICO: PLEBISCITOS, REFERENDOS E CONSULTAS POPULARES

O art. 1º, parágrafo único, da CF/1988 dispõe que todo poder emana do povo, sendo exercido por meio de representantes eleitos ou **diretamente**. No que tange ao exercício **direto** do poder pelo povo, poderá ocorrer de três formas distintas: plebiscito, referendo e iniciativa popular.

A regulamentação do plebiscito, do referendo e da iniciativa popular é realizada pela Lei nº 9.709/1998.

A Constituição de 1988 não prevê o **veto popular**, instrumento que permitiria ao povo vetar projetos de lei.

1) **Plebiscito:** o povo é consultado **antes de o ato ser praticado**. É convocado com anterioridade a ato **legislativo ou administrativo**, cabendo ao povo, pelo voto, aprovar ou denegar o que lhe tenha sido submetido. Ex.: o Brasil realizou em 1993 um plebiscito no qual as pessoas decidiram a forma e o sistema de governo que deveriam ser adotados em nosso país.

2) **Referendo:** o povo é consultado **depois que o ato foi praticado**. É convocado com posterioridade a **ato legislativo ou administrativo**, cumprindo ao povo a respec-

Cap. 13 – Direitos Políticos

tiva ratificação ou rejeição. Ex.: o art. 35 do Estatuto do Desarmamento entrou em vigência em 2003 e previu um referendo, realizado em 2005, em que se votou pela permissão do comércio de arma de fogo em todo o território nacional. O referendo pode ser classificado:

a) **quanto à matéria:** constitucional (quando tratar de matéria decorrente da Constituição) ou legislativo (quando tratar do processo de criação da legislação infraconstitucional);

b) **quanto ao tempo:** preventivo (realizado antes da criação legislativa) ou sucessivo (realizado após);

c) **quanto à eficácia:** consultivo (não tem caráter vinculante) ou deliberativo (caráter vinculante quanto ao resultado);

d) **quanto ao fundamento jurídico:** obrigatório (quando a regulação legislativa de alguma matéria depender de ratificação popular) e o facultativo (quando a constituição conceder a um órgão a prerrogativa de consulta).

3) **Iniciativa popular:** consiste na apresentação de projeto de lei à Câmara dos Deputados, subscrito por, no mínimo, **um por cento** do eleitorado nacional, distribuído pelo menos **por cinco Estados**, com não menos de **três décimos por cento** dos eleitores de cada um deles. O projeto de lei de iniciativa popular deverá circunscrever-se **a um só assunto** (art. 13, § 1º, da Lei nº 9.709/1998) e **não poderá ser rejeitado por vício de forma**, cabendo à Câmara dos Deputados providenciar a correção de eventuais impropriedades de técnica legislativa ou de redação (art. 13, § 2º, da Lei nº 9.709/1998).

4.1. Aspectos comuns do plebiscito e do referendo

O plebiscito e o referendo são **consultas formuladas ao povo** para que delibere sobre matéria de acentuada relevância, de natureza constitucional, legislativa ou administrativa.

Modo de convocação: nas **questões de relevância nacional**, de competência do Poder Legislativo ou do Poder Executivo, e no **caso de incorporação, subdivisão ou desmembramento de Estados-membros**, o plebiscito e o referendo são convocados **mediante decreto legislativo**, por proposta de um terço, no mínimo, dos membros que compõem qualquer das Casas do Congresso Nacional. Nas hipóteses de **assunto de interesse estadual**, a convocação será feita pela Assembleia Legislativa (art. 6º da Lei nº 9.709/1998). Por fim, em caso de **questão local**, o plebiscito ou o referendo são convocados pelas Câmaras Municipais.

Quórum: o plebiscito ou referendo será considerado aprovado ou rejeitado por **maioria simples** (art. 10 da Lei nº 9.709/1998).

Resultado de plebiscito e referendo e alteração por lei ou emenda constitucional: dúvida pode surgir se, proclamado o resultado de um plebiscito ou de um referendo, o legislador poderia contrariar a opção do povo, editando uma lei ou emenda constitucional em sentido diverso. Prevalece o entendimento de que a vontade popular tem natureza vinculante, não podendo ser desrespeitada pelo legislador. Em outras palavras, qualquer medida que contrarie o resultado de referendo ou plebiscito é inconstitucional, violando o art. 14, I ou II, da CF/1988, tendo em vista que "a democracia direta prevalece sobre a democracia representativa" (Lenza, 2023). Assim, a "única maneira de modificar a vontade popular seria mediante uma nova consulta ao povo, a ser convocada ou autorizada por decreto legislativo do Congresso Nacional (art. 49, XV)" (Lenza, 2023).

4.2. Consultas populares

Com o advento da EC nº 111/2021, foram acrescentados ao art. 14 da CF/1988 os §§ 12 e 13, dispondo que as **consultas sobre questões locais**: a) devem ser realizadas **no mesmo dia das eleições**; b) a convocação deverá ser feita até **90 dias antes da data das eleições**; c) não é permitida a utilização de propaganda gratuita no rádio e na TV para a divulgação dos argumentos favoráveis e contrários àquilo que está sendo consultado.

5. PARTIDOS POLÍTICOS

O partido político é uma forma de agremiação de pessoas que se propõe a organizar, coordenar e instrumentalizar a vontade popular, tendo como finalidade obter o acesso ao poder para realizar seu programa de governo (Silva, 1999).

5.1. Princípio da liberdade na criação de partidos políticos

A Constituição de 1988 confere o direito de criação de partidos políticos para a defesa de interesses programáticos, ideológicos, entre outros, mediante o preenchimento de determinados requisitos. Nesse sentido, o art. 17, *caput*, da CF/1988 dispõe que **é livre** a criação, fusão, incorporação e extinção de partidos políticos, resguardados a **soberania nacional**, o **regime democrático**, o **pluripartidarismo**, os **direitos fundamentais** da pessoa humana e observados os seguintes preceitos:

I – caráter nacional: só é admitido o registro do estatuto de partido político que tenha caráter nacional, considerando-se como tal aquele que comprove, no período de dois anos, o apoiamento de eleitores não filiados a partido político, correspondente a, pelo menos, 0,5% dos votos dados na última eleição geral para a Câmara dos Deputados, não computados os votos em branco e os nulos, distribuídos por um terço, ou mais, dos Estados, com um mínimo de 0,1% do eleitorado que haja votado em cada um deles;

Cap. 13 – Direitos Políticos

II – proibição de recebimento de recursos financeiros de entidade ou governo estrangeiros ou de subordinação a estes. Contudo, pode ser filiado a entidade internacional;

III – prestação de contas à Justiça Eleitoral: os partidos têm acesso ao Fundo Partidário e ao Fundo Especial de Financiamento de Campanha, podendo receber doações de pessoas físicas, razão pela qual todos os órgãos partidários – em nível federal, estadual e municipal – precisam realizar escrituração contábil, ou seja, devem prestar contas (art. 30 da Lei nº 9.096/1995);

Jurisprudência

É vedada a **doação eleitoral oculta**, razão pela qual os valores transferidos a título de doação pelos partidos políticos ou pelos candidatos devem ser individualizados nas respectivas prestações de contas (STF, ADI 5.394).

IV – funcionamento parlamentar de **acordo com a lei.**

Jurisprudência

O STF decidiu ser constitucional o § 9º do art. 29 da Lei nº 9.096/1995 ao dispor que "Somente será admitida a fusão ou incorporação de partidos políticos que hajam obtido o registro definitivo do Tribunal Superior Eleitoral há, pelo menos, 5 anos" (STF, ADI 6.044/DF).

5.2. Vedação à celebração de coligações partidárias nas eleições proporcionais

As coligações consistem em alianças partidárias formalizadas entre dois ou mais partidos políticos para concorrerem, de forma unitária, às eleições. "Distinguem-se dos partidos políticos que as compõem e a eles se sobrepõem, temporariamente, adquirindo capacidade jurídica para representá-los" (STF, MS 30.260).

A partir da EC nº 97/2017, só se admite a **celebração de coligação partidária para eleições majoritárias**. Nesse sentido, o art. 17, § 1º, da CF/1988 assegura aos partidos políticos autonomia para definir sua estrutura interna e estabelecer regras sobre escolha, formação e duração de seus órgãos permanentes e provisórios e sobre sua organização e funcionamento e para adotar os critérios de escolha e o regime de suas **coligações nas eleições majoritárias**, **vedada a sua celebração nas eleições proporcionais**, sem obrigatoriedade de vinculação entre as candidaturas em âmbito nacional, estadual, distrital ou municipal, devendo seus estatutos estabelecer normas de disciplina e fidelidade partidária.

> **Atenção**
>
> Atualmente, o Brasil adota dois sistemas eleitorais: **a) o majoritário**, no qual o mandato eletivo é atribuído ao candidato ou partido político que obteve a maioria dos votos, sendo adotado na escolha de Prefeitos, Governadores, Senadores e Presidentes; **b) o proporcional**, adotado para a escolha de Vereadores, Deputados Estaduais e Deputados Federais, no qual obtém-se, primeiramente, o **quociente eleitoral** (divisão do total de votos válidos pelo número de cargos em disputa), para, na sequência, promover-se o cálculo do **quociente partidário** (dividindo os votos de cada partido ou coligação pelo quociente eleitoral).

5.3. Natureza dos partidos políticos e aquisição de personalidade

Os partidos políticos são criados nos termos do Código Civil, ou seja, são registrados no cartório de pessoas jurídicas. Uma vez realizada a **inscrição do ato constitutivo no respectivo registro**, os partidos adquirem personalidade jurídica. Têm natureza, portanto, de **pessoas jurídicas de direito privado**.

Contudo, o art. 17, § 2º, da CF/1988 impõe aos partidos políticos que, após adquirirem personalidade jurídica, na forma da lei civil, seus **estatutos sejam registrados no TSE**, momento a partir do qual poderão **participar do processo eleitoral**, receber recursos do Fundo Partidário e ter acesso gratuito ao rádio e à televisão. Somente o registro do estatuto do partido no TSE assegura a exclusividade da sua denominação, sigla e símbolos, vedada a utilização, por outros partidos, de variações que venham a induzir a erro ou confusão.

O ato do TSE que analisa o pedido de registro partidário tem **natureza administrativa**, e não jurisdicional, razão pela qual incabível a interposição de recurso extraordinário (STF, RE 164.458-AgR).

5.4. Etapas de criação de um partido político

Nos termos da Resolução nº 23.571/2018 do TSE, a criação de um partido político deve observar as seguintes etapas:

1) Fundação: mínimo de 101 eleitores, com domicílio em um terço dos Estados; elaboração do programa e estatuto partidários; eleição dos dirigentes partidários.

2) Requerimento de registro do partido político, dirigido ao cartório competente do Registro Civil das Pessoas Jurídicas do local de sua sede, que deve ser subscrito pelos seus fundadores, em número nunca inferior a 101, com domicílio eleitoral em, no mínimo, um terço dos Estados.

3) O partido deve obter, no prazo de dois anos, o apoiamento mínimo de eleitores não filiados, de modo a conferir caráter nacional à agremiação, consistente em

Cap. 13 – Direitos Políticos

ao menos 0,5% dos votos válidos na última eleição para a Câmara dos Deputados, distribuídos em um terço ou mais dos Estados, com mínimo de 0,1% do eleitorado que haja votado em cada um deles.

4) Registro do estatuto no TSE, de modo que possa participar do processo eleitoral; receber recursos do Fundo Partidário; ter acesso gratuito ao rádio e à televisão.

Jurisprudência

O STF decidiu ser constitucional Resolução editada pelo TSE que veda o repasse de recursos do Fundo Partidário e do Fundo Especial de Financiamento de Campanha (FEFC) por partidos políticos ou candidatos não pertencentes à mesma coligação e/ou não coligados (ADI 7.214/DF).

5.5. Cancelamento de partido político

A Lei nº 9.096/1995, em seu art. 28, estabelece que o TSE, após trânsito em julgado de decisão, deve determinar o **cancelamento do registro civil e do estatuto do partido** contra o qual fique provado: I – ter recebido ou estar recebendo **recursos financeiros de procedência estrangeira**; II – estar **subordinado a entidade ou governo estrangeiros**; III – **não ter prestado, nos termos desta Lei, as devidas contas** à Justiça Eleitoral; IV – que mantém **organização paramilitar**.

5.6. Cláusula de barreira ou cláusula de desempenho

A EC nº 97/2017, buscando reduzir o número de pequenos partidos, criou uma **cláusula de barreira ou de desempenho**, ao prever no art. 17, § 3º, da CF/1988 que somente terão direito a recursos do fundo partidário e acesso gratuito ao rádio e à televisão, na forma da lei, os partidos políticos que **alternativamente**:

"I – obtiverem, nas eleições para a Câmara dos Deputados, no mínimo, 3% dos votos válidos, distribuídos em pelo menos um terço das unidades da Federação, com um mínimo de 2% dos votos válidos em cada uma delas; ou

II – tiverem elegido pelo menos quinze Deputados Federais distribuídos em pelo menos um terço das unidades da Federação".

A cláusula de barreira somente incidirá plenamente a partir das eleições de 2030, tendo a EC nº 97/2017 previsto regras de transição que vão se tornando cada vez mais rigorosas.

5.7. Fidelidade partidária

Nas eleições proporcionais, se o mandatário deixa o partido **sem justa causa** após ser eleito, o mandato continua a pertencer ao partido, e não ao candidato. Caso contrário, a prática da **infidelidade partidária** (a mudança de partido de forma arbitrária) implicaria violação ao sistema proporcional e mutilaria o **direito das minorias que atuam no âmbito social**, privando-as de representatividade nas Casas Legislativas.

> ## Atenção
>
> As regras de perda do mandato por infidelidade partidária só incidem no âmbito das **eleições proporcionais** (STF, ADI 5081).

> ## Importante
>
> O art. 17, § 6º, da CF/1988 estabelece que os Deputados Federais, os Deputados Estaduais, os Deputados Distritais e os Vereadores que se desligarem do partido pelo qual tenham sido eleitos perderão o mandato, **salvo nos casos de anuência do partido ou de outras hipóteses de justa causa estabelecidas em lei**, não computada, em qualquer caso, a migração de partido para fins de distribuição de recursos do fundo partidário ou de outros fundos públicos e de acesso gratuito ao rádio e à televisão.

Hipóteses de justa causa para o desligamento do partido político:

1) **Anuência do partido** (art. 17, § 6º, da CF/1988).

2) **Justa causa estabelecida em lei** (art. 17, § 6º, da CF/1988):

   a) mudança substancial ou desvio reiterado do **programa partidário** (art. 22-A, parágrafo único, I, da Lei nº 9.096/1995);

   b) grave **discriminação** política pessoal (art. 22-A, parágrafo único, II, da Lei nº 9.096/1995);

   c) mudança de partido efetuada durante o **período de trinta dias** que antecede o prazo de filiação exigido em lei para concorrer à eleição, majoritária ou proporcional, ao término do mandato vigente (art. 22-A, parágrafo único, III, da Lei nº 9.096/1995). É a chamada **"janela partidária legal"**;

3) **"Janela partidária constitucional"** (art. 17, § 5º, da CF/1988): se um candidato for eleito por um **partido que não preencher os requisitos para obter o fundo partidário e o tempo de rádio e TV**, terá o **direito de mudar de partido**, sem perder o mandato, para agremiação que tenha atingido os requisitos.

Jurisprudência

O parlamentar que já fez o uso da faculdade prevista no § 5º do art. 17 **não pode**, salvo presente nova hipótese prevista no art. 17, § 6º, da CF/1988 e art. 22-A da Lei 9.096/1995, **migrar para um terceiro partido político**, sob pena de perda de mandato (TSE, Ac. de 17.2.2022 na CtaEl nº 060016120).

5.8. Incorporação de partidos e ausência de responsabilização por sanções anteriormente aplicadas

Nos termos do art. 3º da EC nº 111/2021, nos processos de incorporação de partidos políticos, as sanções eventualmente aplicadas aos órgãos partidários regionais e municipais do partido incorporado (ex.: multa por ausência de prestação de contas) **não serão aplicadas ao partido incorporador nem aos seus novos dirigentes**, exceto aos que já integravam o partido incorporado.

5.9. Destinação de recursos para programas de promoção e difusão da participação política de mulheres

O art. 17, § 7º, da CF/1988 dispõe que os partidos políticos devem aplicar no mínimo **5%** dos recursos do Fundo Partidário na criação e na manutenção de programas de promoção e difusão da participação política das mulheres, **de acordo com os interesses intrapartidários.**

6. COTA DE GÊNERO, FINANCIAMENTO DE CAMPANHA E TEMPO DE PROPAGANDA

O art. 10, § 3º, da Lei nº 9.504/1997 dispõe que cada partido poderá registrar candidatos para a Câmara dos Deputados, a Câmara Legislativa, as Assembleias Legislativas e as Câmaras Municipais no total de até 100% do número de lugares a preencher mais 1, mas do número de vagas resultante, cada partido ou coligação **preencherá o mínimo de 30% e o máximo de 70% para candidaturas de cada sexo.**

Jurisprudência

É cabível a utilização da Ação de Investigação Judicial Eleitoral (AIJE) para combater a fraude à cota de gênero, devendo ser cassados os registros ou diplomas de todos os candidatos beneficiados (STF, ADI 6.338/DF).

De outro modo, o **financiamento das campanhas** pode ocorrer de dois modos: a) por doações de pessoas naturais; b) com os recursos públicos que são transferidos aos partidos pelo Fundo Partidário e pelo Fundo Especial de Financiamento de Campanha (FEFC).

O art. 17, § 8º, da CF/1988 **equiparou o patamar legal mínimo de candidaturas femininas (30%) ao mínimo de recursos do Fundo Partidário e do FEFC, bem como ao tempo de propaganda eleitoral**, seja nas eleições majoritárias, seja nas proporcionais. Assim, o montante do Fundo Especial de Financiamento de Campanha e da parcela do fundo partidário destinada a campanhas eleitorais, bem como o tempo de propaganda gratuita no rádio e na televisão a ser distribuído pelos partidos às respectivas candidatas, **deverão ser de no mínimo 30%.** Todavia, não se exige que o percentual mínimo de 30% seja dividido igualitariamente entre as candidatas do mesmo partido.

7. FEDERAÇÕES DE PARTIDOS

7.1. Conceito de federações de partidos políticos

A federação de partidos consiste na reunião de dois ou mais partidos políticos que possuam **afinidade** ideológica ou programática e que, depois de constituída e registrada no TSE, **atuará como se fosse uma única agremiação partidária** (art. 11-A da Lei nº 9.096/1995).

> **Atenção**
>
> **Diferença entre federações e coligações:** nas federações, tem-se um vínculo com "caráter de permanência", enquanto as alianças firmadas nas coligações valem apenas até a eleição, podendo ser desfeitas logo em seguida ("caráter temporário").

7.2. Requisitos para a criação de uma federação de partidos políticos

Os requisitos para a criação de uma federação de partidos políticos são os seguintes: I – a federação somente poderá ser integrada por partidos com registro definitivo no TSE; II – os partidos reunidos em federação deverão permanecer a ela filiados por, no mínimo, quatro anos; III – a federação poderá ser constituída até a data final do período de realização das convenções partidárias; IV – a federação terá abrangência nacional e seu registro será encaminhado ao TSE.

Cap. 13 – Direitos Políticos

7.3. Regras de regência da federação

Aplicam-se à federação de partidos todas as normas que regem o funcionamento parlamentar e a fidelidade partidária (§ 1º do art. 11-A da Lei nº 9.096/1995). Nesse sentido, a federação é tratada **como se fosse um único partido político**.

O art. 11-A, § 5º, da Lei nº 9.096/1995 dispõe que, na hipótese de desligamento de um ou mais partidos, a federação continuará em funcionamento, até a eleição seguinte, desde que nela permaneçam dois ou mais partidos.

7.4. Infidelidade partidária e perda de mandato

Nos termos do § 9º do art. 11-A da Lei nº 9.096/1995, inserido pela Lei nº 14.208/2021, perderá o mandato o detentor de cargo eletivo que **se desfiliar, sem justa causa, de partido que integra federação**.

8. AÇÃO DE IMPUGNAÇÃO DE MANDADO ELETIVO (AIME)

O art. 14, §§ 10 e 11, da CF/1988 regulamenta a ação de impugnação de mandato eletivo (AIME). Nos termos do § 10 do art. 14, o mandato eletivo poderá ser impugnado ante a Justiça Eleitoral no prazo **de quinze dias contados da diplomação**, instruída a ação com provas de abuso do poder econômico, corrupção ou fraude.

Objetivos: *a AIME tem como objetivos: a) obstar a prática de abuso de poder econômico, corrupção ou fraude; b) impedir o exercício de mandato conseguido por meio do abuso de poder econômico, corrupção ou fraude; c) garantir a normalidade e a legitimidade do pleito.*

Legitimidade

1) **Ativa:** a) partidos; b) coligações; c) candidatos; d) Ministério Público. Trata-se de **legitimidade ativa concorrente**, de modo que os legitimados ativos podem propor a AIME de forma isolada ou em litisconsórcio. O eleitor não tem legitimidade para propor a AIME.

2) **Passivo:** a) candidatos diplomados, ainda que suplentes; b) nas eleições majoritárias, os titulares e vices, em razão do **princípio da indivisibilidade da chapa**, podendo estes últimos exercer o amplo direito defesa (Súmula nº 38 do TSE).

Competência para julgar: *a competência é fixada segundo o juízo responsável para diplomar o candidato: a) TSE para impugnação de Presidente e Vice-Presidente da República; b) TRE para impugnação de governador e respectivo vice, deputados estaduais e federais, senadores e respectivos suplentes; c) Juízo Eleitoral para impugnação de prefeitos, respectivos vices e vereadores.*

A AIME poderá ser interposta **até 15 dias** contados da cerimônia solene da diplomação (art. 14, § 10, da CF/1988). O termo inicial é o primeiro dia subsequente à cerimônia de diplomação, não importando se tal dia seja útil ou tenha expediente forense.

O prazo tem **natureza decadencial**, não se interrompendo aos sábados, domingos e feriados. Entretanto, se o termo final recair em feriado ou dia em que não haja expediente no tribunal, prorroga-se para o primeiro dia útil subsequente.

Rito: *o rito para processamento da AIME está previsto nos arts. 3º a 16 da Lei Complementar nº 64/1990.*

Efeitos: *a AIME produz dois efeitos: a) cassação do mandato eletivo do candidato; e b) anulação dos votos eivados de vícios.*

Sigilo: *o art. 14, § 11, da CF/1988 determina que a AIME tramite em segredo de justiça. Trata-se de tema controverso, haja vista não versar a demanda sobre a vida particular do candidato.*

Eficácia: *a decisão exarada na AIME tem eficácia imediata, não incidindo o art. 216 do Código Eleitoral.*

Jurisprudência

Nas eleições proporcionais, devem ser computados como válidos para os partidos políticos os votos dados **aos candidatos *sub judice*** cujos registros de candidatura estejam **deferidos ou sem análise** pela Justiça Eleitoral, excluindo-se apenas os votos atribuídos ao candidato cujo registro **esteja indeferido** no dia da votação (STF, ADIs 4.513/DF e 4.542/DF e ADPF 223/DF).

Natureza da sentença: *a sentença tem natureza desconstitutiva.*

EM RESUMO:

Direitos Políticos	
Definição	São direitos públicos subjetivos fundamentais conferidos aos cidadãos para que exerçam a soberania popular, compondo a base do regime democrático.
Espécies	1) Direitos políticos positivos: consubstanciados em normas que asseguram a participação do indivíduo no processo político e nos órgãos governamentais. 2) Direitos políticos negativos: privações constitucionais ao direito de participar do processo político e dos órgãos governamentais.

Cap. 13 – Direitos Políticos

Sufrágio	O sufrágio é a essência dos direitos políticos. O voto é o meio pelo qual se exerce o direito de sufrágio. O escrutínio é o modo como o exercício do direito de sufrágio se realiza. Espécies de sufrágio: 1) restrito: a) censitário; b) capacitário; c) em razão do gênero; 2) universal.
Características do voto no Brasil	1) Direto. 2) Igual. 3) Periódico. 4) Personalíssimo. 5) Livre. 6) Obrigatório.
Inalistáveis	Nos termos do art. 14, § 2º, da Constituição, não podem alistar-se como eleitores os estrangeiros e, durante o período do serviço militar obrigatório, os conscritos.
Elegibilidade (capacidade eleitoral passiva)	Consiste na capacidade de ser eleito. É o direito do cidadão de ser escolhido, mediante votação, como representante do povo, observadas as condições estabelecidas pela Constituição e pela legislação eleitoral. Condições: I – a nacionalidade brasileira; II – o pleno exercício dos direitos políticos; III – o alistamento eleitoral; IV – o domicílio eleitoral na circunscrição; V – a filiação partidária; VI – a idade mínima (art. 14, § 3º, da CF/1988).
Inelegibilidades	Afetam apenas a capacidade eleitoral passiva. A capacidade de votar (ativa) permanece preservada. Podem ser classificadas em: 1) absolutas: relacionadas a condições pessoais do indivíduo. Estão previstas no art. 14, § 4º, da CF/1988; 2) relativas: a) cargos eletivos; b) cargos não eletivos; c) em razão do parentesco ou "inelegibilidade reflexa"; d) outras hipóteses estabelecidas em lei complementar.
Perda e suspensão de direitos políticos	O texto constitucional (art. 15) prevê hipóteses de perda (caráter de definitividade) e suspensão (caráter temporariedade) de direitos políticos, que não admitem interpretação ampliativa.

Participação popular no regime democrático	O exercício direto do poder se dá por meio de: 1) plebiscito; 2) referendo; e 3) iniciativa popular. A regulamentação do plebiscito, do referendo e da iniciativa popular é realizada pela Lei nº 9.709/1998.
Partido político	**É uma forma de agremiação de um grupo de pessoas que se propõem a organizar, coordenar e instrumentalizar a vontade popular, tendo como finalidade obter o acesso ao poder para realizar seu programa de governo.** Princípio da liberdade para a criação de partidos políticos: art. 17 da CF/1988. Natureza jurídica: pessoas jurídicas de direito privado. Contudo, seus estatutos devem ser registrados no TSE, momento a partir do qual podem participar do processo eleitoral, receber recursos do Fundo Partidário e ter acesso gratuito ao rádio e à televisão. Cláusula de barreira ou de desempenho: criada pela EC nº 97/2017. Os partidos somente terão acesso aos recursos do Fundo Partidário e ao tempo de propaganda gratuita no rádio e na televisão se possuírem um número mínimo de candidatos eleitos, observados os requisitos estabelecidos de forma alternativa.
Federações de partidos	Conceito: reunião de dois ou mais partidos políticos que possuam afinidade ideológica ou programática e que, depois de constituída e registrada no TSE, atuará como se fosse uma única agremiação partidária (art. 11-A da Lei nº 9.096/1995). Infidelidade partidária: **§ 9º do art. 11-A da Lei nº 9.096/1995.** Ação de Impugnação de Mandado Eletivo: art. 14, §§ 10 e 11, da CF/1988.

Capítulo 14

Organização do Estado

1. NOÇÕES PRELIMINARES

1.1. Conceito de Estado

Pode-se conceituar Estado como a **entidade político-social** dotada de **soberania** e que se encontra juridicamente organizada, dispondo de **território** (base física), **povo** (associação humana) e **governo** (comando da autoridade soberana).

1.2. Elementos do Estado

O Estado é composto de três elementos: 1) território (base física); 2) povo (associação humana); e 3) governo (comando da autoridade soberana).

Existe posição doutrinária sustentando que os elementos do Estado são quatro (Dallari, 2009): 1) soberania; 2) finalidade; 3) povo; e 4) território.

1.3. Soberania *vs.* autonomia

A **soberania** pode ser compreendida sob duas perspectivas distintas: **a) positivista:** a soberania é **ilimitada**, ou seja, não existem limites impostos pelo direito natural. É a posição do STF (ADI 3.300/DF); **b) jusnaturalista:** a soberania encontra limites no direito natural, em especial no que tange à necessidade de coexistência com outras nações.

De outro modo, a **autonomia** é **sempre uma atividade limitada**, em especial pelas normas constitucionais.

1.4. Formas de governo

As formas de governo tratam da relação entre os governantes e os governados, do **modo de atribuição do poder político** (Silva, 2005), tendo como duas principais espécies:

1) Monarquia – O poder se encontra concentrado em apenas uma pessoa (rei, imperador ou sultão), tendo como principais **características**:

a) **irresponsabilidade política do governante:** nos Estados Absolutistas, o direito comum era destinado apenas aos súditos, não sendo aplicado ao soberano ("The king can do no wrong");

b) **hereditariedade:** refere-se à sucessão governamental, ou seja, à passagem do poder dos ascendentes para os descendentes, e não por meio do voto;

c) **vitaliciedade:** o monarca fica no poder até a sua morte ou até que algum problema físico o impeça de exercer a sua função;

d) **ausência de representatividade popular.**

2) **República** – A república é o governo "de todos" ou "de muitos", tendo como principais características:

a) **responsabilidade política:** ninguém está acima da lei, de modo que os governantes são responsáveis politicamente (ex.: o Presidente da República pode praticar crimes de responsabilidade e comuns);

b) **eletividade:** a sucessão governamental não ocorre por meio de laços consanguíneos, mas por meio das eleições;

c) **temporariedade:** os mandatos devem ser exercidos de forma temporária, tendo em vista a necessidade de alternância periódica do poder. Por essa razão, é permitida apenas uma reeleição para os Chefes do Poder Executivo pela Constituição de 1988;

d) **representatividade popular.**

> **Atenção**
>
> A Constituição de 1988 estabelece **apenas a forma de estado (federativa)** como cláusula pétrea (art. 60, § 4º, I), embora a forma de governo (republicana) esteja prevista como **princípio constitucional sensível** (art. 34, VII, *a*).

1.5. Sistemas de governo

O sistema de governo diz respeito à diferenciação das formas de articulação dos poderes, especialmente do Poder Legislativo e do Poder Executivo, podendo ser classificados do seguinte modo:

1) **Parlamentarismo:** surgiu na Inglaterra (com a Magna Carta de 1215, consolidando-se no século XVIII com a Reforma Eleitoral) e foi adotado pelo Brasil entre 1961 e 1963. Tem como principais características:

a) **divisão do Poder Executivo em duas esferas (Chefia de Estado e Chefia de Governo):** se o parlamentarismo for monárquico (exemplos: Espanha, Japão

Cap. 14 – Organização do Estado

e Reino Unido), o Chefe de Estado será o Monarca e o Chefe de Governo, o Primeiro-Ministro. No parlamentarismo republicano (exemplos: Alemanha, Áustria, Índia, Coreia do Sul e África do Sul), o Chefe de Estado é o Presidente da República e o Chefe de Governo o Primeiro Ministro;

b) **responsabilidade política do Chefe de Governo perante o Parlamento ("moção de desconfiança" ou "voto de censura"):** caso o Primeiro-Ministro não tenha o apoio do Parlamento, poderá receber uma "moção de desconfiança" ou um "voto de censura", sendo destituído do cargo por razões éticas ou políticas, pois o governo não é exercido por prazo certo;

c) **maior dependência entre os Poderes.**

2) **Presidencialismo:** surgiu nos Estados Unidos em 1787. Desde a Proclamação da República até os dias atuais, o Brasil adotou o presidencialismo (exceto pelo curto período de 1961 a 1963, em que foi adotado o parlamentarismo). Tem como principais características:

a) **fusão do Poder Executivo:** as funções de Chefe de Estado e de Chefe de Governo são exercidas pela mesma pessoa (Presidente da República), que tem um mandato com prazo predeterminado. A investidura do Presidente independe do Poder Legislativo;

b) **responsabilidade criminal e política do presidente (*impeachment*):** o Presidente da República pode responder por crimes comuns (julgados pelo STF) e por crimes de responsabilidade (julgados pelo Senado, após juízo de admissibilidade exercido pela Câmara);

c) **Poder Legislativo:** não pode ser dissolvido, sujeitando seus membros a mandato por prazo certo;

d) **maior divisão e independência entre os Poderes**.

3) **Semipresidencialismo:** sistema híbrido, que conjuga características do parlamentarismo e do presidencialismo. Surgiu em 1958, na França, e apresenta as seguintes características:

a) **divisão do Poder Executivo em duas esferas (Chefe de Estado e Chefe de Governo):** o Chefe de Estado será o Presidente da República, eleito diretamente pelo povo, que exerce relevantes atribuições do ponto de vista político, a exemplo da nomeação do Primeiro-Ministro e a dissolução do Parlamento. O Chefe de Governo é o Primeiro-Ministro;

b) **responsabilidade política do Chefe de Governo perante o Parlamento ("voto de censura"):** o Primeiro-Ministro depende da sustentação política do parlamento, que pode removê-lo em meio ao mandato por meio de "voto de censura". Exemplos: França, Portugal, Polônia, Colômbia e Finlândia.

1.6. Formas de Estado

O critério utilizado para definir as formas de Estado é a **distribuição espacial do poder político**, ou seja, o grau de centralização dos poderes estatais.

1) **Estado Unitário (ou simples):** adotado pelo Brasil da Constituição de 1824 até 15 de novembro de 1889 (Proclamação da República). É caracterizado pela concentração do poder em um ente central. Espécies:

   a) **puro:** possui uma **absoluta centralização** do exercício do poder. Exemplo: Vaticano;

   b) **com descentralização administrativa:** o processo legislativo continua centralizado, mas a **execução das decisões políticas** tomadas pelo governo central é descentralizada;

   c) **com descentralização político-administrativa: há uma descentralização** do **processo legislativo e da execução das decisões políticas** do governo central. Exemplos: Espanha, França e Portugal.

2) **Estado composto:** reunião de duas ou mais entidades políticas dentro do mesmo território. Exemplo: no Brasil, há a União, os Estados, o Distrito Federal e os Municípios. Espécies:

   a) **confederação:** reunião de vários **Estados soberanos** por meio de um tratado internacional ou acordo entre entes soberanos, sendo possível o desligamento a qualquer tempo;

   b) **federação:** os entes federativos **deixam de ter soberania**, possuindo apenas **autonomia** e personalidade de direito público interno. Há uma **descentralização política e de competências**, afastando-se, ainda, o direito de secessão, com a possibilidade de **decretação de intervenções**. A soberania estatal e a personalidade jurídica de direito internacional ficam **concentradas na República Federativa**. Cria-se um **órgão responsável pelo controle de constitucionalidade**, com a consagração da **rigidez constitucional**.

> **Atenção**
>
> **Principais diferenças entre a confederação e a federação** (Novelino, 2018):
>
> **(i)** Na confederação, há pessoa jurídica de direito público (exemplo: a União Europeia é uma confederação, pois é formada por vários Estados). Na federação, há um Estado (exemplo: Estado brasileiro, Estado francês, entre outros).
>
> **(ii)** Na confederação, os membros são, em regra, unidos por um **tratado internacional** ou um acordo entre entes soberanos (exemplo: União Europeia). Já nas federações os Estados são unidos por intermédio de uma **Constituição** (exemplo: Brasil).

Cap. 14 – Organização do Estado

Admite-se a união de Estados soberanos por meio de uma Constituição, tema que já foi objeto de votação na União Europeia.

(iii) Na confederação, os membros que compõem a pessoa jurídica de direito público **mantêm suas respectivas soberanias.** Exemplo: cada país que compõe a União Europeia mantém sua soberania. Na federação, os membros **têm apenas autonomia**, ou seja, dispõem de determinadas atribuições e competências, mas todos encontram limites na Constituição.

(iv) Na confederação, admite-se o **direito de desligamento ou de secessão**, ou seja, o direito dos participantes da confederação de se retirarem a qualquer tempo. Na federação, **o direito de secessão é vedado**, consagrando o art. 1º da CF/1988 o princípio da indissolubilidade do vínculo federativo, em consonância com o art. 34, I, da CF/1988, que estabelece a intervenção federal.

(v) Na confederação, os membros têm o **direito de "nulificação"**, ou seja, um membro pode não pactuar deliberações fixadas pela entidade. Na federação, não há o direito de nulificação, pois as decisões tomadas pelos órgãos centrais são obrigatórias para todos os membros.

(vi) Na confederação, cada indivíduo mantém a nacionalidade do respectivo Estado. Na federação, há uma nacionalidade única para todos os indivíduos.

(vii) Na confederação, o único órgão que existe em comum é o Congresso Confederal, não havendo um órgão de cúpula na esfera judicial. Na federação, o poder central é dividido em Legislativo, Executivo e Judiciário, existindo um órgão de cúpula (exemplo: STF no Brasil) responsável, inclusive, pelo controle de constitucionalidade e por solucionar conflitos de competências.

1.7. Divisão dos Poderes (ou das funções estatais)

A ideia de divisão dos poderes ou **sistema de freios e contrapesos (*checks and balances system*)** parte da concepção de que o poder político é uno, indivisível e indelegável, sendo, contudo, necessário estabelecer uma **interferência recíproca entre as funções estatais que controlem o próprio poder**. Assim, tem-se a seguinte divisão funcional:

a) **Função legislativa:** responsável pela: a.i) **edição de normas gerais e abstratas que inovam** no ordenamento jurídico; a.ii) **fiscalização e controle** dos atos praticados pela função executiva.

b) **Função executiva:** responsável por **"aplicar as normas jurídicas de ofício"**, com uma atuação voltada para a administração do Estado em sentido amplo (economia, a defesa e a arrecadação).

c) **Função judiciária:** responsável por aplicar as normas jurídicas ao caso concreto **com caráter de definitividade.**

1.8. Regimes políticos

Os regimes políticos são o complexo de princípios e forças políticas que orientam a concepção de Estado, podendo ser classificados em duas categorias principais:

1) **Autocracia:** regime em que o poder político é exercido de "cima para baixo", por uma pessoa ou um grupo social (Caetano, 1987).

2) **Democracia:** regime em que o poder político **é organizado "de baixo para cima", ou seja, o poder emana do povo** (soberania popular) e deve **haver participação do povo no exercício do poder**. Pode ser classificada em:

   a) **direta:** não há intermediação de representantes entre o exercício do poder e o povo;

   b) **indireta (ou representativa):** o povo outorga a atividade de governo a representantes eleitos;

   c) **semidireta (ou participativa):** convivem mecanismos de democracia direta (ex.: plebiscito) e indireta.

1.9. Características do Estado brasileiro

O Brasil apresenta atualmente a seguinte composição: 1) forma de estado: **federal;** 2) forma de governo: **república**; 3) sistema de governo: **presidencialista;** 4) regime político: **democracia**.

2. TIPOS DE FEDERALISMO

1) **Quanto ao surgimento ou origem:**

   a) **por agregação (centrípeto ou que forma "Estados perfeitos", "Estados por associação" ou "Estados por aglutinação"):** os Estados soberanos renunciam a parcela de sua soberania para formarem um ente único, passando a gozar apenas de autonomia. O movimento é centrípeto, visto que **o poder é deslocado das esferas periféricas para um ente central.** Exemplos: Estados Unidos e Alemanha;

   b) **por segregação (desagregação, centrífugo ou que forma "Estados imperfeitos" ou "Estados por dissociação"):** decorre da descentralização política de um Estado unitário, ou seja, o poder que estava concentrado em um órgão central é repartido entre entes periféricos. O movimento é centrífugo, visto que **o poder é deslocado de um ente central para esferas periféricas.** Exemplo: Brasil.

Cap. 14 – Organização do Estado

2) Quanto à repartição de competências:

a) **dualista:** adotado nos Estados Unidos até 1929, **é caracterizado pela repartição horizontal** de competências entre a União e os Estados-membros, ou seja, há **uma relação de coordenação** entre a União e os Estados-membros. Inexistem competências comuns ou concorrentes;

b) **de integração:** caracterizado pela sujeição dos Estados-membros à União, ou seja, há **uma relação de subordinação**, com uma **repartição vertical** de competências. Exemplo: Constituição de 1967;

c) **cooperativo:** há repartição de competências de forma **horizontal** (competências privativas/exclusivas da União e dos Estados-membros) e de forma **vertical** (com uma subordinação dos Estados-membros à União, por meio de competências comuns/concorrentes). É o adotado pela CF/1988.

3) Quanto à concentração do poder no ente central:

a) **centrípeto (centralizador):** fortalecimento excessivo do poder central, decorrente **da predominância das atribuições conferidas ao ente federativo central**. É o caso do Brasil, com uma concentração elevada do poder na União;

b) **centrífugo (descentralizador): há uma descentralização do poder**, com o **fortalecimento dos Estados-membros**. Exemplo: EUA;

c) **de equilíbrio:** busca dividir de forma equânime a repartição de competências entre o ente central e os entes periféricos, estabelecendo uma **relação harmoniosa e de respeito às instituições**. Exemplo: Alemanha.

> **Atenção**
>
> **Não confundir** a concentração de poder centrípeta com o movimento centrípeto de surgimento do federalismo. Embora o federalismo norte-americano seja centrífugo ou descentralizador, surgiu a partir de um movimento centrípeto. No Brasil, há um modelo de **federalismo centrípeto ou centralizador** (com uma elevada concentração do poder na União), surgido a partir de um **movimento centrífugo** (deslocamento do poder central para Estados-membros e Municípios).

4) Quanto à homogeneidade na distribuição de competências:

a) **simétrico (homogêneo):** caracteriza-se pelo **equilíbrio na distribuição constitucional de competências** entre os entes, de modo que o grau de autonomia conferido a um ente federativo não difere dos demais, em especial pela **"homogeneidade de cultura e desenvolvimento, assim como de língua"** (Lenza, 2023).

b) **assimétrico (heterogêneo):** a constituição confere um tratamento jurídico diferenciado aos entes federativos de mesmo grau, com o intuito de **reduzir as diferenças culturais,** em respeito, principalmente, ao **multiculturalismo**. Exemplo: Suíça e Canadá.

> **Atenção**
>
> Prevalece o entendimento de que o Brasil adota um **federalismo simétrico**; porém, apresenta **traços de assimetria** em decorrência da busca pela redução de desigualdades regionais (exemplo: criação da Zona Franca de Manaus) e um **"erro de simetria"** (Lenza, 2023) pelo fato de os Estados, independentemente de suas características e peculiaridades, elegerem três Senadores.

5) **Quanto às características dominantes:**

a) **simétrico (homogêneo) –** características dominantes do modelo clássico de federalismo: 1) possibilidade de intervenção da União nos Estados-membros; 2) Poder Judiciário dual: federal e estadual; 3) existência de dois Poderes Constituintes: originário e decorrente; 4) organização bicameral do Poder Legislativo: representantes do povo e representantes dos estados;

b) **assimétrico (heterogêneo):** deformação das características dominantes do federalismo simétrico. Exemplo: ausência de previsão da intervenção federal.

> **Atenção**
>
> José Tarcízio de Almeida (2018) classifica a federação brasileira como **assimétrica** (em razão, por exemplo, da previsão dos Municípios como entes federativos). Contudo, **a maior parte da doutrina entende que o federalismo brasileiro é simétrico**, dispondo de algumas regras assimétricas.

6) **Quanto às esferas de competência:**

a) **federalismo típico (bidimensional, bipartite ou de 2º grau) –** dispõe de duas esferas de competência: União (central) e Estados-membros (regional);

b) **federalismo atípico (tridimensional, tripartite ou de 3º grau) –** dispõe de três esferas de competência: União (central), Estados-membros (regional) e Municípios (local). Exemplo: Brasil.

Cap. 14 – Organização do Estado

> **Atenção**
>
> O Distrito Federal é uma **esfera de competência híbrida**, mas não há uma "quarta" esfera de competência.

7) **Federalismo orgânico:** é aquele em que o ente central é dotado de amplos poderes que lhe conferem **preeminência sobre os estados**. Assim, cabe à União realizar e prestar a maior parte das obras e dos serviços públicos, arrecadar a maior parte dos tributos e desempenhar uma **liderança política**.

3. CARACTERÍSTICAS ESSENCIAIS DO ESTADO FEDERATIVO

São características essenciais do Estado Federativo:

a) **Descentralização político-administrativa:** a descentralização administrativa diz respeito à **execução dos comandos do ente central**, enquanto a descentralização política refere-se **à execução e à edição de normas**.

b) **Participação das vontades parciais na formação da vontade nacional:** a Constituição de 1988 prevê um **Poder Legislativo dual** (uma casa de representantes do povo – Câmara dos Deputados – e uma casa de representantes dos Estados-membros – Senado Federal), em que a participação das vontades parciais é essencial na formação da vontade nacional. Os Municípios **não dispõem** de representantes na formação da vontade nacional.

c) **Auto-organização dos Estados-membros (princípio da autonomia):** os Estados-membros se estruturam por meio de suas próprias Constituições Estaduais.

Embora a rigidez constitucional, a imutabilidade da forma federativa e a existência de órgão encarregado de exercer o controle de constitucionalidade não sejam características essenciais do federalismo, são consideradas **requisitos para a manutenção da federação**.

4. SOBERANIA *VS.* AUTONOMIA

A **soberania** consiste em **poder político supremo** (sem a limitação de qualquer outro poder na ordem interna) e **independente** (não precisa acatar, na ordem internacional, a vontade de outros países). Trata-se de um **poder de autodeterminação plena**, não condicionado, seja na órbita externa, seja na órbita interna. No Brasil, **apenas o Estado Nacional tem soberania**, ou seja, a República Federativa do Brasil.

Já a **autonomia** pode ser compreendida como a **capacidade de autodeterminação** pelos entes federativos dentro do círculo de competências traçado pelo poder soberano, sendo caracterizada por quatro tipos de competências: **auto-organização** (os entes se auto-organizam por meio de normas próprias); **autolegislação** (capacidade de elaborar as próprias leis); **autogoverno** (capacidade de eleger seus próprios representantes na órbita do Poder Executivo e do Poder Legislativo); e **autoadministração** (competência para gerir o seu sistema burocrático e os próprios recursos sem interferências).

> ### Atenção
>
> A expressão "**Constituição Federal**" se diferencia da "**Constituição Nacional**" de forma simétrica à distinção entre **lei federal** (versa sobre interesses da União) e **lei nacional** (versa sobre interesses de todos os entes da federação).

5. REPARTIÇÃO DE COMPETÊNCIAS

Como pressuposto para a existência de uma federação, tem-se a repartição de competências, de modo que cada ente federado possa exercer sua autonomia.

O **sistema de repartição de competências** da Constituição de 1988 é **misto** – pois temos a repartição **horizontal** atuando com a repartição **vertical** –, sendo regido por dois princípios fundamentais:

1) **Princípio da predominância do interesse:** a) **interesse predominantemente geral**: competência da união; b) **interesse predominantemente regional**: competência dos Estados-Membros; c) **interesse predominantemente local**: competência dos Municípios. Com relação ao Distrito Federal, a competência abrange interesses predominantemente regionais e locais. **Não se trata do princípio "da exclusividade" do interesse**, tendo em vista ser possível a sobreposição de interesses de entes federativos.

2) **Princípio dos poderes implícitos:** foi desenvolvida pelo constitucionalismo norte--americano a partir da *necessary and proper clause* (art. 1º, Seção VIII, n. 18, da Constituição de 1787), estabelecendo que, **quando a constituição designa o fim, ela também designa o meio** necessário para alcançá-lo. O STF tem aplicado essa teoria e, inclusive, decidiu que o Tribunal de Contas da União pode conceder medidas cautelares, pois, se profere decisões de mérito, deve dispor dos meios necessários para alcançar a sua finalidade principal (MS 24.510/DF).

5.1. Técnicas de repartição de competências

A Constituição de 1988 adotou duas **técnicas** de repartição de competências:

1) **Horizontal:** enumera as competências, de modo a evitar qualquer tipo de invasão por outros entes. Não há subordinação. O Brasil adotou, em regra, a enumeração

Cap. 14 – Organização do Estado

das competências da União e dos Municípios, conferindo aos Estados as competências remanescentes.

2) **Vertical:** partilha as competências, permitindo a cooperação e a coordenação entre os entes. Pode ser classificada em:

a) **competência comum (administrativa):** distribuição da mesma competência entre entes federativos diversos. São atribuídas em igualdade de condições, sob a lógica da predominância do interesse, sem que o exercício da competência por um exclua a do outro;

b) **competência concorrente (legislativa):** a legislação federal deve estabelecer normas gerais, que podem ser suplementadas pela legislação estadual e municipal.

5.2. Sistema de repartição de competências da Constituição de 1988

A Constituição de 1988 adota o seguinte sistema de repartição de competências:

1) **Enumeração de poderes:** a) da União (arts. 21 e 22), com a possibilidade de delegação a Estados-membros de "questões específicas" (art. 22, parágrafo único); b) dos Estados-membros (art. 25, § 2º); e c) dos Municípios (arts. 23 e 30).

2) **Competência remanescente dos Estados-membros** (art. 25, § 1º).

3) **Competência comum da União, Estados, Distrito Federal e Municípios** (art. 23).

4) **Competência concorrente da União, Estados, Distrito Federal e Municípios** (art. 24, § 1º).

5) **Suplementação das regras gerais por Estados e Municípios**, segundo o princípio da predominância do interesse (arts. 24, §§ 2º e 3º, e 30, II).

A distribuição equânime de competências e autonomia aos entes é requisito essencial para a construção de uma **"federação de equilíbrio"** (Paulo; Alexandrino, 2008), em que os entes federativos busquem a harmonia, dando primazia para a adequada atuação das instituições.

De forma didática, é possível sistematizar do seguinte modo as competências:

Ente Federativo	Competências

União	1) Competências administrativas:
	  a) exclusivas – art. 21;
	  b) comum – art. 23.
	2) Competências legislativas:
	  a) privativa – art. 22;
	  b) concorrente – art. 24.

Estados	1) Competências administrativas:
	  a) comum – art. 23;
	  b) residual ou reservada – art. 25, § 1º;
	  c) expressa – art. 25, § 2º.
	2) Competências legislativas:
	  a) expressa – art. 25, *caput*;
	  b) residual ou reservada – art. 25, § 1º;
	  c) delegada pela União – art. 22, parágrafo único;
	  d) concorrente – art. 24;
	  e) suplementar – art. 24, §§ 1º a 4º.

Municípios	1) Competências administrativas:
	  a) comum – art. 23;
	  b) privativa ou enumerada – art. 30, III a IX.
	2) Competências legislativas:
	  a) expressa – art. 29, *caput*;
	  b) interesse local – art. 30, I;
	  c) suplementar – art. 30, II.

5.3. Campos específicos de competências administrativas e legislativas

Em primeiro lugar, é preciso diferenciar as competências legislativas das administrativas. As **competências legislativas** dizem respeito à competência para legislar sobre determinada matéria, enquanto as **competências administrativas** envolvem o fomento, o gerenciamento da máquina administrativa, a execução de políticas públicas, entre outros aspectos.

Fixadas essas premissas, é preciso deixar claro que a Constituição de 1988 adota, **regra geral, a técnica de repartição horizontal de competências**, de modo que não existe subordinação entre os entes federativos. Assim, há competências da União, Estados-membros e Municípios, e o Distrito Federal acumula as competências municipais e estaduais. Vejamos:

1) Poderes enumerados:

  a) União: os arts. 21 e 22 contemplam competências administrativas e legislativas, respectivamente. As **competências administrativas** previstas no art. 21 são também chamadas de **"exclusivas"**, tendo em vista que atribuídas à União, com exclusão do demais. As **competências legislativas** previstas no art. 22 são também chamadas de **"privativas"**, tendo em vista que enume-

Cap. 14 – Organização do Estado

radas à União, com a possibilidade de delegação (art. 22, parágrafo único) ou suplementação (art. 24 e respectivos parágrafos).

O inciso XXVII do art. 22 estabelece como competência privativa da União apenas a elaboração de normas gerais de licitação e contratação, sendo possível a edição de normas específicas no âmbito estadual, distrital e municipal.

b) Estado – o art. 25, § 2º, contempla **apenas competência administrativa**. Assim, embora o interesse seja predominantemente local, cabe aos Estados explorar diretamente, ou mediante concessão, os serviços locais de gás canalizado, na forma da lei, **vedada a edição de medida provisória** para a sua regulamentação (art. 25, § 2º). Existe entendimento doutrinário no sentido de que os Estados também dispõem de competência **legislativa expressa** (art. 25, *caput*, da CF/1988), decorrente da sua capacidade de auto-organização, devendo aprovar Constituições Estaduais e leis próprias.

c) Municípios: o art. 30 contempla competências administrativas e legislativas. Trata-se de **"poderes indicativos"**, visto que o dispositivo não contempla um rol tão detalhado quanto às competências da União.

Jurisprudência

A **Súmula Vinculante nº 2** enuncia que "É inconstitucional a lei ou ato normativo Estadual ou Distrital que disponha sobre sistemas de consórcios e sorteios, inclusive bingos e loterias". Contudo, "os estados-membros detêm competência administrativa para explorar loterias. A competência da União para legislar exclusivamente sobre sistemas de consórcios e sorteios, inclusive loterias, não obsta a competência material para a exploração dessas atividades pelos entes estaduais ou municipais" (STF, ADPFs 492 e 493).

A **Súmula Vinculante nº 46** enuncia que "A definição dos crimes de responsabilidade e o estabelecimento das respectivas normas de processo e julgamento são de competência legislativa privativa da União".

2) Poderes remanescentes ou residuais: são atribuídos aos Estados-membros (art. 25, § 1º), de modo que podem **legislar sobre temas que não são de competência da União** ou dos Municípios ou sobre aqueles que não lhes sejam vedados pela Constituição de 1988.

Atenção

O Distrito Federal é um ente híbrido, detendo competências estaduais e municipais (art. 32, § 1º, da CF/1988).

5.4. Competência exclusiva *vs.* competência privativa

As competências exclusivas e privativas são atribuídas a um só ente federativo. Contudo, é possível distingui-las pelo fato de que a **competência exclusiva tem natureza administrativa** e **exclui a possibilidade de delegação**. É a regra geral na Constituição de 1988.

De outro modo, as **competências privativas,** previstas nos arts. 22 e 84 da CF/1988, têm natureza legislativa e são atribuídas a apenas um ente federativo, mas **admitem delegação**.

5.5. Possibilidade de delegação a Estados-membros de competência legislativa privativa da União

O art. 22, parágrafo único, estabelece que lei complementar "poderá autorizar os Estados a legislar sobre questões específicas das matérias relacionadas neste artigo". Assim, é possível que a União autorize os Estados-membros a legislarem sobre temas relacionados ao art. 22, parágrafo único, da CF/1988, desde que observados os seguintes **requisitos**:

A) **Formais:** (i) a delegação deve ser feita por meio de lei complementar; (ii) a delegação deve ser conferida aos Estados-membros e ao Distrito Federal. Não pode haver delegação aos Municípios.

B) **Material:** a União não pode delegar, de forma geral, a regulamentação de uma matéria, mas apenas a regulamentação de **"questões específicas"**.

C) **Implícito:** consiste na busca pela isonomia entre os entes. Não é possível a delegação a apenas um Estado-membro. Eventual delegação deve abranger todos os Estados-membros e o Distrito Federal.

5.6. Competência comum (administrativa) da União, Estados, Distrito Federal e Municípios

No contexto do federalismo cooperativo brasileiro, há competências comuns, ou seja, que podem ser **exercidas simultaneamente pela União, Estados, Distrito Federal e Municípios**. São atribuídas em igualdade de condições aos entes, sob a lógica da predominância do interesse, sem que o exercício da competência por um exclua a do outro.

As competências comuns vêm arroladas no art. 23 da CF/1988 e apresentam as seguintes características: 1) são **comuns a todos os entes da federação** (União, Estados, Distrito Federal e Municípios), sem exceção; 2) **são eminentemente administrativas**.

O art. 23, parágrafo único, da CF/1988 estabelece, ainda, o **princípio da cooperação ou da integração**: lei complementar da União vai fixar normas para a cooperação entre os entes.

Cap. 14 – Organização do Estado

5.7. Competência concorrente (legislativa) da União, Estados, Distrito Federal e Municípios

A competência concorrente é atribuída a mais de um ente para tratar de certo assunto segundo o princípio da predominância do interesse, mas com primazia da competência federal para a edição de normas gerais.

Com efeito, a repartição de competências concorrentes segue a técnica **vertical**: a União estabelece normas gerais (o art. 24, § 1º, da CF/1988 dispõe que, no âmbito da legislação concorrente, "a competência da União limitar-se-á a estabelecer normas gerais"), que terão de ser obedecidas por todos os Estados e pelo Distrito Federal, e estes podem exercer apenas uma competência suplementar. ou seja, para tratar de questões específicas que visem atender aos interesses regionais.

A competência concorrente apresenta as seguintes **características**: 1) embora seja atribuída a mais de um ente federativo, **não pode ser exercida por todos eles**; 2) é **eminentemente legislativa**; 3) há uma legislação federal fundamental responsável por criar as normas gerais ou as diretrizes essenciais da matéria e que deverá ser seguida de modo uniforme pelos Estados-membros; 4) a competência da União **não exclui a competência suplementar dos Estados**.

Assim, o art. 24 da CF/1988 dispõe que compete à União, aos Estados e ao Distrito Federal legislar **concorrentemente** sobre inúmeros temas, valendo destacar os seguintes: "I – direito tributário, financeiro, penitenciário, econômico e urbanístico; [...] VII – proteção ao patrimônio histórico, cultural, artístico, turístico e paisagístico; VIII – responsabilidade por dano ao meio ambiente, ao consumidor, a bens e direitos de valor artístico, estético, histórico, turístico e paisagístico; [...] XI – procedimentos em matéria processual".

Em que pese os Municípios não serem mencionados no art. 24 da CF/1988, dispõem de competência legislativa concorrente, podendo suplementar a legislação federal e estadual com base no interesse local (art. 30, II, da CF/1988).

Jurisprudência

A **competência para legislar sobre telemarketing** é concorrente entre os Estados-membros (STF, ADI 5.962/DF).

É inconstitucional a renúncia do ente estadual ao exercício de competência legislativa concorrente (STF, ADI 2.303/RS).

5.7.1. Competência suplementar dos Estados

A competência suplementar dos Estados pode ser classificada em duas espécies:

a) Competência suplementar complementar: para que um Estado-membro exerça a sua competência complementar, é necessário que a União tenha **editado pre-**

viamente uma norma geral. Nesse sentido, o art. 24, § 2°, da CF/1988 dispõe que "A competência da União para legislar sobre normas gerais não exclui a competência suplementar dos Estados".

b) **Competência suplementar supletiva:** se a União não editar a norma geral, não podem os Estados ficar impedidos de legislar, atribuindo-lhes a Constituição de 1988 a **competência legislativa plena**, ou seja, podem elaborar a norma geral e a norma suplementar. Nesse sentido, o art. 24, § 3°, da CF/1988 dispõe que, "Inexistindo lei federal sobre normas gerais, os Estados exercerão a competência legislativa plena, para atender a suas peculiaridades".

> ### Importante
>
> Na hipótese de **competência suplementar supletiva**, caso um Estado-membro tenha exercido a competência legislativa plena sobre determinado assunto e, posteriormente, a União venha a editar a norma geral (**superveniência de lei federal**), a **lei federal não pode revogar lei estadual**, pois a revogação só pode ocorrer quando **os atos possuem a mesma densidade normativa e advêm do mesmo ente/poder**. Assim, **caso haja incompatibilidade** entre a lei federal superveniente e a lei estadual – editada com base na competência supletiva –, aquela **suspende a eficácia** desta no que lhe for contrária. Nesse sentido, o § 4° do art. 24 da CF/1988 estabelece que "A superveniência de lei federal sobre normas gerais suspende a eficácia da lei estadual, no que lhe for contrário".
>
> Caso não haja incompatibilidade entre a lei federal superveniente e a lei estadual, **ambas passam a conviver e ser aplicadas** aos casos concretos.
>
> Diante da suspensão da lei estadual, pode ocorrer fenômeno denominado **efeito repristinatório tácito**. Exemplo: um Estado exerce a competência legislativa plena editando uma lei estadual "A" e a União, posteriormente, edita a lei federal "B", suspendendo a eficácia da lei estadual "A". Em seguida, a União edita uma lei federal "C", revogadora da lei federal "B". Nesse caso, a lei estadual, que estava suspensa, volta a produzir efeitos.
>
> O **efeito repristinatório tácito não se confunde com a repristinação tácita** (esta última não é admitida em nosso ordenamento). Enquanto o primeiro pode ocorrer com a restauração da eficácia de uma lei estadual anteriormente suspensa em decorrência da edição de lei federal revogadora de lei federal que estabelece normas gerais, a repristinação tácita ocorre com o retorno de norma revogada pela revogação de norma revogadora (art. 2°, § 3°, da LINDB).

Cap. 14 – Organização do Estado

5.7.2. *Competência suplementar dos Municípios (ou competência suplementar-complementar)*

Embora os municípios não estejam mencionados no art. 24, *caput*, da CF/1988, que regulamenta a competência concorrente, o art. 30, II, da CF/1988 dispõe que compete aos Municípios suplementar a legislação federal e estadual no que couber.

Para que os Municípios possam legislar sobre matérias de natureza concorrente, é necessário que já exista legislação federal e estadual sobre o tema. Diferentemente do que ocorre com os Estados, **os Municípios não podem exercer a competência legislativa plena** (competência suplementar supletiva), mas apenas **competência suplementar-complementar, complementando a legislação federal ou estadual**.

A suplementação da legislação ocorrerá em assuntos de interesse predominantemente local, devendo a lei municipal ser harmônica com as leis federal e estadual existentes (STF, RE 586.224/SP).

5.8. Competência dos Municípios

Os Municípios dispõem das seguintes competências administrativas:

1) comuns – art. 23 da CF/1988;

2) privativas ou enumeradas – art. 30, incisos III a IX ("III – instituir e arrecadar os tributos de sua competência, bem como aplicar suas rendas, sem prejuízo da obrigatoriedade de prestar contas e publicar balancetes nos prazos fixados em lei; IV – criar, organizar e suprimir distritos, observada a legislação estadual; V – organizar e prestar, diretamente ou sob regime de concessão ou permissão, os serviços públicos de interesse local, incluído o de transporte coletivo, que tem caráter essencial; VI – manter, com a cooperação técnica e financeira da União e do Estado, programas de educação infantil e de ensino fundamental; VII – prestar, com a cooperação técnica e financeira da União e do Estado, serviços de atendimento à saúde da população; VIII – promover, no que couber, adequado ordenamento territorial, mediante planejamento e controle do uso, do parcelamento e da ocupação do solo urbano; IX – promover a proteção do patrimônio histórico-cultural local, observada a legislação e a ação fiscalizadora federal e estadual").

No que concerne às competências legislativas, podem ser classificadas em três categorias principais:

a) expressas – art. 29, *caput* (decorre da capacidade de auto-organização dos Municípios, devendo ser exercida por meio da edição da lei orgânica);

b) interesse local – art. 30, I;

c) suplementar – art. 30, II.

> ### Jurisprudência
>
> No que tange à competência municipal para legislar sobre interesse local, merecem destaque:
>
> 1) A Súmula Vinculante nº 38 do STF, que enuncia: "É competente o município para fixar o horário de funcionamento de estabelecimento comercial". No entanto, **o horário de funcionamento dos bancos** não é de interesse local, porque requer uma **padronização nacional**. Por esse motivo, a Súmula nº 19 do STJ enuncia que "A fixação de horário bancário, para atendimento ao público, é da competência da União".
>
> 2) A Súmula Vinculante nº 49 do STF, que enuncia: "Ofende o princípio da livre concorrência **lei municipal que impede a instalação de estabelecimentos** comerciais do mesmo ramo em determinada área".
>
> 3) O STF fixou a seguinte tese no Tema 145: "O Município é competente para legislar sobre o meio ambiente com a União e Estado, no limite do seu interesse local e **desde que tal regramento seja harmônico com a disciplina estabelecida pelos demais entes** federados" (RE 586.224).

6. ORGANIZAÇÃO POLÍTICO-ADMINISTRATIVA

6.1. Aspectos gerais

O art. 1º da CF/1988 consagra o **princípio da indissolubilidade do pacto federativo** ("A República Federativa do Brasil, formada pela união indissolúvel dos Estados e Municípios e do Distrito Federal, constitui-se em Estado Democrático de Direito [...]"). Como decorrência, **é vedado o direito de secessão**, ou seja, o direito de um dos entes se separar do restante da federação. Caso algum Estado-membro adote medidas tendentes a se separar, é possível a intervenção federal, com fulcro no art. 34, I, da CF/1988.

Ademais, o art. 18 da CF/1988 estabelece a **autonomia administrativa, política, legislativa e de organização** dos entes federativos, dispondo que "A organização político-administrativa da República Federativa do Brasil compreende a **União, os Estados, o Distrito Federal e os Municípios**, todos autônomos, nos termos desta Constituição".

Assim, a partir da conjugação desses dispositivos, está claro que a federação brasileira tem como **componentes:** a) a União; b) os Estados; c) o Distrito Federal; e d) os Municípios.

6.1.1. *Vedações constitucionais de natureza federativa*

As vedações constitucionais são proibições que têm como finalidade manter o equilíbrio e a laicidade da federação. Assim, é vedado à União, aos Estados, ao Distrito Federal e aos Municípios (art. 19 da CF/1988):

Cap. 14 – Organização do Estado

I – estabelecer cultos religiosos ou igrejas, subvencioná-los, embaraçar-lhes o funcionamento ou manter com eles ou seus representantes relações de dependência ou aliança, ressalvada, na forma da lei, a colaboração de interesse público. Consagra-se, assim, o **princípio da laicidade estatal**, com a separação entre o Estado e a Igreja;

A Constituição de 1988 relativiza o princípio da laicidade estatal com a consagração, por exemplo, do ensino religioso (art. 210, § 1º, da CF/1988), que poderá, inclusive, ter natureza confessional, e do casamento religioso com efeitos civis (art. 226, § 2º, da CF/1988).

II – **recusar fé aos documentos públicos**;

III – criar **distinções entre brasileiros** ou preferências entre si.

Em decorrência da expressão "sob a proteção de Deus" contida no Preâmbulo, o Estado brasileiro, **embora seja laico, tem natureza teísta**, ou seja, assume a existência de uma força superior.

6.1.2. *Idioma*

A língua portuguesa é o idioma oficial da República Federativa do Brasil (art. 13, *caput*, da CF/1988), sendo reconhecidas aos índios suas línguas (art. 231, *caput*, da CF/1988).

6.1.3. *Símbolos oficiais*

São símbolos da República Federativa do Brasil a bandeira, o hino, as armas e o selo nacionais, e os Estados, o Distrito Federal e os Municípios poderão ter símbolos próprios (art. 13, §§ 1º e 2º, da CF/1988).

O art. 28 da Lei nº 5.700/1971 estabelece como cores nacionais o verde e o amarelo, permitindo que sejam usadas associadas ao azul e branco (art. 29 da Lei nº 5.700/1971).

6.1.4. *República Federativa do Brasil* vs. *União*

Na **órbita do Direito Internacional**, figura nos atos internacionais a **República Federativa do Brasil**, representada pelo Presidente da República, que atua simultaneamente como chefe do Estado Nacional (República Federativa do Brasil) e chefe do Poder Executivo da União. A República Federativa do Brasil é dotada de **soberania.**

Embora os Estados e Municípios possam estabelecer relações com pessoas jurídicas estrangeiras (governamentais ou particulares), **não representam a República na esfera internacional**, de modo que não há responsabilidade do Estado brasileiro.

De outro modo, **a União tem personalidade jurídica de direito público interno**, sendo uma simples entidade da República Federativa do Brasil, componente da federação, que dispõe de **autonomia** (capacidade de auto-organização, autogoverno, autolegislação e autoadministração) e pode ser titular de direitos e obrigações.

6.1.5. Bens da União

Os bens da União estão previstos no art. 20 da CF/1988.

> **Atenção**
>
> É assegurada, nos termos da lei, à União, aos Estados, ao Distrito Federal e aos Municípios **a participação no resultado** da exploração de petróleo ou gás natural, de recursos hídricos para fins de geração de energia elétrica e de outros recursos minerais no respectivo território, plataforma continental, mar territorial ou zona econômica exclusiva, ou **compensação financeira por essa exploração** (art. 20, § 1º, da CF/1988).

6.2. Estados-membros

Os Estados-membros são pessoas jurídicas de direito público interno que **não possuem soberania**, mas apenas **autonomia (administrativa, política, legislativa e de organização)**. Assim, dispõem de capacidade de:

1) **auto-organização**, prevista no art. 25, *caput*, da CF/1988, impondo que se organizem e sejam regidos pelas leis e Constituições que adotarem;

2) **autogoverno**, dispondo de Poder Legislativo (Assembleia Legislativa), Executivo (Governador do Estado) e Judiciário;

3) **autoadministração e autolegislação**.

Os Estados-membros se encontram subordinados à Constituição da República, em especial às **normas de observância obrigatória**, como decorrência do **princípio da simetria,** responsável por impor a observância do modelo estabelecido pela Constituição de 1988 às Constituições Estaduais. Assim, os Estados-membros devem elaborar as suas Constituições Estaduais, observando os seguintes princípios da Constituição de 1988, que implicam restrições à auto-organização e autolegislação:

a) Princípios constitucionais **sensíveis**: são aqueles que representam a essência da organização constitucional da federação, fixando **limites à autonomia organizatória dos Estados-membros**.

Os princípios constitucionais sensíveis estão elencados no art. 34, VII, da CF/1988: (i) forma **republicana**, sistema **representativo e regime democrático**; (ii) **direitos da pessoa humana**; (iii) **autonomia municipal**; (iv) **prestação de contas** da administração pública, direta e indireta; (v) aplicação do mínimo exigido da receita resultante de impostos estaduais, compreendida a proveniente de transferências, na manutenção e desenvolvimento do **ensino** e nas **ações e serviços públicos de saúde**. Havendo violação aos princípios constitucionais sensíveis, o PGR pode ajuizar **representação**

Cap. 14 – Organização do Estado

interventiva perante o STF e, julgada procedente, o Presidente da República poderá decretar a intervenção.

b) Princípios constitucionais **extensíveis**: são aqueles que **consagram normas organizatórias para a União**, podendo ser aplicadas aos Estados **por previsão constitucional expressa ou implícita**.

São exemplos de princípios constitucionais extensíveis **expressos**: (i) o art. 27, § 2º, da CF/1988, que contempla normas referentes ao subsídio dos Deputados Estaduais, que devem seguir o regime estabelecido para os Deputados Federais; (ii) a eleição dos Governadores (art. 28 da CF/1988), que deve seguir o regime estabelecido para eleição do Presidente da República; (iii) as normas sobre organização e o funcionamento dos TCEs devem seguir os parâmetros estabelecidos para o TCU pelo art. 75 da CF/1988.

São exemplos de princípios constitucionais extensíveis **implícitos**: (i) as normas do processo legislativo (art. 59 e seguintes da CF/1988); (ii) separação de poderes (ex.: os Estados não podem adotar o regime parlamentarista); requisitos para a criação de Comissão Parlamentar de Inquérito (art. 58, § 3º, da CF/1988).

c) Princípios constitucionais **estabelecidos**: são aqueles que **restringem a capacidade organizatória dos Estados**-membros por meio de limitações expressas ou implícitas.

Os princípios constitucionais estabelecidos **expressos** são classificados em: **(i) regras mandatórias** (ex.: as normas contidas no art. 37 da Constituição de 1988 devem ser observadas pela União e pelos Estados-membros); **(ii) regras inibitórias** (ex.: arts. 19 e 150 da CF/1988).

No que tange aos princípios constitucionais estabelecidos **implícitos,** pode-se citar como exemplo o art. 22, I, da CF/1988 que, implicitamente, veda que os Estados legislem sobre direito civil, comercial, penal, processual, eleitoral, agrário, marítimo, aeronáutico, espacial e do trabalho.

6.2.1. *Regiões metropolitanas, aglomerações urbanas e microrregiões*

Os Estados poderão, **mediante lei complementar (requisito formal)**, instituir regiões metropolitanas, aglomerações urbanas e microrregiões, constituídas por **agrupamentos de municípios limítrofes (requisito material)**, para integrar a organização, o planejamento e a execução de funções públicas de interesse comum (**finalidade**).

A **região metropolitana** é uma unidade regional instituída pelos Estados, mediante lei complementar, caracterizada pelo agrupamento de Municípios limítrofes para integrar a organização, o planejamento e a execução de funções públicas de interesse comum.

A **aglomeração urbana** é unidade territorial urbana constituída pelo agrupamento de dois ou mais Municípios limítrofes, caracterizada por complementaridade funcional e integração das dinâmicas geográficas, ambientais, políticas e socioeconômicas.

Por fim, **microrregião** é um grupo de municípios que apresentam certa homogeneidade ou problemas comuns, sem continuidade urbana.

O STF entende que, existindo lei complementar estadual, os Municípios **estão obrigados** a participar das regiões metropolitanas, aglomerações urbanas e microrregiões, e "este **caráter compulsório** da integração metropolitana não esvazia a autonomia municipal" (STF, ADI 1.842).

6.2.2. *Bens dos Estados-membros*

São bens dos Estados-membros (art. 26 da CF/1988): I – as **águas superficiais ou subterrâneas**, fluentes, emergentes e em depósito, ressalvadas, neste caso, na forma da lei, as decorrentes de obras da União; II – as áreas, nas **ilhas oceânicas e costeiras**, que estiverem no seu domínio, excluídas aquelas sob domínio da União, Municípios ou terceiros; III – as ilhas fluviais e lacustres **não pertencentes à União**; IV – as terras devolutas **não compreendidas entre as da União**.

6.3. **Distrito Federal**

O Distrito Federal, como sede do Governo Federal, tem natureza de ente federativo autônomo, com autonomia parcialmente tutelada pela União, e que não pode se dividir em Municípios (art. 32, *caput*, da CF/1988).

> ### Atenção
>
> 1) O Distrito Federal não é a capital da República Federativa do Brasil, mas, sim, Brasília (art. 18, § 1º, da CF/1988).
>
> 2) Embora seja possível a **transferência temporária da sede do Governo Federal** pois o art. 48, VII, da CF/1988 prevê ser atribuição do Congresso Nacional, por meio de **lei ordinária**, com a sanção do Presidente da República, dispor sobre a transferência temporária da sede do Governo Federal –, **não é possível a transferência da Capital Federal (Brasília).**

6.3.1. *Competências do Distrito Federal*

O Distrito Federal é detentor de dois tipos de competências:

1) estaduais e municipais (**"hibridismo"** – art. 32, § 1º, da CF/1988);

2) **tuteladas pela União**, consistentes na organização e mantença do Poder Judiciário, do Ministério Público, da Polícia Civil, da Polícia Penal, da Polícia Militar e do Corpo

Cap. 14 – Organização do Estado

425

de Bombeiros Militar (arts. 21, XIII e XIV; 22, XVII; e 48, IX, da CF/1988). Por esse motivo, a Súmula Vinculante nº 39 enuncia que compete "privativamente à União legislar sobre vencimentos dos membros das polícias civil e militar e do corpo de bombeiros militar do Distrito Federal".

> **Atenção**
>
> **Não se incluiu**, entre as competências tuteladas pela União, organizar e manter a Defensoria Pública do Distrito Federal.

6.4. Municípios

Os Municípios são pessoas jurídicas de direito público interno dotados de autonomia, de modo que dispõem de capacidade de:

1) **Auto-organização**, exercida por meio da edição de **Lei Orgânica** votada em **dois turnos**, com o **interstício mínimo de dez dias**, e aprovada por **dois terços** dos membros da Câmara Municipal (art. 29, *caput*, da CF/1988).

2) **Autogoverno**, podendo eleger diretamente seu Prefeito, Vice-Prefeito e Vereadores.

3) **Autoadministração e autolegislação** (art. 30 da CF/1988).

A natureza dos Municípios no contexto da federação brasileira é controvertida. Sobre o tema, existem dois entendimentos:

1) Os Municípios **não** são entes federativos, tendo em vista que: a) não participam da formação da vontade nacional, pois não têm representantes no Senado Federal; b) toda federação é composta apenas por Estados; c) os municípios não possuem um Poder Judiciário ou território próprios (integram os Estados).

2) Os Municípios **são entes federativos**. É a **posição majoritária**, pois os art. 1º e 18 da CF/1988 expressamente mencionam os municípios como entes federativos. Além disso, a natureza do município, em matéria de autonomia, não se diferencia da dos Estados-membros, do Distrito Federal e da União.

6.5. Territórios

Atualmente, não existem territórios no Brasil. Caso venham a ser criados, terão a **natureza de autarquias ou descentralizações administrativo-territoriais** pertencentes à União. Não disporão, portanto, de capacidade política, mas apenas **capacidade administrativa**.

Diante da natureza autárquica, quem nomeia o Governador dos territórios é o Presidente da República (art. 84, XIV, da CF/1988).

Competência para análise das contas dos territórios: as contas do Governo de um território que venha a ser criado serão submetidas ao Congresso Nacional, com parecer prévio do Tribunal de Contas da União (art. 33, § 2º, da CF/1988).

Poder Judiciário, Ministério Público e Defensoria Pública nos territórios: na hipótese de criação de territórios com **mais de cem mil habitantes**, haverá órgãos judiciários de primeira e segunda instância, membros do Ministério Público e defensores públicos federais. A lei disporá, ainda, sobre as eleições para a Câmara Territorial e sua competência deliberativa (art. 33, § 3º, da CF/1988).

Divisão em municípios: um território poderá ser dividido em municípios (art. 33, § 1º, da CF/1988).

Representação no Congresso Nacional: na hipótese de criação de um território, a entidade não participará da formação da vontade nacional, não dispondo, portanto, de senadores. Contudo, um território poderá eleger **quatro deputados federais**, independentemente do número de habitantes (art. 45, § 2º, da CF/1988).

7. CRIAÇÃO DE ESTADOS E MUNICÍPIOS

7.1. Incorporação, subdivisão e desmembramento de Estados

1) **Fundamentos normativos:** art. 18, § 3º, da CF/1988 ("Os Estados podem incorporar-se entre si, subdividir-se ou desmembrar-se para se anexarem a outros, ou formarem novos Estados ou Territórios Federais, mediante aprovação da população diretamente interessada, através de **plebiscito**, e do Congresso Nacional, por **lei complementar**") e, na órbita infraconstitucional, a matéria é regulamentada pela Lei nº 9.709/1998.

2) **Hipóteses de alteração da divisão geopolítica interna de estados:**

   I – Fusão: reunião de dois ou mais Estados, extinguindo-se os estados originários. Nesse caso, há o surgimento de uma nova personalidade jurídica e os Estados primitivos deixam de existir. Exemplo: A + B = **C.**

   II – Incorporação: junção de dois ou mais estados, com a extinção apenas do estado agregado. Exemplo: A + B = B(A). Ocorreu na incorporação do Estado da Guanabara pelo Rio de Janeiro (LC nº 20/1974).

   III – Subdivisão: cisão de um estado originário, dando origem a dois novos estados. Exemplo: A = **B + C;**

   IV – Desmembramento – pode ocorrer de dois modos distintos:

   a) Desmembramento para **anexação** – parte do estado desmembrado é incorporada a outro estado já existente. Exemplo: parte do Estado "A" é desmembrada, sendo anexada ao Estado "B". Não há a criação de um novo ente federativo.

Cap. 14 – Organização do Estado

b) Desmembramento para **formação** – é criado um novo estado ou um novo território. Exemplo: parte do Estado "A" é desmembrada para formar um novo Estado "B".

3) **Requisitos:** aprovação da população diretamente interessada por meio de **plebiscito e** edição de **lei complementar** pelo Congresso Nacional.

A população diretamente interessada abrange tanto a do território que se pretende desmembrar quanto a do que sofrerá desmembramento. Em caso de fusão ou anexação, tanto a população da área que se quer anexar quanto a da que receberá o acréscimo devem aprovar a medida (art. 7º da Lei nº 9.709/1998).

4) **Procedimento:** é **quadrifásico:**

I – Convocação de plebiscito, por meio de **decreto legislativo**, por proposta de **um terço**, no mínimo, dos membros que compõem qualquer das Casas do Congresso Nacional (art. 3º da Lei nº 9.709/1998).

II – Consulta à população diretamente interessada (art. 4º da Lei nº 9.709/1998).

III – Oitiva das Assembleias Legislativas, tendo em vista tratar-se de **condição de procedibilidade**. O parecer das Assembleias Legislativas é **meramente opinativo**, não vinculando o Congresso Nacional.

IV – Elaboração e aprovação de **lei complementar** pelo Congresso Nacional. Ainda que a consulta plebiscitária seja favorável, o Congresso Nacional tem **discricionariedade** para aprovar ou não lei complementar após a oitiva das respectivas Assembleias Legislativas (art. 48, VI, da CF/1988), assim como o Presidente da República para sancioná-la.

5) **Regras básicas a serem observadas na hipótese de criação de Estado:** nos **dez primeiros anos** da criação de um novo Estado, serão observadas as seguintes normas básicas (art. 235 da CF/1988):

I – a Assembleia Legislativa será composta de dezessete Deputados se a população do Estado for inferior a seiscentos mil habitantes, e de vinte e quatro, se igual ou superior a esse número, até um milhão e quinhentos mil;

II – o Governo terá no máximo dez Secretarias;

III – o Tribunal de Contas terá três membros, nomeados, pelo Governador eleito, dentre brasileiros de comprovada idoneidade e notório saber;

IV – o Tribunal de Justiça terá sete Desembargadores;

V – os primeiros Desembargadores serão nomeados pelo Governador eleito, escolhidos da seguinte forma: a) cinco dentre os magistrados com mais de trinta e cinco anos de idade, em exercício na área do novo Estado ou do Estado originário; b) dois dentre promotores, nas mesmas condições, e advogados de comprovada idoneidade e saber jurídico, com dez anos, no mínimo, de exercício profissional, obedecido o procedimento fixado na Constituição;

VI – no caso de Estado proveniente de Território Federal, os cinco primeiros Desembargadores poderão ser escolhidos dentre juízes de direito de qualquer parte do País;

VII – em cada Comarca, o primeiro Juiz de Direito, o primeiro Promotor de Justiça e o primeiro Defensor Público serão nomeados pelo Governador eleito após concurso público de provas e títulos;

VIII – até a promulgação da Constituição Estadual, responderão pela Procuradoria-Geral, pela Advocacia-Geral e pela Defensoria-Geral do Estado advogados de notório saber, com trinta e cinco anos de idade, no mínimo, nomeados pelo Governador eleito e demissíveis "ad nutum";

IX – se o novo Estado for resultado de transformação de Território Federal, a transferência de encargos financeiros da União para pagamento dos servidores optantes que pertenciam à Administração Federal ocorrerá da seguinte forma: a) no sexto ano de instalação, o Estado assumirá vinte por cento dos encargos financeiros para fazer face ao pagamento dos servidores públicos, ficando ainda o restante sob a responsabilidade da União; b) no sétimo ano, os encargos do Estado serão acrescidos de trinta por cento e, no oitavo, dos restantes cinquenta por cento;

X – as nomeações que se seguirem às primeiras, para os cargos mencionados neste artigo, serão disciplinadas na Constituição Estadual;

XI – as despesas orçamentárias com pessoal não poderão ultrapassar cinquenta por cento da receita do Estado.

7.2. Criação, incorporação, fusão e desmembramento de Municípios

1) **Fundamentos normativos:** o art. 18, § 4º, da CF/1988 dispõe que a criação, a incorporação, a fusão e o desmembramento de Municípios far-se-ão por **lei estadual**, dentro do período determinado por **lei complementar federal**, e dependerão de consulta prévia, mediante **plebiscito**, às populações dos Municípios envolvidos, após divulgação dos **Estudos de Viabilidade Municipal**, apresentados e publicados na forma da lei. Trata-se de norma de **eficácia limitada**, que depende da existência de lei complementar para que a lei estadual e a lei de viabilidade municipal sejam elaboradas. Na órbita infraconstitucional, a matéria é tratada pela Lei nº 9.709/1998.

> **Atenção**
>
> Inúmeros municípios foram criados sem que a lei complementar federal houvesse sido elaborada. Diante da omissão legislativa, o STF julgou procedente a ADI 3.682/MT para declarar o estado de mora em que se encontrava o Congresso Nacional,

Cap. 14 – Organização do Estado

a fim de que, em **prazo razoável de 18 meses**, adotasse todas as providências legislativas necessárias ao cumprimento do dever constitucional imposto pelo art. 18, § 4º, da CF/1988, devendo ser contempladas as situações imperfeitas decorrentes do estado de inconstitucionalidade gerado pela omissão. Após a decisão do STF, o Congresso Nacional acrescentou um art. 96 ao ADCT, **convalidando** os atos de criação, fusão, incorporação e desmembramento de Municípios (**"municípios putativos"**), a partir da **"constitucionalização superveniente"** das leis publicadas até 31 de dezembro de 2006, atendidos os requisitos estabelecidos na legislação do respectivo Estado à época de sua criação. O art. 96 do ADCT **não afastou a necessidade da existência de lei complementar federal**, mas apenas convalidou situações anteriores a dezembro de 2006. Assim, permanece "inconstitucional lei estadual que permita a criação, incorporação, fusão e desmembramento de municípios sem a edição previa das leis federais previstas no art. 18, § 4.º, da CF/88, com redação dada pela Emenda Constitucional n. 15/96" (STF, ADI 4.711).

2) **Requisitos**:

a) **Edição de lei complementar federal**, fixando o período dentro do qual será possível a criação de novos municípios.

b) **Edição de lei ordinária federal** divulgando os Estudos de Viabilidade Municipal.

c) **Realização de plebiscito (condição de procedibilidade)**, em que os eleitores da circunscrição do novo município e do município originário serão ouvidos, a ser conduzido pelo TRE. Será convocado pela Assembleia Legislativa em conformidade com a legislação federal e com a legislação estadual (art. 5º da Lei nº 9.709/1998).

d) **Edição de lei ordinária estadual** criando o município.

> ### Atenção
>
> Pesquisas de opinião, abaixo-assinados e declarações de organizações comunitárias, favoráveis à criação, à incorporação ou ao desmembramento de município, **não são capazes de suprir o rigor e a legitimidade do plebiscito** exigidos pelo § 4º do art. 18 da CF/1988 (STF, ADI 2.994/BA).

EM RESUMO:

Organização do Estado

Conceito de Estado	Pode-se conceituar Estado como a entidade político-social dotada de soberania e que se encontra juridicamente organizada, sendo dotada de território (base física), povo (associação humana) e governo (comando da autoridade soberana).
Elementos do Estado	1) território (base física); 2) povo (associação humana); e 3) governo (comando da autoridade soberana).
Formas de governo	a) Monarquia – A expressão "monarquia" significa "poder de um só": o poder se encontra concentrado em apenas uma pessoa (rei, imperador ou sultão). b) República – A expressão "república" significa "coisa pública" ou "coisa de todos": é, portanto, o governo "de todos" ou "de muitos".
Sistemas de governo	a) Parlamentarismo: principais características: 1) divisão do Poder Executivo em duas esferas: Chefia de Estado e Chefia de Governo; 2) responsabilidade política do Chefe de Governo perante o Parlamento ("moção de desconfiança" ou "voto de censura"); e 3) maior dependência entre os Poderes. b) Presidencialismo: principais características: 1) fusão do Poder Executivo: as funções de Chefe de Estado e de Chefe de Governo são exercidas pela mesma pessoa (Presidente da República); 2) responsabilidade criminal e política do presidente (*impeachment*); e 3) Poder Legislativo. c) Semipresidencialismo: 1) divisão do Poder Executivo em duas esferas: Chefe de Estado e Chefe de Governo; e 2) responsabilidade política do Chefe de Governo perante o Parlamento ("voto de censura").
Formas de Estado	a) Unitário (ou simples): é caracterizado pela concentração do poder em um ente central. Espécies: 1) puro: é aquele que possui uma absoluta centralização do exercício do poder; 2) com descentralização administrativa: o processo legislativo continua centralizado,

Cap. 14 – Organização do Estado

Formas de Estado	mas a execução das decisões políticas tomadas pelo governo central é descentralizada; e 3) com descentralização político-administrativa: há uma descentralização do processo legislativo e da execução das decisões políticas do governo central. b) Composto: reunião de duas ou mais entidades políticas dentro do mesmo território. Espécies: 1) confederação: reunião de vários Estados soberanos por meio de um tratado internacional ou acordo entre entes soberanos, sendo possível o desligamento a qualquer tempo; e 2) federação: os Estados-membros deixam de ter soberania, possuindo apenas autonomia e personalidade de direito público interno. Há uma descentralização política de competências. A soberania estatal e a personalidade jurídica de direito internacional ficam concentradas na República Federativa.
Divisão dos Poderes (ou das funções estatais)	a) Função legislativa: responsável pela: a.i) edição de normas gerais e abstratas que inovam no ordenamento jurídico; a.ii) fiscalização e controle dos atos praticados pela função executiva; b) função executiva: responsável pela função precípua de "aplicar as normas jurídicas de ofício", com uma atuação voltada para a administração do estado em sentido amplo (economia, defesa e arrecadação); e c) função judiciária: responsável pela função precípua de aplicar as normas jurídicas ao caso concreto com caráter de definitividade.
Regimes políticos	a) Autocracia; e b) Democracia.
Tipos de federalismo	1. Quanto ao surgimento ou à origem: a) por agregação (centrípeto ou que forma "Estados perfeitos", "Estados por associação" ou "Estados por aglutinação"); b) por segregação (centrífugo ou que forma "Estados imperfeitos" ou "Estados por dissociação"). 2. Quanto à repartição de competências: a) dualista; b) de integração; e c) cooperativo. 3. Quanto à concentração do poder: a) centrípeto (centralizador); b) centrífugo (descentralizador); e c) de equilíbrio. 4. Quanto à homogeneidade na distribuição de competências: a) simétrico (homogêneo); e b) assimétrico (heterogêneo).

Tipos de federalismo	5. Quanto às características dominantes: a) simétrico (homogêneo); e b) assimétrico (heterogêneo). 6. Quanto às esferas de competência: a) federalismo típico (bidimensional, bipartite ou de 2º grau); e b) federalismo atípico (tridimensional, tripartite ou de 3º grau).
Características essenciais do Estado Federativo	a) Descentralização político-administrativa; b) participação das vontades parciais na formação da vontade nacional; e c) auto-organização dos Estados-membros (princípio da autonomia).
Soberania	Trata-se de um poder de autodeterminação plena, não condicionado a nenhum outro poder, seja na órbita externa, seja na órbita interna.
Autonomia	É caracterizada por quatro tipos de competências: a) auto-organização; b) autolegislação; c) autogoverno; e d) autoadministração.
Competência	a) Competência exclusiva: exclui a possibilidade de delegação, ou seja, é atribuída com exclusividade a um ente federativo e não pode ser delegada. É a regra geral na Constituição de 1988. b) Competência privativa: atribuída a apenas um ente federativo; contudo, admite delegação. As competências privativas estão previstas nos arts. 22 e 84 da CF/1988. c) Competência comum: pode ser exercida simultaneamente pela União, pelos Estados, pelo Distrito Federal e pelos Municípios. São atribuídas em igualdade aos entes, sob a lógica da predominância do interesse, sem que o exercício da competência de um exclua a do outro. d) Competência concorrente: é atribuída a mais do um ente para tratar de certo assunto segundo o princípio da predominância do interesse, mas com primazia da competência federal para a edição de normas gerais. e) Competência suplementar dos Estados pode ser classificada em duas espécies: a) competência complementar; e b) competência supletiva.

Cap. 14 – Organização do Estado

República Federativa do Brasil vs. União	Na órbita do Direito Internacional, figura nos atos internacionais a República Federativa do Brasil, representada pelo Presidente da República, que atua simultaneamente como chefe do Estado Nacional (República Federativa do Brasil) e chefe do Poder Executivo da União. A União tem personalidade jurídica de direito público interno, sendo uma simples entidade da República Federativa do Brasil, titular de direitos e obrigações.
Territórios	Atualmente, não existem Territórios no Brasil. Caso venham a ser criados, terão a natureza de meras autarquias ou descentralizações administrativo-territoriais pertencente à União.
Criação de Estados e Municípios	A temática da incorporação, subdivisão e desmembramento de Estados é regulamentada pelo art. 18, § 3º, da Constituição de 1988.

Capítulo **15**

Intervenção Federativa

A intervenção federativa consiste em **medida excepcional e de natureza política** que implica o **afastamento temporário da autonomia** de Estados-membros ou Municípios, visando a preservação do **pacto federativo ou de princípios constitucionais sensíveis.**

A intervenção apresenta quatro características principais:

1) **Excepcionalidade:** a regra é a autonomia dos entes federativos (**princípio da não intervenção**), que excepcionalmente poderá ser afastada em hipóteses de extrema necessidade.

2) **Temporariedade da execução:** como a intervenção é uma medida excepcional, deve ser sempre temporária, não podendo ultrapassar o prazo imprescindível para restaurar o pacto federativo ou os princípios constitucionais sensíveis.

3) **Taxatividade das hipóteses:** as hipóteses de intervenção são taxativas e devem ser interpretadas restritivamente. Não é possível acrescentar outras por interpretação, analogia ou por lei.

4) **Proporcionalidade:** a intervenção deve pautar-se pelo princípio da proporcionalidade.

> **Atenção**
>
> Ao contrário do que ocorre no estado de defesa e no estado de sítio, em que é possível restringir direitos fundamentais (arts. 136, § 1.º, I e II, e 139, I-VII, da Constituição de 1988), não há previsão constitucional de restrição a direitos fundamentais nas hipóteses de intervenção.

1. INTERVENÇÃO FEDERAL

Em regra, a União não intervirá nos Estados nem no Distrito Federal (art. 34, *caput*, da CF/1988). Excepcionalmente, contudo, diante da necessidade de resguardar o pacto federativo ou determinados princípios consagrados pela ordem constitucional, a União poderá intervir em: 1) **Estados; ou** 2) **Municípios situados em Territórios** (art. 35, *caput*, da CF/1988).

> ### Atenção
>
> A União não pode intervir em qualquer Município, mas apenas em Municípios situados em Territórios. Por esse motivo, o STF entendeu inconstitucional a requisição pela União de bens, servidores e serviços de hospitais municipais não situados em Territórios, tendo em vista que se tratava de verdadeira "intervenção federal informal".

> ### *Importante*
>
> A intervenção federal **não significa que a União disponha de supremacia** sobre os outros entes federativos. Ao intervir em um Estado-membro, a União atua como representante de todos os outros Estados da federação, ou seja, **em nome dos demais Estados-membros.**

Pressupostos materiais (ou finalidades) da intervenção federal

São pressupostos formais da intervenção federal:

a) **Defesa do Estado**, consistente em (art. 34, I e II, da CF/1988):

   I – manter a **integridade nacional**;

   II – repelir **invasão estrangeira**;

b) **Defesa do princípio federativo**, consistente em (art. 34, II, III e IV, da CF/1988):

   II – repelir invasão de **uma unidade da Federação em outra**;

   III – pôr termo a grave **comprometimento da ordem pública**. Ex.: o Decreto nº 11.377/2023, que decretou intervenção federal no Distrito Federal com o objetivo de pôr termo ao grave comprometimento da ordem pública, marcado por atos de violência e invasão de prédios públicos;

   IV – garantir **o livre exercício de qualquer dos Poderes** nas unidades da Federação.

c) **Defesa das finanças estaduais**, consistente em (art. 34, V, da CF/1988) reorganizar as finanças da unidade da Federação que:

Cap. 15 – Intervenção Federativa

- suspender o **pagamento da dívida fundada** [ver: art. 98 da Lei nº 4.320/1967] por mais de dois anos consecutivos, salvo motivo de força maior;
- deixar de entregar aos Municípios **receitas tributárias fixadas na Constituição**, dentro dos prazos estabelecidos em lei.

d) **Defesa da ordem constitucional**, consistente em (art. 34, VI e VII, da CF/1988):

VI – prover a **execução de lei federal, ordem ou decisão judicial**;

VII – assegurar a observância dos ***princípios constitucionais sensíveis***:

- forma republicana, sistema representativo e regime democrático;
- direitos da pessoa humana;
- autonomia municipal;
- prestação de contas da administração pública, direta e indireta;
- aplicação do mínimo exigido da receita resultante de impostos estaduais, compreendida a proveniente de transferências, na manutenção e desenvolvimento do ensino e nas ações e serviços públicos de saúde.

Pressupostos formais

São pressupostos formais para a decretação da intervenção:

a) **Expedição de decreto pelo Presidente da República** (art. 84, X, da CF/1988), que deverá especificar:

1) a amplitude da medida interventiva;

2) o prazo da intervenção;

3) as condições de execução da intervenção;

4) a nomeação de interventor, se necessária.

b) **Apreciação do decreto pelo Congresso Nacional.**

Nesse sentido, o art. 36, § 1º, da CF/1988 dispõe que o "decreto de intervenção, que especificará a amplitude, o prazo e as condições de execução e que, se couber, nomeará o interventor, será submetido à apreciação do Congresso Nacional ou da Assembleia Legislativa do Estado, no prazo de vinte e quatro horas".

Atenção

Nem sempre haverá a nomeação de um interventor, o que só deverá ocorrer se a medida for efetivamente necessária. Ex.: nos casos do art. 34, VI e VII, da CF/1988, o decreto limitar-se-á a suspender a execução do ato impugnado, se essa medida bastar ao restabelecimento da normalidade.

1.1. Espécies de intervenção

A intervenção federal pode ser classificada em:

a) **Espontânea:** depende única e exclusivamente da ocorrência dos motivos que a autorizam (art. 34, I, II, III e V, da CF/1988), ou seja, o Presidente da República prescinde de solicitação ou de requisição para decretar a intervenção, atuando *ex officio*.

b) **Solicitada:** depende de solicitação de **Poder Executivo estadual** ou de **Poder Legislativo estadual** visando o livre exercício de suas funções, em decorrência de coação ou impedimento (art. 36, I, da CF/1988).

> **Atenção**
>
> O Presidente da República não fica vinculado à solicitação (**ato discricionário**) do Poder Executivo estadual ou de Poder Legislativo estadual.

c) **Requisitada:** depende de requisição do **Poder Judiciário**. O Presidente da República fica vinculado à requisição (**ato vinculado**), e o não atendimento poderá caracterizar até mesmo a prática de crime de responsabilidade previsto no art. 12 da Lei nº 1.079/1950. A decretação da intervenção federal dependerá (art. 36 da CF/1988):

I – quando se busca garantir o livre exercício das funções do Poder Judiciário estadual (coação): de requisição do STF;

II – no caso de desobediência a ordem ou decisão judiciária: de requisição do STF, do STJ ou do TSE;

III – de provimento, pelo STF, de representação do Procurador-Geral da República, na hipótese do art. 34, VII [violação aos princípios constitucionais sensíveis]. Trata-se da chamada "ação direta interventiva" e busca assegurar os *princípios constitucionais sensíveis*. Julgado procedente o pedido formulado na representação interventiva, o presidente do STF, publicado o acórdão, levá-lo-á ao conhecimento do Presidente da República para, no prazo improrrogável de até 15 dias, providenciar a expedição do decreto de intervenção (art. 11 da Lei nº 12.562/2011). São necessárias representação do PGR e requisição pelo STF;

IV – de provimento, pelo STF, de representação do Procurador-Geral da República, na hipótese de recusa à execução de lei federal. É necessária representação do PGR e requisição pelo STF.

Cap. 15 – Intervenção Federativa

> **Jurisprudência**
>
> É incabível a interposição de recurso extraordinário em caso de violação às hipóteses de intervenção. Isso porque "a iniciativa do interessado nesse caso não é exercício do direito de ação, sim, de petição (CF, art. 5°, XXXIV): não há jurisdição – e, logo, não há causa, pressuposto de cabimento de recurso extraordinário" (STF, Pet 1.256/SP). Nesse sentido, a Súmula n° 637 do STF enuncia que: "não cabe recurso extraordinário contra acórdão de tribunal de justiça que defere pedido de intervenção estadual em município".

1.2. Controle da intervenção federal

O controle da intervenção federal é realizado de dois modos distintos:

1) **Preventivo:** ocorre nas intervenções por requisição judicial, em que há uma análise prévia pelos tribunais dos pressupostos para a decretação da intervenção.

2) **Repressivo:**

   a) **Controle político:** realizado pelo Congresso Nacional, nos termos do art. 36, §§ 1° e 2°, da CF/1988. A intervenção só subsiste se o Congresso Nacional aprová-la, expedindo decreto legislativo (art. 49, IV, da CF/1988). Não sendo aprovada, o Presidente deve cessar imediatamente a intervenção, sob pena de cometer crime de responsabilidade.

   b) **Controle jurisdicional:** realizado pelo STF, nos termos do art. 102, I, d, da Constituição de 1988. Poderá incidir sobre os **pressupostos formais** para a decretação da intervenção e, havendo violação ao princípio da proporcionalidade, também sobre os **pressupostos materiais**, embora o STF tenha decidido, com relação a estes últimos, que o Presidente "age mediante estrita avaliação discricionária da situação que se lhe apresenta, que se submete ao seu exclusivo juízo político, e que se revela, por isso mesmo, insuscetível de subordinação à vontade do Poder Judiciário, ou de qualquer outra instituição estatal" (STF, MS 21.041/RO).

1.3. Manifestação dos Conselhos

As manifestações prévias do Conselho da República e do Conselho de Defesa Nacional são requisito exigido para a intervenção federal, embora não disponham de caráter vinculante, ou seja, são **meramente opinativas**. Vejamos:

1) **Art. 90:** "Compete ao Conselho da República pronunciar-se sobre: I – intervenção federal, estado de defesa e estado de sítio".

2) **Art. 91, § 1°:** "Compete ao Conselho de Defesa Nacional: [...] II – opinar sobre a decretação do estado de defesa, do estado de sítio e da intervenção federal".

1.4. Efeitos do ato interventivo

O ato interventivo produz dois efeitos:

a) afastamento temporário de parcela da autonomia da entidade federativa que sofre a intervenção;

b) a suspensão do processo de reforma constitucional (art. 60, § 4°, da CF/1988).

> ### Atenção
>
> Na intervenção, **não há destituição de autoridades eleitas**, que deve ocorrer por meio do *impeachment*.

1.5. Cessação da intervenção

A intervenção cessará quando:

a) não mais subsistirem os motivos que lhe deram ensejo;

b) houver sido rejeitada pelo Congresso ou pelo Poder Judiciário;

c) houver sido ultrapassado o prazo fixado pelo decreto, sem que ocorra a sua prorrogação.

Cessados os motivos da intervenção, as autoridades afastadas de seus cargos a estes voltarão, salvo impedimento legal (art. 36, § 4°, da CF/1988).

2. INTERVENÇÃO ESTADUAL

A intervenção estadual pode ser realizada em Municípios situados dentro do território do Estado-membro que decreta a medida.

As regras analisadas para a intervenção federal são aplicáveis à intervenção estadual com as peculiaridades analisadas a seguir.

Pressupostos materiais

São pressupostos materiais para a decretação de intervenção estadual (**rol taxativo**):

I – deixar de ser paga, sem motivo de força maior, por dois anos consecutivos, **a dívida fundada**;

II – não forem prestadas contas devidas, na forma da lei;

Cap. 15 – Intervenção Federativa

III – não tiver sido aplicado o mínimo exigido da receita municipal na manutenção e desenvolvimento do **ensino** e nas **ações e serviços públicos de saúde**;

IV – o Tribunal de Justiça der provimento a representação para assegurar a observância de princípios indicados na Constituição Estadual **[equivalentes aos princípios constitucionais sensíveis]**, ou para prover a execução de lei, de ordem ou de decisão judicial. Nessa hipótese, a legitimidade ativa é exclusiva do Procurador-Geral de Justiça, em atenção ao princípio da simetria.

Importante

O Poder Constituinte Derivado Decorrente não pode estabelecer novas hipóteses de intervenção estadual (STF, ADI 336/SE).

Jurisprudência

É possível a intervenção de Estado em Município por violação aos princípios constitucionais sensíveis (art. 34, VII, da CF/1988), **mesmo que estes não se encontrem expressamente previstos na Constituição Estadual (STF, ADI 7.369).**

Pressupostos formais

São dois os pressupostos formais para a decretação da intervenção estadual:

a) expedição do decreto pelo Governador;

b) análise pela Assembleia Legislativa (art. 36, §§ 1º e 4º, da CF/1988). Será dispensada, contudo, na hipótese de o Tribunal de Justiça prover representação para assegurar a observância de princípios indicados na Constituição Estadual, ou para prover a execução de lei, de ordem ou de decisão judicial (art. 35, IV, da CF/1988).

Atenção

Não há intervenção pelo Distrito Federal, tendo em vista que este não pode se dividir em municípios (art. 32, *caput*, da CF/1988).

2.1. Controle da intervenção estadual

O **controle prévio** é exercido pelo tribunal que requisita a intervenção.

O **controle repressivo político** é exercido pela Assembleia Legislativa e o **controle repressivo jurídico**, pelos tribunais.

Coleção Exame Nacional da Magistratura – Direito Constitucional

EM RESUMO:

Intervenção federativa

Conceito	Medida excepcional de natureza política que implica o afastamento temporário da autonomia de Estados- -membros ou Municípios visando à preservação do pacto federativo ou de princípios constitucionais sensíveis.
Características	1) Excepcionalidade. 2) Temporariedade da execução. 3) Taxatividade das hipóteses. 4) Proporcionalidade.
Pressupostos materiais (ou finalidades)	a) Defesa do Estado (art. 34, I e II, da CF/1988). b) Defesa do princípio federativo (art. 34, II, III e IV, da CF/1988). c) Defesa das finanças estaduais (art. 34, V, da CF/1988). d) Defesa da ordem constitucional (art. 34, VI e VII, da CF/1988).
Pressupostos formais	a) Decreto do Presidente da República (art. 84, X, da CF/1988). b) Análise pelo Congresso Nacional. Espécies: a) espontânea; b) solicitada; c) requisitada.
Controle	1) Preventivo. 2) Repressivo: a) controle político, realizado pelo Congresso Nacional; b) controle jurisdicional, realizado pelo STF.

Intervenção estadual

Intervenção estadual	Pressupostos materiais (art. 35 da CF/1988) Pressupostos formais: a) Decreto do Governador. b) Análise pela Assembleia Legislativa (art. 36, §§ 1º e 4º). O controle prévio é exercido pelo Tribunal que requisita a intervenção. O controle repressivo político é exercido pela Assembleia Legislativa e o controle repressivo jurídico, pelos tribunais.

Capítulo **16**

Organização dos Poderes

1. UNIDADE E INDIVISIBILIDADE DO PODER

O poder é **uno** e **indivisível** e emana do povo (art. 1º, parágrafo único, da Constituição de 1988), de modo que **inexiste efetiva "separação de poderes"**, mas apenas separação **de funções entre os órgãos do Estado.** Embora o art. 2º da CF/1988 disponha que "São Poderes da União, independentes e harmônicos entre si, o Legislativo, o Executivo e o Judiciário", a unidade e indivisibilidade do poder conduz à interpretação no sentido de que o Legislativo, o Executivo e o Judiciário **não são efetivos "Poderes", mas órgãos** da União.

1.1. Finalidades de teoria da "separação de poderes"

A teoria da "separação de poderes" tem como finalidades:

a) **Limitar o poder do Estado, garantindo liberdade aos indivíduos:** com o intuito de evitar abusos, os diversos órgãos estatais compõem um sistema de freios e contrapesos – ou seja, de controle recíproco do exercício de suas atribuições.

b) **Potencializar o desempenho das funções estatais:** com a especialização de funções, o desempenho do Estado no exercício de suas atividades tende a ser potencializado.

2. PODER LEGISLATIVO

O Poder Legislativo federal apresenta as seguintes **características**:

1) Adota o **bicameralismo**: a Câmara dos Deputados e o Senado Federal.

> **Atenção**
>
> Nas Assembleias Legislativas, na Câmara Distrital e nas Câmaras Municipais adota-se o **unicameralismo**.

2) **Não há predominância** de uma Casa Legislativa sobre a outra.

3) Na Câmara dos Deputados, a eleição segue o **sistema proporcional**. No Senado Federal, a eleição segue o **sistema majoritário**.

4) O Congresso Nacional, a Câmara dos Deputados e o Senado Federal têm **regimentos internos próprios**.

> **Atenção**
>
> As regras sobre sistema eleitoral, inviolabilidade, imunidades, remuneração, perda de mandato, licença, impedimentos e incorporação às Forças Armadas previstas para os parlamentares federais são aplicáveis aos parlamentares estaduais (art. 27, § 1º, da CF/1988).

2.1. Mesas legislativas

A Câmara dos Deputados, o Senado Federal e o Congresso Nacional têm como **órgãos administrativos de direção** as mesas legislativas.

Cada uma das Casas reunir-se-á em sessões preparatórias, a partir de 1º de fevereiro, no primeiro ano da legislatura, para a eleição das respectivas Mesas.

Os mandatos têm **duração de dois anos**, vedada a recondução para o mesmo cargo apenas na eleição imediatamente subsequente. Assim, **é possível a recondução** dos Presidentes da Câmara dos Deputados e do Senado Federal para o mesmo cargo, desde que a medida não seja adotada na mesma legislatura (STF, ADI 6.524).

> **Importante**
>
> A **legislatura** tem duração de **quatro anos**, abrangendo todo o período de mandato na Câmara dos Deputados. De outro modo, a **sessão legislativa ordinária** tem duração **anual**, sendo composta por dois **períodos legislativos**: 1) 2 de fevereiro a 17 de julho; e 2) 1º de agosto a 22 de dezembro (art. 57, *caput*). Por fim, a **sessão legislativa extraordinária** diz respeito à convocação parlamentar durante o recesso e se sujeita a três limites:
>
> a) **restrição temática**, ou seja, o Congresso só pode deliberar acerca da matéria para a qual foi convocado;

Cap. 16 – Organização dos Poderes

445

b) **vedação ao pagamento de parcela indenizatória**, aplicável aos deputados estaduais (STF, ADI 4509/PA); e

c) **inclusão automática na pauta de medidas provisórias** (art. 58, § 8°, da CF/1988).

Jurisprudência

Imagine que a Constituição de um Estado estabeleça que, no começo de cada legislatura, será realizada uma única eleição para escolher duas Mesas Diretoras distintas: 1) uma delas ocuparia os cargos durante o primeiro biênio; e 2) a outra, durante o segundo biênio. Essa previsão é constitucional? O STF entendeu que não, ou seja, é **inconstitucional norma de Constituição Estadual que estabeleça eleições concomitantes, no início da legislatura, para dois biênios consecutivos dos cargos da Mesa Diretora de Assembleia Legislativa**. Isso porque a medida viola os princípios republicano e democrático, no que tange à periodicidade dos pleitos, alternância do poder, controle e fiscalização do poder, promoção do pluralismo, representação e soberania popular, conforme arts. 1°, *caput*, V e parágrafo único; e 60, § 4°, II, da CF/1988 (STF, ADI 7.350).

A Mesa do Congresso Nacional será presidida pelo **Presidente do Senado Federal** e os demais cargos serão exercidos, alternadamente, pelos ocupantes de cargos equivalentes na Câmara dos Deputados e no Senado Federal. Assim, a composição de Mesa do Congresso Nacional é a seguinte: Presidente do Senado, 1° Vice-Presidente da Câmara, 2° Vice-Presidente do Senado, 1° Secretário da Câmara, 2° Secretário do Senado, 3° Secretário da Câmara e 4° Secretário do Senado.

A Câmara dos Deputados e o Senado Federal reunir-se-ão em **sessão conjunta** para (art. 57, § 3°, da CF/1988):

I – inaugurar a sessão legislativa;

II – elaborar o regimento comum e regular a criação de serviços comuns às duas Casas;

III – **receber o compromisso** do Presidente e do Vice-Presidente da República;

IV – **conhecer do veto e sobre ele deliberar**.

2.2. Atribuições do Congresso Nacional

As atribuições do Congresso Nacional podem ser classificadas em (Silva, 2006):

a) **atribuições legislativas:** relacionadas ao processo legislativo;

b) **atribuições constituintes:** relacionadas às emendas constitucionais;

Coleção Exame Nacional da Magistratura – Direito Constitucional

c) **atribuições deliberativas**: expedição de decretos legislativos ou resoluções destinados à prática de atos concretos ou regulamentares;

d) **atribuições de fiscalização e controle:** pedidos de informações (art. 50, § 2°, da CF/1988), CPIs, controle externo (art. 70 e seguintes da CF/1988), controle dos atos do Executivo (art. 49, X, da CF/1988), entre outras;

e) **atribuições de julgamento:** relacionadas aos crimes de responsabilidade.

> ### Atenção
>
> Ao tratar das competências do Congresso Nacional, também é possível agrupá-las em três categorias: 1) atribuições relacionadas às funções do Poder Legislativo federal; 2) atribuições das Casas do Congresso (Câmara e Senado) ao atuarem separadamente; e 3) atribuições relacionadas ao funcionamento de comissões mistas e de sessões conjuntas, ou seja, em que atuam juntos os deputados federais e os senadores, embora votem separadamente.

2.2.1. *Atribuições do Congresso Nacional que demandam sanção do Presidente*

O art. 48 da CF/1988 incumbe ao Congresso Nacional, **com a sanção do Presidente da República**, dispor sobre todas as matérias de competência da União, especialmente sobre:

I – **sistema tributário**, arrecadação e distribuição de rendas;

II – **plano plurianual, diretrizes orçamentárias, orçamento anual**, operações de crédito, dívida pública e emissões de curso forçado;

III – fixação e modificação do **efetivo das Forças Armadas**;

IV – planos e programas nacionais, regionais e setoriais de desenvolvimento;

V – limites do território nacional, espaço aéreo e marítimo e bens do domínio da União;

VI – incorporação, subdivisão ou desmembramento de áreas de Territórios ou Estados, ouvidas as respectivas Assembleias Legislativas;

VII – **transferência temporária da sede do Governo Federal**;

VIII – concessão de **anistia**;

IX – **organização administrativa, judiciária**, do Ministério Público e da Defensoria Pública da União e dos Territórios e organização judiciária e do Ministério Público do Distrito Federal;

X – criação, transformação e extinção de cargos, empregos e funções públicas;

Cap. 16 – Organização dos Poderes

XI – criação e extinção de Ministérios e órgãos da administração pública;

XII – telecomunicações e radiodifusão;

XIII – **matéria financeira, cambial e monetária**, instituições financeiras e suas operações;

XIV – **moeda, seus limites de emissão, e montante da dívida mobiliária federal**;

XV – fixação do subsídio dos Ministros do Supremo Tribunal Federal.

2.2.2. *Atribuições exclusivas do Congresso Nacional*

O art. 49 da CF/1988 trata das **matérias de competência exclusiva do Congresso Nacional**, sendo **dispensada a manifestação do Presidente da República**, de modo que materializadas por **decreto legislativo**. Assim, é da competência exclusiva do Congresso Nacional:

I – resolver definitivamente sobre **tratados, acordos ou atos internacionais** que acarretem encargos ou compromissos **gravosos** ao patrimônio nacional;

II – **autorizar o Presidente da República a declarar guerra, a celebrar a paz,** a permitir que **forças estrangeiras transitem pelo território nacional ou nele permaneçam temporariamente**, ressalvados os casos previstos em lei complementar;

III – **autorizar** o Presidente e o Vice-Presidente da República **a se ausentarem do País**, quando a ausência **exceder a quinze dias**;

IV – **aprovar** o estado de defesa e a intervenção federal, **autorizar** o estado de sítio, ou **suspender** qualquer uma dessas medidas;

V – **sustar os atos normativos** do Poder Executivo que exorbitem do poder regulamentar ou dos limites de delegação legislativa;

VI – mudar temporariamente sua sede;

VII – fixar idêntico subsídio para os Deputados Federais e os Senadores;

VIII – fixar os subsídios do Presidente e do Vice-Presidente da República e dos Ministros de Estado;

IX – **julgar anualmente as contas** prestadas pelo Presidente da República e apreciar os relatórios sobre a execução dos planos de governo;

X – **fiscalizar e controlar**, diretamente, ou por qualquer de suas Casas, os atos do Poder Executivo, incluídos os da administração indireta;

XI – zelar pela preservação de sua competência legislativa em face da atribuição normativa dos outros Poderes;

XII – apreciar os atos de concessão e renovação de concessão de **emissoras de rádio e televisão**;

XIII – escolher **dois terços dos membros do Tribunal de Contas da União**;

XIV – aprovar iniciativas do Poder Executivo referentes a atividades nucleares;

XV – **autorizar** referendo e **convocar** plebiscito;

XVI – autorizar, em terras indígenas, a exploração e o aproveitamento de recursos hídricos e a pesquisa e lavra de riquezas minerais;

XVII – aprovar, previamente, a alienação ou concessão de terras públicas com área superior a **dois mil e quinhentos hectares**;

XVIII – **decretar** o estado de calamidade pública de âmbito nacional (arts. 167-B a 167-G da CF/1988).

2.3. Câmara dos Deputados

2.3.1. Composição

A Câmara dos Deputados é composta por **representantes do povo** (deputados federais), eleitos pelo **sistema proporcional**, em cada Estado, em cada Território e no Distrito Federal (art. 45, *caput*, da CF/1988).

O número total de deputados, bem como a representação por Estado e pelo Distrito Federal, será estabelecido por **lei complementar**, proporcionalmente à população, procedendo-se aos ajustes necessários, no ano anterior às eleições, para que nenhuma das unidades da Federação tenha **menos de oito ou mais de setenta** Deputados, e cada Território elegerá **quatro** deputados (art. 45, §§ 1º e 2º, da CF/1988).

O mandato de cada deputado é de **quatro anos**.

2.3.2. Competências privativas da Câmara dos Deputados

As competências privativas da Câmara dos Deputados – e que **não dependem de sanção presidencial**, sendo materializadas por meio de **resoluções** – estão previstas no art. 51 da CF/1988:

I – **autorizar, por dois terços** de seus membros, a instauração de processo contra o Presidente e o Vice-Presidente da República e os Ministros de Estado;

II – proceder à **tomada de contas do Presidente da República**, quando não apresentadas ao Congresso Nacional dentro de **sessenta dias** após a abertura da sessão legislativa;

III – elaborar seu regimento interno;

IV – dispor sobre sua organização, funcionamento, polícia, criação, transformação ou extinção dos cargos, empregos e funções de seus serviços, e a iniciativa de lei para fixação da respectiva remuneração, observados os parâmetros estabelecidos na lei de diretrizes orçamentárias;

V – eleger membros do Conselho da República.

Cap. 16 – Organização dos Poderes

449

> **Atenção**
>
> A Câmara dos Deputados e o Senado Federal, ou qualquer de suas Comissões, poderão **convocar para prestarem**, pessoalmente, **informações** sobre assunto previamente determinado, importando crime de responsabilidade a ausência sem justificação adequada, as seguintes autoridades (art. 50 da CF/1988):
>
> a) Ministro de Estado;
>
> b) quaisquer titulares de órgãos diretamente subordinados à Presidência da República; ou
>
> c) o presidente do Comitê Gestor do Imposto sobre Bens e Serviços.

2.4. Senado Federal

2.4.1. *Composição*

O Senado Federal compõe-se de **representantes dos Estados e do Distrito Federal** (senadores), eleitos segundo o **sistema majoritário**.

Cada Estado e o Distrito Federal elegerão **três** senadores e **dois suplentes**.

O mandato de cada senador tem duração de **oito anos**, e a representação de cada Estado e do Distrito Federal será renovada de quatro em quatro anos, alternadamente, por **um e dois terços**.

2.4.2. *Competências privativas do Senado Federal*

As competências privativas do Senado – e que **não dependem de sanção presidencial**, sendo materializadas por meio de **resoluções** – estão previstas no art. 52 da CF/1988:

I – **processar e julgar** o Presidente e o Vice-Presidente da República nos **crimes de responsabilidade**, bem como os Ministros de Estado e os Comandantes da Marinha, do Exército e da Aeronáutica nos crimes da mesma natureza **conexos com aqueles**;

II – **processar e julgar** os Ministros do Supremo Tribunal Federal, os membros do Conselho Nacional de Justiça e do Conselho Nacional do Ministério Público, o Procurador-Geral da República e o Advogado-Geral da União **nos crimes de responsabilidade**;

III – **aprovar** previamente, por **voto secreto**, após arguição **pública**, a escolha de: a) Magistrados, nos casos estabelecidos nesta Constituição; b) Ministros do Tribunal de Contas da União indicados pelo Presidente da República; c) Governador de Território; d) Presidente e diretores do Banco Central; e) Procurador-Geral da República; f) titulares de outros cargos que a lei determinar;

IV – **aprovar** previamente, **por voto secreto**, após arguição em **sessão secreta**, a escolha dos chefes de missão diplomática de caráter permanente;

V – autorizar operações externas de natureza financeira, de interesse da União, dos Estados, do Distrito Federal, dos Territórios e dos Municípios;

VI – fixar, por proposta do Presidente da República, **limites globais para o montante da dívida consolidada** da União, dos Estados, do Distrito Federal e dos Municípios;

A **dívida pública consolidada ou fundada** constitui-se no montante total, apurado sem duplicidade, das obrigações financeiras de determinado ente da Federação decorrentes de leis, contratos, convênios ou tratados e da realização de operações de crédito, para **amortização em prazo superior a doze meses.**

VII – dispor sobre **limites globais e condições para as operações de crédito externo e interno** da União, dos Estados, do Distrito Federal e dos Municípios, de suas autarquias e demais entidades controladas pelo Poder Público federal;

VIII – dispor sobre limites e condições para a concessão de **garantia da União** em operações de crédito externo e interno;

IX – estabelecer limites globais e condições para o montante da **dívida mobiliária** dos Estados, do Distrito Federal e dos Municípios;

A **dívida mobiliária** diz respeito aos saldos da dívida pública representada por títulos emitidos por cada esfera de governo.

X – **suspender a execução**, no todo ou em parte, de **lei declarada inconstitucional** por decisão definitiva do Supremo Tribunal Federal;

XI – aprovar, por **maioria absoluta** e **por voto secreto**, a exoneração, de ofício, do Procurador-Geral da República antes do término de seu mandato;

XII – elaborar seu regimento interno;

XIII – dispor sobre sua organização, funcionamento, polícia, criação, transformação ou extinção dos cargos, empregos e funções de seus serviços, e a iniciativa de lei para fixação da respectiva remuneração, observados os parâmetros estabelecidos na lei de diretrizes orçamentárias;

XIV – eleger membros do Conselho da República, nos termos do art. 89, VII;

XV – avaliar periodicamente a funcionalidade do Sistema Tributário Nacional, em sua estrutura e seus componentes, e o desempenho das administrações tributárias da União, dos Estados e do Distrito Federal e dos Municípios.

3. COMISSÕES PARLAMENTARES

As comissões parlamentares são órgãos fracionários do Poder Legislativo. Dividem-se em quatro espécies:

Cap. 16 – Organização dos Poderes

1) Permanentes: têm duração **superior a uma legislatura** (quatro anos). Exemplo: Comissão de Constituição e Justiça (CCJ). Entre as suas principais atribuições, podem-se destacar (art. 58, § 2º, da CF/1988):

I – discutir e votar projeto de lei que dispensar, na forma do regimento, a competência do Plenário, salvo se houver recurso de um décimo dos membros da Casa;

II – realizar **audiências públicas** com entidades da sociedade civil;

III – **convocar** Ministros de Estado para prestar informações sobre assuntos inerentes a suas atribuições;

IV – receber **petições, reclamações, representações ou queixas** de qualquer pessoa contra atos ou omissões das autoridades ou entidades públicas;

V – **solicitar depoimento** de qualquer autoridade ou cidadão;

VI – **apreciar** programas de obras, planos nacionais, regionais e setoriais de desenvolvimento e sobre eles emitir parecer.

2) Temporárias: são constituídas para opinar sobre determinadas matérias e **extintas ao fim do prazo estipulado, ao fim das investigações ou ao fim de cada legislatura.**

3) Mistas: tratam de assuntos de atribuição do Congresso Nacional que devam ser objeto de decisão em **sessão conjunta**. Podem ser permanentes ou temporárias. Exemplo: comissões parlamentares mistas de inquérito.

4) Representativas: destinadas a representar o Congresso **durante o recesso** (art. 58, § 4º, da CF/1988) ou acompanhar o **estado de sítio ou de defesa** (art. 140 da CF/1988).

3.1. Comissão Parlamentar de Inquérito (CPI)

As Comissões Parlamentares de Inquérito (CPIs) são um tipo de comissão parlamentar que dispõe de poderes de investigação.

1) Objetivos das CPIs:

a) **Auxiliar na tarefa legiferante**, por meio da realização de investigações que permitam combater de modo mais efetivo a prática de delitos, permitindo a adequação da legislação.

b) **Servir de instrumento de fiscalização** do governo e da Administração Pública, tratando-se de direito subjetivo concedido às minorias parlamentares, em nítido exercício do **direito de oposição** (STF, MS 26.441).

c) **Informar a opinião pública.**

452 Coleção Exame Nacional da Magistratura – Direito Constitucional

2) **Composição das CPIs:** na constituição de cada comissão, é assegurada, tanto quanto possível, a **representação proporcional** dos partidos ou dos blocos parlamentares que participam da respectiva Casa (art. 58, § 1º, da CF/1988).

As CPIs federais podem ser **exclusivas** (formadas exclusivamente por membros de determinada Casa do Congresso Nacional) ou **mistas** (formadas por Deputados Federais e Senadores – é a **Comissão Parlamentar Mista de Inquérito** – CPMI).

3) **Requisitos taxativos para a instauração** (art. 58, § 3º, da CF/1988):

   a) Requerimento de, pelo menos, um **terço dos membros** da Câmara dos Deputados, do Senado Federal ou, em caso de CPMI, da Câmara e do Senado.

   b) Apuração de **fato determinado e de interesse público**. Não é possível uma CPI destinada a apurar fatos genéricos ou fatos sem interesse público. Ademais, o fato investigado deve estar dentro dos assuntos da competência fiscalizatória.

   c) **Prazo certo** de duração.

> **Atenção**
>
> Os requisitos para a criação de uma CPI são **normas de observância obrigatória**, devendo ser seguidas pelos Estados e pelos Municípios (STF, ADI 3619).

4) **Investigados:** as CPIs podem investigar **pessoas** e **órgãos** ligados à gestão da coisa pública ou que, de alguma forma, tenham que prestar contas sobre dinheiro, bens ou valores públicos. Tratando-se de CPIs de âmbito federal, os interesses investigados devem pertencer à **União** ou ser **de caráter geral**. A CPI estadual tem **poderes próprios de autoridade judiciária estadual**, de modo que não têm competência para investigar autoridades que estão submetidas a foro privilegiado federal. Ademais, as CPIs devem observar o princípio do **devido processo** na condução de suas investigações.

5) **Fatos novos:** caso um **novo fato conexo** seja descoberto durante as investigações, não é necessária a formulação de novo requerimento por um terço dos Deputados e/ou Senadores para sua investigação, sendo possível **mero aditamento** (STF, Inq. 2.245/MG). Por outro lado, na hipótese de descoberta de **fato novo seja que não tenha conexão** com objeto inicial da investigação, deve ser formulado novo requerimento por parte dos parlamentares interessados.

6) **Resultado das investigações:** concluídas as investigações, além de as conclusões poderem servir para a melhoria da legislação, restando comprovada a prática de fato ilícito, serão encaminhadas às autoridades competentes.

Cap. 16 – Organização dos Poderes

7) Poderes da CPI: possuem **natureza instrumental**, ou seja, não são um fim em si mesmos, mas apenas meios de auxiliar o Congresso Nacional em suas funções típicas (fiscalizar e legislar). Podem ser classificados em duas espécies:

a) **poderes previstos no art. 2º da Lei nº 1.579/1952**: poderão as CPIs determinar diligências que reputarem necessárias e requerer a convocação de Ministros de Estado, tomar o depoimento de quaisquer autoridades federais, estaduais ou municipais, ouvir os indiciados, inquirir testemunhas sob compromisso, requisitar da administração pública direta, indireta ou fundacional informações e documentos, e transportar-se aos lugares onde se fizer mister a sua presença;

b) **poderes de investigação próprios de autoridade judicial:** as CPIs não têm todos os poderes de autoridade judicial, mas apenas poderes "próprios de autoridade judicial" (art. 58, § 3º, da CF/1988), consistentes em poderes **investigatórios** e **instrutórios**, que exigem fundamentação do ato quanto à sua **adequação e contemporaneidade**. Entre os principais poderes instrutórios da CPI podem-se destacar:

   (i) **quebra do sigilo de dados bancários, fiscais, telefônicos e informáticos** (STF, MS 23.452). Contudo, **não poderá determinar a realização de interceptação telefônica**, visto que submetida à cláusula de reserva de jurisdição, ou seja, somente a autoridade judicial competente poderá autorizá-la (art. 5º, XII, da CF/1988);

   (ii) **busca e apreensão** de documentos ou equipamentos, desde que **não seja necessário o ingresso em domicílio** (STF, HC 71.039). Caso seja necessário ingressar em domicílio, é preciso autorização judicial, visto que submetida à cláusula de reserva de jurisdição (art. 5º, XI, da CF/1988);

   (iii) **exames periciais**;

   (iv) **condução coercitiva**.

> ## Atenção
>
> **Não dispõe a CPI de poder geral de cautela**, visto que não profere decisão e, portanto, não há necessidade de acautelar sua efetividade.
>
> As CPIs municipais dispõem dos mesmos poderes das CPIs federais ou estaduais, com a ressalva de que **não poderão decretar a quebra de sigilo de dados, a condução coercitiva e a busca e apreensão**.

8) Limites: é **vedado** às CPIs:

a) formular **acusações, processar ou julgar** qualquer pessoa;

b) decretar a prisão, **salvo em caso de flagrante delito**;

454 — Coleção Exame Nacional da Magistratura – Direito Constitucional

c) **aplicar penas** pela prática de crimes ou contravenções penais;

d) proibir a saída de pessoas do País, visto que **não possuem poder geral de cautela** (STF, MS 23.652/DF);

e) decretar a **indisponibilidade de bens**, arresto, sequestro e hipoteca judiciária. Nesse sentido, o art. 3°-A da Lei n° 13.367/2016 admite que o presidente da CPI solicite ao juízo criminal eventual **medida cautelar necessária,** quando verificar a existência de indícios veementes da proveniência ilícita de bens;

f) autorizar medidas sobre as quais incide a **cláusula de reserva da jurisdição** (ex.: inviolabilidade de domicílio e interceptação telefônica);

g) **quebrar sigilo** imposto a processo sujeito a segredo de justiça.

9) **Autonomia federativa e separação de poderes:** a CPI federal *não pode*, sob pena de ofensa ao princípio da separação de poderes, adotar as seguintes medidas:

a) investigar autoridades que estejam **fora de seu âmbito de competência**;

b) investigar membros de **outros Poderes** no exercício de suas funções típicas;

c) convocar magistrado a fim de que preste depoimento em razão de decisões de **conteúdo jurisdicional**;[1]

d) convocar, quer como testemunha, quer como investigado, **Chefe do Poder Executivo**.[2] Exemplo: uma CPI do Congresso Nacional não pode convocar Governador para prestar testemunho. **Controle judicial dos atos praticados pelas CPIs**: não obstante o caráter político dos atos parlamentares, o STF entende "legítima a intervenção jurisdicional, sempre que os corpos legislativos ultrapassem os limites delineados pela Constituição ou exerçam as suas atribuições institucionais com ofensa a direitos públicos subjetivos impregnados de qualificação constitucional e titularizados, ou não, por membros do Congresso Nacional" (STF, MS 24.831/DF). A CPI **não pode investigar atos de conteúdo jurisdicional**, ou seja, não pode rever os fundamentos de uma sentença judicial.

10) **Competência no controle judicial dos atos praticado por CPI:** a CPI federal atua como *longa manus* do Congresso Nacional ou das Casas que o compõem, razão pela qual eventual ato abusivo ou ilegal combatido por meio de *habeas corpus* ou mandado de segurança será de competência do **STF**. A competência para processar e julgar *habeas corpus* e mandado de segurança impetrados contra ato de CPI estadual é **do respectivo Tribunal de Justiça**. Na hipótese de impetração de mandado de segurança ou *habeas corpus* contra ato de CPI municipal, é competente para processar e julgar **o juiz de direito**.

11) **Princípio da colegialidade:** as deliberações tomadas por qualquer Comissão Parlamentar de Inquérito devem observar o quórum de **maioria absoluta**.

---

1 STF, Reclamação 15.564 AgR.
2 STF, Reclamação 15.564 AgR.

Cap. 16 – Organização dos Poderes

4. FUNÇÕES DO PODER LEGISLATIVO

O Congresso Nacional tem funções:

a) **típicas:** legislar e fiscalizar;

b) **atípicas:** administrar e julgar.

5. REUNIÕES PARLAMENTARES

As reuniões dos parlamentares podem ocorrer em sessões:

a) **bicamerais:** as deliberações são tomadas por cada Casa, **separadamente**;

b) **conjuntas:** as deliberações são tomadas **conjuntamente** por deputados e senadores. Exemplos: inaugurar a sessão legislativa, elaborar o regimento comum, regular a criação de serviços comuns às duas Casas, receber o compromisso do Presidente e do Vice-Presidente da República e conhecer do veto e sobre ele deliberar.
O STF entende que também deve ser realizado em sessão conjunta o julgamento
das contas do Presidente da República (MS 33.729/DF).

6. GARANTIAS DO PODER LEGISLATIVO

As garantias atribuídas aos Parlamentares visam assegurar a **independência** do Poder
Legislativo e proteger a **liberdade funcional** de seus membros. Não se trata, portanto,
de privilégios.

As garantias não podem ser renunciadas (**irrenunciabilidade**), mas o afastamento do Parlamentar para o exercício de outras funções **suspende as suas imunidades material e formal**, inclusive no que tange ao foro por prerrogativa de função.
A Súmula nº 4 do STF ("Não perde a imunidade parlamentar o congressista nomeado
Ministro de Estado") foi cancelada.

> ### Atenção
>
> **1)** Os **suplentes** não são parlamentares e, portanto, **não dispõem de quaisquer
> das garantias** atribuídas ao Poder Legislativo, a não ser que venham a assumir
> os cargos.
>
> **2) Garantias e estado de sítio:** decretado o estado de sítio, os parlamentares
> **mantêm as suas garantias**. Excepcionalmente, podem ser suspensas quando
> presentes **três requisitos de forma cumulativa** (art. 53, § 8º, da CF/1988):
>
> a) o voto de **dois terços** dos membros da Casa respectiva;
>
> b) nos casos de atos praticados **fora do recinto** do Congresso Nacional; e
>
> c) que sejam **incompatíveis com a execução da medida**.

3) Garantias e estado de defesa: decretado o estado de defesa, os parlamentares **mantêm as suas garantias**, pois, diante da ausência de disposição expressa, incide a regra hermenêutica de que normas excepcionais devem ser interpretadas restritivamente, afastando a possibilidade de incidência do art. 53, § 8º, da CF/1988, que faz referência apenas ao estado de sítio.

6.1. Senadores e deputados federais

6.1.1. Foro por prerrogativa de função

O foro por prerrogativa de função de senadores e deputados federais encontra-se previsto no art. 53, § 1º, da CF/1988, ao dispor que "Os Deputados e Senadores, desde a expedição do diploma, serão **submetidos a julgamento perante o Supremo Tribunal Federal**".

O art. 102, I, *b*, da CF/1988 estabelece ser competência do STF a guarda da Constituição, cabendo-lhe processar e julgar, originariamente, nas infrações penais comuns, os membros do Congresso Nacional. A expressão "infrações penais comuns" deve receber interpretação ampliativa, abrangendo todas as infrações penais, incluindo crimes dolosos contra a vida, delitos eleitorais e contravenções penais, todos de competência do STF.

O STF alterou sua posição na AP 937 QO/RJ, fixando o entendimento de que "O foro por prerrogativa de função se aplica apenas a crimes cometidos **no exercício do cargo e em razão das funções** desempenhadas. Após as alegações finais, a competência não poderá ser alterada". Assim, se um deputado está sendo processado pelo STF e já foram apresentadas alegações finais, mesmo com o término do mandato, será competente o Supremo para o julgamento.

"Mandatos cruzados" e perpetuação do foro por prerrogativa de função

Os "mandatos cruzados" ocorrem quando um parlamentar é investido, sem solução de continuidade, em mandato em casa legislativa diversa daquela que originalmente deu causa à fixação da competência originária.

Assim, se ao término de um mandato (ex. deputado) ocorre a eleição para um novo cargo que dispõe de foro por prerrogativa de função (ex. senador), a competência do STF se perpetua (STF, Pet 9.189 AgR/DF).

Instauração de ofício de inquéritos policiais contra parlamentares: os inquéritos policiais contra parlamentares **não podem ser instaurados de ofício** pela Polícia Federal. Ao contrário, a iniciativa do procedimento investigatório é confiada ao Ministério Público Federal, contando com a supervisão do ministro-relator do STF (STF, Pet 3.825 QO/MT).

Exceção da verdade: a exceção da verdade contra autoridade com prerrogativa de foro no STF será julgada pelo STF, prosseguindo-se a ação penal no juízo compe-

Cap. 16 – Organização dos Poderes

457

tente. Não assiste ao STF competência para admiti-la, para processá-la ou nem sequer para instruí-la, de modo que os atos de dilação probatória pertinentes a esse procedimento incidental deverão ser promovidos na instância ordinária competente para apreciar ação penal condenatória.

Desmembramento: em regra, se pessoas com foro e pessoas sem foro estão sendo investigadas e processadas pelo mesmo tipo de crime, deve haver **o desmembramento dos processos**. **Excepcionalmente**, contudo, não haverá o desmembramento quando este puder ocasionar algum tipo de **prejuízo ao julgamento da demanda** (STF, Inq 3.515 AgR/SP).

Atração do processo do corréu: a atração por continência e conexão ao STF do processo do corréu **não viola qualquer princípio constitucional**. Sobre o tema, a Súmula nº 704 do STF enuncia que: "Não viola as garantias do juiz natural, da ampla defesa e do devido processo legal a atração por continência ou conexão do processo do corréu ao foro por prerrogativa de função de um dos denunciados".

6.1.2. *Imunidade material, inviolabilidade ou* freedom of speech

A imunidade material ou **"liberdade de discurso"** está prevista no art. 53 da CF/1988, ao estabelecer que "Os Deputados e Senadores são invioláveis, civil e penalmente, por quaisquer de suas opiniões, palavras e votos".

Natureza jurídica: causa excludente da tipicidade (STF, Inq. 2.273/DF).

Conexão com o exercício do mandato: a análise da necessidade de conexão com o exercício do mandato para a incidência da imunidade material depende do local em que ocorreu a manifestação pelo parlamentar:

1) **infração perpetrada dentro do recinto Congresso Nacional:** há **presunção de conexão**, não sendo necessário demonstrar qualquer tipo correlação com o exercício da função parlamentar;

2) **infração perpetrada fora do recinto do Congresso Nacional:** exige-se a demonstração da conexão com o exercício da função parlamentar.

Abrangência: embora a Constituição de 1988 faça referência apenas à inviolabilidade civil e penal, a imunidade material **abrange também as esferas administrativa e política**.

Início: diante da ausência de previsão expressa, o marco inicial de incidência da imunidade parlamentar é a **expedição do diploma**.

6.1.3. *Imunidade formal, incoercibilidade pessoal relativa ou* freedom from arrest

A EC nº 35/2001 substituiu o princípio da "improcessabilidade" pelo **princípio da "processabilidade mitigada"**, de modo que, embora o parlamentar possa ser processado, há a possibilidade de suspensão do processo pela respectiva Casa.

A Súmula nº 245 do STF enuncia que a imunidade parlamentar não se estende ao corréu sem essa prerrogativa. Assim, caso um delito seja perpetrado por várias pessoas com parlamentares que possuam foro por prerrogativa de função no STF, a suspensão do processo e/ou a imunidade com relação à prisão **não pode ser estendida aos corréus**.

A imunidade formal pode ser classificada quanto:

1) **à prisão:** está prevista no art. 53, § 2º, da CF/1988: "Desde a **expedição do diploma**, os membros do Congresso Nacional **não poderão ser presos**, salvo em flagrante de crime inafiançável. Nesse caso, os autos serão remetidos **dentro de vinte e quatro horas** à Casa respectiva, para que, pelo voto da **maioria [absoluta] de seus membros**, resolva sobre a prisão". Trata-se, portanto, de inviabilidade da prisão de parlamentares, salvo em flagrante de crime inafiançável, que deverá ser objeto de comunicação e deliberação pela respectiva Casa Legislativa. Apenas a **prisão penal cautelar** está abrangida pela imunidade formal. Assim, **óbice algum existe à prisão decorrente de condenação definitiva e à prisão civil** por dívida alimentar. Na hipótese de aplicação de medidas cautelares diversas da prisão que impeçam o exercício da função parlamentar, é necessário **realizar a comunicação à respectiva Casa Legislativa** (STF, ADI 5.526/DF);

2) **ao processo:** está prevista no art. 53, § 3º, da CF/1988: "Recebida a denúncia contra Senador ou Deputado, por crime ocorrido **após a diplomação**, o Supremo Tribunal Federal dará ciência à Casa respectiva, que, por iniciativa de partido político nela representado e pelo **voto da maioria de seus membros**, poderá, até a decisão final, **sustar o andamento da ação**". Assim, a imunidade processual consiste na **sustação de ações penais** pelo voto da maioria absoluta da Casa Legislativa a que pertence o parlamentar, mas não afasta a responsabilidade pela infração penal. O pedido de sustação será apreciado pela Casa respectiva no prazo improrrogável de **quarenta e cinco dias** do seu recebimento pela Mesa Diretora (art. 53, § 4º, da CF/1988). Caso o crime tenha ocorrido antes da diplomação, **não é possível a sustação da ação penal**.

A imunidade processual **implica, também, a suspensão da prescrição**, enquanto durar o mandato (art. 53, § 5º, da CF/1988).

Caso a ação penal não seja julgada até o fim da legislatura e o parlamentar seja reeleito, **não será possível nova suspensão da ação**.

6.2. Deputados estaduais

As imunidades de deputados estaduais encontram-se previstas no art. 27, § 1º, da Constituição de 1988, que remete às imunidades previstas para os parlamentares federais: "Será de quatro anos o mandato dos Deputados Estaduais, aplicando-se-lhes as re-

Cap. 16 – Organização dos Poderes

459

gras desta Constituição sobre sistema eleitoral, inviolabilidade, **imunidades**, remuneração, perda de mandato, licença, impedimentos e incorporação às Forças Armadas".

As regras atinentes aos parlamentares federais aplicam-se aos estaduais (STF, ADIs 5.823 MC/RN; 5.824 MC/RJ e 5.825/MT).

Os deputados distritais fazem jus ao tratamento dispensado aos deputados estaduais, nos termos do art. 32, § 3º, da Constituição de 1988 ("Aos Deputados Distritais e à Câmara Legislativa aplica-se o disposto no art. 27").

Abrangência: a imunidade concedida a deputados estaduais **não fica restrita à Justiça do Estado**, encontrando-se superada a Súmula nº 3 do STF ("A imunidade concedida a Deputados Estaduais é restrita à Justiça do Estado").

Foro por prerrogativa de função: os deputados estaduais também **fazem jus a foro por prerrogativa de função**.

Súmula Vinculante nº 45 do STF: "A competência constitucional do tribunal do júri prevalece sobre o foro por prerrogativa de função estabelecido exclusivamente pela Constituição Estadual".

6.3. Vereadores

Enquanto no âmbito estadual e no âmbito federal as garantias dos parlamentares são similares, no caso de vereadores a situação é distinta.

Em primeiro lugar, os vereadores **não dispõem de foro por prerrogativa de função** (ADI 6.842).

Em segundo lugar, a imunidade material dos vereadores vem prevista no art. 29, VIII, da CF/1988, que estabelece a inviolabilidade por suas opiniões, palavras e votos no exercício do mandato. Assim, a incidência da imunidade material com relação aos vereadores exige a presença **cumulativa** de dois requisitos:

a) relação **com o exercício do mandato**, ou seja, a "pertinência temática"; e

b) que as ofensas ocorram **na circunscrição do Município**.

Em terceiro lugar, **não se aplica aos vereadores a imunidade formal**, diante da ausência de previsão na Constituição de 1988, sendo inconstitucional a extensão das imunidades formais pelos Estados-membros, tendo em vista a ausência de competência para fazê-lo (STF, ADI 371/SE).

6.4. Perda de mandato

As hipóteses de perda de mandato incidem após a diplomação e podem ser classificadas em:

1) **Cassação:** modalidade de sanção constitucional decorrente de falta funcional. Para ser aplicada, é necessária **decisão da respectiva Casa Legislativa**, mediante provocação da respectiva Mesa ou de partido político representado no Congresso Nacional, assegurada **ampla defesa** (art. 55, § 2º, da CF/1988). Como é necessária decisão da respectiva Casa, a pessoa pode estar presa e, ainda assim, manter a sua condição de parlamentar. Para a cassação, exige-se o quórum de **maioria absoluta**, sendo o escrutínio **aberto**.

Hipóteses de cassação: nos termos do art. 55, I, II e VI, da CF/1988, perderá o mandato o deputado ou senador:

I – que infringir qualquer das proibições estabelecidas no artigo anterior, ou seja, que **violar as "incompatibilidades"**;

II – cujo procedimento for declarado **incompatível com o decoro parlamentar**;

VI – que sofrer **condenação criminal em sentença transitada em julgado**.

O ato praticado pelo parlamentar **não precisa ser contemporâneo ao mandato para que ocorra a cassação**.

Em regra, o Poder Judiciário **não pode analisar o mérito** da decisão da Câmara ou do Senado, mas, **excepcionalmente**, pode analisar as decisões que **não garantam o devido processo legal, o contraditório e a ampla defesa**.

O art. 56 da CF/1988 dispõe que não perderá o mandato o deputado ou senador: I – **investido** no cargo de Ministro de Estado, Governador de Território, Secretário de Estado, do Distrito Federal, de Território, de Prefeitura de Capital ou chefe de missão diplomática temporária; II – **licenciado** pela respectiva Casa por motivo de doença, ou para tratar, sem remuneração, de interesse particular, desde que, nesse caso, o afastamento **não ultrapasse cento e vinte dias por sessão legislativa**.

2) **Extinção:** decorre de fato ou ato que tornem inexistente a investidura. Diferentemente do que ocorre na cassação, em que a perda do mandato deve ser **decidida** pela respectiva Casa Legislativa, a extinção do mandato **é automática**, sendo apenas **declarada** pela respectiva Casa (**natureza de ato vinculado**). A extinção pode ocorrer: a) de ofício pela Mesa da Casa Legislativa; ou b) por provocação de qualquer de seus membros ou de partido político representado no Congresso Nacional, assegurada ampla defesa (art. 55, § 3º, da CF/1988).

Hipóteses de extinção: nos termos do art. 55, III, IV e V, da CF/1988, perderá o mandato o deputado ou senador:

III – que deixar de comparecer, em cada sessão legislativa, **à terça parte das sessões ordinárias** da Casa a que pertencer, salvo licença ou missão por esta autorizada;

IV – que **perder ou tiver suspensos** os direitos políticos;

V – quando **o decretar a Justiça Eleitoral**, nos casos previstos nesta Constituição.

3) **Infidelidade partidária:** a desfiliação do partido político em nome do qual o parlamentar fora eleito pode acarretar a perda do mandado (STF, ADI 3.999).

Cap. 16 – Organização dos Poderes

6.5. Renúncia

Em regra, o parlamentar pode **renunciar ao mandato a qualquer tempo. Excepcionalmente, não é possível** que o parlamentar renuncie **para não ser condenado à perda do mandato**, seja por cassação ou extinção. Nesses casos, **a renúncia ficará suspensa**, aguardando a decisão da respectiva Casa Legislativa, nos termos do art. 55, § 4º, da CF/1988.

7. SISTEMAS ELEITORAIS

Os sistemas eleitorais consistem em técnicas e procedimentos utilizados nas eleições para seleção dos representantes do povo.

7.1. Espécies

Os sistemas eleitorais podem ser classificados em:

1) **Majoritário:**

   a) sistema de **maioria absoluta**: reputa-se eleito aquele que obtiver mais de 50% dos votos válidos. É adotado nas eleições para Presidente, governador e prefeito de cidades com mais de 200 mil eleitores;

   b) sistema de **maioria relativa**: reputa-se eleito o candidato mais votado, ainda que não tenha alcançado 50% dos votos válidos. É adotado nas eleições para prefeito em municípios com menos de 200 mil eleitores e senadores.

2) **Proporcional:** busca permitir que a ideologia de determinados partidos políticos seja refletida na representatividade da população. É adotado nas eleições **para cargos do Poder Legislativo**, salvo no que tange aos senadores.

   O **sistema de listas** busca promover a distribuição das cadeiras disponíveis em determinada Casa Legislativa, tomando como base a votação total nas legendas. Existem quatro espécies principais de sistemas de listas:

   (i) **fechada ou bloqueada:** a ordem dos candidatos é **preestabelecida pelo partido político** e não pode ser alterada pelo eleitor. É adotada na Alemanha. Exemplo: um partido apresenta uma lista contendo o nome de 20 candidatos. Se o partido obtiver cinco cadeiras no parlamento, as vagas serão ocupadas pelos cinco primeiros nomes da lista;

   (ii) **flexível:** o partido político apresenta uma lista contendo o nome de seus candidatos, que poderá sofrer a influência dos eleitores, em decorrência da apresentação de um segundo voto. Exemplo: o eleitor vota, primeiramente, no partido e, em um segundo voto, no candidato que deseja ver eleito;

   (iii) **livre:** o eleitor pode votar em tantos nomes quantos forem as cadeiras a serem preenchidas no parlamento, e os mais votados ocupam as vagas disponíveis;

(iv) **aberta:** o eleitor vota em um partido ou candidato, e os candidatos mais votados ocuparão as vagas que o partido obtiver. É o **sistema adotado no Brasil**.

7.1.1. Quociente eleitoral

O quociente eleitoral determina quantos candidatos cada partido elegerá. Nesse sentido, o art. 106 do Código Eleitoral dispõe: "Determina-se o quociente eleitoral dividindo-se o número de votos válidos apurados pelo de lugares a preencher em cada circunscrição eleitoral, desprezada a fração se igual ou inferior a meio, equivalente a um, se superior".

De forma didática, a fórmula adotada para o cálculo do quociente eleitoral pode ser sintetizada em:

Votos válidos ÷ Número de vagas a serem preenchidas = quociente eleitoral.

Se houver fração igual ou inferior a 0,5, ela deverá ser desprezada. Se a fração for superior a 0,5, ela deverá ser equiparada a "1".

Exemplo: havendo 845 votos válidos e 10 vagas a serem preenchidas em determinado certame, o quociente eleitoral será de 84,5. Como a fração é igual ou inferior a 0,5, deve ser desprezada. Logo, o quociente eleitoral será 84.

Nos termos do art. 5° da Lei n° 9.504/1997, são votos válidos "apenas os votos dados a candidatos regularmente inscritos e às legendas partidárias". Logo, os votos válidos não incluem os votos brancos e nulos.

Após encontrar o quociente eleitoral, é necessário verificar o quociente partidário.

7.1.2. Quociente partidário

O quociente partidário é calculado na forma do art. 107 do Código Eleitoral: "Determina-se para cada partido o quociente partidário dividindo-se pelo quociente eleitoral o número de votos válidos dados sob a mesma legenda, desprezada a fração".

Assim, o cálculo do quociente partidário pode ser sistematizado na seguinte fórmula:

Número de votos válidos ÷ quociente eleitoral = quociente partidário.

Sendo obtida fração, esta deverá ser desprezada.

7.1.3. Cálculo da média ("sobras de vagas")

Obtido o quociente partidário e não tendo sido distribuídas todas as vagas, deve-se proceder ao cálculo das sobras. Para tanto, deve-se dividir o número de votos válidos pelo número de vagas obtidas + 1. O partido que obtiver a maior média obterá mais uma vaga. A operação deverá ser repetida até que haja a distribuição de todas as vagas.

Cap. 16 – Organização dos Poderes

8. PROCESSO LEGISLATIVO

1) Conceito: o processo legislativo consiste em um conjunto de normas que regula a produção de atos normativos primários.

> **Atenção**
>
> Os **atos normativos primários** são aqueles cujo fundamento de validade direto é a Constituição, enquanto os **atos normativos secundários** são aqueles que têm sua validade radicada em norma infraconstitucional.

2) Objeto do processo legislativo: consiste em atos normativos primários, tais como as emendas à Constituição, as leis complementares, as leis ordinárias, as leis delegadas, as medidas provisórias, os decretos legislativos e as resoluções – da Câmara, do Senado e do Congresso Nacional –, nos termos do art. 59 da CF/1988. Parcela da doutrina entende que o processo legislativo também abrange (Masson, 2019): os tratados internacionais; os decretos autônomos; e os regimentos internos dos tribunais (no que diz respeito ao funcionamento e à distribuição de competência).

8.1. Devido processo legislativo constitucional

A expressão "devido processo legislativo constitucional" pode assumir três sentidos:

1) **Direito constitucional subjetivo dos parlamentares**, de modo a "preservar a própria regularidade e legitimidade do processo de válida formação dos atos emanados do Poder Legislativo" (STF, MS 22.503). A ameaça ou a violação ao devido processo legislativo confere legitimidade ativa exclusiva ao parlamentar para a impetração de mandado de segurança preventivo, desde que tenha efetivamente participado do processo legislativo.

2) **Direito fundamental difuso** de que dispõem "**todos os cidadãos** de não sofrer interferência, na sua esfera privada de interesses, senão mediante normas jurídicas produzidas em conformidade com o procedimento constitucionalmente determinado" (STF, ADI 5.127).

3) Conjunto de princípios e regras relativos ao processo legislativo e que estabelecem parâmetros para que a tomada de decisão política seja fruto de um **mínimo de reflexão e ocorra em um ambiente livre de influências externas indevidas**.

8.2. Normas de observância obrigatória para o âmbito estadual e municipal

As normas das Constituições Estaduais e das Leis Orgânicas dos Municípios que tratam sobre os princípios básicos do processo legislativo devem ser semelhantes às contidas na Constituição de 1988. Ex.: não é possível que a Constituição Estadual exija a regulamentação por meio de lei complementar para hipótese em que a Constituição de 1988 exigiu lei ordinária (STF, ADI 2.926).

8.3. Princípio da necessidade

Segundo o princípio da necessidade, o exercício da atividade legislativa só deve ocorrer **quando necessário**, evitando a edição de leis supérfluas ou desnecessárias e conferindo-se **preferência para soluções não normativas** (Cristas, 2006).

> **Atenção**
>
> 1) A expressão "**legislador motorizado**", cunhada por Gustavo Zagrebelsky (2005), reflete o fenômeno da **"inflação legislativa"**: o legislador age com extrema velocidade, produzindo inúmeras leis, muitas vezes supérfluas ou desnecessárias, comprometendo a força normativa e violando o princípio da necessidade.
>
> 2) A expressão "sentimento constitucional", cunhada por Pablo Lucas Verdú, reflete o fato de que a Constituição e os direitos fundamentais, para serem efetivos, não dependem apenas de aspectos técnico-jurídicos, mas também de uma "consciência social". Assim, as normas constitucionais, para serem efetivas, necessitam de um mínimo de reconhecimento social (aspecto psicossociológico) (Verdú, 2004).

8.4. Legisprudência

A legisprudência ou *legisprudence* é uma área do conhecimento que se ocupa do fazer dos atos normativos, almejando aprimorar a qualidade da legislação. Divide-se, basicamente, em duas grandes áreas:

a) **legística material:** abrange o processo analítico relacionado ao conteúdo e a **qualidade das leis**, situando-se no âmbito do pensar e do balancear a moral e as limitações políticas da liberdade;

b) **legística formal:** responsável pela chamada "**técnica legislativa**", regulamentada pela Lei Complementar nº 95/1998. Ex.: o art. 5º da LC 95/1998 estabelece que "A ementa será grafada por meio de caracteres que a realcem e explicitará, de modo conciso e sob a forma de título, o objeto da lei".

8.5. Ativismo congressual ou *legislative overruling*

O ativismo congressual, também chamado de *legislative overruling,* **superação legislativa da jurisprudência do Tribunal, mutação constitucional pela via legislativa ou reversão legislativa da jurisprudência da Corte**, consiste na edição de diplomas

Cap. 16 – Organização dos Poderes

normativos com o objetivo de superar os efeitos de decisão judicial ou interpretação dada pelo Poder Judiciário. Pode ser realizado por duas vias distintas:

a) **por meio de emenda constitucional**, que só poderá ser invalidada nas hipóteses de violação ao art. 60, da CF/1988;

b) **por meio de leis**, que nascem com **presunção *iuris tantum* de inconstitucionalidade**, sendo necessário que o legislador demonstre, argumentativamente, a indispensabilidade da adequação do precedente (STF, ADI 5.105).

8.6. Tipologia do processo legislativo

O processo legislativo pode ser classificado em:

1) **ordinário:** processo de elaboração de leis ordinárias;

2) **sumário:** trata-se de processo legislativo ordinário em que são adotados "prazos mais exíguos" ("pedido de regime de urgência");

3) **sumaríssimo:** processo de elaboração de leis em que ocorre a "apreciação instantânea" (**"urgência urgentíssima"**), a pedido das lideranças majoritárias, nos casos de: a) interesse nacional; b) perigo à segurança nacional; ou c) calamidade;

> **Atenção**
>
> É constitucional a regulamentação do rito sumaríssimo por meio de regimento interno de Casa Legislativa, tendo em vista trata-se de matéria *interna corporis* (STF, ADI 6.968/DF).

4) **especiais:** abrange todas as demais modalidades de processo legislativo que não se enquadram nas anteriores. Exemplos: emendas constitucionais, leis complementares, leis delegadas, códigos, entre outros.

8.7. Fases do processo legislativo

O processo legislativo pode ser dividido em três fases: introdutória, constitutiva e complementar.

8.7.1. Fase introdutória

Existem duas modalidades de iniciativa:

1) **Iniciativa comum/geral/concorrente:** a iniciativa é atribuída a mais de um legitimado.

- **Leis complementares e ordinárias** (art. 61 da CF/1988): a iniciativa cabe:

a) a qualquer membro ou Comissão da Câmara dos Deputados, do Senado Federal ou do Congresso Nacional;

b) ao Presidente da República;

c) ao Supremo Tribunal Federal;

d) aos Tribunais Superiores;

e) ao Procurador-Geral da República; e

f) aos cidadãos, desde que o projeto de lei seja subscrito por, no mínimo, um por cento do eleitorado nacional, distribuído pelo menos por cinco Estados, com não menos de três décimos por cento dos eleitores de cada um deles (art. 61, § 2º, da CF/1988). Trata-se de hipótese denominada de **iniciativa popular**. **Não se admite iniciativa popular** de decreto legislativo, resolução, medida provisória ou lei delegada.

- **Emendas constitucionais** (art. 60 da CF/1988): a iniciativa é atribuída:

  a) a um terço, no mínimo, dos membros da Câmara dos Deputados ou do Senado Federal;

  b) ao Presidente da República;

  c) a mais da metade das Assembleias Legislativas das unidades da Federação, manifestando-se, cada uma delas, pela maioria relativa de seus membros.

Embora o STF não tenha analisado diretamente o cabimento de iniciativa popular de proposta de emenda, entendeu que as **Constituições Estaduais podem prever expressamente iniciativa popular de proposta de emenda** (ADI 825/AP).

2) **Iniciativa reservada/exclusiva/privativa:** prevista em **rol taxativo** (*numerus clausus*), não se presume, não admite interpretação extensiva e não pode ser ampliado por meio de lei. Ex.: o art. 165 da CF/1988 estabelece que leis de iniciativa do Poder Executivo estabelecerão: I – o plano plurianual; II – as diretrizes orçamentárias; e III – os orçamentos anuais.

No caso da **legislação orçamentária**, além de a iniciativa ser privativa, **é vinculada:** o Presidente é **obrigado a dar início ao processo legislativo**, na forma e prazo estabelecidos na Constituição de 1988.

> ### Atenção
>
> - **Não cabe iniciativa popular** de matérias reservadas à **iniciativa exclusiva do Presidente**.
> - A atribuição de **iniciativa privativa ao Governador do Estado** para leis que disponham sobre a organização do Ministério Público estadual **contraria o modelo delineado** nos arts. 61, § 1º, II, *d*, e 128, § 5º, da CF/1988 (STF, ADI 400/ES).

Cap. 16 – Organização dos Poderes

- É possível que **emenda à Constituição da República proposta por iniciativa parlamentar trate sobre as matérias previstas no art. 61, § 1°, da CF/1988** (matérias de iniciativa privativa do Poder Executivo) (STF, ADI 5.296 MC/DF).

- O vício de iniciativa do Chefe do Executivo **não pode ser suprido pela ulterior sanção** (STF, AR 1.753/MG), encontrando-se **superada** a Súmula n° 5 do STF, que enunciava que **"A sanção do projeto supre a falta de iniciativa do Poder Executivo"**.

- Em regra, a casa iniciadora de um projeto de lei é a Câmara e a casa revisora é o Senado. Excepcionalmente, contudo, o Senado é casa iniciadora (ex. quando a proposta é apresentada por senadores).

8.7.2. *Fase constitutiva*

A fase constitutiva pode ser dividida em três etapas:

1) **Discussão:** ocorre em três âmbitos **sucessivos**:

   a) Comissão de Constituição e Justiça (analisa se o projeto é compatível com a Constituição de 1988);

   b) Comissão temática (permanente e especializada em determinados temas);

   c) Plenário.

> **Atenção**
>
> **"Regime de Tramitação Conclusivo"** (art. 58, § 2°, I, da CF/1988): o projeto de lei ordinária pode ser discutido e votado apenas nas comissões se houver previsão no regimento interno acerca da dispensa de discussão e votação no Plenário.

2) **Votação:** o quórum de votação representa o número de parlamentares que devem estar presentes à sessão para que a votação possa ocorrer. É o mesmo para leis ordinárias e complementares: **maioria absoluta** (art. 47 da CF/1988).

> **Atenção**
>
> **Emendas a projetos de lei:** como o processo legislativo brasileiro é bicameral, se houver alguma emenda pela casa revisora e for uma **alteração substancial**, o projeto de lei terá que retornar à casa iniciadora para que aprecie a alteração (art. 65, parágrafo único, da CF/1988, e STF, ADI 2.182/DF). Ao retornar para a casa iniciadora, **não são permitidas novas emendas ("subemendas")**, sendo

possível apenas a aprovação ou a rejeição das emendas apresentadas pela casa revisora. Se a casa iniciadora rejeita as emendas, o **projeto de lei que tinha sido aprovado na casa iniciadora (portanto, sem as emendas)** deve ser encaminhado para sanção ou veto do Presidente da República.

Não é possível a apresentação de emendas destinadas:

a) a aumentar despesas em projeto legislativo de iniciativa exclusiva do Presidente, salvo tratando-se de leis orçamentárias;

b) a organizar os serviços administrativos da Câmara, Senado, Tribunais Federais e do Ministério Público (art. 63 da CF/1988);

c) a promover o **"contrabando legislativo"**, com a desfiguração do projeto original em decorrência da ausência de pertinência temática com a proposta.

3) **Aprovação:** a aprovação de projeto de lei exige quórum específico para cada espécie normativa:

   a) lei ordinária (art. 47 da CF/1988): **maioria relativa**, ou seja, mais da metade dos presentes, encontrando-se na Casa mais da maioria dos membros. Exige um turno na Câmara e um turno no Senado (art. 65 da CF/1988);

   b) lei complementar (art. 69 da CF/1988): **maioria absoluta**, ou seja, mais da metade dos membros. Exige a realização de um turno na Câmara e um turno no Senado (art. 65 da CF/1988);

   c) emenda constitucional (art. 60, § 2º, da CF/1988): discussão e votação em **dois turnos** em cada Casa do Congresso Nacional. O **quórum de aprovação é de 3/5** dos membros de cada Casa. Não existe intervalo temporal mínimo entre os dois turnos de votação de emenda constitucional (STF, ADI 4.425).

A Casa na qual tenha sido concluída a votação enviará o projeto de lei ao Presidente da República, que, aquiescendo, sancioná-lo-á (art. 66, *caput*, da CF/1988). A **sanção** pode ser: a) **expressa** (quando o Chefe do Executivo manifesta a sua aquiescência de forma expressa em 15 dias úteis); b) **tácita** (quando não houver manifestação expressa do Chefe do Executivo no prazo de 15 dias úteis); c) **total** (sanciona integralmente o projeto de lei); ou d) **parcial** (sanciona apenas parcialmente o projeto de lei). **Não é possível a retratação da sanção** para que seja vetada parte de lei já promulgada e publicada.

> **Atenção**
>
> Proposta de emenda constitucional **não se submete à sanção**, sendo levada diretamente para a promulgação pelas Mesas do Senado e da Câmara dos Deputados em caso de aprovação.

Cap. 16 – Organização dos Poderes

O **veto** consiste na discordância total ou parcial do Chefe do Poder Executivo com determinado projeto de lei aprovado pelo Poder Legislativo. Ao contrário do que ocorre com a sanção, **o veto é sempre expresso e motivado**, visto que, na hipótese de inércia do Chefe do Poder Executivo pelo prazo de 15 dias úteis, ocorrerá a sanção tácita.

O veto pode ser classificado, quanto à sua natureza, em **jurídico** (quando o Chefe do Poder Executivo entende que o projeto de lei é inconstitucional) ou **político** (quando o Chefe do Poder Executivo entende que o projeto de lei é contrário ao interesse público). Nesse sentido, o art. 66, § 1º, da CF/1988 dispõe: "Se o Presidente da República considerar o projeto, no todo [total] ou em parte [parcial], inconstitucional [**veto jurídico**] ou contrário ao interesse público [**veto político**], vetá-lo-á total ou parcialmente, no prazo de quinze dias úteis, contados da data do recebimento, e comunicará, dentro de quarenta e oito horas, ao Presidente do Senado Federal os motivos do veto".

O veto apresenta três características relevantes:

a) **é relativo:** pode ser derrubado pela **maioria absoluta** do Congresso em **votação aberta** no prazo de 30 dias (art. 66, § 4º, da CF/1988 – "§ 4º O veto será apreciado em sessão conjunta, dentro de trinta dias a contar de seu recebimento, só podendo ser rejeitado pelo voto da maioria absoluta dos Deputados e Senadores"). Esgotado sem deliberação o prazo de 30 dias, o veto será colocado na ordem do dia da sessão imediata, sobrestadas as demais proposições, até sua votação final (art. 66, § 6º, da CF/1988). As proposições que ficarão sobrestadas **são as de tramitação conjunta do Congresso Nacional**. As proposições exclusivas da Câmara e do Senado continuarão a tramitar normalmente. Se o **veto não for mantido**, será o projeto enviado, para promulgação, ao Presidente da República (art. 66, § 5º, da CF/1988);

b) **é supressivo:** implica a retirada de parte ou de todo o projeto;

c) **é irretratável:** se o Chefe do Executivo vetar o projeto, não poderá se retratar.

> ## Atenção
>
> – Diferenças principais entre leis ordinárias e leis complementares:
>
> a) **matéria:** as leis complementares possuem matérias reservadas, enquanto as leis ordinárias são residuais;
>
> b) **quórum de aprovação:** a lei ordinária exige a maioria relativa (ou seja, metade dos presentes na votação); a lei complementar exige maioria absoluta (mais da metade dos membros da Câmara – 257 – ou do Senado – 41);
>
> c) **regime de tramitação:** a lei complementar deve ser submetida ao plenário; a lei ordinária pode seguir o regime de tramitação ordinário ou pode ser objeto de deliberação apenas nas Comissões.
>
> – **Não há hierarquia** entre a lei complementar e a lei ordinária.
>
> – Lei ordinária **só pode revogar** lei complementar quando a lei complementar versar sobre matéria de lei ordinária (STF, ADC 1).

470 Coleção Exame Nacional da Magistratura – Direito Constitucional

> **Importante**
>
> O projeto de lei rejeitado pode ser **reapresentado na mesma sessão legisla-
> tiva** por meio de proposta da **maioria absoluta** dos membros da Câmara ou do
> Senado (art. 67 da CF/1988. **Emenda Constitucional não pode ser reapresentada
> na mesma sessão legislativa** (art. 60, § 5º, da CF/1988).

8.7.3. *Fase complementar*

A fase complementar é composta de duas etapas:

1) **Promulgação:** atesta a existência e confere executoriedade à lei. Tem **natureza
   jurídica meramente declaratória**. Se a lei não for promulgada dentro de quarenta
   e oito horas pelo Presidente da República, o Presidente do Senado a promulgará,
   e, se este não o fizer em igual prazo, caberá ao Vice-Presidente do Senado fazê-lo
   (art. 66, § 7º, da CF/1988).

2) **Publicação:** confere obrigatoriedade à lei.

8.8. **Processo legislativo sumário**

O processo legislativo sumário apresenta as seguintes características:

a) Depende de **iniciativa do Presidente da República** (art. 64, § 1º, da CF/1988).

b) Os prazos são mais exíguos que no processo legislativo ordinário: 45 dias para
   o trâmite na Câmara e 45 dias para o trâmite no Senado. Para apreciação das
   emendas, o prazo é de dez dias (art. 64, § 3º, CF). Os prazos **não são contados** no
   período de recesso (art. 64, § 4º, da CF/1988).

c) Na hipótese de inobservância dos prazos, permite o sobrestamento de outras deliberações legislativas (art. 64, § 2º, da CF/1988).

d) Não se aplica aos projetos de códigos.

8.9. **Atos normativos em espécie**

No presente tópico, analisaremos as peculiaridades das medidas provisórias, das leis
delegadas e das emendas constitucionais.

8.9.1. *Medidas provisórias*

Em caso de **relevância e urgência**, o Presidente da República poderá adotar medidas
provisórias, **com força de lei** (art. 62, *caput*, da CF/1988). Trata-se de ato normativo adotado pelo Presidente da República sem a participação do Poder Legislativo, gerando
imediatamente dois efeitos:

Cap. 16 – Organização dos Poderes

1º) **Modificação do ordenamento jurídico**, pois tem vigência e eficácia imediatas. Não precisa ser aprovada pelo Congresso Nacional.

2º) **Provocação** do Congresso Nacional para que aprecie o ato normativo.

8.9.2. *Prazo constitucional de vigência da medida provisória*

A medida provisória tem vigência pelo prazo de **60 dias**, prorrogável por mais **60 dias**. Nesse sentido, o art. 62, § 7º, da CF/1988 dispõe que: "Prorrogar-se-á uma única vez por igual período a vigência de medida provisória que, no prazo de sessenta dias, contado de sua publicação, não tiver a sua votação encerrada nas duas Casas do Congresso Nacional". Logo, a medida provisória tem um prazo máximo de vigência de 120 dias, sem contar um eventual recesso parlamentar.

> **Atenção**
>
> **Diferenças entre prorrogação e reedição de medida provisória:** a **prorrogação** é automática e só pode ocorrer uma única vez (60 dias, prorrogáveis automaticamente por mais 60 dias). A **reedição** não pode ocorrer na mesma sessão legislativa, mas não existe limite para as sessões subsequentes (art. 62, § 10, da CF/1988 – "É vedada a reedição, na mesma sessão legislativa, de medida provisória que tenha sido rejeitada ou que tenha perdido sua eficácia por decurso de prazo").

8.9.3. *Regime de urgência e trancamento de pauta*

Após **45 dias da publicação sem apreciação**, a medida provisória entra em regime de urgência, trancando a pauta do Congresso. Nesse sentido, o art. 62, § 6º, da CF/1988 dispõe que, se "a medida provisória não for apreciada em até quarenta e cinco dias contados de sua publicação, entrará em regime de urgência, subseqüentemente, em cada uma das Casas do Congresso Nacional, ficando sobrestadas, até que se ultime a votação, todas as demais deliberações legislativas da Casa em que estiver tramitando".

> **Jurisprudência**
>
> Segundo o STF, o trancamento de pauta ocorre apenas em relação **às matérias suscetíveis de tratamento por medida provisória, excluídos** do bloqueio as propostas de emenda à Constituição e **os projetos de lei complementar, de decreto legislativo, de resolução e, até mesmo, tratando-se de projetos de lei ordinária, aqueles que veiculem temas pré-excluídos do âmbito de incidência das medidas provisórias** (art. 62, § 1º, I, II e IV, da CF/1988 – MS 27.931/DF).

8.9.4. Trâmite da medida provisória

O trâmite da medida provisória observa as seguintes etapas:

1) **Análise inicial da medida provisória:** realizada **por Comissão Mista** (formada por deputados e senadores), responsável por elaborar um parecer sobre o conteúdo e constitucionalidade da medida provisória (art. 62, § 9º, da CF/1988).

2) **Casa iniciadora:** elaborado o parecer pela Comissão Mista, a medida provisória será analisada pelo Plenário da Câmara dos Deputados (art. 62, § 8º, da CF/1988), sob dois aspectos distintos:

   1º) presença de seus pressupostos constitucionais (**relevância e urgência**);

   2º) mérito, nos termos do art. 62, § 5º, da CF/1988 ("A deliberação de cada uma das Casas do Congresso Nacional sobre o mérito das medidas provisórias depende-rá de juízo prévio sobre o atendimento de seus pressupostos constitucionais").

8.9.5. Emenda à medida provisória

É possível a apresentação de emenda à medida provisória pelo Congresso Nacional, desde que haja **pertinência lógico-temática** com a matéria nela versada.

8.9.6. Quórum de votação e aprovação

Diante da omissão constitucional no que tange aos quóruns, segue-se a regra do art. 47 da CF/1988, ou seja, o quórum de votação da medida provisória é **maioria absoluta** e o quórum de aprovação é **maioria relativa**.

8.9.7. Sanção

A sanção do Presidente da República é necessária apenas quando a conversão em lei ocorrer **com alteração do texto original**. Nesse sentido, o art. 62, § 12, da CF/1988 esta-belece que, aprovado projeto de lei de conversão alterando o texto original da medida provisória, "esta manter-se-á integralmente em vigor até que seja sancionado ou ve-tado o projeto".

8.9.8. Conversão em lei e produção de efeitos

Sendo a medida provisória convertida em lei com alguma alteração, as modificações empreendidas pelo Congresso Nacional passam a produzir efeitos **a partir do momen-to de sua conversão em lei (sanção).**

8.9.9. Efeitos da rejeição da medida provisória pelo Congresso

Rejeitada a medida provisória pelo Congresso Nacional ou não convertida em lei no prazo, tem-se a perda de sua eficácia desde o momento em que foi editada (**ex tunc**),

Cap. 16 – Organização dos Poderes

devendo o Congresso Nacional disciplinar, por decreto legislativo, as relações jurídicas delas decorrentes (art. 62, § 3º, da CF/1988).

Excepcionalmente, contudo, **caso não seja editado decreto legislativo** até sessenta dias após a rejeição ou perda de eficácia de medida provisória, conservar-se-ão os atos praticados durante a vigência da medida provisória na forma por ela regulada (art. 62, § 11, da CF/1988).

8.9.10. *Efeito repristinatório tácito*

A medida provisória apenas suspende a eficácia da lei no que lhe for contrária. Não pode, contudo, revogar uma lei, tendo em vista serem **atos normativos que advêm de autoridades diferentes**. Logo, se a medida provisória for rejeitada ou revogada por outra medida provisória, a lei cuja eficácia estava suspensa volta a produzir seus efeitos, em fenômeno denominado "efeito repristinatório tácito".

> **Atenção**
>
> **Retirada da medida provisória de apreciação**
>
> O Presidente **não pode retirar de apreciação medida provisória já editada** e em vigor. Contudo, pode editar uma **medida provisória ab-rogadora**, ou seja, que venha a revogar a medida provisória em vigor.

8.9.11. *Limitações materiais à edição de medidas provisórias*

É vedada a edição de medidas provisórias sobre matéria (art. 62, § 1º, da CF/1988):

I – relativa a:

a) nacionalidade, cidadania, direitos políticos, partidos políticos e direito eleitoral;

> **Atenção**
>
> Medida provisória **pode versar sobre direitos fundamentais**, salvo sobre nacionalidade, cidadania e direitos políticos.

b) direito penal, processual penal e processual civil;

c) organização do Poder Judiciário e do Ministério Público, a carreira e a garantia de seus membros. O dispositivo tem como objetivo evitar que haja coação/pressão indevida por parte do Presidente da República sobre o Poder Judiciário e o Ministério Público;

d) planos plurianuais, diretrizes orçamentárias, orçamento e créditos adicionais e suplementares, ressalvados os créditos extraordinários para atender despesas imprevisíveis e urgentes (ex.: guerra, comoção interna, calamidade pública, entre outros).

II – que vise a detenção ou sequestro de bens, de poupança popular ou qualquer outro ativo financeiro;

III – reservada a lei complementar;

IV – já disciplinada em projeto de lei aprovado pelo Congresso Nacional e pendente de sanção ou veto do Presidente;

V – que não pode ser objeto de delegação legislativa (art. 68, § 1º, da CF/1988);

VI – reservada às resoluções e aos decretos legislativos (competências privativas);

VII – relativa à regulação da exploração pelos Estados dos serviços locais de gás canalizado (art. 25, § 2º, da CF/1988);

VIII – relativa à alteração dos "espaços territoriais especialmente protegidos, sob pena de ofensa ao art. 225, inc. III, da Constituição da República" (STF, ADI 4.717).

> **Importante**
>
> Medida provisória pode instituir ou majorar impostos, desde que observado o princípio da anterioridade (art. 62, § 2º, da CF/1988). Ex.: se a medida provisória for editada em 2024 e a conversão em lei ocorrer apenas em 2025, o tributo só poderá ser exigido a partir de 2025.

> **Atenção**
>
> **Controle de constitucionalidade das medidas provisórias:** *O Poder Judiciário só pode analisar os requisitos de relevância e urgência da medida provisória* **em caráter excepcional.**

8.9.12. *Devolução liminar e de ofício de medida provisória*

O presidente do Congresso Nacional **pode devolver medida provisória liminarmente e de ofício**, sem iniciar o procedimento previsto na Constituição de 1988, tendo o STF decidido que nada "impede que o eminente Presidente do Congresso Nacional formule, eventualmente, juízo negativo de admissibilidade quanto à Medida Provisória 1.068/2021, extinguindo desde logo o procedimento legislativo resultante de sua edição" (ADI 6.991).

Cap. 16 – Organização dos Poderes

8.9.13. *Medidas provisórias nos Estados-membros*

O governador pode editar medidas provisórias, desde que haja *previsão expressa* **na Constituição do Estado** e sejam **observados os princípios e as limitações impostas pelo modelo adotado pela Constituição Federal** (STF, ADI 2.391/SC). A edição de medidas provisórias pelos Estados encontra fundamento:

a) no **princípio da simetria**;

b) em **interpretação *a contrario sensu*** do art. 25, § 2º, da CF/1988, que dispõe que "Cabe aos Estados explorar diretamente, ou mediante concessão, os serviços locais de gás canalizado, na forma da lei, vedada a edição de medida provisória para a sua regulamentação".

8.9.14. *Medidas provisórias nos Municípios*

Existem três posições acerca da possibilidade de Municípios editarem medidas provisórias:

1ª) o prefeito pode editar medida provisória **mesmo sem previsão** na Lei Orgânica do Município. Trata-se de posição minoritária;

2ª) basta a previsão na Lei Orgânica do Município para que seja possível a edição de medida provisória;

3ª) os Municípios somente podem prever medidas provisórias **se a Constituição Estadual trouxer a previsão para o governador**, pois a lei orgânica do Município deve ser simétrica com a Constituição de 1988 e com a Constituição do Estado a que pertence. **É a posição majoritária**.

8.9.15. *Leis delegadas*

Lei delegada é o ato normativo primário, elaborado pelo Presidente da República, após uma delegação *externa corporis* realizada pelo Congresso Nacional. Trata-se de **exceção ao princípio da indelegabilidade das funções**, visto que a regra é que funções típicas de cada Poder não podem ser delegadas, exceto se houver previsão expressa.

Processo legislativo da lei delegada: *o processo legislativo de lei delegada envolve três etapas:*

a) **Presidente:** deve exercer a iniciativa solicitadora. Trata-se de iniciativa **exclusiva e discricionária** do Chefe do Poder Executivo, devendo indicar o assunto que será abordado na lei delegada.

b) **Congresso:** votação em sessão conjunta do pleito presidencial para a delegação. Em razão da omissão, aplica-se o quórum do art. 47 da CF/1988.

c) **Instrumento:** sendo aprovada a delegação, o Congresso Nacional deve editar **resolução.** Nesse sentido, o art. 68, § 2º, da CF/1988, dispõe que "A delegação ao Presidente da República terá a forma de resolução do Congresso Nacional, que especificará seu conteúdo e os termos de seu exercício".

> ### Atenção
>
> O prazo máximo da delegação é de **uma legislatura.**

Espécies de delegação: *as delegações podem ser de duas espécies:*

a) **delegação típica (ou própria):** o Presidente da República elabora o texto normativo, promulga e manda publicá-lo;

b) **delegação atípica (ou imprópria):** o Presidente da República elabora o texto normativo e, na sequência, remete para **apreciação do Congresso em votação única**, sem que seja necessária sanção, tendo em vista que não pode ser apresentada emenda. Sobre o tema, o art. 68, § 3º, da CF/1988: "Se a resolução determinar a apreciação do projeto pelo Congresso Nacional, este a fará em votação única, **vedada qualquer emenda**".

Sustação (ou controle político sobre lei delegada): *a sustação ocorre quando o Presidente exorbita os limites da delegação, devendo ser realizada por meio de* **decreto legislativo** *com* **efeitos ex nunc**, *ou seja, a lei delegada é suspensa a partir da publicação do decreto legislativo (art. 49 da CF/1988).*

Limitações materiais: *não serão objeto de delegação (art. 68, § 1º, da CF/1988):*

a) os atos de competência exclusiva do Congresso Nacional;

b) os atos de competência privativa da Câmara dos Deputados ou do Senado Federal;

c) a matéria reservada à lei complementar;

d) a legislação sobre:

I – organização do Poder Judiciário e do Ministério Público, a carreira e a garantia de seus membros;

II – nacionalidade, cidadania, direitos individuais, políticos e eleitorais. Trata-se de limitação mais ampla que as medidas provisórias, tendo em vista que impede a edição de lei delegada sobre direitos individuais. Contudo, a limitação não abrange direitos sociais;

III – planos plurianuais, diretrizes orçamentárias e orçamentos. Diferentemente do que ocorre com as medidas provisórias, não há a possibilidade de abertura excepcional de crédito extraordinário por meio de lei delegada.

Cap. 16 – Organização dos Poderes

> **Atenção**
>
> O Poder Legislativo pode produzir uma lei sobre a mesma matéria objeto de resolução que autoriza a elaboração de lei delegada pelo Presidente, visto que o Legislativo **não perde a sua função típica de legislar** (Fernandes, 2021).

8.9.16. *Emendas constitucionais*

Iniciativa

A Constituição de 1988 só poderá ser emendada mediante proposta:

1) de 1/3, no mínimo, dos membros da Câmara dos Deputados ou do Senado Federal;
2) do Presidente da República;
3) de mais da metade das Assembleias Legislativas das unidades da Federação, manifestando-se, cada uma delas, pela maioria relativa de seus membros.

Quórum de aprovação: *o art. 60, § 2º, da CF/1988 estabelece que a proposta de emenda será discutida e votada em* **cada Casa do Congresso Nacional, em dois turnos**, *considerando-se aprovada se obtiver, em ambos,* **3/5** *dos votos dos respectivos membros.*

"PEC Paralela": *o texto aprovado por uma Casa não pode ser modificado pela outra, devendo, neste último caso, a matéria voltar para a apreciação da Casa iniciadora, sob pena de vício de inconstitucionalidade (STF, ADI 2135-MC).*

Assim, se parte da PEC não foi modificada, deve ser promulgada; já a parte modificada deve voltar para reanálise pela Casa iniciadora, fenômeno que recebe o nome de "PEC Paralela".

Tramitação das emendas constitucionais: *a tramitação das emendas constitucionais pode ser dividida em três etapas:*

a) **Iniciativa:** apresentação de uma PEC pelos legitimados previstos no art. 60, I, II, III, da CF/1988, para a Mesa da casa iniciadora.

b) **Constitutiva:** a Mesa encaminha a PEC à CCJ da respectiva Casa Legislativa. Na sequência, a CCJ terá **cinco sessões** para realizar um juízo de admissibilidade. Após, a PEC segue para comissão especial que terá **40 sessões** para elaborar um parecer sobre a PEC. Elaborado o parecer, a PEC é encaminhada ao 1º turno de votação na casa iniciadora. Aprovada em 1º turno, segue para votação em 2º turno. Aprovada em 2º turno por 3/5 dos votos, a PEC segue para a casa revisora. Na casa revisora, a PEC será encaminhada à CCJ para realizar um juízo de admissibilidade e um parecer sobre a PEC no prazo de 30 dias. Na sequência, a PEC será encaminhada ao plenário para deliberação em 1º turno. Sendo aprovada, será encaminhada para a deliberação em 2º turno. Aprovada em 2º turno, segue para a fase complementar.

c) **Complementar (ou fase de integração de eficácia):** promulgação pelas Mesas da Câmara dos Deputados e do Senado Federal.

9. TRIBUNAL DE CONTAS DA UNIÃO

9.1. Composição do Tribunal de Contas da União

Nos termos do art. 73 da CF/1988, o Tribunal de Contas da União, integrado por **nove Ministros**, tem sede no Distrito Federal, quadro próprio de pessoal e jurisdição em todo o território nacional.

Os Ministros do TCU serão nomeados entre brasileiros que satisfaçam os seguintes requisitos:

I – mais de 35 e menos de 70 anos de idade;

II – idoneidade moral e reputação ilibada;

III – notórios conhecimentos jurídicos, contábeis, econômicos e financeiros ou de administração pública;

IV – mais de dez anos de exercício de função ou de efetiva atividade profissional que exija os conhecimentos mencionados no inciso anterior.

Os Ministros do TCU serão escolhidos:

I – **um terço** pelo Presidente da República, com aprovação do Senado Federal, sendo **dois** alternadamente entre auditores e membros do Ministério Público no Tribunal, indicados em lista tríplice pelo Tribunal, segundo os critérios de antiguidade e merecimento;

II – **dois terços** pelo Congresso Nacional.

9.2. Garantias e prerrogativas dos ministros e auditores do Tribunal de Contas da União

Os Ministros do TCU terão as mesmas garantias, prerrogativas, impedimentos, vencimentos e vantagens **dos Ministros do STJ**, aplicando-se-lhes, quanto à aposentadoria e pensão, as normas constantes do art. 40 da CF/1988.

O auditor, quando em substituição a Ministro, terá as mesmas garantias e impedimentos do titular e, quando no exercício das demais atribuições da judicatura, **as de juiz de Tribunal Regional Federal**.

9.3. Natureza do Tribunal de Contas da União

Embora o art. 73 da CF/1988 faça uso do termo "jurisdição", o Tribunal de Contas tem natureza de **órgão técnico** que, além de emitir pareceres, exerce a fiscalização e o

Cap. 16 – Organização dos Poderes

controle, ou seja, a "judicatura de contas" (STF, ADI 4.190). Contudo, o Tribunal de Contas **não exerce jurisdição**: os atos praticados têm **natureza meramente administrativa**, podendo ser acatados ou não pelo Poder Legislativo e impugnados judicialmente.

E mais: o Tribunal de Contas **não é órgão do Poder Judiciário nem do Poder Legislativo**, apenas **auxiliando este último** na qualidade de órgão que dispõe de autonomia institucional. Assim, "os Tribunais de Contas ostentam posição eminente na estrutura constitucional brasileira, não se achando subordinados, por qualquer vínculo de ordem hierárquica, ao Poder Legislativo, de que não são órgãos delegatários nem organismos de mero assessoramento técnico. A competência institucional dos Tribunais de Contas não deriva, por isso mesmo, de delegação dos órgãos do Poder Legislativo, mas **traduz emanação que resulta, primariamente, da própria Constituição da República**" (STF, ADI 4.190).

Situação jurídica acobertada pela coisa julgada **não pode ser desconstituída por decisão ou ato do Tribunal de Contas**, devendo ser impugnada pela via judicial adequada (STF, MS 28.150 MC/DF).

9.4. Atribuições do Tribunal de Contas da União

Compete ao Tribunal de Contas da União:

I – **Apreciar** as contas prestadas anualmente pelo **Presidente da República**, mediante parecer prévio que deverá ser elaborado em sessenta dias a contar de seu recebimento.

II – **Julgar** as contas dos **administradores e demais responsáveis** por dinheiros, bens e valores públicos da administração direta e indireta, incluídas as fundações e sociedades instituídas e mantidas pelo Poder Público federal, e as contas daqueles que derem causa a perda, extravio ou outra irregularidade de que resulte prejuízo ao erário público.

> ## Atenção
>
> 1) O **julgamento** das contas dos **Chefes dos Executivos** não é feito pelo Tribunal de Contas, mas pelo Poder Legislativo (art. 49, IX, da CF/1988). O Tribunal de Contas apenas **aprecia** as contas, mediante parecer prévio conclusivo, que deverá ser elaborado em 60 dias a contar de seu recebimento (art. 71, I, da CF/1988).
>
> 2) Incumbe ao Tribunal de Contas **julgar** as contas dos **administradores e demais responsáveis** por dinheiros, bens e valores públicos da administração direta e indireta, incluídas as fundações e sociedades instituídas e mantidas pelo Poder Público federal, e as contas daqueles que derem causa a **perda, extravio ou outra irregularidade** de que resulte prejuízo ao erário público (art. 71, II, da CF/1988).

III – **Apreciar**, para fins de registro, a legalidade dos atos de **admissão de pessoal**, a qualquer título, na administração direta e indireta, incluídas as fundações instituídas e mantidas pelo Poder Público, excetuadas as nomeações para cargo de provimento em comissão, bem como a das **concessões de aposentadorias, reformas e pensões**, ressalvadas as melhorias posteriores que não alterem o fundamento legal do ato concessório.

Jurisprudência

A Súmula Vinculante 3 enuncia que "nos processos perante o Tribunal de Contas da União asseguram-se o contraditório e a ampla defesa quando da decisão puder resultar anulação ou revogação de ato administrativo que beneficie o interessado, excetuada a apreciação da legalidade do ato de concessão inicial de aposentadoria, reforma e pensão".

Atenção

No Tema 445, o STF firmou a seguinte tese: "Em atenção aos princípios da segurança jurídica e da confiança legítima, os Tribunais de Contas estão sujeitos ao **prazo de 5 anos para o julgamento da legalidade do ato de concessão inicial de aposentadoria, reforma ou pensão**, a contar da chegada do processo à respectiva Corte de Contas".

IV – Realizar, por **iniciativa própria**, da Câmara dos Deputados, do Senado Federal, de Comissão técnica ou de inquérito, **inspeções e auditorias** de natureza contábil, financeira, orçamentária, operacional e patrimonial, nas unidades administrativas dos Poderes Legislativo, Executivo e Judiciário, e demais entidades referidas no inciso II do art. 71 da CF/1988.

Jurisprudência

O STF decidiu pela **inoponibilidade de sigilo bancário e empresarial ao TCU** quando se está diante de operações fundadas em **recursos de origem pública**, tendo em vista o dever de atuação transparente dos administradores públicos em um Estado Democrático de Direito (MS 33.340).

V – **Fiscalizar** as contas nacionais das **empresas supranacionais de cujo capital social a União** participe, de forma direta ou indireta, nos termos do tratado constitutivo.

Cap. 16 – Organização dos Poderes

VI – **Fiscalizar** a aplicação de **quaisquer recursos repassados pela União** mediante convênio, acordo, ajuste ou outros instrumentos congêneres, a Estado, ao Distrito Federal ou a Município.

Jurisprudência

As **empresas públicas e as sociedades de economia mista**, integrantes da administração indireta, estão sujeitas à fiscalização do Tribunal de Contas (STF, MS 25.092).

VII – **Prestar as informações** solicitadas pelo Congresso Nacional, por qualquer de suas Casas, ou por qualquer das respectivas Comissões, sobre a fiscalização contábil, financeira, orçamentária, operacional e patrimonial e sobre resultados de auditorias e inspeções realizadas.

VIII – **Aplicar** aos responsáveis, em caso de ilegalidade de despesa ou irregularidade de contas, **as sanções previstas em lei**, que estabelecerá, entre outras cominações, **multa proporcional** ao dano causado ao erário.

Jurisprudência

1) A **teoria dos poderes implícitos** incide com relação às atribuições do Tribunal de Contas, de modo que o TCU pode, além de aplicar multa, **conceder medidas cautelares** (STF, MS 26.547-MC/DF).

2) As decisões do TCU de que resulte imputação de débito ou multa terão **eficácia de título executivo** (art. 71, § 3º, da CF/1988), devendo a execução ser proposta pelo **ente público beneficiário da condenação** (STF, AI 826.676-AgR).

3) Na hipótese de aplicação de multas simples por TCEs contra agentes municipais, de quem é a competência para executá-las (exemplo: aplicação de multa quando o agente público municipal não colabora com o tribunal de contas, obstruindo inspeções e auditorias ou sonegando informações)? No Tema 642, o STF havia firmado o entendimento de que incumbe aos municípios, e não aos estados, executar multas aplicadas pelos TCEs a agentes municipais condenados por danos ao erário. Contudo, na ADPF 1.011, o STF modificou o entendimento anterior e passou a considerar a legitimidade do Estado para executar crédito decorrente de multas simples aplicadas a gestores municipais, atribuindo nova redação ao Tema 642: "1. O Município prejudicado é o legitimado para a execução de crédito decorrente de multa aplicada por Tribunal de Contas estadual a agente público municipal, em razão de danos causados ao erário municipal. 2. Compete ao Estado-membro a execução de crédito decorrente de multas simples, aplicadas por Tribunais de Contas estaduais a agentes públicos municipais, em razão da inobservância das normas de Direito Financeiro ou, ainda, do descumprimento dos deveres de colaboração impostos, pela legislação, aos agentes públicos fiscalizados".

IX – **Assinar prazo** para que o órgão ou entidade adote as providências necessárias ao exato cumprimento da lei, se verificada ilegalidade.

X – **Sustar,** se não atendido, **a execução do ato impugnado**, comunicando a decisão à Câmara dos Deputados e ao Senado Federal.

> ### Atenção
>
> 1) Tratando-se de **atos administrativos ilegais**, o TCU deverá assinalar prazo para que o órgão ou entidade adote as providências necessárias ao exato cumprimento da lei (art. 71, IX, da CF/1988). Findo o prazo e não solucionada a ilegalidade, competirá ao TCU **sustar** a execução do ato impugnado, comunicando a decisão à Câmara dos Deputados e ao Senado Federal.
>
> 2) Tratando-se de **contratos administrativos ilegais**, a situação é distinta: o art. 71, § 1º, da CF/1988 dispõe que o ato de **sustação** será adotado **diretamente pelo Congresso Nacional**, que solicitará, de imediato, ao Poder Executivo as medidas cabíveis. Contudo, se o Congresso Nacional ou o Poder Executivo, **no prazo de 90 dias**, não efetivar as medidas previstas, **o Tribunal de Contas da União decidirá a respeito** (art. 71, § 2º, da CF/1988).

XI – Representar ao Poder competente sobre irregularidades ou abusos apurados.

> ### Jurisprudência
>
> Embora Súmula nº 347 do STF enuncie que "o Tribunal de Contas, no exercício de suas atribuições, pode apreciar a constitucionalidade das leis e dos atos do Poder Público", prevalece o entendimento de que é possível **afastar a aplicação de lei ou ato normativo violador da Constituição apenas no caso concreto**.

10. PODER EXECUTIVO

O Poder Executivo consiste em função estatal abrangente: 1) da Chefia do Estado; 2) da prática de atos de governo; e 3) da condução da Administração Pública.

O Poder Executivo no Brasil é exercido, em âmbito federal, pelo **Presidente da República**, **auxiliado pelos Ministros de Estado** (art. 76 da CF/1988).

Cap. 16 – Organização dos Poderes

> **Atenção**
>
> – O art. 82 da CF/1988 foi modificado pela EC nº 111/2021, estabelecendo que o mandato do **Presidente da República** é de quatro anos e **terá início em 5 de janeiro do ano seguinte ao de sua eleição.**
>
> – A posse do **Governador e Vice-Governador** ocorrerá em **6 de janeiro do ano seguinte ao de sua eleição.**
>
> – A posse do **Prefeito e do Vice-Prefeito** ocorrerá em **1º de janeiro do ano subsequente ao da eleição**.

10.1. Condições de elegibilidade do Presidente e Vice

São condições de elegibilidade para o cargo de Presidente e Vice-Presidente da República:

1) ser brasileiro **nato** (art. 12, § 3.º, I, da CF/1988);

2) estar em pleno exercício dos **direitos políticos** (art. 14, § 3.º, II, da CF/1988);

3) estar **alistado** eleitoralmente (art. 14, § 3.º, III, da CF/1988);

4) dispor de **domicílio eleitoral** na circunscrição (art. 14, § 3.º, IV, da CF/1988);

5) **filiação partidária** (arts. 14, § 3.º, V, e 77, § 2.º, da CF/1988);

6) idade mínima de **35 anos na data da posse** (art. 14, § 3.º, VI, "a", da CF/1988);

7) não ser inalistável (art. 14, § 4.º, da CF/1988);

8) não ser analfabeto (art. 14, § 4.º, da CF/1988);

9) não ser inelegível (art. 14, § 7.º, da CF/1988).

10.2. Atribuições do Presidente da República

De forma meramente **exemplificativa**, compete privativamente ao Presidente da República (art. 84 da CF/1988):

I – nomear e exonerar os Ministros de Estado;

II – exercer, com o auxílio dos Ministros de Estado, a direção superior da administração federal;

III – iniciar o processo legislativo, na forma e nos casos previstos na Constituição;

IV – **sancionar, promulgar e fazer publicar as leis**, bem como expedir decretos e regulamentos para sua fiel execução;

V – vetar projetos de lei, total ou parcialmente;

VI – dispor, mediante **decreto**, sobre: a) **organização e funcionamento da administração federal**, quando não implicar aumento de despesa nem criação ou extinção de órgãos públicos; b) **extinção de funções ou cargos públicos, quando vagos;**

VII – manter relações com Estados estrangeiros e acreditar seus representantes diplomáticos;

VIII – **celebrar tratados, convenções e atos internacionais,** sujeitos a referendo do Congresso Nacional;

IX – **decretar** o estado de defesa e o estado de sítio;

X – **decretar e executar** a intervenção federal;

XI – remeter mensagem e plano de governo ao Congresso Nacional por ocasião da abertura da sessão legislativa, expondo a situação do País e solicitando as providências que julgar necessárias;

XII – conceder **indulto e comutar penas,** com audiência, se necessário, dos órgãos instituídos em lei;

XIII – exercer o comando supremo das Forças Armadas, nomear os Comandantes da Marinha, do Exército e da Aeronáutica, promover seus oficiais-generais e no-meá-los para os cargos que lhes são privativos;

XIV – nomear, após aprovação pelo Senado Federal, os Ministros do Supremo Tribunal Federal e dos Tribunais Superiores, os Governadores de Territórios, o Procurador-Geral da República, o presidente e os diretores do banco central e outros servidores, quando determinado em lei;

XV – nomear, observado o disposto no art. 73 da CF/1988, os Ministros do Tribunal de Contas da União;

XVI – nomear os magistrados, nos casos previstos na Constituição de 1988, e o Advogado-Geral da União;

XVII – nomear membros do Conselho da República, nos termos do art. 89, VII, da CF/1988;

XVIII – convocar e presidir o Conselho da República e o Conselho de Defesa Nacional;

XIX – **declarar guerra,** no caso de agressão estrangeira, autorizado pelo Congresso Nacional ou referendado por ele, quando ocorrida no intervalo das sessões legislativas, e, nas mesmas condições, **decretar,** total ou parcialmente, a **mobilização nacional;**

XX – **celebrar a paz,** autorizado ou com o referendo do Congresso Nacional;

XXI – conferir condecorações e distinções honoríficas;

XXII – permitir, nos casos previstos em lei complementar, que forças estrangeiras transitem pelo território nacional ou nele permaneçam temporariamente;

Cap. 16 – Organização dos Poderes

XXIII – enviar ao Congresso Nacional o plano plurianual, o projeto de lei de diretrizes orçamentárias e as propostas de orçamento previstos nesta Constituição;

XXIV – **prestar**, anualmente, ao Congresso Nacional, dentro de **sessenta dias** após a abertura da sessão legislativa, as **contas referentes ao exercício anterior**;

XXV – prover e extinguir os cargos públicos federais, na forma da lei;

XXVI – editar medidas provisórias com força de lei, nos termos do art. 62 da CF/1988;

XXVII – exercer outras atribuições previstas na CF/1988;

XXVIII – propor ao Congresso Nacional a **decretação do estado de calamidade pública** de âmbito nacional previsto nos arts. 167-B, 167-C, 167-D, 167-E, 167-F e 167-G da Constituição.

Importante

O Presidente pode **delegar** as seguintes atribuições:

1) dispor, mediante decreto, sobre a organização e o funcionamento da administração federal, quando não implicar aumento de despesa nem criação ou extinção de órgãos públicos;

2) dispor, mediante decreto, sobre a extinção de funções ou de cargos públicos, quando vagos;

3) conceder indulto e comutar penas, com audiência, se necessário, dos órgãos instituídos em lei;

4) prover os cargos públicos federais, na forma da lei.

10.2.1. *"Presidencialismo de coalizão"*

A dificuldade de governar, causada pela **fragmentação partidária nacional**, tem levado à celebração de múltiplas alianças entre os partidos, fenômeno denominado "presidencialismo de coalização". "Nesse cenário, o multipartidarismo exige a formação de uma coalizão parlamentar de apoio ao governo, que faz com que Executivo e Legislativo trabalhem juntos [...]" (Silva, 2006).

De modo a solucionar as dificuldades decorrentes do "presidencialismo de coalização", estabeleceu-se a **cláusula de barreira**. Assim, se determinado partido não obtém um número mínimo de votos preestabelecidos, **não terá acesso às verbas do Fundo Partidário e tempo gratuito de rádio e televisão**.

Sobre o tema, o art. 17, § 3º, da CF/1988 estabelece que somente terão direito a recursos do fundo partidário e acesso gratuito ao rádio e à televisão, na forma da lei, os partidos políticos que **alternativamente:**

I – obtiverem, nas eleições para a Câmara dos Deputados, no mínimo, **3% dos votos válidos**, distribuídos em pelo menos **um terço das unidades** da Federação, com um mínimo de **2% dos votos válidos em cada uma delas; ou**

II – tiverem elegido pelo menos **quinze Deputados Federais** distribuídos em pelo menos **um terço das unidades da Federação.**

10.3. Substituição x sucessão

10.3.1. *Diferenças entre substituição e sucessão*

A **substituição** consiste em impedimento **temporário** do Chefe do Poder Executivo, **não implicando vacância** do cargo.

De outro modo, na **sucessão** tem-se a **vacância definitiva** do cargo de Chefe do Poder Executivo, seja por morte, renúncia, incapacidade absoluta, *impeachment*, entre outros. Como o cargo de Presidente da República fica vago, quem o **sucede definitivamente é o Vice-Presidente** da República. Contudo, se também vagar a Vice-Presidência, podem ocorrer duas situações distintas:

(i) **Vacância nos dois primeiros anos de mandato** (art. 81, da CF/1988): **90 dias** após aberta a última vaga, será realizada eleição **direta** para escolher um novo Presidente e um novo Vice-Presidente, que completarão o mandato dos antecessores (**"mandato tampão"**).

(ii) **Vacância nos dois últimos anos** (art. 81, § 1º, da CF/1988): a eleição será **indireta**. O Presidente do Congresso Nacional convocará novas eleições e quem escolherá o novo Presidente e o novo Vice-Presidente para completar o mandato dos antecessores (**"mandato tampão"**) será o Congresso Nacional, **no prazo de 30 dias**.

> ### Jurisprudência
>
> 1) A disciplina das eleições diretas e indiretas **não é de observância obrigatória** por Estados e Municípios, porém, havendo previsão de eleições diretas e indiretas na Constituição Estadual, ela é constitucional (STF, ADI 4.298 MC/TO).
>
> 2) A Constituição Estadual **não pode estabelecer** que, em caso de vacância dos cargos de Governador e Vice-Governador, **não haverá nova eleição**, pois a medida viola o princípio democrático (STF, ADI 7.137/SP e ADI 7.142/AC).
>
> 3) É **inconstitucional** norma de Constituição Estadual que determina, em caso de vacância, **eleição avulsa para o cargo de Vice-Governador** pela Assembleia Legislativa, por violar o **pressuposto da dupla vacância**, previsto para o modelo federal e cuja observância pelos Estados-membros é obrigatória (STF, ADI 999).

Cap. 16 – Organização dos Poderes

10.3.2. Dupla vacância e regras para eleições indiretas

Os Estados-membros dispõem de autonomia relativa para regulamentar a dupla vacância da Chefia do Poder Executivo, não podendo se desviar dos seguintes princípios constitucionais que norteiam a matéria (STF, ADPF 969/AL):

(i) a necessidade de registro e votação dos candidatos a governador e vice-governador por meio de **chapa única**;

(ii) a observância das condições constitucionais de elegibilidade e das hipóteses de inelegibilidade previstas no art. 14 da CF/1988 e na LC nº 64/1990;

(iii) a filiação partidária **não pressupõe a escolha** em convenção partidária nem o registro da candidatura pelo partido político; e

(iv) a **regra da maioria**, como critério de averiguação do candidato vencedor, **não se mostra afetada a qualquer preceito constitucional** que vincule os Estados e o Distrito Federal.

10.3.3. Ordem sucessória na hipótese de substituição ou sucessão do Chefe do Poder Executivo

Substituirá o Presidente, no caso de impedimento, e suceder-lhe-á, no de vaga, o Vice-Presidente (art. 79 da CF/1988).

Em caso de impedimento do Presidente e do Vice-Presidente, ou vacância dos respectivos cargos, serão sucessivamente chamados ao exercício da Presidência: 1º) o Presidente da Câmara dos Deputados; 2º) o Presidente do Senado Federal; e 3º) O Presidente do STF (art. 80, da CF/1988).

Na linha sucessória da Presidência da República, **só podem figurar brasileiros natos**.

> ### Atenção
>
> **Não é possível a substituição** do Presidente por pessoa que figure como **réu em ação penal**, visto que o art. 86, § 1º, da CF/1988 estabelece que o "Presidente ficará suspenso de suas funções: I – nas infrações penais comuns, se recebida a denúncia ou queixa-crime pelo Supremo Tribunal Federal".

10.3.4. Hipóteses de perda dos mandatos de Presidente e Vice

São hipóteses de perda dos mandatos de Presidente e Vice:

1) **cassação do mandato**, por julgamento pelo Senado (crime de responsabilidade) ou pelo STF (crime comum);

488 Coleção Exame Nacional da Magistratura – Direito Constitucional

2) **extinção do mandado** (morte, renúncia, perda ou suspensão dos direitos políticos e perda de nacionalidade);

3) vacância do cargo pelo **não comparecimento para tomar posse no prazo de dez dias** (art. 78, parágrafo único, da CF/1988);

4) **ausência não autorizada** do País pelo Congresso **por mais de 15 dias**.

10.3.5. *Ausência do País*

Quando a ausência do País do Presidente da República for **superior a 15 dias**, é necessária autorização do Congresso Nacional, sob pena de perda do cargo (art. 83 da CF/1988). A necessidade de autorização para ausência do País é **norma de observância obrigatória** pelos Estados e Municípios.

10.3.6. *Funções do Vice-Presidente*

São **funções do Vice-Presidente**:

a) **Próprias:**

1) substituir o Presidente (temporária);

2) suceder ao Presidente (definitiva);

3) participar do Conselho da República e do Conselho de Defesa;

4) exercer as funções previstas em legislação complementar.

b) **Impróprias:** missões especiais designadas pelo Presidente da República (art. 79, parágrafo único, da CF/1988).

10.4. Processo e julgamento da chefia do Poder Executivo

10.4.1. *Processo e julgamento do Presidente da República*

A responsabilização do Presidente da República pode se dar em duas situações distintas:

1) **Por crimes de responsabilidade:** os crimes de responsabilidade têm natureza de **infrações político-administrativas**, e a competência para legislar sobre o tema é **privativa da União**, nos termos da Súmula Vinculante nº 46 do STF. Atualmente, a matéria é regulamentada pela Lei nº 1.079/1950. De outro modo, a competência para julgar os crimes de responsabilidade é do Senado, após a autorização da Câmara dos Deputados (condição de procedibilidade). O julgamento, contudo, será presidido pelo Presidente do STF. Trata-se de **julgamento político**, mas que sofre **influência do devido processo legal**.

Cap. 16 – Organização dos Poderes

- **Sanções** (art. 52, parágrafo único, da CF/1988): a) **perda do cargo**; e/ou b) **inabilitação para o exercício de quaisquer funções públicas** por oito anos (**não se confunde com a suspensão dos direitos políticos**, pois o sancionado pode continuar votando – capacidade eleitoral ativa).

- **Hipóteses de crimes de responsabilidade:** o art. 85 da CF/1988 estabelece que são crimes de responsabilidade os atos do Presidente da República que atentem contra a Constituição e, especialmente, contra (**rol exemplificativo**):

  I – a **existência da União**;

  II – o **livre exercício** do Poder Legislativo, do Poder Judiciário, do Ministério Público e dos Poderes constitucionais das unidades da Federação;

  III – o exercício dos **direitos políticos**, individuais e sociais;

  IV – a **segurança interna do País**;

  V – a **probidade na administração**;

  VI – a **lei orçamentária**;

  VII – o **cumprimento das leis e das decisões judiciais**.

- **Procedimento na Câmara dos Deputados:**

  (i) **oferecimento da denúncia** (qualquer cidadão pode oferecer);

  (ii) **apreciação do pedido pelo Presidente da Câmara**, assegurada a ampla defesa ao Presidente da República;

  (iii) **instalação da Comissão Especial pelo Plenário**, que deve ter **representação proporcional** dos blocos partidários existentes no Congresso;

  (iv) **notificação** do Presidente da República para apresentar defesa em dez sessões;

  (v) votação do relatório final **pela Comissão Especial** em até cinco sessões.

  (vi) o Plenário deve **autorizar** o processo de *impeachment* por **2/3 dos membros da Câmara** (art. 86 da CF/1988).

- **Procedimento no Senado:**

  (i) **instauração:** o Senado terá que aprovar a instauração do processo pela **maioria relativa** de seus membros, em votação aberta e nominal. Trata-se de um segundo juízo de admissibilidade, denominado **"juízo de pronúncia".** Sendo acolhido, o Presidente da República ficará **afastado de suas funções** pelo prazo máximo de 180 dias;

  (ii) **rito:** o mesmo previsto para o *impeachment* dos Ministros do STF e do PGR;

  (iii) **presidência do procedimento:** é atribuída ao **Presidente do STF**;

(iv) **judicium causae** (julgamento) – pode implicar: a) **absolvição**, ocasião em que o Presidente da República reassume o cargo; ou b) **condenação**, exigindo o voto favorável de **2/3 dos membros do Senado**, em votação **nominal e aberta**, e a expedição de **resolução** pelo Senado discriminando, inclusive, as sanções aplicadas.

– **Renúncia ao cargo:**

a) em hipótese de renúncia ao cargo de Governador **antes do recebimento** do processo de *impeachment*, o STJ entendeu que se torna **inviável o prosseguimento do feito** (RMS 68.932).

b) em hipótese de renúncia pelo Presidente **quando o procedimento já se encontra instaurado no Senado**, o STF entendeu que **não há perda de objeto** do processo de *impeachment* pela renúncia (Pet 1.365 QO/DF).

> ### Atenção
>
> **Não é cabível a revisão do mérito** do processo de *impeachment* pelo Poder Judiciário, embora seja cabível a anulação do julgamento na hipótese de vícios formais (STF, ADPF 378).

2) Por crimes comuns: a competência para o julgamento do Presidente da República pela prática de crimes comuns é do **STF**, devendo-se observar o procedimento previsto na Lei nº 8.038/1990.

– **Irresponsabilidade penal relativa em relação aos crimes comuns:** o Presidente só responde por **crimes praticados *in officio* ou *propter officium***, ou seja, no exercício da sua função ou em razão da sua função. Nesse sentido, o art. 86, § 4º, da CF/1988 estabelece que "O Presidente da República, na vigência de seu mandato, não pode ser responsabilizado por atos estranhos ao exercício de suas funções". A irresponsabilidade relativa **não abrange a esfera extrapenal** (ou seja, a responsabilidade civil, administrativa, fiscal ou tributária) e **não pode ser estendida aos governadores**, pois conferida ao Presidente da República de forma exclusiva, em decorrência do exercício da função de Chefe do Estado.

– **Suspensão do cargo:** No caso de crimes comuns, o Presidente da República ficará suspenso de suas funções **por até 180 dias a partir do recebimento da denúncia ou queixa-crime** pelo STF (art. 86, § 1º, da CF/1988). Se o julgamento não for concluído, o Presidente **retorna ao cargo**, sem prejuízo do regular prosseguimento do processo (art. 86, § 2º, da CF/1988).

Cap. 16 – Organização dos Poderes

491

- **Prisão do Presidente da República: só pode ocorrer após o trânsito em julgado da condenação (art. 86, § 3°, da CF/1988). Não pode haver** prisão cautelar do Presidente da República.

10.4.2. *Governadores*

1) **Crime de responsabilidade**: é necessária a **autorização pela Assembleia Legislativa**. Sobre o tema, o art. 77 da Lei n° 1.079/1950 dispõe que: "Apresentada a denúncia e julgada objeto de deliberação, se a Assembleia Legislativa por **maioria absoluta**, decretar a procedência da acusação, será o Governador imediatamente suspenso de suas funções". A **competência** para processar e julgar os governadores pela prática de crimes de responsabilidade é do **"Tribunal Especial"**, composto por cinco membros da Assembleia Legislativa e cinco desembargadores do Tribunal de Justiça. Nesse caso, o "Tribunal Especial" é presidido pelo **presidente do TJ**.

– **Inabilitação para o exercício de funções públicas:** a Lei n° 1.079/1950 dispõe que o governador ficará inabilitado para o exercício de funções públicas pelo **prazo de cinco anos.** Segundo o STF, o **prazo de oito anos** da CF/1988 deve ser aplicado **exclusivamente para autoridades federais**, pois o "disposto no artigo 78 da Lei n. 1.079 permanece hígido – o prazo de inabilitação das autoridades estaduais não foi alterado". O Estado-membro **carece de competência legislativa para majorar o prazo de cinco anos**, visto que o art. 22, I, e o parágrafo único do art. 85 da CF/1988 atribuem competência para legislar sobre a matéria à União (STF, ADI 1.628/SC).

2) **Crimes comuns:** a competência para processar e julgar governadores pela prática de **crimes comuns é do STJ**, abrangendo todas as espécies de delitos, inclusive crimes eleitorais e dolosos contra a vida, sendo **desnecessária a autorização da Assembleia Legislativa** para o julgamento de crimes comuns.

10.4.3. *Prefeitos*

1) **Crimes de responsabilidade:** incumbe à **Câmara Municipal processar e julgar** os prefeitos (art. 5° do Decreto-lei n° 201/1967), **não havendo previsão de qualquer espécie de autorização** como condição de procedibilidade.

2) **Crimes comuns:** a competência para processar e julgar os prefeitos é do **Tribunal de Justiça**, sendo **desnecessária prévia autorização** (art. 1° do Decreto-lei n° 201/1967).

10.4.4. *Improbidade administrativa e crimes de responsabilidade*

Antes do advento da Lei n° 14.230/2021, pendia celeuma acerca da aplicação da Lei n° 8.429/1992 (Lei de Improbidade Administrativa) com relação aos agentes políticos que contam com regime especial por crime de responsabilidade (parlamentares, Presidente da República, prefeitos, Ministros de Estado, entre outros).

Atualmente, diante da inclusão expressa dos agentes políticos no art. 2º da Lei nº 8.429/1992, tem-se a **coexistência dos regimes de responsabilização**, com a incidência **simultânea** das sanções previstas na Lei de Improbidade e daquelas previstas para os crimes de responsabilidade.

Nesse sentido, o art. 12, *caput*, da Lei nº 8.429/1992 dispõe expressamente a possibilidade de responsabilização do agente, cumulativamente, pela prática de crime de responsabilidade:

"Art. 12. Independentemente do ressarcimento integral do dano patrimonial, se efetivo, e das sanções penais comuns **e de responsabilidade**, civis e administrativas previstas na legislação específica, está o responsável pelo ato de improbidade sujeito às seguintes cominações, que podem ser aplicadas isolada ou cumulativamente, de acordo com a gravidade do fato: [...]".

Os detentores de **vitaliciedade**, como membros do Poder Judiciário e do Ministério Público, **não ficam isentos da incidência das sanções previstas na Lei nº 8.429/1992**, o que inclui os Ministros do STF. Neste último caso, contudo, a competência para julgamento será do próprio Tribunal, **excetuando a regra da ausência de foro por prerrogativa de função** para o julgamento de ação de improbidade administrativa.

Por fim, predomina no STF o entendimento de que o Presidente da República não está sujeito à responsabilização pela Lei nº 8.429/1992, de modo que eventual ato de improbidade será considerado crime de responsabilidade, com fulcro no art. 85, V, da Constituição 1988 (STF, ADI 4.295/DF).

10.5. *Recall*

O *recall* consiste em mecanismo de **democracia direta** em que o eleitorado pode destituir determinados agentes políticos cujos comportamentos não atendam à vontade da população. O *recall* **não está previsto** no ordenamento jurídico brasileiro.

> **Atenção**
>
> Diferenças entre o *recall* e o *impeachment*:
>
> | Recall | Impeachment |
> | --- | --- |
> | Decidido pelos eleitores. | Autorizado pela Câmara e julgado pelo Senado. |
> | Instrumento de controle pelo povo de todos os Poderes (Executivo, Legislativo e Judiciário). | Instrumento de controle do Legislativo em relação aos demais Poderes. |

Cap. 16 – Organização dos Poderes

10.6. Reeleição

O mandato de Presidente, Governador, Prefeito e respectivos Vices é de **quatro anos**, **permitida a reeleição** (art. 14, § 5°, da CF/1988). Contudo, **não pode** o Presidente, o Governador ou o Prefeito **renunciar antes do término do segundo mandato** para concorrer a um terceiro mandato do mesmo cargo.

Ademais, o Presidente, Governador ou Prefeito, ao término do segundo mandato sucessivo, **não pode concorrer na eleição subsequente na condição de Vice** (Vice-Presidente, Vice-Governador ou Vice-Prefeito), pois a função do Vice é substituir o Chefe do Executivo e, assim, poderia incorrer em um terceiro mandato sucessivo.

O STF **não admite o "prefeito itinerante" ou "prefeito profissional"**, ou seja, o exercício de um terceiro mandato de Prefeito por aquele que já exercera dois mandatos consecutivos, **ainda que em Municípios diversos** (STF, RE 637.485). A reeleição é permitida por apenas uma única vez, em atenção ao postulado de temporariedade/ alternância do exercício do poder.

10.7. Poder regulamentar

O poder regulamentar consiste em atribuição dos Chefes do Poder Executivo para produzir decretos e regulamentos. Nesse sentido, o inciso IV do art. 84 da CF/1988 atribui **competência privativa** ao Presidente da República para sancionar, promulgar e fazer publicar leis, bem como expedir decretos e regulamentos para sua fiel execução.

Dúvida surge acerca da possibilidade de edição de **decretos autônomos**, ou seja, que não tenham como fundamento lei preexistente. Prevalece o entendimento de que o conteúdo de qualquer decreto ou regulamento (atos normativos secundários) **deve estar dentro do previsto em lei** (ato normativo primário), sob pena de padecer de vício de legalidade – por ofensa ao art. 5°, II, da CF/1988 –, de modo a permitir a sua sustação pelo Congresso Nacional (art. 49, V, da CF/1988). O STF admite até mesmo o **controle de constitucionalidade do decreto autônomo por meio de ADI**, tendo em vista que revestido de indiscutível conteúdo normativo (ADI 3.232).

O STF decidiu, ainda, ser **inconstitucional decreto presidencial que extingue cargos e funções ocupados**, por violação ao art. 84, VI, *b*, da CF/1988 (ADI 6.186/DF). Isso porque o decreto de competência privativa do Presidente somente pode tratar sobre:

a) organização e funcionamento da administração federal (quando não implicar aumento de despesa nem criação ou extinção de órgãos públicos);

b) extinção de funções ou cargos públicos, quando eles estiverem vagos.

11. PODER JUDICIÁRIO

O Poder Judiciário é responsável pelo exercício da jurisdição, que pode ser compreendida como:

a) **poder:** a jurisdição "é manifestação do poder estatal, conceituado como capacidade de decidir imperativamente e impor decisões" (Cintra; Grinover; Dinamarco, 2003);

b) **função:** a jurisdição "expressa o encargo que têm os órgãos estatais de promover a pacificação de conflitos interindividuais, mediante a realização do direito justo e através do processo" (Cintra; Grinover; Dinamarco, 2003); e

c) **atividade:** a jurisdição "é o complexo de atos do juiz no processo, exercendo o poder e cumprindo a função que a lei lhe comete" (Cintra; Grinover; Dinamarco, 2003).

11.1. Posturas passíveis de serem adotadas pelo julgador

Na tarefa de julgar, é possível que o magistrado adote duas posturas distintas:

1) **Ativismo judicial ou "protagonismo dos juízes"** – o magistrado adota uma postura de expansão do exercício da função judicial, podendo implicar **extensão de um direito, afastamento da lei, promoção de mudanças sociais (*judicial over-reaching*) ou efetivação de políticas públicas (*policy making*).** Exemplo: reconhecimento da união estável entre pessoas do mesmo sexo, a despeito da redação do art. 226, § 3°, da CF/1988 (STF, ADPF 132/DF).

2) **Autocontenção judicial** ou *judicial restraint*– O Poder Judiciário procura reduzir sua intervenção nos outros poderes, não aplicando a Constituição para situações que não estejam no seu âmbito de incidência expresso e não intervêm em políticas públicas. Exemplo: a antiga posição do STF sobre o mandado de injunção, no sentido de que não podia regulamentar direito fundamental violado pela omissão do poder público.

> **Atenção**
>
> O **ativismo judicial estruturante** consiste na adoção pelos Tribunais de uma **postura mais ativa** na concretização de normas constitucionais e, sobretudo, de direitos fundamentais, suprindo a omissão dos poderes públicos mediante decisões judiciais que visam a defesa do mínimo existencial atrelado à dignidade da pessoa humana, com o intuito de evitar a **erosão da consciência constitucional**, isto é, a "desvalorização funcional da constituição escrita" (Loewenstein, 1983).

> **Importante**
>
> Existem dois sistemas que buscam regulamentar os poderes do juiz na condução de demandas coletivas:
>
> 1) **Sistema inquisitivo puro:** atribui ao juiz ampla responsabilidade pela instauração e condução do processo, sem a necessidade de provocação das partes.

Cap. 16 – Organização dos Poderes

495

> **2) Sistema dispositivo puro:** restringe a atuação do magistrado à vontade das partes no que concerne à definição dos elementos objetivos e subjetivos da demanda, seu desenvolvimento e produção probatória.

11.2. Judicialização de políticas públicas

A judicialização de políticas públicas consiste no **acionamento do Poder Judiciário para garantir efetividade a direitos fundamentais através da implementação de políticas públicas** que, por ação ou omissão dos Poderes Legislativo e Executivo, estejam sendo violados.

Atenção

Judicialização de políticas públicas e ativismo judicial não se confundem. A judicialização decorre do modelo constitucional, não sendo "um exercício deliberado de vontade política". Ora, se "uma norma constitucional permite que dela se **deduza uma pretensão**, subjetiva ou objetiva, **ao juiz cabe dela conhecer**, decidindo a matéria". De outro modo, o ativismo judicial é "um **modo específico e proativo de interpretar a Constituição**, expandindo o seu sentido e alcance. Normalmente, ele se instala em situações de retração do Poder Legislativo, de certo descolamento entre a classe política e a sociedade civil, impedindo que as demandas sociais sejam atendidas de maneira efetiva" (Barroso, 2024).

No Brasil, os Tribunais têm adotado uma postura **de concretização de direitos fundamentais mediante políticas públicas, como decorrência do modelo constitucional adotado.**

Assim, havendo omissão por parte da Administração Pública de modo a comprometer o **núcleo essencial de direitos fundamentais consagrados constitucionalmente**, tem sido admitida a prolação de decisões judiciais que venham a "suprir essa omissão" (STF, RE 559.646 AgRg/PR).

Atenção

A **reserva de consistência** consiste na necessidade de reunião de argumentos e elementos suficientes para demonstrar o acerto do resultado que se pretende alcançar, ou seja, de uma fundamentação robusta (Häberle, 1997). Assim, para que seja possível a intervenção judicial sobre uma dada política pública, o julgador deve apresentar **argumentos substanciais** aptos a demonstrar a **necessidade**

de execução da política pública como compatível com a Constituição de 1988 (Häberle, 1997).

A **jurisprudência de crise** consiste na submissão de questões relacionadas a **políticas de austeridade econômica** aos Tribunais Constitucionais (Magalhães, 2017). Trata-se da **cessão** da interpretação da Constituição em prol das **"exigências das circunstâncias"**, violando-se o princípio da vedação ao retrocesso para o Estado não arcar os custos econômicos desses direitos (Sachs, 2002).

11.3. Estrutura do Poder Judiciário

O Poder Judiciário encontra-se estruturado na Constituição de 1988 do seguinte modo:

I) Justiça comum:

   a) Justiça Federal (TRFs, Juízes Federais e os Juizados Especiais Federais);

   b) Justiça Comum do Distrito Federal e Territórios (Tribunal de Justiça, Juízes de Direito do Distrito Federal e Territórios, organizados e mantidos pela União, e respectivos Juizados);

   c) Justiça Estadual Comum (Tribunais de Justiça e Juízes de Direito, inclusive os Juizados Especiais).

A competência para o julgamento do mandado de segurança contra ato de juizado especial **é da própria Turma Recursal**. Contudo, na hipótese de *habeas corpus* contra ato de Turma Recursal, **a competência para o julgamento é do Tribunal de Justiça**.

II) Justiça **especial:**

   a) Justiça Eleitoral (TSE, TREs, Juízes Eleitorais e Juntas Eleitorais);

   b) Justiça do Trabalho (TST, Tribunais Regionais do Trabalho e Juízes do Trabalho);

   c) Justiça Militar da União (STM, Juízes Federais da Justiça Militar e Conselhos de Justiça, Especial e Permanente, nas respectivas sedes das Auditorias Militares);

   d) Justiça Militar dos Estados, do Distrito Federal e Territórios (Tribunal de Justiça Militar ou Tribunal de Justiça, Juízes de Direito togados (Juiz-auditor) e Conselhos de Justiça, com sede nas Auditorias Militares).

Nos termos do art. 125, § 5°, da CF/1988, os juízes de direito togados na Justiça Militar Estadual passaram a ter competência para julgar as ações judiciais contra atos disciplinares militares, ou seja, de **natureza civil**.

11.3.1. Órgãos do Poder Judiciário

No que tange aos órgãos do Poder Judiciário, o art. 92 da CF/1988 arrola os seguintes:

I – o Supremo Tribunal Federal, composto de **onze Ministros**, escolhidos entre cidadãos brasileiros **natos** com mais de 35 e menos de 70 anos de idade, de **notá-**

Cap. 16 – Organização dos Poderes

497

vel saber jurídico e reputação ilibada, depois de aprovada a escolha pela **maioria absoluta** do Senado Federal. Dispõe de competências: a) **originárias** (art. 102, I, *a* a *r*, da CF/1988); b) **recursais ordinárias** (art. 102, II, da CF/1988); e c) **recursal extraordinária** (art. 102, III, da CF/1988).

O **princípio da reserva constitucional de competência originária** enuncia que toda competência originária do STF está **taxativamente** prevista no art. 102, I, da CF/1988 (STF, Pet 1.738 AgR).

I-A – o Conselho Nacional de Justiça;

II – o Superior Tribunal de Justiça, composto de, no mínimo, **trinta e três Ministros** nomeados pelo Presidente da República, entre brasileiros (**natos ou naturalizados**) com mais de 35 e menos de 70 anos de idade, de **notável saber jurídico e reputação ilibada**, depois de aprovada a escolha pela **maioria absoluta** do Senado Federal. Dispõe de competências: a) **originárias** (art. 105, I, *a* até *i*, da CF/1988); b) **recursais ordinárias** (art. 105, II, da CF/1988); e c) **recursal especial** (art. 105, III, da CF/1988).

II-A – o Tribunal Superior do Trabalho;

III – os Tribunais Regionais Federais e Juízes Federais;

IV – os Tribunais e Juízes do Trabalho;

V – os Tribunais e Juízes Eleitorais;

VI – os Tribunais e Juízes Militares;

VII – os Tribunais e Juízes dos Estados e do Distrito Federal e Territórios.

Na ADI 954, o STF fixou entendimento de que os **juízes de paz** (art. 98, II, da CF/1988) são componentes de uma **magistratura especial, eletiva e temporária**, sendo os seus cargos dotados das seguintes características:

1) não são vitalícios (mandato de quatro anos);

2) são inamovíveis;

3) dispõem de irredutibilidade de subsídios;

4) submetem-se às vedações do art. 95, parágrafo único, II, da CF/1988;

5) devem ser remunerados pelos cofres públicos, e não pelos usuários do serviço.

11.3.2. *Estatuto da Magistratura*

O art. 93 da CF/1988 determina que o Estatuto da Magistratura deve ser editado por meio de lei complementar, de iniciativa privativa do STF.

O diploma normativo **ainda está em elaboração**, de modo que continuam sendo aplicadas as disposições da Lei Orgânica da Magistratura Nacional (Lei Complementar nº 35/1979), no que foram recepcionadas pela Constituição de 1988, além de normas administrativas emanadas do CNJ.

O **ingresso na carreira** da magistratura dá-se pelo cargo de juiz substituto, e só ocorre mediante concurso público de provas e títulos, com a participação da OAB em todas as suas fases, exigindo-se do bacharel em direito **três anos de atividade jurídica** (art. 93, I, da CF/1988).

No que tange **à promoção**, dar-se-á de entrância para entrância, alternadamente, por antiguidade e merecimento, atendidas as seguintes normas (art. 93, II, da CF/1988):

a) é obrigatória a promoção do juiz que figure por **três vezes consecutivas ou cinco alternadas** em lista de merecimento;

b) a promoção por merecimento pressupõe **dois anos** de exercício na respectiva entrância e integrar o juiz a primeira quinta parte da lista de antiguidade, salvo se não houver com tais requisitos quem aceite o lugar vago;

c) **aferição do merecimento** conforme o desempenho e pelos critérios objetivos de produtividade e presteza no exercício da jurisdição e pela frequência e aproveitamento em cursos oficiais ou reconhecidos de aperfeiçoamento;

d) na apuração de antiguidade, o tribunal somente poderá recusar o juiz mais antigo pelo voto fundamentado **de dois terços de seus membros**, conforme procedimento próprio, e assegurada ampla defesa, repetindo-se a votação até fixar a indicação;

e) não será promovido o juiz que, injustificadamente, retiver autos em seu poder além do prazo legal, não podendo devolvê-los ao cartório sem o devido despacho ou decisão.

O art. 93 da CF/1988 determina que o juiz titular deve residir na respectiva comarca, **salvo autorização do tribunal**.

Por fim, o ato de **remoção e disponibilidade** de magistrado, por interesse público, deverá ser fundamentado em decisão por voto da **maioria absoluta** do respectivo tribunal ou do CNJ, assegurada ampla defesa (art. 93, VIII, da CF/1988).

11.3.3. *Garantias do Poder Judiciário*

As garantias do Poder Judiciário podem ser classificadas em:

1) **Institucionais**, que se subdividem em:

a) **Autonomia orgânico-administrativa**, responsável pela estruturação e funcionamento dos órgãos, regulamentada pelo art. 96 da CF/1988.

b) **Autonomia orgânico-financeira**, consistente na elaboração pelos Tribunais de suas propostas orçamentárias dentro dos limites previstos na lei de diretrizes orçamentárias, regulamentada pelo art. 99 da CF/1988.

Cap. 16 – Organização dos Poderes

499

2) **Funcionais,** que se subdividem em:

a) **independência dos órgãos judiciários:**

— **vitaliciedade:** após adquirir a vitaliciedade, o juiz somente pode perder seu cargo por meio de sentença transitada em julgado. No primeiro grau, só será adquirida após **dois anos** de exercício, dependendo a perda do cargo, nesse período, de deliberação do tribunal a que o juiz estiver vinculado e, nos demais casos, de sentença judicial transitada em julgado. Embora a CF/1988 utilize o termo vitaliciedade, existe uma **idade máxima para a aposentadoria compulsória: 75 anos**. A garantia da vitaliciedade também se aplica, exemplificativamente, **aos membros do Ministério Público** (art. 128, § 5º, I, *a*, da CF/1988; art. 38 da Lei nº 8.625/1993) e **aos ministros do TCU** (art. 73, § 3º, da CF/1988). **Exceção à garantia da vitaliciedade:** os ministros do STF e os conselheiros do CNJ, na hipótese de **crime de responsabilidade**, serão julgados pelo Senado Federal;

— **inamovibilidade:** em regra, os juízes somente podem ser removidos ou promovidos **por vontade própria**, não *ex officio*. Excepcionalmente, contudo, é possível a movimentação na hipótese **de interesse público**, fundada em decisão por voto da **maioria absoluta** do respectivo Tribunal ou do CNJ, assegurada ampla defesa (art. 93, VIII, da CF/1988).

— **irredutibilidade de subsídios:** abrange **apenas o valor nominal (e não o valor real)** do subsídio, sem assegurar direito à reposição inflacionária;

b) **imparcialidade dos órgãos judiciários.**

11.3.4. *Garantias funcionais de imparcialidade ou vedações aplicáveis aos magistrados*

As vedações têm como finalidade evitar que interesses pessoais dos magistrados se sobreponham ou entrem em conflito com a atuação profissional.

Em **rol taxativo**, o art. 95, parágrafo único, da CF/1988 estabelece que aos juízes é vedado:

I – exercer, ainda que em disponibilidade, outro cargo ou função, **salvo uma de magistério;**

O CNJ veda o exercício da atividade de *coaching* (art. 5º-A da Resolução nº 34/2007 do CNJ), tendo em vista que distinta da atividade de magistério.

II – receber, a qualquer título ou pretexto, **custas ou participação em processo;**

III – dedicar-se à **atividade político-partidária;**

IV – receber, a qualquer título ou pretexto, **auxílios ou contribuições** de pessoas físicas, entidades públicas ou privadas, ressalvadas as exceções previstas em lei;

V – exercer a advocacia no juízo (ou seja, na comarca) ou tribunal do qual se afastou, antes de decorridos **três anos** do afastamento do cargo por aposentadoria ou exoneração. O objetivo da **"quarentena de saída"** é evitar que a atuação de membros do Ministério Público e do Judiciário possa gerar um desequilíbrio entre as partes.

> ### Atenção
>
> Antes da EC nº 45/2004, o membro do Ministério Público poderia se candidatar a cargo eletivo sem ter que pedir desvinculação do cargo (bastava a desincompatibilização). Após a EC nº 45/2004, se membros da Magistratura ou do Ministério Público quiserem se candidatar, precisam pedir exoneração. Exemplo: Flávio Dino, ex-Juiz Federal, para poder se candidatar ao governo do Estado do Maranhão, teve que pedir exoneração.

11.3.4.1. Aposentadoria e prerrogativa de foro

O STF decidiu que, com o advento da aposentadoria, os magistrados **perdem a prerrogativa de foro, ainda que relacionada a atos praticados no exercício das funções e em virtude destas** (STF, REs 546.609 e 549.560).

11.3.5. *Permuta entre magistrados*

A EC nº 130/2023 permitiu a permuta entre magistrados de igual entrância – **inclusive no segundo grau** – vinculados a Tribunais de Justiça diversos, fortalecendo o **princípio da unicidade do Judiciário** e o seu **caráter nacional**.

O caráter nacional da magistratura já foi reconhecido pelo STF quando vedou aos juízes federais perceberem remuneração superior aos juízes estaduais (AO 584/PE).

Duas foram as principais alterações promovidas pela EC nº 130/2023:

1) O art. 93, VIII-A, da CF/1988 ganhou nova redação, passando a dispor que "a remoção a pedido de magistrados de comarca de **igual entrância** atenderá, no que couber, ao disposto nas alíneas 'a', 'b', 'c' e 'e' do inciso II do *caput* deste artigo e no art. 94 desta Constituição".

2) A inserção do VIII-B no art. 93 da CF/1988, permitindo "a permuta de magistrados de **comarca de igual entrância**, quando for o caso, e **dentro do mesmo segmento de justiça**, inclusive entre os **juízes de segundo grau**, vinculados a diferentes tribunais, na esfera da justiça estadual, federal ou do trabalho", que deverá atender, "no que couber, ao disposto nas alíneas 'a', 'b', 'c' e 'e' do inciso II do *caput* deste artigo e no art. 94 desta Constituição". Assim, a permuta deve se dar entre magistrados de

Cap. 16 – Organização dos Poderes

501

igual entrância (ex.: dois juízes de primeira entrância) e **não pode haver permuta entre magistrados vinculados a "Justiças" diversas** (ex.: juiz estadual e juiz do trabalho).

11.3.6. *Órgão especial*

O órgão especial é criado em alguns tribunais quando têm mais de 25 julgadores, com o intuito de exercer determinadas funções delegadas pelo Plenário.

Sobre o tema, o art. 93, XI, da CF/1988 dispõe que, "nos tribunais com número superior a vinte e cinco julgadores, poderá ser constituído órgão especial, com o mínimo de onze e o máximo de vinte e cinco membros, para o exercício das atribuições administrativas e jurisdicionais delegadas da competência do tribunal pleno, provendo-se metade das vagas por antiguidade e a outra metade por eleição pelo tribunal pleno".

Assim, podem ser delegadas:

a) **Funções jurisdicionais**, como é o caso da "reserva de plenário" (art. 97 da CF/1988);

b) **Funções administrativas**, como é o caso da realização de concursos públicos.

As funções de natureza **legislativa** (ex.: elaboração do regimento interno do tribunal) ou **política** (ex.: eleição do presidente do tribunal) **não** podem ser delegadas ao órgão especial.

No que tange à composição do órgão especial, **metades das vagas** deve ser provida por antiguidade e a outra metade, por eleição.

Atenção

A expressão **"órgão especial" não se confunde** com as expressões **órgãos de convergência** e **órgãos de superposição**. Os órgãos de convergência são o STF e os Tribunais Superiores, pois têm jurisdição em todo o território nacional. Já os órgãos de superposição são apenas o STF e o STJ.

11.3.7. *Quinto constitucional*

Alguns tribunais têm, em sua composição, integrantes que não são da magistratura. Assim, 1/5 dos membros dos TJs, TJDFT e TRFs são compostos por advogados e membros do Ministério Público (art. 94 da CF/1988).

Os órgãos de classe (OAB e Ministério Público) elaboram uma **lista sêxtupla**, submetida à análise do Tribunal. Em votação interna, é criada uma **lista tríplice**.

No caso dos Tribunais de Justiça, os três primeiros nomes são enviados ao **governador**. No caso dos Tribunais Regionais Federais, os três primeiros nomes são enviados ao **Presidente da República.**

Caso o total da composição de um tribunal não seja um número divisível por cinco, deverá haver o **arredondamento da fração restante para o número inteiro seguinte** (STF, AO 493/PA).

Atenção

Não há necessidade de observância do quinto constitucional no STF, visto que o art. 101 da CF/1988 dispõe que: "O Supremo Tribunal Federal compõe-se de onze Ministros, escolhidos dentre cidadãos com mais de trinta e cinco e menos de setenta anos de idade, de notável saber jurídico [não é necessária formação em direito, como ocorreu com a nomeação do médico Barata Ribeiro] e reputação ilibada".

No âmbito do STJ, o art. 104, parágrafo único, da CF/1988, estabelece que os Ministros serão nomeados pelo Presidente da República, sendo:

I – um terço dentre juízes dos Tribunais Regionais Federais e um terço dentre desembargadores dos Tribunais de Justiça, indicados em lista tríplice elaborada pelo próprio Tribunal;

II – **um terço**, em partes iguais, dentre **advogados e membros do Ministério Público Federal, Estadual, do Distrito Federal e dos Territórios**, alternadamente.

Importante

O STF firmou entendimento de que Constituição Estadual **não pode submeter o nome escolhido pelo Governador para integrar o quinto à aprovação da Assembleia Legislativa** (ADI 4.150/SP).

Jurisprudência

Na hipótese de encaminhamento de lista sêxtupla para o quinto constitucional pela OAB, com posterior percepção de que um dos candidatos não preenchia os requisitos, **não é possível a revogação da lista** pela própria instituição que realizou o encaminhamento, pois o preenchimento de vaga destinada ao quinto constitucional é **ato complexo** do qual participam a OAB, o Tribunal de origem e o Chefe do Poder Executivo, de modo que a sua revogação depende **da vontade de todos os participantes originários** (STJ, AREsp 2.304.110/SC).

Cap. 16 – Organização dos Poderes

11.4. Conselho Nacional de Justiça

O Conselho Nacional de Justiça (CNJ) é órgão de natureza:

1) **administrativa**, ou seja, não tem natureza jurisdicional; e

2) **nacional** – e **não federal** –, abrangendo a União, os Estados-membros e Distrito Federal.

11.4.1. *Atribuições*

O CNJ é responsável por exercer o controle da atuação **administrativa e financeira** do Poder Judiciário, bem como fiscalizar os juízes no cumprimento de seus deveres funcionais **(atuação disciplinar)**, nos termos do art. 103-B, § 4º, da CF/1988. **Não pode**, contudo, **o CNJ rever/cassar uma decisão judicial**, pois não tem atribuições jurisdicionais.

O CNJ tem atribuição "[...] relativa apenas aos **órgãos e juízes situados, hierarquicamente, abaixo do Supremo Tribunal Federal**", tendo em vista que o Supremo é órgão máximo do Poder Judiciário, com preeminência sobre o Conselho, "cujos atos e decisões estão sujeitos a seu controle jurisdicional" (STF, ADI 3.367/DF).

O art. 103-B, § 4º, da CF/1988 elenca as atribuições do CNJ:

I – zelar pela autonomia do Poder Judiciário e pelo cumprimento do Estatuto da Magistratura, podendo **expedir atos regulamentares**, no âmbito de sua competência, ou recomendar providências;

II – zelar pela observância do art. 37 e apreciar, de ofício ou mediante provocação, **a legalidade dos atos administrativos praticados por membros ou órgãos do Poder Judiciário**, podendo desconstituí-los, revê-los ou fixar prazo para que se adotem as providências necessárias ao exato cumprimento da lei, sem prejuízo da competência do Tribunal de Contas da União;

III – **receber e conhecer das reclamações** contra membros ou órgãos do Poder Judiciário, inclusive contra seus serviços auxiliares, serventias e órgãos prestadores de serviços notariais e de registro que atuem por delegação do poder público ou oficializados, **sem prejuízo da competência disciplinar e correicional dos tribunais,** podendo avocar processos disciplinares em curso, determinar a remoção ou a disponibilidade e aplicar outras sanções administrativas, assegurada ampla defesa;

IV – representar ao Ministério Público, no caso de crime contra a administração pública ou de abuso de autoridade;

V – **rever**, de ofício ou mediante provocação, **os processos disciplinares** de juízes e membros de tribunais **julgados há menos de um ano**;

VI – elaborar semestralmente relatório estatístico sobre processos e sentenças prolatadas, por unidade da Federação, nos diferentes órgãos do Poder Judiciário;

504 · Coleção Exame Nacional da Magistratura – Direito Constitucional

VII – elaborar relatório anual, propondo as providências que julgar necessárias, sobre a situação do Poder Judiciário no País e as atividades do Conselho, o qual deve integrar mensagem do Presidente do Supremo Tribunal Federal a ser remetida ao Congresso Nacional, por ocasião da abertura da sessão legislativa.

11.4.2. *Composição do Conselho Nacional de Justiça*

O Conselho Nacional de Justiça compõe-se de **15 membros** indicados pelo Presidente da República após a aprovação pela **maioria absoluta** do Senado.

> ### Importante
>
> O presidente do STF é **membro nato do CNJ**, não se submetendo à sabatina do Senado, razão pela qual o art. 103-B, § 2º, da CF/1988 dispõe que apenas "**Os demais** membros do Conselho serão nomeados pelo Presidente da República, depois de aprovada a escolha pela maioria absoluta do Senado Federal".

Atualmente, não há limitação de idade (mínima ou máxima) para o exercício do mandato, os quais têm **duração de dois anos**, permitida uma **única recondução**.

Na composição do CNJ, há integrantes do Poder Judiciário (**a Justiça Militar e a Justiça Eleitoral não estão contempladas**), dois membros Ministério Público, dois advogados e dois cidadãos.

Assim, o art. 103-B da CF/1988 estabelece que "O Conselho Nacional de Justiça compõe-se de **15 (quinze) membros** com mandato de 2 (dois) anos, admitida 1 (uma) recondução, sendo:

I – o **Presidente** do Supremo Tribunal Federal;

II – um Ministro do Superior Tribunal de Justiça, indicado pelo respectivo tribunal;

III – um Ministro do Tribunal Superior do Trabalho, indicado pelo respectivo tribunal;

IV – um desembargador de Tribunal de Justiça, indicado pelo Supremo Tribunal Federal;

V – um juiz estadual, indicado pelo Supremo Tribunal Federal;

VI – um juiz de Tribunal Regional Federal, indicado pelo Superior Tribunal de Justiça;

VII – um juiz federal, indicado pelo Superior Tribunal de Justiça;

VIII – um juiz de Tribunal Regional do Trabalho, indicado pelo Tribunal Superior do Trabalho;

IX – um juiz do trabalho, indicado pelo Tribunal Superior do Trabalho;

X – um membro do Ministério Público da União, indicado pelo Procurador-Geral da República;

Cap. 16 – Organização dos Poderes

XI – um membro do Ministério Público estadual, escolhido pelo Procurador-Geral da República dentre os nomes indicados pelo órgão competente de cada instituição estadual;

XII – dois advogados, indicados pelo Conselho Federal da Ordem dos Advogados do Brasil;

XIII – dois cidadãos, de notável saber jurídico e reputação ilibada, indicados um pela Câmara dos Deputados e outro pelo Senado Federal".

O CNJ será presidido pelo presidente do STF e, nas suas ausências e impedimentos, pelo **vice-presidente do STF** (art. 103-B, § 1º, da CF/1988).

Um advogado nomeado para o CNJ **não pode exercer a advocacia ou atividade político-partidária**. A partir do momento que advogados e cidadãos integram o CNJ, eles **passam a se submeter às vedações e garantias dos membros do Poder Judiciário**.

11.4.3. *Foro por prerrogativa de função*

Os membros do CNJ **não possuem foro por prerrogativa de função** quando da prática de crimes comuns. Assim, caso praticada infração penal por membro do CNJ, deve-se atentar para a prerrogativa de função de cada membro individualmente, segundo o seu cargo de origem.

11.4.4. *Poder regulamentar do Conselho Nacional de Justiça*

O CNJ é detentor de poder regulamentar, visto que, no "exercício de suas atribuições administrativas, encontra-se o poder de 'expedir atos regulamentares'. [...]. O CNJ pode, no lídimo exercício de suas funções, regulamentar condutas e impor a toda magistratura nacional o cumprimento de obrigações de essência puramente administrativa" (STF, MS 27.621).

11.4.5. *Poder normativo do Conselho Nacional de Justiça*

Além do poder regulamentar, **o CNJ possui poder normativo**, ou seja, ele pode criar normas que têm como fundamento de validade a própria Constituição.

Exemplificativamente, o STF decidiu:

1) "A Resolução nº 07/05 se dota, ainda, de caráter normativo primário, dado que arranca diretamente do § 4º do art. 103-B da Carta-cidadã e tem como finalidade debulhar os próprios conteúdos lógicos dos princípios constitucionais de centrada regência de toda a atividade administrativa do Estado, especialmente o da impessoalidade, o da eficiência, o da igualdade e o da moralidade" (STF, ADC 12 MC/DF).

2) Ser constitucional a edição de resoluções pelo CNJ e CJF disciplinando a destinação da prestação pecuniária, visto que não cabe ao Ministério Público administrar ou disciplinar a destinação dos recursos que ingressam nos cofres públicos (STF, ADI 5.388/DF).

11.4.6. Conselho Nacional de Justiça e competência autônoma às Corregedorias

O CNJ tem **competência autônoma** às Corregedorias, ou seja, não depende da atuação prévia das Corregedorias dos Tribunais para que possa exercer as suas funções regulares.

11.4.7. Conselho Nacional de Justiça e controle de constitucionalidade

O CNJ pode exercer o **controle de constitucionalidade de forma incidental**, tendo o STF decidido, na Pet 4.656/PB, que se insere "entre as competências constitucionalmente atribuídas ao Conselho Nacional de Justiça a possibilidade de afastar, por inconstitucionalidade, a aplicação de lei aproveitada como base de ato administrativo objeto de controle, determinando aos órgãos submetidos a seu espaço de influência a observância desse entendimento, por ato expresso e formal tomado pela maioria absoluta dos membros do Conselho".

11.4.8. Conselho Nacional de Justiça e quebra de sigilo bancário ou fiscal

O CNJ pode decretar a quebra do sigilo bancário ou fiscal dos magistrados fiscalizados, sendo dispensável autorização judicial (STF, ADI 4709/DF).

11.4.9. Conselho Nacional de Justiça e afastamento cautelar de magistrado

O CNJ, ao iniciar um processo disciplinar contra um magistrado, pode determinar o seu **afastamento cautelar das funções**, caso a continuidade do exercício do ofício judicante possa interferir no curso da apuração ou comprometer a legitimidade de sua atuação (STF, MS 32.721/DF).

11.4.10. Atuação do Ministério Público e da OAB no Conselho Nacional de Justiça

O Procurador-Geral da República e o Presidente do Conselho Federal da OAB **oficiarão** no CNJ, embora **não sejam membros do Conselho**.

11.4.11. Competência para o julgamento de demandas ajuizadas contra o Conselho Nacional de Justiça

Na ACO 2.373 AgR/DF, o STF decidiu que:

A) Compete ao próprio Supremo o julgamento das demandas **em que o CNJ** (que não possui personalidade jurídica própria) **figure no polo passivo** (ex.: mandados de segurança, mandados de injunção, *habeas corpus* e *habeas data* contra ato do CNJ).

Cap. 16 – Organização dos Poderes

B) Na hipótese de serem propostas **ações ordinárias** para impugnar atos do CNJ, em que não se questionam "atos do CNJ de **cunho finalístico**, concernentes aos objetivos precípuos de sua criação" (STF, Rcl 15.564), figura como ré a União e, em virtude disso, as demandas serão julgadas pela **Justiça Federal de primeira entrância**, com base no art. 109, I, da CF/1988.

Mais recentemente, contudo, o STF firmou o entendimento de que a sua competência para o exame de ações ordinárias se justifica sempre que questionados atos do CNJ "de cunho finalístico, concernentes aos objetivos precípuos de sua criação, a fim de que a posição e proteção institucionais conferidas ao Conselho não sejam indevidamente desfiguradas" (Reclamação 15.564 AgR).

O STF pode **não pode rever o mérito administrativo** de decisão do CNJ, quando esta não ultrapassar os **limites da legalidade e da razoabilidade**.

11.4.12. *Criação de órgão de controle similar ao Conselho Nacional de Justiça em âmbito estadual*

Na Súmula nº 649, o STF assentou o entendimento de que "é inconstitucional a criação, por Constituição estadual, de órgão de controle administrativo do Poder Judiciário do qual participem representantes de outros Poderes ou entidades".

11.5. Reclamação constitucional

A reclamação constitucional foi inicialmente incorporada ao ordenamento jurídico pelo STF, com base na chamada "teoria dos poderes implícitos". Com a Constituição de 1988, a reclamação passou a ter *status* constitucional.

11.5.1. *Competência para julgar reclamação*

No que tange à competência para o julgamento de reclamações, é preciso destacar três situações distintas:

a) **competência do STF:** prevista no art. 102, I, *l*, da CF/1988;

b) **competência do STJ:** prevista no art. 105, I, *f*, da CF/1988;

c) **competência dos demais Tribunais:** prevista nos arts. 988 a 993 do CPC.

11.5.2. *Natureza jurídica*

A reclamação tem natureza jurídica de **medida jurisdicional** – e não meramente administrativa –, pois pode alterar decisões judiciais e produzir coisa julgada. Contudo, existem várias correntes acerca da natureza da medida jurisdicional:

1) ação propriamente dita;

2) **exercício do direito constitucional de petição**. É a **posição atual do STF** adotada na ADI 2.212/CE;

3) recurso ou sucedâneo recursal (*RTJ* 56/546-548);

4) remédio incomum;

5) medida de direito processual constitucional;

6) medida processual de caráter excepcional (*RTJ* 112/518-522).

11.5.3. *Objeto da reclamação*

A reclamação desempenha dupla função de ordem político-jurídica:

1) **Preservação da competência do tribunal que proferiu a decisão**. Exemplos:

   a) conflitos federativos (Estado x Estado; União x Estado);

   b) inquéritos e denúncias contra autoridades com foro por prerrogativa de função;

   c) ação civil pública (quando utilizada, de forma transversa, para realizar controle concentrado de constitucionalidade);

   d) negativa de seguimento a recurso extraordinário, em especial no âmbito dos Juizados Especiais.

2) **Garantia da autoridade das** decisões **proferidas pelo Tribunal**.

> **Jurisprudência**
>
> - Súmula nº 734 do STF: "Não cabe reclamação quando **já houver transitado em julgado** o ato judicial que se alega tenha desrespeitado decisão do Supremo Tribunal Federal";
>
> - STF, Rcl 4.085-AgR: "A ação constitucional da reclamação não admite **pedido de caráter preventivo**". Assim, é necessário que a autoridade da decisão tenha sido efetivamente violada para que seja cabível a reclamação, não sendo suficiente uma expectativa de violação;
>
> - STF, Rcl 6.449-AgR: "Inexiste ofensa à autoridade de Súmula Vinculante quando o ato de que se reclama é **anterior à decisão emanada da Corte Suprema**";
>
> - STF, Rcl 3.284-AgR: "Não cabe reclamação constitucional para questionar violação a súmula do STF **destituída de efeito vinculante**".

Cap. 16 – Organização dos Poderes

> **Atenção**
>
> Não é cabível **reclamação *per saltum***. Nesse sentido, o STF já decidiu que a "cassação ou revisão das decisões dos Juízes contrárias à orientação firmada em sede de repercussão geral há de ser feita pelo Tribunal a que estiverem vinculados, pela via recursal ordinária. [...] 9. Nada autoriza ou aconselha que se substituam as vias recursais ordinária e extraordinária pela reclamação" (Rcl 10.793). No mesmo sentido, o art. 988, § 5º, II, do CPC estabelece ser inadmissível a reclamação proposta para garantir a observância de "acórdão de recurso extraordinário com repercussão geral reconhecida ou de acórdão proferido em julgamento de recursos extraordinário ou especial repetitivos, quando não esgotadas as instâncias ordinárias". Contudo, na recente Rcl 65.976/MA, o STF **relativizou a exigência do esgotamento das instâncias ordinárias** ao admitir a reclamação, sob o argumento da necessidade de correção da má aplicação de tese da repercussão geral e garantia de direitos.

11.5.4. *Legitimidade ativa*

Qualquer pessoa atingida pelo ato contrário à orientação do tribunal tem legitimidade ativa para a propositura de reclamação. Com o advento CPC de 2015, o Ministério Público passou a dispor expressamente de legitimidade ativa para o ajuizamento de reclamações.

11.6. **Súmulas vinculantes**

É possível **classificar as súmulas** existentes segundo uma ordem crescente de "vinculação":

1) Súmulas **"comuns"**, que possuem **natureza processual** (consolidam um entendimento sobre determinada norma) e se subdividem em:

   a. **súmula persuasiva:** sem poder de vinculação, indica um entendimento pacificado sobre dada matéria, podendo ser editada por qualquer tribunal;

   b. **súmula impeditiva de recursos:** nos termos do art. 1.011, I, c/c o art. 932, IV, ambos do CPC, o relator poderá negar provimento ao recurso que for contrário: a) a súmula do STF, do STJ ou do próprio Tribunal; b) a acórdão proferido pelo STF ou STJ em julgamento de recursos repetidos; c) a entendimento firmado em incidente de resolução de demandas repetitivas ou assunção de competência;

   c. **súmula de repercussão geral:** nos termos do art. 1.035 do CPC, o STF, em decisão irrecorrível, não conhecerá do recurso extraordinário quando a questão constitucional nele versada não tiver repercussão geral.

2) **Súmula vinculante:** vincula os demais órgãos do Poder Judiciário e a Administração Pública (art. 103-A da CF/1988 e Lei nº 11.417/2006). Apenas o STF, de ofício ou mediante provocação, é competente para a edição, a revisão e o cancelamento de enunciado de súmula vinculante. Ostenta **natureza constitucional específica de ato normativo**, pois, além de consolidarem um entendimento, vinculam os demais juízes e tribunais.

11.6.1. *Objeto das súmulas vinculantes*

As súmulas vinculantes têm como objetivo fixar **a validade, a interpretação ou a eficácia** de determinadas normas/dispositivos. Nesse sentido, o art. 103-A, § 1º, da CF/1988 estabelece que "A súmula terá por objetivo a validade, a interpretação e a eficácia de normas determinadas, acerca das quais haja controvérsia atual entre órgãos judiciários ou entre esses e a administração pública que acarrete grave insegurança jurídica e relevante multiplicação de processos sobre questão idêntica".

11.6.2. *Requisitos*

Para que seja possível a edição de súmulas vinculantes, é preciso a presença **cumulativa** de quatro requisitos:

I) **reiteradas decisões do STF sobre matéria constitucional** (matérias formalmente constitucionais);

II) **iniciativa:**

1) **de ofício**; ou

2) **mediante provocação**. Nesse caso, os legitimados são os mesmos que podem propor ADI, ADC e ADO, além de outros três: **defensor público-geral da União, tribunais e municípios** (estes últimos, exclusivamente nos processos em que sejam parte e de forma incidental – art. 3º da Lei nº 11.417/2006)

Os pedidos de revisão ou cancelamento de súmulas vinculantes devem ser ajuizados **pelos mesmos legitimados que dispõem de iniciativa**.

III) **quórum:** 2/3 dos membros do STF (ou seja, devem contar com a aprovação de oito ministros);

IV) **publicação:** o enunciado de súmula só **passa a ser vinculante a partir do momento que é publicado**. Assim, todas as decisões judiciais ou atos administrativos posteriores à publicação da súmula vinculante deverão respeitar o entendimento firmado, **sob pena do cabimento de reclamação**.

11.6.3. *Efeitos*

Em regra, as súmulas vinculantes produzem efeitos:

Cap. 16 – Organização dos Poderes

a) **vinculantes**, abrangendo os órgãos do Poder Judiciário (**exceto o STF**) e a Administração Pública direta e indireta, nas esferas federal, estadual e municipal. Contudo, o legislador **não fica vinculado no exercício da atividade legislativa.** Diante dos efeitos vinculantes, **é cabível o ajuizamento de reclamação** caso uma decisão judicial ou ato administrativo venha a violar tese fixada em súmula vinculante (art. 103-A, § 3º, da CF/1988);

b) **ex nunc. Excepcionalmente**, pode haver a **modulação dos efeitos da súmula**, nos termos do art. 4º da Lei nº 11.417/2006: "A súmula com efeito vinculante tem eficácia imediata (*ex nunc*), mas o Supremo Tribunal Federal, por decisão de **2/3 (dois terços) dos seus membros**, poderá restringir os efeitos vinculantes ou decidir que só tenha eficácia a partir de outro momento, tendo em vista razões de segurança jurídica ou de excepcional interesse público".

11.6.4. *Intervenção do Ministério Público na edição de súmulas vinculantes*

O Procurador-Geral da República, nas propostas que não houver formulado, **manifestar-se-á previamente** à edição, revisão ou cancelamento de enunciado de súmula vinculante.

11.6.5. Amicus curiae

No procedimento de edição, revisão ou cancelamento de enunciado da súmula vinculante, o relator poderá admitir, por **decisão irrecorrível**, a manifestação de terceiros na questão, nos termos do Regimento Interno do STF.

11.6.6. *Revogação ou modificação do ato normativo que serve de fundamento para a edição de súmula vinculante*

Em regra, nas hipóteses de revogação ou modificação do ato normativo que serve de fundamento para a edição de súmula vinculante, **o STF deve revisar ou cancelar o enunciado**.

Excepcionalmente, a súmula vinculante pode ser mantida, desde que as circunstâncias do caso concreto tornem desnecessária a sua revisão ou cancelamento. Nesse sentido, o entendimento firmado pelo STF no Tema 477 de repercussão geral: "1. A revogação ou modificação do ato normativo em que se fundou a edição de enunciado de súmula vinculante acarreta, em regra, a necessidade de sua revisão ou cancelamento pelo Supremo Tribunal Federal, conforme o caso".

11.7. **Recursos extraordinário e especial**

11.7.1. *Aspectos introdutórios*

Os **recursos de estrito direito** (extraordinário e especial) têm a finalidade de fomentar a unidade do ordenamento jurídico, fixando o **sentido e o alcance de determinados**

dispositivos legais (perfil objetivo). Diferem, portanto, dos **recursos ordinários**, que têm por fim assegurar direitos subjetivos.

Nos recursos de estrito direito, há um **duplo juízo de admissibilidade**: no tribunal de origem e no STF/STJ.

Havendo matéria legal e constitucional a ser recorrida, devem-se **interpor simultaneamente** recurso extraordinário e recurso especial. Nessa hipótese, primeiro o STJ aprecia a questão infraconstitucional. Após, o feito é remetido ao STF para apreciação da questão constitucional, se o recurso não estiver prejudicado (art. 1.031 do CPC). Contudo, se o relator do recurso especial considerar prejudicial o recurso extraordinário, em decisão irrecorrível, sobrestará o julgamento e remeterá os autos ao STF. No entanto, se o relator do recurso extraordinário, em decisão irrecorrível, rejeitar a prejudicialidade, devolverá os autos ao STJ para o julgamento do recurso especial (art. 1.031, §§ 2º e 3º, do CPC).

É cabível a interposição de recurso extraordinário contra decisão proferida em recurso especial, desde que **a questão constitucional tenha surgido no julgamento do recurso especial**. Contudo, se a questão tiver surgido no Tribunal de origem, **não cabe recurso extraordinário**, porque, nesse caso, deveria ter sido interposto da decisão do Tribunal de origem (ou seja, deveria ter sido realizada a interposição simultânea).

> ### Atenção
>
> O STJ pode exercer controle de constitucionalidade, desde que **na modalidade incidental**, mesmo que de ofício, porém não pode, em recurso especial, rever a decisão da mesma questão constitucional do tribunal inferior (STF, AI 145.589 AgR/RJ).

11.7.2. *Prequestionamento*

O proquestionamento consiste em **exigência de debate e decisão** do Tribunal de origem acerca da questão constitucional ou federal em pauta, ostentando natureza de **requisito de admissibilidade** do recurso extraordinário e do recurso especial.

O prequestionamento pode ocorrer **mesmo que não haja alusão expressa** ao dispositivo constitucional, mas o Tribunal precisa discutir a matéria contida no dispositivo, **enfrentando a tese jurídica**, nos termos da Súmula nº 282 do STF.

No caso de omissão do tribunal, é necessária a interposição de embargos declaratórios. Assim, ainda que os embargos de declaração não sejam providos, se houver omissão, obscuridade ou contradição, considera-se que houve prequestionamento, conforme dispõe o art. 1.025 do CPC.

Cap. 16 – Organização dos Poderes

11.7.3. *Prévio esgotamento das instâncias ordinárias*

O art. 102, III, da CF/1988 exige o **prévio esgotamento das instâncias ordinárias**, dispondo que compete ao STF julgar, "mediante recurso extraordinário, as causas decididas **em única ou última instância** [...]".

Nesse sentido, a Súmula nº 281 do STF enuncia que "É inadmissível o recurso extraordinário, quando couber na Justiça de origem, recurso ordinário da decisão impugnada".

No recurso extraordinário:

I) Não se exige acórdão de tribunal – Súmula nº 640 do STF: "**É cabível recurso extraordinário contra decisão proferida por juiz de primeiro grau nas causas de alçada, ou por turma recursal de juizado especial cível e criminal**". Logo, cabe recurso extraordinário de decisão prolatada no âmbito dos juizados.

II) Descabe no caso de decisões de liminares, tendo em vista que veicula um juízo provisório. Nesse sentido, a Súmula nº 735 do STF enuncia: "**Não cabe recurso extraordinário contra acórdão que defere medida liminar**".

11.7.4. *Impossibilidade de reexame de fatos e provas*

Tratando-se de recursos de estrito direito, a discussão deve ficar restrita às matérias constitucionais ou infraconstitucionais, **não cabendo o reexame do conjunto fático- -probatório**, nos termos da Súmula nº 279 do STF (*"Para simples reexame de prova não cabe recurso extraordinário"*) e da Súmula nº 7 do STJ ("A pretensão de simples reexame de prova não enseja recurso especial"). Os Tribunais Superiores podem valorar o fato de modo diverso, não sendo, contudo, possível discutir se o fato ocorreu ou não.

11.7.5. *Repercussão geral*

A repercussão geral é **requisito exclusivo do recurso extraordinário**, previsto no art. 102, § 3º, da CF/1988: "No recurso extraordinário o recorrente deverá demonstrar a repercussão geral das questões constitucionais discutidas no caso, nos termos da lei, a fim de que o Tribunal examine a admissão do recurso, somente podendo recusá-lo pela manifestação de dois terços de seus membros".

A repercussão geral ostenta natureza jurídica de **requisito intrínseco de admissibilidade recursal**, prejudicial e antecedente aos demais.

A causa não pode interessar apenas às partes envolvidas: deve ser uma questão que interesse também à sociedade. Assim, o art. 1.035, § 1º, do CPC estabelece que, "Para efeito de repercussão geral, será considerada a existência ou não de **questões relevantes** do ponto de vista econômico, político, social ou jurídico que ultrapassem os interesses subjetivos do processo".

O art. 1.035, § 3º, do CPC regulamenta as hipóteses de repercussão geral "presumida", dispondo que haverá repercussão geral sempre que o recurso impugnar acórdão que:

I – contrarie súmula ou jurisprudência dominante do Supremo Tribunal Federal;

III – tenha reconhecido a inconstitucionalidade de tratado ou de lei federal, nos termos do art. 97 da Constituição Federal.

A repercussão geral **também é exigida em matéria criminal**.

11.7.6. *Relevância*

A relevância é **requisito exclusivo do recurso especial** e apresenta características semelhantes às da repercussão geral no recurso extraordinário, ostentando a natureza de **requisito de admissibilidade** do recurso especial.

A relevância permite ao STJ recusar o julgamento pelo voto de **2/3** dos membros do órgão competente, nos termos do art. 105, § 2º, da CF/1988: "No recurso especial, o recorrente deve demonstrar a relevância das questões de direito federal infraconstitucional discutidas no caso, nos termos da lei, a fim de que a admissão do recurso seja examinada pelo Tribunal, o qual somente pode dele não conhecer com base nesse motivo pela manifestação de 2/3 (dois terços) dos membros do órgão competente para o julgamento".

Nos termos da Súmula nº 203, do STJ, "não cabe recurso especial contra decisão proferida por órgão de segundo grau dos juizados especiais".

O afastamento da relevância somente ocorrerá pela manifestação **de 2/3 dos membros** do órgão competente para o julgamento. Assim, como as turmas do STJ são compostas por cinco ministros, é essencial o convencimento da relevância por dois dos julgadores.

O requisito da relevância deve ser analisado nas hipóteses de interposição de **recurso especial** e de **agravo em recurso especial**.

Haverá a presunção de relevância nos seguintes casos **(rol exemplificativo –** art. 105, § 3º, da CF/1988):

I – ações penais, seja pela prática de crimes ou contravenções;

II – ações de improbidade administrativa;

III – ações cujo valor da causa ultrapasse 500 (quinhentos) salários mínimos;

IV – ações que possam gerar inelegibilidade;

V – hipóteses em que o acórdão recorrido contrariar jurisprudência dominante o Superior Tribunal de Justiça;

Cap. 16 – Organização dos Poderes

> **Atenção**
>
> Até recentemente, o **conceito de jurisprudência dominante** abrangia apenas o previsto no art. 927, III, do CPC: os acórdãos em incidente de assunção de competência ou de resolução de demandas repetitivas e em julgamento de recursos extraordinário e especial repetitivos. Contudo, com o recente julgamento pelo STJ do PUIL 825/RS, passou a abranger também: a) os recursos de embargos de divergência (julgados por seção do STJ); e b) os pedidos de uniformização de interpretação de lei federal.

VI – outras hipóteses previstas em lei. Não basta, portanto, mero ato normativo do STJ: **é necessária lei em sentido formal.**

As **ações coletivas** em geral, salvo a improbidade administrativa, **não serão presumidamente relevantes**, devendo ser demonstrado o requisito de admissibilidade em preliminar de recurso.

> **Atenção**
>
> A relevância é exigida nos recursos especiais interpostos após a entrada em vigor da EC nº 125/2022 (14.07.2022). Assim, na interposição de novos recursos especiais, é necessário incluir uma "preliminar" expressa sobre a relevância, em que conste: a) em qual das hipóteses ele se enquadra; ou b) o tipo de relevância (jurídica, econômica, jurídica e/ou política), em conformidade com as hipóteses de cabimento do recurso previstas no inciso III do art. 105 da CF/1988. Contudo, é **necessária a prévia regulamentação legal para a aplicação do requisito da relevância**, conforme entendimento firmado pelo STJ no Enunciado Administrativo nº 08.

11.7.7. *Hipóteses de cabimento do recurso extraordinário*

As hipóteses de cabimento do recurso extraordinário vêm previstas no art. 102, III, da CF/1988, de modo que compete ao STF, precipuamente, a guarda da Constituição, cabendo-lhe julgar, mediante recurso extraordinário, as causas decididas em única ou última instância, quando a decisão recorrida:

1) **Contrariar dispositivo da Constituição:** é indispensável que a violação à Constituição de 1988 **seja frontal e direta**. Sobre o tema, podem-se destacar ainda as seguintes súmulas:

   Súmula nº 280 do STF: "Por ofensa a direito local não cabe recurso extraordinário";

Súmula nº 454 do STF: "Simples **interpretação de cláusulas contratuais** não dá lugar a recurso extraordinário".

Súmula nº 636 do STF: "Não cabe recurso extraordinário por contrariedade ao princípio constitucional da legalidade, quando a sua verificação pressuponha rever a interpretação dada a normas infraconstitucionais pela decisão recorrida".

Se o acórdão violar um tratado internacional de direitos humanos aprovado por 3/5 e em dois turnos de votação (ou seja, equivalente às emendas constitucionais), é possível a interposição de recurso extraordinário, com fulcro no art. 102, III, *a*, da CF/1988.

Havendo a interposição de "ADI estadual", caberá recurso extraordinário com base na alínea *a* do inciso III do art. 102 da CF/1988 quando o parâmetro for norma de repetição obrigatória.

2) **Declarar a inconstitucionalidade de tratado ou lei federal:** nesses casos, não é necessário o prequestionamento, porque presume-se que a matéria constitucional foi debatida. A decisão a ser recorrida é a **do órgão fracionário**, conforme enuncia a Súmula nº 513 do STF ("A decisão que enseja a interposição de recurso ordinário ou extraordinário, não é a do plenário que resolve o incidente de inconstitucionalidade, **mas a do órgão (câmaras, grupos ou turmas) que completa o julgamento do feito**"). É **incabível a interposição de recurso extraordinário tratando-se de normas pré-constitucionais**, porque nesse caso temos a não recepção da norma, tornando inviável o controle de sua constitucionalidade.

3) **Julgar válida lei ou ato de governo local contestado em face da Constituição:** a expressão "lei ou ato de governo local" abrange leis e atos estaduais e municipais. Se a decisão recorrida julgar **inválida** uma lei ou um ato de um governo local em face da Constituição de 1988, não cabe recurso extraordinário com base na alínea *c*, III, do art. 102 da CF/1988.

4) **Julgar válida lei local contestada em face de lei federal:** a competência é do STF quando se julga válida lei local contestada em face de lei federal, porque um conflito entre lei local (estadual ou municipal) e lei federal não pode ser resolvido com base no critério da hierarquia de normas. Trata-se de **um conflito de competências**.

11.7.8. *Hipóteses de cabimento do recurso especial*

O art. 105, III, da CF/1988 dispõe que compete ao STJ julgar, em recurso especial, as causas decididas, em única ou última instância, pelos Tribunais Regionais Federais ou pelos tribunais dos Estados, do Distrito Federal e Territórios, quando a decisão recorrida:

a) contrariar tratado ou lei federal, ou negar-lhes vigência;

b) julgar válido ato de governo local contestado em face de lei federal;

c) der a lei federal interpretação divergente da que lhe haja atribuído outro tribunal.

Cap. 16 – Organização dos Poderes

12. FUNÇÕES ESSENCIAIS À JUSTIÇA

De modo a permitir o exercício da atividade jurisdicional, a Constituição de 1988 institucionalizou as seguintes atividades profissionais com o *status* de funções essenciais à Justiça: Ministério Público (arts. 127 a 130), Advocacia Pública (arts. 131 e 132), Advocacia (art. 133) e Defensoria Pública (art. 134).

12.1. Ministério Público

O Ministério Público é instituição permanente, essencial à função jurisdicional do Estado, incumbindo-lhe a **defesa da ordem jurídica, do regime democrático e dos interesses sociais e individuais indisponíveis**.

12.1.1. *Estrutura*

O Ministério Público é composto do(s):

1) **Ministério Público da União**, que compreende:

   a)   o Ministério Público Federal;

   b)   o Ministério Público do Trabalho;

   c)   o Ministério Público Militar;

   d)   o Ministério Público do Distrito Federal e Territórios.

2) **Ministérios** Públicos **dos Estados**.

> ### Atenção
>
> – O Ministério Público **Eleitoral não é dotado de estrutura própria**, sendo composto por membro do Ministério Público da União e por membros do Ministério Público dos Estados.
>
> – O Ministério Público no Tribunal de Contas da União **não está dentro da estrutura do Ministério Público da União**, assim como, por simetria no âmbito estadual, o Ministério Público dos Tribunais de Contas dos Estados não está dentro da estrutura do Ministério Público dos Estados.

12.1.2. *Princípios institucionais do Ministério Público*

São princípios institucionais do Ministério Público:

a) **Unidade:** o Ministério Público é instituição única e seus membros integram um só órgão sob a direção do Procurador-Geral.

b) **Indivisibilidad**e: os membros podem ser substituídos no exercício da mesma função, fazendo-se sempre presente a instituição.

c) **Independência funcional:** os membros do Ministério Público **não se submetem a poder hierárquico** no desenvolvimento de suas atividades-fim, devendo respeito apenas à Constituição da República, à legislação infraconstitucional e às suas respectivas consciências jurídicas.

Embora não previsto expressamente na Constituição de 1988, o **princípio do promotor natural** indica que ao membro do Ministério Público deve ser assegurada a devida proteção para exercer seu mister de forma plena e independente, sendo vedadas designações casuísticas e arbitrárias.

12.1.3. *Funções institucionais do Ministério Público*

São funções institucionais do Ministério Público (art. 129 da CF/1988):

I – promover, privativamente, a **ação penal pública**, na forma da lei;

II – zelar pelo efetivo respeito dos Poderes Públicos e dos serviços de relevância pública aos direitos assegurados nesta Constituição, promovendo as medidas necessárias a sua garantia;

III – promover **o inquérito civil e a ação civil pública**, para a proteção do patrimônio público e social, do meio ambiente e de outros interesses difusos e coletivos;

O Ministério Público possui legitimidade para propor ação civil coletiva em defesa de interesses individuais homogêneos, desde que dotados de relevante caráter social, ainda que o objeto da demanda seja referente a direitos disponíveis (STF, RE 401.482 AgR).

O STF entende ser formal e materialmente inconstitucional emenda à Constituição Estadual que fixe a atribuição exclusiva do PGJ para instaurar inquérito civil e propor ação civil pública contra membros do Poder Legislativo, do Poder Judiciário, do Tribunal de Contas, do Ministério Público e da Defensoria Pública (ADI 5.281/RO e ADI 5324/RO).

IV – promover a **ação de inconstitucionalidade ou representação para fins de intervenção da União** e dos Estados, nos casos previstos nesta Constituição;

V – defender judicialmente os direitos e interesses das **populações indígenas**;

VI – expedir notificações nos procedimentos administrativos de sua competência, requisitando informações e documentos para instruí-los, na forma da lei complementar respectiva;

VII – exercer o **controle externo da atividade policial**, na forma da lei complementar mencionada no artigo anterior;

VIII – requisitar diligências investigatórias e a instauração de inquérito policial, indicados os fundamentos jurídicos de suas manifestações processuais;

Cap. 16 – Organização dos Poderes

519

O STF reconheceu, no RE 593.727/MG, a legitimidade do Ministério Público para promover, **por autoridade própria, investigações de natureza penal**.

IX – exercer outras funções que lhe forem conferidas, desde que compatíveis com sua finalidade, sendo-lhe vedadas a representação judicial e a consultoria jurídica de entidades públicas.

12.1.4. *Conselho Nacional do Ministério Público*

Nos termos do art. 130-A da CF/1988, o CNMP compõe-se de **quatorze membros** nomeados pelo Presidente da República, depois de aprovada a escolha pela **maioria absoluta** do Senado Federal, para um **mandato de dois anos**, admitida **uma recondução**, sendo:

I – o Procurador-Geral da República, que o preside;

II – quatro membros do Ministério Público da União, assegurada a representação de cada uma de suas carreiras;

III – três membros do Ministério Público dos Estados;

IV – dois juízes, indicados um pelo Supremo Tribunal Federal e outro pelo Superior Tribunal de Justiça;

V – dois advogados, indicados pelo Conselho Federal da Ordem dos Advogados do Brasil;

VI – dois cidadãos de notável saber jurídico e reputação ilibada, indicados um pela Câmara dos Deputados e outro pelo Senado Federal.

> **Atenção**
>
> O CNMP **não pode exercer controle de constitucionalidade**, pois é "órgão de natureza administrativa, cuja atribuição adstringe-se ao controle da legitimidade dos atos administrativos praticados por membros ou órgãos do Ministério Público federal e estadual (art. 130-A, § 2º, da CF/1988)" (STF, MS 27.744/DF).
>
> A competência revisora conferida ao CNMP limita-se aos processos disciplinares instaurados contra os membros do Ministério Público da União ou dos Estados (STF, MS 28.827/SP).

12.1.5. *Conflito de atribuições entre membros do Ministério Público*

No que concerne ao conflito de atribuições entre membros do Ministério Público, é possível a ocorrência das seguintes situações:

Situação	Responsável por dirimir o conflito
MPE do Estado A x MPE do Estado A	PGJ do Estado A
MPF x MPF	Câmara de Coordenação e Revisão
MPU (ramo A) x MPU (ramo B)	PGR
MPE x MPF	CNMP
MPE do Estado A x MPE do Estado B	CNMP

Jurisprudência

– Os Ministério Públicos Estaduais **dispõem de legitimidade para ajuizar reclamação diretamente no STF** (Rcl 7.358/SP).

– Lei estadual que exige que o membro do Ministério Público comunique à Corregedoria quando se ausentar da comarca é **inconstitucional** (STF, ADI 6.845/AC).

12.1.6. *Poder investigatório do Ministério Público: alcance, parâmetros e limites*

A polícia judiciária não possui exclusividade na condução de investigações, sendo legítima a investigação criminal promovida pelo Ministério Público.

De modo a estabelecer o alcance da investigação de infrações penais pelo Ministério Público, o STF fixou na ADI 2.943/DF os seguintes parâmetros e limites:

1) O Ministério Público dispõe de **atribuição concorrente** para promover, por autoridade própria (por meio de procedimento investigatório criminal), e por prazo razoável, investigações de natureza penal, desde que respeitados os direitos e garantias que assistem a qualquer indiciado ou a qualquer pessoa sob investigação do Estado.

2) Devem ser observadas sempre, por seus agentes, as **hipóteses de reserva constitucional de jurisdição** e, também, as prerrogativas profissionais da advocacia, sem prejuízo da possibilidade do permanente **controle jurisdicional dos atos**, necessariamente documentados (Súmula Vinculante nº 14), praticados pelos membros dessa instituição (Tema 184 RG).

3) A realização de investigações criminais pelo Ministério Público tem por exigência:

a. comunicação imediata ao juiz competente sobre a instauração e o encerramento de procedimento investigatório, com o devido registro e distribuição;

Cap. 16 – Organização dos Poderes

b. observância dos mesmos prazos e regramentos previstos para conclusão de inquéritos policiais;

c. necessidade de autorização judicial para eventuais prorrogações de prazo, sendo vedadas renovações desproporcionais ou imotivadas;

d. distribuição por dependência ao Juízo que primeiro conhecer de Procedimento Investigatório Criminal (PIC) ou inquérito policial a fim de buscar evitar, tanto quanto possível, a duplicidade de investigações (a medida assegura, ainda, o princípio do juízo natural);

e. aplicação do art. 18 do Código de Processo Penal ao PIC instaurado pelo Ministério Público (ou seja, a possibilidade de desarquivamento dos autos pelo surgimento de novas provas).

4) A instauração de procedimento investigatório pelo Ministério Público deverá ser motivada sempre que houver **suspeita de envolvimento de agentes dos órgãos de segurança pública na prática de infrações penais ou sempre que mortes ou ferimentos graves ocorrerem em virtude da utilização de armas de fogo** por esses mesmos agentes. Havendo representação ao Ministério Público, a não instauração do procedimento investigatório deverá ser sempre motivada.

5) Nas investigações de natureza penal, o Ministério Público pode **requisitar a realização de perícias técnicas**, cujos peritos deverão gozar de plena autonomia funcional, técnica e científica na realização dos laudos.

Além disso, o STF entendeu que deve ser assegurado o cumprimento da determinação contida nos itens 18 e 189 da Sentença no Caso Honorato e Outros *versus* Brasil, de 27 de novembro de 2023, da Corte Interamericana de Direitos Humanos (CIDH), no sentido de reconhecer que o Estado deve garantir ao Ministério Público, para o fim de exercer a **função de controle externo da polícia**, recursos econômicos e humanos necessários para investigar as mortes de civis cometidas por policiais civis ou militares.

12.2. Advocacia pública

No que tange à advocacia pública, a Constituição de 1988 regulamentou a Advocacia-Geral da União e as Procuradorias dos Estados e do Distrito Federal, nada dispondo acerca dos procuradores de municípios.

Na esfera federal, a Advocacia-Geral da União é a instituição que, diretamente ou por meio de órgão vinculado, representa a União, judicial e extrajudicialmente, cabendo-lhe as atividades de consultoria e assessoramento jurídico do Poder Executivo (art. 131 da CF/1988).

Assim, a representação judicial e extrajudicial é da União, abrangendo os seus diversos órgãos, em quaisquer dos Poderes. Por exemplo, o CNMP será representado pela AGU nas ações originárias que tramitam no STF.

De outro modo, a AGU exercerá as **atividades de consultoria e assessoramento jurídico exclusivamente em favor** do Poder Executivo.

A AGU tem por chefe o Advogado-Geral da União, de livre nomeação pelo Presidente da República entre cidadãos maiores de 35 anos, de notável saber jurídico e reputação ilibada. Trata-se de **cargo em comissão** e, portanto, de livre exoneração (demissível *ad nutum*), não havendo expressa previsão de que o Advogado-Geral da União integre a carreira.

Na execução da dívida ativa de natureza tributária, a representação da União cabe à Procuradoria-Geral da Fazenda Nacional, observado o disposto em lei (art. 131, § 3º, da CF/1988).

Na esfera estadual, os Procuradores dos Estados e do Distrito Federal, organizados em carreira, na qual o ingresso dependerá de concurso público de provas e títulos, com a participação da OAB em todas as suas fases, exercerão a representação judicial e a consultoria jurídica das respectivas unidades federadas (art. 132 da CF/1988). Aos procuradores é assegurada estabilidade após três anos de efetivo exercício, mediante avaliação de desempenho perante os órgãos próprios, após relatório circunstanciado das corregedorias.

12.2.1. *Advogado público e exercício da advocacia privada*

Diante da ausência de previsão constitucional, os advogados públicos podem exercer a advocacia fora das atribuições institucionais, **desde que:**

1) **não violem os interesses da pessoa de direito público com relação** à qual pertençam;

2) exista **previsão específica na lei** que rege a carreira.

12.2.2. *Responsabilização dos advogados públicos e a emissão de pareceres*

O art. 28 da LINDB estabelece que o agente público responderá pessoalmente por suas decisões ou opiniões técnicas em caso de **dolo ou erro grosseiro**.

No que concerne aos pareceres, podem ser classificados em quatro categorias:

1) **Facultativo:** o parecerista é solicitado a emitir opinião sem que exista norma jurídica que determine sua manifestação prévia à prática do ato objeto da análise. Nesse caso, quem solicitou o parecer não está obrigado a seguir a orientação jurídica exarada.

2) **Obrigatório:** há previsão normativa que determina a necessidade de manifestação jurídica preliminar à prática do ato. A obrigação refere-se apenas à solicitação de que seja exarado parecer, **sem que haja vinculação pela autoridade que praticará o ato.**

Cap. 16 – Organização dos Poderes

523

3) **Vinculante:** o administrador público deve **seguir estritamente o que foi exarado no parecer jurídico**, sob pena, inclusive, de invalidade do ato praticado.

4) **Normativo:** consolida entendimento jurídico acerca de determinado tema.

No que tange à responsabilidade do parecerista, o STF decidiu que, sendo o parecer opinativo, seja ele **facultativo ou obrigatório, não haverá vinculação** do advogado público. Contudo, se o parecer for vinculante, há "partilha do poder decisório [...] e assim, em princípio, o parecerista pode vir a ter que responder conjuntamente com o administrador, pois ele é também administrador nesse caso" (STF, MS 24.631).

12.2.3. Constitucionalidade da instituição de órgãos, funções ou carreiras especiais voltadas à consultoria e assessoramento jurídicos dos Poderes Judiciário e Legislativo estaduais

O STF firmou o entendimento de que **é constitucional** a instituição de órgãos, funções ou carreiras especiais voltadas à consultoria e assessoramento jurídicos dos Poderes Judiciário e Legislativo estaduais. Contudo, admite-se a representação judicial extraordinária **"exclusivamente** nos casos em que os referidos entes despersonalizados necessitem praticar em juízo, em nome próprio, atos processuais na defesa de suas prerrogativas e independência face aos demais Poderes, desde que a atividade desempenhada pelos referidos órgãos, funções e carreiras especiais remanesça devidamente **apartada da atividade-fim** do Poder estadual a que se encontram vinculados" (STF, ADI 6.433/PR).

12.3. Advocacia

O art. 133 da CF/1988 estabelece que o advogado é indispensável à administração da justiça, sendo inviolável por seus atos e manifestações no exercício da profissão, nos limites da lei.

Embora a regra seja a **indispensabilidade do advogado**, é dispensável a presença de advogado, por exemplo, na impetração de *habeas corpus*, nas demandas ajuizadas nos Juizados Especiais Cíveis (nas causas com valor de até 20 salários mínimos — art. 9.º, *caput*, da Lei nº 9.099/1995), entre outros.

Além disso, o art. 133 da CF/1988 estabelece a **imunidade do advogado**, que também não ostenta natureza absoluta, devendo obedecer aos limites definidos no Estatuto da OAB e restringindo-se às manifestações proferidas durante o exercício da atividade profissional.

> ### Atenção
>
> O art. 85, § 14, do CPC estabelece que os honorários constituem direito do advogado e têm natureza alimentar, ostentando os mesmos privilégios dos créditos oriundos da legislação do trabalho, sendo vedada a compensação em caso de

524   Coleção Exame Nacional da Magistratura – Direito Constitucional

sucumbência parcial. Nesse sentido, a Súmula Vinculante n° 47 assentou o entendimento de que: "Os honorários advocatícios incluídos na condenação ou destacados do montante principal devido ao credor consubstanciam verba de natureza alimentar cuja satisfação ocorrerá com a expedição de precatório ou requisição de pequeno valor, observada ordem especial restrita aos créditos dessa natureza".

12.4. Defensoria Pública

A Defensoria Pública é instituição permanente, essencial à função jurisdicional do Estado, incumbindo-lhe, como expressão e instrumento do regime democrático, fundamentalmente (art. 134, *caput,* da CF/1988):

a) a orientação jurídica;

b) a promoção dos direitos humanos; e

c) a defesa, em todos os graus, judicial e extrajudicialmente, dos direitos individuais e coletivos, de forma integral e gratuita, aos necessitados.

Assim, compete à União, aos Estados e ao Distrito Federal legislar concorrentemente sobre assistência jurídica e defensoria pública, nos termos do art. 24, XIII, da CF/1988. A União expedirá normas gerais e os Estados e o Distrito Federal, normas específicas.

Ademais, **lei complementar** organizará a Defensoria Pública da União e do Distrito Federal e dos Territórios e prescreverá **normas gerais** para sua organização nos Estados (art. 134, § 1°, da CF/1988).

Por fim, o art. 134, § 1°, da CF/1988 estabelece uma prerrogativa e uma vedação:

1) é assegurada a seus integrantes a garantia da **inamovibilidade**; e

2) é **vedado o exercício da advocacia** fora das atribuições institucionais.

Assim como não há Ministério Público e Judiciário municipais, **não é possível a criação de Defensoria Pública municipal**. Contudo, os municípios podem instituir serviço de prestação de assistência jurídica à população necessitada e de baixa renda (STF, ADPF 279/SP).

12.4.1. *Autonomia funcional, administrativa e financeira da Defensoria*

Às Defensorias Públicas Estaduais, Distrital e da União são asseguradas **autonomia funcional e administrativa** e a **iniciativa de sua proposta orçamentária** dentro dos limites estabelecidos na lei de diretrizes orçamentárias e subordinação ao disposto no art. 99, § 2.°, da CF/1988 (art. 134, §§ 2° e 3°, da CF/1988). Assim, **não se admite a vinculação da Defensoria a quaisquer dos Poderes**, tendo o STF decidido "ser inconstitucional a norma local que estabelece a vinculação da Defensoria Pública a Secretaria de Estado" (ADI 3.569/DF).

Cap. 16 – Organização dos Poderes

525

12.4.2. *Princípios institucionais da Defensoria*

O art. 131, § 4°, da CF/1988 dispõe que são princípios institucionais da Defensoria Pública:

1) a **unidade**; e

2) a **indivisibilidade**.

Ademais, os arts. 43, 88 e 127 da Lei Complementar n° 80/1994 ampliam as regras estabelecidas no art. 134, §§ 1° e 4°, da CF/1988, assegurando, como garantias dos membros da Defensoria Pública:

1) a independência funcional no desempenho de suas atribuições;

2) a inamovibilidade;

3) a irredutibilidade de vencimentos;

4) a estabilidade.

Aplica-se também à Defensoria, no que couber, o disposto no art. 93 (regime geral da Magistratura) e no inciso II do art. 96 da Constituição (apresentação ao Poder Legislativo de projetos que prevejam criação e extinção de cargos, organização administrativa, entre outros aspectos).

Jurisprudência

- O STF, no HC 70.514, entendeu que o **prazo em dobro no processo penal** é constitucional até que a Defensoria Pública esteja efetivamente estruturada (**"inconstitucionalidade progressiva"**).

- O Defensor Público **não deve estar inscrito nos quadros da OAB** para desempenhar as suas funções institucionais (STF, RE 1.240.999 – Tema 1.074).

- O STF entende **inconstitucional** norma estadual que confere à Defensoria o **poder de requisitar a instauração de inquérito policial**, por violar o art. 22, I, da CF/1988, contrariando, ainda, o art. 5° do CPP (norma processual editada pela União) (ADI 4.346/MG).

- Os Defensores Públicos **não têm foro privilegiado** na hipótese da prática de crime, pois não é possível estender o foro por prerrogativa de função àqueles que não foram abarcados pela Constituição de 1988 (STF, ADI 2.553/SP).

- No Tema 1.002, o STF firmou a tese de que é devido o pagamento de honorários sucumbenciais à Defensoria Pública, quando representa parte vencedora em demanda ajuizada contra qualquer ente público, **inclusive aquele que integra.** Contudo, o valor recebido a título de honorários sucumbenciais deve ser destinado, exclusivamente, ao aparelhamento das Defensorias Públicas, **vedado o seu rateio entre os membros da instituição**.

526 Coleção Exame Nacional da Magistratura – Direito Constitucional

– No Tema 847, o STF assentou o entendimento de que ofende a autonomia administrativa das Defensorias Públicas **decisão judicial que determine a lotação de defensor público em localidade desamparada**, em desacordo com os critérios previamente definidos pela própria instituição, desde que observados os critérios do art. 98, *caput* e § 2º, do ADCT.

EM RESUMO:

Organização dos Poderes

Finalidades da "separação de Poderes"	a) Limitar o poder do Estado, garantindo a liberdade dos indivíduos. b) Potencializar o desempenho das funções estatais.
Poder Legislativo	Adota o bicameralismo com as seguintes características: 1) não há predominância de uma Casa Legislativa sobre a outra; 2) na Câmara dos Deputados, a eleição segue o sistema proporcional. No Senado Federal, a eleição segue o sistema majoritário; 3) o Congresso Nacional, a Câmara dos Deputados e o Senado Federal têm regimentos internos próprios. O Congresso Nacional tem funções: a) típicas: legislar e fiscalizar; b) atípicas: administrar e julgar. As reuniões dos parlamentares podem ocorrer em sessões: a) bicamerais; b) conjuntas.
Comissões parlamentares	São órgãos fracionários do Poder Legislativo. Dividem-se em quatro espécies: 1) permanentes; 2) temporárias; 3) mistas; 4) representativas. As Comissões Parlamentares de Inquérito (CPIs) são um tipo de comissão parlamentar que dispõe de poderes de investigação. Tem por objetivo: 1) auxiliar na tarefa legiferante; 2) servir de instrumento de fiscalização do governo e da Administração Pública; 3) informar a opinião pública. As CPIs podem ser: a) federais; b) estaduais; c) municipais.
Garantias do Poder Legislativo	Visam assegurar a independência do Poder Legislativo e proteger a liberdade funcional de seus membros. As garantias não podem ser renunciadas (irrenunciabilidade). O foro por prerrogativa de função de senadores e deputados federais encontra-se previsto no art. 53, § 1º, da CF/1988.

Garantias do Poder Legislativo	"Mandatos cruzados": ocorrem quando um parlamentar é investido, sem solução de continuidade, em mandato em casa legislativa diversa daquela que originalmente deu causa à fixação da competência originária. A imunidade material ou "liberdade de discurso" está prevista no art. 53 da CF/1988. A imunidade formal pode ser classificada em relação: a) à prisão; b) ao processo (possibilidade de suspensão do feito). A imunidade processual está prevista no art. 53, § 3º, da CF/1988. As imunidades de deputados estaduais se encontram previstas no art. 27, § 1º, da CF/1988. Os vereadores não dispõem de foro por prerrogativa de função. Hipóteses de perda de mandato: incidem após a diplomação e podem ser classificadas em: a) cassação: modalidade de sanção constitucional em decorrência de falta funcional; b) extinção do mandato: decorre automaticamente de fato ou ato que tornem inexistente a investidura; c) infidelidade partidária: a desfiliação do partido político em nome do qual o parlamentar fora eleito pode acarretar a perda do mandado.
Sistemas eleitorais	Consistem em técnicas e procedimentos utilizados nas eleições para seleção dos representantes do povo. Os sistemas eleitorais podem ser classificados em: (i) majoritário; (ii) proporcional. Quociente eleitoral: determina quantos candidatos cada partido elegerá. Nesse sentido, o art. 106 do Código Eleitoral. O quociente partidário é calculado na forma do art. 107 do Código Eleitoral.
Processo Legislativo	Conceito: consiste em um conjunto de normas que regula a produção de atos normativos primários. Objeto: os atos normativos primários, tais como as emendas à Constituição, as leis complementares, as leis ordinárias, as leis delegadas, as medidas provisórias, os decretos legislativos e as resoluções – da Câmara, do Senado e do Congresso Nacional –, nos termos do art. 59 da CF/1988. A legisprudência ou *legisprudence* é uma área do conhecimento que se ocupa do fazer dos atos normativos, almejando aprimorar a qualidade da legislação. Divide-se, basicamente, em duas grandes áreas: a) legística material; b) legística formal.

Processo Legislativo	O "ativismo congressual", também chamado de "superação legislativa da jurisprudência do tribunal", "mutação constitucional pela via legislativa" ou "reversão legislativa da jurisprudência da Corte", consiste na edição de diplomas normativos com o objetivo de superar os efeitos de decisão judicial ou interpretação dada pelo Judiciário. O processo legislativo pode ser classificado em: 1) ordinário; 2) sumário; 3) sumaríssimo; 4) especial. O processo legislativo pode ser dividido em três fases: introdutória, constitutiva e complementar.
Poder Executivo	Consiste em função estatal abrangente da Chefia do Estado, prática de atos de governo e a condução da Administração Pública. No Brasil, é exercido, em âmbito federal, pelo Presidente da República, auxiliado pelos Ministros de Estado (art. 76 da CF/1988). Atribuições do Presidente da República: art. 84 da CF/1988. Substituição: consiste em impedimento temporário do Chefe do Poder Executivo. Não implica vacância do cargo. De outro modo, na sucessão, tem-se a vacância definitiva do cargo, seja por morte, renúncia, incapacidade absoluta, *impeachment*, entre outros. Substituirá o Presidente, no caso de impedimento, e suceder-lhe-á, no de vaga, o Vice-Presidente (art. 79 da CF/1988). Responsabilização do Presidente da República: pode se dar em duas situações distintas: a) por crimes de responsabilidade; b) por crimes comuns. Os crimes de responsabilidade têm natureza de infrações político-administrativas, e a competência para legislar sobre o tema é privativa da União, nos termos da Súmula Vinculante nº 46 do STF. A competência para o julgamento do Presidente da República pela prática de crimes comuns é do STF. Na hipótese de prática de crime de responsabilidade por governadores, é necessária a autorização pela Assembleia Legislativa. Sobre o tema, o art. 77 da Lei nº 1.079/1950. A competência para processar e julgar governadores pela prática de crimes comuns é do STJ, abrangendo todas as espécies de delitos, inclusive crimes eleitorais e dolosos contra a vida. Com relação aos crimes de responsabilidade, incumbe à Câmara Municipal processar e julgar os Prefeitos, com base no art. 5º do Decreto-lei nº 201/1967. No que tange aos crimes comuns, a competência para processar e julgar os Prefeitos é do Tribunal de Justiça, sendo desnecessária prévia autorização, nos termos do art. 1º do Decreto-lei nº 201/1967.

Cap. 16 – Organização dos Poderes

Poder Executivo	Principais diferenças entre o *recall* e o *impeachment*: 1) plano de decisão: enquanto o *recall* é decidido pelos eleitores, o *impeachment* é autorizado pela Câmara e julgado pelo Senado; 2) finalidade: enquanto o *recall* é instrumento de controle pelo povo de todos os Poderes (Executivo, Legislativo e Judiciário), o *impeachment* é instrumento de controle do Legislativo com relação aos demais Poderes. O mandato de Presidente, Governador, Prefeito e respectivos Vices é de quatro anos, permitida reeleição (art. 14, § 5º, da CF/1988).
Poder Judiciário	É responsável pelo exercício da jurisdição. Estrutura do Poder Judiciário: I) Justiça comum; II) Justiça especial. O art. 92 da CF/1988 arrola os seguintes órgãos do Poder Judiciário: I – o Supremo Tribunal Federal; I-A – o Conselho Nacional de Justiça; II – o Superior Tribunal de Justiça; II-A – o Tribunal Superior do Trabalho; III – os Tribunais Regionais Federais e Juízes Federais; IV – os Tribunais e Juízes do Trabalho; V – os Tribunais e Juízes Eleitorais; VI – os Tribunais e Juízes Militares; VII – os Tribunais e Juízes dos Estados e do Distrito Federal e Territórios. Garantias do Poder Judiciário: 1) institucionais; 2) funcionais. Garantias da magistratura (art. 95 da CF/1988): (i) vitalieciedade; (ii) inamovibilidade; (iii) irredutibilidade de subsídios. Quinto constitucional: alguns tribunais têm, em sua composição, integrantes que não são da magistratura, ou seja, têm outras experiências profissionais. Em verdade, 1/5 dos membros dos TJs, TJDFT e TRFs é composto por advogados e membros do MP, nos termos do art. 94 da CF/1988. Não há necessidade de observância do quinto constitucional no STF. No âmbito do STJ, segue-se o disposto no art. 104, parágrafo único, da CF/1988. CNJ: é responsável por exercer o controle da atuação administrativa e financeira do Poder Judiciário, bem como fiscalizar os juízes no cumprimento de seus deveres funcionais (atuação disciplinar). Os membros do CNJ não possuem foro por prerrogativa de função se praticarem crimes comuns.

Poder Judiciário	Reclamação constitucional: foi inicialmente incorporada ao ordenamento jurídico nacional pelo STF, com base na chamada "teoria dos poderes implícitos". Competência para o julgamento de reclamações: a) competência do STF: prevista no art. 102, I, *l*, da CF/1988; b) competência do STJ: prevista no art. 105, I, *f*, da CF/1988; c) competência dos demais tribunais: prevista nos arts. 988 a 993 do CPC. Qualquer pessoa atingida pelo ato contrário à orientação do Tribunal tem legitimidade ativa para a propositura de reclamação. Súmulas vinculantes: fundamentos normativos: art. 103-A da CF/1988 e Lei n° 11.417/2006. Requisitos: é preciso a presença cumulativa de: I) reiteradas decisões do STF sobre matéria constitucional; II) iniciativa; III) quórum; IV) publicação. Efeitos: a) vinculantes; b) *ex nunc*. Recursos extraordinário e especial: os recursos de estrito direito (extraordinário e especial) têm a finalidade de fomentar a unidade do ordenamento jurídico, fixando o sentido e o alcance de determinados dispositivos legais. Diferem, portanto, dos recursos ordinários, que têm por finalidade assegurar direitos subjetivos. Prequestionamento: consiste em exigência de debate e decisão do Tribunal de origem acerca da questão constitucional ou federal em pauta. Repercussão geral: é requisito exclusivo do recurso extraordinário, previsto no art. 102, § 3°, da CF/1988. Relevância: é requisito exclusivo do recurso especial e apresenta características semelhantes às da repercussão geral no recurso extraordinário.
Funções essenciais à Justiça	A Constituição de 1988 institucionaliza as seguintes atividades profissionais com o *status* de funções essenciais à Justiça: 1) Ministério Público (arts. 127 a 130); 2) Advocacia Pública (arts. 131 e 132); 3) Advocacia (art. 133); 4) Defensoria Pública (art. 134).

Capítulo **17**

Defesa do Estado e das Instituições Democráticas

1. ASPECTOS INTRODUTÓRIOS

O Estado Democrático de Direito pressupõe a vinculação de todos os Poderes Públicos à Constituição de 1988 e o respeito à ordem estabelecida. Todavia, podem ocorrer situações que fogem da normalidade, as quais exigem uma regulamentação especial, passando: 1) a atuar o "sistema constitucional de crises" (que é composto pelo estado de defesa e pelo estado de sítio); ou 2) casos em que basta a defesa da sociedade por meio das Forças Armadas e da Segurança Pública.

2. SISTEMA CONSTITUCIONAL DE CRISES

A atuação do sistema constitucional de crises exige a presença **cumulativa** dos seguintes requisitos: **necessidade** (situações de extrema gravidade), **temporariedade** e **proporcionalidade** (**atuação** na proporção necessária para debelar as causas e restabelecer a normalidade).

> **Atenção**
>
> **Sistema constitucional de crises *vs.* constitucionalismo abusivo**: diferentemente do sistema constitucional de crises, o constitucionalismo abusivo, expressão cunhada pelo jurista norte-americano David Landau (2013), reflete a prática contemporânea de ir se positivando, no texto constitucional, regras que acabam, gradualmente, por **dissolver o regime democrático nos Estados**.

2.1. Estado de Defesa

1) Pressupostos materiais (alternativos): I) **grave e iminente instabilidade institu-cional**; ou II) **calamidade de grandes proporções** na natureza.

2) Pressupostos formais: I) manifestação do **Conselho da República e do Conselho de Defesa Nacional**, que não dispõe de força vinculante; II) **decreto** do Presidente da República; III) **prazo de duração máxima de 30 dias**, podendo ser prorrogado, uma única vez, por igual período (art. 136, § 2°, da CF/1988); IV) **especificação das áreas abrangidas**; e V) **indicação das medidas coercitivas.**

3) Previsão constitucional do Estado de Defesa: art. 136 da CF/1988, o qual dispõe que: "O Presidente da República pode, ouvidos o Conselho da República e o Conselho de Defesa Nacional, decretar estado de defesa para preservar ou prontamente resta-belecer, em locais restritos e determinados, a ordem pública ou a paz social ame-açadas por grave e iminente instabilidade institucional ou atingidas por calamida-des de grandes proporções na natureza". Além disso, o § 1° do art. 136 da CF/1988 exige que o decreto que instituir o estado de defesa determinará o tempo de sua duração, especificará as áreas a serem abrangidas e indicará, nos termos e limites da lei, as medidas coercitivas a vigorarem.

4) Controles do Estado de Defesa:

a) Controle político – realizado pelo Congresso Nacional, subdividindo-se em:

I) Introdutório – art. 136, § 4°, da CF/1988: "Decretado o estado de defesa ou sua prorrogação, o Presidente da República, dentro de vinte e quatro horas, submeterá o ato com a respectiva justificação ao Congresso Na-cional, que decidirá por maioria absoluta".

II) Concomitante – art. 140 da CF/1988: "A Mesa do Congresso Nacional, ou-vidos os líderes partidários, designará Comissão composta de cinco de seus membros para acompanhar e fiscalizar a execução das medidas referentes ao estado de defesa e ao estado de sítio".

III) Posterior – art. 141, parágrafo único, da CF/1988: "Logo que cesse o es-tado de defesa ou o estado de sítio, as medidas aplicadas em sua vi-gência serão relatadas pelo Presidente da República, em mensagem ao Congresso Nacional, com especificação e justificação das providências adotadas, com relação nominal dos atingidos e indicação das restrições aplicadas".

b) Controle jurisdicional, que se subdivide em:

I) Concomitante – art. 136, § 3°, da CF/1988: "Na vigência do estado de defe-sa: I – a prisão por crime contra o Estado, determinada pelo executor da medida, será por este comunicada imediatamente ao juiz competente,

Cap. 17 – Defesa do Estado e das Instituições Democráticas

533

que a relaxará, se não for legal, facultado ao preso requerer exame de corpo de delito à autoridade policial; II – a comunicação será acompanhada de declaração, pela autoridade, do estado físico e mental do detido no momento de sua autuação; III – a prisão ou detenção de qualquer pessoa não poderá ser superior a dez dias, salvo quando autorizada pelo Poder Judiciário".

II) **Posterior** – art. 141, da CF/1988: "Cessado o estado de defesa ou o estado de sítio, cessarão também seus efeitos, sem prejuízo da responsabilidade pelos ilícitos cometidos por seus executores ou agentes".

5) **Medidas coercitivas**: O art. 136, § 1º, da CF/1988 dispõe que o decreto que instituir o estado de defesa indicará, nos termos e limites da lei, as medidas coercitivas a vigorarem, entre as seguintes: I – **restrições aos direitos** de: a) reunião, ainda que exercida no seio das associações; b) sigilo de correspondência; c) sigilo de comunicação telegráfica e telefônica; II – **ocupação e uso temporário** de bens e serviços públicos, na hipótese de calamidade pública, respondendo a União pelos danos e custos decorrentes. É vedada a incomunicabilidade do preso no estado de defesa.

2.2. Estado de Sítio

1) **Pressupostos materiais (alternativos):** I) **comoção grave de repercussão nacional**, ou seja, aquela capaz de gerar uma crise institucional, colocando em risco as instituições democráticas ou o governo legitimamente eleito; II) ocorrência de fatos que comprovem a **ineficácia de medida tomada durante o estado de defesa**; ou III) **declaração de estado de guerra ou resposta à agressão armada estrangeira**.

2) **Pressupostos formais (cumulativos):** I) oitiva dos Conselhos da República e de Defesa Nacional, sem que ostente caráter vinculante; II) solicitação ao Congresso Nacional. Caso esteja em período de recesso parlamentar, o Congresso tem **cinco dias** para se reunir e deliberar sobre o pedido (art. 138, § 2º, da CF/1988); III) autorização do Congresso Nacional pelo quórum de **maioria absoluta**; e IV) decreto do Presidente da República.

3) **Duração do estado de sítio:** a) nos casos de comoção grave de repercussão nacional ou de ineficácia de medida tomada durante o estado de defesa, a duração é de **30 dias**, podendo ser prorrogado até que a normalidade seja restabelecida (**não há limites de prorrogação**); b) no caso de declaração de estado de guerra ou resposta à agressão armada estrangeira, **não há prazo determinado**.

4) **Previsão constitucional:** art. 137, *caput*, da CF/1988, o qual dispõe que o Presidente da República pode, ouvidos o Conselho da República e o Conselho de Defesa Nacional, solicitar ao Congresso Nacional autorização para decretar o estado de sítio nos casos de: I – comoção grave de repercussão nacional ou ocorrência de fatos que comprovem a ineficácia de medida tomada durante o estado de defesa;

II – declaração de estado de guerra ou resposta a agressão armada estrangeira. Ademais, o art. 138 da CF/1988 estabelece que o decreto do estado de sítio indicará sua duração, as normas necessárias a sua execução e as garantias constitucionais que ficarão suspensas, e, depois de publicado, o Presidente da República designará o executor das medidas específicas e as áreas abrangidas.

5) **Controle do estado de sítio:**

a) **Controle político**, que se subdivide em:

   I) **prévio** – o Congresso precisa autorizar o estado de sítio;

   II) **concomitante** – art. 140 da CF/1988: "A Mesa do Congresso Nacional, ouvidos os líderes partidários, designará Comissão composta de cinco de seus membros para acompanhar e fiscalizar a execução das medidas referentes ao estado de defesa e ao estado de sítio";

   III) **posterior** – art. 141, parágrafo único, da CF/1988: "Logo que cesse o estado de defesa ou o estado de sítio, as medidas aplicadas em sua vigência serão relatadas pelo Presidente da República, em mensagem ao Congresso Nacional, com especificação e justificação das providências adotadas, com relação nominal dos atingidos e indicação das restrições aplicadas".

b) **Jurisdicional:**

   I) **concomitante** – não possui previsão constitucional, mas o Poder Judiciário pode atuar sempre que houver ilegalidade ou abuso durante o estado de sítio;

   II) **posterior** – art. 141 da CF/1988: "Cessado o estado de defesa ou o estado de sítio, cessarão também seus efeitos, sem prejuízo da responsabilidade pelos ilícitos cometidos por seus executores ou agentes".

6) **Medidas coercitivas:**

a) Nos casos de comoção grave de repercussão nacional ou de ocorrência de fatos que comprovem a ineficácia de medida tomada durante o estado de defesa, o art. 139 da CF/1988 admite que sejam tomadas contra as pessoas as seguintes medidas: I – obrigação de permanência em localidade determinada (restrição à liberdade de locomoção); II – detenção em edifício não destinado a acusados ou condenados por crimes comuns (restrição à liberdade de locomoção); III – restrições relativas à inviolabilidade da correspondência, ao sigilo das comunicações, à prestação de informações e à liberdade de imprensa, radiodifusão e televisão, na forma da lei. Não inclui, contudo, a difusão de pronunciamentos de parlamentares efetuados em suas Casas Legislativas, desde que liberada pela respectiva Mesa; IV – suspensão da liberdade de reu-

Cap. 17 – Defesa do Estado e das Instituições Democráticas

nião; V – busca e apreensão em domicílio; VI – intervenção nas empresas de serviços públicos; VII – requisição de bens.

b) No caso de declaração de estado de guerra ou resposta a agressão armada estrangeira, todas as medidas anteriormente analisadas podem ser adotadas, além de outras sem expressa previsão (**sistema flexível**), desde que observados os **princípios da temporariedade e da proporcionalidade. Não é possível restringir as medidas de acesso à jurisdição** (ex. *habeas corpus* e mandado de segurança) (Moraes, 2002).

3. FORÇAS ARMADAS

As Forças Armadas são constituídas pela Marinha, pelo Exército e pela Aeronáutica. Trata-se de instituições **nacionais permanentes e regulares, organizadas com base na hierarquia e na disciplina**, sob a autoridade suprema do Presidente da República. Os membros das Forças Armadas são denominados **militares** (art. 142, § 3º, da CF/1988).

As Forças Armadas destinam-se à defesa da Pátria, à garantia dos poderes constitucionais e à garantia da lei e da ordem, mas **não podem atuar como poder moderador** na hipótese de conflito entre os Poderes (STF, MI 7.311).

> **Jurisprudência**
>
> Na ADI 6.457/DF, o STF que decidiu que o emprego das Forças Armadas para a "garantia da lei e da ordem": a) não se restrinja às hipóteses de intervenção federal e de estados de defesa e de sítio; b) só pode ocorrer "no excepcional enfrentamento de grave e concreta violação à segurança pública interna;" e c) "A missão institucional das Forças Armadas na defesa da Pátria, na garantia dos poderes constitucionais e na garantia da lei e da ordem não acomoda o exercício de 'poder moderador' entre os Poderes Executivo, Legislativo e Judiciário".

> **Atenção**
>
> Apenas de forma **subsidiária e eventual** é possível o emprego das Forças Armadas na garantia da segurança pública (art. 142, *caput*, da CF/1988).

Aplicam-se aos militares as seguintes disposições (art. 142, § 3º, da CF/1988):

I – as patentes, com prerrogativas, direitos e deveres a elas inerentes, são conferidas pelo Presidente da República e asseguradas em plenitude aos oficiais da ativa, da reserva ou reformados, sendo-lhes privativos os títulos e postos militares e, juntamente com os demais membros, o uso dos uniformes das Forças Armadas;

II – o militar em atividade que tomar posse em cargo ou emprego público civil permanente, ressalvada a hipótese prevista no art. 37, inciso XVI, alínea "c", será transferido para a reserva, nos termos da lei;

III – o militar da ativa que, de acordo com a lei, tomar posse em cargo, emprego ou função pública civil temporária, não eletiva, ainda que da administração indireta, ressalvada a hipótese prevista no art. 37, inciso XVI, alínea "c", ficará agregado ao respectivo quadro e somente poderá, enquanto permanecer nessa situação, ser promovido por antiguidade, contando-se-lhe o tempo de serviço apenas para aquela promoção e transferência para a reserva, sendo depois de dois anos de afastamento, contínuos ou não, transferido para a reserva, nos termos da lei;

IV – ao militar são proibidas a sindicalização e a greve;

V – o militar, enquanto em serviço ativo, não pode estar filiado a partidos políticos;

VI – o oficial só perderá o posto e a patente se for julgado indigno do oficialato ou com ele incompatível, por decisão de tribunal militar de caráter permanente, em tempo de paz, ou de tribunal especial, em tempo de guerra;

VII – o oficial condenado na justiça comum ou militar a pena privativa de liberdade superior a dois anos, por sentença transitada em julgado, será submetido a julgamento;

VIII – aplica-se aos militares o disposto no art. 7º, incisos VIII, XII, XVII, XVIII, XIX e XXV, e no art. 37, incisos XI, XIII, XIV e XV, bem como, na forma da lei e com prevalência da atividade militar, no art. 37, inciso XVI, alínea "c", da CF/1988.

Ademais, a lei disporá sobre o ingresso nas Forças Armadas, os limites de idade, a estabilidade e outras condições de transferência do militar para a inatividade, os direitos, os deveres, a remuneração, as prerrogativas e outras situações especiais dos militares, consideradas as peculiaridades de suas atividades, inclusive aquelas cumpridas por força de compromissos internacionais e de guerra.

Importante

O serviço militar é obrigatório, mas às Forças Armadas compete, na forma da lei, atribuir serviço alternativo aos que, em tempo de paz, depois de alistados, alegarem **imperativo de consciência** (crença religiosa e convicção filosófica ou política) para se eximirem de atividades de caráter essencialmente militar. Caso não haja o cumprimento da prestação alternativa nos termos da Lei nº 8.239/1991, é possível sancionar o descumpridor com a declaração da perda dos direitos políticos (art. 15, IV, da CF/1988).

As mulheres e os eclesiásticos ficam isentos do serviço militar obrigatório em tempo de paz, sujeitos, porém, a outros encargos que a lei lhes atribuir (art. 143, § 2º, da CF/1988).

Cap. 17 – Defesa do Estado e das Instituições Democráticas

537

> ### Jurisprudência
>
> Súmula Vinculante nº 6: "Não viola a Constituição o estabelecimento de remuneração inferior ao salário mínimo para as praças prestadoras de serviço militar inicial".

4. SEGURANÇA PÚBLICA

A segurança pública, dever do Estado, direito e responsabilidade de todos, é exercida para a preservação da ordem pública e da incolumidade das pessoas e do patrimônio, por meio dos seguintes órgãos (art. 144 da CF/1988):

I – polícia federal;

II – polícia rodoviária federal;

III – polícia ferroviária federal;

IV – polícias civis;

V – polícias militares e corpos de bombeiros militares.

VI – polícias penais federal, estaduais e distrital.

> ### *Importante*
>
> Embora o **rol seja taxativo** e deva ser observado pelos demais entes federativos, o STF decidiu que as guardas municipais são reconhecidamente órgãos de segurança pública, integrando o Sistema Único de Segurança Pública (SUSP), nos termos do art. 144, § 8º, da CF/1988 (ADPF 995/DF).

A atividade policial pode ser classificada em:

1) **polícia administrativa, preventiva ou ostensiva:** atua preventivamente, evitando que a infração penal venha a ocorrer;

2) **polícia judiciária ou de investigação:** atua repressivamente, depois de perpetrada uma infração penal, apurando a conduta perpetrada e sua autoria.

Com o intuito garantir a eficiência das atividades dos órgãos responsáveis pela segurança pública (art. 144, § 7º, da CF/1988), foi editada a Lei nº 13.675/2018, que institui o Sistema Único de Segurança Pública (SUSP) e cria a Política Nacional de Segurança Pública e Defesa Social (PNSPDS).

4.1. Polícias da União

No âmbito federal, os órgãos que compõem a polícia são: polícia federal, polícia rodoviária federal e polícia ferroviária federal e polícia penal federal.

A polícia federal, instituída por lei como órgão permanente, organizado e mantido pela União e estruturado em carreira, destina-se a (art. 144, § 1º, da CF/1988):

I – apurar infrações penais contra a ordem política e social ou em detrimento de bens, serviços e interesses da União ou de suas entidades autárquicas e empresas públicas, assim como outras infrações cuja prática tenha repercussão interestadual ou internacional e exija repressão uniforme;

II – prevenir e reprimir o tráfico ilícito de entorpecentes e drogas afins, o contrabando e o descaminho, sem prejuízo da ação fazendária e de outros órgãos públicos nas respectivas áreas de competência;

III – exercer as funções de polícia marítima, aeroportuária e de fronteiras;

IV – exercer, **com exclusividade**, as funções de polícia judiciária da União.

A polícia rodoviária federal, órgão permanente, organizado e mantido pela União e estruturado em carreira, destina-se, na forma da lei, ao **patrulhamento ostensivo das rodovias federais** (art. 144, § 2º, da CF/1988).

A polícia ferroviária federal, órgão permanente, organizado e mantido pela União e estruturado em carreira, destina-se, na forma da lei, ao **patrulhamento ostensivo das ferrovias federais** (art. 144, § 3º, da CF/1988).

A polícia penal federal, criada pela EC nº 104/2019, é responsável pela segurança dos estabelecimentos penais e pelo transporte de presos.

> **Atenção**
>
> As polícias rodoviária, ferroviária e penal federais não exercem funções de polícia judiciária, visto que é atribuição exclusiva da polícia federal (art. 144, § 1.º, IV, da CF/1988).

4.2. Polícias dos Estados

A segurança pública em nível estadual é atribuída às polícias civis, às polícias militares, ao corpo de bombeiros e às polícias penais estaduais.

Às polícias civis, dirigidas por delegados de polícia de carreira incumbem, ressalvada a competência da União, as funções de **polícia judiciária** e a apuração de infrações penais, **exceto as militares** (art. 144, § 4º, da CF/1988), subordinando-se aos Governadores dos Estados (art. 144, § 6º, da CF/1988).

Cap. 17 – Defesa do Estado e das Instituições Democráticas

> **Jurisprudência**
>
> A polícia judiciária só pode ser exercida pela polícia civil, e não pela PM, sob pena desvio de função (STF, ADI 3.614).

Às polícias militares cabem a polícia ostensiva e a preservação da ordem pública; aos corpos de bombeiros militares, além das atribuições definidas em lei, incumbe a execução de atividades de defesa civil. Ambos caracterizam forças auxiliares e reserva do Exército, subordinando-se, com as polícias civis e as polícias penais estaduais e distrital, aos Governadores dos Estados, do Distrito Federal e dos Territórios (art. 144, §§ 5º e 6º, da Constituição de 1988).

Por fim, a polícia penal estadual foi criada pela EC nº 104/2019, estando vinculada ao órgão administrador do sistema penal de cada Estado e sendo responsável pela segurança dos estabelecimentos penais estaduais.

4.3. Direito de greve

Os membros das Forças Armadas (Marinha, Exército e Aeronáutica) e os militares dos Estados, do Distrito Federal e dos Territórios não dispõem do direito de greve. Ademais, no Tema 541, o STF fixou a tese de que o "exercício do direito de greve, sob qualquer forma ou modalidade, é vedado aos **policiais civis e a todos os servidores públicos que atuem diretamente na área de segurança pública**". Contudo, é "obrigatória a participação do Poder Público em mediação instaurada pelos órgãos classistas das carreiras de segurança pública, nos termos do art. 165 do CPC, para vocalização dos interesses da categoria". Por fim, o STF não admitiu o direito de greve dos guardas municipais, pois submetidos às restrições dos demais integrantes do SUSP (RE 846.854).

4.4. Segurança viária

A segurança viária, exercida para a preservação da ordem pública e da incolumidade das pessoas e do seu patrimônio nas vias públicas, compreende **educação, engenharia e fiscalização de trânsito**, além de outras atividades previstas em lei, que assegurem ao cidadão o direito à mobilidade urbana eficiente (art. 144, § 10, I, da CF/1988).

Ademais, compete, no âmbito dos Estados, do Distrito Federal e dos Municípios, aos respectivos órgãos ou entidades executivos e seus agentes de trânsito, estruturados em carreira, na forma da lei (art. 144, § 10, II, da CF/1988).

O STF decidiu ser "constitucional a atribuição às guardas municipais do exercício de poder de polícia de trânsito, inclusive para imposição de sanções administrativas legalmente previstas" (RE 658.570).

EM RESUMO:

Defesa do Estado e das Instituições Democráticas

Sistema constitucional de crises	Exige a presença cumulativa dos seguintes requisitos: a) necessidade; b) temporariedade; c) proporcionalidade
Sistema constitucional de crises X constitucionalismo abusivo	Diferentemente do sistema constitucional de crises, o constitucionalismo abusivo, expressão cunhada pelo jurista norte-americano David Landau, reflete a prática contemporânea de ir se positivando, no texto constitucional, regras que acabam, gradualmente, por dissolver o regime democrático nos Estados.
Estado de Defesa	Pressupostos materiais: I) grave e iminente instabilidade institucional; ou II) calamidade de grandes proporções na natureza. Pressupostos formais: I) manifestação do Conselho da República e do Conselho de Defesa Nacional, que não dispõe de força vinculante; II) decreto do Presidente da República; III) prazo de duração da medida: duração máxima de trinta dias, podendo ser prorrogado, uma única vez, por igual período (art. 136, § 2º, da Constituição de 1988); IV) especificação das áreas abrangidas; e V) indicação das medidas coercitivas. Fundamento legal: art. 136 da CF/1988. Controles: a) Controle Político -realizado pelo Congresso Nacional, subdividindo-se em: I) Introdutório; II) Concomitante; III) Posterior; b) Controle jurisdicional: I) Concomitante – art. 136, § 3º, da CF/1988; II) Posterior – art. 141, da CF/1988. Medidas coercitivas: art. 136, § 1º, da CF/1988.
Estado de Sítio	Pressupostos materiais: I) comoção grave de repercussão nacional; II) ocorrência de fatos que comprovem a ineficácia de medida tomada durante o estado de defesa; ou III) declaração de estado de guerra ou resposta à agressão armada estrangeira. Pressupostos formais: I) oitiva dos Conselhos da República e de Defesa Nacional, sem que ostente caráter vinculante; II) solicitação ao Congresso Nacional; III) autorização do Congresso Nacional pelo quórum de maioria absoluta; e IV) decreto do Presidente da República. Previsão constitucional: arts. 137 e 138. Controle: a) Controle político, que se subdivide em: I) Prévio; II) Concomitante; III) Posterior; b) Jurisdicional: I) Concomitante; II) Posterior. Medidas coercitivas: art. 139 da CF/1988.

Referências Bibliográficas

ACKERMAN, Bruce. *Nós, o povo soberano*: fundamentos de direito constitucional. Belo Horizonte: Del Rey, 2006.

ALEXY, Robert. *Conceito e validade do direito*. Tradução Gercélia Batista de Oliveira Mendes. São Paulo: WMF Martins Fontes, 2009.

ALEXY, Robert. Derecho injusto, retroactividad y principio de legalidad penal. 2000. Disponível em: http://www.cervantesvirtual.com./serlet/SirveObras/12383873132368273109213/Doxa2309.pdf. Acesso em: 3 jan. 2024.

ALEXY, Robert. Epílogo a la teoría de los derechos fundamentales. *Revista Española de Derecho Constitucional*, v. 22, n. 66, p. 13-64, 2002.

ALEXY, Robert. Sistema jurídico, princípios y razón práctica. *Doxa*, n. 5, 1988.

ALMEIDA, Gregório Assagra de. *Direito processual coletivo brasileiro*. São Paulo: Saraiva, 2003.

ALMEIDA, Gregório Assagra de; COSTA, Rafael de Oliveira. *Direito processual penal coletivo – A tutela penal dos bens jurídicos coletivos*: direitos ou interesses difusos, coletivos e individuais homogêneos. Belo Horizonte: D'Plácido, 2019.

ANDRADE, José Carlos Vieira de. *Os direitos fundamentais na Constituição portuguesa de 1976*. Coimbra: Almedina, 1983.

ARENHART, Sérgio Cruz. Decisões estruturais no direito processual civil brasileiro. *Revista de Processo*, São Paulo, ano 38, v. 225, 2013.

ÁVILA, Humberto. *Teoria dos princípios*: da definição à aplicação dos princípios jurídicos. 15. ed. São Paulo: Malheiros, 2014.

BACHOF, Otto. *Normas constitucionais inconstitucionais?* Tradução e nota prévia de José Manuel M. Cardoso da Costa. Coimbra: Almedina, 1994.

BALEEIRO, Aliomar. *Limitações constitucionais ao poder de tributar*. 7. ed. 7. tir. Rio de Janeiro: Forense, 2006.

BANDEIRA DE MELLO, Celso Antônio. *Conteúdo jurídico do princípio da igualdade*. São Paulo: Malheiros, 1993.

BARBOSA, Rui. *Comentários à Constituição Federal brasileira*. São Paulo: Saraiva, 1933. v. 2.

BARCELLOS, Ana Paula de. O mínimo existencial e algumas fundamentações Jonh Rawls, Michael Walzer e Robert Alexy. *In*: TORRES, Ricardo Lobo (org.). *Legitimação pelos direitos humanos*. Rio de Janeiro: Renovar, 2002.

BARROSO, Luís Roberto. *A judicialização da vida e o papel do Supremo Tribunal Federal*. Belo Horizonte: Fórum, 2018.

BARROSO, Luís Roberto. As disposições constitucionais transitórias. *In*: BARROSO, Luís Roberto. *O direito constitucional e a efetividade de suas normas*. Rio de Janeiro; Renovar, 1993.

BARROSO, Luís Roberto. *Curso de direito constitucional contemporâneo*: os conceitos fundamentais e a construção do novo modelo. 2. ed. São Paulo: Saraiva, 2011.

BARROSO, Luís Roberto. Gestão de fetos anencefálicos e pesquisas com células tronco: dois temas acerca da vida e da dignidade na Constituição. *In*: NOVELINO, Marcelo (org.). *Leituras complementares de direito constitucional e direitos fundamentais*. 3. ed. Salvador: JusPodivm, 2008.

BARROSO, Luís Roberto. *Interpretação e aplicação da Constituição*: fundamentos de uma dogmática constitucional transformadora. São Paulo: Saraiva, 1999.

BARROSO, Luís Roberto. *Interpretação e aplicação da Constituição*: fundamentos de uma dogmática constitucional transformadora. 6. ed. São Paulo: Saraiva, 2004.

BARROSO, Luís Roberto. *Interpretação e aplicação da Constituição*: fundamentos de uma dogmática constitucional transformadora. 7. ed. rev. São Paulo: Saraiva, 2009.

BARROSO, Luís Roberto. Neoconstitucionalismo: o triunfo tardio do direito constitucional no Brasil. *Migalhas*, 2006. Disponível em: https://www.migalhas.com.br/depeso/24089/neoconstitucionalismo---o-triunfo-tardio-do-direito-constitucional--no-brasil. Acesso em: 3 jan. 2024.

BARROSO, Luís Roberto. *O direito constitucional e a efetividade de suas normas*. 3. ed. Rio de Janeiro: Renovar, 1996.

BARROSO, Luís Roberto; BARCELLOS, Ana Paula de. O começo da história: a nova interpretação constitucional e o papel dos princípios no direito brasileiro. *Revista de Direito da Procuradoria-Geral do Estado*, Rio de Janeiro, n. 57, 2003.

BASTOS, Celso Ribeiro. *Curso de direito constitucional*. 21. ed. São Paulo: Saraiva, 2000.

BAYÓN, Juan Carlos. Por qué es derrotable el razonamiento jurídico? *Doxa*, n. 24, 2001.

BERNARDES, Juliano Taveira; FERREIRA, Olavo Augusto Vianna Alves. *Direito constitucional*: direito constitucional positivo. 5. ed. Salvador: JusPodivm, 2016. t. II.

Referências Bibliográficas

BERNARDES, Juliano Taveira; FERREIRA, Olavo Gustavo Alves. *Direito constitucional*: teoria da constituição. 6. ed. Salvador: JusPodivm, 2017.

BOBBIO, Norberto. *Igualdade e liberdade*. Rio de Janeiro: Ediouro, 1996.

BÖCKENFÖRDE, Ernst-Wolfgang. *Escritos sobre derechos fundamentales*. Baden-Baden: Nomos, 1993.

BONAVIDES, Paulo. *Curso de direito constitucional*. 11. ed. São Paulo: Malheiros, 2001.

BONAVIDES, Paulo. *Curso de direito constitucional*. 12. ed. São Paulo: Malheiros, 2002.

BONAVIDES, Paulo. *Curso de direito constitucional*. 25. ed. São Paulo: Malheiros, 2010.

BONAVIDES, Paulo. *Curso de direito constitucional*. 31. ed. São Paulo: Malheiros, 2016.

BRASILEIRO, Renato de Lima. *Manual de processo penal*. 11. ed. rev., ampl. e atual. Salvador: JusPodivm, 2022.

BRITO, Alexis Couto de; FABRETTI, Humberto Barrionuevo; LIMA, Marco Antônio Ferreira. *Processo penal brasileiro*. São Paulo: Atlas, 2012.

BULOS, Uadi Lammêgo. *Constituição Federal anotada*. 5. ed. São Paulo: Saraiva, 2003.

BULOS, Uadi Lammêgo. *Curso de direito constitucional*. 12. ed. São Paulo: Saraiva, 2019.

BULOS, Uadi Lammêgo. *Manual de interpretação constitucional*. São Paulo: Saraiva, 2007.

BUNCHAFT, Maria Eugenia. *O patriotismo constitucional na perspectiva de Jürgen Habermas*: a reconstrução da ideia de nação na filosofia política contemporânea. Rio de Janeiro: Lumen Juris, 2010.

BURDEAU, Georges. *Droit Constitutionnel et Institutions Politiques*. Paris: Librairie Générale de Droit et de Jurisprudence, 1957.

CAETANO, Marcelo. *Direito constitucional*. 2. ed. rev. e atual. Rio de Janeiro: Forense, 1987.

CALABRESI, Guido; BOBBITT, Philip. *Tragic choices*: the conflicts society confronts in the allocation of tragic scarce resources. New York: Norton & Company, 1978.

CAMBI, Eduardo Augusto Salomão; CAMACHO, Matheus Gomes. Acesso (e descesso) à justiça e assédio processual. *Revista Jurídica da Escola Superior de Advocacia da OAB-PR*, v. 1, p. 70-105, 2017.

CANOTILHO, José Joaquim Gomes. *Constituição dirigente e vinculação do legislador*. Coimbra: Coimbra Editora, 1994.

CANOTILHO, José Joaquim Gomes. *Direito constitucional e teoria da Constituição*. Almedina: Coimbra, 2002.

CANOTILHO, José Joaquim Gomes. *Estudos sobre direitos fundamentais*. Coimbra: Coimbra Editora, 2004.

CANOTILHO, José Joaquim Gomes. Metodología "fuzzy" y "camaleones normativos" en la problemática actual de los derechos económicos, sociales y culturales. *Derechos y Libertades, Revista do Instituto Bartolomé de las Casas*, Madrid, n. 6, p. 37-39, 1998.

CAPPELLETTI, Mauro. Notas sobre conciliadores e conciliação. Tradução Hermes Zaneti Jr. *In*: CAPPELLETTI, Mauro. *Processo, ideologias e sociedade.* Tradução Hermes Zaneti Jr. Porto Alegre: Fabris, 2010. v. 2, p. 183-200.

CAPPELLETTI, Mauro; GARTH, Bryant. *Acesso à justiça.* Tradução Ellen Gracie Northfleet. Porto Alegre: Fabris, 1988.

CARRAZZA, Roque Antonio. *Curso de direito constitucional tributário.* 28. ed. São Paulo: Malheiros, 2012.

CARVALHO, Kildare Gonçalves. *Direito constitucional*: teoria do Estado e da constituição. 16. ed. Belo Horizonte: Del Rey, 2010.

CELESTE, Edoardo. Constitucionalismo digital: mapeando a resposta constitucional aos desafios da tecnologia digital. Tradução Paulo Renã da Silva Santarém. Revisão de Graziela Azevedo. *Direitos Fundamentais & Justiça*, Belo Horizonte, ano 15, n. 45, p. 63-91, jul./dez. 2021. Disponível em: https://dfj.emnuvens.com.br/dfj/article/view/1219. Acesso em: 4 jan. 2024.

COELHO, Inocêncio Mártires. *Interpretação constitucional.* Porto Alegre: Fabris, 1997.

COELHO, Luís Fernando. *Direito constitucional e filosofia da Constituição.* Curitiba: Juruá, 2011.

COÊLHO, Sacha Calmon Navarro. *Curso de direito tributário brasileiro.* 11. ed. Rio de Janeiro: Forense, 2010.

COMANDUCCI, Paolo. Principios jurídicos e indeterminación del derecho. *Doxa*, n. 21-II, 1998.

COSTA E SILVA, Paula. *A nova face da justiça.* Os meios extrajudiciais de resolução de controvérsias. Lisboa: Coimbra Editora, 2009.

COSTA, Rafael de Oliveira. Do futuro do Ministério Público: efetividade de políticas públicas e litígio estratégico no processo coletivo. *In*: BARBOSA, Renato Kim (org.). *O futuro do Ministério Público.* São Paulo: APMP, 2017. p. 11-12.

CUNHA JÚNIOR, Dirley da. *Curso de direito constitucional.* 10. ed. Salvador: JusPodivm, 2016.

CUNHA, Leonardo Carneiro da. *A Fazenda Pública em juízo.* 20. ed. Rio de Janeiro: Forense, 2020.

CUNHA, Paulo Ferreira da. Do constitucionalismo global. *Revista Brasileira de Direito Constitucional – RBDC*, n. 15, p. 245-255, jan./jun. 2010. Disponível em: http://www.esdc.com.br/seer/index.php/rbdc/article/view/163. Acesso em: 3 jan. 2024.

DALLARI, Dalmo de Abreu. *Elementos de teoria geral do Estado.* 23. ed. São Paulo: Saraiva, 2009.

DALLARI, Dalmo de Abreu. *Elementos de teoria geral do Estado.* São Paulo: Saraiva, 2012.

DALLARI, Dalmo de Abreu. *O poder dos juízes.* São Paulo: Saraiva, 1996.

Referências Bibliográficas

DENNINGER, Erhard. 'Segurança, diversidade e solidariedade' ao invés de 'liberdade, igualdade e fraternidade'. *Revista Brasileira de Estudos Políticos*, Belo Horizonte, n. 88, 2003.

DIDIER JR., Fredie; CUNHA, Leonardo Carneiro da. *Curso de direito processual civil*. 12. ed. Salvador: JusPodivm, 2014. v. 3.

DIDIER JR., Fredie; FERNANDEZ, Leandro. A justiça constitucional no sistema brasileiro de justiça multiportas. *Revista da Ajuris*, [S. l.], v. 50, n. 154, p. 145-184, 2023. Disponível em: https://revistadaajuris.ajuris.org.br/index. php/REVAJURIS/article/view/1407. Acesso em: 7 jan. 2024.

DIDIER JR., Fredie; ZANETI JR., Hermes. *Curso de direito processual civil*: processo coletivo. 11. ed. Salvador: JusPodivm, 2017.

DIDIER JR., Fredie; ZANETI JR., Hermes; OLIVEIRA, Rafael Alexandria. Elementos para uma teoria do processo estrutural aplicada ao processo civil brasileiro. *Revista do Ministério Público do Estado do Rio de Janeiro*, n. 75, p. 101-136, jan./mar. 2020.

DINAMARCO, Cândido Rangel. Relativizar a coisa julgada material. *In*: NASCIMENTO, Carlos Valder do (coord.). *Coisa julgada inconstitucional*. 2. ed. Rio de Janeiro: América Jurídica, 2003.

DINIZ, Maria Helena. *Dicionário jurídico*. 3. ed. rev. e atual. São Paulo: Saraiva, 2008. v. Q-Z.

DINIZ, Maria Helena. *Normas constitucionais e seus efeitos*. 2. ed. São Paulo: Saraiva, 1992.

DI PIETRO, Maria Sylvia Zanella. *Curso de direito administrativo*. 25. ed. São Paulo: Atlas, 2012.

DOBROWOLSKI, Sílvio. Hermenêutica constitucional. *Caderno de Direito Constitucional*, Porto Alegre, 2006.

DONEDA, Danilo. *Da privacidade à proteção de dados pessoais*. Rio de Janeiro: Renovar, 2006.

DOTTI, René Ariel. *Curso de direito penal*: parte geral. 8. ed. (4. ed. do e-book; com atualização de Alexandre Knopfholz e Gustavo Britta Scandelari). São Paulo: Revista dos Tribunais, Thomson Reuters, 2022.

DOUZINAS, Costas. *O fim dos direitos humanos*. São Leopoldo: Unisinos, 2007.

DROMI, José Roberto. La reforma constitucional: el constitucionalismo del "por-venir". *In*: ENTERRÍA, Eduardo García de; ARÉVALO, Manuel Clavero (coord.). *El derecho público de finales de siglo*: una perpectiva iberoamericana. Madri:d Fundación BBV, 1997. p. 107-116.

DWORKIN, Ronald. Is democracy possible here?: principles for a new political debate. *Dissent Magazine*, 2006. Disponível em: https://www.dissentmagazine.org/wp-content/files_mf/1390333597d9Townshend.pdf. Acesso em: 4 abr. 2023.

DWORKIN, Ronald. *Levando os direitos a sério*. São Paulo: Martins Fontes, 2002.

DWORKIN, Ronald. *O império do direito*. Tradução Jefferson Luiz Camargo. São Paulo: Martins Fontes, 1999.

DWORKIN, Ronald. *O império do direito*. São Paulo: Martins Fonte, 2003.

ELSTER, Jon. *Ulisses liberto*: estudos sobre racionalidade, pré-compromisso e restrições. Tradução Cláudia Sant'Ana Martins. São Paulo: Unesp, 2009.

ELY, John Hart. *Democracy and distrust*: a theory of judicial review. Cambridge and London: Harvard University Press, 1980.

FERNANDES, Bernardo Gonçalves. *Curso de direito constitucional*. 9. ed. rev. e ampl. Salvador: JusPodivm, 2017.

FERRAZ, Anna Candida da Cunha. *Poder constituinte dos estados-membros*. São Paulo: RT, 1979.

FERRAZ JR., Tercio Sampaio. Sigilo de dados: o direito à privacidade e os limites à função fiscalizadora do Estado. *Cadernos de Direito Constitucional e Ciência Política*, São Paulo, ano 1, 1992.

FERREIRA FILHO, Manoel Gonçalves. *Curso de direito constitucional*. 32. ed. São Paulo: Saraiva, 2006.

FERREIRA FILHO, Manoel Gonçalves. *Curso de direito constitucional*. 38. ed. São Paulo: Saraiva, 2012.

FERREIRA FILHO, Manoel Gonçalves. *O poder constituinte*. 3. ed. São Paulo: Saraiva, 1999.

FERREIRA SOBRINHO, José Wilson. *Imunidade tributária*. Porto Alegre: Fabris, 1996.

FORSTHOFF, Ernst. *El estado de la sociedad industrial*. Madrid: Instituto de Estudios Políticos, 1975.

FRIEDMAN, Barry. Mediated popular constitutionalism. *Michigan Law Review*, Ann Arbor, v. 101, p. 2595-2632, 2004.

GADAMER, Hans-Georg. *Verdade e método*: traços fundamentais de uma hermenêutica filosófica. Tradução Flávio Paulo Meurer. 3. ed. Petrópolis: Vozes, 1999. v. 1.

GAJARDONI, Fernando da Fonseca. A flexibilização do procedimento processual no âmbito da "common law". *Revista de Processo*, São Paulo, v. 163, abr. 2008.

GONÇALVES, Bernardo. *Curso de direito constitucional*. 12. ed. Salvador: JusPodivm, 2020.

GÖTTING Horst-Peter; SCHERTZ Christian; SEITZ Walter. *Handbuch des Persönlichkeitsrechts*. München: C. H. Beck, 2008.

GYLFASON, Thoryvaldur. From collapse to Constitution: the case of Iceland. *CESifo Working Paper* n. 3770, 2013.

HÄBERLE, Peter. *El Estado constitucional*. México: Unam, 2001.

HÄBERLE, Peter. *Estado constitucional cooperativo*. Rio de Janeiro: Renovar, 2007.

Referências Bibliográficas

HÄBERLE, Peter. *Hermenêutica constitucional – a sociedade aberta dos intérpretes da constituição*: contribuição para a interpretação pluralista e procedimental da constituição. Porto Alegre: Fabris, 2002.

HABERMAS, Jürgen. *Direito e democracia*: entre facticidade e validade. Tradução Flávio Beno Siebeneichler. Rio de Janeiro: Tempo Brasileiro, 1997. v. 1

HAGE, Jaap; PECZENIK, Alexander. Law, morals and defeasibility. *Ratio Juris*, n. 13, p. 305-325, 2000.

HARDIN, Garret. The tragedy of the Commons. *Science*, v. 162, p. 1243-1248, 1968.

HELLER, Hermann. Constituição do Estado. *In*: HELLER, Hermann. *Teoria do Estado*. Tradução Lycurgo Gomes da Motta. São Paulo: Mestre Jou, 1968.

HESSE, Konrad. *A força normativa da Constituição*. (Die Normative Kraft Der Verfassung). Tradução Gilmar Ferreira Mendes. Porto Alegre: Fabris, 1991.

HESSE, Konrad. *Elementos de direito constitucional da República Federal da Alemanha*. Tradução Luís Afonso Heck. Porto Alegre: Fabris, 1998.

HESSE, Konrad. *Escritos de derecho constitucional*. Tradução Pedro Cruz Villalón. Madrid: Centro de Estudios Constitucionales, 1983.

HOLMES, Stephen; SUNSTEIN, Cass. *The cost of rights*: why liberty depends on taxes. New York and London: W. M. Norton, 1999.

HORTA, Raul Machado. *Direito constitucional*. Belo Horizonte: Del Rey, 1999.

HORTA, Raul Machado. *Direito constitucional*. 5. ed. Belo Horizonte: Del Rey, 2010.

KELSEN, Hans. *Teoria pura do direito*. Tradução João Baptista Machado. 6. ed. São Paulo: Martins Fontes, 1998.

KLATT, Matthias; MEISTER, Moritz. A máxima da proporcionalidade: um elemento estrutural do constitucionalismo global. *Observatório da Jurisdição Constitucional*, ano 7, v. 1, jan./jun. 2014.

KOZICKI, Katya; VAN DER BROOCKE, Bianca. O "compromisso significativo" (*Meaningful Engagement*) e a promoção do pluralismo democrático na concretização judicial dos direitos fundamentais sociais na África do Sul. *Espaço Jurídico Journal of Law*, v. 20, n. 2, p. 267-290, 2019. Disponível em: https://doi. org/10.18593/ejjl.18445. Acesso em: 6 jan. 2024.

KRAMER, Larry. Popular Constitutionalism. *California Law Review*, Berkeley, v. 92, p. 959-1012, jul. 2004.

LANDAU, David, Abusive constitutionalism. *UC Davis Law Review*, v. 47, n. 189, p. 189-259, 2013.

LEAL, Rogério Gesta. Perfis democrático-procedimentais da jurisdição comunitária: uma possibilidade para o Brasil. *Revista do Instituto de Hermenêutica Jurídica*, Porto Alegre, v. I, n. 5, p. 235-273, 2007.

LENZA, Pedro. *Direito constitucional esquematizado*. 19. ed. São Paulo: Saraiva, 2015.

LENZA, Pedro. *Direito constitucional esquematizado*. 29. ed. São Paulo: Saraiva Jur, 2023.

LOEWENSTEIN, Karl. *Teoría de la Constitución*. Ariel: Barcelona, 1983.

LOEWENSTEIN, Karl. *Teoría de la Constitución*. Tradução Alfredo Gallego Anabitarte. 2. ed. Barcelona: Ariel, 1976.

LORENZ, Edward. *The essence of chaos*. London: UCL Press, 1993.

LUHMANN, Niklas. *O direito da sociedade*. Tradução Saulo Krieger. São Paulo: Martins Fontes, 2016.

MACCORMICK, Neil. *Rethoric and the rule of law*: a theory of legal reasoning. New York: Oxford University Press, 2005.

MACHADO, Hugo de Brito. *Curso de direito tributário*. 36. ed. São Paulo: Malheiros, 2015.

MAGALHÃES, Andréa. *Jurisprudência da crise*: uma perspectiva pragmática. Rio de Janeiro: Lumen Juris, 2017.

MARINONI, Luiz Guilherme. *Coisa julgada inconstitucional*. São Paulo: RT, 2008.

MARTÍNEZ, Miguel Ángel Alegre. *El derecho a la propia imagen*. Madrid: Tecnos, 1997.

MARTINS, Flávio. *Curso de direito constitucional*. 3. ed. São Paulo: Saraiva Jur, 2019.

MARTINS, Ives Gandra da Silva. *Imunidades tributárias*. São Paulo: RT, 1998.

MELLO, Celso D. de Albuquerque. *Curso de direito internacional público*. 15. ed. Rio de Janeiro: Renovar, 2004.

MELLO, Gustavo Miguez; TROIANELLI, Gabriel Lacerda. O princípio da moralidade no direito tributário. *In*: MARTINS, Ives Gandra da Silva (coord.). *O princípio da moralidade no direito tributário*. São Paulo: RT, 1998.

MENDES, Gilmar Ferreira; BRANCO, Paulo Gustavo Gonet. *Curso de direito constitucional*. 15. ed. São Paulo: Saraiva, 2020.

MENDES, Gilmar Ferreira; COELHO, Inocêncio Mártires; BRANCO, Paulo Gustavo Gonet. *Curso de direito constitucional*. 10. ed. São Paulo: Saraiva, 2012.

MENDES, Gilmar Ferreira; COELHO, Inocêncio Mártires; BRANCO, Paulo Gustavo Gonet. *Curso de direito constitucional*. 12. ed. São Paulo: Saraiva, 2015.

MIRANDA, Jorge. *Manual de direito constitucional*. 4. ed. Coimbra: Coimbra, 1990. v. II e IV.

MITIDIERO, Daniel. *Cortes superiores e cortes supremas*: do controle à interpretação, da jurisprudência ao precedente. São Paulo: RT, 2013.

MONTEBELLO, Marianna. Estudo sobre a teoria da revisão judicial no constitucionalismo norte-americano – a abordagem de Bruce Ackerman, John Hart Ely e Ronald Dworkin. *In*: VIEIRA, José Ribas (org.). *Temas de direito constitucional norte-americano*. Rio de Janeiro: Forense, 2002.

MORAES, Alexandre de. *Constituição do Brasil interpretada e legislação constitucional*. São Paulo: Atlas, 2002.

Referências Bibliográficas

MORAES, Alexandre de. *Direito constitucional*. São Paulo: Atlas, 1998.

MORAES, Alexandre. *Direito constitucional*. 23. ed. São Paulo: Atlas, 2008.

MORAES, Alexandre de. *Direito constitucional*. São Paulo: Grupo GEN, 2023. E-book. Disponível em: https://app.minhabiblioteca.com.br/#/books/9786559774944/. Acesso em: 17 fev. 2024.

MORAES, Guilherme Peña de. *Curso de direito constitucional*. 3. ed. São Paulo: Atlas, 2010.

MÜLLER, Friedrich. Legitimidade como conflito concreto do direito positivo. *Cadernos da Escola do Legislativo*, Belo Horizonte, v. 5, n. 9, p. 7-37, jul./dez. 1999.

MÜLLER, Friedrich. *Métodos de trabalho do direito constitucional*. Tradução Peter Naumann. 2. ed. São Paulo: Max Limonad, 2000.

MÜLLER, Friedrich. *Teoria estruturante do direito*. São Paulo: RT, 2008.

NEVES, Daniel Amorim Assumpção. *Manual de processo coletivo*. 3. ed. Salvador: JusPodivm, 2016.

NEVES, Marcelo. *A constitucionalização simbólica*. São Paulo: Martins Fontes, 1998.

NEVES, Marcelo. *A constitucionalização simbólica*. São Paulo: Martins Fontes, 2007.

NEVES, Marcelo. *A constitucionalização simbólica*. 3. ed. São Paulo: WMF Martins Fontes, 2011.

NEVES, Marcelo. *Transconstitucionalismo*. São Paulo: WMF Martins Fontes, 2009.

NOVELINO, Marcelo. *Curso de direito constitucional*. 12. ed. Salvador: JusPodivm, 2017.

NOVELINO, Marcelo. *Curso de direito constitucional*. 13. ed. Salvador: JusPodivm, 2018.

NOVELLI, Flávio Bauer. Segurança dos direitos individuais e tributação. *Revista de Direito Tributário*, São Paulo, n. 25-26, 1983.

NUCCI, Guilherme de Souza. *Prisão e liberdade*. As reformas processuais penais introduzidas pela Lei 12.403, de 04 de maio de 2011. São Paulo: RT, 2011.

NUNES JÚNIOR, Vidal Serrano. *Direitos sociais*. Enciclopédia jurídica da PUC-SP. Celso Fernandes Campilongo, Alvaro de Azevedo Gonzaga e André Luiz Freire (coord.). Tomo: Direito Administrativo e Constitucional. Vidal Serrano Nunes Jr., Maurício Zockun, Carolina Zancaner Zockun, André Luiz Freire (coord. de tomo). São Paulo: Pontifícia Universidade Católica de São Paulo, 2017. Disponível em: https://enciclopediajuridica.pucsp.br/verbete/54/edicao-1/direitos-sociais. Acesso em: 17 jan. 2024.

NUNES, Luiz Antonio Rizzatto, CALDEIRA, Mirella D'Angelo. *Direito ao mínimo existencial*. Enciclopédia jurídica da PUC-SP. Celso Fernandes Campilongo, Alvaro de Azevedo Gonzaga e André Luiz Freire (coord.). Tomo: Direitos Humanos. Wagner Balera, Carolina Alves de Souza Lima (coord. de tomo). São Paulo: Pontifícia Universidade Católica de São Paulo, 2017. Disponível em: https://enciclopediajuridica.pucsp.br/verbete/512/edicao-1/direito-ao-minimo-existencial. Acesso em: 17 jan. 2024.

PACHECO, José da Silva. *O mandado de segurança*: e outras ações constitucionais típicas. 4. ed. rev., atual. e ampl. São Paulo: RT, 2002.

PAULO, Vicente; ALEXANDRINO, Marcelo. *Resumo de direito constitucional*: descomplicado. Niterói: Impetus, 2008.

PERNICE, Ingolf. El Constitucionalismo Multinivel en la Unión Europea. *Revista de Derecho Constitucional Europeo*, año 9, n. 17, p. 639-671, 2012.

PERNICE, Ingolf. Multilevel Constitutionalism and the Crisis of Democracy in Europe. Disponível em: edisciplinas.usp.br/pluginfile.php/4409053/mod_resource/ content/1/ ingolf%20pernice%20multilevel_constitutionalism_and_the_crisis_of_democracy_in_europe%20 2015.pdf. Acesso em: 4 jan. 2024.

POST, Robert; SIEGEL, Reva. Popular Constitutionalism, Departmentalism and Judicial Supremacy. *California Law Review*, Berkeley, v. 92, p. 1027-1044, 2004.

QUEIROZ, Cristina. *O princípio da não reversibilidade dos direitos fundamentais sociais*: princípios dogmáticos e prática jurisprudencial. Coimbra: Coimbra Editora, 2006.

RAMOS, André de Carvalho. O fim da polipatria proibida e a retroatividade da Emenda n° 131/23. *Conjur*, 6 out. 2023. Disponível em: https://www.conjur.com.br/2023-out-06/andre-carvalho-ramos-fim-polipatria-proibida/#:~:text=%C3%89%2C%20assim%2C%20uma%20%22Emenda,da%20naturaliza%C3%A7%C3%A3o%20de%20um%20indiv%-C3%ADduo. Acesso em: 17 jan. 2024.

RAMOS, Elival da Silva. *Ativismo judicial*. Parâmetros dogmáticos. São Paulo: Saraiva, 2010.

RAMOS NETO, Newton Pereira. A construção do direito e possibilidades do uso das sentenças aditivas. *Observatório da Jurisdição Constitucional*, Brasília, ano 2, 2008/2009.

SAMPAIO, José Adércio Leite. *A constituição reinventada pela jurisdição constitucional*. Belo Horizonte: Del Rey, 2002.

SAMPAIO, José Adércio Leite. As sentenças intermediárias de constitucionalidade e o mito do legislador negativo. *In*: SAMPAIO, José Adércio Leite; CRUZ, Álvaro Ricardo de Souza (coord.). *Hermenêutica e jurisdição constitucional*. Belo Horizonte: Del Rey, 2001.

SAMPAIO, José Adércio Leite. Os ciclos do constitucionalismo ecológico. *Revista Jurídica FA7*, v. 13, n. 2, p. 83-101, jul./dez. 2016

SANTOS, Eduardo dos. *Manual de direito constitucional*. Salvador: JusPodivm, 2023.

SARLET, Ingo Wolfgang. A eficácia do direito fundamental à segurança jurídica: dignidade da pessoa humana, direitos fundamentais e proibição de retrocesso social no direito constitucional brasileiro. *Revista de Direito Constitucional e Internacional*, São Paulo, v. 57, p. 237-249, 2006.

SARLET, Ingo Wolfgang. *A eficácia dos direitos fundamentais*: uma teoria geral dos direitos fundamentais na perspectiva constitucional. Porto Alegre: Livraria do Advogado, 2012.

Referências Bibliográficas

SARLET, Wolfgang Ingo. *Dignidade da pessoa humana e direitos fundamentais na Constituição de 1988*. Porto Alegre: Livraria do Advogado, 2012.

SARLET, Ingo Wolfgang; MARINONI, Luiz Guilherme; MITIDIERO, Daniel. *Curso de direito constitucional*. 11. ed. São Paulo: Saraiva, 2022.

SARMENTO, Daniel. *Direitos fundamentais e relações privadas*. Rio de Janeiro: Lumen Juris, 2004.

SARMENTO, Daniel. O mínimo existencial. *Revista de Direito da Cidade*, v. 8, n. 4, p. 1644-1689, 2016. Disponível em: https://www.epublicacoes.uerj.br/index.php/rdc/article/view/26034/19156. Acesso em: 21 dez. 2023.

SARMENTO, Daniel. *Por um constitucionalismo inclusivo*: história constitucional brasileira. teoria da Constituição e direitos fundamentais. Rio de Janeiro: Lumen Juris, 2010.

SARMENTO, Daniel. Ubiquidade constitucional: os dois lados da moeda. *In*: SARMENTO, Daniel. *Livres e iguais*: estudos de direito constitucional. Rio de Janeiro: Lumen Juris, 2006. p. 167-205.

SARSUR, Marcelo. *Do direito a não sentir dor*: fundamentos bioéticos e jurídicos do alívio da dor como direito fundamental. 2014. 141f. Tese (Doutorado em Direito) – Faculdade de Direito, Universidade Federal de Minas Gerais, Belo Horizonte, 2014.

SCHIER, Paulo Ricardo. *Filtragem constitucional*: construindo uma nova dogmática jurídica. Porto Alegre: Fabris, 1999.

SCHMITT, Carl. *O guardião da Constituição*. Belo Horizonte: Del Rey, 2007.

SCHMITT, Carl. *Teoría de la Constitución*. Ciudad de México: Editora Nacional, 1996.

SCHWAB, Klaus. A *quarta revolução industrial*. São Paulo: Edipro, 2016.

SIEGEL, Reva; POST, Robert. Constitucionalismo democrático. *In*: SIEGEL, Reva; POST, Robert. *Constitucionalismo democrático*: por uma reconciliación entre Constitución y pueblo. Traducción Leonardo García Jaramillo. Buenos Aires: Siglo Veintiuno, 2013. p. 11-41.

SIEYÈS, Emmanuel Joseph. *A constituinte burguesa*: Qu'est-ce que le Tiers État? 3. ed. Tradução Norma Azevedo. Rio de Janeiro: Lumen Juris, 2001.

SIFFERT, Paulo de Abreu. Breves notas sobre o constitucionalismo americano. In: VIEIRA, José Ribas. *Temas de direito constitucional norte americano*. Rio de Janeiro: Forense, 2002.

SILVA, José Afonso da. *Aplicabilidade das normas constitucionais*. São Paulo: Malheiros, 1998.

SILVA, José Afonso da. *Aplicabilidade das normas constitucionais*. 7. ed. São Paulo: Malheiros, 2008.

SILVA, José Afonso da. *Comentário contextual à Constituição*. 2. ed. São Paulo: Malheiros, 2006.

SILVA, José Afonso. *Comentário contextual à Constituição*. 6. ed. São Paulo: Malheiros, 2009.

SILVA, José Afonso da. *Comentário contextual à Constituição*. 9. ed. São Paulo: Malheiros, 2014.

SILVA, José Afonso da. *Curso de direito constitucional*. 19. ed. São Paulo: Malheiros, 1999.

SILVA, José Afonso da. *Curso de direito constitucional positivo*. 22. ed. São Paulo: Malheiros, 2003.

SILVA, José Afonso da. *Curso de direito constitucional positivo*. 25. ed. São Paulo: Malheiros, 2005.

SILVA, José Afonso da. *Curso de direito constitucional positivo*. 26. ed. São Paulo: Malheiros, 2006.

SILVA, José Afonso da. *Curso de direito constitucional positivo*. 28. ed. São Paulo: Malheiros, 2006.

SILVA, José Afonso da. *Curso de direito constitucional positivo*. 37. ed. São Paulo: Malheiros, 2014.

SILVA, José Afonso da. *Direito ambiental constitucional*. São Paulo: Malheiros, 2000.

SILVA, Virgílio Afonso. *A constitucionalização do direito*: os direitos fundamentais nas relações entre particulares. São Paulo: Malheiros, 2005.

SILVA, Virgílio Afonso da. Integração e diálogo constitucional na América do Sul. *In*: BOGDANDY, Armin von; PIOVESAN, Flávia; ANTONIAZZI, Mariela Morales (org.). *Direitos humanos, democracia e integração jurídica na América do Sul*. Rio de Janeiro: Lumen Juris, 2010.

SILVA, Virgílio Afonso da (org.). *Interpretação constitucional*. São Paulo: Malheiros, 2005.

SILVA, Virgílio Afonso da. Interpretação constitucional e sincretismo metodológico. In: SILVA, Virgílio Afonso da (org.). *Interpretação constitucional*. São Paulo: Malheiros, 2005.

SMEND, Rudolf. *Constitución y derecho constitucional*. Tradução José Maria Beneyto Pérez. Madrid: Centro de Estudios Constitucionales, 1985.

SORIA, José Martínez. Das Recht auf Sicherung des Existenzminimums. *Juristenzeitung*, n. 13, 2005.

SOUSA, Sandra M. Zákia L.; OLIVEIRA, Romualdo Portela de. *Sistemas de avaliação educacional no Brasil*: características, tendências e usos dos resultados – relatório final. Centro de Estudos e Pesquisas em Políticas Públicas de Educação – CEPPPE, Faculdade de Educação, USP, 2007.

SOUZA, Carlos Aurélio Mota de. *Segurança jurídica e jurisprudência*: um enfoque filosófico-jurídico. São Paulo: LTr, 1996.

Referências Bibliográficas

SOUZA, Washington Peluso Albino. *Primeiras linhas de direito econômico*. São Paulo: LTr, 2003.

STRECK, Lenio Luiz. *Verdade e consenso*: constituição, hermenêutica e teorias discursivas. Rio de Janeiro: Lumen Juris, 2006.

SUNDFELD, Carlos Ari. O fenômeno constitucional e suas três forças. *In*: SOUZA NETO, C. P. et al. (org.). *Vinte anos da Constituição Federal de 1988*: filosofia e teoria constitucional contemporânea. Rio de Janeiro: Lumen Juris, 2008. p. 11-17.

SUNSTEIN, Cass. Constitutional Personae. *Revista dos Estudantes de Direito da Universidade de Brasília*, [S. l.], v. 13, n. 1, p. 52-73, 2017. Disponível em: https://periodicos.unb.br/index. php/redunb/article/view/13460. Acesso em: 10 dez. 2023.

SUNSTEIN, Cass. *Designing Democracy*: what Constitutions Do? New York: OUP, 2001.

SUNSTEIN, Cass. *One case at a time*: judicial minimalism on the Supreme Court. Cambridge: Harvard University Press, 1999.

TAVARES, André Ramos. *Curso de direito constitucional*. 17. ed. São Paulo: Saraiva, 2019.

TEITEL, Ruti G. Transitional Justice and the Transformation of Constitutionalism. *In*: DIXON, R.; GINSBURG, T. (ed.). *Comparative Constitutional Law*. Cheltenham: Edward Elgar Publishing, 2011. p. 57-76.

TEIXEIRA, J. H. Meirelles. *Curso de direito constitucional*. Rio de Janeiro: Forense Universitária, 1991.

TEUBNER, Gunther. *Fragmentos constitucionais*: constitucionalismo social na globalização. São Paulo: Saraiva, 2016.

THEODORO JÚNIOR, Humberto; FARIA, Juliana Cordeiro de. A coisa julgada inconstitucional e os instrumentos processuais para seu controle. *In*: NASCIMENTO, Carlos Valder do (coord.). *Coisa julgada inconstitucional*. 2. ed. Rio de Janeiro: América Jurídica, 2003.

TORRES, Ricardo Lobo. *Curso de direito financeiro e tributário*. 15. ed. Rio de Janeiro-São Paulo-Recife: Renovar, 2008.

TOURINHO FILHO, Fernando da Costa. *Código de Processo Penal comentado*. 12. ed. São Paulo: Saraiva, 2009.

TRIBE, Laurence. *The Invisible Constitution*. Oxford: Oxford University Press, 2008.

TROVÃO, Lidiana Costa de Sousa; MOLLICA, Rogerio. Ativismo judicial dialógico e os desafios da aplicação do estado de coisas inconstitucional no Brasil. *Revista Direito UFMS*, Campo Grande, v. 5, n. 2, p. 96-118, jul./dez. 2019.

TUSHNET, Mark. *Taking the Constitution Away from the Courts*. Princeton: Princeton University Press, 1999.

VALE, André Rufino do. *Estrutura das normas de direitos fundamentais*. São Paulo: Saraiva, 2009.

VEDUNG, Evert. *Public policy and program evaluation*. New York: Routledge, 2017.

VELLOSO, Andrei Pitten. Justiça tributária. *In*: ÁVILA, Humberto (org.). *Fundamentos do direito tributário*. São Paulo: Marcial Pons, 2012.

VENTURI, Elton. *Processo civil coletivo*. São Paulo: Malheiros, 2007.

VIEHWEG, Theodor. *Tópica e jurisprudência*. Tradução Tercio Sampaio Ferraz Jr. Brasília: Departamento de Imprensa Nacional, 1979.

VIEIRA, Oscar Vilhena. Supremocracia. *Revista Direito GV*, São Paulo, p. 441-464, jul./dez. 2008.

VITORELLI, Edilson. *Estatuto da igualdade racial e comunidades quilombolas*. 2. ed. Salvador: JusPodivm, 2017.

WATANABE, Kazuo. *Código de Defesa do Consumidor comentado pelos autores do anteprojeto*. 10. ed. Rio de Janeiro: Forense, 2011. v. II.

WILLIAMS, Lucy A. The Right to Housing in South Africa: na envolving jurisprudence. *Columbia Human Rights Law Review*, v. 45, n. 3, p. 816-845, 2014.

WOLFE, Christopher. *Judicial activism*: bulwark of freedom or precarious security? New York: Rowman e Littlefield Publishers, 1997.

ZAGREBELSKY, Gustavo. *El derecho dúctil*. Ley, derechos, justicia. Tradução Marina Gascón. Madrid: Trotta, 1997.

ZAGREBELSKY, Gustavo. *El derecho dúctil*. Ley, derechos, justicia. Tradução Marina Gascón. Madrid: Trotta, 2002.

ZAGREBELSKY, Gustavo. *El derecho dúctil*. Ley, derechos, justicia. Tradução Marina Gascón. 7. ed. Madrid: Trotta, 2007.